中華文明史
중화문명사

The History of Chinese Civilization (4 Volume)
edited by Yuan Xingpei, YAN Wenming, Zhang Chuanxi, Lou Yulie

중화 中華文明史 문명사

제3권 下

수·당-명 전반기

주편主編 위안싱페이(袁行霈), 옌원밍(嚴文明), 상찬시(張傳璽), 러우위리에(樓宇烈)

본권 주편 위안싱페이(袁行霈)

본권 부주편 덩샤오난(鄧小南)

역자 서성

동국대학교출판부

차례

제7장

학술 영역의 확대와 교육의 번영 13

제1절 경학과 사학 : 계승과 창조 16

1. 수당 경학의 부흥 16
2. 송초 경학 18
3. 의리 경학의 조류 19
4. 역사학 20
5. 지리학 29
6. 금석학 30
7. 유서의 편찬 32
8. 목록학 36

제2절 교육의 발전 42

1. 당송 교육 개관 42
2. 관학의 발전 44
3. 국자감 46

4. 범중엄과 왕안석 48
5. 사학私學의 발전 51
6. 아동교육의 발전 53
7. 교육의 발전과 문명의 변천 57

제3절 서원교육과 유학의 사회화 59
1. 서원교육 59
2. 이학가와 서원교육 64
3. 도덕규범의 건설과 전파 : 이학가의 교육 실천 활동 68
4. 유학의 사회화 71

제8장
북방민족의 성장과 중화문명에 대한 공헌 75

제1절 요, 하, 금, 원 정권 개황과 화하문명과의 충돌 77
1. 거란족과 요 77
2. 당항족과 서하 78
3. 여진족과 금 81
4. 몽골족과 원 82
5. 전란과 호구의 감소 83
6. 인신 의부 관계의 강화 85
7. 유가 문화에 미친 충격 86

제2절 북방민족 문화의 발전 89
1. 거란 문화 89
2. 당항 문화 92
3. 여진 문화 95

4. 몽골 문화 96

제3절 변강의 개척과 대통일의 재건 100
1. 요·하·금의 변강 개척과 건설 100
2. 원나라의 행정 102
3. 원나라의 변방 관리 104
4. 운하의 개통과 해운의 개척 107

제4절 북방민족과 한족의 융합과 교류 109
1. 거란과 한족의 융합 109
2. 여진과 한족의 융합 111
3. 당항과 한족의 융합 112
4. 몽골족 및 색목인과 한족의 융합 114
5. 몽골족의 형성 116
6. 회족의 형성 117

제9장
대외 관계사의 새로운 전개 119

제1절 중국과 유럽의 직접 왕래 121
1. 원대의 중서 교통 노선 121
2. 유럽 선교사의 막북 방문 123
3. 대여행가 마르코 폴로 124
4. 유럽을 방문한 중국인 126
5. 로마 교회의 중국 선교 활동 127

제2절 해외무역의 발전과 정화의 서양 진출 132

1. 원나라의 해외무역 132
2. 정화의 서양 진출 시말 136
3. 정화의 서양 진출 규모와 항정航程 140
4. 영락 시기의 조공외교 146

제10장

선진 과학기술과 과학 관념의 발전 149

제1절 조판에서 활자로 151

1. 인쇄술의 발명 151
2. 조판 인쇄의 보급 153
3. 송대의 인쇄업 154
4. 활자 인쇄의 출현 157
5. 인쇄술의 해외 전파 160

제2절 화약, 지남침, 항해술 162

1. 연단술과 고대의 화학 관념 162
2. 화약의 발명과 응용 163
3. 화기의 발전 165
4. 지남침과 항해술 168

제3절 의약학과 양생술 173

1. 소원방 『제병원후론』 173
2. 손사막 『천금방』과 왕도 『외대비요』 174
3. 관방에서 편찬한 본초와 방서 176
4. 침구학, 해부학, 법의학 178

5. 금원 사대가 및 그 의학 원류 181

제4절 천문, 지리, 수학 184

1. 이순풍과 일행 184
2. 소송과 곽수경 186
3. 도지圖志와 제도학 189
4. 송원 수학 사대가 191
5. 대과학자 심괄 193
6. 천문, 지리, 수학 관념의 발전 195

제11장

문학 중심의 하층 이동과 문학의 번영 199

제1절 당송 고문운동과 유학의 부흥 201

1. 다방면에 영향 끼친 문화운동 201
2. 문체, 문풍, 문학 언어의 혁신 202
3. 유학의 부흥과 도통의 계승 206
4. 당대 고문운동의 정치적 의의 211
5. 송대의 고문가 212
6. 산문의 새로운 전범 확립 213

제2절 시의 전성시대 : 당시 216

1. 시의 전파와 전성 216
2. 당시 번영의 원인 217
3. 근체시의 확립과 그 심미 의식의 영향 220
4. 사분기설에 따른 당대 시가의 변천 221
5. 이백의 개성 자유의 추구 224

6. 두보의 인도주의와 인애 231
7. 왕유 시가의 선의禪意 235
8. 백거이의 통속 237
9. 송대 시단의 새로운 변화 238

제3절 송대 내내 울려 퍼진 노랫소리 245
1. 사詞의 흥기와 전성 245
2. 도시의 번영과 문화 소비 247
3. 문인과 가기歌妓 248
4. 송사 발전의 다섯 단계 250

제4절 희극의 늦은 등장과 휘황한 성취 259
1. 늦게 등장한 희극 259
2. 희극과 도시 문화 260
3. 산곡 261
4. 잡극과 대도 262
5. 관한경과 왕실보 262
6. 남희와 온주 268
7. 중국 희극의 특색 270

제5절 와사와 구란 중의 설창예술 272
1. 중국 소설의 성숙 : 당 전기 272
2. 변문 274
3. 설화와 화본 275
4. 장편 장회소설의 출현 : 『삼국지연의』와 『수호전』 279

제12장

예술 풍모와 시대정신 285

제1절 당대 예술의 발양과 웅혼 287

1. 회화 287
2. 서예 300
3. 조소와 석각 307
4. 음악과 무용 311

제2절 오대 양송 예술의 의취를 숭상하는 미학 추구 322

1. 오대 서화예술의 성취와 분야 322
2. 송대 화원과 문인화의 성쇠 331
3. 송대의 서예예술 350

제3절 원대부터 명대 전반기까지의 의고 서화예술 357

1. 조맹부의 서화예술 및 그 영향 358
2. '원 사대가'를 대표로 하는 의고 화풍 363
3. 숭당 종진宗晉의 서예예술 368
4. 명대 전반기 회화 : '절파'와 '오파'의 대립 374

제13장

다채롭고 풍부한 사회생활 379

제1절 의식주의 다양화 381

1. 아름다운 당대 복식 381
2. 음식과 다도 391
3. 궁중 가구와 진열 기물 399

4. 우편 역참과 탈것 409

제2절 풍속과 오락 422

1. 혼인과 상장례 422

2. 모란의 문화적 의의와 송별 때의 버들 꺾기 441

3. 특색 있는 명절과 오락 445

제3절 여성의 사회적 역할 458

1. 여성의 행동 방식 458

2. 개방적인 당대 여성 459

3. 무측천 460

4. 문 안팎에서의 여성의 활동 464

5. 이청조 475

6. 가족 내 질서와 예교의 강화 476

찾아보기 · 483

제7장

학술 영역의 확대와 교육의 번영

당송唐宋 시기 학술과 교육 영역에서의 계승과 창조는 중화문명의 뛰어난 성과 가운데 하나이다. 학술적으로 보면, 당대唐代의 경학經學은 이전의 풍부한 축적을 발판으로 한대漢代의 엄격한 학풍을 계승하였고, 적절한 이론의 취사선택이 날이 갈수록 세밀해졌으며, 전적典籍 정리의 규모에 있어서도 거대한 기상을 드러내었다. 송대宋代 학풍은 일변하여 "육경六經으로 나를 주석한다.(六經注我)"는 의리지학義理之學으로 바뀌었고, 경학에 의지하여 후세에 지극히 심원한 영향을 끼친 신유가 철학인 이학理學을 발전시켰다.

경학의 학풍과 상응하여 당송 시기에 역사학도 학풍이 변하였다. 당대에는 역사학 저술이 풍부하고 또 역사 주소학注疏學이 발달하였다. 『사통史通』과 『통전通典』은 기왕의 역사학과 역대 제도에 대해 체계적이고 총괄적인 연구를 내놓았다. 송대 학자들은 역사를 이용하여 현재를 이해하고(以史通今) 고대를 지금에 사용하는(古爲今用) 새로운 관념을 가지고 『자치통감資治通鑑』을 대표로 하여 역사평론과 정치적 교훈을 함께 중시하는 새로운 역사학을 발전시켰다.

학술의 계승과 창조에 호응하여, 당송 시기에는 공립과 사립 교육체제가 개혁되고 교육이 큰 규모로 발전하였다. 수대 체제를 계승하면서 교육사업을 진전시키고 과거제도를 완비함과 동시에, 당대에는 관학官學 교육을 다양화시키고 교육행정 부문을 독립시켰다. 송대 초기에는 유학 전통을 부흥시키고 '문치文治'를 추구하는 교육 관념과 체제를 일으켰다. 그 후 북송 중후기 때 세 차례 흥학興學을 거쳐 '경세치용經世致用'의 인재를 육성할 것을 제창하였다. 과거제도, 관방 교육의 내용, 학교 건설 등에 대해서도 삼사법三舍法이나 지방 관학의 대규모 건립 등 교육제도의 창신이 이루어졌다. 남송 때에는 서원교육과 이학사상이 함께 성숙해졌다. 이와 동시에 사학이 발전하였고, 아동교육(蒙學)이 확대되고 아동교육의 교재 체례가 완비되었다. 더불어 인쇄술과 조지술造紙術의 혁신과 발전 등으로 광대한 민중의 문화 소양이 높아졌을 뿐만 아니라 교육 보급과 '스승을 존중하고 교육을 중시하는(尊師重敎)' 풍상이 크게 강화되었고, 그 영향은 오늘날까지 계속 이어져 왔다.

학술과 교육이 함께 발전하고 상호 보완되었기 때문에, 학술에 있어 창조적인 발전을 촉진하게 되었고, 교육에 있어 유가 가치관을 부흥시키고 유가교육의 사회적 영향력이 확대될 수 있었다.

제1절

경학과 사학 : 계승과 창조

1. 수당 경학의 부흥

유가의 경학經學은 수당 시기에 이르러 유학교육의 한 부분이 되었다. 수 문제가 중국을 통일한 후 유학을 국학으로 삼으면서 교육의 핵심이 되었다. 이전의 위진남북조 경학이 변화를 겪고 학자들이 여러 가지 이론을 세우면서 다양한 학설이 혼란스럽게 나왔고, 게다가 남북 학풍이 달라 전체를 통합하는 상황이 필요하게 되었다. 북조 사람들은 한대漢代 경학을 독실하게 따른 데 비해 남조 사람들은 명리名理를 논하기 좋아하였다. 당시 주요한 유가 학자들은 대부분 북방 출신이지만 남북의 학술을 겸비하고 있어서, 그 결과 "경학의 통일 이후 남학만 있고 북학은 없었다.(經學統一之後, 有南學, 無北學.)"[1]

당대에는 유학을 중시하면서 교육제도에 있어 과거시험을 만들었기 때문에, 유가 경전의 해석에 대한 통일된 인식이 필요하였다. 당 태종唐太宗(재위 626-649)을 시작으로 유가 경서, 특히 '오경五經'의 문자 교감과 주소注疏 방면에서 현저한 발전을 이루었다. 첫째, 당 태종은 안사고顔師古

1 皮錫瑞,『經學歷史』「經學統一時代」.

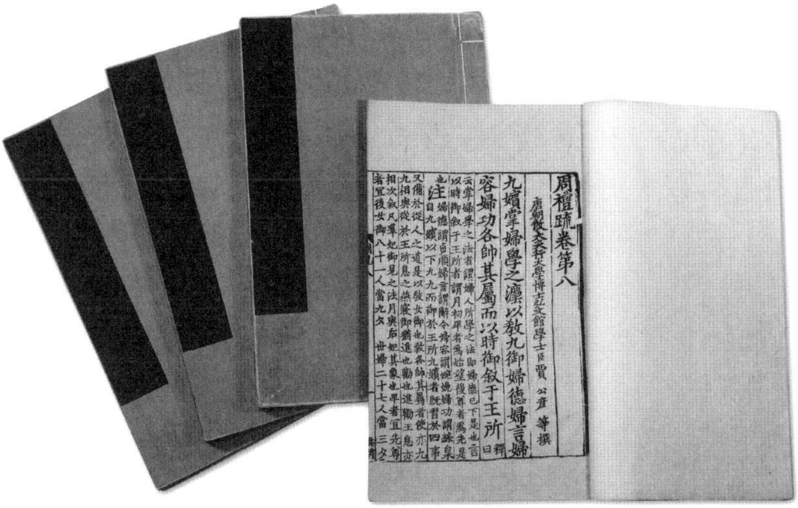

그림 7-1 당나라 때의 학자 가공언賈公彦(활동 650-655)이 지은 여러 고전 주석서들 가운데 하나인 『주례소周禮疏』(50권 32책). 원래 정현鄭玄(127-200)이 편찬한 『주례』와 합쳐져 있다. 이 책들은 남송 초기에 양절동로차염사兩浙東路茶鹽司에서 발행한 공식 판본을 기반으로 하였다. 목판본. 남송 시대. 가로 16.1cm, 세로 20.1cm.

(581-645)에게 비서성에서 '오경'을 고정考訂하고 문자를 교감하라는 명을 내렸다. 둘째, 육덕명陸德明(556-627)은 남조의 진대陳代부터 시작하여 수십 년에 걸쳐 『경전석문經典釋文』 30권을 완성하였다. 여기에는 '오경'을 주석한 내용 이외에도 『효경』, 『논어』, 『노자』 등이 포함되었다. 『경전석문』은 음의音義와 전주傳注를 함께 중시하여 탁월한 성과를 이루었다. 셋째, 당 태종은 또 조칙을 내려 공영달孔穎達(574-648)과 안사고에게 『오경정의五經正義』를 편찬하게 하였다. 여기에는 『모시정의毛詩正義』 40권, 『상서정의尙書正義』 20권, 『예기정의禮記正義』 70권, 『주역정의周易正義』 14권, 『춘추정의春秋正義』 36권 등 모두 180권이 들어가 있다. 『오경정의』는 이전의 주석에 대해 변별 작업을 하고, 여러 설을 널리 채택했으며, 엄격하게 경문을 따르면서 소疏는 주注를 반박하지 않는 등, 전체적으로 한대

유학자 이래의 주소注疏 및 기타 경설經說의 연구 성과를 반영하여 경학상 한주漢注의 지위를 확립하였다. 『오경정의』는 이후 관학과 사학의 교육 교재로 확정되었다. 이 밖에 가공언賈公彦(활동 650-655)과 양사훈楊士勛(활동 627) 등 경학 연구가의 주소注疏도 높은 가치를 가지고 있다.(그림 7-1)

2. 송초 경학

송대 문화 · 교육사업은 사인 계층이 학술 문화와 교육사업에 열중하였고, 삼교三教의 융합이라는 사상적 환경 아래 학술 전통 중의 정화를 흡수하여 유가 경학사상을 심화시켰기 때문에 새로운 지름길을 열었다. 당대 주류 경학이 한대 유학사의 장구章句와 전주傳注 방법을 답습한 것과 달리, 송대 경학은 전체적으로 경학 중의 의리義理의 발휘에 중점을 두었다. 비록 연원에 있어 중만당中晩唐의 일부 학자들이 앞서 풍기를 열었지만, 송대의 경학은 오히려 보편적으로 의리義理를 취하는 것을 종지로 하여 새로운 경학의 시대를 이루었다.

송초宋初 삼선생三先生인 호원胡瑗(993-1059), 손복孫復(992-1057), 석개石介(1005-1045)는 자신의 경전 독해 방법을 열어 의리지학義理之學의 전통을 창립하였다.[2] 왕안석과 사마광은 의리 경학 방면에 힘을 보태어, 북송이 자주적으로 의리를 해석하는 풍토를 이루었다. 특히 왕안석은 희녕 연간에 당대에 세워진 시부詩賦와 명경과明經科를 폐지하고 자신이 주도하여 편찬한 『삼경신의三經新義』(왕안석이 직접 『주례周禮』를 해석하고 나머지 『시경』과 『서경』은 서문序文을 집필함)를 통일된 교재로 하여 과거시험을 보면서, 의리로 해석하는 기풍을 크게 열었다. 그가 관료를 선발하는

2 張國剛 · 喬治忠 등, 『中國學術史』, 東方出版中心, 2002년, 346쪽 참조.

방법은 원명元明 시기 경의經義의 시문時文의 남상이 되었다.[3] 이와 동시에 도통道統을 힘써 강조하는 이학가는 비록 왕안석과 관점에 있어 대립되지만 방법에 있어서는 결코 다르지 않았다. 이처럼 송인宋人의 경전 연구와 의리를 취하는 풍기는 큰 조류로 성행했다.

3. 의리 경학의 조류

송대 학자들의 경전 연구는 특히 『주역』, 『주례』, 『춘추』를 중시하였다. 이학가理學家는 특히 역리易理를 중시하여 자신의 철학 속에 융합시키고 관통시켰다. 『사고전서』 경부經部에 수록된 저작에 의하면, 송대 학자들이 주석한 역류易類는 56부 605권으로, 춘추류春秋類의 38부 689권과 예류禮類와 주례周禮의 10부 208권에 비하면, 전체 세 가지 경전 주석에서 1/3 내지 반에 이른다.[4] 이와 동시에 북송 태종 시기에 학자를 조직하여 '오경'의 기초 위에서 『춘추』의 이전二傳(『곡량전穀梁傳』과 『공양전公羊傳』), 『예』 중의 이례二禮(『주례』와 『의례』), 『효경』, 『논어』, 『이아爾雅』 등에 대해 의소義疏를 붙이고, 나중에 여기에 『맹자』를 경전으로 추가하여 '십삼경十三經'을 구성하였다. 정주학자程朱學者들은 『소대례기小戴禮記』 중의 『대학』과 『중용』, 그리고 『논어』와 『맹자』를 중시하였는데, 남송의 주희는 『대학』과 『중용』을 뽑아내고 『논어』와 『맹자』를 합쳐 '사서四書'를 만들었다. 게다가 주희는 필생의 심혈을 기울여 이들에 주석을 가하여 『사서집주四書集注』를 만들었다. 『사서집주』는 원대 이후 과거시험의 교재가 되어 그 영향이 지극히 심원하였다.

---

3 皮錫瑞, 위의 책.

4 張國剛 · 喬治忠 등, 위의 책, 351-353쪽.

4. 역사학

수당隋唐부터 송원宋元 시대에 이르기까지 역사학 방면에서도 뛰어난 성취를 이루었다. 수나라가 전국을 통일한 후 황권 정치를 강화함에 따라 사상과 문화에 대한 제약도 엄밀해졌다. 수 문제 때인 593년(개황 13) "5월 계해일, 조서를 내려 항간에서 국사를 편수하고 인물의 장단점을 평가하는 것은 모두 금지되었다.(五月癸亥, 詔人間有撰集國史, 臧否人物者, 皆令禁絕.)"[5] 이로부터 국사는 다만 황실에서 지시하거나 파견한 사람만이 편수할 수 있었으며, 어떠한 개인도 마음대로 저술할 수 없었다. 이 금령禁令 때문에 국사의 편찬은 황권의 전유물이 되었다. 민간에서 국사를 편수하고 인물의 장단점을 평가하는 일을 금지한 것은 수대 역사학의 발전을 제한하였을 뿐만 아니라 후대의 역사학에도 중대한 영향을 끼쳤다. 한편으로 나중에 국사관國史館에서 국사를 전수專修하는 제도를 확립하여 정부에서 전대의 기전체紀傳體 정사正史를 편수하는 시작이 되었으며,[6] 다른 한편으로 개인의 역사 편찬이 더욱 넓은 영역을 개척하게 만들어 결국 새로운 역사 저술 체재를 창립하게 하였다.

당대 초기 영호덕분令狐德棻(582-666)은 고조高祖에게 다음과 같이 건의하였다.

> 소신이 보건대 최근에 대부분 정사正史가 없사온데, 남조의 양나라·진나라·제나라는 그래도 자료가 있습니다. 북주北周와 수나라에 대해서는 대업 연간(605-618)의 난리와 혼란으로 기록에 많은 결락이 있습니다. 현재 과거의 사건에 대해 믿을 수 있는 목격자와 견문자가 있으나,

---

5 『隋書』「高祖紀下」, 中華書局 標點本, 1973년.

6 謝保成, 『隋唐五代史學』, 厦門大學出版社, 1995년, 15쪽 참조.

만약 십수 년이 더 지나간다면 아마도 사적은 자취 없이 사라질 것입니다. 폐하께서 수나라로부터 선양을 받고 또 북조의 역수歷數도 계승하셨으며, 나라의 두 조상(태조 이호李虎와 세조 이병李昞)도 북조에서 공업을 이루셨습니다. 만약 역사가 없다면 어찌 고금에 경계할 거울을 남길 수 있겠습니까? 소신의 어리석은 소견이오나 역사를 편수하시길 청하옵니다.(竊見近代以來, 多無正史, 梁·陳及齊, 猶有文籍. 至周·隋遭大業離亂, 多有遺闕. 當今耳目猶接, 尙有可憑, 如更十數年後, 恐事跡湮沒. 陛下旣受禪於隋, 復承周氏歷數, 國家二祖功業, 並在周時. 如文史不存, 何以貽鑑今古? 如臣愚見, 並請修之.)

고조는 그의 상주를 승낙하였으나 "수년이 지나가도록 실천에 옮기지 못하다가 결국 중지되었다.(歷數年, 竟不能就而罷.)" 629년(정관 3) 태종太宗은 영호덕분과 잠문본岑文本(595-645)에게 북주北周의 역사를 편수하라고 칙령을 내렸으며, 이백약李百藥(565-648)에게 남제南齊의 역사를 편수하고, 요사렴姚思廉(557-637)에게 양梁과 진陳의 역사를 편수하고, 위징魏徵(580-643)에게 수隋의 역사를 편수하고, 위징과 방현령房玄齡(578-648)에게 여러 왕조의 역사 편수를 감독하게 하였다. 영호덕분은 또 상주하기를 최인사崔仁師(580년대 출생)를 북주 역사 편수에 보좌하도록 추천하고, 여러 역사서가 통일된 체례로 이루어질 수 있도록 편수사업을 총괄하도록 하였다.[7] 636년(정관 10)에 이들을 합친 『오대기전五代紀傳』이 완성되었고, 고종 656년(현경 1)에 마지막으로 『오대사지五代史志』(현재 『수서隋書』의 지志)가 완성되었다.

당대 초기에 편수하여 완성된 '오대사五代史'는 중국 역사학의 발전사에서 최소한 네 가지 중요한 의의를 가진다. (1) 기전체紀傳體 전대사前代

7 『舊唐書』「令狐德棻傳」, 中華書局 標點本, 1975년.

史의 편수가 사수私修에서 관수官修로 바뀌는 과도적 성격을 띠었다. 이후 『남사南史』와 『북사北史』가 거의 반복되고 『신오대사新五代史』의 예외적인 경우를 제외하고는 기전체 전대사의 편수는 완전히 제국의 정부 수중에서 이루어졌고, 더불어 제도로 정착되어 결국 끊이지 않고 이어진 중국사 시리즈인 이십사사二十四史가 만들어졌다. (2) 전문적인 역사 편수 기구의 건립을 촉진하였다. 『당회요唐會要』 권63 「사관상史館上 · 수전대사修前代史」에 명확하게 기록하였다. "629년 중서성에 비서내성을 설치하고 오대사를 편수하였다.(至貞觀三年, 於中書置秘書內省, 以修五代史.)" 같은 해 윤12월 궁중에 상설 역사 편수 기구인 사관史館을 설치하고, 점차로 기거주起居注, 시정기時政記, 일력日歷, 실록實錄, 국사國史 등 일련의 역사 편수 기구를 건립하였다. 이로부터 사관을 설립하여 실록이나 국사 등 당대사를 편수하는 것이 전통이 되었다. (3) 『수서隋書』 「경적지經籍志」에서 사부史部를 경부經部 바로 다음에 두어 사부史部를 고전 경적의 사부四部 분류에 있어서 중요한 지위로 확정했다. (4) 『수서』 「경적지」는 기전체를 정사로 하였다. 이로부터 기전체는 '고대 역사 기록의 바른 형식(古史記之正法)'이라며 편년체를 대신하여 정사正史 체제로 확정되었고, 위진 이래 400여 년 동안 "반고班固(32-92)와 순열荀悅(148-209)의 두 역사 편수 체재의 우열에 대한 논쟁(班荀二體, 角力爭先)"을 종식시켰다.[8]

여기서 지적해야 할 것은 당대에 확립된 재상의 정사正史(전대사前代史와 본조사本朝史) 편수 감독제도이다. 이는 중국 고대 역사 편수제도에 있어서 하나의 중대한 변화로, 이후부터 기전체 정사의 편수권은 전제국가의 수중으로 엄격하게 들어가게 되었다. 이 제도는 당대부터 청대까지 계속되었으며 후세의 역사학 발전에 심각한 영향을 일으켰다. 그러나 이 제도는 당대에 적지 않은 폐단을 노출시켰다. 첫째, 사관史館은 재상의 감

8 謝保成, 『隋唐五代史學』, 2쪽, 27-28쪽 참조.

독과 지휘 아래 있으면서 개인은 자신의 재능과 역할을 충분히 발휘하지 못하였고, 역사 편수의 효율에 영향을 미쳤다. 당대의 저명한 역사학자 유지기劉知幾(661-721)는 이에 대해 자신의 소감을 밝혔다. 그는 단호하게 사관史館에서 나와 "개인적으로 『사통史通』을 찬수하여 자신의 뜻을 보였다.(私撰『史通』, 以見其志.)"[9] 둘째, 다수의 편수 감독이 명실상부하지 않았다. 나중의 편수 감독관은 "이 직위에 앉는 자는 분명 군주의 총애를 받는 높은 신하로, 범용한 성격에 천한 인품으로, 배불리 먹고 천천히 걸으며, 앉아서 휘파람 불고 문서에 결재만 하는 그것만 할 줄 아는 사람이다.(凡居斯職者, 必恩幸貴臣, 凡庸賤品, 飽食安步, 坐嘯畫諾, 若斯而已矣.)"[10] 편수 감독관이 적합하지 않은 인물이라면 분명 역사서의 질에 영향을 줄 것이다.

'오대사' 이외에 당대 초기에 관방에서 편수한 전대사가 있으니 곧 『진서晉書』이다. 여기에 더하여 이연수李延壽가 개인적으로 편수한 『남사』와 『북사』가 있다. 이렇게 보면 당대 초기에 편수한 정사는 8종으로 '이십사사'의 1/3을 차지하여, 고전 역사학에 있어 휘황한 시대라 할 수 있다. 그러나 편수자의 역사인식에 고하가 있고, 수집한 자료에 다과多寡와 진위眞僞가 있고, 관점에 정오正誤가 있고, 사학가로서의 재능에 우열의 차가 있으니 역사서의 질이 들쭉날쭉하는 등 적지 않은 문제가 있었다. 객관적으로 볼 때 이는 총괄적인 평가 작업이 필요하며, "의도를 변별하고 체례를 분석(辨其指歸, 殫其體統)"하는 것이 필요하다.

중국 고대 역사학은 기능에 따라 일찍이 전후로 감계鑑戒 역사학, 경세經世 역사학, 교화敎化 역사학 등 서로 다른 유파와 방향으로 발전하였다. 사마천司馬遷(B.C. 145-86)이 "하늘과 사람 사이의 관계를 탐구하고, 과거와 현재의 변화를 통찰하여, 나만의 독특한 견해를 가진 글을 쓰겠다.(究

---

9 『史通』 권10 「自敍」, 『史通通釋』, 上海古籍出版社, 1978년.
10 『史通』 권10 「辨職」.

天人之際, 通古今之變, 成一家之言.)"고 말한 것이 첫 번째 단계로, 곧 감계 역사학의 관점을 가장 잘 대표한다. 성당盛唐 시기에 유지기의 『사통』은 역사학 발전에 있어 첫 번째 단계의 총결이라 할 수 있다. 『사통』은 성당 시기에 나와 당시 역사학의 발전을 갈구하는 시대적 요구에 적응하였다. 그 임무는 곧 이전에 나온 역사평론의 기초 위에서 중국 고대사회 전기前期의 1천여 년의 역사학 실천을 전면적으로 총결하고, 역대 역사서의 장단점을 평가하여, 역사학의 미래를 열도록 준비하는 것이었다.

『사통』은 모두 20권으로, 내편과 외편 각각 10권씩 두 부분으로 나뉘어 있다. 내편은 주로 역사서의 원류 · 체례 · 편찬 방법을 서술했고, 외편은 주로 사관史官의 설치 · 연혁 · 역사서의 장단점을 논술하였다. 유지기가 이룩한 중국 고대 역사학의 공헌은 다음과 같다. (1) 성당 시대까지의 역사서의 체례를 체계적으로 총결하여 기전체 역사서의 편찬을 더욱 규범적이고 엄격하게 공식화시켰다. (2) 성당 시대까지의 사관史官제도와 역사서 편찬을 체계적으로 고찰하여 역사학사歷史學史 연구의 길을 열었다. (3) 역사서의 편찬에 있어 '실록實錄과 직서直書'의 원칙을 제시하였다. 「직서直書」와 「곡필曲筆」 두 편에서 유지기는 좋은 역사서는 "실록과 직서를 중시한다.(以實錄直書爲貴)"고 보았다. 역사의 사건을 기록하는 것은 응당 "선악을 반드시 쓰고(善惡必書)", "악을 숨기지 않고, 과장하여 찬미하지 않으며(不掩惡, 不虛美)", "잘못을 수식하고 과오를 치장하거나(飾非文過)", "곡필하고 무고해서는(曲筆誣書)" 안 된다고 하였다. (4) 역사가의 학식과 수양의 표준을 제시하였다. 이는 이후 보편적으로 받아들여진 일종의 인재관人才觀으로, 이른바 '역사가의 세 가지 장점(史家三長論)'이다. 곧 역사 지식인 사학史學, 역사 견해인 사식史識, 연구 능력과 표현 기법인 사재史才가 그것이다. (5) 일련의 역사 편수의 방법과 요구를 제시하여 역사서 수찬의 완비를 추진하였다.

755년(천보 14)에 발발한 '안사의 난(安史之亂)'은 당나라 전성기의 종언을 고하였다. 강렬한 사회 변동은 지식인들에게 반성을 자극하였으며, 그들에게 정치의 성패라는 각도에서 역사 변동의 원인을 찾게 하였고, 역사 경험의 각도에서 정치상의 부흥을 구하게 하였다. 진정으로 이 두 가지 사고를 결합하기 위해서는 연구와 실천에서 계발과 교훈을 얻어야 했고, 반드시 '문제의식'이 있어야 했다. 그리하여 실제적인 해결을 강구하고, '국가를 다스리고(經邦)' '현실에 소용되는(致用)' 학풍을 수립해야 했다. 당대 중기에 경세지학經世之學을 창도하고 힘을 쏟는 것이 이미 당시 식견 있는 사대부 사이에 일종의 경향이 되었다. 『통전通典』의 작가 두우杜佑(735–812)는 바로 이러한 경향의 역사학 분야의 선구이자 대표적인 인물이다. 『통전』 및 『이도요결理道要訣』의 서문과 표문表文(『옥해玉海』 권51에 보임)에서 볼 수 있듯이, 두우의 역사학 사상의 핵심은 역사학과 정치 실천을 결합하는 것이었고, 경세치용 방면의 사회적 기능에 역사학을 발휘하는 데 뜻을 두었다. 그러므로 『통전』은 중국 역사학에서 경세 역사학의 시작을 열었다고 할 수 있다. 성당 시기 유지기가 총결했던 6명이 여사가와 반고·순열의 두 가지 서술 체재의 형국도 『통전』이 창립한 역사서 전제체典制體에 의해 극복되었다.

『통전』의 편찬상의 특징은 세 방면으로 귀납된다.[11] (1) 자료를 통합한다. 『통전』은 주로 역대 정사正史의 서지書志에서 자료를 취하여, 관련된 내용을 융합하고 연결시켜 하나로 정리하였다. 독립된 전장제도典章制度의 통사가 만들어졌고, 그 결과 "고대 제도를 줄기로 하고(以典故爲紀綱)", "이전 역사서의 서지를 통합하여(統前史之書志)", "고금을 모으고 연결시키는(會通古今)" 방면에서 중대한 성취를 이루었다. (2) 분류를 세운다. 『통전』의 분류와 정사正史의 서지書志에 나오는 항목을 서로 비교하면 알

11 倉修良 主編, 『中國史學名著評介』 제1권, 『通典』과 관련된 評介, 山東教育出版社, 1990년 참조.

수 있듯이, 『통전』의 작자는 현실 사회생활과 직접적으로 관계되는 전장 제도에 더욱 주의하였다. 예컨대 선거選擧 · 군사(兵) · 변경 방어(邊防) 등의 항목을 증가시켰고, 오행五行 · 상서祥瑞 · 여복輿服, 심지어는 천문天文 · 율력律曆 등의 내용은 제외하였다. 이는 곧 "인사에서 확인하여 정치에 적용한다.(徵諸人事, 將施有政.)"는 찬술 종지를 관철시킨 것이다. (3) 논의를 중시한다. 이 특징은 『통전』이 기사記事와 기언記言의 두 형식을 결합하여 이루어진 성공이다. 『통전』 중의 논의 명목名目으로는 서序 · 논論 · 설說 · 의議 · 평評 · 안按 등이 있다. 이들은 각 문류門類와 각 권에 흩어져 있기에, 전체 책의 강령을 이룬다. 그 내용은 대부분 역사상 성패의 경험을 정치적으로 총결하는 데 착안하고 있으며, 또 현실과 결합하여 작자의 견해와 주장을 드러내면서 종종 작자의 찬술 의도 및 정치관과 역사관을 반영하고 있다.

양계초梁啓超(1873-1929)는 일찍이 다음과 같이 말하였다. "『자치통감』이 있어 정치가 통하고, 『통전』이 있어 정치제도가 통한다.(有『通鑑』而政事通, 有『通典』而政制通.)" 그리고 역사 연구는 "고대와 현재를 모으고 통하게 하는 것이 중요하다.(所貴在會通古今)"고 하였다.[12] 『통전』은 중국 역사서의 전제체典制體를 창립하였고, 이로부터 후세에 '십통十通'이 이루어졌으며, 중국 고대 역사학의 '통사가의 기풍(通史家風)'을 발양하는 데 중대한 공헌을 하였다.

학자들은 중당中唐 이후 역사가들 사이에 '역사로 마음을 다스리는(以史治心)' 경향이 나타났다고 말한다. 즉 역사를 이용하여 윤리강상의 교화를 이루는 경향을 말한다. 담조啖助(724-770) 학파는 다음과 같이 주장하였다. "역사를 가지고 경전을 정리하고 왕도를 밝힌다.(因史制經, 以明王道.)", 즉 "왕실을 존중하고, 참월僭越을 바로잡고, 삼강을 유지하고, 오상

12 梁啓超, 『中國歷史研究法補編』 제2장 「過去之中國史學界」.

을 장려한다.(尊王室, 正陵僭, 擧三綱, 提五常.)" 한유韓愈(768-824)도 '마음 다스리기(治心)'는 '마음 바르게 하기(正心)'이고, '마음 바르게 하기'는 제가齊家 · 치국治國 · 평천하平天下를 위해 자신을 수양하는 것이라고 했다. 이들 주장은 "문장은 도를 실어 나르는 도구이다.(文以載道)"라고 제창하는 고문운동古文運動의 추진 아래 빠르게 사회 사조가 되었고, 그 영향은 "역사로 세상을 구제한다.(以史經世)"는 주장을 크게 초월하였다. 역사학은 치란과 흥망을 연구하여 경계로 삼는 것으로부터 점점 윤리 설교와 개인의 내심과 성찰로 방향을 바꾸게 되었고, 그 교화 기능도 전에 없이 강화되기 시작했다. 그리하여 편년체編年體 역사서가 크게 일어나고 통사通史의 기풍이 갑자기 흥기하였으며, 역사서 편찬에 포폄褒貶을 강조하고 의례義例(의리義理의 사례)를 강구하는 등 고대 사회 후기 역사학 발전의 기본 형국을 형성하였다. 그 밖의 도경圖經, 지지地志, 역사필기歷史筆記, 조령집詔令集, 회요會要 등 역사 관련 서적도 문집과 함께 "문장은 역사가 이끈다.(文之將史)"는 추세와 동반하여 갈수록 중시를 받았다.[13]

송원宋元 시기에 이루어진 사마광司馬光(1019-1086)의 『자치통감資治通鑑』, 정초鄭樵(1104-1162)의 『통지通志』, 마단림馬端臨(1254-1323)의 『문헌통고文獻通考』는 대표적인 역사학 저작이다. 사마광이 주편主編한 『자치통감』은 중국의 첫 번째 편년체 통사로, 모두 294권에 주周 위열왕威烈王 23년부터 후주後周 세종世宗 현덕 6년까지, 즉 기원전 403년부터 기원후 959년까지 총 1,362년의 역사를 서술하였다. 집필에 가담한 사람으로는 유반劉攽(1023-1089), 유서劉恕(1032-1078), 범조우范祖禹(1041-1098) 등 모두 사관史官으로, 각자 분담을 명확히 하여 진행했다. 그러므로 『자치통감』은 체례가 엄격하고 자료가 신중하며, 내용이 자세하고 고정考訂이 정확하여, 역사학 사상 지대한 영향을 미쳤다. 이렇게 개선된 편년체를

13 謝保成, 『隋唐五代史學』, 4쪽 참조.

'통감체通鑑體'라 칭하여, 후대의 편년사에 통용되는 체제가 되었다. 이후 더욱 다양한 역사 체제가 파생되었다. 남송 원추袁樞(1131-1205)는 이 책에 근거하여 『통감기사본말通鑑紀事本末』을 편찬하였다. 그는 역사적 사건을 별도의 조목으로 세워 독립된 편篇을 만들고, 각 편은 시간의 순서에 따라 서술하는 기사본말체紀事本末體를 창립하였다. 주희朱熹(1130-1200) 역시 『통감강목通鑑綱目』을 편성하여 강綱은 큰 글자로 제요提要를 드러내고, 목目은 작은 글자로 사건을 서술하는 강목체綱目體를 창립하였다. 송원 교체기에 호삼성胡三省(1230-1302)이 지은 『통감음주通鑑音注』는 『자치통감』에 대한 주석이다. 『자치통감』의 영향 아래 속작이 이어졌다. 예컨대 남송 이도李燾(1114-1183)의 『속자치통감장편續資治通鑑長編』과 이심전李心傳(1166-1243)의 『건염이래계년요록建炎以來繫年要錄』은 모두 『자치통감』을 모방한 역사 저작이다. 『속자치통감장편』은 980권으로 수많은 관방과 사가 사료에 대해 고정考訂과 변위辨僞를 가한 『자치통감』 이후의 첫 번째 뛰어난 당대 편년사이자, 중국 고대에 사가私家에서 편찬한 권질이 가장 방대한 편년사이다.

남송 고종 1161년(소흥 31) 정초는 『통지通志』를 완성하였다. 전체 200권으로 된 기전체 통사이다. 그중에 『이십략二十略』은 전체의 1/4을 차지하며, 책의 정화精華에 해당한다. 정초도 회통會通을 주장했다. 즉 각종 학술과 문화를 '모아(會)', 고금의 변화 양상을 '연결시켜(通)', 실제적인 점을 강조하고, 감정에 따라 포폄하지 않아야 한다고 했다.

원 성종 1307년(대덕 11) 마단림이 편찬한 『문헌통고』는 『통전』 이후 또 한 부의 전제체典制體 통사이다. 이 책은 348권으로, 24고考로 나뉘어 있으며, 내용은 『통전』에 기반하여 더 넓혔고, 천보 연간(742-756) 이전을 보충하였으며, 천보 이후부터 남송 영종寧宗 가정 연간(1208-1224) 말까지 이어서 작성하였다. 분류는 비교적 자세하다. 『문헌통고』·『통전』·『통지』를 합해서 '삼통三通'이라 칭해졌고, 후세에 계속 이어져 '십통十通'이 만들어졌다. 이들 전제체典制體 통사는 『당회요唐會要』와 『오대회요五代會要』 등과 같이 왕조 각 분야의 정치 · 경제 · 사회제도를 전문적으로 기록한 회요체會要體 역사서와 함께 정서政書라고 통칭한다.

5. 지리학

고대 지리학은 당대에 이르러 크게 발전하였다. 이길보李吉甫(758–814)의 『원화군현도지元和郡縣圖志』는 전통을 계승하면서 새로운 지평을 연 의의가 있다. 송대 지방지의 저술은 전에 없는 수준에 이르렀으며, 체례도 이미 갖추어져 후세의 지방지가 대부분 송대 지방지의 틀을 벗어나지 않았다. 송대에는 통할 구역의 개략적인 모습을 기재한 지리총지地理總志도 여러 종 나왔고, 주州 · 현縣 · 진鎭의 지방지도 대량으로 나왔다. 송대 초기 악사樂史(930–1007)의 『태평환우기太平寰宇記』는 풍속 · 인물 · 토산土産 등의 항목을 증설하였다. 이후 왕존王存(1023–1101)의 『원풍구역지元豊九域志』는 노路에 따라 주현州縣의 호구는 물론 향진鄕鎭과 토공土貢의 숫자 등을 적고 있어 역사적 사실을 조사하는 데 도움을 주었다. 남송 왕상지王象之(진사 1196)의 『여지기승輿地紀勝』은 산천명승을 기록하였는데, 인용한 문헌은 대부분 다른 책에 보이지 않는 희귀한 서책이 많다. 그 밖의 주州 · 현縣 · 진鎭의 지방지 가운데 현존하는 것은 20여 종으로, 적으면 수 권이고 많으면 100권에 이른다. 북송 송민구宋敏求(1019–1079)의 『장안지長安志』는 기술이 간략한 흠이 있지만, 남송 범성대范成大(1126–1193)의 『오군지吳郡志』, 진기경陳耆卿(1180–1236)의 『가정적성지嘉定赤城志』, 주응합周應合(1213–1280)의 『경정건강지景定建康志』, 잠열우潛說友(1216–1288)의 『함순임안지咸淳臨安志』 등에 이르기까지 내용이 풍부하고 체례가 완비되어 지리지 편찬에 중대한 진보를 보여 준다. 맹원로孟元老(활동 1126–1147)의 『동경몽화록東京夢華錄』, 주밀周密의 『무림구사武林舊事』, 오자목

吳自牧(활동 1276)의 『몽양록夢粱錄』은 북송 말 개봉開封과 남송 임안臨安의 번화한 상황을 각각 기록하여, 송대 도시생활을 연구하는 데 풍부한 자료를 제공한다. 남송 상당常棠(활동 1230)의 『감수지澉水志』는 절강 감포진澉浦鎭의 진지鎭志이다. 진지의 출현은 송대 사회경제가 발전한 새로운 상황을 반영하고 있다. 원대에는 관방에서 편수한 『대원일통지大元一統志』가 있다.

6. 금석학

금석학金石學은 중국 고고학의 전신으로 북송 시기에 형성되었다.[14] 당대 시인 장적張籍(766?-830?)은 시에서 다음과 같이 노래했다.

일찍이 공후를 방문하러 시간 낭비 않았으니	不曾浪出謁公侯,
오로지 꽃 사이와 물가에서 놀았어라.	唯向花間水畔遊.
매번 새 옷을 입으면 단약을 만들고	每著新衣看藥灶,
종종 골동품을 사모아 서가에 두었지.	多收古器在書樓.[15]

주경여朱慶餘(797-?)는 다음과 같이 노래했다.

좋아하는 것이라곤 책과 옛 골동품	唯愛圖書兼古器,
관직에 있다 해도 가난을 떠나지 못하였지.	在官猶自未離貧.
더구나 전근하는 지역이 청산에 가깝다 하니	更聞縣去靑山近,
시인들 사이에서 주인이 되겠구나.	稱與詩人作主人.[16]

14 朱劍心, 『金石學』「序例」, 文物出版社, 1981년, 1-2쪽, 19-20쪽 참조.

15 張籍, 「贈王秘書」, 『張司業集』.

16 朱慶餘, 「寄劉少府」, 『全唐詩』.

이들 시를 보면 당대 문인들이 골동품 수집을 좋아했음을 알 수 있다. 그러나 오대五代 이전 금석을 전문적인 학문으로 여기는 사람은 없었다.[17] 북송 때 증공曾鞏(1019-1083)이 『금석록金石錄』(전하지 않음)에서 가장 먼저 '금석金石'이란 말을 사용하였다. 송대 금석학의 개산지조開山之祖인 유원부劉原父(이름은 창敞, 1019-1068)는 먼저 집안에 소장된 11건의 고대 기물(古器)에 대해 공들여 그 글자를 모사하고, 그 모양을 그리고, 바위에 새기고서는, 책 이름을 『선진고기도비先秦古器圖碑』(전하지 않음)라 하였다. 그는 「선진고기기先秦古器記」 서문에서 고대 기물을 연구하는 방법에 대해 지적하기를 "의례는 제도를 명확히 하고, 소학은 문자를 바로잡으며, 보첩은 세계世系와 시호의 순서를 바로 한다.(禮家明其制度, 小學正其文字, 譜牒次其世謚.)"고 하였다. 전해 오는 고대 기물의 이름은 대부분 송대 사람들이 정한 것으로, 학자들은 그 창시의 공을 응당 유원부와 양원명楊元明 두 사람에게 돌린다.[18]

1092년(원우 7) 완성된 여대림如大臨(1046-1092)의 『고고도考古圖』와 『석문釋文』은 고대의 동기銅器와 옥기玉器 200여 건을 저록著錄하고, 모양과 관지款識를 그렸으며, 크기와 중량 등을 표기했으며, 출토지와 소장처를 기록했다. 이는 고대 기물을 저록하는 체례를 처음 만든, 현존하는 가장 이른 비교적 체계적인 고대 기물 도록이다. 북송 말년 왕보王黼(1079-1126)의 『선화박고도宣和博古圖』는 고대 청동기 800여 건을 저록하고, 형태를 그리는 등 고증考證이 정밀하여 청동기의 분류와 정명定名에 큰 공헌을 하였다. 북송 구양수歐陽修(1007-1072)의 『집고록集古錄』은 현존하는 가장 이른 석각 문자를 연구한 전문서이다. 조명성趙明誠(1081-1129)의 『금석록金石錄』은 금석 탁본 2천 종을 저록하고 오류를 정정하였는데, 송

17 馬衡, 『凡將齋金石叢稿』, 中華書局, 1996년, 2쪽 참조.
18 劉節, 『中國史學史稿』, 中州古籍出版社, 1982년, 204쪽.

대 초각본初刻本이 현재 전한다. 남송 홍적洪適(1117-1184)의 『예석隸釋』과 『예속隸續』은 현전하는 가장 이른 한위漢魏 석각문자를 집록한 전문서로, 관련된 역사에 대해 고석考釋하였다. 그 밖에 전폐錢幣 방면으로는 홍준洪遵(1120-1174)의 『천지泉志』 등의 책이 전해지며, 새인璽印 방면으로는 약간의 보록譜錄이 남아 있고, 동경銅鏡과 화상석畵像石과 전와磚瓦 등에 대해서도 저록이 있다. 정초鄭樵가 『통지』를 편찬하면서 금석金石을 별도의 항목으로 세웠고, 게다가 『이십략二十略』 속에 넣었기에 이로부터 금석학은 중국에서 전문적인 학문이 되었다.

송대 금석학의 여러 서적들은 오대五代 이전, 특히 상주진한사商周秦漢史를 연구하는 데 있어 귀중한 자료를 제공한다. 이에 비하면 원명元明 두 조대의 금석학은 약간 정체되었다. 여기서 언급해 둘 만한 것으로 원대 초기 중국에 와서 관료가 된 색목인 갈라록葛邏祿족(돌궐의 부족) 내현迺賢(1309-?)이 지은 『하삭방고기河朔訪古記』는 자신의 현지 고찰을 문헌 기록과 비교하여 편찬한 것으로, 일반 금석학자들이 문서만으로 명각銘刻을 고증하는 학풍을 극복하였다. 원대 주덕윤朱德潤(1294-1365)의 『고옥도古玉圖』는 현존하는 가장 이른 옥기玉器만을 전문적으로 저록한 저작이며, 반앙소潘昻霄(14세기)의 『금석례金石例』는 비지碑志 의례義例 연구의 시작을 열었다.

7. 유서의 편찬

각종 문헌의 내용을 분류하여 다시 정리해 편집한 책을 유서類書라고 한다. 그 장점은 검색이 쉬워 전통 시대의 백과사전이라 할 수 있다. 고대에는 기술의 한계로 인해 서적의 유통이 제한되었기 때문에 유서는 자료를 보존하는 기능도 하였다. 중국 고대에는 문화가 발달하여 이른 시기부터 유서를 편집하는 전통이 있었다.[19] 수대에 편집된 유서로 주요한 것은

『장주옥경長洲玉鏡』, 『북당서초北堂書抄』, 『현문보해玄門寶海』 등이다.[20] 『신당서』「예문지 3藝文志三」의 저록에 따르면, 『장주옥경』은 238권으로 우작虞綽(560?-615) 등이 편찬하였다. 두보杜寶의 『대업잡기大業雜記』는 수 양제가 일찍이 비서감 유고언柳顧言과 『장주옥경』에 대해 논하면서 다음과 같이 지적하였다고 한다. 즉 이 책의 모델은 남조 양나라에서 편찬한 『화림편략華林遍略』으로 "더 이상 더할 부분이 없을 정도이니 자료는 응당 이를 표준으로 해야 한다.(然無復可加, 事當典要.)"고 하였다. 이에 유고언이 대답해 말했다.

> 지금의 서적은 양대보다 더 풍부하므로 자료 수집이 『화림편략』보다 더 많습니다. 그러나 양대 학사들이 자료를 수집함에 있어서는 계획이 일치하지 않은 점이 있었습니다. 예를 들어 "보검이 곤오계에서 나와, 사람을 물에 비추듯 비추고, 옥을 자르면 진흙을 자르는 듯하다."는 용전에 대해, '검'이란 어휘를 수록하는 사람은 곤오검에 대해서만 인용하고, '시내'라는 어휘를 수록하는 사람은 곤오계만 인용하고, '옥'이라는 어휘를 수록하는 사람은 옥에 관한 일만 인용했습니다. 그 결과 같은 용전이 중복하여 나오므로 권질이 많아졌지만, 『장주옥경』은 그렇지 않습니다.(今文籍又富梁朝, 是以取事多於『遍略』. 然梁朝學士取事, 意各不同, 至如寶劍出自昆吾溪, 照人如照水, 切玉如切泥, 序劍者盡錄爲劍事, 序溪者亦取爲溪事, 撰玉者亦編爲玉事, 以此重出, 是以卷多, 至於『玉鏡』則不然.)[21]

19 胡道靜, 『中國古代的類書』, 中華書局, 1982년, 5-8쪽 참조.

20 수대에는 또 『江都集札』 120권이 있는데, 600년(개황 20) 晉王 楊廣이 揚州博士 潘徽와 여러 학자를 시켜 편찬하게 하였다. 『隋書』「經籍志」의 經部 論語類 말미에만 저록되어 있고, 게다가 편찬자 이름도 없이 126권으로 기록하였다. 謝保成, 『隋唐五代史學』, 24쪽 참조.

21 『續談助』 권4에서 인용. 謝保成, 『隋唐五代史學』, 8-9쪽 참조.

이는 『장주옥경』이 자료를 풍부하게 채용했지만 『화림편략』과 같은 중복의 폐단이 없음을 표명한 것이다. 우세남虞世南(558-638)의 『북당서초』는 지금도 영인본이 통행된다. 제갈영諸葛穎(539-615)의 『현문보해』 120권은 『수서』와 『구당서』에 모두 저록이 되어 있지만, 요진종姚振宗(1843-1906)은 『수서경적지고증隋書經籍志考證』 권30에서 수대 『도장道藏』의 목록일 것이라고 회의를 나타내었다.

당송 시대에 이르러 유서의 편찬은 장족의 발전을 이루었다. 당나라는 개국에서 성당까지 중종과 예종의 난세(705-712)를 제외하고는 황제마다 유서를 편찬하였다. 고조 때 『예문유취藝文類聚』 100권(구양순歐陽詢 등 편찬), 태종 때 『문사박요文思博要』 1,200권 및 『목目』 12권(고사렴高士廉 등 편찬), 고종 때 『요산옥채瑤山玉彩』 500권과 『누벽累璧』 400권 및 『목록目錄』 4권(허경종許敬宗 등 편찬),[22] 무측천 때 『현람玄覽』 100권(천후天后 찬撰이라 되어 있음)과 『삼교주영三教珠英』 1,300권 및 『목目』 13권(장창종張昌宗 등 편찬), 현종 때 『사류事類』 130권[23]과 『초학기初學記』 30권(서견徐堅 등 편찬)이

---

22 兩唐志에서는 모두 『碧玉芳林』 450권, 孟利貞 撰이라 저록하고 있다. 孟利貞은 高宗 때 사람으로 『舊唐書』「文苑傳上」에 보인다. 『新唐書』「藝文志三」 子部 類書類에 또 "『東殿新書』二百卷, 許敬宗 · 李義府奉詔於武德內殿修撰. 其書自『史記』至『晉書』刪其繁辭. 龍朔元年上, 高宗制序."라 되어 있다. 그 내용을 보면 類書가 아닌 듯하다. 또 『舊唐書』「經籍志下」 集部 總集類에 "『文館詞林』一千卷, 許敬宗撰"(『新唐書』에서는 『文館辭林』이란 제목으로 集部 文史類에 수록하고 있다.)이라 되어 있는데, 지금 殘卷이 남아 있다. 어떤 학자는 類書에 속하는 것으로 보고 있다. 汪辟疆, 『目錄學研究』, 商務印書館, 1934년, 59쪽 주 3) 참조.

23 『舊唐書』「玄宗紀下」 737년(개원 25) 조에 다음 기록이 있다. "9월 壬申日, 새로 정한 令 · 式 · 格 및 事類 130권을 천하에 반포하였다." 『舊唐書』「刑法志」에 다음 기록이 있다. "734년(개원 22), 戶部尙書 李林甫가 또 조서를 받아 格令을 수정하였다. 李林甫가 中書令으로 전임되면서, 侍中 牛仙客과 御史中丞 王敬從과 더불어, 그리고 明法之官 前左武衛胄曹參軍 崔見, 衛州司戶參軍直中書 陳承信, 酸棗尉直刑部 俞元杞 등과 함께 예전의 格式律令 및 칙령을 가감하여 총 7,026조를 모았다. 그중 1,324조는 주요하지 않아 삭제했다. 2,180조는 수정하였고, 3,594조는 수정 없이 보존했다. 이들을 律 12권, 律疏 30권, 令 30권, 式 20권, 開元新格 10권으로 만들었다. 또 格式律令事類 40권을 편찬하여 종류별로 모아 보기 편리하게 하였다. 737년(개원 25) 9월에 상

있다. 이 가운데 현존하는 책은 『예문유취』와 『초학기』 두 종이다. 당대에는 또 적지 않은 문인들이 시문을 짓기 위한 준비와 열람으로 개인적으로 유서를 편찬했다. 현재 백거이白居易(772–846)가 편집한 『백씨육첩사류집白氏六帖事類集』만 남아 있는데, 『예문유취』·『초학기』와 함께 당대 삼대 유서로 칭해진다. 이 밖에 돈황 석실에서 『토원책兎園策』(즉 『토원책부兎園策府』)과 우입정于立政의 『유림類林』이 발견되었는데 모두 당대 유서의 잔권이다. 현종 개원 연간(713–741)에 무경毋煚(?–722)이 편찬한 『고금서록古今書錄』은 그동안 집부集部의 잡가류雜家類에 있던 유서를 처음으로 자부子部로 독립시켜 자체의 분류 항목을 가지게 하였다.[24]

송대는 오대십국의 분열을 종결짓고 문치文治에 힘썼다. 송대 초기 태종 때 정부에선 국가의 힘으로 몇 종의 대형 서적을 연속으로 편찬하였다. 즉 백과전서 성질의 유서 『태평어람太平御覽』 1천 권, 소설을 모아 편집한 『태평광기太平廣記』 500권, 문체별 작품 분류집인 『문원영화文苑英華』 1천 권, 그리고 이어서 진종 때 편찬한 정치와 역사 전문 유서인 『책부원구冊府元龜』 1천 권이다. 앞의 세 종은 편자가 이방李昉(925–996)이고, 나중의 한 종은 편자가 왕흠약王欽若(962–1025)으로, 이들을 합쳐 '송대 사대 유서宋代四大類書'라 한다.[25] 이들은 현재 모두 완정하게 전해진다. 『송태종실록宋太宗實錄』은 『태평어람』이 전대의 『수문전어람修文殿御覽』·『예문유취』·『문사박요』 및 여러 서적을 참고하여 편찬하였다고 적고 있는데, 때문에 인용하는 서적들이 모두 송대 초기에 있었던 것은 아니었다. 그러나 『수문전어람』과 『문사박요』는 이미 실전되었고, 『예문유취』는 100권의

주하자, 칙령으로 尙書都省에서 50부를 필사하게 하여 전국에 배포하였다." 『新唐書』 「藝文志」의 玄宗 『事類』 130권은 곧 『格式律令事類』 130권으로 의심되며, 그 권수는 마침 律疏·令·式·新格·事類의 합이다. 만약 이것이 사실이라면 원제는 응당 李林甫가 편찬한 또 한 부의 책 『唐六典』을 모방한 '玄宗御撰'이 될 것이다.

24 胡道靜, 『中國古代的類書』, 3쪽과 76–77쪽 참조.

25 위의 책, 116쪽.

규모이기 때문에, 『태평어람』이 현존하는 것으로 고대 최대의 유서가 되었다. 『책부원구』는 인용 범위가 광범하고 부部와 문門 아래에 연도에 따라 자료를 나열하고 있어 사용하기 무척 편리하다. 특히 당오대사 부분이 핵심으로 적지 않은 사료들이 이곳에만 있어, 높은 자료 가치와 교감 가치를 가지고 있다. 북송 시기 개인이 편찬한 유서는 태종 때 오숙吳淑(947-1002)의 『사류부事類賦』 30권, 진종 때 안수晏殊(991-1055)의 『유요類要』 100권이 가장 유명하다. 『유요』는 명대 이후 아주 드물어졌고, 『사류부』는 청대 학자들이 서적의 집일輯佚과 교감 작업 때 빈번하게 사용하였다.

남송의 저명한 유서로는 왕응린王應麟(1223-1296)이 편찬한 『옥해玉海』 200권, 축목祝穆(?-1255)의 『사문유취事文類聚』, 장여우章如愚(진사 1196)의 『산당고색山堂考索』, 사유신謝維新(1257년경)의 『고금합벽사류비요古今合璧事類備要』, 고승高承(11세기)의 『사물기원事物紀原』 등이 있다. 금원金元 시대에는 유서의 편찬이 비교적 적었고, 게다가 대부분 망일되었다. 금 장종章宗은 1204년(태화 4)에 완안강完顏綱에게 명하여 궁정이나 대신 그리고 육부六部와 관련된 일을 분류 집록하여 『편류진언문자編類陳言文字』 20권을 편찬하게 하였다. 원 문종文宗 때 편찬한 『경세대전經世大典』 880권은 사실 『당회요』와 『송회요』를 모방하여 편집하였다. 『편류진언문자』는 이미 전하지 않고, 『경세대전』 역시 대부분 산일되었다.[26]

8. 목록학

목록학目錄學의 기본 기능은 문헌을 분류하고 편목을 매기는 것으로, "학술의 특징을 변별하여 밝히고, 그 기원과 변천을 고찰하는 것이다.(辨章學術, 考鏡源流.)" 중국 고대의 도서 목록을 가장 먼저 분류한 것은 서한

26 倉修良 · 魏得良, 『中國古代史學史簡編』, 黑龍江人民出版社, 1983년, 368쪽 참조.

유향劉向(B.C. 77?–B.C. 6)의 『별록別錄』과 그 아들 유흠劉歆(B.C. 50–23)의 『칠략七略』에서 여섯 범주로 나눈 것이다. 즉 육예략六藝略, 제자략諸子略, 시부략詩賦略, 병서략兵書略, 술수략術數略, 방지략方技略이다. 유향과 유흠의 책은 이후 전해지지 않지만, 그 내용은 동한 반고班固(32–92)가 지은 『한서』「예문지」에서 그 일면을 볼 수 있다. 서진 때 이르러 순욱荀勖(?–289)의 『중경신부中經新簿』에서 목록을 갑甲·을乙·병丙·정丁 사부四部로 바꾸었고, 내용도 각각 경經·자子·사史·집集 네 분류로 대응시켰다. 동진 때 이충李充(?–362?)은 『사부서목四部書目』을 작성하여 자子와 사史의 순서를 바꾸어, 을부乙部를 사史로 하고, 병부丙部를 자子로 하였다. 당대 초기 『수서』「경적지」를 편수할 때 비로소 경經·사史·자子·집集의 명칭과 순서가 확정되었다. 『수서』「경적지」 네 권은 바로 경·사·자·집 사부四部에 대응하였고, 그 분류와 순서는 후대에 연용되었다. 중국의 도서 저록은 『한서』「예문지」 이후 『수서』「경적지」에 이르러 결집되었다. 『수서』「경적지」 서문에 따르면 당시 저록한 도서는 1만 4,466부 8만 9,666권이나 된다. 『수서』「경적지」의 분류는 가지런하고 조리가 갖추어졌으며, 특히 각 부의 말미에 소서小序를 붙여 학술의 장단점을 따지고, 유별流別의 변천을 고찰하여, 마치 한위육조漢魏六朝의 학안學案과 같다. 수당隋唐 이전의 전적은 열에 아홉은 산일되고 없어졌기에 후대 학자들이 원류를 따지고 진위를 구별하는 데 있어 『수서』「경적지」를 찾으니 그 공이 크다고 할 수 있다.[27]

당 현종 721년(개원 9) 원행충元行衝(653–729)과 무경毋煚(?–722) 등이 조서를 받아 편찬한 『군서사부록群書四部錄』 200권은 모두 5만 3,915권을 저록하였다. 여기에 더하여 당대 학자들이 편찬한 책이 2만 8,469권으로,

27 청대 유학자 章宗源과 姚振宗은 모두 『隋書經籍志考證』을 지었다. 『二十五史補編』, 中華書局, 1955년.

모두 합하여 8만 2,384권이나 되었으므로 "책의 소장은 개원 연간 때보다 더 많을 때가 없다.(藏書之盛, 莫盛於開元.)"는 말이 세상에 퍼졌다.[28] 『군서사부록』은 "사용된 책의 서문은 모두 위징魏徵(580-643)에서 나왔으며, 분류는 모두 「경적지」에 의거하였다.(所用書序, 咸取魏文貞. 所分書類, 皆據隋「經籍志」.)" 편찬자 가운데 한 사람인 무경은 이의 문제점에 대해 다음과 같이 말했다.

> 나에게 항상 한으로 남아 있어 되돌아가 바로잡고자 하였다. 나는 분류 체계에 동의했지만, 오랫동안 깊이 생각하여 오래된 의문을 바로잡고 새로운 체제를 자세히 생각했다. 영휘 연간(650-655)의 새로운 문집과 신룡 연간(705-707)의 최근 책에 대해 우리는 주석을 달아 첨부하였다. 성명이 명확하지 않고 분류하기 어려운 것은 논의하여 덧붙였다. 목록이 비어 있으면 내용을 확인하여 관련 정보를 추가하였다. 적절하지 않은 서문은 상세히 고려하고 별도로 작성하였다. 오류는 모두 바로잡고 섞인 것은 반드시 분류하였다.(常有遺恨, 竊思追雪. 乃與類同契, 積思潛心, 審正舊疑, 詳開新制. 永徽新集, 神龍近書, 則釋而附也. 未詳名氏, 不知部伍, 則論而補也. 空張之目, 則檢獲便增. 未允之序, 則詳宜別作. 紕繆咸正, 混雜必刊.)[29]

무경은 또 『고금서록古今書錄』 40권을 완성하여 도서 3,060부, 5만 1,852권을 저록하였다. 이는 당대 관수官修 목록 중의 두 종의 거작이다. 사가私家 목록으로는 오긍吳兢(670-749)의 『오씨서재서목吳氏西齋書目』이 있으며, 그의 집안에서 소장하는 1만 3,468권을 저록하였다.[30] 당대의 관

28 『舊唐書』「經籍志上」과 『新唐書』「藝文志一」 참조.
29 『舊唐書』「經籍志上」.
30 汪辟疆, 『目錄學研究』, 40쪽 참조.

수와 사가 목록은 현재 모두 전하지 않지만, 『구당서』와 『신당서』에서 그 일면을 엿볼 수 있다.

각 분야별 목록은 수당 시기에도 큰 발전이 있었다. 예컨대 불교 경록經錄은 수대에는 비장방費長房(수대)의 『역대삼보기歷代三寶記』(일명 『개황삼보록開皇三寶錄』) 15권이 있었는데 불전 1,076부 3,292권을 저록하였다. 당대에는 도선道宣(596-667)의 『대당내전록大唐內典錄』 10권이 있다. 특히 지승智昇(8세기)의 『개원석교록開元釋教錄』 20권은 나중에 『대장경』에서 그 분류와 편호編號를 따랐다.

송대에는 문화사업을 숭상하여, 태종 978년(태평흥국 3)에 숭문원崇文院을 세웠다. 여기에는 소문관昭文館, 집현원集賢院, 사관史館 등 삼관三館을 모두 들이고 그 서적들은 정본과 부본으로 만들어 모두 8만 권을 소장시켰다. 나중에 숭문원 중당中堂에 비각秘閣을 세워 이전의 삼관과 합쳐 사관四館이라 불렀다. 인종은 1034년(경우 1) 한림학사 왕요신王堯臣(1003-1058) 등을 불러 사관에 소장된 도서 목록을 교정校正하고 순서를 정하며, 당 개원 연간의 『군서사부록』을 모방하여 상세하게 저록하게 하였다. 1041년(경력 1) 책이 완성되어 주상하니 『숭문총목崇文總目』이란 이름을 내렸다. 책은 64권으로, 45류類의 분류 아래 총 3만 669권을 저록하였다. 책은 각 책이름 아래 서석敍釋(해제)을 썼는데, 이후 조공무晁公武(1105-1180)와 진진손陳振孫(1183?-?) 등의 목록은 모두 이 방법을 사용하였다.

중국 목록학은 여기에 이르러 분류, 편목編目, 교수校讎, 제요提要(해제) 등의 기능이 완비되었다. 그러나 송 왕조가 남으로 내려오면서 『숭문총목』 서석敍釋은 모두 망일되었고 오직 서목書目 1권만 남았다.[31] 현존하는 것은 청대 전동錢侗(1778-1815)과 진감秦鑑 등이 찾아 만든 『숭문총목

31 위의 책, 61쪽 주 6) 참조.

집석崇文總目輯釋』 5권, 『보유補遺』 1권, 『부록附錄』 1권이다. 남송 시기에 관수 목록으로 가장 저명한 것은 영종寧宗 때 진규陳騤 등이 편찬한 『중흥관각서목中興館閣書目』 30권[32]으로, 4만 4,486권을 저록하고 있다. 나중에 또 장반張攀 등이 편찬한 『관각속서목館閣續書目』은 30권에 1만 4,943권을 저록하고 있다. 정편과 속편을 합치면 송대 말기 관각館閣에 모두 5만 9,429권을 소장하고 있었음을 알 수 있다.[33]

중국은 역사학이 발달하였고 사지史志가 목록 전승의 주요한 형식 가운데 하나였다. 그러나 송 왕조가 남도 후 관수官修 서목을 줄이고 바꾸었기 때문에, 원대에 편수한 『송사』「예문지」는 오류와 결락이 많아 수정할 길이 없었다.[34] 다행히 정초鄭樵가 남송 초에 『통지』를 편찬하면서 그중에 『예문략藝文略』 8권에 대해 일생의 정력을 집중하여 완성시켰다. 이 책은 원래 『군서회기群書會記』란 책으로 단독으로 통행되었으나 나중에 『통지』의 『이십략二十略』에 들어갔다. 정초는 『통지』를 편찬하면서 고금의 사례와 문물을 모두 남김없이 포함시키려고 하였다. 때문에 『예문략』은 전술한 『한서』·『수서』·『구당서』·『신당서』·『숭문총목』 등을 참고하여, 모두 1만 912종 10만 1,972권의 목록을 수록하였다. 분류도 '칠략七略'과 '사부四部'의 틀을 극복하였다. 송원 교체기에 마단림이 『문헌통고』를 편찬할 때 그중 『경적고經籍考』 76권이 가장 풍부한데, 오직 조공무晁公武(1105-1180)와 진진손陳振孫(1183?-?)의 두 서목에 전적으로 의지하여 작성하였다.

송대 사가私家 목록으로는 남송 조공무의 『군재독서지郡齋讀書志』와 진진손의 『직재서록해제直齋書錄解題』가 가장 대표적이다. 앞에서 서술했듯

32 『宋書』「藝文志」에는 70권, 『敍例』 1권으로 기록하고 있다.

33 두 목록은 모두 산일되었다. 내용은 陳振孫, 『直齋書錄解題』 권8 目錄類注記에 보인다. 더불어 汪辟疆, 『目錄學研究』, 35-38쪽 참조.

34 汪辟疆, 『目錄學研究』, 37쪽 참조.

이 두 목록은 각 책 이름 아래 모두 해제가 있는데, 게다가 조공무의 책에는 각 부各部의 머리에 총론總論을 찬술하고 다수의 유목類目 앞에 소서小序를 붙였다. 『군재독서지』 20권은 1151년(소흥 21) 완성된 것으로, 중국에 현존하는, 해제가 붙은 사가私家 장서목록으로 가장 이르다. 현대 학자의 연구에 따르면 이 책은 1,496부를 저록하고 있는데 중복 수록된 것을 빼면 1,492부로, 기본적으로 남송 이전의 중국 고대 각종 주요한 저작은 포함되어 있으며, 특히 당대와 송대(남송 초기까지) 문헌은 비교적 전면적으로 수록하였다. 저록한 서적 가운데 일부는 당시에 이미 드물었기 때문에 사지史志의 부족을 메울 수 있었으며, 또 오늘날 잔결로 남거나 이미 망일된 서적 가운데 적지 않은 책들이 이 책의 저록에 보인다. 더욱 중요한 것은 『군재독서지』에 저록된 각종의 책은 모두 조공무가 실제로 소장하고 있던 것으로, 때문에 소개하고 있는 책 이름 · 권수 · 편목篇目 · 편수篇數 · 편차編次 · 옮겨 온 관련 서발序跋 등에 모두 근거가 있다는 점이다. 이는 이전의 목록을 다시 옮겨 적어 만든 목록과 비교할 수 없다.[35] 진진손의 『직재서록해제』는 남송 말에 완성되었으며, 체례는 대체적으로 조공무의 책을 모방하였다. 원본 56권은 이미 망일되었고, 현전하는 것은 청대 사고관四庫官이 『영락대전永樂大典』 중에서 뽑아 22권으로 만든 것이다.[36] 이 밖에 송대 사가 목록으로 현존하는 것은 우무尤袤(1127–1194)의 『수초당서목遂初堂書目』이다. 이 책은 다만 책 이름만 기록하고 해제를 붙이지 않았지만, 책 이름 아래에 다른 판본들을 붙여놓고 있어, 후세의 판본학版本學에 길을 열었다.

---

35 晁公武 撰, 孫猛 校證, 『郡齋讀書志校證』「前言」, 上海古籍出版社, 1990년, 2–3쪽 참조.

36 陳振孫 撰, 徐小蠻 · 顧美華 點校, 『直齋書錄解題』「前言」, 上海古籍出版社, 1987년, 1쪽 참조.

제2절

교육의 발전

1. 당송 교육 개관

수대에는 유학을 중시하고 과거제를 창설하여 당대 교육제도에 크나큰 영향을 미쳤다. 당대에는 과거제를 계승하여 발전시켰고, 독서와 인재 선발을 결합시켜 교육의 발전을 크게 촉진시켰다.[37]

당대는 건국 때부터 교육을 지극히 중시하였다. 당 고조 이연李淵은 624년(무덕 7) 「흥학칙興學勅」을 반포하여 예부터 정치에 배움을 먼저 하지 않은 적이 없다고 하면서 학교 설립을 힘써 제창하였다. 그 후 각지에서도 기본적으로 교육을 비교적 중시하였다. 당 태종의 정관지치貞觀之治와 당 현종의 개원지치開元之治 기간에 두 차례에 걸쳐 관학을 설립하는 흐름이 일어났다. 당 태종 때 중앙은 '육학六學 이관二館(국자학國子學, 태학太學, 사문학四門學, 서학書學, 산학算學, 율학律學과 홍문관弘文館, 숭문관崇文館)'의 학생 총수가 최고 8천 명까지 이르렀다. 당대 학교교육의 종류는 다양하고 많아서 학제가 가장 잘 완비된 시기 가운데 하나였다. 중앙의 관학 이외에 지방의 관학도 큰 발전을 이루었고 제도도 전대에 비해 크게

37 孫培青 主編, 『中國教育史』, 華東師範大學出版社, 1992년, 286-287쪽 참조.

완비되었다. 문교정책이 비교적 관용적이었기 때문에 문화가 번성하고 게다가 과거제의 자극으로 사립 강학도 일정한 생존 공간을 가졌다. 안사의 난 이후 관학 교육은 쇠미해지기 시작한 대신 사립 강학의 기풍은 점점 강해졌다.

송대 통치자들은 당 오대 전란의 교훈을 받아 문교의 사회적 기능을 깊이 알게 되어 적극적으로 교육을 발전시켰다. 송 태종이 말했다. "왕이란 비록 무력으로 정복하지만, 결국 다스리기 위해서는 문덕文德으로 해야 한다.(王者雖以武功克定, 終須用文德致治.)"[38] 정치상 문치를 강조함과 동시에 과거제를 한 걸음 더 강화시키고 개선시킴으로써 학교교육과 과거제의 연관은 갈수록 긴밀해졌다. 특히 인재 선발의 과거제도가 완비되면서 교육 발전을 적극적으로 고무하고 자극하였다. 비록 송대 초기 교육이 상대적으로 쇠락하였지만, 범중엄范仲淹(989–1052)이 경력 연간(1041–1048)에 개혁을 일으키면서 관학 교육을 크게 진흥시켰다. 이후 왕안석王安石(1021–1086)이 개혁을 주도하면서 재차 교육을 진흥시켰다. 왕안석은 또 삼사법三舍法을 창립시킨 것으로 유명하다. 휘종(재위 1100–1125) 때 채경蔡京(1047–1126)이 삼사법을 다시 추진하였다. 관학이 발전함과 동시에 일부 뜻이 있는 사람들, 특히 유가 사대부들은 교육의 중요성을 크게 느끼고 사회교육에 몸을 던져 학문과 교육을 긴밀하게 결합시키기 시작하였다. 이로 인해 공립 교육과 사립 교육은 일시에 함께 흥성하기 시작하였다. 사학 방면에서 이학가理學家들도 적극적으로 교육기관을 설립하였고, 윤리교육을 내용으로 인문 고등교육과 서원교육을 전개하였다. 서원교육은 일종의 신선한 교육 형식이 되어 당시는 물론 후세에 심원한 영향을 끼쳤다.

---

38 『續資治通鑑』 권11.

2. 관학의 발전

당송 시기의 관학 교육은 전대를 크게 초월하였다. 당이 건국되면서 고조 이연 때 국자학·태학·사문학이 부흥되고, 더불어 조칙으로 주현州縣에 학교 설립을 명하였다. 태종 이세민 때 관학 교육이 고조에 이르면서 동시에 서학書學·율학律學·산학算學(그 후 의학醫學도 포함) 등 전문 기관이 설립되었다. 당대의 관학은 중앙 관학과 지방 관학으로 나눌 수 있다. 중앙 관학은 귀족 자제를 대상으로 하는 숭문관崇文館·홍문관弘文館·국자학國子學과 일반 관료의 자제와 보통 서민을 대상으로 하는 태학太學·사문학四門學·광문관廣文館이 포함된다. 그중 사문학에서도 800명의 "서민 중의 뛰어난 자(庶人之俊異者)"를 받았다.

지방은 초급에서 고급까지 체계적으로 현학縣學·주학州學·부학府學으로 나뉜다. "지방 학교의 학생은 과거시험에 참가하는 이외에, 지방 관원 선발을 통하여 국자감의 사문학에 들어가 공부할 수 있기 때문에, 지방 학교는 과거시험 대상의 중요한 내원일 뿐만 아니라 국자감 교육과 관련된 일종의 준비 교육이 되었다."[39] 귀족 자제 학교인 숭문관이 동궁東宮에 예속되고, 홍문관이 문하성門下省에 예속되는 것 이외에 중앙 관학은 최고 교육기관인 국자감에서 관리했다.

당대 최고 교육장관은 좨주祭酒이며 부장관은 사업司業이다. 교육 행정 장관의 선발은 아주 엄격하여 교육에 대한 중시를 보이고 있다. 중앙 관학의 교사는 박사博士, 조교助敎, 직강直講 세 종류로 모두 조정에서 임명한다. 교사에 대해서는 고과考課제도가 있어 고과의 결과에 따라 승진과 징계가 결정된다. 교사는 모두 전공이 있다. "모든 박사와 조교는 경전을 나누어 학생들에게 교수하며, 각각 한 경전을 끝까지 가르친다. 강의가

---

39 李國鈞·王炳照 總主編, 『中國敎育制度史』, 山東敎育出版社, 2000년, 제2책 12쪽.

끝까지 나가지 않았으면 교육과정을 바꿀 수 없다.(諸博士·助教, 皆分經教授學者, 每授一經, 必令終講. 所講未終, 不得改業.)"[40] 보통 관학 교육의 내용은 '오경五經', 『논어』, 『효경』, 언어문자학 등을 위주로 한다. 교육의 경비는 정부가 전액 지불하며, 학생들은 수업료가 없다.

송대의 관학체계는 당대에 비해 더욱 완비되었다. 교학의 내용에 있어서도 유가의 윤리교육이 더욱 중시되었으며, 교학 방법에 있어서도 여러 가지 새로운 시도를 하였다. 예를 들어, 범중엄은 참지정사에 임명된 후 흥학興學정책을 실시하였고, 또 인종에게 호원胡瑗(993-1059)의 교학법인 '소호교법蘇湖教法'을 태학의 교학 표준으로 삼도록 추천하였다. '소호교법'의 핵심 내용은 분재分齋 교학으로, 분재란 곧 분과分科로, 그 정신은 소질에 따라 가르치며 또 학생의 학습 과정 중의 주과主科와 부과副科를 겸수하는 데 중심을 두며, 더불어 '전문성(專)'과 '다양성(博)'을 결합한 인재를 육성하는 데 있다. 동시에 유가 경전에 대한 학습에서 호원은 '본질에 밝고 운용에 통달할(明體達用)' 것을 요구하여, 유가사상을 사회적 실천으로 관철시켰다. 범중엄은 상주문에서 다음과 같이 말했다.

> 소신이 생각하건대 전 밀주 관찰추관 호원은 뜻을 경전을 궁구함에 두고 힘써 예의를 행합니다. 호주 군학郡學 교수로 100여 명의 생도를 모아놓고 경전의 뜻을 강론할 뿐만 아니라, 시문을 저술하고, 항시 효제로 가르치며, 예법을 익히게 하여, 사람마다 선행을 하도록 이끄니 지역 사람들이 탄복하였습니다. 이는 실로 폐하의 문화와 교화를 돕는 것이자 일대의 훌륭한 일이라 할 수 있습니다.(臣竊見前密州觀察推官胡瑗, 志窮墳典, 力行禮義, 見在湖州郡學教授, 聚徒百餘人, 不惟講論經旨, 著撰詞業, 而常教以孝弟, 習以禮法, 人人向善, 閭里歎伏. 此實助陛下之聲教, 爲一代美事.)[41]

---

40 徐松 撰, 『登科記考』, 中華書局, 1984년, 753-754쪽.

태학에 호원의 교육 방법을 실시하기를 건의하자 인종이 채납하였다. 이러한 교육 내용과 방법은 태학의 공소한 학풍을 변화시키는 데 적극적인 작용을 하였다. 송대의 교육개혁에 있어 탁월한 성취인 왕안석이 창립한 '삼사법三舍法'도 전형적인 대표가 된다. 왕안석은 신종 아래에서 희녕 연간과 원풍 연간에 두 차례 재상이 되면서 개혁을 단행하였고, 교육에 대해서도 개혁을 실시하였다. 그는 실제적인 학습 내용과 실제적인 능력의 배양을 중시하여 태학 내에서 '삼사법'을 추진하였다. 왕안석의 '삼사법'과 관련된 세부 내용은 이후에 논의하고자 한다.

3. 국자감

국자감國子監은 교육제도 발전의 표지 가운데 하나이다. 수대에 설립된 국자시國子寺(607년 국자감으로 개명했고, 이 명칭은 청대까지 연용됨)는 중앙 관학체계를 총괄하는데, 여기에는 국자학 · 태학 · 사문학 · 서학 · 산학이 포함된다. 당대는 수대의 관학체계를 계승하여 국자감을 설립하여, 중앙 관학의 '육학六學 일관一館(국자학國子學 · 태학太學 · 사문학四門學 · 서학書學 · 산학算學 · 율학律學과 광문관廣文館)'을 관장하게 하였다. 당 태종 때 국내인 이외에도 고구려, 백제, 신라, 고창 등 사방의 인접 국가에서도 계속 자제를 파견하여 국자학에 입학시켰다.

송대 국자감은 국가 최고 교육행정 관리기구로 그 직능으로는 주로 각급 학교 관리, 도서 전적 관리, 각종 고시 주관 등이었다. 동시에 국자감은 광문관 · 사문학 · 국자학 · 소학小學 · 태학 · 무학武學 · 율학 등을 관할하였다. 국자감은 경조관京朝官 7품 이상의 자손을 입학시키고, 태학은 8품 이하의 자제와 서민 가운데 뛰어난 자를 입학시켰는데, 중앙 관학의

41 『全宋文』 권375 「奏爲薦胡瑗李覯充學官」.

핵심이다. 태학생의 총수가 가장 많을 때는 1102년(숭년 1) 3,800명으로, 그 당시에 분교인 벽옹辟雍을 창설하기도 했다.

왕안석이 창립한 태학 삼사법三舍法은 태학의 교육 수준을 높이는 데 적극적인 공헌을 하였다. 삼사법은 삼사선찰승보법三舍選察昇補法 또는 삼사고선법三舍考選法이라고도 한다. 이는 태학 내에서 적분제積分制(점수 누적제)로 학생의 성적을 매겨 낮은 점수에서 높은 점수 순으로 외사外舍·내사內舍·상사上舍에 편입시키고, 학습 성적이 우수한 상사의 학생은 과거시험 없이 직접 관직을 수여하였다. 이러한 점수의 누적을 통한 학생의 승급 또는 '유급留級' 제도는 우수한 학생을 찾아내기 유리하고, 동시에 태학의 학풍도 크게 개선될 수 있었다.

원대의 국자학은 세 개로 나뉘는데, 즉 보통 국자학·몽골 국자학·회회回回 국자학이다. 보통 국자학은 종족을 나누지 않고 뽑으며 자격은 관료의 자제에 한한다. 몽골 국자학은 몽골 자제를 위주로 하면서 소수의 한족 관리 자제들이 들어가며, 회회 국자학은 역관譯官을 육성하였다. 원대 국자학은 '소호교법'을 모방하여 서재를 여섯으로 나눈 육재六齋로 하여 가르쳤는데, 관리에 있어서 점수를 누적시켜 서재를 옮겨 가는 '승재적분법昇齋積分法'과 '공생제貢生制'를 채용하였다. 교학 내용은 유가 경전 위주였다.

명대 국자감은 경사京師에 설치된 최고 학부로, 수도를 천도遷都한 관계로 원래 남경에 건립된 국자감을 남겨두면서 남경 국자감(남옹南雍이라 함)과 경사 국자감(북옹北雍이라 함)이 병존하는 형국이 되었다. 국자감 생원은 관생官生과 민생民生으로 나뉜다. 관생은 관료의 자제, 토사土司 자제, 해외 학생이 포함된다. 관생은 황제가 지명하거나 파견하여 입학하고, 민생은 지방에서 수도로 보낸다. '적분법'을 채용하여 학습의 성적을 매겼다.

4. 범중엄과 왕안석

당송 시기에는 교육개혁을 추진하고 교육을 실천한 수많은 걸출한 교육가들이 나왔다. 예컨대 왕통王通(584?-618?) · 한유韓愈 · 유종원柳宗元 · 이고李翱 · 호원胡瑗 · 범중엄范仲淹 · 왕안석王安石, 그 밖에 주희朱熹를 대표로 하는 이학가들이 있다. 이학가들은 사학의 발전에 있어 큰 공헌을 하였다. 그중에서 범중엄과 왕안석은 송대의 중요한 정치가임과 동시에 교육개혁가로, 송대 교육 발전을 추진하는 데 적극적인 공헌을 하였다.

범중엄은 지방관으로 있으면서 교육을 중시하여, 소주蘇州 지주知州로 있을 때 소주 주학州學의 건설을 힘써 추진하였다. 인종 때인 1043년(경력 3) 범중엄이 참지정사參知政事에 임명되어 조정朝政에 대해 개혁을 실행했으니 곧 '경력신정慶曆新政'이다. 다음해 인종은 범중엄의 건의를 채납하여 흥학 조령詔令을 반포하였다. 범중엄의 교육사상은 '경력신정' 중의 각 항의 교육개혁 실천 속에 구체적으로 구현되었다. 그는 지방관으로 있을 때부터 학교교육을 중시했으며, 학교를 진흥하고 인재를 널리 육성할 것을 주장하였다. 범중엄은 정부는 응당 교육과 인재 육성을 중시하고, 노력 없이 요행을 바라는 마음을 가져서는 안 된다고 하였다. 특히 태평시대를 맞이한 기회를 잡아 교육 활동을 전개해 나가야 한다고 하였다. 범중엄의 추진 아래 송 인종은 1044년에 조서를 내렸다. "모든 노路 · 주州 · 군軍 · 감監은 학교를 건립하고, 학생이 200명 이상인 경우 현학縣學을 설치해야 한다.(諸路 · 州 · 軍監各令立學, 學者二百人以上, 許更置縣學.)"[42] 이로부터 주학州學, 부학府學, 군학軍學이 보편적으로 설립되었다. 그 밖에 범중엄은 흥학 과정에서 과거시험 준비자는 일정 기간 학교교육을 받도록 규정하였다. "학생은 300일간 학습해야 한다.(士須在學習三百日)"고

42 『宋史』「職官志七」.

했으며, 이전에 응시한 사람도 100일 이상 학습해야 했다. 범중엄은 학생의 지식 운용 능력을 평가하는 것을 강조하여 배움과 사고력을 함께 중시하였다. 개혁 과정에서 과거시험은 책론策論을 중시했으며, 첩경貼經 등과 같이 비교적 단조로운 시험 형식은 없앴다. 교육 내용에 있어 범중엄은 배움과 행동, 지식과 덕성을 병중할 것을 제창하고 고무했으며, 경세제민의 인재 육성을 중시했다. 당시 교육이 "국가를 위해 쓸모가 없는(不可以爲國家之用)" 현상에 맞추어 호원이 창안한 '소호교법'을 적극적으로 추진하여, '소호교법'을 교학 실천 속에 관철시켰다. 게다가 "항시 효제로 가르치며, 예법을 익히게 하여, 사람마다 선행을 하도록 이끄니 지역 사람들이 탄복하였다.(常教以孝弟, 習以禮法, 人人向善, 閭里歎伏.)"[43] 범중엄의 노력 아래 '소호교법'이 태학에 채택되었다.

범중엄의 교육사상과 실천은 후세에 왕안석의 '희녕흥학熙寧興學'에 큰 영향을 주었고, 그의 여러 가지 교육정책이 왕안석에 의해 채용되었다. '희녕변법熙寧變法'은 사회개혁 운동이었다. 왕안석의 '희녕흥학'은 북송의 정치, 경제, 군사 등 각 방면의 폐습을 없애고 개혁하기 위해 이루어졌다. 왕안석은 "일을 잘 처리하고, 계책을 내어 이로움을 얻고, 나라를 다스려 나라가 안정되기(遇事而事治, 畫策而利害得, 治國而國安利)" 위해서는 반드시 "천하와 국가를 위해 쓸 수 있는(爲天下國家之用)" 인재를 육성해야 한다고 생각했다. 때문에 그의 교육사상은 '경세經世'의 인재를 배양하는 것을 목표로 하였다. 변법 과정에서 왕안석의 실용을 중시하는 교육사상은 '희녕흥학'의 각 항목의 조치 속에 구현되었다. 교학 내용에 있어서 왕안석은 장구학章句學에 불만을 가졌고 실제적인 치용致用의 학문이 이루어지기를 바랐다. "만약 천하와 국가를 위해 쓸 수 없다면 가르치지 않는다. 만약 천하와 국가를 위해 쓸 수 있다면 가르치지 않을 게 없다.(苟不

43 『范文正公文集』「政府奏議卷」.

可以爲天下國家之用, 則不敎也. 苟可以爲天下國家之用者, 則無不在於學.)" 유가 경학에 대해서 왕안석은 '사물을 경영하는(經事物)' 학문으로 보고 공담을 일삼는 '성리性理'의 학문을 비판하였다. 예악형정禮樂刑政에 대해서 왕안석은 관료가 되는 기본 조건이라 보았다. 군사에 대해서 왕안석은 「상인종황제언사서上仁宗皇帝言事書」에서 다음과 같이 말했다.

> 사인의 재능으로는 공경대부가 될 수도 있고 지식인이 될 수도 있습니다. 그 재능의 크기와 적절함에 따라 이루어집니다. 군사 업무에 대해서도 그 재능이 어느 정도 크기인가에 달려 있지만, 배우지 않은 사람이 맡은 적은 없습니다.(士之才, 有可以爲公卿大夫, 有可以爲士. 其才之大小·宜不宜則有矣, 至於武事, 則隨其才之大小, 未有不學者也.)[44]

그 밖에 정치 인재를 육성하는 일 이외에 왕안석은 1073년(희녕 6) 율학律學을 창립하고, 도성에 의학醫學을 열면서 주현州縣에도 의학을 열 것을 제창하였다. 왕안석이 치국의 인재를 중심으로 함과 동시에 사회에서 필요로 하는 각 방면의 전문 인재에도 관심을 두고 있었음을 알 수 있다. 교재의 사용에 있어서 1075년(희녕 8) 왕안석이 주도하여 편찬한 『삼경신의三經新義』를 학관學官들에게 배포하였다. 이는 관에서 정한 교재로 과거시험의 표준 답안이 되었다. 이로써 "경전을 말하면서 사람마다 다른(談經人人殊)" 현상을 해소하고 사상을 통일하였으며, 또 왕안석은 흥학과 교재의 편찬을 통해 자신의 개혁사상을 천하에 전파하였다. 게다가 『삼경신의』는 '장구로 경전을 가르치는(章句傳經)' 학풍을 끊는 데 중요한 작용을 하였다. 평가 절차에 있어서도 왕안석은 개혁을 진행하였다. 첫째, 태

44 『王文公文集』 권1, 文淵閣 『四庫全書』, 臺北: 商務印書館 影印本, 1986년, 제1,105책, 286쪽.

학 학생의 학습 평가에 대해서 왕안석은 삼사법을 창안하여 학생의 평소 성적과 시험 성적을 합산하여 학습 성과를 전면적으로 산출하였다. 또 태학생의 생활조건을 개선하여 그들이 안심하고 공부할 수 있게 하였다. 둘째, 왕안석은 1071년(희녕 4) 과거제도 개혁을 주도하면서 명경과明經科를 폐지하고, 진사과에서도 시부詩賦 시험과 함께 첩경貼經이나 묵의墨義와 같은 판에 박힌 시험 방식을 없앴다. 위와 같은 몇 가지 방면 이외에 왕안석은 「상인종황제언사서上仁宗皇帝言事書」에서 인재의 선발 방식에 대해 언급했다. "반드시 향당(마을)과 학교에서 여러 사람들이 현능하다고 추천하는 사람을 명단에 써서 위로 올리면, 위에서 이를 확인하면 됩니다.(必於鄕黨, 必於庠序, 使衆人推其所謂賢能, 書之以告於上而察之.)"[45] 다시 말해 인재는 반드시 사회적 인정을 받아야 한다는 것이었다. 동시에 더욱 필요한 것은 행동이 어떠한지 물어 그 품성을 살피고, 말이 어떠한지 물어 그 재능을 살펴서, "말과 행동이 적절하다면 곧 실제적인 일로 시험한다.(得其言行, 則試之以事.)"는 것이다. 왕안석은 교육개혁을 통해 인재를 발굴하기 좋은 조건을 만들려고 하였고, 인재 육성의 표준을 경세치용에 두었음을 알 수 있다. 왕안석의 교육사상은 결국 '세상에 쓰임(用於世)'이라는 경세經世의 목적에 달려 있다고 할 수 있다. 그러나 왕안석의 교육개혁은 정치개혁과 마찬가지로 반대하는 사람들과 관념적 충돌 및 정치적 투쟁을 일으켰고, 결국에 가서는 무실務實과 경세經世에 치중하는 인재를 선발하는 체제를 확립할 수 없었다.

5. 사학私學의 발전

사학私學의 발전은 당송 시기 교육의 중대한 성과이다. 수당 시기부터

45 위의 책, 제1,105책, 284쪽.

사학은 크게 발전하였다. 수대의 저명한 학자 왕통王通(584?-618?)은 대대로 유학을 한 집안에서 자라, 부친의 뜻을 계승하여 20세부터 사설 강학을 시작하였다. 그 밖에 유작劉焯(544-610)도 여러 곳을 다니며 강학한 것으로 이름이 높았다. 당대에는 조정에서 개인이 사설 교육기관을 세워 강학할 것을 고무하였다. 한유와 유종원처럼 유명한 학자들도 모두 교육과 수업에 열정적이었다. 그 밖에 계몽 성질의 사학도 발전하였다.

송대의 사학은 수당 때와 비교하여 더욱 발전하였다. 송대 초기 통치자들은 정권을 공고히 하고 정국을 안정시키고 경제에 몰두하면서 교육에 관심을 기울일 여가가 없었다. 당시 정부는 관리들이 대거 필요한 상태였지만, 사인들이 공부할 수 있는 곳은 사학밖에 없었기 때문에 사학이 크게 번성하였다. 세 차례의 흥학興學을 통해 중앙 관학이 확충되고 지방 관학이 널리 설치되면서 중등 및 고등 사학이 줄어들었다. 일부 학문을 연구하기 위해 설치된 사학과 시험 준비를 위한 사학 이외에, 수준이 비교적 낮은 아동교육은 사회의 배움에 대한 보편적인 심리와 아동의 배움에 대응하기 위해 운영되었으므로 관학의 영향을 받지 않고 운영되었다. 더구나 과거제도의 강화와 지식인의 증가로 인해 과거에 낙제한 사람들이 교육으로 생계를 꾸리면서 교육 조건이 만들어졌다. 그러므로 북송 때에는 사학과 서원이 관학에 비해 비교적 발전하지 못했으나, 아동교육은 송대 초기의 기초 위에서 비교적 크게 발전하였다. 그러나 남송 때에는 관학이 줄곧 부진을 면치 못했고 과거도 날이 갈수록 부패했다. 남송 때 아동교육은 예전과 같이 흥성하였을 뿐만 아니라, 정사精舍와 정려精廬와 같이 서원과 유사한 고급 사학이 다시 부흥하였다. 예컨대 주희가 창립한 '창주정사滄州精舍'와 육구연이 창립한 '응천산정사應天山精舍'는 모두 영향이 컸다. 그 밖에 장식張栻(1133-1180), 여조겸呂祖謙(1137-1181), 진량陳亮(1143-1194), 섭적葉適(1150-1223) 등과 같은 석학과 명유들도 모두 학문을 추구하는 뜻으로 사학을 창립하였다. 그 밖에 남송의 아동교육은 이미 촌학村學, 의학義學, 족숙族塾, 동학冬學 등 각종 형식으로 분화되기 시작하였다. 요컨대 남송은 사가 교학의 전성기이다.

원대에는 관학이 부진한 반면, 사학은 민간의 수요가 비교적 커서 상당히 성행하였다. 한어漢語와 한문으로 유가 경전을 가르치는 사학이 주류를 이루었지만, 소수민족과 서역의 여러 민족도 사학을 일으켰다.

"명대 사학교육은 시종 멈춘 적이 없지만 줄곧 관학의 성쇠에 따라 '곡선운동'을 그렸다. 전란이 한참일 때는 상대적으로 안정되었다가, 사학社學(원대에 50호를 1사社로 편제하면서 사社마다 설치한 초등학교)이 두루 설치되었을 때는 관학을 보완하는 기능을 하였다가, 과거가 성행할 때는 시험 준비 기관이 되었다."[46]

6. 아동교육의 발전

사학의 발전 과정에 아동교육(蒙學)의 발전은 특히 뚜렷하다. "중국 고대의 아동교육은 거의 완전히 수준이 낮은 사학에서 완성되었다. 왕공 귀족의 스승(保傅)이 하는 궁정교육이든 민간의 가족이나 학숙의 교육이든 그 성질은 모두 사가교육의 형식이었다."[47] 당대의 아동교육은 전대에 비해 얼마간 발전하였지만 주로 시문詩文에 집중하였다. 동시에 교재 방면에 있어서도 『논어』와 『효경』 등 유가 경전을 강습하는 이외에 이한李瀚(790?-860?)의 『몽구蒙求』, 작자 미상의 『태공가교太公家教』, 두사선杜嗣先(?-713)의 『토원책부兎園策府』 등 아동의 특성에 맞게 편집한 교재가 나왔다. 송대 관학은 대체로 중급반과 고급반만 있었다. 지방의 관학에 들어가기 전에 먼저 글자를 익히고 쓸 수 있도록 착실하게 기초를 다지는 초등

---

46 喻本伐 · 熊賢君, 『中國教育發展史』, 華中師範大學出版社, 1991년, 322쪽.
47 吳霓, 『中國古代私學發展諸問題研究』, 中國社會科學出版社, 1996년, 259쪽.

반에 상응하는 아동교육이 필요하였다. 송대에는 비록 전문적인 아동학교(小學)가 있었지만 설치된 기간이 비교적 짧고, 많이 설립되지도 않았으므로 아동교육 성질의 사학은 이러한 공백을 채울 수 있어 상대적으로 번성하였다. 아동교육은 양한兩漢 시기부터 기본적으로 발달하였으나 경관經館이나 정사精舍와 비교할 때 그 지위는 상당히 낮았다. 송대의 고급반 사학이 대부분 서원書院으로 흡수되면서, 아동교육은 전성기를 누렸다.

아동교육을 하는 사학의 입학 연령은 7-15세이다. 교학 내용은 초보적인 도덕행위 훈련과 기초지식의 습득이다. 교학 목적은 대부분 이후 과거시험에 대응하여 준비를 다지는 것이었다. 송대 아동교육은 다양한 한자 교재와 윤리 교재의 편집, 아동교육의 내용에 대한 이학가理學家의 적극적인 지도와 참여 등 여러 가지 특징이 있다.

교재의 종류라는 측면에서 보면 다양한 종류를 두루 갖추었다. 종합성의 교재로는 왕응린王應麟(1223-1296)이 편찬했다고 알려진 『삼자경三字經』이 대표적이다. 『삼자경』은 문자가 간결하고 정련되었으며, 개괄성이 비교적 강하다. 세 글자가 한 구를 만들며, 각 구마다 압운押韻하였다. 통속적이며 이해하기 쉽고 암송하기 쉽다. 그 내용은 역사 지식·명물 상식·책읽기 순서·인생 철리·면학 등이며, 글자 익히기의 기초 위에 지식과 도덕 교육을 하나로 융합하였다. 유사한 교재로는 『백가성百家姓』과 『천자문千字文』이 있으며, 이 셋을 합하여 '삼백천三百千'이라 불렀다.

윤리 도덕 종류의 아동교육 교재로는 주희의 제자 진순陳淳(1153-1217)의 『계몽초송啓蒙初誦』과 정단례程端禮(1271-1345)의 『성리자훈性理字訓』이 대표적이다. 『계몽초송』은 윤리 내용을 위주로 하며, 처음은 "천지간의 생령 가운데, 사람이 가장 존귀하며, 본성이 선하지 않은 사람이 없으며, 만물은 모두 완전하다. 인仁과 의義에 성실하며, 예禮와 지智에 바르게 행한다. 성인과 나는, 마음이 같다.(天地性, 人爲貴, 無不善, 萬物備. 仁義實, 禮智端, 聖與我, 心同然.)"로 시작하며, "예로 나아가고, 의로 물러나며, 소리와 색채의 즐거움에 빠지지 않으며, 물건의 이익을 추구하지 않는다.(進以禮, 退以義, 不聲色, 不貨利.)"[48] 등이다.[49] 『성리자훈』의 전문은 30여 줄로, 말은 간결하나 뜻은 풍부하며, 이해하기 쉽게 성리학의 정수를 제시하였다. 나중에 이를 본보기로 하여 『소아어小兒語』, 『속소아어續小兒語』, 『명현집名賢集』, 『증광석시현문增廣昔時賢文』 등이 나왔다. 그 밖에 송대부터 여자 아이를 위한 계몽 교재가 나왔다. 주요한 것으로는 『규훈천자문閨訓千字文』과 강희 연간(1662-1723) 왕상王相이 편집하고 주석을 단 『여사서女四書』가 있다. 『여사서』는 『여계女誡』, 『여논어女論語』, 『내훈內訓』, 『여범첩록女範捷錄』이 포함된다. 그 밖에 같은 종류의 책으로는 『몽학여아경蒙學女兒經』 등이 있다. 이들 도서는 도덕교육을 위주로 편집되어 여자 아이가 유가의 윤리 규범에 따라 성장할 수 있도록 하였다.

역사 종류의 교재로는 왕령王令(1032-1059)의 『십칠사몽구十七史蒙求』, 호인胡寅(1098-1156)의 『서고천문敍古千文』, 주희朱熹의 『소학小學』, 여본중呂本中(1084-1145)의 『동몽훈童蒙訓』, 여조겸呂祖謙(1137-1181)의 『소의외전少儀外傳』 등으로, 모두 역사 이야기를 중심 내용으로 하고 있다. 문장 기교는 대부분 "나란히 놓아 대우對偶를 만들고, 연聯을 만들어 음운을 조화롭게 하여(參爲對偶, 聯以音韻)" 학생들이 관련된 역사 지식을 얻도록 하였다.

시가 종류의 교재는 주희의 『훈몽시訓蒙詩』, 진순의 『소학시찰小學詩札』 등이 있다. 이 종류로 지극히 오랫동안 전해지는 교재로는 『천가시千家詩』와 『신동시神童詩』 등이 있다. 이 밖에 명물名物과 상식을 다른 교재로 방봉신方逢辰(1221-1291)의 『명물몽구名物蒙求』 등이 있다. 이는 천지 만물과 자연에 대한 지식을 소개하며 더불어 유가의 강상綱常과 예의를 언급한다.[50]

---

48 『北溪大全集』 권16.

49 苗春德 主編, 『宋代教育』, 河南大學出版社, 1992년, 82쪽 참조.

50 『中國教育發展史』, 242-244쪽 참조.

송대 아동교육 교재의 특징은 아주 선명하다. 첫째, 아동의 특징을 선명히 드러내었다. 비록 글자 교재이지만 흥미를 중시하였다. 둘째, 문장이 짧으며 문장의 구조가 간단하다. 셋째, 대우와 압운에 주의하여 암송하기 쉽게 하였다. 넷째, 지식 · 교육 · 흥미를 하나로 융합하였다. 다섯째, 수양을 위한 교재가 비교적 많아 글자 공부를 하면서 수양을 할 수 있도록 하였다.

교학에 있어서 송대 아동교육은 겸허, 성실, 노력, 집중 등 아동의 학습 태도를 함양하는 데 주의하였다. 또 학생의 좋은 학습 습관을 중시하였다. 주희는 『동몽수지童蒙須知』에서 다음과 같이 말하였다. "모든 학생은 자신의 거처를 깨끗이 쓸고 물을 뿌려야 하며, 책상을 깨끗이 닦고 청결하게 해야 한다. 글자를 쓰는 붓과 벼루는 물론 모든 도구는 가지런해야 하며, 정해진 자리에 두어야 한다. 물건을 다 사용한 다음에는 원래의 자리에 두어야 한다.(凡爲人子弟, 當灑掃居處之地, 拂拭几案, 當令潔淨, 文字筆硯, 凡百器用, 皆當嚴肅整齊, 頓放有常處, 取用旣畢, 復置元所.)" "서책은 가지런히 정돈해야 하며, 몸을 바르게 하고 앉아 책을 보아야 한다. 자세하고 면밀하게 글자를 보아야 하고, 자세하고 분명하게 읽을 때에는 반드시 글자 한 자 한 자 낭랑하게 소리를 내어야 한다.(將書册整齊頓放, 正身體對書册, 詳緩看字, 仔細分明讀之, 須要讀得字字響亮.)" "모든 글자는 잘 썼느냐 못 썼느냐를 묻지 않으나 다만 한 획 한 자 깔끔하고 분명해야 하며 흘려 써서는 안 된다.(凡寫字, 未問寫得工拙如何, 且要一筆一劃, 嚴正分明, 不可潦草.)" 그 밖에 숙독하여 암송할 것을 강조하였다. 송대 유학자들은 보편적으로 "책을 천 번 읽으면 그 뜻이 절로 드러난다.(書讀百遍, 其義自見.)"고 생각했다. 그들은 유년 시기가 기억력이 가장 좋을 때라고 보았기에 이러한 유리한 조건을 이용하여 박람강기해야 한다고 생각했다. 정이程頤는 아이 때 기억력이 좋기 때문에 응당 이른 나이에 공부해야 한다고 말했다. 주희도 "많이 읽으면 저절로 알게 된다.(讀多自然曉)"고 강조하였다.

게다가 읽고 암송할 때는 한 글자라도 잘못해서는 안 되고, 한 글자라도 빠뜨려서도 안 되고, 한 글자라도 더해서도 안 되고, 한 글자라도 순서가 바뀌어서는 안 된다고 하였다. 이학사상의 영향을 깊이 받았기 때문에, 교학 내용에 있어서 품덕을 수양하는 종류가 비교적 많았고, 학자들도 도덕관념·품덕·습관의 배양과 지식의 전수를 긴밀하게 결합하여 하나로 만들기 위해 노력했다. 예컨대, 주희의 『소학小學』에는 도덕적 교조가 적지 않지만, 이야기 요소를 강조하여 서술하였기 때문에 건조한 설교에 빠지지 않을 수 있었고, 그리하여 아동들이 지식을 배우면서 도덕적 훈도도 받게 하였다. 그 밖에 시詩와 무용 등에 대해서는 교학 과정에서 수시로 익히게 하였다. 그러나 "싸리나무와 가시나무 두 가지 회초리로 행동거지를 다스린다.(夏楚二物, 收其威也.)"는 『예기』 「학기學記」의 전통적인 교학 방법이 여전히 성행하였다.[51]

7. 교육의 발전과 문명의 변천

명대 사학社學의 발전은 아동교육의 발전을 추진하는 데 적극적인 역할을 하였다. 원대 사학社學이 기초 위에서 명대 사학은 계속 발전하였다. 명 태조가 1375년(홍무 8) 천하에 사학을 일으키라는 조서를 내리자 각지에서 분분히 사학이 설립되었다. 사학은 8세부터 15세의 학생을 모집하며, 강제성을 띠며, 부모가 아이를 학교에 보내도록 요구하였다. 『고소기姑蘇記』의 기록에 의하면, "홍무 8년 조서가 내려와 주현에 50가호마다 사

51 명대 王陽明은 몽학교육에 대해 체계적인 사상과 방법을 제시하였다. 그의 「訓蒙大意示教讀劉伯頌等」은 몽학교육의 명편이다. 그는 체벌식 교육 방법에 대해 엄격하게 비판하면서, 아동교육은 반드시 아동의 성정에 순응해야 한다고 강조하고, 아동에 대해 詩와 音樂의 훈도로 진행할 것을 고무하고, 아동의 정신이 순창하고 심기가 평화로워야 아동의 신체 건강에 도움이 된다고 하였다. 그의 교육 방법은 소질교육의 실제에 맞는 내용을 가지고 있다.

학을 하나씩 세우라고 하였다. 본부本府의 성읍과 향촌에 모두 737개소를 세웠다.(洪武八年, 詔州縣每五十家設社學一. 本府城市鄕村共建七百三十七所.)" 이로부터 당시 규모가 성대했음을 볼 수 있다. 아이들이 사학에 들어가면 먼저『삼자경』·『백가성』·『천자문』을 배우고, 이어서 유가 경전·역사·역법曆法·산술算術 등의 지식을 배웠다. 그러나 이러한 정책은 교육에 대한 자각의 부족과 관원의 부패로 인하여 다수 지역에서 형식적인 교육에 그쳤다.

관학과 사학 등 각종 교육의 발달, 그리고 아동교육의 발전은 대중교육의 발전과 전체 사회의 문화 수준 향상에 기여하였다. 당송 시기에 이룩된 다양하고 찬란한 문화는 상당한 정도에 있어 교육의 번영과 창조력의 발휘 때문이었다. 당대의 삼교병중三教並重과 문학예술 및 기예가 풍부히 반영된 교육이든, 아니면 송대 유가의 경학과 유가 윤리를 중심으로 하는 교육이든 모두 비교적 크게 문명의 진전에 영향을 주었다. 수당 시기 삼교병중의 종교정책은 문화의 풍부성과 다양한 발전을 촉진시켰고, 송대 초기의 문학예술의 번영에 기초를 마련하였다. 송대 교육, 특히 교육개혁은 한편으로 교육에 있어 유가문화의 주도적 지위를 강화하였고, 다른 한편으로 유학의 윤리와 이학의 발양으로 교육의 내용이 달라져 후세에 심원한 영향을 끼쳤다.

수당 시기의 외국과의 교육 교류는 문화교류사에 있어 중요한 의의를 갖는다. 일본은 여러 차례 견당사遣唐使를 파견하여 중국으로 보냈고, 교육 내용과 방법의 훈도를 받았으며, 중국의 교육 경험을 일본에 전파하여 일본 교육과 문명 발전에 적극적인 작용을 하였다.[52]

52 앞의『中國教育史』제6장 제4절 참조.

제3절

서원교육과 유학의 사회화

1. 서원교육

서원書院교육은 송원宋元 시기 가장 특색 있는 교육 조직 형태이다. 서원 역시 중국 문화의 거울 가운데 하나로, 중국 교육의 특징을 구현하고 있을 뿐 아니라, 중국 고대의 사상 · 정치 · 경제 · 사회 · 문화 사이의 상호작용을 고도로 통합한 선명한 특징을 반영하고 있다.

교육사의 각도에서 보면 송대부터 완정한 서원의 건립과 개인의 강학을 통한 문화 전파의 풍조가 나타나기 시작하였다. '서원'이란 이름은 당대에 처음 나타났다. 723년 당 현종은 여정서원麗正書院을 설립하였고, 2년 후 집현전서원集賢殿書院이라 이름을 바꾸었다. 이는 궁정의 도서를 보관하고 편찬하는 곳이었다. 그 밖에 『전당시全唐詩』에도 여러 차례 '서원'이란 말을 언급하였고, 일부 지방지地方志에도 '서원'과 관련된 기록이 있다. 당시의 '서원'은 주로 서책을 소장하고 개인이 책을 읽는 장소를 가리켰으며, 개별 서원도 개인이 독서하고 친구를 만나고, 심지어 강학을 하는 장소였다.[53] 그러나 일정한 규모의 교육 조직과 관리 형식을 갖추

53 白新良, 『中國古代書院發展史』, 天津大學出版社, 1995년.

며, 동시에 개인 강학의 독특한 '학교' 체제로서의 서원은 송대에 나타나기 시작하였다. 물론 기원에 있어 송대의 일부 서원은 장서루藏書樓라는 의미에서의 서원과 '정사精舍'의 기초 위에서 설립되었다. 이른바 '정사精舍'란 두 가지로 나뉘는데, 하나는 한대漢代 이래 독서하고 사람이 모이고 책을 보관하는 장소이고, 다른 하나는 도교와 불교에서 수련하는 장소이다. 송대 서원은 전자가 지닌 독서와 교류를 중시하는 특징을 흡수하면서 동시에 후자의 종교적 수련을 위해 조용한 환경을 선택하는 장점도 흡수하였다. 어떤 서원은 그 건축에 있어 원래의 절이나 도관에서 비롯되었는데, 예컨대 유명한 악록서원嶽麓書院이 그러하다.(그림 7-2) 그 밖에 송대에는 일부 서원과 유사한 개인 교육기관도 여전히 '정사'라는 명칭을 사용하였다.

개인이 강학하는 성격의 서원은 당대 말기에 나오기 시작했지만, 그때는 마침 교육이 쇠락하는 시기였다. 오대십국의 전란과 파괴를 거치면서 교육은 심각한 위기에 봉착했다. 북송 서원의 건립은 교육의 수요에 맞춰 일어났다.[54] 북송은 과거와 관학을 중시했고 또 서원 자체의 교육 내용과 설립 목적이 관학의 과거 응시라는 범위를 벗어나지 않았기 때문에, 교육과 학술 연구를 결합한 서원이 이루어졌다.

송대 서원은 기본적인 성격에 있어 주로 개인의 강학과 민간의 학교 설립 역량을 흡수한다는 특징을 구현하였다. 송대 서원교육의 발전에 따라 개인의 강학은 새로운 전성기로 나아갔지만, 완정한 교육조직 기구로서의 송대의 서원은 고대의 개인 강학과는 얼마간 차이가 있다. 송대 서원은 비록 개인 강학이 핵심적인 지위를 차지하고 있다고 할지라도, 관리와 설립이라는 두 방면에서 볼 때 완전한 사립 교육체제가 아니라 공사公私

54 통계에 따르면 북송 시기 새로 지은 서원만 71곳이다. 白新良, 『中國古代書院發展史』, 4쪽 참조.

그림 7-2 호남성 장사長沙 악록서원.

결합의 새로운 교육체제이다. 개인이 출자하여 설립하거나 관아에서 출자하여 설립한 경우, 그리고 사학을 관아가 인수하여 교육하는 소수의 경우를 제외하고 나면, 대부분의 서원은 사립을 관청에서 돕거나 관립을 개인이 보조하는 성격이다. 교육사상教育思想의 측면에서 보면, 개인의 학술 교육사상 성분이 있으면서 또 정통 유가의 경학 교육사상도 구현하고 있으며, 게다가 민간의 사상가(예컨대 일부 이학가의 자기 사상 전파)가 관방의 교육사상을 수용한 성분도 있다. 바로 이러한 복잡성이야말로 서원을 중국 교육사에서 중요한 교육체제로 만들었다.

서원은 일종의 완정한 교육체제이다. 건축에 있어 각 서원은 대체로 강당講堂과 재사齋舍 두 부분으로 구성되어 있다. 강당은 학문을 전수하는 곳이고 재사는 거주하고 공부하는 곳이다. 교학 조직에 있어 엄격한 관리 형식과 고과 요구가 있었다. 규모에 있어 생원生員(학생)은 수십 명에서 수백 명까지 일정하지 않았다. 조직에 있어 교육을 담당하는 '동주洞主'나 '산장山長'과 생도로 구성되어 있었다. 그 밖에 서원에는 오늘날의 도서관에 해당하는 장서루가 있었다. 또 어떤 서원에는 서원에서 운영하는 전문 거주구역도 있었다. 비록 어떤 서원은 실력에 따라 등급별 반을 운영했으나 일반적으로 대다수의 서원은 찾아오는 생도를 막지 않았다. 서원에서는 강학하고 토론하고 공부했지만, 또 정기적으로 선현과 서원 창립자에게 제사를 올렸다.

교육의 각도에서 볼 때에도 서원은 관학官學과 다른 여러 가지 특징이 있었다. 서원의 교육 취지는 덕성을 수양하고 인재를 길러내는 것이며, 주요한 교재는 유가 경전이었다. 즉 서원의 교육 목적은 과거시험을 위해 준비하는 것이 아니라 품덕이 고상한 인재를 육성하는 것이었다. 각각의 서원은 교육의 종지에 해당하는 학규 또는 학칙을 정해 놓고 있었다. 예컨대 유명한 이학가 주희가 백록동서원을 운영할 때 유명한 '백록동서원게시白鹿洞書院揭示'를 제정하였다. 그 내용은 모두 다섯 항으로 되어 있으며 주요 내용은 학습 목적과 학습 방법이었다.

> 아버지와 아들 사이에는 친근함이 있어야 하고, 군주와 신하 사이에는 책임감이 있어야 하고, 부부 사이에는 구별 감각이 있어야 하고, 연장자와 젊은이 사이에는 순서가 있어야 하며, 친구 사이에는 믿음이 있어야 한다. 넓게 배우고, 철저하게 묻고, 주의 깊게 생각하고, 명확하게 판별하고, 진지하게 행동하라. 말은 충실하고 믿음성 있게 하고, 행동은 진지하고 예의바르게 하고, 분노를 다스리고 욕망을 누르고, 잘못을 고쳐

> 선행을 하라. 의무를 다하되 이익을 도모하지 말고, 도道를 밝히되 보상을 따지지 말라. 자신이 바라지 않는 것을 남에게 하지 말고, 노력했으나 얻지 못하면 자신에게 잘못이 있는지 반성하라.(父子有親, 君臣有義, 夫婦有別, 長幼有序, 朋友有信. 博學之, 審問之, 愼思之, 明辨之, 篤行之. 言忠信, 行篤敬, 懲忿窒欲, 遷善改過. 正其誼不謀其利, 明其道不計其功. 己所不欲, 勿施於人. 行有不得, 反求諸己.)

요컨대 그의 종지는 주로 유가 윤리도덕의 교훈을 종합한 것으로, 학생이 이로써 자신을 수양하고, 남을 대하고, 일을 처리해서 언행일치하기를 강조하였다.

교육과정 설치 방면에서 서원은 일부 독서목록만 규정해 놓고 있는데, 학생들 각자의 재능에 따라 교육하는 방법으로 지도하며, 교육 과정이나 시험에 대한 엄격한 규정은 없었다. 서원에서의 학습 방식은 자학自學과 도론을 위주로 하며, 매월 산장山長이 한두 번 하는 강의 이외에 평시에는 자학 또는 토론을 하며 산장에게 질문을 하기도 한다. 관리하는 인원은 아주 적다. 서원에서의 학문 탐구의 분위기는 비교적 자유롭다. 서원과 서원 사이에 교류도 있어, 주로 다른 서원의 장교掌教를 청하여 강학하고 토론하거나 유명한 '회강會講'을 하기도 한다. 이중 강학에 있어서 주희가 백록동서원을 운영하는 기간에 일찍이 육구연을 청하여 강학하게 하였다. 육구연은 『논어』의 "군자는 의義에 밝고 소인은 이익에 밝다.(君子喻於義, 小人喻於利.)"는 장章을 강의했는데, 강의를 듣는 사람들이 모두 감동하였고, 어떤 사람은 눈물을 흘렸다고 한다.[55] '회강會講'이란 서원과 서원 또는 서원과 정사 사이에 비정기적으로 거행하는 학술토론회이다.

서원에 와서 공부하는 학생들은 대부분 학자의 이름을 흠모하여 왔기

55 馮友蘭, 『中國哲學史新編』 第5책, 人民出版社, 1992년, 207쪽.

때문에 대부분 열심히 공부했다. 게다가 서원은 기본적으로 모두 조용한 곳에 세워져 있다. 이는 도교와 불교, 특히 선종이 산림 속의 맑고 그윽한 곳에서 정신을 도야하고 본성을 기르며, 마음을 맑게 하고 기운을 바르게 하는 특징을 흡수한 결과이다. 게다가 서원은 몸을 수양하고 본성을 기르는 교육 목적과 결합하는 것을 중요시하였다. 송대의 서원은 일군의 학자와 교육가를 양성하였다.

2. 이학가와 서원교육

송대 서원은 송대 학술사상의 발전과 밀접한 관계가 있다. 달리 말하면 송대 서원은 송대 사상 발전의 요람이라고 말할 수 있다. 한편으로 송대 서원은 기본적으로 장교掌教가 주도하는 학술과 교육사상을 구현하고 있다. 사상가가 서원에서 생도를 모아 강학할 때 대부분 자신의 사상을 교육의 종지로 삼는다. 예를 들어 이학가理學家 주희와 여조겸은 사상에서 차이가 있으므로 그들의 교학 내용과 교학사상은 달랐다. 육구연과 주희 역시 학술상의 방법이 다르므로 그들의 교학 방식도 상당히 달랐다. 다른 한편으로 서원은 사상을 전파하는 장소이기도 했으며, 특히 이학가는 서원의 장교와 개인의 강학을 통해 이학의 전파를 추진하였다. 동시에 서원은 유학을 보급하고 불교와 도가를 제한하는 작용도 하였다. 주희는 백록동서원을 부흥시키려고 노력했는데, 아래의 말처럼 이로써 불교 세력의 성장을 억제하려는 의도가 있었다.

> 도관과 사찰은 종과 북이 서로 들릴 정도로 많아져, 사람이 지켜야 할 인륜은 버리고, '공空'에 대해 말하고 환상을 논합니다. 그런데도 사람들은 많다고 불평하지 않습니다. 그러나 고대 제왕의 예악을 가르치는 곳은 백성을 교화하고 풍속을 바로잡는 수단인데 오히려 적막하고 드뭅니

다.(觀寺鐘鼓相聞, 殲棄彝倫, 談空說幻, 未有厭其多者, 而先王禮樂之宮, 所以化民成俗之本, 乃反寂寥稀闊.)[56]

그들은 서원에서 강학하는 일 이외에 수시로 대중에게 강연하여 수많은 사람들을 끌어들였다. 이는 곧 그들 자신의 명망과 서원의 명망이 더 많은 학생을 끌어오게 하였고 또 서원의 영향을 확대하였다. 이러한 의의에서 볼 때 송대의 수많은 서원은 운영자 또는 강학하는 학자의 이름 때문에 유명해졌다. 예컨대 주희가 악록서원에서 강학한 이후 이 서원의 이름은 크게 떨쳐졌다. 원대 이학가 오징吳澄(1249-1333)은 「중건악록서원기重建岳麓書院記」에서 "장소는 사람과 관련되어 중요해진다.(地以人而重也)"고 하였다. 이학가들은 대대로 학문을 전하면서, 그들 중 다수가 고관에 오른다. 남송 후기 다수의 관료들은 이학理學 출신의 관료에게 호감을 얻기 위해 서원을 지어 자신의 뜻을 표시하였다. 송대 서원은 성쇠를 겪어 갔지만 남송 후기에 전성기를 맞이하였다. 이는 이학의 발전과 불가분의 관계가 있다.

원대에 서원은 북방에서 크게 발전하였다.[57] 정주程朱 이학이 지배사상이 되었을 때 서원이 관학화되기 시작하였다. 서원의 산장山長은 원나라 정부에서 임명한 관원이 담당하였다. 서원의 학생은 "수령守令이 천거할 수도 있고, 어사대 또는 어사대 관원이 시험을 통해 보낼 수도 있고, 교육 관료가 채용하여 보낼 수도 있고, 예하 정부 기관에서 뽑을 수도 있었다.(守令擧薦之, 臺憲考核之, 或用爲教官, 或取爲隷屬.)"[58] 과거시험의 내용도 서원의 교육 속으로 크게 들어갔다. 명대 전기 때는 정부에서 관학을 중시하고 과거를 제창하면서 서원은 쇠락하였다. 명대 중후기 때는 심학心

56 『白鹿洞書院志』 권2 「乞賜白鹿洞書院賜額」.

57 앞에서 인용한 『中國古代書院發展史』 제1장 제4절 참조.

58 『元史』 「順帝紀」.

學과 진헌장陳獻章(1428-1500)의 백사지학白沙之學이 흥기하고 동시에 사인들이 과거의 부패에 불만을 가지면서 서원은 다시 새로운 사상 전파의 장이 되었다. 서원은 명대 중엽에 다시 크게 발전하였는데, 이는 당시 저명한 이학가 담약수湛若水(1466-1560)와 왕양명王陽明(1472-1528) 및 그 제자들이 힘써 추진한 것과 밀접한 관계가 있다.

서원과 당시의 정치는 밀접한 관계가 있다. 일부 유명한 서원들은 모두 관청, 심지어 조정에서 사액賜額(편액을 내림)과 서적 증정으로 이름을 크게 떨쳤다. 백록동서원은 바로 이러한 성질의 서원에 속한다. 어떤 서원은 관청에 전답을 내려주거나 생활비나 도서 구입비를 보조해 줄 것을 청하였다. 그러나 대다수 서원은 일부 관료가 지방관으로 있을 때 설립하였기에 관립과 사립이 결합한 성격을 가졌다. 그 밖에 남송 후기 서원이 제창한 이학사상이 조정의 지지를 받고 난 이후 서원도 전성기에 이르렀고, 서원이 제창한 유가의 충효 윤리교육은 의식 형태에서 적극적으로 공고해졌지만, 다른 사상과 언론에 대해선 억압적인 작용을 하였다. 그 밖에 유가사상은 정치적으로 교육과 교화를 중점으로 하여 수많은 유가, 특히 이학가들이 지방관이 되어 그들의 주요한 정치활동의 중점으로 서원을 일으켰고, 이것이 서원의 발전을 촉진하기도 했다.

서원과 경제, 사회, 문화의 관계를 보면 두 방면에서 특히 주목할 만하다. 첫째는 서원의 건립은 지방 경제와 사회문화의 면모를 일정 정도 반영한다. 최근 학계의 송대 서원 통계는 비록 일치하지 않지만,[59] 주목하

59 학자들은 통상적으로 통계 숫자를 통해 서원 발전의 추세를 분석한다. 그러나 사료 내용의 모호함과 연구자의 다른 관점으로 인해 학계에서 양송 시기 서원의 통계 숫자는 적으면 200-300곳, 많으면 600-700곳으로 차이가 상당히 크다. 陳少峰, 「宋代書院」, 『中華文明之光』, 北京大學出版社, 1999년, 571쪽; 白新良, 『中國古代書院發展史』, 天津大學出版社, 1995년; 苗春德, 『宋代教育』, 河南大學出版社, 1992년, 104쪽; 陳谷嘉·鄧洪波, 『中國書院制度研究』, 浙江人民出版社, 1997년; 陳雯怡, 『由官學到書院: 從制度與理念的互動看宋代教育的演變』, 臺灣聯經出版事業公司, 2004년, 270-

고 있는 추세는 같다. 시간상으로 남송 때가 북송 때보다 서원이 더 흥성했고, 분포상으로 강서 · 절강 · 복건 · 호남에 서원이 비교적 많았다. 이는 강남 지역이 비교적 더 부유하거나 또는 사회 풍속의 도야와 인재교육을 더 중시했음을 반영한다. 둘째는 이들 서원의 분포는 지역 문화의 특색을 반영한다. 서원이 번성한 지방은 개인이 출자하여 학교를 일으키는 풍기가 비교적 성하며, 또 비교적 문화 발전을 중시한다.

위에서 말한 서원의 연원과 서원이 불교와 도교의 산림 환경의 요소 중 시를 흡수한 데서 알 수 있듯이 서원은 종교와 일정한 관련이 있다. 그 밖에 서원은 마음을 수양하고 본성을 기르는 것을 중시하는데, 이 역시 종교적 요소를 흡수한 결과이다. 많은 이학가들이 정좌靜坐가 수양에 지극히 좋다고 강조한다. 주희가 제기한 하루의 반은 정좌하고 반은 독서하는 수양 방법은 확실히 도교 및 불교의 수련 방법에서 영향을 받았다.

사람들이 서원에 대해 언급할 때, 종종 북송 시기의 유명한 사대서원을 든다. 사실 북송 초기 유명한 서원은 모두 여섯 곳이었다. 즉 백록동白鹿洞서원, 악록岳麓서원, 휴양睢陽(응천부應天府)서원, 석고石鼓서원, 숭양崇陽서원, 모산茅山서원 등이다. 때문에 사람들의 사대서원에 대한 설은 일정하지 않다. 백록동서원과 악록서원 이외에 그 밖의 네 개 서원 중 어느 것이 '사대서원'에 들어가는지에 대해서는 상당한 논쟁이 있었다. 그러나 이들 서원들은 모두 아주 유명했고 일정한 특징을 가지고 있었다. 첫째, 서원이 건립된 장소나 창립 과정에 모두 비교적 강한 문화적 이유가 구현되어 있다. 둘째, 휴양서원 이외에 모두 아름다운 명산의 환경 속에 세워졌다. 백록동서원은 강서 여산廬山 오로봉五老峰 아래 있고, 악록서원은 호남 서쪽 악록산의 포황동抱黃洞 아래 있고, 숭양서원은 하남 숭산嵩山의 남쪽 산록에 있고, 석고서원은 호남 형양衡陽 북쪽의 석고산石鼓山에

280쪽 참조.

있고, 모산서원은 강소 구용句容 모산茅山에 있다. 셋째, 다수의 서원이 모두 조정으로부터 책과 편액과 논밭을 받아 이름이 크게 올라 '대서원大書院'이 되었다. 여섯 개 서원 가운데 악록서원과 백록동서원의 운영 기간이 가장 길고(악록서원이 가장 완정하게 보존되어 있다), 휴양서원과 석고서원은 관학으로 변모했으며, 숭양서원과 모산서원은 오래지 않아 버려졌다. 비록 가장 유명한 서원들이 북송 때 있었지만, 실제로 서원의 건립이 가장 흥성한 때는 남송 때, 즉 이학이 흥성할 때였다. 남송 때에도 일부 서원은 아주 유명하였다. 여조겸呂祖謙이 운영한 여택麗澤서원과 육구연이 강학했던, 정사精舍의 기초 위에 건립한 상산象山서원은 그 전형적인 대표이다.

3. 도덕규범의 건설과 전파 : 이학가의 교육 실천 활동

서원은 정신적인 생활과 도덕적 수양을 강조하였다. 그들은 학생의 능력에 따라 가르치면서 공리적인 색채가 강한 과거 공부는 실시하지 않았다. 이는 교육사에 있어 중요한 의의를 지닌다. 많은 학자들은 서원교육을 운영하는 과정에서 교육상의 경험을 종합하고 도덕교육에 대해 중요한 이론을 제시하였다. 그 밖에 서원은 또 정부와 민간이 공동으로 추진하는 문화교육 활동의 장이기도 했다. 물론 서원교육의 장점은 동시에 단점이 되기도 했다. 예컨대 서원 가운데 특히 이학가가 운영하는 서원은 도덕의 수양과 지방 풍속의 순화를 중시하며, 교육의 종지도 주로 수신·제가·치국·평천하를 실현하는 것이었다. 교학의 주요한 내용도 유가 경학과 도덕 윤리이기 때문에 기술과 예능의 배양은 비교적 홀시하는 편이었다. 비록 학생의 능력에 따라 가르친다는 특색이 있지만 윤리 도덕을 주입하는 방면에서는 기본적으로 맹종을 강조한다. 그 밖에 비록 사학 성질의 서원이 민간의 역량을 구현했다고 하지만, 관학에 비교했을 때 서원의 흥성과 쇠락은 비교적 잦았다.

송대 이후의 서원과 서원교육은 중국 문화의 주요한 구성 부분이다. 역사가 오랜 어떤 서원은 역사적 변천을 기록하고, 문화교류의 역사를 반영하고, 역대의 문화활동 정신을 응축시켰으며, 동시에 여러 가지 가치 있는 문물 자료를 보존하였다. 서원의 건축과 교육문화의 특징은 유가 교육문화의 축적과 창신이다. 요컨대 송대부터 시작되어 대규모로 발전하기 시작한 서원교육은 중국 전통사회 후기의 문화정신을 응축시켰으며, 이는 중국 문화의 중요한 유산으로 오늘날에도 참고할 가치가 있다.[60]

서원교육은 송원명 시기에 발달하였으며 이학理學과의 관계가 밀접하다. 특히 남송부터 명대까지 이학가理學家는 서원의 강학과 서원교육을 추진하였을 뿐만 아니라 서원 강학에서 서원 건립으로 점점 발전시켜 나갔다. 왕양명과 동시기의 이학가 담약수湛若水를 예로 들면, 그는 일생 동안 벼슬길이 순조로웠는데, 매번 가는 곳마다 서원을 세워 스승인 진헌장陳獻章을 제사하였다. 그 밖의 지방관들도 그의 행동에 아첨하기 위해 열렬하게 호응하였다. 그는 일생 동안 서원을 수십 개 세웠다. 이학이 관방에서 의식 형태로 접수된 이후 서원의 교육은 기본적으로 이학사상을 구현하였다.

서원은 이학 학술 연구와 교육의 발전을 촉진시켰다. 예컨대 저명한 이학가 주희는 일찍이 백록동서원, 악록서원, 무이정사武夷精舍, 창주정사滄州精舍를 운영하고, 장식張栻은 일찍이 악록서원에서 강학하고, 여조겸呂祖謙은 여택서원을 설립하고 주강主講으로 있었다. 명대 심학의 대가인 왕수인王守仁은 귀주貴州에서 용강龍岡서원을 세우고, 강서에서 염계濂溪서원을 세우고, 절강에서 계산稽山서원을 창립하여 자신의 학설을 널

60 本節은 주로 陳少峰, 「宋代書院」, 袁行霈 主篇, 『中華文明之光』 제2집, 北京大學出版社, 1999년을 참고하였다.

리 전파하였다. 동시에 서원은 이학가들이 학술 교류와 교육을 펼치는 중요한 장소가 되었다. 남송부터 원명 시기까지 서원에서 이학교육의 종지를 받는 영향이 갈수록 뚜렷해졌다. 남송은 이학이 점점 성숙해지는 시기였다. 이학 대가들은 서원의 자유로운 학술 환경을 이용하여 제각기 어떤 서원을 중심으로 하여 서로 다른 이학사상을 퍼뜨렸다. 원대에는 통치자들이 처음 세운 태극太極서원에서 "주돈이를 모시는 '주자사周子祠'를 세우고, 정호·정이·장재張載·양시楊時·유초游酢·주희 등 육군자六君子를 배향하였다. 8천 권 이상의 책을 제공했으며, 조복趙復을 청하여 강의하게 하였다.[立周子祠, 以二程·張·楊·游·朱六君子配食, 選取遺書八千餘卷, 請(趙)復講課其中.]" 게다가 교학 내용은 이학가의 어록과 전주를 벗어나지 못하였는데, "육경六經·『논어』·『맹자』와 그 주석들, 그리고 주돈이·정호·정이·장재의 저작들, 주희가 확정한 의견들이었다.(六經·語·孟傳注, 以及周·程·張氏之微言, 朱子所嘗論定者.)"[61] 원대 1313년(황경 2) 과거시험은 『사서집주四書集注』로 관리를 선발하겠다고 규정하였고, 이후 『사서집주』는 과거시험의 표준 답안이자 각급 학교의 필독 교과서가 되었다. 그 지위는 심지어 '오경五經'보다 높아 그 후 명청 시기의 수백 년 동안 교육사상에 영향을 끼쳤다.

명대 통치자들은 사상계에서 정주程朱 이학의 압도적인 지위를 강화하였다. 이러한 수요에 적응하기 위해 서원의 관학화 정도를 가속화시켰고, 정주 이학을 서원의 주도 사상으로 만들었다. 이학가들이 서원에서 종사하는 교육과 강학 활동은 그들이 추구하는 윤리 정신의 부흥 이념과 완전히 일치하였다. 때문에 이학가들이 주도하는 서원교육은 인륜의 체험과 윤리의 실천을 강조하는 것으로, 강렬한 인문교육의 분위기가 있었다. 동시에 이학가들은 심신수양과 도학에 집중한 결과 다소간 예술정신과 실

---

61 宋濂 等撰, 『元史』「趙復傳」, 中華書局, 1976년, 4,314-4,315쪽.

제적인 경세능력의 육성에는 소홀하였다.

4. 유학의 사회화

송원명宋元明 시대에 대대로 유학에 충성해 온 사대부들은 유학을 부흥하고 창신하는 기초 위에서 유가윤리의 전파와 사회화를 극력 추진하였다. 특히 유가의 도道를 진흥시키는 것을 자신의 임무로 여기는 이학가들은 적극적으로 사학교육과 서원교육을 실천하였고, 그들의 교육 실천은 도덕규범의 건설을 추진하고 사회윤리를 보호하였다.

유가 전통의 사상가들은 도道를 전하고 학업을 중시하였다. 때문에 그들은 대부분 몸소 가르침을 전하는 교육가가 되려고 노력하였다. 그러나 당송 시기 유학자들과 약간 다른 점은, 송명 시대의 이학가들은 일과 개인적인 성취 또는 벼슬과 공명에 대한 표현에 있어서 뚜렷하게 담백한 태도를 보인다는 점이다. 대신에 교육이나 생도를 모아 강학하는 데에 있어서는 지극히 높은 열정을 보였다. 주희를 예로 들면, 그는 장기간 무이산武夷山에서 강학할 때 이외에, 관리로 있을 때에도 적극적으로 교육 활동에 종사하였다. 그는 복주福州 동안현同安縣 주부主簿로 있을 때 힘써 현학縣學을 정돈하고, 이름난 선생을 찾아가고, 우수한 생원을 선발하고, 또 직접 수신지학을 강의하였다. 호남 담주潭州의 지주知州로 있을 때에는 주학州學과 현학縣學을 설립하기를 제창하였을 뿐만 아니라 악록서원을 수복하고 직접 학생들을 가르쳤다. 왕양명도 주희와 마찬가지로 널리 알려진 교육가이다. 그 역시 일정 기간 경전을 강학한 이외에, 관리로 있을 때에도 교육을 일으키고 강학하기를 멈춘 적이 없었다.

이학가의 교육에서 윤리의식의 자각은 가장 기본적이고 핵심적인 교육이념이다. 그들은 자신의 학설에서 거의 예외 없이 도통道統의 옹호와 개인 수양을 학설의 영혼으로 보았으며, 더불어 사회윤리 기강을 바로 잡는 것을 자신의 임무로 여겼다. 범중엄范仲淹과 왕안석王安石 등의 교육가와 비교할 때, 이학가들은 더욱 수양과 인간됨의 각도에서 교육을 발전시켰고, 자신이 사회적 책임을 지려고 하였다. 주희는 「백록동서원게시」에서 이학교육의 순수한 윤리정신을 종합하였다. 이러한 정신은 선진先秦 유학의 육예六藝를 중시하는 교육과 비교했을 때 더욱 순수한 윤리적 성질을 가지고 있다.

윤리교육의 발전을 진전시키기 위해 이학가들은 다양한 형식의 사회교육을 전개하였다. 개인이 생도를 모아 강학하는 이외에 향촌에서 윤리 도덕을 강조하고 민중의 미신을 제거하도록 도왔다. 향촌에서 윤리 도덕을 강조한 것에는 두 가지 형태가 있다. 하나는 장재張載의 제자 여대균呂大鈞이 창제한 향약鄕約으로 이웃 간의 상호 보조와 도덕의 상호 면려를 강조한 것이다. 다른 하나는 주희가 개선한 향촌 족약族約으로 주로 종족 내부의 개과천선을 교육하였다. 이들은 향촌의 자제들에게 종법과 도덕 관념을 강화하는 데 중요한 작용을 하였다. 그 밖에 이학가들은 풍속의 개선에도 주의하였다. 예컨대 왕양명 등은 지방관으로 재직할 때 민중이 각종 미신을 타파하는 활동을 전개하도록 하였다.

책을 쓰고 이론을 세우는 것은 이학가들이 도덕교육을 펼치는 데 있어 중요한 방법이었다. 학술상의 연구와 이학 관념의 전파 이외에 이학가들은 여러 가지 글자 익히기의 아동교육 교재와 세상을 살아가는 지혜 등의 독본을 편찬하여 사회교육의 중요한 교재로 삼았다. 이학가들은 교육에 있어 아동교육을 중시하였고, 어린이 때부터 유가의 윤리 가치관을 받고 실천하도록 하였다. 때문에 송명宋明 시기에 교육이 아주 발달하였고, 독서와 글자 익히기 이외에 기본적으로 윤리와 수양 위주의 내용으로 구성하였다. 이학가들은 기본적으로 학자 겸 교육가이고, 특히 도덕교육 방면에서 집중된 흡수 방법을 세웠고, 여러 가지 교학 경험을 종합하였다. 그들의 이론과 실천은 유학 사회화의 주요한 내용 가운데 하나이다.

당송 시기에는 교육 내용이 유가 경학 위주였고, 학술상 유가 경학을 정리하고 전파하는 것을 중시하였다. 일군의 학자들이 사학私學 방면에서 유가사상 문화의 전파에 촉진 작용을 하였고 유학의 사회화를 끊임없이 촉진시켰다.

수대에 유학을 중시했던 기초 위에서 당대의 유학도 계속하여 관방에선 주도적인 지위를 유지하였다. 비록 삼교가 정립되고 부단히 융합되었지만 관학 교육 및 사학 교육의 내용은 모두 '오경', 『논어』, 『효경』 등을 위주로 하였기에 유가 문화의 주도적인 지위는 보장되었다. 비록 유학은 사상관념에 있어 큰 창신은 부족했고, 또 학술상의 사회적 영향력도 나중의 신유학과 비교할 수 없었지만, 그래도 유학은 사회 관념과 행위의 일치가 종교의 침투를 막는 중요한 역량이 되었다. 송대에는 관방에서 더욱 유학을 중시하였다. 송나라는 개국 이후 사당을 증축하기 시작하였고, 성인이나 스승의 이미지를 조각하거나 그렸다. 궁정에서도 관리를 선발하여 임용할 때에 반드시 유가 경전을 이해하게 했으며 주공과 공자를 숭앙하였다. 1008년(대중상부 1) 진종眞宗은 공자에게 '현성문선왕玄聖文宣王'의 시호를 내렸다. 1012년(대중상부 5)에는 '지성문선왕至聖文宣王'으로 개명하였으며, 진종이 직접 「숭유술론崇儒術論」을 쓰고, 유학은 '제도지강帝道之綱(제왕의 길을 알려주는 원리)'이라고 찬양하였다. 또 형병邢昺(932-1010) 등에게 경전의 뜻을 주석하게 하여, 형병은 『논어정의論語正義』 등을 편찬하였다. 이는 당대에 편찬된 『구경정의九經正義』와 합쳐져 『십삼경정의十三經正義』가 되었고, 천하에 반포하여 학교의 교재로 삼았다. 당송 시기 경학의 발전은 유학의 정통적인 지위를 더욱 강화시켰다.

유가 정통성 위에서의 창신과 윤리에 대한 직접적인 실천은 사회에 강력한 호소력을 갖추었다. 사상 전파 영역에 있어 창조적인 유학은 곧 이학의 발전이 가장 대표성을 갖는다. 이학가들은 유가 도통 관념에 대한 천명, 수양을 위주로 한 교육의 전파, 유학에 대한 새로운 해석 등을 통하여 사대부 가운데서, 특히 유학자 가운데서 독존유술獨尊儒術(사상 가운데 유가만 존중함)의 관념을 확립하였다. 이러한 영향력은 원대에 사회의 정통사상으로 완전히 올라섰다. 주희의『사서집주』가 과거시험의 표준으로 확정된 것을 표지로 명대 이학은 선진 유학을 대신하여 '성性', '이理', '천리를 보존하고 인욕을 극복한다.(存天理, 克人欲.)' 등의 개념과 명제로 사회의 마음을 규범화시켰고, 사대부 계층의 수양과 실천의 자각성을 촉진시켰다. 유학의 사회적 영향을 강화시키는 것과 동시에, 유가사상의 경직된 이해와 교조화된 의식 형태는 사회를 새로운 '사상 독재'의 시대로 들어서게 하였다.

中華文明史
제3권 下

제8장

북방민족의 성장과 중화문명에 대한 공헌

기원 10세기부터 13세기 사이는 중국 역사상 위진남북조 이후 다시 한 번 북방민족의 활동이 고조된 시기이다.[1] 앞뒤로 네 개의 강대한 북방민족 정권이 탄생하였다. 즉 거란족이 세운 요遼, 당항족이 세운 하夏(역사학계에선 서하西夏라 칭함), 여진족이 세운 금金, 몽골족이 세운 원元이다. 이보다 이전에 존립했던 돌궐과 회골의 두 초원 유목국가와 달리, 위의 네 정권은 모두 한족 왕조를 모방하여 건립했고, 국호·연호·중국식 정치기구·일련의 상관된 의례 제도를 갖추었다. 그들의 통치 범위는 그 민족의 원래 거주지에 제한되지 않고, 각기 정도는 다르지만 갈수록 한족 거주지로 확장되었다. 요와 서하는 각각 일부 북방과 서북의 농경 지역을 지배했고, 농업과 목축업의 이원二元 경제에 기초한 정권을 형성하였다. 금나라는 한 걸음 더 중원에 들어가 남송과 대치하였다. 원나라는 완전히 남북을 동합하여 중국 역사상 북방민속이 건립한 첫 번째 통일 왕조를 이루었다. 요, 하, 금, 원은 중화문명 발전사상 결코 홀시할 수 없는 역할을 하였다. 변경의 충돌과 민족 정복전쟁은 내지의 한족 농업문명에 큰 충격과 파괴를 주었다. 그러나 이와 동시에 상술한 북방민족 정권은 또 변경을 개척하고 민족 융합과 민족 문화 발전을 추진하였으며, 중국은 물론 외국 문화와 활발히 교류하는 등 여러 방면에서 한족 왕조가 대신할 수 없는 적극적인 역할을 하였다. 또 중화문명의 전반적인 발전에 중요한 공헌을 하였다.

1 중국 역사에 있어 '북방민족'의 개념은 협의에서는 중원 한족 농업지역의 북방에 있던 흉노·돌궐·東胡 계열 유목민족을 가리킨다. 그러나 광의로 말하면 동북 지역의 肅愼, 濊貊 계열의 민족과 서북 지역의 氐·羌 계열의 민족도 포함된다. 본서에서는 광의를 취하였다. 張碧波·董國堯 主編, 『中國古代北方民族文化史·民族文化卷』「緒論」, 黑龍江人民出版社, 1993년 참조.

제1절

요, 하, 금, 원 정권 개황과 화하문명과의 충돌

1. 거란족과 요

거란은 역사가 유구한 민족이다. 전설에 의하면 처음에 어떤 남자가 백마를 타고 토하土河[지금의 라오하(老哈) 강]를 따라 하류로 내려갔고, 한 여자가 소가 끄는 작은 수레를 타고 황수潢水[지금의 시라무렌(西喇木倫) 강]를 따라 내려갔다. 두 사람은 두 강이 만나는 목엽산木葉山에서 만났고, 마침내 혼인하여 여덟 명의 아이를 낳았는데, 이들이 곧 거란의 시조들이다. 문헌에서는 거란을 선비鮮卑 우문부宇文部의 후예라 하며, 그 원류는 동호東胡라고 했다. 당대 초기 거란족은 황수潢水 이남과 황룡黃龍(지금의 요녕성 조양朝陽) 이북에 거주하였으며, 여덟 부部로 나뉘어 있었는데, 이들이 곧 전설 중의 여덟 아들의 후예라고 한다. 여덟 부는 부락연맹을 형성하여, 대하씨大賀氏가 연맹의 장이 되고, 가한可汗이라 칭해졌으며, 당나라로부터 이씨李氏 성을 하사받았다. 당대 중기에 대하씨 연맹은 동란 중에 와해되었고, 다시 요련씨遙輦氏가 연맹의 장이 되었다. 연맹 중 질자부迭刺部의 야율씨耶律氏가 대대로 연맹의 군사 수장 '이리근夷離堇'을 담당하면서, 세력이 꾸준히 성장하였다. 10세기 초에 이르러 이리근 야율아보기耶律阿保機(872-926)가 마침내 가한可汗의 직에 오르면서 916년 나라를 세우고 칭제하였으니, 이때 세운 나라가 곧 거란契丹이다. 도성은 임황臨潢[지금의 내몽골 바린좌기(巴林左旗)]에 두고 상경上京이라 불렀다. 야율아보기는 나중에 요 태조遼太祖로 추존되었다. 그의 둘째 아들 야율덕광耶律德光(902-947)이 재위에 있을 때 중원의 혼란한 형세를 이용하여 군벌 석경당石敬瑭(892-942)의 후진後晉 정권을 도와 후당後唐을 멸망시켰다. 석경당은 야율덕광을 의부義父로 모시고, 자신을 도운 대가로 장성長城 이남에 있는 지금의 북경·하북·산서 북부 등 연운 십육주燕雲十六州를 할양해 주었다. 947년 야율덕광은 군사를 이끌고 후진을 멸망시키고 변경汴京(지금의 하남 개봉開封)에 들어갔으며, 한족의 의례를 모방하여 백관의 조하朝賀를 받았으며, 국호를 요遼라고 처음 제정하였다. 그러나 요의 중원에서의 입지는 안정되지 않아 곧 북방으로 철수하였다. 북송이 건국한 후 연운 십육주를 빼앗으려고 두 번이나 북벌했지만 요나라 군대에 패하였다. 요나라는 수세를 공세로 바꾸어 다시 자주 남하하여 소요를 일으켰다. 1004년 요와 송은 단주澶州(지금의 하남성 복양濮陽)에서 '단연지맹澶淵之盟'을 맺고 두 나라를 형제의 관계로 정하고, 각각 국경을 지키며, 북송은 매년 요에게 '세폐歲幣'로 은 10만 냥과 비단 20만 필을 보내기로 하였다. 이후 쌍방은 기본적으로 충돌이 없었다. 1125년 요는 새로 일어난 금金에 멸망하였다. 황족 야율대석耶律大石(1087-1143)은 일부 잔여 세력을 이끌고 서역으로 가서 다시 건국하였는데, 역사에서는 서요西遼라고 칭하였다. 도읍은 발라사군(지금의 키르기스스탄 토크마크 동남)으로, 후시오르두오라고 불렀다. 서요는 1218년 몽골에 망하였다.

2. 당항족과 서하

당항족은 고대의 강족羌族에서 나왔으며, 원래 사천성의 서북과 청해

성의 동부에서 거주하였다. 부락은 아주 많았으나 서로 통솔하거나 지배받지 않았는데, 그중에서 탁발씨拓跋氏가 가장 강성하였다. 이 탁발씨는 아마도 강족 속에 살았던 선비 탁발씨일 가능성이 크지만 아직까지 완전히 증명되진 않았다. 당대 전기에 당항족은 티베트족의 압박에 밀려 당나라에 신하로서 의부하여 감숙성과 섬서성 일대에 이주하였다. 당대 말기 당항족의 수령 탁발사공拓跋思恭(재위 881-895?)이 황소黃巢를 평정하는 데 공을 세워 하주절도사夏州節度使(치소治所는 지금의 섬서성 횡산橫山)를 수여받고, 하국공夏國公에 봉해졌으며, 이씨李氏 성을 하사받았다. 오대五代가 빠르게 바뀌면서 당항족을 돌볼 겨를이 없었기에 기미羈縻로만 두었고, 송대 초기까지 번진의 지위를 유지하게 하였다. 송 태종 때 이씨(탁발씨) 가족 내부에 분쟁이 일어나 절도사 이계봉李繼捧(?-1004)은 강역을 송에 바치면서 입조하였다. 그러나 그의 사촌 동생 이계천李繼遷(963-1004)은 의부하는 데 반대하여 무리를 이끌고 송나라 변경에서 소요를 일으켰다. 북송은 타협에 몰려 이계천을 절도사로 삼고 조보길趙保吉이란 새 이름을 하사하였다. 그 아들 이덕명李德明(983-1032)이 자리를 잇고 있을 때 송으로부터 서평왕西平王에 봉해졌고, 다시 하왕夏王으로 올려졌다. 이덕명은 티베트와 감주甘州의 회골을 이겨 기본적으로 하서회랑을 제패하였다. 이덕명의 아들 이원호李元昊(재위 1003-1048)는 민족의식이 강하여, 계위한 다음에는 당나라와 송나라에서 하사한 성씨를 버리고 원래의 당항족 성씨로 바꾸어 외명嵬名씨라 하였다. 그러나 이후의 대부분 역사서에선 여전히 이씨 성을 사용하였다. 그는 1034년경에 '독발령禿髮令(머리를 밀라는 포고령)'을 내려 당항족의 습속을 회복시켰다. 1038년 칭제하고 국호를 대하大夏라 했으며, 흥경부興慶府(지금의 영하寧夏 은천銀川)에 도읍을 정했는데, 역사에서는 서하西夏라 불렀다. 그 강역은 동으로 황하에 이르고, 서쪽으로는 옥문관玉門關(지금의 감숙 돈황)에 이르며, 남으로는 소관蕭關(지금의 감숙 환현環縣)에 닿고, 북으로는 사막과 접하여,

그림 8-1 1972년 영하 회족 자치구 은천銀川 시의 서하西夏 황릉 서쪽 폐누각 자리에서 발굴된 전설상의 동물 모양 망새. 녹색 유약 자기. 높이 152cm, 너비 92cm, 두께 32cm.

모두 19개 주州로 되어 있었다.(그림 8-1) 하나라와 송나라 사이는 전쟁 상태로 들어갔지만 송나라 군대가 계속 패하였다. 1044년 쌍방이 평화협정을 체결하고, 송나라는 이원호를 '하국주夏國主'에 책봉하였다. 이원호는 송나라의 신하를 자칭했지만, 사실은 "자신의 나라에서 황제로써 자유롭게 통치했다.(帝其國中自若)"[2] 송나라는 매년 서하에 '연례 하사품(歲賜)'으로 비단 15만 필, 은 8만 냥(2,800kg), 차 3만 근(18,990kg)을 주었다. 그럼에도 이후 양국의 관계는 결코 안정되지 않아 변경에서는 자주 충돌이 벌어졌고, 북송은 여전히 승리보다 패배가 많았다. 금나라가 북송을 멸망시킨 후 서하는 금나라에 신하를 자처했다. 1227년 서하는 몽골에 의해 멸망했다.

3. 여진족과 금

여진女眞은 여직女直이라고도 칭하는데, 당대唐代 흑수黑水(흑룡강) 말갈靺鞨의 후예로, 그 시조는 고대의 숙신肅愼으로 거슬러 올라간다. 요遼나라 통치 시대에 신하로 자처했으며, 주로 흑룡강과 송화강 유역에서 활동하였다. 일부의 사람들은 요나라에 의해 요동으로 이주되고 호적에 편입되었는데, 이들을 '숙여진熟女眞' 또는 '갈소관曷蘇館(울타리 안이란 뜻) 여진'이라 칭하였다. 이주되지 않은 사람들은 사회 형태가 상대적으로 낙후하였는데, 이들은 '생여진生女眞'이라 칭하였다. 요 왕조 후기 안출호하按出虎河(지금의 아스하阿什河, 하얼빈 동남)에 거주하던 완안完顔 부족이 점점 생여진의 각 부족을 통일하였다. 그 수령 아골타阿骨打(1068-1123)가 1115년 정월에 칭제하여, 국호를 금金이라 하고, 금 태조金太祖가 되었다. 도읍을 회녕부會寧府(지금의 흑룡강 아성阿城 남)에 두고 상경上京이

2 『宋史』 권485 「夏國傳上」.

라 불렀다. 1125년 금은 요를 멸망시켰다. 곧 이어 남으로 송을 공격하여 1127년 북송을 멸망시켰다. 1141년 남송과 '소흥紹興 화의和議'를 맺고, 동으로 준수淮水의 중류부터 서로 대산관大散關(지금의 섬서 보계寶鷄 서남)까지 강역으로 삼았다. 남송은 금에 신하로 자처하며 "대대손손 신하의 절개를 성실히 지킴(世世子孫謹守臣節)"을 보증하고, 동시에 매년 '세공歲貢'으로 은 25만 냥(10,000kg), 비단 25만 필을 납부하였다. 금 왕조의 제4대 황제인 해릉왕海陵王 완안량完顔亮(재위 1149-1161)은 연경燕京(지금의 북경)으로 천도했으며, 중도中都 대흥부大興府라 명명하였다. 이후 금 왕조와 남송은 다시 몇 차례 전쟁을 했으며, 두 나라 관계는 군신 관계에서 숙질 또는 백질 관계로 바뀌었고, '세공'은 '세폐歲幣'로 바뀌었으며, 이에 따라 수량과 금액도 증감이 있었다. 13세기 초 몽골이 사막의 북방 초원에서 일어나 남으로 내려오면서 금나라를 공격하였다. 금나라는 중도를 포기하고 도성을 북송의 도성이었던 변경汴京으로 천도하면서 하남과 섬서의 좁은 지역을 막으면서 겨우 명맥을 이어 갔다. 그러다가 1234년 몽골과 남송의 연합군에 멸망하였다.

4. 몽골족과 원

몽골족의 기원은 당나라 실위室韋이다. 실위는 처음에 대흥안령大興安嶺 북단에서 활동하였다. 거란, 선비와 마찬가지로 퉁구스 민족(東胡)으로, 당대 말기 서쪽에 있는 사막 북방의 초원으로 대거 이주하였다. 많은 부족 가운데 몽골은 그중 한 부족의 칭호일 뿐이다. 1206년 몽골의 수령 테무진(鐵木眞, 1162-1227)은 몽골 초원을 통일하여 몽골제국을 건립하였다. 초원의 귀족들은 그에게 칭기즈 칸(成吉思汗)이란 칭호를 주었다. 몽골은 강역을 부단히 확장하여 금과 서하를 정복했을 뿐만 아니라 중앙아시아, 서아시아, 동유럽까지 세력을 뻗어 나갔다. 이리하여 초원을 중심으로 유라시아를 연결하는 세계적인 제국을 형성하였다. 1260년 칭기즈 칸의 손자 쿠빌라이 칸(忽必烈, 1215-1294, 재위 1260-1294)이 즉위하여 몽골의 통치 중심을 초원에서 중원으로 옮기고, '중원식 법(漢法)'을 채용하고, 중원식 관료기구와 예의제도를 건립하였다. 연경에 도성을 건설하여 대도大都라 칭하였다. 1271년『주역』의 '대재건원大哉乾元(성대하구나 하늘의 기운이여)'에서 뜻을 취하여 정식으로 국호를 '대원大元'이라 하였다. 쿠빌라이는 죽은 후 원 세조元世祖로 추존되었고, 칭기즈 칸은 원 태조元太祖로 추존되었다. 쿠빌라이의 즉위를 경계로 몽골 초원제국은 이미 중원 왕조 모델의 원 왕조로 변하였다. 동유럽, 서아시아, 중앙아시아를 통치하던 칭기즈 칸의 후예들은 상대적으로 독립된 4대 한국汗國, 즉 킵차크 한국, 일 한국, 차가타이 한국, 오고타이 한국을 형성하였고, 원나라는 그들에 대해 여전히 명의상의 종주국 관계를 유지하였다. 1276년 원나라가 남송을 멸망시킴으로써, 중국의 판도 안에서 수백 년간 여러 정권이 병립하던 국면을 종식시키고 다시 한 번 중국 역사상 대통일 형국을 확립하였다. 1368년 농민봉기 속에 세워진 신흥 한족 왕조인 명明이 원을 무너뜨렸다. 그러나 몽골족은 이후에도 여전히 북방 초원에서 장기간 활약하였다.

5. 전란과 호구의 감소

상술한 네 개의 강대한 북방민족은 앞뒤로 정권을 건립하여 내지로 들어왔기에, 내지의 한족 농업문명은 거대한 충격을 받았다. 사회 발전 수준이 상대적으로 낙후한 민족으로서 그들의 작전은 항상 대규모 살육과 약탈을 동반하며, 많은 경우 이러한 약탈이 전쟁의 기본적인 목적이었다. 금이 북송을 공격하여 멸망시키면서 호구가 급감하였다. 금 세종金世宗 때인 약 1161년(대정 1)에 이르러 북방의 호구 수는 300여 만 호로 회복되었지만, 이보다 앞서 북송의 북방과 요의 통치지역 호구 수에 비교하면 반 이상으로 적어졌다.[3] 이후 사회경제는 점차 회복되어 금 장종金章宗 때인 1207년(태화 7) 통계로 호구는 768만 4,438호에 인구 4,581만 6,079명으로 금나라 호적의 극성기를 이루었다. 그러나 몽골은 곧이어 역사상 보기 드물 정도로 참혹하게 파괴하고 잔혹하게 살육하였다. 몽골이 화북 지역을 점령하여 안정된 상황이 된 이후에도 다수 몽골 귀족들은 여전히 어떻게 농경 지역을 통치하고 관리할지 알지 못하였다. 어떤 사람은 심지어 "비록 한족 인구를 얻었지만 쓸모가 없으니, 차라리 그들을 몰아내고 초목을 무성하게 길러 목초지로 만드는 게 낫다.(雖得漢人, 亦無所用, 不若盡去之, 使草木暢茂, 以爲牧地.)"고 하였다. 다행히 대신 야율초재耶律楚材(1190-1244)가 힘써 저지하여 이러한 황당하고 잘못된 건의가 실시되지 않을 수 있었다.[4] 살육 이외에도 귀족과 군벌들이 난리를 틈타 대규모로 인구를 빼돌려 개인 소유로 삼았다. 이들로 인해 북방 호구 수는 다시 한 번 급감하였다. 1234년부터 1235년 사이에 몽골이 한족 지역에서 두 차례 조사한 결과 호구 수는 겨우 100여 만이었다. 1207년의 768만여 호에 비하면 놀랄 만큼 크게 감소하였다. 원이 남송을 멸망시킬 때는 살육과 약탈을 통제했기에 전쟁의 파괴는 상대적으로 적었다. 원 세조 때인 1293년(지원 30) 관방의 통계에 따르면 전국의 호구 수는 1,400만 2,760호로, 이는 원대에 정식으로 기록된 통계 가운데 가장 높은 호구 수이다. 학자들의 추산에 따르면 원대에 실제 가장 많은 호구 수는 약 1,980만 호에 이르렀으리라 본다.[5] 이는 추산된 숫자로 역사서에 기록된 북송 최고

3 금나라 호구 수는『金史』권46「食貨志一」, 中華書局, 1975년에 보인다.『宋史』「地理志」에 의하면 북송 말년 북방 諸路의 호수는 586만여 호였다. 王育民,「遼朝人口考」(中國遼金史學會 編,『遼金史論集』제5집, 文津出版社, 1991년에 수록)의 고증에 따르면 요나라 때 호구 수는 가장 많을 때가 150만 이상이었다. 양자를 합하면 736만여 호가 된다.

4 蘇天爵 編,『元文類』권57, 宋子貞,「中書令耶律公神道碑」, 上海古籍出版社, 1993년.

5 邱樹森 · 王頲,「元代戶口問題芻議」, 元史研究會 編,『元史論叢』제2집, 中華書局, 1983

호구 수인 2,088만보다 적고, 남송 최고 호구 수인 1,267만과 금나라 최고 호구 수인 769만을 합친 숫자보다 적다. 비록 원나라의 판도가 이전의 왕조보다 훨씬 넓었지만, 그 호구 수는 양송 시기의 수준을 회복하지 못했다는 점을 대체적으로 확인할 수 있다.

6. 인신 의부 관계의 강화

금원金元 두 왕조의 통치는 여진과 몽골의 노예제 요소가 한족 지역에 들어왔기에, 송대에 비하여 사회경제 영역에서 인신 의부依附 관계가 강화되는 역전 추세가 나타났다. 이는 주목할 만한 현상이다. 여진과 몽골 사회에서는 모두 노비를 부리는 전통이 있었기에 중원에 들어온 후 대량의 인구를 탈취하여 노비로 삼았다. 금 세종金世宗 때인 1183년(대정 23)의 통계를 보면, 여진의 귀족과 평민이 소유하고 있는 노비 총수는 근 140만에 이르렀다. 원대의 노비 숫자는 기록이 없어 알 수 없으나, 역사서에 흩어져 있는 귀족과 관료 집안의 노비 숫자가 종종 수천인 데서 알 수 있듯 그 총수는 분명 금대보다 많았을 것이다. 금원 시대에는 노비를 '구구驅口'라고도 불렀는데, 그 뜻은 '포로로 잡혀 부려지는 사람'이란 의미로, 자자손손 승계되며 인신 자유가 없었다. 그들은 대부분 전쟁의 포로로 잡혀 왔으며, 일부 채무 등의 원인으로 팔리거나 심지어 강제로 묶인 자들이었다. 일부 범죄자 및 그 가족은 적몰되어 관청의 구구가 되었다. 원대의 법률 규정에 의하면, 구구는 주인의 재산 가운데 하나로 돈이나 물건과 마찬가지로 임의로 팔 수 있었다. 대도 등 주요한 도시에는 인시人市가 있어 구구를 매매할 수 있었다. 주인이 구구를 함부로 죽이면 비록 죄에서 벗어나는 것은 아니지만, 기껏해야 최고 장杖 87대로 끝났다.

년에 게재.

원대에 인신 의부 관계의 강화 추세는 그 밖의 일부 사회 계층에서도 나타난다. 예컨대 '겁련구怯憐口' 계층은 몽골어로 '집안 식구'란 뜻인데, '사속인私屬人'으로도 해석된다. 그들은 넓은 의미에 있어 구구에 해당하지 않지만, 국가의 통제를 직접 받지 않는, 황실이나 종친 또는 귀족의 채읍采邑에 속해 있고, 그들을 위해 농업·수공업·목축업·일부 전문적인 일을 하는 사람들을 가리킨다. 직업과 출신은 다양하며, 빈부도 크게 차이나지만, 모두 채읍에 대하여 개인적인 의부 관계를 맺고 있어 마음대로 벗어날 수 없다는 공통점이 있다. 호적 관리 방면에 있어 원대에는 직업과 신앙 등의 요소에 따라 전체 주민을 몇 가지 종류로 나눴는데, 이를 '제색諸色 호계戶計'라 칭했다. 그중에서 일반 백성은 '민호民戶'라 했고, 민호 이외에 여러 가지 특수한 '호계戶計'가 있어 각기 국가를 위해 특수한 의무를 하였다. 예컨대, 군역을 담당하는 군호軍戶, 역참의 일을 하는 참호站戶, 수공업 생산에 종사하는 장호匠戶 등이다. 이들은 모두 부자와 형제가 대대로 계승하며 마음대로 벗어날 수 없었다. 이러한 '제색 호계' 제도도 송대에 비해 더욱 강한 인신 의부 관계를 나타낸다. 다만 이러한 관계는 국가와 관련되어 이루어졌다.

7. 유가 문화에 미친 충격

북방민족의 남진이 계속 이루어지면서 유가 문화도 큰 충격을 받았다. 전란이 미치는 곳에선 책들이 흩어지고, 학교가 문을 닫고, 선비들도 떠돌며 궁핍한 생활을 해야 했다. 여진 통치자들은 한족 문화에 일찍 물들어 바로 과거를 실시하고, 공자를 모시고 학술을 일으키면서 문치文治를 표방하였다. 그러나 금나라의 유학은 일가를 이룬 대학자를 결국 내놓지 못하였고, 전문적인 학술이 약하여, 북송과 비교하면 뚜렷하게 쇠락하였다. 북송의 여러 신유학 학파는 금대에 거의 사라졌고 소수만이 남아 학문을 전하다가, 원나라가 통일한 이후에야 비로소 남방에서 북방으로 확산되었다. 몽골의 귀족들이 처음 중원에 들어왔을 때, 유학에 대해 낯설었고, 오랫동안 '말 위에서 천하를 다스리기(馬上治天下)'에 익숙했기에, 유학자와 문화사업을 중시하지 않았다. 사대부들은 생계를 꾸려 나갈 수 없어 "잡역부에 섞이거나 백정이나 상인으로 떨어졌고, 도사가 되기도 하였으며(混於雜役, 墮於屠沽, 去爲黃冠)"[6] 심지어 구구驅口로 전락하는 등 처지가 아주 비참하였다. 1238년 야율초재가 유학자를 대상으로 시험을 실시하자는 상주를 올린 결과 시험이 시행되었다. 선발된 4,030명 가운데 1/4이 구구 출신으로, 그들은 시험에 합격하여 자유를 얻었다. 역사상 이 사건을 '무술선시戊戌選試'라 부른다. 합격한 사람은 현지에서 '의사관議事官'에 임명되었고 집안의 부역이 면제되었다. 그러나 이 사건은 한 번에 그쳤으며 이후 더 이상 실시되지 않았다.

원나라가 세워진 후 통치자들은 라마교에 귀의하였으며, 티베트 승려를 황제의 스승으로 받들었고, 황제는 친히 스승을 따라 계戒를 받았다. 나중에 지방에 널리 제사전帝師殿을 설립하여 첫 번째 스승인 파스파(八思巴)를 제사하였다. 그 규모와 제도는 공묘孔廟를 초월하였다. 몽골의 통치자가 볼 때 유학의 지위는 상대적으로 크게 떨어져 있었다. 중원과 다른 사회문화적 배경을 가지고 있던 그들로서는 유학의 개념과 체계가 이해하기 어려웠다. 원 세조 쿠빌라이는 일찍이 유학에 흥취를 가졌고, 유가 문화를 보호하는 모습을 보였기 때문에 일부 유학자들이 그에게 '유교대종사儒教大宗師'라는 존호를 바쳤다. 그러나 그의 유학에 대한 이해는 낮았으며, 즉위 후에도 재정 문제에서 유학자들과 논쟁했기 때문에 유학자들이 "사실의 핵심을 이해하지 못한다.(不識事機)"고 생각하고 점점 그들을 소원하게 대했다. 원대의 관리 임용은 먼저 황제의 근위대를 중시했

6 彭大雅·徐霆, 『墨韃事略』.

고, 다음으로 문서를 관리하는 서리를 대했기에 유학자들은 출로가 좁았고 벼슬로 나아갈 길이 거의 없었다. 원나라 전기에는 장기간 과거를 실시하지 않았고, 중기에는 비록 실시했지만 극히 적은 인원을 선발하고 동시에 별다른 장점도 없기에 과거가 없는 것과 별반 다르지 않았다. 통일 원 왕조에서도 통치집단은 "학교는 급한 일이 아니며 시詩와 글(書)은 쓸모가 없다.(視學校爲不急, 謂詩書爲無用.)"[7]고 생각했기에 유학자의 사회적 지위가 낮았다. 이러한 상황은 전후 역사에서 거의 없었던 일이다. 물론 장기간 중국 사회에 뿌리를 내리고 또 강한 적응력을 가지고 있는 유가 문화의 측면에서 볼 때 이는 일시적인 현상일 뿐이었다.

7 程鉅夫, 『雪樓集』 권10, 「奏議 · 學校」, 『四庫全書』本.

제2절

북방민족 문화의 발전

거란, 당항, 여진, 몽골 등 사대 민족의 강성과 왕조의 건립은 자체 민족문화를 성장시켰을 뿐만 아니라, 중화문명사에서도 새로운 내용을 추가하였다.

1. 거란 문화

거란은 건국 초기 태조 때인 920년(신책 5) 돌여불突如不과 노불고魯不古 등이 거란 문자를 창제하였다. 나중에 이를 '거란대자契丹大字'라 불렀다. 태조의 동생 질자迭剌는 위구르 문자를 참고하여 '거란소자契丹小字'를 만들었다. 역사서에 의하면 거란대자의 글자 수는 수천 자에 달하여 비교적 복잡하다고 한다. 한자의 글꼴에서 필획을 증감하여 만들었으며, 그중 일부는 완전히 한자에서 빌려 왔다고 한다. 거란소자의 형태는 마찬가지로 한자의 편방을 빌려 왔으나 위구르 글자의 특징을 흡수하여 표음문자를 만들었다. 때문에 비교적 적은 '기본 글자(原字)'를 서로 모아, 많은 새로운 글자와 어휘를 만들어 낼 수 있었다. 그 특징은 "글자는 적으나 포괄적(字少而該貫)"이기 때문에 '소간자小簡字'라 칭해지기도 했다. 현대 학자들의 연구에 의하면, 현존하는 거란문 자료에 보이는 소자의 '기

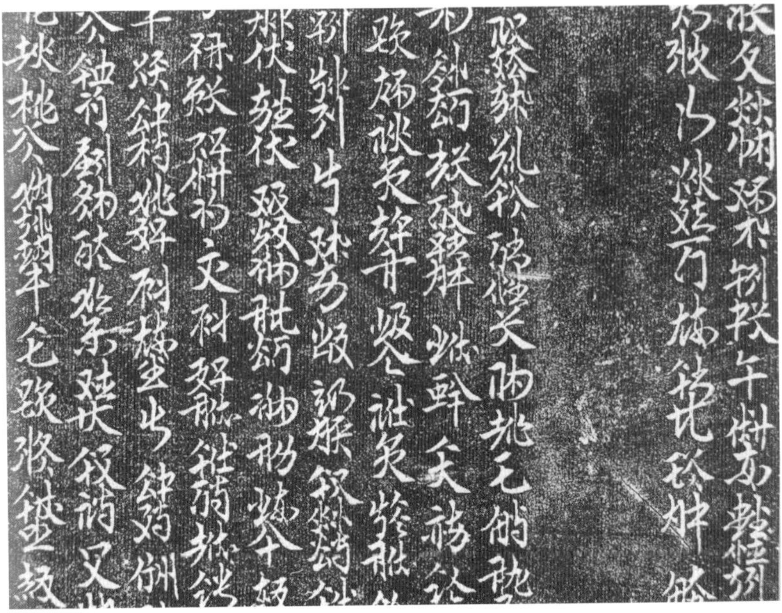

그림 8-2 금대 1170년(대정 10) 거란소자 묘지墓志 탁본.

본 글자'는 350자 정도인데, 실제에 있어서 '기본 글' 숫자는 이보다 약간 더 많았을 것으로 보았다.[8] '기본 글자'의 필획도 상대적으로 비교적 간단하다. 거란 문자는 요遼, 서요西遼, 그리고 금金의 전기前期에 사용되었으나 나중에 점점 사라졌다.(그림 8-2) 당시의 거란 사람들은 민족 문자를 가지고 비석과 부패符牌에 새겼을 뿐만 아니라 문학 작품을 짓기도 하였다. 칭기즈 칸이 서역을 정벌할 때 거란인 야율초재耶律楚材가 수행했는데, 야율초재는 서역에서 서요의 왕자 이세창李世昌으로부터 거란 문자를 배웠고, 나중에 요나라의 사공 대사寺公大師가 거란문으로 쓴 장편시 「취의가醉義歌」를 한문으로 번역하였다. 그 번역문은 야율초재의 『담연거사

8 劉鳳翥 · 于寶林, 「契丹字研究概況」, 中國民族古文字研究會 編, 『中國民族古文字研究』, 中國社會科學出版社, 1984년 참조.

문집湛然居士文集』 권8에 실려 있다. 번역문을 보면 이 시는 120구의 길이로 중국의 가행체歌行體 악부시樂府詩와 유사하며, 중국인의 역사 전고를 많이 쓰고 있으며, 풍광의 묘사 속에 서정을 기탁하고 있어, 야율초재는 “소식이나 황정견과 앞을 다투며 나란히 달릴 만하다.(可與蘇黃竝驅爭先)”고 칭찬하였다. 거란 문학의 성취는 여기에서 그 대략을 볼 수 있다.

거란인은 국가 관리 방면에서 상당히 특색 있는 제도를 만들었다. 요나라는 반목반농半牧半農 국가이므로 두 가지 다른 사회경제 형태를 겸하고 있었으며, 그래서 행정에 있어서도 남면과 북면 두 제도를 채용하였다. 거란인의 풍속은 태양을 숭배하므로, 황제의 어장御帳은 동으로 향하여 설치하였다. 중추 관원들은 이 휘장 밖에 남북으로 배열하게 된다. “북면은 황실 휘장(宮帳) · 부족部族 · 속국에 관한 업무를 관장하고, 남면은 한족의 주현州縣 · 조세 · 병사를 관할하며(北面治宮帳 · 部族 · 屬國之政, 南面治漢人州縣 · 租賦 · 軍馬之事.)”, “북면은 본국의 제도로 거란을 다스리고, 남면은 한족의 제도로 한족을 다스린다 (以國制治契丹, 以漢制待漢人.)”[9] 거란 황제는 시종 민족의 유목생활 전통을 보존하였으며, “가을과 겨울에는 추위를 피하고, 봄과 여름에는 더위를 피하면서, 수초를 따라 사냥하거나 물고기를 잡았다. 이를 매년 관례대로 하면서, 네 계절마다 각기 행재소가 있었으니 이를 ‘나보捺鉢’라고 했다.(秋冬違寒, 春夏避暑, 隨水草就畋漁, 歲以爲常, 四時各有行在之所, 謂之‘捺鉢’.)”[10] 나보는 거란 말로 ‘행영行營’의 뜻인데, 이러한 제도를 ‘사시나보四時捺鉢’라고 했다. 대부분의 귀족과 고관들은 모두 황제를 따라 옮겨 다녔기 때문에, 나보는 국가의 정치 중심이 되었고, ‘움직이는 조정’이란 뜻의 ‘행조行朝’라 불렸으며, 금위군의 경계가 삼엄하였다. 황제는 나보를 통해 군사훈련을 실시하였으며, 각 부족

9 『遼史』 권45 「百官志一」.
10 『遼史』 권32 「營衛志中」.

의 추장들을 통괄하였다. 여름과 겨울의 나보에서는 남북 신료회의를 개최하였으며, 국가의 정치를 논의하고, 주요 인사의 보직 명령을 결정하였다. 요나라는 상경·중경 등 '오경五京'을 세웠지만, 실제에 있어서는 모두 정식 수도가 아닌 일종의 지방을 다스리는 지역 중심지와 같았다. 진정한 수도는 움직이는 나보였다.

거란 귀족은 보편적으로 불교를 신봉하였기 때문에, 오늘날 보이는 요나라 문화유산 가운데는 불교와 관련된 것이 가장 많다. 북경 방산房山 운거사雲居寺에는 현재 수대부터 명대 말기까지 석각 불경이 1만 4,620매가 있는데, 이중 요대에 새긴 것은 적어도 오륙천 매가 된다. 요대 후기에는 목각판으로 한문본『대장경』을 인쇄했는데, 책이 가볍고 종이가 얇으며, 글자가 조밀한 것으로 유명하다. 이를 '거란장契丹藏' 또는 '요장遼藏'이라고 부른다. 불교 건축으로 현존하는 것은 하북성 계현薊縣의 독락사獨樂寺 관음각觀音閣, 산서성 응현應縣 목탑木塔,(그림 8-3) 내몽골 영성寧城 전탑磚塔과 후허하오터 만부화엄경탑萬部華嚴經塔 등이다. 모두 높은 건축학적 수준과 문물 가치를 가지고 있다.

2. 당항 문화

당항인들은 서하 건국 바로 전에 문자를 창제하였다. 이 문자는 이원호李元昊(재위 1003-1048)의 지시 아래 대신 야리인영野利仁榮(?-1042)이 주도하여 고안하였다. 당시에는 번서蕃書라고 불렀지만 후대에는 서하문西夏文이라 불렀다. 서하 통치자는 민족 문자의 추진과 규범화 방면에 대규모의 역량을 결집하면서 그 문자를 '국자國字'라고 떠받들고, '번학蕃學'을 설립하여 가르쳤으며, 여러 가지 자전과 사전을 편찬하여 인쇄하였다. 문자학文字學, 어의학語義學, 어음학語音學 등 방면에서 서하 문자에 대해 귀납과 연구를 행하였다. 오늘날 전해 오는 서하문의 간행본과 사

그림 8-3 산서성 응현應縣 요대 목탑.

본은 상당히 많은데, 거란문과 여진문 등 기타 고대 민족문자에 비해서도 훨씬 많다. 그중 가장 주요한 부분은 모두 20세기 초 내몽골 어지나기(額濟納旗) 흑수성黑水城 유적지에서 발견된 물건이다. 여기에는 법전『천성율령天盛律令』, 군사 법전『정관옥경통貞觀玉鏡統』, 역사 저작『태조계천문太祖繼遷文』, 자전字典『음동音同』과『문해文海』, 쌍해雙解 사전辭典『번한합시장중주番漢合時掌中珠』를 비롯하여 한문을 번역한『논어』·『맹자』·『효경』·『손자병법』· 불경 등이 포함된다. 학계에서는 서하문 해독과 연구에 대해 비교적 큰 성과를 거두었다. 현재 알려진 서하문의 수량은 약 6천여 자이다. 서하문은 한자를 모방하여 만들었으며, 형태가 방정하고, 구성 방식도 대부분 한자 중의 회의會意와 형성形聲의 방식과 비슷하다. 차이가 있다면 구조가 좀 더 복잡하고 필획도 더 번잡한 반면, 상형象形과 지사指事로 만들어진 글자가 극히 적고 한자와 같이 명확한 편방偏旁 체계가 없다는 점이다. 서하문의 사용 기간은 비교적 길었으며, 명대 중기에도 여전히 사용되었다.

서하의 관제官制는 주로 북송을 모방하였다. 관직 명칭에 있어 한족의 방식 이외에 별도로 영령寧令, 모녕령謨寧令, 정로丁盧, 소재素賫, 조유祖儒, 여칙呂則 등 일련의 '번호蕃號' 관명이 있었다. 일찍이 일부 학자들은 이러한 명칭으로부터 서하에는 요나라의 남면과 북면 관제가 있듯이 두 가지 다른 관직 체계가 있는 것으로 보았다. 그러나 대다수 연구자들은 '번호蕃號'와 중원식의 관직 명칭은 하나의 관직 체계에 대한 두 가지 언어의 칭호일 뿐 두 가지 체계가 있다고 보지 않았다. 역사서에 실린 '번호' 관명은 대부분 송나라와 외교 관계에서의 관원의 직급으로 나타났다. 그들이 자기 민족의 말로 관직을 부르는 것은 당연히 민족 자존의 표현에서 나왔을 것이다.

3. 여진 문화

여진 문자는 금나라 초기에 창제되었다. 거란 문자와 마찬가지로 대자와 소자의 구분이 있다. 태조 때인 1119년(천보 3) 고관 완안희윤完顔希尹이 여진자를 제작하였다. 제3대 황제인 희종熙宗(재위 1135−1149)이 재위할 때 또 한 종류의 여진자를 창제하였다. 완안희윤이 만든 것을 대자라 하고, 희종이 만든 것을 소자라 하였다. 세상에 전해진 여진자의 자료는 적어서, 현재 볼 수 있는 것은 한 종류뿐으로 그 글자 수는 859자인데, 학자들은 일반적으로 여진대자로 본다. 여진 문자의 제정은 거란 문자의 영향을 직접 받았고, 한자의 영향을 간접적으로 받았다. 그것은 거란자와 한자 두 종의 문자를 기본 글자로 하여, 때로 그 음을 취하거나 때로 그 뜻을 취하여 필획을 증감시켜 새로운 문자를 만들었다. 민족 문자의 보급을 위해 여진 통치자들은 일찍부터 여진자 학교를 설립하였다. 나중에는 전문적으로 여진 진사과를 개설하여 여진문으로 시험을 보았는데, 책론에는 여진대자를 사용하고 시詩에는 여진소자를 사용하였다. 이들 조치는 여진 문화의 발전을 강력하게 이끌었으며 민족의 인재를 적지 않게 배출하였다. 명대 초기에 이르기까지 여진 문자는 여전히 동북 지방의 여진인 사이에서 통용되었으며, 명대 사이관四夷館에서는 여진문과 한자를 대조하는 전문적인 공구서『여진역어女眞譯語』를 편찬하기도 하였다.

여진의 한화漢化 속도는 비교적 빨랐으며, 국가제도도 기본적으로 당송唐宋 시대의 제도를 이어받았다. 그러나 오히려 민족 자체의 관리 체계인 맹안모극猛安謀克은 유지하였다. 맹안모극은 초기 여진족이 사냥을 하면서 필요하여 설치한 군사 단위이다. 금나라 건국 전후로 이를 제도화시켜 300호를 1모극이라 하고, 10모극을 1맹안이라 하였다. 전쟁 시에는 군사 편제로 통솔하였고, 평시에는 행정 관리조직으로 삼았다. 맹안과 모극은 조직의 단위 명칭이자 장의 칭호였다. 금나라가 중원을 점령한 후 맹안모극의 조직은 남쪽으로 내려갔고, 내지에 들어가서는 "백성들이 사는 여러 지역에 살면서, 그 호구를 계산하여 관전官田을 공급하고, 스스로 파종하여 먹고 살게 하였다.(與百姓雜處, 計其戶口以給官田, 使自播種以充口食.)"[11] 여기서 말하는 '여러 지역(雜處)'은 비교적 넓은 범위를 말하는 것으로, 실제에 있어 맹안모극의 호구는 모두 한족 촌락 사이에 별도로 산채를 만들었으며, 그 조직은 해체되지 않고, 관리도 주현州縣에 예속되지 않으면서 여전히 원래의 체제를 유지하였다. 맹안은 종4품이어서 주州의 방어사防禦使에 해당하며, 모극은 종5품으로 현령에 상당한다. 모극 아래로 약간의 산채를 나누어 설치하고, 50호 이상은 채사寨使 1인을 두었다. 평시에는 경작을 하면서 군사훈련을 겸했으며, 전시가 되면 장정은 스스로 말과 무기를 구비하여 출정하지만 가족들은 남아서 농사를 짓는다. 맹안모극은 금나라 통치의 중요한 지주였다. 금나라 중기 이후에 맹안모극이 약체화되면서 금나라도 점점 쇠락하였다.

4. 몽골 문화

몽골 문자는 칭기즈 칸이 건국하기 전에 창제되었다. 1204년 칭기즈 칸이 나이만(乃蠻)족을 멸망시킬 때 장인관掌印官 타타통아(塔塔統阿)를 포로로 잡았는데, 그에게 명하여 궁중의 자제들에게 위구르 글자로 몽골어 쓰는 것을 가르치게 하였다. 위구르는 곧 당대의 회골回鶻로, 그 문자는 고대 소그드어에서 발전해 온 일종의 표음문자이며, 약 20개의 자모로 이루어져 있다. 위구르 글자로 쓴 몽골어가 최초의 몽골 문자가 되었다. 학자들은 이러한 문자를 '몽골 위구르자' 또는 '회골식 몽골문'이라고 한다. 원 세조元世祖 쿠빌라이 칸은 티베트 승려 파스파(八思巴)에게 명하여 새로운

11 宇文懋昭, 『大金國志』 권36 「屯田」, '二十五別史'本, 齊魯書社, 2000년.

몽골 문자를 창제하게 하여 1269년(지원 6)에 천하에 반포했다. 이 문자는 티베트어 자모를 변화시켜 만든 것으로 모두 40여 개의 자모로 이루어졌다. 후인들은 이를 '파스파 몽골자'라고 하였다. 당시에는 이를 사용하여 "모든 문자를 번역하여 말을 순조롭게 하고 뜻을 통달시키고자 한다.(譯寫一切文字, 期於順言達事.)"[12]고 규정하였다. 즉 이 자모를 사용하여 몽골어를 옮겨 쓸 뿐만 아니라 중국어와 그 밖의 다른 민족의 말을 옮겨 쓰고자 하였다. 이는 중국 문자사에서 창조적인 시도이자 최초로 중국어를 표음화시킨 방안이다. '파스파 문자'를 보급하기 위해 원나라 조정에서는 중앙과 지방에 널리 몽골자 학교를 설립하여 인재를 육성하였다. 통일 원나라 시대에 파스파 문자는 줄곧 법정 문자로 관방 문서에 보편적으로 사용되었다.(그림 8-4) 그러나 '파스파 몽골자'에도 일부 결점이 있었다. 문자 형태가 상대적으로 복잡하고, 몽골어를 쓸 때 음절을 단위로 하기 때문에 단어가 여러 조각으로 나뉘어 읽기 어렵다. 오히려 '몽골 위구르자'가 글자를 단위로 하기 때문에 몽골어의 점착어적인 특성에 더욱 잘 부합한다. 때문에 원나라가 멸망한 후 '파스파 문자'는 몽골 사회에서 점점 사라졌고, 반대로 '몽골 위구르자'는 일정한 개조를 거쳐 오늘날의 몽골어로 변하였다.

몽골제국과 원나라 시기에 통치자들은 한문으로 실록을 기록함과 동시에 몽골어로 국사를 편찬하였는데 이를 '역사'라는 뜻의 '토브치엔(Tobchiyan, 脫卜赤顔)'이라고 하였다. 이리하여 두 가지 언어로 역사를 기록하는 제도를 만들었다. 토브치엔의 편수는 몽골의 귀족이 주관하고 몽골의 지식인이 서술했으며, 궁중에 비장되어 한족 사람들이 보지 못하도록 하였다. 명대 초기에 이르러 몽골 부족의 원류와 몽골제국의 초기 역사의 가장 이른 일부 토브치엔이 한자로 번역되어 『원조비사元朝秘史』라

12 『元史』 권202 「釋老傳」.

그림 8-4 원대 파스파 문자 부패符牌.

칭하였고, 사이관四夷館의 교재가 된 후 지금까지 전해진다. 그 밖의 토브치엔은 이미 망실되었다. 『원조비사』를 보면 그 조직 구조와 서사 방식은 모두 한문 역사서와 뚜렷이 다르고, 오히려 민족서사시와 더욱 비슷하다. 시간에 대한 관념을 그다지 중시하지 않는 대신 문학적 의미가 비교적 강하여 기록이 생동적이고 즉흥적으로 표현한 대구와 나열이 많다. 이 책은 비교적 높은 역사적·문학적 가치가 있을 뿐만 아니라 고대 몽골어 자료를 많이 보존하고 있기 때문에 언어학자들의 중시를 받고 있다. 그 밖에 당시 몽골문으로 편수한 역사서로는 한문으로 '금책金冊'이란 뜻의

『알탄 데브테르(Altan Debter)』가 있어 주로 칭기즈 칸의 족계를 기록하고 있지만, 그동안 망일되었고, 일부 내용이 페르시아 역사서 『집사集史(Jami al Tawarikh)』에 들어 있다.

몽골 정부는 건국 초기에 일련의 초원 유목민족의 특색이 있는 국가제도를 반포하였고, 그중의 많은 내용은 원대까지 줄곧 유지되었다. 예컨대 칭기즈 칸은 일찍이 몽골 부족의 관습법의 기초 위에서 일련의 법률 조문, 즉 몽골어로 '야사(yasa)'라고 하는 것을 반포하였다. 나중에 몽골어로 기록되어 편집되었는데 그 책을 『위대한 야사』라고 하였다. 거기에는 칸의 권위에 대한 옹호, 유목사회의 등급제도에 대한 옹호, 목축경제의 보호 등 기본 내용이 실려 있고, 일부 몽골인 전통의 습속과 미신이나 금기가 기록되어 있다. 원나라는 매번 새로운 황제가 즉위할 때마다 귀족의 집회 의식에서 『위대한 야사』의 조문을 낭독하여 조상의 법률을 준수할 것을 보였다. 이에 따라 원나라 법률에는 적지 않은 몽골법 내용이 삼투하게 되었다. 칭기즈 칸은 또 사법을 관장하는 대법관인 야르구치(yarghuchi)를 임명하였는데, 그들은 형벌을 결정하고, 소송을 논했으며, 귀족의 노예 분배를 주관하였다. 원나라 때에도 야르구치는 여전히 존재했으며, 주로 몽골인의 사법과 소송 등에 관한 일을 하였다. 칭기즈 칸은 귀족 자제들로 구성된 금위군을 조직하였는데 이들을 '콜(qol)'이라고 하였다. 또 피정복 지역에는 몽골인이 담당하는 감독관인 '다루가치(darughachi)'를 광범위하게 설치하였다. 이들 제도들도 모두 원대까지 지속되었다. 같은 유목민족의 왕조인 요나라와 마찬가지로 원나라도 정치체제에 있어 한족 체제와 민족 체제를 병존시키는 이원 색채가 뚜렷했다. 그러나 요나라의 남면과 북면 제도를 병치시키는 것과 달리, 원나라는 초원에서의 체제를 독립적으로 구성하지 않고, 한족 체제 속에 넣어서 발휘하도록 하였다. 이러한 면에 있어서 원나라는 중원 정권 방식과 몽골 체제의 혼합체라고 할 수 있다.

제3절

변강의 개척과 대통일의 재건

변강邊疆 민족이 건립한 요 · 하 · 금 · 원은 변강 개척 방면에서 현저한 업적을 이루었으며, 중국을 위하여 통일다민족 국가의 역사 발전에 중요한 공헌을 하였나.

1. 요 · 하 · 금의 변강 개척과 건설

거란 민족은 장기간 황수潢水 유역과 그 부근에서 활동하였다. 건국 이후 황수 유역을 중심으로 하고, 오늘날의 내몽골 동남부를 포함하는, 요녕성과 길림성 서부의 초원지구는 요나라의 중심 지역이 되었다. 요나라 황제가 '사시나보四時捺鉢'로 순행을 다닌 것도 대개 이 범위를 벗어나지 않았다. 요나라 때 이곳의 경제개발 성취도 가장 두드러졌다. 대규모의 한족 사람들이 이주하여 개간한 결과, 예전의 황막한 초원에 여러 성읍이 건설되어 농업과 목축업을 겸하는 경제 구조가 이루어졌고, 수공업과 상업도 뚜렷이 발전하였다. 요나라가 멸망한 후, 일부 부족들이 서역으로 가 서요西遼를 건립하면서, 그 판도는 동북으로 예니세이 강 상류에서 북으로 발카쉬 호수를 넘고, 서쪽으로 아랄 해와 서남으로 아무다리아 강에 이르렀다. 서요 정권은 요나라의 중원식 왕조의 특징을 계승하여 연호,

묘호廟號, 중원식 관제를 채택하였다. 또 한자와 거란문을 병용하였으며, 서역으로 갈 때 많은 한족을 데리고 갔다. 몽골이 서역을 정벌할 때 야율초재는 다음과 같은 시를 썼다.

야율대석이 서요를 부흥시켰으니	後遼興大石,
쿠처에서 서역을 통치하는구나.	西域統龜茲.
만 리에 걸쳐 위엄찬 소리 진동하니	萬里威聲振,
100년 동안 명성과 교화가 전해 오는구나.	百年名教垂.

야율초재는 자신의 시에 붙인 주석에서 야율대석耶律大石은 "문화와 교화를 무척 숭상하여 서역에서는 지금도 그를 추앙한다.(頗尚文教, 西域至今思之.)"[13]고 하였다. 서하가 통치할 때의 영하寧夏와 감숙甘肅 지역에는 관개농업이 발전하였다. 『송사』 권486 「하국전 하夏國傳下」에 다음과 같이 기록되어 있다.

그 땅은 기름져 오곡이 많이 나는데 특히 벼와 보리에 적합하다. 감주甘州(지금의 장액시張掖市)와 양주涼州(지금의 무위시武威市) 지역은 여러 강의 물을 끌어 관개한다. 흥주興州(지금의 은천시銀川市)와 영주靈州(지금의 영무현靈武縣)에는 당래와 한원이라 부르는 고대 운하가 있었는데, 모두 황하의 물길을 끌어들였다. 그러므로 관개의 수혜로 해마다 가뭄과 홍수의 걱정이 없다.(其地饒五穀, 尤宜稻麥. 甘涼之間, 則以諸河爲漑. 興靈則有古渠曰唐來, 曰漢源, 皆支引黃河. 故灌漑之利, 歲無旱澇之虞.)

현존하는 서하 법전 『천성율령天盛律令』에는 수리시설의 관리, 보호, 사

13 耶律楚材, 『湛然居士文集』 권12 「懷古一百韻寄張敏之」, 中華書局, 1986년.

용 등에 대해 모두 상당히 자세한 수리법규가 실려 있다. 금나라는 동북 지역을 여진 민족의 '내지內地'라 보고 이전 왕조들보다 크게 중시하였다. 금나라 초기에 북송을 멸망시키고도 여전히 동북 지역에 있는 상경上京을 수도로 하였다. 해릉왕海陵王이 연경燕京(지금의 북경)으로 천도한 후 상경이란 이름을 폐지했지만 오래지 않아 금 세종金世宗이 다시 상경을 회복시켜 배도陪都로 정하고 직접 순행하기도 하였다. 상경에는 유수留守 및 총관부總管府를 설치하고 재정을 주관하는 전운사轉運司와 감찰을 주관하는 제형사提刑司를 설치하였다. 금나라 초기에는 '내지를 충실히 한다(實內地)'고 하여 중원의 한족 사람들을 동북으로 대규모로 이주시켰다. 여진족이 건국하기 이전에 이미 초보적인 농업생산을 하였으며 한족이 이주하여 들어오면서 이곳의 생산 수준도 크게 높아져, 동북 지역은 매년 세수로 좁쌀 20.5만여 석이 들어왔고, 비축 양곡도 247.6만여 석이 되었다.[14]

2. 원나라의 행정

원나라의 대통일 규모는 이전 왕조를 초월하는 것으로 그 강역은 "북으로 음산을 넘고, 서쪽으로 사막 끝에 이르며, 동으로 요동에 이르고, 남으로 바다를 넘어간다. …… 동남으로는 한당漢唐보다 못하지 않고 서북으로는 더 넓어졌다.(北逾陰山, 西極流沙, 東盡遼左, 南越海表. …… 東南所至不下漢唐, 而西北則過之.)"[15] 이렇게 광대한 강역을 관리하기 위해서 원나라는 점차 일련의 행성行省 체계를 만들어 나갔다. 중앙 재상宰相 기구를 중서성中書省이라 하기 때문에, 고위 관원을 지역 거점으로 파견할 때는

14 『金史』 권50 「食貨志五」.
15 『元史』 권58 「地理志一」.

'행중서성사行中書省事'라 하였고, 줄여서 '행성行省'이라고 하였다. 처음에 행성은 비교적 뚜렷하게 중앙에서 파견한 기구의 색채를 지녔지만, 쿠빌라이 후기에는 기본적으로 지방의 상설 최고 행정기구로 변하여, 전국에는 요양遼陽·감숙甘肅·섬서陝西·하남河南·강절江浙·강서江西·호광湖廣·사천四川·운남雲南 등 아홉 개의 행성이 만들어졌다. 나중에 또 영북嶺北 행성이 만들어져 모두 열 개 행성이 되었다. 이들은 모두 "나라의 여러 업무를 관장하고, 군현을 통할하고, 변방을 지키며, 중앙의 중서성과 표리 관계를 이룬다. …… 조세, 군사, 농업, 조운, 국가의 중요한 일은 다스리지 않는 것이 없다.(掌國庶務, 統郡縣, 鎭邊鄙, 與都省爲表裏, …… 凡錢糧·兵甲·屯種·漕運·軍國重事, 無不領之.)"[16] 수도 대도大都 근처의 하북, 산서, 산동 등 지역에는 행성을 설치하지 않고 '복리腹裏(뱃속)'라 하여 중서성에서 직접 관할하였다. 행성의 관할 지역이 광활하므로 권력이 집중되어 지방의 군정·정치·재정의 권한을 모두 가지고 있었기에, 송대의 지방 권력의 분할제도와는 뚜렷이 달랐다. 이러한 상황은 원나라의 특수한 민족 정복을 배경으로 하고 있다. 중앙에서 다만 행성에게 권력을 강화시켜 주기만 하면 즉각적이고 효과적으로 반항을 진압할 수 있고, 동시에 변경 지역에 분봉되어 있는 왕이나 귀족을 통제할 수 있었다. 행성 관원 가운데 오직 주요 장관만이 군권을 장악할 수 있으며, 이러한 직무는 일반적으로 한족에게 주어지지 않기 때문에, 지역 정부의 문제는 몽골족의 통제를 통해서만 해결된다. 중앙 정부는 또 감찰 등 각종 제도로 지방 행성을 멀리서도 통제할 수 있었다. 원나라의 행성은 지방의 독립성과 지방의 이익을 대표하는 역할은 거의 하지 않았으며, 반대로 중앙 정부가 지방의 상황을 통제하거나 조세를 징수하는 역할을 하였다.

16 『元史』 권91 「百官志七」.

3. 원나라의 변방 관리

판도가 광활한 원나라는 변방의 통제에 있어 이전 왕조의 기초 위에서 더욱 강화시켰다. 이전의 통일 왕조의 '기미羈縻' 지역은 원나라 때 이르러 "중원 지역과 마찬가지로 모두 조세를 납부하였다.(皆賦役之, 比於內地.)"[17] 막북漠北, 동북東北, 운남雲南, 티베트 등 변방 지역에 대해 원나라는 현지에 맞는 유효한 행정관리를 하였다.

막북은 쿠빌라이가 도성을 대도로 옮긴 후 국가의 정치 중심의 지위를 잃었다. 대신 선위사도원수부宣慰司都元帥府를 설치하고, 나중에는 영북행성嶺北行省으로 승격되었다. 이 지역에는 주현州縣이 설치되지 않았으며, 실제로 기본 행정 단위는 여전히 몽골 전통사회의 천호千戶와 백호百戶 조직으로 운영되었다. 원 조정은 중원의 대규모의 군인과 백성을 막북으로 이주시켜 땅을 개간하였으며, 일부 몽골 유목민에게 경작 기술을 전수하여 막북 지역의 농업 생산을 눈에 띄게 증가시켰다. 초원에서 자주 일어나는 자연재해에 대해서 대규모의 재력을 투입하였으며, 중원으로부터 양식과 포목을 조달하여 구휼하고, 양과 말을 구매하여 이재민에게 나누어 줌으로써 목축업이 안정적으로 발전할 수 있도록 보호하였다.

여러 민족이 거주하는 동북 지역에는 요양행성遼陽行省을 설치하였으며, 그 관할 지역은 동으로 쿠릴 열도를 포함하여 바다에 이르고, 동남으로 고려의 접경지대까지 이른다.

운남 지역은 일찍이 1274년(지원 11)에 행성을 설치하여 37로路 2부府를 관할했으며, 사대부를 임직시키고 세습하게 했으며, 비록 범죄를 저질러도 형벌에 처할 뿐 직위를 박탈하진 않았다. 행성行省의 첫 번째 장관으로 회족인 사이드 아잘 샴스 알딘(賽典赤贍思丁, Saiyid Ajall Shams al-Din,

17 『元史』 권58 「地理志一」.

1210-1279)은 운남에서 "백성들에게 파종을 가르치고, 연못을 만들어 홍수와 가뭄에 대비하고, 공자 사당과 명륜당을 창건하여 경전과 역사서를 구입하고, 학전學田을 수여하였는데, 이로부터 문풍이 조금씩 일어났다.(教民播種, 爲陂池以備水旱, 創建孔子廟·明倫堂, 購經史, 授學田, 由是文風稍興.)"[18] 장입도張立道는 대리大理 등의 지역에서 외순행권농사外巡行勸農使를 담당하면서 현지 민족에게 중원의 선진 양잠 기술을 전수하여 "예전보다 수익이 열 배나 났고, 이로부터 운남 사람들이 더욱 부유해졌다.(收利十倍於舊, 雲南之人由是益富庶.)"[19] 원나라의 직접적인 통치 아래 운남과 중원의 관계는 날로 긴밀해졌고 사회 경제와 문화사업 모두 현저하게 발전하였다.

독립적인 행정구인 티베트는 행성을 설치하지 않은 대신 중앙의 선정원宣政院에서 직접 관할하였다. 원나라 황제는 티베트 라마교를 신봉하고 라마교 사키아(Sakya)파 승려를 황제의 스승으로 모셨기 때문에, 전국의 불교 사무를 관장하는 선정원에서 티베트 지역도 관할하였다. 선정원에서 관할하는 지방 행정기구는 3도道로 나뉘어 있는데, 토번등처선위사사도원수부吐蕃等處宣慰使司都元帥府(티베트 동북 지역 관할), 토번등로선위사사도원수부吐蕃等路宣慰使司都元帥府(티베트 동남 지역 관할), 오사장납리속고로손등삼로선위사사도원수부烏思藏納里速古魯孫等三路宣慰使司都元帥府(티베트 중서부 및 아리 지역 관할)이다. 행정 관원들은 모두 선정원 또는 제사帝師가 추천하고 황제가 임명했다. 하급 지방관은 현지의 습속에 따라 현지 승려의 지도자들이 맡았다. 원나라는 티베트 통치를 강화하기 위하여 호구 조사와 역참 설치 등의 사업을 실시하였다.

대통일 국가의 내부 관계를 강화하고 정보를 신속하게 전달하기 위하

18 『元史』 권125 「賽典赤贍思丁傳」.
19 『元史』 권167 「張立道傳」.

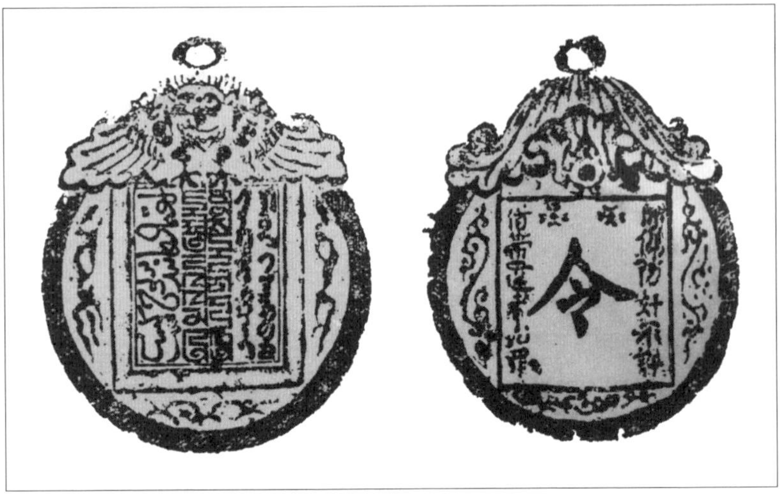

그림 8-5 원대 급체포 영패令牌.

여 원나라는 전국 범위의 역참과 급체포急遞鋪 체계를 건립하였다. '참站'은 몽골어 Jam의 음역으로 '역'이란 의미이다. 원대에는 종종 '역驛'과 결합하여 '역참'이라 불렸고, 점점 많이 사용되어 지금에 이른다. 원나라는 대도를 중심으로 사통팔달의 역로驛路가 닦여, 동으로 고려에 이르고, 동북으로 누얼간奴兒干(지금의 흑룡강 해구 일대)에 이르고, 북으로 기리키스에 이르고, 서쪽으로 일 한국과 킵차크 한국에 이르며, 서남으로 오사장烏思藏(지금의 티베트)에 닿으며, 남으로 안남安南(지금의 베트남 북부)과 미얀마에 접하는 등 전에 없이 드넓었다. 때문에 "사람이 가는 곳이면 모두 역참을 설치하여 마치 도성 안을 다니듯 전령이 왕래하였다.(人迹所及, 皆置驛傳, 使驛往來, 如行國中.)"[20] 전국에는 육참陸站과 수참水站이 모두 약 1,500군데 세워졌으며, 각급 지방 정부에서는 인원을 파견하여 탈것·숙소·음식·땔감 등을 제공하여 관용 물자를 수송하였다. 이는 당시 가장

20 『元史』 권63 「地理志六」 중의 「河源附錄」.

편리한 교통체계였다. 역참에 근무하는 사람은 현지 백성에서 뽑았고, 별도로 호적을 만들었는데, 이를 참호站戶라 불렀다. 급체포는 원대의 관방 역참체계이다. 10리 또는 15리나 25리마다 1포鋪를 설치하고, 포병鋪兵 5명을 두어 문서의 전달을 책임지게 하였다. 전달 속도는 규정상 하루 밤낮, 즉 1일에 400리이며, 급행 문서는 500리였다.(그림 8-5)

4. 운하의 개통과 해운의 개척

원나라가 남송을 멸망시킨 후, 남방의 재화와 조세를 도성인 대도(지금의 북경)로 수송하기 위해 조운을 소통하고 해운을 개척하였다. 예전에 남북을 이었던 대운하는 송나라와 금나라가 대치하면서 이미 여러 곳이 막혔다. 원 세조 후기에 산동에서 회통하會通河를 굴착했는데, 수성須城(지금의 산동 동평東平) 서남의 안산安山에서 시작하여 서북으로 임청臨淸에 이르는데, 전장 250여 리이며 31개의 갑문을 세웠다. 이후에 유명한 과학자 곽수경郭守敬(1231-1316)의 건의를 받아들여 도성 교외에 통혜하通惠河를 굴착하여, 대도 서북의 여러 물길을 끌어 동으로 통주通州(지금의 북경시 통현)로 흐르게 했는데, 전장 164리였다. 운하를 다시 개통시킴으로써 과거의 굽이지는 항선을 고쳐 기본적으로 물길을 곧게 만들었기 때문에 항정航程이 크게 단축되었고 운량선이 바로 대도의 적수담積水潭(지금의 북경 스차하이 일대)에 정박할 수 있었다. "강회江淮, 호광湖廣, 사천, 해외 국가의 조공품, 식량 운반, 상인 무역품이 모두 도성에 이르렀다.(江淮·湖廣·四川·海外諸番土貢·糧運·商旅懋遷, 畢達京師.)"[21] 이 물길은 명청시대에도 줄곧 중요한 기능을 발휘하였다.

그 밖에 원나라는 처음으로 남북 해운 항선도 열었다. 매년 2월에 장강

21 蘇天爵, 『元朝名臣事略』 권2 「丞相淮安忠武王」, 中華書局, 1996년.

해구의 유가항劉家港에서 식량을 싣고 바다에 들어가면, 숭명崇明 동쪽에서 흑수양黑水洋(황해)으로 들어갔다가 북으로 직선으로 올라가, 교동 반도를 돌아 발해에 들어가 직고直沽(지금의 천진시)에 이른다. 순풍을 타면 열흘이면 도착한다. 배는 직고에서 짐을 부리고 5월에 회항하여 돌아간다. 이어서 여름 곡물을 싣고 2차로 북상한 후 8월에 다시 회항하여 돌아간다. 계산해 보면 당시의 남북 교통 운수선 가운데 운하를 이용한 조운은 육운에 비해 비용이 3/10-4/10 정도였고, 해운이 육운에 비해 7/10-8/10 정도였다. 해운과 운하는 원나라의 중요한 경제 동맥으로 남북방의 경제적 연계를 크게 강화시켰다.

제4절

북방민족과 한족의 융합과 교류

요遼, 하夏, 금金, 원元의 통치는 중국 고대 민족 관계사에 있어 중요한 영향을 미쳤다. 각각의 왕조에서 주도적인 위치를 점하는 북방 및 서북방 민족은 한족 사회와 접촉하는 과정에서 계속하여 한화漢化의 추세를 보였고, 대부분 중원으로 들어가면서 한족과 융합하였다. 현대 중국의 민족 가운데 몽골족과 회족은 원대 초기에 형성되었다.

1. 거란과 한족의 융합

거란은 유목민족이지만 줄곧 화북 농업 지역 북쪽에서 활동하면서, 한족의 농업문명에 대하여 비교적 장기간에 걸쳐 접촉과 이해를 가지고 있었다. 일찍이 요련씨遙輦氏 연맹 시대에 야율씨耶律氏가 속해 있는 거란 질자부迭剌部에서 이미 농경과 방직이 발달하기 시작하였다. 건국한 지 얼마 되지 않아 공자 사당을 건립하고 봄 가을에 제사를 지냈다. 요나라 후기의 황제인 도종道宗(재위 1055-1101)은 "내가 닦은 문물이 빛나니 중화의 문물과 다르지 않다.(吾修文物, 彬彬不異中華.)"[22]고 하였다. 요나라는

22 葉隆禮, 『契丹國志』 권9 「道宗天福皇帝」, 中華書局 標點本.

한족 사인들을 위해 과거를 설치하여 처음에는 거란인은 응시할 수 없다고 규정하였다. 나중에 금령을 풀었고, 서요의 창건자인 야율대석耶律大石이 진사과에 급제하였다. 이는 거란족, 특히 상층 통치집단이 점차 한화되는 경향을 반영하고 있다고 할 수 있다. 요나라가 금나라에 망한 후, 거란족은 피통치 민족이 되었고, 대부분 금나라에 의해 부족군대로 편입되어 북방의 변경을 지키거나 목축업 노동을 해야 했다. 일부 거란 귀족은 금나라에서도 벼슬을 했고, 여진 귀족의 한화 추세에도 참가했다. 요 태조의 장자인 야율배耶律倍의 8대 손자이자 금나라의 상서우승 야율리耶律履의 아들 야율초재耶律楚材(1190-1244)는 몽골제국 전기에 조정(汗廷)의 케시크(怯薛)에서 한족 지역의 문서를 주관하였는데, 한족들은 그를 중서령中書令이라 불렀다. 실제적으로 그는 이미 철저히 한화가 된 거란 사대부였다. 야율초재는 전쟁 후의 혼란을 마수하면서 몽골 통치자에게 유가儒家가 치국의 방법이라고 반복하여 진언하였다. 그는 중원에 정상적인 통치질서를 회복시킬 수 있는 일련의 조치를 추진하였다. 그중에는 사람을 함부로 죽이지 않는 명령, 중원의 전통에 따른 조세제도, 과거를 통한 유학자 인사의 선발, 경전과 역사서를 편찬하고 간행하는 기구의 설립 등등이 포함되었다. 이들 조치들은 중원의 농업문명을 보호하고 연장하는 데 중대한 공헌을 하였다. 후세 사람들은 "중국에 크게 공헌하여, 그 공덕이 천지를 채울 정도다.(大有造於中國, 功德塞天地.)"[23]라고 그를 높이 칭송하며 지극히 높은 평가를 부여하였다. 원나라가 실시하는 민족 등급 제도인 '사등인제四等人制' 가운데 거란인, 여진인, 북방 한족은 모두 하나로 보아 '한인漢人'이라 하여 같은 대우를 하였다. 원말 명초에 이르러 거란족 가운데 일부 사람이 막북 몽골족과 동북 여진족에 융합된 이외에 절대다수는 한족사회에 융합되면서 하나의 민족으로서 역사 무대에서

23 沈德符, 『萬曆野獲編』 권28, '耶律楚材'條, 中華書局 標點本, 1959년.

사라져 버렸다.[24]

2. 여진과 한족의 융합

여진족이 금나라를 건국할 무렵 그 생산 방식은 이미 어렵漁獵에서 초보적인 농경으로 진화하였다. 그러므로 그 활동 구역이 중원에서 비교적 멀다고 하더라도 한화의 속도는 거란족보다 더 빠르다고 할 수 있었다. 제3대 황제인 희종熙宗(재위 1135-1149)은 중원으로 천도하기 전에 이미 "여진족의 본래 모습을 잃고(失女眞之本態)", "완연히 한족의 청년처럼 되었다.(宛然一漢家少年子也)"[25] 천도 이후의 황제들은 한화가 더욱 심해지고 문화적인 통치도 더욱 성하여 "이 왕조에서 이룩한 것은 절로 당송이 세운 업적 옆에 나란히 세울 수 있다.(一代制作, 能自樹立唐宋之間.)"[26]고 칭송하였다. 금대 초기 동북의 맹안모극猛安謀克 가호들이 중원으로 대규모 이주하였다. 기일이 오래 지나자 이들은 중국어를 습득하고, 한족 의복을 입고, 한족의 생활과 향락적인 습관을 모방하면서 일부 사람들은 무예를 버리고 문장을 공부하면서 자기 민족 본래의 상무정신을 점차 잃어 갔다. 금 세종金世宗이 재위에 있을 때 '여진 본토화', 즉 여진의 옛 습속을 보존하는 운동을 추진하여 근검 · 솔직 · 기마 · 궁술 · 밭 갈기 등 '여진의 옛 습속'을 제창하고, 사치 · 속이기 · 놀기 · 일하지 않기 등 한족 사회의 '악습'을 반대하였지만, 결국에는 대세를 돌리지 못했다. 여진인과 한족의 통혼 현상은 날이 갈수록 보편적으로 일어났다. 금나라가 망한 후, 중원의 여

---

24 일부 학자들은 오늘날의 다우르족(達斡爾族)은 거란의 후예라 보지만, 그러나 증거가 부족하여 아직 정론이 되지 못했다. 劉浦江, 「關於契丹 · 黨項與女眞遺裔問題」, 같은 저자의 『遼金史論』, 遼寧大學出版社, 1999년 참조.

25 徐夢莘, 『三朝北盟會編』 권166 「金虜節要」, 臺北: 文海出版社 影印, 1962년에서 인용.

26 『金史』 권125 「文藝傳序」.

진 사람들은 대다수가 한족의 성씨로 바꾸었는데, 예컨대 완안完顔을 왕王으로, 오고론烏古論을 상商으로, 흘석렬紇石烈을 고高로, 술호術虎를 동董으로, 포찰蒲察을 이李로, 적잔赤盞을 장張으로 바꾸었다. 이들은 점점 한족과 구별이 없어졌고 원나라에 의해 '한인漢人'의 등급으로 들어가게 되었다. 다만 동북 지역의 여진 사람들만이 여전히 옛 습속을 지니고 있다가 나중에 만주족이 되었다.

3. 당항과 한족의 융합

당항족의 상황은 거란족과 비슷하다. 비록 유목민족이지만 한족 사회와 일찍부터 접촉하였고 한족의 영향도 뚜렷하게 받았다. 서하西夏의 여러 황제들은 유학을 숭시하였고, 학교를 널리 세웠으며, 유가의 경전을 번역하였다. 인종仁宗(재위 1139-1193)이 재위에 있을 때 공자를 '문선제文宣帝'로 추존하였다. 공자에게 '제호帝號'를 추존한 것은 중국 역사에서 전무후무한 일이었다. 서하 중후기에는 과거제를 설치하여 종실의 사람들이 응시하게 하였고, 후기에는 황제 신종神宗(재위 1211-1223)이 젊어서 과거에 장원으로 급제했으니 이는 중국 역대 군주 가운데 유일한 예이다. 당항족은 또 전문 유학자를 배양했다. 예컨대 인종 때 대신 알도충斡道沖(?-1183)은 '오경'에 정통하였고, 일찍이 서하문으로 『논어소의論語小義』와 『주역복서단周易卜筮斷』 등의 저서를 지었다. 몽골이 서하를 멸망시키고 난 후, 당항인 고지요高智耀(1206-1271)는 여러 차례 상소를 올려 유학자들을 부역에서 면제해 줄 것을 청하였다. 몽케 칸(蒙哥汗, 1208-1259)이 "유학자는 무당이나 의사와 어떻게 다른가?(儒家何如巫醫?)"라고 물으니, 고지요는 대답하여 말하길 "유학자는 강상으로 천하를 다스리니 어찌 방술과 기예와 비유할 수 있겠습니까?(儒以綱常治天下, 豈方技所得比?)"라고 했다. 나중에 원나라 조정에서 유학자를 별도의 호적으로 분류하여 학교에 들어가 공부하게 하고 부역도 우대해 주었다. 여기에는 고지요의 노력이 많은 기여를 하였기에 "학교에서는 왕왕 고지요를 기리는 사람이 있게 되었다.(學校中往往有祠之者)"[27]

당항인들은 원나라에서 통상 몽골어의 발음으로 '탕우(唐兀)'라고 불리거나, 또는 그 지역에 근거하여 '하서인河西人'이라 불렸다. 원나라의 민족 등급제도에서 그들은 위구르 등 서북과 서역 민족과 마찬가지로 제2등급인 색목인에 속하였다. 거란이나 여진이 한인 등급에 들어간 것과 구별되었다. 그들은 민족문화와 풍습도 비교적 오래 유지하였다. 당항족은 용감하고 싸움을 잘하여 원 조정의 친위대 안에도 전문적으로 당항족의 군대인 당올위唐兀衛가 있었다. 또 지방의 군대에도 일부 당항인이 있었는데 대부분 모여서 살았다. 원대 말기 당항인 여궐余闕(1303-1358)이 기록하기를, 그의 출생지 합비合肥에서는 "군인은 모두 당항 사람이며(一軍皆夏人)", "그 성격은 대개 솔직하고 질박하며 정의를 숭상하고(其性大抵質直而尙義)", 민족감정을 중시하고, 단결하고 상부상조한다고 했다. 그러나 세월이 지나면서 세대가 교체되고, "그 습속도 날로 변하고, 문화도 날로 달라져(其習日以異, 其俗日不同)" 솔직하고 질박하며 정의를 중시하는 모습은 사라져 갔다. 이는 합비뿐만 아니라 "오늘날 만나는 당항인은 모두 도성의 한족 습속을 따르며 또한 이를 당연시 여겼다.(及以問夏人, 凡國中之俗, 今亦莫不皆然.)"[28] 그의 말은 하나의 측면에서 당항인이 점차 한족 사회와 융합되는 상황을 보여 주고 있다. 원나라가 망하면서 이러한 융합 과정은 기본적으로 완성되었다.

---

27 『元史』 권125 「高智耀傳」(中華書局, 1976년), 陶宗儀, 『南村輟耕錄』 권2 '高學士'條(中華書局 標點本, 1959년). 虞集, 『道園類稿』 권25 「重建高文忠公祠記」, 臺北: 新文豊出版公司, 1985년 참조.

28 余闕, 『靑陽集』 권4 「送歸彦溫赴河西廉使序」.

4. 몽골족 및 색목인과 한족의 융합

원나라 때의 민족 관계는 요, 서하, 금 왕조 때보다 복잡하였다. 전체 백성을 몽골인, 색목인色目人, 한인漢人, 남인南人 등 네 등급으로 나누었다. 몽골인은 '국족國族'으로 통치 계급을 지탱하는 기본 역량이었다. 몽골 이외의 서북과 서역의 각 민족은 '각색명목各色名目'이란 뜻을 취하며 색목인이라 통칭하였다. 여기에는 당항인, 왕고汪古(터키계), 회회回回, 위구르(畏兀兒), 할라루(合剌魯), 킵차크, 티베트 등이 포함되었다. 그들은 몽골 통치자의 주요한 협력자들이다. 대통일의 형국 아래 원나라 사람들의 활동 범위는 전에 없이 확대되었고, 민족들 사이의 왕래와 접촉도 더욱 빈번해졌다. 몽골인과 색목인은 행정 · 주둔 · 둔전 · 유배 · 도망 · 상업 활동 등의 원인으로 대량으로 중원에 들어오게 되었고, 한족들과 섞여 살게 되었다. 예컨대 원대 후기 진강로鎭江路에서 관할하는 1사司 3현縣에는 외부에서 들어온 비한족 호구가 170여 호 되는데, 그중에는 몽골 29호, 회회 59호, 야리가온(기독교도) 23호, 당항 3호로 분포되어 있다.[29] 이로부터 다른 지방의 상황도 상상할 수 있다. 중원에 들어온 몽골인과 색목인은 한족사회와 문화의 영향을 받아 점차 한화되었다. 일부 주둔군은 "처음에 왔을 때는 사냥이 주된 습속이었지만 나중에는 점차 한족 사람들처럼 밭을 갈고 작물을 심을 줄 알게 되었다.(初至猶以射獵爲俗, 後漸知耕墾播植如華人.)"[30]

이주해 온 여러 민족들은 종종 한족들과 통혼하게 되었고, 이러한 이족 통혼은 일반적으로 사회계층 사이에 대체로 대응하는 가정이나 가문 사이에서 일어났다. 예컨대 한인 중의 세가나 공훈 가문은 종종 고위 몽골

29 『至順鎭江志』 권3 「戶口 · 僑寓」, 江蘇古籍出版社, 1999년.

30 『正德大名府志』 권10 「文類 · 伯顔宗道傳」.

인 또는 색목인 가족과 통혼하였고, 중원에 진주하는 하층 몽골인 또는 색목인 군인의 통혼 대상은 일반 한족의 평민 가정이었다.[31] 몽골인 또는 색목인은 또 점차 한문을 비롯하여 한족의 성씨와 이름을 사용하였고, 특히 한족이 자字와 호號를 쓰는 방법을 모방하였다. 이는 원대 후기 쉽게 볼 수 있었다. 일부 사람들은 한족의 예절과 습속에 영향을 받아 수절守節과 부모 상례를 준수하였다. 『원사元史』「열녀전列女傳」에는 일부 몽골인과 색목인 여성들이 개가하지 않고 수절하였기에 조정으로부터 정려旌閭의 표창을 받은 사례가 기록되어 있다. 순제順帝(재위 1333-1370)가 초기에 "몽골인과 색목인에게 부모의 상례를 행하라는 조서를 내린(詔蒙古色目人行父母喪)"[32] 것도 중원에 들어와 사는 사람을 대상으로 한 말이었다. 고급문화 영역인 유학, 문학, 예술 등 방면에서도 중원에 들어와 사는 몽골인과 색목인들은 점차 영향을 받아 적지 않은 사람들이 상당한 성취를 이루었다.[33] 원나라 멸망 이후 이들 중원에 들어간 대다수 몽골인과 색목인은 자연스럽게 한족 사회에 융합되었다. 현대에 들어서 민족 조사를 실시한 결과, 중원 지역에 들어와 사는 일군의 가족과 종족은 원나라 때 들어온 몽골인과 색목인의 후예인 것으로 확인되었다.

---

31 洪金富,「元代漢人與非漢人通婚問題初探」,『食貨』(復刊) 제6권 제12기 및 제7권 1-2기 합간(1977); 池內功,「元代的蒙漢通婚及其背景」, 鄭信哲 譯,『民族譯叢』, 1992년 제3기.

32 『元史』 권38 「順帝紀一」.

33 원대 色目人이 한족의 儒學, 文學, 藝術에 薫染된 구체적인 표현과 사례에 관해서는 陳垣이 비교적 일찍 저술한 유명한「元西域人華化考」(『勵耘書屋叢刊』, 北京師範大學出版社, 1982년 수록)가 있다. 이 방면에 있어서의 몽골인 상황에 대해서는 蕭啓慶이「元代蒙古人的漢學」과「論元代蒙古人之漢化」 두 논문(모두 같은 저자의『蒙元史新研』, 臺北: 允晨文化實業股份有限公司, 1994년에 수록)에서 논의했다. 두 학자의 연구는 널리 증거를 찾고 흩어져 있는 많은 사료를 하나로 모아 고찰했으므로 참고할 만하다.

5. 몽골족의 형성

원나라를 통치하는 민족으로서 몽골족 가운데 중원 지역으로 이주한 사람은 일부에 불과하고, 대부분은 여전히 막북 초원에 거주하였다. 때문에 원나라가 멸망해도 소멸되거나 다른 민족에 동화되지 않을 수 있었다. 이들은 장기간 초원의 주인으로 역사의 무대에서 활약했기 때문에 오늘날까지 중화민족의 중요한 일원으로 남게 되었다. 몽골족은 처음에 막북의 보통 부족이었으나 전쟁으로 초원의 여타 부족을 합병하고 몽골제국을 건립하였다. 칭기즈 칸이 몽골제국에서 추진했던 천호·백호 제도는 일정 정도 원래 있던 씨족과 부족 체계를 깨뜨렸고, 이진의 씨족공동체를 점차 분해했으며, 각 정복 부족은 더 이상 완정하면서 독립된 자신의 조직을 가질 수 없세 되었나. 대신 통치 부족인 몽골과 융합하여 점차 비교적 큰 범위의 전혀 새로운 몽골 민족을 향해 나아갔다. 원나라로 들어선 이후 통치자는 몽골 민족문화의 건립을 크게 추진하였고, 대우에 있어서 막북 각 부족을 모두 같이 '몽골인'의 범주에 포함시켜 첫째 등급으로 정했다. 원나라 조정은 민족의 발원지인 막북을 시종 통제하였고, 이를 중시한 정도는 이전의 중원 왕조가 따를 수 없을 정도였다. 이들은 모두 막북의 여러 부족을 몽골인으로 통합하는 것을 크게 촉진하고 공고히 하였다.

원대 중후기에 막북의 여러 부족은 이미 습관적으로 '몽골'을 그들의 총칭으로 사용하였고, 여러 지역에서 잡혀온 외래 민족도 점점 몽골족으로 융합해 들어갔다. 비록 중원으로 이주한 몽골인이 한화된 사례가 있다 할지라도 거란, 여진, 당항과 비교해 볼 때 몽골족은 전체적으로 한화의 진전이 상대적으로 훨씬 느렸다. 그들이 중원에 진입하기 전에는 비교적 단순한 유목과 수렵경제에 종사하면서, 한족의 농업문명에 대해 전혀 접촉이나 이해가 없었다. 농업경제의 중요성을 인식하고 이와 연관된 의식 형태를 수용하기는 더욱 어려웠다. 건국 후 그들은 한족 문화 이외에 티베트 라마교 문화와 중앙아시아 이슬람 문화 및 유럽 기독교 문화의 영향도 받아들이면서, 자신의 문화가 부족한 몽골 통치자의 입장에서는 한족 문화가 결코 유일무이한 대안이 아니었다. 비록 유라시아 대륙에 걸친 몽골 제국이 건립된 지 얼마 지나지 않아 사실상 분열되어 원나라와 사대 한국으로 나뉘었지만, 상당히 오랜 기간 동안 원나라는 명의상 줄곧 몽골 세계제국의 일부분이었다. 막북 초원은 국가 정치생활에 중요한 지위를 점하고 있었고, 강대하고도 보수적인 초원 유목 귀족 집단이 존재하고 있었다. 이는 몽골 통치자들이 여전히 초원 본위 정책을 철저히 버리지 못하게 하였고, 장기간 완전히 한족 지역의 시선으로 문제를 보기 어렵게 만들었다. 이러한 여러 요인으로부터 몽골족의 한화는 느려질 수밖에 없었고, 원나라가 빠르게 쇠퇴한 것도 일정 정도는 이러한 점들과 관련이 있다. 그러나 "아침에는 졌어도 저녁에는 이긴다."는 말이 있듯이, 몽골 민족은 오히려 이 때문에 원나라 멸망 이후에 장기간 자신의 전통을 보존하였고, 중화 민족의 역사에서 고유한 공헌을 하였다.

6. 회족의 형성

원나라의 색목인이 한족과 융합하는 상황에서 예외가 하나 있는데, 곧 오늘날 중국 민족 가운데 하나인 회족이다. 몽골이 중앙아시아와 서아시아를 정복한 몽골제국과 원나라 시기에 이슬람교를 신봉하는 돌궐, 페르시아, 아라비아 사람들이 대거 중국으로 이주해 왔다. 한족 사회는 이들을 회회인回回人이라 불렀으며, 원나라 조정에서는 이들을 색목인에 포함시켰다. 한문 문헌 속의 '회회回回'는 최초에는 회골回鶻을 가리켰지만 나중에는 서역인을 가리켰고, 원나라 때는 기본적인 의미가 별도의 호적으로 분류되면서 이슬람교도를 가리키는 것으로 바뀌었다. 회회인의 종족·언어·원적原籍은 결코 같지 않지만 중국에 거주한 이후에는 이슬람교가 강대하게 되는 데 일정한 작용을 하였고, 새로운 문화공동체를 형성하였다. 그들은 중국 각지에 거주하며, 장기간 한족과 섞여 살면서 한족문화의 영향을 깊이 받았으며, 중국어를 익히고 유가 경전을 읽고 한족을 모방하여 성씨와 자호字號를 사용하였다. 그러나 이와 동시에 그들은 시종 자신이 원래 지닌 종교 신앙과 풍속 습관을 유지하고, 모스크를 세우고 교리를 가르쳐 왔다. 원나라가 멸망한 이후 중원으로 이주한 대부분의 색목인은 한족과 융합되어 사라진 데 반해, 회회인만은 결코 소멸되지 않았고, 결국 오늘날의 회족으로 발전하였다.

中華文明史
제3권 下

제9장

대외 관계사의 새로운 선개

13세기 전기부터 15세기 전기까지 약 200년 동안, 대외 관계사는 새로운 장을 열었다. 육로 방면에 있어서 몽골 서정군西征軍은 유럽 대륙 여러 나라의 강역을 허물어, 중국과 유럽을 왕래하는 직접적인 길을 열었다. 해로 방면에 있어 남송이 만들어 놓은 해외 교통과 무역의 기초 위에서 계속 발전하여 명대 전기에 세계적으로 유명한 대규모 원양 항해인 정화鄭和(1371-1433)의 서양 항해가 이루어졌다. 이들 성과는 중화문명사에 크게 기록할 만하다.

제1절

중국과 유럽의 직접 왕래

1. 원대의 중서 교통 노선

당 제국이 쇠락하면서 중서中西 교통은 잠잠해졌다. 송·요·서하 등 삼국이 정립한 시기에는 북송과 서역의 교통이 단절되어 있었지만, 요나라는 동서양을 연결하는 임무를 많이 수행하여 서양에서는 송나라보다 이름이 더 높았다. 러시아어에서는 지금도 중국을 КИТАЙ라고 하는데 곧 '거란契丹(치단)'을 음역한 말이다. 근세 서양 문헌에서는 또 중국을 Cathay, Kitail 등으로 칭하였는데, 역시 '거란'이란 말이 변하여 된 말들이다. 금나라가 요나라를 멸망시키자 야율대석耶律大石(1087–1143)은 남은 부족을 이끌고 중앙아시아로 가 서요西遼를 세우면서, 중서 교통과 문화 교류를 계속하여 동서양 사이에 중요한 매개 역할을 하였다. 그러나 전체적으로 볼 때 이 시기의 유럽 대륙은 여러 정권이 들어서고 나라의 강역이 번잡하여 왕래하기가 아주 불편하였다. 13세기 전기에 몽골이 서정西征하면서 이러한 상황에 근본적인 변화가 일어났다.

몽골 서정 이후 중당中唐 이래 점차 쇠락했던 실크로드의 상업무역이 다시 흥성하게 되었다. 당시 서역으로 가는 중요한 길은 세 갈래 있었다. 첫 번째 길은 천산天山 이북에서 시작하여, 주로 알마릭(지금의 신강 곽성

霍城 서쪽)에서 탈라스(지금의 키르기스스탄)를 거쳐 아랄 해와 카스피안 해 이북에 이르고, 다시 칸클리스와 킵차크 초원을 통과하여 킵차크 한국의 도성인 사라이(지금의 러시아 볼고그라드 부근)로 곧장 닿고, 다시 사라이에서 서쪽으로 오로스(Oros, 斡羅思) 및 동유럽 국가들로 가거나 서남쪽의 소아시아로 간다. 두 번째 길은 천산 이북에서 시작하여 탈라스에서 아무다리야 강과 시르다리야 강 사이를 지나, 부하라(지금의 우즈베키스탄)와 사마르칸트(지금의 우즈베키스탄)를 거쳐 일 한국에 이르고, 계속하여 서쪽으로 가서 소아시아에 이른다. 세 번째 길은 천산 이남에서 시작하여, 호탄(Khotan, 和田)을 거쳐 파미르 고원을 넘고, 아프가니스탄을 거쳐 일 한국으로 들어간다.

서역으로 들어가는 상인의 길 이외에 중서 사이의 새로운 길들이 열렸다. 예컨대 막북에서 알타이 산을 거쳐 서쪽으로 가거나, 남시베리아에서 서쪽으로 가는 길 등이다. 중원에서 서역으로 나가는 길만 본다면, 예전의 관롱關隴에서 하서河西를 거쳐 가는 옛길이 있을 뿐만 아니라 하투河套, 영하寧夏, 어지나기(내몽골)에서 서역으로 들어가는 새 길이 있었다. 요컨대 이 시기의 중서 육로 교통로는 전에 없이 복잡했으며, 동서양 경제 연결에 중요한 작용을 하였다.[1] 이들 길 위에서 활동하던 상인들은 주로 중앙아시아와 서아시아의 이슬람 상인들이었고, 그들은 몽골 귀족을 위해 보석 등 사치품 장사를 하였고, 상업 방면에서 여러 가지 우대를 받았다. 그 밖에 일부 킵차크 한국이나 유럽의 상인들도 중국에 무역하러 다녔다.

1 周清澍, 「蒙元時期的中西陸路交通」, 元史研究會 編, 『元史論叢』 제4집, 中華書局, 1992년 참조.

2. 유럽 선교사의 막북 방문

이러한 배경 아래 중국과 유럽은 직접 교류하는 시대로 들어섰다. 가장 먼저 직접적인 왕래의 길을 연 사람은 유럽의 선교사들이다. 몽골의 서정西征으로 로마 교회와 유럽 각국은 모두 큰 충격을 받았으며, 교황 이노센트 4세는 선교사를 몽골에 보내 기독교 국가를 침범하지 말아달라고 설득하였고, 몽골제국의 구체적인 상황을 이해하려고 하였다. 이탈리아 선교사 플라노 카르피니(?-1252)는 교황의 명을 받들어 사신으로 떠나 1246년 7월 막북漠北에 도착하여 막 제위에 오른 몽골 제3대 칸인 구유크 칸(1205-1248)을 알현하고 교황의 편지를 전하였다. 그는 그해 연말에 구유크 칸이 교황에게 항복을 권하는 답신을 들고 돌아갔다. 1253년 프랑스 선교사 윌리엄 루브룩(William Rubruck, 1220-1293)도 프랑스 왕 루이 9세(1214-1270)의 명을 받고 선교의 목적으로 몽골에 갔으며, 제4대 칸인 몽케 칸을 만났지만 뚜렷한 성과 없이 돌아갔다. 그러나 두 선교사는 각각 비교적 상세한 보고서를 작성하여 몽골 초원 지역의 정치, 경제, 풍토, 인정 등 여러 방면의 상황을 기술하였다.

쿠빌라이 칸(1215-1294)이 원나라를 건립한 후 몽골의 통치 중심이 남으로 내려갔지만 유럽과는 여전히 지속적인 왕래가 이루어졌다. 원나라 사람 주사본朱思本(1273-1335)은 『정일재시문고貞一齋詩文稿』 권1 「북해석北海釋」에서 "서해(지중해)는 비록 수만 리 밖 멀리 떨어져 있지만 사신과 서역 상인이 때때로 여기까지 온다.(西海雖遠在數萬里外, 而驛使賈胡時或至焉.)"고 기록하였다. 기록에 의하면, 쿠빌라이가 즉위 후 얼마 지나지 않은 1261년(중통 2) "파랑국(發郎國)에서 사신을 파견하여 넝쿨무늬 옷과 여러 물건을 헌상했다.(發郎國遣人來獻卉服諸物)" '파랑국'은 페르시아 사람들이 유럽을 통칭하여 부르는 'Frank'에 대한 음역이다. 당시 기록에서는 "그 나라는 위구르의 서쪽 끝에 있으며, …… 여인들이 무척 아름답고 남자들은 모두 푸른 눈에 노란 머리를 하고 있다.(其國在回紇極西徼, …… 婦人頗妍美, 男子例碧眼黃髮.)"[2]고 하고 있어, 의심할 여지 없이 유럽인임을 알 수 있다. 몇 년 후인 1266년 베니스 상인 니콜로 폴로와 마페오 폴로 형제가 상업 교역을 위해 상도上都(지금의 내몽골 시린궈러)에 왔다. 쿠빌라이가 이들을 접견한 후 몽골 사신 한 명을 붙여, 이들을 사신으로 하여 로마 교황청으로 보냈다.

3. 대여행가 마르코 폴로

도중에 몽골 사신은 병으로 돌아왔지만 니콜로 형제는 원나라의 국서를 들고 로마에 도착하여 임무를 완수하였다. 곧이어 그들은 교황 그레고리 10세(1210-1276)에 의해 다시 한 번 쿠빌라이가 있는 중국으로 파견되었다. 그들은 긴 여행 끝에 1275년 두 번째로 상도上都에 도착했다. 이번 여정에서는 니콜로 폴로의 아들 마르코 폴로도 그의 아버지와 숙부를 따라 동행했다. 마르코 폴로는 총명하고 예의바르며, 외교적 언어에 능란하였기에 쿠빌라이의 칭찬을 받았다. 그는 원나라에서 17년 살았다. 쿠빌라이는 그를 강남과 서남 등 여러 지역에 사신으로 파견했고, 동남아 일부 지역에도 사신으로 파견했다. 나중에 일 한국의 아르군 칸(Arghun Khaan, 재위 1284-1291)이 사신을 파견하여 원나라에 청혼함에 따라 쿠빌라이가 바야우트 족(Bayaut, 伯岳吾)의 코코친(Kököchin, 闊闊眞) 공주를 보낼 때 마르코 폴로는 그의 아버지와 숙부와 함께 공주가 아르군 칸에게 가는 길을 호송하였고, 본국으로 돌아갈 수 있었다. 그들은 1291년(지원 28) 천주泉州에서 배를 타고 떠났으며, 도중에 일 한국을 거쳐 4년 후에 마침내 베니스에 도착했다.(그림 9-1) 이후에 마르코 폴로의 기억과 구술에 따라 루

2 王惲, 『秋澗集』 권81 「中堂事記上」, 『四部叢刊』本.

그림 9-1 마르코 폴로 상.

티첼로 다 피사(Rustichello da Pisa)가 기록하여 『마르코 폴로 여행기』를 완성하였다. 이 책이 출판되자 세상을 진동시켰으며, 중세의 유럽인 눈앞에 참신하고 신기한 동방의 세계가 펼쳐졌다. 이 책은 이후 수세기 동안 유럽 항해가와 탐험가들에게 영향을 끼쳤다. 이 책은 현존하는 필사본만 해도 140종에 이르며, 각종 문자로 이루어진 번역본도 120종 이상이나 된다.

4. 유럽을 방문한 중국인

이 시기에 중국의 여행가가 역사상 첫 번째로 유럽을 방문하였다. 중국 사료에는 이 여행가의 이름과 사적이 기록되어 있지 않지만 서양의 문헌에 관련 사항이 기록되어 있다. 그의 이름은 라반 사우마(Rabban Sauma)이다. 사우마(Sauma)는 본명이고, 라반(Rabban)은 시리아어로 '교사'라는 존칭이다. 사우마는 대도大都에서 살았던 위구르인으로, 어려서부터 네스토리우스교(景教, 기독교 종파)를 믿었다. 동승주東勝州[지금의 내몽골 토그토크(托克托)]에서 그가 가르친 제자 마르코스(Marcos, 1245-1317)와 함께 1275년(지원 12) 대도를 출발하여 예루살렘으로 성지순례를 떠났다. 그러나 군사적인 이유로 몽골제국이 지배하는 바그다드까지 가는 데 그쳐야 했다. 나중에 마르코스는 네스토리우스 교회의 총대주교가 되어 야흐브 알라하 3세(Yahbh Allaha III)라 불렸고, 사우마도 교회의 순시총감으로 임명되었다. 1287년 사우마는 야흐브 알라하 3세 및 일 한국의 아르군 칸에 의해 대사로 임명되어 사절단을 이끌고 유럽에 들어갔다. 그는 프랑스 왕 필립 4세(Philip IV, 1268-1314)와 영국 왕 에드워드 1세(Edward I, 1239-1307)와 회견하였고, 또 로마에서 새로 선출된 교황 니콜라스 4세(Nicholas IV, 1227-1292)를 알현하여 정중한 접대를 받았다. 사우마는 임무를 원만하게 완수하고 바그다드에 도착한 후, 야흐브 알라하 3세를 보좌하며 교회 업무를 관리하다 작고하였다. 라반 사우마의 유럽 방문으로 서양의 원나라에 대한 이해가 높아졌다. 그는 교황에게 쿠빌라이가 "로마 교황과 라틴 민족에 대해 열렬한 감정을 가지고 있다."고 전하였고, 일 한국의 아르군 칸을 대표하여 교황에게 몽골 궁정에 선교사를 파견해 줄 것을 요청하였다.[3] 로마 교회에서는 이로부터 적극적으로 동방에 대한 선교 작업을 펴기로 결정하였다.

5. 로마 교회의 중국 선교 활동

일찍이 몽골제국이 세워지기 전부터 기독교의 분파인 네스토리우스교(景教)가 고비 사막 남북으로 광범위하게 전파되었다. 막북의 케리이드(Kereyid, 克烈)족과 나이만(Naiman, 乃蠻)족 및 막남漠南의 옹구트(Ongut, 汪古)족에서도 적지 않은 사람들이 네스토리우스교를 믿었다. 몽골제국에서 원나라로 넘어오면서도 네스토리우스교는 여전히 상층부에 일정 정도 유행하였다. 툴루이(Tolui, 拖雷)의 아내이자 몽케 칸과 쿠빌라이 칸의 생모 소르칵타니 베키(Sorghaghtani Beki, 1198-1252)는 케리이드족 출신으로 경건한 네스토리우스교 신도였다. 쿠빌라이 시기에 동북에서 반란을 일으킨 종왕宗王 나이안(Nayan, 乃顏, ?-1287)도 네스토리우스교 신도로, 마르코 폴로는 그의 깃발은 '십자가를 휘장으로 하고' 있다고 하였다.[4]

그러나 로마 교회에서 볼 때 네스토리우스교는 기독교의 이단에 속하기 때문에, 정통 교파인 천주교는 동방 선교를 더 강화하기로 결정하였다. 1289년 이탈리아의 천주교 선교사인 몽테 코르비노(Monte Corvino, 1247-1328)는 교황 니콜라스 4세의 명을 받아 바다 건너 중국에 들어갔

3 穆爾, 『一五五〇年前的中國基督教史』, 192쪽, 郝鎮華 漢譯本, 中華書局, 1984년.
4 馬可 · 波羅, 『馬可 · 波羅遊記』 中册, 299쪽, 馮承鈞 漢譯本, 上海: 商務印書館, 1936년.

다. 그는 1294년(지원 31) 대도에 도착했고, 새로 즉위한 성종成宗(티무르 올제이투, 재위 1295–1307)에게 교황의 친서를 전달하고 전도사업을 허가 받았다. 몽테 코르비노가 본국의 친구에게 보낸 현존하는 서신에 의하면, 그는 일찍이 장기간 대도에 살면서 『신약성경』과 「시편」을 한문으로 번역하였고, 교회 두 곳을 건립하여 150명의 아동을 수용하여 가르쳤으며, 약 6천 명에게 세례를 주었다. 그동안 여러 차례 네스토리우스교 신자들로부터 공격과 모함을 받았고, 구금되고 심문을 받았지만 결국 해명되었다. 원래 네스토리우스교 신도였던 원나라의 부마로 옹구트족인 고당왕高唐王 기르와기스(闊里吉思)도 몽테 코르비노를 따라 천주교로 개종하였다. 원나라 사람들은 당시의 네스토리우스교와 천주교를 포함하여 기독교도와 선교사를 '에리커운(Erke-ün, 也里可溫)'이라 통칭하였고, 중앙 정부에선 숭복사崇福司를 설치하여 관리하였다.

1307년 교황 클레멘스 5세(Clement V, 1264–1314)는 몽테 코르비노의 선교 업적을 알게 되어 정식으로 대도의 대주교로 임명하였고, 선교사 안드레(Andrew) 등 일곱 명을 중국에 가서 돕도록 보냈다. 안드레 일행은 먼저 육로로 인도에 갔고, 다시 해로로 대도에 도착했다. 도중에 천신만고를 겪으며 전후 7년여 기간에 걸쳐 겨우 대도에 도착했는데, 이때 살아남은 사람은 겨우 세 명이었다.(그림 9–2) 원나라 사람 주덕윤朱德潤(1294–1365)은 일찍이 그들이 중국에 온 상황을 다음과 같이 기록하였다. "4년에 걸쳐 카슈미르(Kashmir)에 도착했고, 다시 4년에 걸쳐 중원에 도착했다. 일곱 번 바다를 건너 비로소 수도에 도착했다.(四年至乞失密, 又四年至中州, 過七度海方抵京師焉.)"[5] 1312년 로마 교황청은 다시 피렌체 사람 피터(Peter) 등을 중국에 파견하였고, 그들 역시 대도에 도착했다. 새로 온 선교사의 도움 아래 몽테 코르비노는 더욱 적극적으로 선교사업을 일으켰

5 朱德潤, 『存復齋文集』 권5 「異域說」, 『四部叢刊』 續編本.

그림 9-2 복건성 천주泉州 이탈리아 기독교 주교 페루자의 안드레(Andrew of Perugia) 라틴어 묘비.

고, 당시 원나라의 가장 중요한 국제 무역항구인 복건 천주泉州에 분교구分教區를 세웠다. 대략 1328년에 몽테 코르비노는 병으로 사망하였다. 교황은 다시 중국에 두 번째 대주교로 니콜라스와 선교사 20명을 파견하였다. 그러나 니콜라스 등은 차카타이 한국까지 도달하였을 뿐 그 이후의 행방은 알려진 바가 없다. 이 시기에 이탈리아 선교사 오도릭(Odoric, 鄂多立克)도 중국에 개인 자격으로 여행하였다. 그는 먼저 해로로 광주廣州에 도착하였고, 그곳에서 다시 천주·항주·집경集慶을 거쳐 북상하여 대도에 도착했으며, 그곳에서 3년을 살았다. 그는 아마도 만년의 몽테 코르비노를 만났을 것이다. 오도릭은 나중에 육로로 티베트, 중앙아시아를 거쳐 유럽으로 돌아갔다. 그가 기록한 여행기가 전해진다.

몽테 코르비노가 대도에서 세례를 준 사람들은 황궁의 근위대 소속으로 주로 알라니아(Alania), 킵차크, 러시아에서 온 사람들이다. 순제順帝(재위 1333-1370)가 재위에 있을 때는 몽테 코르비노가 죽은 지 얼마간 지난 후로, 이들 신도들은 지추밀원사知樞密院事 복정福定(Futim Juens), 동지추밀원사同知樞密院事 자연불화者燕不花(Jayanbogha), 좌아속위도지휘사左阿速衛都指揮使 향산香山(Chyausam) 등을 대표로 교황 베네딕트 7세에게 서신을 보내 신임 대주교를 속히 파견해 달라고 요청하였다. 그들의 서신은 1336년(지원 2)에 순제가 파견한 16명의 사신단이 로마 교황청에 가져갔다. 사신단은 황제의 서신도 함께 가져갔다. "하늘의 힘에 의지하는, 황제 중의 황제가 내린 조서(長生天氣力里, 衆皇帝之皇帝聖旨)"라는 명의로 "일곱 바다 밖, 해가 지는 땅, 프란시아 기독교도의 주인인 로마 교황 각하(七海之外, 日落之地, 法蘭克基督教徒之主羅馬教皇閣下)"에게 쓴 것으로, "두 나라가 서로 간에 자주 사신을 파견하는 길을 열고, 교황이 짐을 위해 축복하기 바라며, 기도 중에 항상 짐을 생각하기 바라며, 짐의 신하와 기독基督의 자손인 알란(Alans)족을 접대하기 바란다."고 하였다. 덧붙여 "서양의 좋은 말과 진귀한 물건을 가지고 돌아오기를" 희망한다고 하였다.[6] 1338년 사신단은 교황 베네딕트 12세가 거주하는 아비뇽(지금의 프랑스 남부)에 도착했으며, 열렬한 환영을 받고 유럽의 여러 지방을 다녔다. 그 후 교황이 파견한 피렌체의 선교사 조반니 마리뇰리(Giovanni dei Marignolli) 등 수십 명이 원나라 사신단을 따라 중국을 방문하였다. 마리뇰리 일행은 육로로 1342년(지정 2) 상도上都에 도착하여 순제에게 교황의 서신을 전하면서 준마 한 필을 선물로 바쳤다. 그 말은 크고 몸은 순흑색이나 뒷발굽 두 개는 백색이었다. 역사서에는 "프랑크 왕국에서 기이한 말을 공물로 바쳤다.(拂郎國貢異馬)"라고 기록하였다.[7] 당시의 여러 신하들이 다투어 「천마부天馬賦」와 「천마찬天馬贊」을 지었으며, 젊은 선비들도 문장을 연습할 때 역시 「프랑크 왕국을 대신하여 천마를 올리는 표(代拂郎國進天馬表)」를 제목으로 하였으니, 이 일이 조야를 진동시켰음을 알 수 있다. 마리뇰리 등은 대도에서 3년 지낸 후 역마를 타고 천주泉州에 갔으며, 해로를 통해 본국으로 돌아갔다. 원나라가 망한 후, 명 태조 주원장朱元璋(재위 1368–1398)은 원대 말기 중국에 온 유럽인 니에구룬(捏古倫)을 본국으로 귀국시키면서 "그의 왕에게 보내는 조서를 가지고 가라고 명하였다.(命齎詔書還諭其王)"[8] 그러나 이후 오스만 터키 제국(1299–1923)이 서아시아에서 번성하고, 티무르 제국(1370–1405)이 중앙아시아에 일어나면서 중국과 유럽 사이의 육로와 해로의 연락은 끊겼고 왕래도 없어졌다.

6 穆爾, 『一五五〇年前的中國基督敎史』, 283쪽.
7 『元史』 권40 「順帝紀三」.
8 『明史』 권326 「拂菻傳」.

제2절

해외무역의 발전과 정화의 서양 진출

1. 원나라의 해외무역

원나라의 해양 무역은 육로 무역에 비해 중요성이 커졌으며, 그 규모도 송대의 기초 위에서 더 확대되었다. 원나라 왕대연汪大淵(1311−1350)은 『도이지략島夷志略』 후서後序에서 다음과 같이 말하였다.

> 빛나는 원나라는 문화와 교화를 통일하였으니 그 영향이 미치지 않는 곳이 없으며, 강역의 드넓음은 일찍이 들어본 적이 없다. 해외의 이민족이 사는 수천 개 나라에서 옥이나 보석을 공물로 바치지 않는 나라가 없고, 백성의 직분을 다하여 산을 넘고 바다를 건너와 무역을 하였다. 중국의 상인들은 외국의 궁정과 이역의 도시를 오가는 것이 마치 중원의 동서 지방을 오가는 것과 같았다.(皇元混一聲教, 無遠弗屆, 區宇之廣, 曠古所未聞. 海外島夷無慮數千國, 莫不執玉貢琛, 以修民職, 梯山航海, 以通互市. 中國之往復商販于殊庭異城之中者, 如東西州焉.)

원나라가 남송을 멸망시킨 후 빠르게 남송의 제도를 이어받아 천주泉州, 경원慶元(지금의 절강 영파寧波), 상해上海, 감포澉浦(지금의 절강 해염海

鹽 남쪽) 네 곳에 시박사市舶司를 설치하고 해외무역 업무를 관리하였다. 『원사』 권10 「세조기世祖紀」에 1278년(지원 15) 복건행성福建行省에 내린 조서가 있다. "나라의 동남 지역에 늘어서 있는 여러 번국들이 모두 우리의 인의仁義를 흠모하므로, 이에 외국에서 온 선박의 여러 사람들에게 짐의 뜻을 선포하노니 진심으로 조정에 조공을 바치러 오는 사람이 있다면 짐이 장차 예의로 대우할 것이다. 그들은 자신이 원하는 대로 왕래하고 교역할 수 있을 것이다.(諸蕃國列居東南島嶼者, 皆有慕義之心, 可因蕃舶諸人宣布朕意, 誠能來朝, 朕將寵禮之, 其往來互市, 各從所欲.)" 얼마 지나지 않아 시박사를 항주杭州, 온주溫州, 광주廣州 등지에 증설하였다. 원대 중기에 이르러 시박사들은 다시 천주, 광주, 경원 세 곳으로 합병되었다. 그중에서 천주는 당시 동남의 첫째가는 큰 항구로, "외국의 수입품, 먼 나라에서 생산된 물건, 진기한 보물, 기이한 완상품 등의 집산지이자 이역과 외국의 거상과 무역업자들이 사는 곳으로, 당시 천하에서 제일가는 도시라는 뜻의 '천하최天下最'라고 불렀다.(番貨 · 遠物 · 珍寶 · 奇玩之所淵藪, 殊方別域富商巨賈之所窟宅, 號爲天下最.)"[9] 천주는 현지에 자동나무(刺桐樹)가 자라기 때문에 세계적으로 '자이톤(Zayton, 刺桐城)'이라고 알려졌다. 마르코 폴로는 『마르코 폴로 여행기』에서 천주의 번화함에 대해 자세히 묘사하였다.

원나라의 해외무역에서 수출품은 주로 비단과 자기 등 전통 수공예품이며, 수입품은 보석 · 약재 · 향료 · 포목 등이다. 이러한 무역은 중국 시장을 활발하게 했을 뿐만 아니라 원나라 조정에도 거액의 수입을 가져왔기에 '군국의 자산(軍國之所資)'이라 하였다.[10] 시박사에서 '추분抽分(화물에 징수하는 실물세)'하여 뽑아낸 물건 가운데 일부는 몽골 상층 통치집단에

9 吳澄, 『吳文正集』 권16 「送姜曼卿赴泉州路錄事序」, 文淵閣 『四庫全書』本.
10 『元史』 권169 「賈昔刺傳」.

보내졌고, 나머지는 모두 시박사가 현지에서 팔아 화폐로 바꾼 뒤 조정에 보냈다. 쿠빌라이가 재위에 있을 때, 강회행성江淮行省의 평장정사平章政事 사부정沙不丁은 일찍이 "시박사에 한 해 들어온 주옥 400근(253.2㎏)과 금 3,400냥(10.2㎏)"을 상납했다.[11] 인종仁宗 말년에 시박사의 세수가 이미 '수십만 정錠'에 이르렀다.[12] 몽골 통치자들은 개인의 해외무역에 대해 엄격하게 관리하고 징수했을 뿐만 아니라, 관영 해외무역도 시도하였다. 조정에서 대리하는 상인을 선택하고, 또 때로 직접적으로 사신을 파견하여 선단을 이끌고 항해하여 화물을 처리하였다. 예컨대 쿠빌라이 때 "자수가 야스한과 최표에게 금 10만 냥을 주어 파견하고, 왕자 아부허에게 명하여 스리랑카에 가서 약을 사오라고 하였다.(詔遣紮術呵押失寒 · 崔杓持金十萬兩, 命諸王阿不合市藥獅子國.)"[13] "마수후와 아리에게 은자 천 정錠을 주어 미발 왕국(지금의 남인도)에 가서 기이한 보물을 구해 오게 하면서, 마수후에게는 호부虎符를 하사하고 아리에게는 금부金符를 하사하였다.(遣馬速忽 · 阿里賷鈔千錠往馬八圖求奇寶, 賜馬速忽虎符 · 阿里金符.)"[14] 성종成宗 대덕 연간(1297-1307)에 사신 다수딩(荅術丁) 등을 파견하여 "성지를 받들어 호부를 가지고 마허다수 왕국(지금의 소말리아)에 가서 사자와 표범 등을 구해 오라고 하였다.(欽賷聖旨, 懸帶虎符, 前往馬合荅束番國徵取獅豹等物.)" 또 "아이주딩 등 사신을 네 번 파견하였는데, 35명의 정사와 부사를 딸려 다오질(지금의 탄자니아)에 가서 표범 등 희귀한 물건을 구해 오게 하였다.(愛祖丁等使四起, 正從三十五名, 前往刁吉兒取豹子希奇之物.)"[15]

전체적으로 보아 원나라의 해외무역은 상당히 발달했으며, 그 항운의

---

11 『元史』 권15 「世祖紀十二」.

12 『元史』 권26 「仁宗紀三」.

13 『元史』 권8 「世祖紀五」.

14 『元史』 권13 「世祖紀十」.

15 『永樂大典』 권19,419, 『經世大典 · 站赤』에서 인용, 中華書局, 1986년.

규모도 당시 세계 수위를 점하였다. 마르코 폴로 등 외국 여행가들의 기록에 따르면, 원나라의 선박은 대부분 소나무로 만들었고, 바닥은 2층 또는 3층이며, 선실이 10여 개 또는 수십 개이며, 보통 돛대가 4개이지만 많은 경우 6개인 경우도 있고, 그 적재 중량은 200톤에서 300톤까지 이른다. 하나의 큰 선박에는 여러 개의 작은 배들이 딸려 있어, 정박 때 해안으로 이동하여 물을 실어 오는 데 사용한다. 선원의 조직은 엄밀하여 강수綱首(선장), 직고直庫(무기 관리), 화장火長(항해사), 타공舵工(조타수), 초공梢工(사공), 정수碇手(닻 관리), 잡사雜事, 부령部領 등으로 분담되었다. 해외무역을 통하여 원나라는 아시아와 아프리카의 여러 국가와 지역에 연결되었다. 원 성종元成宗(1294–1307) 때 주달관周達觀(1266–1346)은 진랍眞臘(지금의 캄보디아)에 사신으로 갔다가 귀국 후 『진랍풍토기眞臘風土記』를 저술하여, 앙코르 시기의 찬란한 크메르 문명을 기록하였다. 이는 오늘날 앙코르 문화를 이해하는 중요한 문자 자료가 되었다. 마찬가지로 성종 때 이루어진 진대진陳大震(1228–1307)의 『남해지南海志』는 140여 개 국가와 지역의 이름을 기록하고 있으며, 원대 말기 왕대연汪大淵(1311–1350)의 『도이지략島夷志略』은 그가 직접 거쳐간 아시아와 동아프리카의 근 100개 국가와 지역을 예거하고 있다. 원대 선박의 무역활동은 아시아와 아프리카 많은 지역의 경제생활에 중대한 공헌을 하였다. 예컨대 안남安南(베트남)의 운둔雲屯(지금의 반돈)에서는 "상거래를 생업으로 하는데, 음식과 의복이 모두 북방인(원나라 상인)에 의지했다.(其俗以商販爲生業, 飮食衣服, 皆仰北客.)"[16] 당시 동서양의 여러 나라들은 모두 원나라 사람을 '당인唐人'이라 불렀고, 원나라 상선商船을 '당박唐舶'이라 불렀다. 『도이지략』에서는 원구라오(文老古, 지금의 인도네시아 말루쿠 제도) 사람들은 "매년

16 『大越史記全書』 권5 「陳紀一」, 陳高華, 「元代的海外貿易」, 같은 저자의 『元史研究論稿』, 中華書局, 1991년에서 재인용.

당박이 와서 장사하기를 기다렸다.(每歲望唐舶販其地)" 보니(浡泥, 지금의 보르네오 또는 칼리만탄) 사람들은 "특히 당인을 존경하여, 중국 상인이 취하면 부축하여 휴식처까지 데려다주었다.(尤敬愛唐人, 醉則扶之以歸歇處.)" 마이(麻逸, 지금의 필리핀 민도로)의 상인들은 원나라 선박의 화물을 "흥정하여 지역 토산품과 교역하였다. 그런 연후에 정확한 가격을 선박 상인들에게 주었으며 시종 신용을 지키고 언제나 약속을 지켰다.(議價領去, 博易土貨, 然後準價舶商, 守信終始, 不爽約也.)" '당인'들이 동남아 각지에서 대거 상행위에 종사하면서 현지 경제개발에 큰 공헌을 하였다. 동시에 적지 않은 해외의 '번객蕃客(외국 상인)'들이 천주와 광주 등의 항구에 살았고, 이들 도시에 비교적 고정된 외국인 거주지가 생겨났다.

2. 정화의 서양 진출 시말

송원宋元 시기에 해외무역과 교통이 부단히 발전하는 기초 위에서 15세기 초 명나라 정부에서는 일곱 차례에 걸쳐 전에 없이 거대한 규모의 원양 항해와 관영 해외무역을 조직하였는데, 이것이 바로 그 유명한 '정화의 서양 진출'이다.

명 태조 주원장(1328-1398)은 건국 후 외국과의 우호정책을 계속하기로 방침을 정했다. 만년에 편찬한 『황명조훈皇明祖訓』에서 그는 외국과의 우호 정책을 '조제祖制(조상의 지시)'라고 규정하며 다음과 같이 말했다.

> 사방의 여러 외국인들은 모두 산과 바다를 두고 떨어져 있다. 그들은 구석진 곳에 있어, 비록 우리가 그 땅을 얻는다고 하더라도 자급하기에 부족하며, 그 백성을 얻는다고 하더라도 부리기에 부족하다. 만약 그들이 자신의 역량을 헤아리지 못하고 변경에서 소요를 일으킨다면 불상사가 있을 것이다. 그들이 중국에 환난을 주지 않는데도 우리가 군사를 일으

켜 공격한다면 이 역시 불상사라 할 것이다. 나의 후세의 아들과 손자들은 중국의 부강을 믿고 일시의 전공에 탐하여 이유 없이 군사를 일으켜 인명을 해치는 일을 결코 해선 안 됨을 반드시 기억해야 할 것이다.(四方諸夷皆限山隔海, 僻在一隅, 得其地不足以供給, 得其民不足以使令. 若其自不揣量, 來撓我邊, 則彼爲不祥. 彼旣不爲中國患, 而我興兵輕犯, 亦不祥也, 吾恐後世子孫倚中國富强, 貪一時戰功, 無故興兵, 致傷人命, 切記不可.)

더불어 당시 알고 있는 해외의 나라와 지역 가운데 '공격해선 안 될 나라(不征之國)'를 기본적으로 모두 열거하였다.[17]

원말 명초에 동남 연해 지역은 일본의 외구가 자주 침범하였기에 명 조정에서는 연해에 성벽과 수자리를 만들고 방비하는 이외에, 경제 봉쇄의 방법을 취하여 백성들이 사사로이 바다에 나가 무역하는 것을 금지하였다. '해금海禁'을 실시하였기 때문에 명나라와 해외 여러 나라의 경제적 왕래는 주로 조공무역의 형식을 취하였다. 각국 정부의 사신들은 조공의 명의로 명 조정에 '방물方物'을 헌상하였고, 명 조정은 상대가 필요한 물품을 답례로 주었다. 이는 실제에 있어 일종의 정치적인 색채를 띤 교환 행위였다. 그 밖에 조공사가 여분의 물품을 가지고 왔을 경우 백성들과 거래하는 것은 허가했지만, "조공품을 싣고 온다면 거래할 수 있는 시장이 있지만, 그러나 조공을 하지 않는다면 거래도 허가하지 않았다.(有貢舶卽有互市, 非入貢卽不許其互市.)"[18] 명 조정은 '감합勘合'이라고 부르는 허가증을 발행함으로써 각국의 조공 횟수를 제한하였기 때문에 명대의 외국인들은 이를 '감합무역'이라 부르기도 했다. 1402년 명 성조明成祖 주체朱棣(영락제, 재위 1403-1424)는 내전을 통해 제위를 빼앗았다. 그는 대외정

17 『皇明祖訓』「箴戒章」.

18 王圻, 『續文獻通考』 권31 「市糴 · 市舶互市」, 北京: 現代出版社, 1986년.

책에 있어서도 주원장에 비해 훨씬 적극적이었으며, 전통의 조공무역을 크게 발전시켰을 뿐만 아니라, 이 무역 형식을 적극적으로 해외로 가져나갔고, '서양 진출'의 조치는 이렇게 무대에 올려지게 되었다. 이러한 사업의 구체적인 책임자는 성조의 근친 환관인 정화鄭和(1371–1433)였다.

정화는 운남 곤양昆陽(지금의 운남 진양晉寧) 사람으로, 이슬람 집안 출신이며, 본래 성씨는 마씨馬氏였다. 1382년(홍무 15) 명나라 군대가 운남을 평정하였는데, 어린 정화는 아마도 이때 명군의 포로가 되었고, 거세가 되어 궁중에 보내져 환관이 되었을 것이다. 나중에 그는 당시 연왕燕王이었던 주체朱棣를 모시게 되었고, 일을 처리하는 데 있어 기민하고 뛰어났기 때문에 주체의 인정을 받았다. 주체가 황위를 탈취하는 '정난지역靖難之役(1399–1402)' 과정에서 정화가 전공을 세웠기에 정씨鄭氏 성을 하사받았다. 주체가 즉위한 후, 정화는 내관감內官監인 태감太監으로 승진하였기에, 사람들은 그를 '삼보태감三寶太監'이라 불렀다.[19]

1405년(영락 3)부터 정화는 명을 받들어 선대를 이끌고 '서양西洋'으로 항해하는 임무를 맡기 시작하였다. 당시 사람들은 해외의 여러 나라를 보

---

19 鄭和의 칭호인 '三寶太監(三寶는 三保라 쓰기도 함)'의 유래에 대해서는 여러 가지 설이 있다. 일설에 '三寶'는 정화의 아명이라고 하였고, 또 다른 일설에 '三寶'는 불교 용어로 불·법·승을 아울러 삼보라 하므로 정화가 불교를 신봉하는 것을 나타낸다고 하였다. 그러나 당시 환관을 '三寶(또는 三保)'라 명명하는 것은 정화 한 사람만이 아니었다. 朱國楨, 『皇明大政記』 권7에 다음 기록이 있다. "靖難之役 초기에 명장이 많았을 뿐만 아니라 내신 가운데 지혜와 용기를 겸비한 자도 종종 있었다. …… 鄭和는 곧 三保로, …… 나중에 남경을 수비하였고, 함께 출사에 동행한 사람으로는 馮三保가 있고, 서역에 사신으로 나간 사람으로는 楊三保가 있었다. 이들을 三寶라 하였다." 이들 환관이 모두 같은 아명일 가능성은 크지 않았을 것이며, 그 '三寶'의 호칭은 응당 불교를 신봉하는 朱棣(영락제)가 내렸을 것이다. 그러나 '三寶'의 호칭을 하사받았다고 해서 꼭 당사자가 불교를 신봉하는 것은 아닐 것이다. 정화는 이슬람교 집안 출신이고, 다량의 역사 자료가 그는 여전히 경건한 무슬림임을 밝히고 있다. 그와 불교(그리고 도교)의 관계는 주로 환경상 어쩔 수 없는 것으로 응대에 맞추기 위한 것일 뿐이다. 林松, 「論鄭和的伊斯蘭教信仰—兼評鄭氏'奉佛','崇道'說」, 王天有·萬明主 編, 『鄭和研究百年論文選』, 北京大學出版社, 2004년 참조.

르네오(지금의 브루네이)를 중심으로 두 부분으로 나누었는데, 동쪽을 동양東洋이라 하고, 서쪽을 서양西洋이라 하였다. 정화의 항해 목적지는 주로 보르네오 서쪽의 동남아시아·남아시아·서아시아·동아프리카로, 당시 '서양'의 범위에 속하였다. 『명사』 권304 「정화전鄭和傳」에 다음과 같이 기록하였다.

> 성조는 혜제가 해외로 도망하였다고 의심하여 그의 종적을 쫓고자 하였다. 더불어 이역에서 군사력을 과시하고 중국의 부강함을 보이고자 하였다. 1405년 6월 성조는 정화와 왕경홍 등을 서양으로 파견하였다. 장병 2만 7,800여 명에 황금과 비단을 많이 가지고, …… 여러 왕국들을 편력하면서 천자의 조서를 반포하고 그 통치자들에게 선물을 하사하였다. 통치자들이 복종하지 않을 때는 무력으로 위협하였다.(成祖疑惠帝亡海外, 欲蹤迹之, 且欲耀兵異域, 示中國富强. 永樂三年六月, 命和及其儕王景弘等通使西洋. 將士卒二萬七千八百餘人, 多齎金帛, …… 遍歷諸番國, 宣天子詔, 因給賜其君長, 不服則以武懾之.)

이에 따르면 서양 진출의 목적은 먼저 황위를 잃은 후 종적이 묘연한 건문제建文帝 주윤문朱允炆(1377-?)을 찾기 위해서였다. 그러나 일곱 차례의 서양 진출 활동으로 볼 때 건문제를 추적하는 목적이 설사 있었다고 할지라도 이는 부수적인 것이라고 학자들은 일반적으로 보고 있다. 가장 주요한 동기는 역시 "이역에서 군사력을 과시하고 중국의 부강함을 보이고자(耀兵異域, 示中國富强)" 하는 데 있었으며, 이는 명 성조의 총체적인 대외 방침과 잘 부합하며 대규모 사업을 일으키기 좋아하는 그의 성격과도 잘 어울린다.

3. 정화의 서양 진출 규모와 항정航程

정화의 일곱 차례 원양 항해 가운데 초반은 연속적으로 진행되었지만 후반은 얼마간의 간격을 두고 진행되었다. 첫 번째 항해는 1405년 6월에서 1407년 9월에 걸쳐 이루어졌다. 귀국한 후 바로 두 번째 항해를 준비하여 1407년 9월에 출발하여 1409년 7월에 돌아왔다. 세 번째 항해는 1409년 9월에 시작하여 1411년 6월까지 이루어졌다. 네 번째 항해는 1413년 겨울에 시작하여 1415년 7월에 마무리되었다. 다섯 번째 항해는 1417년에 시작하여 1419년 7월까지 이루어졌다. 여섯 번째 항해는 1421년 봄부터 1422년 8월까지였다. 1424년 명 성조가 죽자, 이후 원양 항해는 일정 기간 중단되었다. 선종宣宗 때인 1431년(선덕 6) 정화는 명을 받들고 일곱 번째 서양 항해를 시작하였다. 1433년 3월 정화는 귀항 도중 구리古里(지금의 남인도 서해안의 캘리컷)에서 병으로 죽었다. 7월에 선단은 남경으로 돌아왔고 서양 항해 활동도 종결되었다.[20]

정화의 일곱 번에 걸친 서양 항해는 모두 거대한 규모의 선단을 이끌었다. 어떤 때는 선단의 선박이 100척이 넘었으며, 많을 때는 200척 이상이었고, 자기 · 비단 · 철기 등 화물을 가득 싣고 있었다. 수행 인원도 많을 때는 2만 7천 명에서 2만 8천 명이었고, 여기에는 관원 · 항해사 · 군인 · 기술자 · 번역가 · 의사 등 각종 전문 인력이 포함되었다. 선단이 도착하는 곳마다 명나라의 국위를 선양하면서 여러 왕국에게 조공을 요청하고, 현지에서 교역을 하며, 싣고 간 화물로 현지의 특산품과 교환하였다. 그러

20 鄭和의 일곱 차례 원양 항해에 대한 구체적인 연대는 사료의 기록에 차이가 많아, 학자들의 의견이 일치하지 않는다. 여기서는 金雲銘과 朱偰의 고증을 종합하였다. 金雲銘, 「鄭和七次下西洋年月考證」, 『福建文化』 제5권 제26기(1937년 11월)에 처음 게재된 후, 『鄭和研究資料選編』, 人民交通出版社, 1985년에 수록; 朱偰, 『鄭和』, 三聯書店, 1956년, 52-66쪽. 정화가 古里에서 죽은 데 대해서는 鄭鶴聲 · 鄭一鈞, 「鄭和下西洋史事新證」 참조, 王天有 · 萬明主 編, 『鄭和研究百年論文選』에 수록.

나 전체적으로 볼 때 원양 항해의 주요한 목적이 정치적인 것이었기 때문에, 무역은 결코 등가 교환으로 이루어지지 않았고, 원가보다 싸게 파는 경우가 많았다. 구입한 물건도 대부분 사치품이나 진귀한 짐승 등 생활에 유용한 것이 아니었다. 이에 비해 항해를 위해서는 거대한 자본에 수많은 인력이 들어갔기 때문에 비실용적이라는 폐단이 있었다. 때문에 정화가 죽은 후 명나라의 대외정책이 축소되면서 '서양 진출'은 이미 역사의 유물이 되었다. 명 헌종明憲宗(재위 1464–1487) 때 헌종은 환관이 말한 '영락제의 고사(永樂故事)'에 고무되어 사람을 병부兵部에 보내 정화의 원양 항해와 관련된 문건을 찾게 하였다. 직방랑중職方郎中 유대하劉大夏(1436–1516)는 헌종이 원양 항해를 다시 시작할까 두려워 자료를 숨기거나 제거하였고, 마침내 이 일은 없던 일로 무마되었다.[21]

정화의 서양 항해는 중국 항해사와 중국 외교사의 중대한 사건이자, 지리상의 대발견 이전 인류의 해양 정복을 이룬 장거이기도 하다. 유명한 명사明史 연구자인 우한(吳晗, 1909–1969)은 이에 대해 다음과 같이 총결하여 말하였다.

> 규모의 거대함, 인원수의 많음, 범위의 광대함에 있어서 역사상 전례 없는 일이자, 명대 이후에도 없던 일이다. 이러한 대규모의 항해는 당시 세계 역사에서도 없었다. 정화의 서양 진출은 이탈리아 항해사 콜럼버스(1451–1506)가 신대륙을 발견하기보다 87년 이르며, 포르투갈 탐험가 바르톨로메우 디아스(1450–1500)가 희망봉을 발견하기보다 83년 이르며, 포르투갈 탐험가 바스코 다 가마(1460–1524)가 인도 신항로를 발견하기보다 93년 이르며, 포르투갈 해양 탐험가 페르디난드 마젤란(1480–

21 嚴從簡, 『殊域周咨錄』 권8 「瑣里 古里」. 顧起元, 『客座贅語』 권1, '寶船廠'條, 中華書局 標點本, 1987년 참조.

1521)이 필리핀을 발견하기보다 116년 이르다. …… 정화는 역사상 가장 이른 시기의, 가장 위대하며, 가장 큰 성취를 이룬 항해가라 말할 수 있다.[22]

다만 문서 자료의 분실로 인하여 정화의 원양 항해에 관한 일부 세부적인 문제가 밝혀지지 않아 학자들 사이에 반복된 논쟁을 일으켰다. 그중에서 가장 주요한 논쟁은 두 가지 문제를 둘러싸고 전개된다. 하나는 정화 선단에 있어서 대선의 규모와 재원이며, 다른 하나는 정화의 원양 항정航程 및 종점에 관해서이다.

정화의 선단은 대소 선박들로 조직되어 이루어졌다. 규모가 거대한 선박은 '보선寶船'이라 불렀다. 정화의 수행원 공진鞏珍(활동 1405-1433)이 저술한 『서양번국지西洋番國志』의 자서自序에 다음과 같이 기록되어 있다. "정화를 태운 그 보주寶舟는 몸체와 기세가 우람하고, 거대함에 있어 맞서 비교할 배가 없다. 돛을 올리고, 닻을 내리고, 키를 움직이는 데 있어 이삼백 명이 아니면 움직일 수 없다.(其所乘之寶舟, 體勢巍然, 巨無以敵. 篷帆錨舵, 非二三百人莫能舉動.)" 구체적인 척도에 대해 처음 기록한 것은 정화의 수행원 마환馬歡(활동 1413-1431)이 저술한 『영애승람瀛涯勝覽』에서이다. 『설집說集』의 명대 초본 속에 있는 『영애승람』 권수卷首에서 "보선 63호에서 가장 큰 것은 길이 44장 4척(142m)에 폭 18장(57m)(寶船六十三號, 大者長四十四丈四尺, 闊一十八丈)"이라고 기록했다. 약간 후의 일부 사료들, 예컨대 고기원顧起元(1565-1628)의 『객좌췌어客座贅語』 권1의 '보선창寶船廠' 항목, 나무등羅懋登(활동 1597)의 『삼보태감서양기통속연의三寶太監西洋記通俗演義』 제15회,[23] 20세기 30년대에 발견된 『정화가보鄭和家

22 『中國古代史講座』 下冊, 求實出版社, 1987년, 382쪽.

23 羅懋登은 명대 후기 사람으로 『三寶太監西洋記通俗演義』 100회를 써서 1597년(만력 25) 완성하였다. 이 책은 비록 소설에 속하지만 자료는 대부분 내력이 있다. 馮承鈞은

譜』에서도 모두 상술한 숫자가 쓰여 있다. 『명사』「정화전」에서는 간결하게 기록하였는데, "큰 선박을 건조하였는데 크기 44장에 너비 18장(造大舶, 修四十四丈, 廣十八丈)"이라고 하였다. 명대에는 1척이 0.317m이므로 길이 140m에 너비 57m이다. 이 숫자는 과장되었는가 아니면 잘못되었는가? 그 길이와 너비의 비례인 2.46 : 1은 합리적인가? 100년 동안 학자들의 논쟁이 그치지 않았고 부정과 긍정이 반반이었다.[24] 길이와 너비의 비례에 대하여 어떤 연구자는 대형 목선의 경우 길면 파도의 충격을 이기는데 불리하기 때문에 비교적 폭을 넓게 제조하는 것이 운항에 안전하므로 위의 비례가 합리적이라고 긍정하였다. 어떤 연구자는 폭이 지나치게 넓은 이 비례는 불합리하므로 '광십팔장廣十八丈'은 '광우팔장廣于八丈(너비는 8장 이상)'의 잘못이거나 또는 '광십廣十, 팔장八丈(너비는 10장이나 8장)'으로 읽어야 한다고 주장하였다. 일부 학자들은 전체적인 길이와 너비는 논리적이라 믿으며, 이는 당송 이래 조선 기술이 부단히 발전한 결과 위에 명대 조정의 정치적 필요가 결합한 산물이라고 보았다. 그 밖의 일부 학자들은 결코 믿을 수 없으며, 당시 이렇게 거대한 선박을 건조하기는 가능하지도 않거니와 필요하지도 않다고 보았다. 또 다른 학자는 '사십사장사척四十四丈四尺'의 길이는 사실상 길이와 너비를 곱하여 얻은 면적이며, '일십팔장一十八丈'의 너비는 사실상 너비와 깊이를 곱하여 얻은 면적이라고 추측하였다. 지금까지 발표를 보면, 보다 더 직접적이고 설득력 있는 재료가 발견되기 전까지 논쟁은 계속될 것으로 보인다.

"소설로 여기고 가벼이 여겨서는 안 된다."고 하였다.(馮承鈞, 『瀛涯勝覽校注』「序」, 中華書局, 1955년) 向達, 「關於三寶太監下西洋的幾種資料」, 같은 저자의 『唐代長安與西域文明』, 三聯書店, 1957년 참조.

24 '寶船'의 크기에 대한 논의는 아주 많다. 비교적 집중적으로 수록된 것으로는 위에서 인용한 王天有·萬明主 編, 『鄭和研究百年論文選』 이외에 『鄭和和下西洋論文集』 제1집, 人民交通出版社, 1985년과 『鄭和和下西洋論文集』 제2집, 南京大學出版社, 1985년을 참고할 수 있다.

정화 선대의 원양 항해의 극점은 더욱 중요한 토론 주제이다. 전통적인 관점에 따르면, 정화의 처음 세 번의 항행은 모두 인도 서해안에 도착했고, 네 번째 이후 비로소 아라비아와 동아프리카에 도착하여 인도양을 횡단하는 장거를 이루었다. 가장 남쪽으로는 적도 이남에 있는 지금의 케냐 연해의 마린(麻林, 말린디) 일대라고 보았다. 『명사』 권326 「외국전 7外國傳七」에선 인도양의 여러 국가를 다음과 같이 기록했다. "또 비라(比剌)와 순라(孫剌)와 같은 나라가 있고, 정화는 일찍이 여기 가서 칙서와 예물을 주었다. 이 두 나라는 중국에서 지극히 멀리 떨어져 있는 탓에 결국 조공사는 중국에 오지 못하였다.(又有曰比剌 · 曰孫剌, 鄭和亦嘗齎敕往賜. 以去中華絕遠, 二國貢使竟不至.)" 많은 학자들은 이 두 지방은 케냐의 말린디보다 더욱 먼 지방일 것이라고 주장하지만, 그 구체적인 위치가 어디인지에 대해서는 관점이 여전히 다르다. 현대 학자 선푸웨이(沈福偉)는 정화의 항정에 대해 연구한 결과 일련의 새로운 관점을 제시하였다. (1) 정화가 첫 번째 서양 진출 때 항정은 인도 서해안에 그치는 것이 아니라, 이미 페르시아 만과 아라비아 반도에 도착했고, 세 번째에는 동아프리카까지 갔다. (2) 전통적인 관점은 정화 항행의 극점은 마린(麻林)이라고 하는데, 이는 지금의 케냐 연해의 말린디(Malindi)가 아니라, 이보다 더욱 남쪽에 위치한 오늘날의 탄자니아 연해의 킬와 키시와니에 있었던 마디아(Mahdia) 왕국이다. (3) 비라(比剌)와 순라(孫剌)의 위치는 전통적인 관점의 지점보다 더욱 남쪽에 있는, 마다가스카르 대안對岸에 있는 모잠비크 연해에 위치한다. 비라(比剌)는 비츠(比刺)의 잘못으로 남위 15°4′의 모잠비크(Mozambique) 항이고, 순라(孫剌)는 남위 20°12′의 소팔라(Sofala)이다. (4) 1459년 베니스의 지도 제작자 프라 마우로(Fra Mauro)가 그린 세계지도의 주석에 의하면, 정화의 다섯 번째 또는 여섯 번째 서양 항해 때 그 선단의 분대가 마다가스카르와 희망봉을 지나 남아프리카 서남 연안의 대서양 해역에 들어갔을 가능성이 있다.[25] 진궈핑(金國平)과 우즈량(吳志良)의 비라(比剌)와 순라(孫剌)에 대한 최근 연구를 보면, 비록 고증의 방법은 다르지만 그 결론은 상술한 선푸웨이(沈福偉)의 (3)번 항목의 관점과 유사하다.[26]

2002년 영국의 퇴역 해군 장교 개빈 멘지스(Gavin Menzies)는 다년간의 고찰과 연구의 기초 위에서 놀라운 관점을 제시하였다. 정화의 선단은 1421년 아메리카 대륙에 도착했는데, 이는 크리스토퍼 콜럼버스보다 72년 앞서 아메리카를 발견했고, 페르디난드 마젤란보다 한 세기 앞서 지구를 도는 항행을 했다는 것이다. 곧 이어서 그는 『1421: 중국이 아메리카를 발견하다』란 저서를 출판하였다.[27] 멘지스의 견해는 학자들 사이에 새로운 토론을 일으켰고, 절대 다수의 학자들은 이 설이 증거가 부족하고 억측이 많다고 하여 부정적 또는 회의적 태도를 보였다.[28] 그러나 전체적으로 볼 때, 멘지스의 견해는 비록 성립하기 어려우나, 정화의 원양 항해의 극점이 케냐 연해라는 전통적인 관점이 보수적이라는 사실은 확인해 주었다. 원대 여행가 왕대연汪大淵은 일찍이 케냐 남쪽의 탄자니아 연해에 도착하였다.[29] 원대 후기에 그려진 세계지도를 보면 아프리카가 이미 하나의 역삼각형에 그 남쪽과 양측은 모두 바다로 그려져 있어, 당시 사람들이 벌써 아프리카 대륙의 기본 형태와 대서양의 존재를 알고 있었음을 반영하였다.[30] 위에서 인용한 선푸웨이와 진궈핑 등 학자들의 고증을

25 沈福偉, 「關於鄭和的家世和生平」, 『中華文史論叢』 1984년 제4집에 수록; 「鄭和寶船隊的東非航程」, 『鄭和下西洋論文集』 제1집과 『鄭和研究百年論文選』에 수록.

26 金國平 · 吳志良, 「鄭和航海的終極點—比剌及孫剌考」, 『鄭和研究百年論文選』에 수록.

27 Gavin Menzies, *1421: The Year China Discovered America*. William Morrow, An Imprint of Harper Collins Publishers, 2002.

28 時平, 「一年來英國學者加文 · 孟席斯新說討論述評」, 『回族研究』, 2003년 3기 참조.

29 蘇繼廎, 『島夷志略校釋』, 中華書局, 1981년, 298–299쪽, 358–359쪽 참조.

30 원대 후기에 그린 두 폭의 세계지도는 李澤民이 그린 「聲敎廣被圖」와 승려 淸濬이 그린 「混一疆理圖」이다. 두 지도는 모두 일실되었지만, 1402년 조선의 李薈와 權近이 그린 「混一疆理歷代國都之圖」(日本龍谷大學圖書館藏摹本)는 앞의 두 지도를 합병해

결합해 보면, 정화의 선단 혹은 분대는 모잠비크 해협을 항행했을 가능성이 크며, 심지어 희망봉의 서쪽까지 도달했을 가능성도 있다고 말할 수 있다. 이 방면의 토론은 새로운 재료의 발견을 기다리고 있다.

4. 영락 시기의 조공외교

정화의 원양 항해가 어디까지 갔든 간에 한 가지 긍정할 수 있는 것은 일곱 차례의 서양 진출이 중국과 아시아·아프리카 각국 사이의 조공외교를 크게 촉진시켰다는 점이다. 특히 영락 시대(1403-1424)에 시행되었던 여섯 차례의 서양 진출로 "외국 사신들이 조정에 가득하였다.(諸蕃使臣, 充斥於廷.)"[31] 아편전쟁 이전 중국과 외국 사이에 사신이 빈번하게 왕래하는 상황은 이때뿐이었다. 1407년 유구琉球(지금의 오키나와)·일본·수마트라(蘇門達臘)·말라카(滿剌加)·콜람(小葛蘭, 지금의 인도 서남해안) 등과 같은 왕국에서 명나라에 입공入貢했는데, 그중 다수는 그해 종결된 정화의 첫 번째 서양 진출과 관련된다. 매번 '서양 진출'에서 돌아오면 대규모 외국 사절들을 배에 태우고 왔으며, 그들이 귀국할 때 다시 호송하는 것은 통상 다음 차례의 원양 항해의 임무 가운데 하나가 된다. 네 번째 서양 항해에서 돌아올 때 멀리 동아프리카 마린(麻林)의 사신이 따라

서 그렸으며, 다만 조선과 일본 부분만 추가시켰다고 명확하게 밝히고 있다. 이 지도는 해양으로 둘러싸인 아프리카를 그리면서 비록 비례가 맞지 않지만 35개 아프리카 지명을 표기하고 있어, 14세기 중국 지리학자들이 아프리카에 대해 이미 상당한 이해를 가지고 있음을 나타내고 있다. 李約瑟, 『中國科學技術史』 제5권 『地學』, 漢譯本 제1분책, 152-159쪽, 科學出版社, 1976년; 沈福偉, 『中國與非洲—中非關係二千年』, 385-388쪽, 중화서국, 1990년; 杉山正明, 「東西の地圖が示すモンゴル時代の世界像」, 『論集 古典の世界像』, 平成10年度—平成14年度文部科學省科學研究費補助金特定領域研究(A)118"古典學の再構築"研究成果報告集V, 404"古典の世界像"班研究報告, 2003년 3월 참조.

31 『明史』 권326 「古里傳」.

오면서 기린을 헌상했고, 이때 명 성조는 직접 봉천문奉天門에 나가 접견하였다. 이는 당시를 진동하는 일대 사건이었다. 다섯 번째 서양 항해에서는 17개의 국가 또는 지역에서 조공 사신을 데리고 왔으며 “모두 지역의 물품을 진상하였는데 모두 전대미문의 것들이었다.(各進方物, 皆古所未聞者.)”[32] 여섯 번째에는 16개 국가 또는 지역에서 약 1,200명의 사절을 데리고 왔다. 조공사 이외에 일부 해외 국가의 왕이 직접 조회하러 오기도 했는데, 이는 중국 역사상 드문 일이었다. 예컨대 부르네이의 국왕은 1408년과 1412년 두 번에 걸쳐 내방하였다. 말라카 국왕은 1411년, 1419년, 1424년 등 모두 세 차례 조회하러 왔다. 1417년(영락 15)에는 수루(蘇祿, 지금의 필리핀 술루 제도)의 동왕東王, 서왕西王, 통왕峒王 등 세 명의 수령이 함께 내방하였다. 1420년, 구마라랑(古麻剌朗, 지금의 필리핀 민다나오) 국왕도 방문하였다. 이들 국왕 가운데 방문 기간에 병으로 죽은 부르네이 국왕 마나러자나(麻那惹加那), 수루 동왕 바두거 바하라(巴都葛叭哈剌), 구마라랑 국왕 간라이 이듀번(干剌義亦敦奔)은 각기 남경 · 덕주德州 · 복주福州에 매장되었다. 그들의 무덤은 중국과 상술한 국가 사이의 우호 관계를 나타내는 역사적 유적이라 할 수 있다.

32 錢谷 編, 『吳都文粹續集』 권28 「婁東劉家港天妃宮石刻通番事迹記」, 『四庫珍本初集』本.

中華文明史
제3권 下

제10장

선진 과학기술과 과학 관념의 발전

수당隋唐과 송원宋元 시기는 중국 역사상 과학기술이 최고로 발전한 때이다. 이전에 이루어진 전통 과학기술의 기초 위에서 일련의 새롭고 빛나는 성취를 이루었고, 여러 방면에서 세계 제일의 수준을 이루었다. 과학관념도 주목할 만한 발전을 이루었다.

제1절

조판에서 활자로

1. 인쇄술의 발명

세계의 각 민족은 지식의 전수에 있어서 초기에는 주로 말이나 글로 전하였기 때문에 내용이 없어지거나 와전되는 경우가 많았다. 인쇄술의 발명은 이러한 상황을 개선하여 인류의 문화적 성과를 널리 전하고 보존할 수 있게 만들었다. 바로 이러한 의의에서 인쇄술은 '문명의 어머니'라는 미칭을 얻게 되었다. 인쇄술은 가장 먼저 중국에서 나왔고, 조판雕版 인쇄와 활자活字 인쇄의 두 단계를 거쳤다.[1]

근대 이전의 대부분의 시기에 중국인들은 조판 인쇄를 더 많이 사용하였다. 그 일반적인 방법은 결이 곱고 단단한 목재를 잘라 판목으로 만들고 대패질을 한 후, 글씨를 쓴 얇고 투명한 종이의 자면字面을 목판을 향

1 (역주) 불국사 석가탑에서 1966년『무구정광대다라니경』이 발견된 것을 근거로 한국이 조판 인쇄를 세계 최초로 발견했다는 설이 나왔지만, 더 많은 자료와 논의가 있어야 한다고 본다. 다만 이『무구정광대다라니경』이 현존하는 세계 최초의 조판 인쇄품이란 점은 확인된다. 한국에서는 김상기와 이홍식 등이 지질, 武周制字(무측천의 주나라에서 만들어 쓴 한자), 서체 등에서 704-751년 사이에 신라에서 제작한 것으로 추정하였으나, 중국에서는 張秀民과 錢存訓 등이 702-704년 사이에 낙양에서 제작한 것이 신라로 갔다고 보았다.

하게 하여 붙이고, 각도刻刀로 뒤집어진 글자를 파내어 서판書版을 만든다. 서판 위에 먹을 바른 다음, 종이를 덮고 고르게 문질러서 글자가 종이 위에 정자正字로 찍히게 한다. 종이를 떼어내면 곧 인쇄물이 된다.

이렇게 눌러 찍는 방법으로 글자의 모양을 얻는 방법은 이른 시기부터 있었다. 은상殷商 갑골문에 이미 '인印' 자가 나오며, 이후 역대로 뒤집어진 글자를 판 인장이 있었다. 진나라 때는 황제가 사용하는 인장을 '새璽'라 칭했고, 거기에는 '수명어천受命於天, 기수영창旣壽永昌(하늘로부터 명을 받았으니 오래 가고 번영하리라)'이란 여덟 자가 새겨져 있었다. 동진의 도교 학자 갈홍葛洪(283-343)은 벽사辟邪의 기능을 가진 '황신월장黃神越章'이란 인장을 언급했는데 "폭 4치에 글자는 120자(廣四寸, 其字一百二十)"[2] 라고 하여 이미 조판의 추세에 가까워졌다. 그 밖에 동한 영제靈帝 때인 희평 연간(172-177)에 관방에서 유가 경서의 판본을 확정하여 비석에 새긴 '석경石經'이 만들어졌다. 사람들은 탁본의 방법으로 경서의 내용을 종이 위에 복제하였다. 이는 인쇄술의 원리와 상통한다.

그러나 조판 인쇄가 언제 시작되었는지에 대해서 논하는 것은 비교적 복잡한 문제이다. 장슈민(張秀民) 선생의 검토에 따르면, 한대·동진·육조·수대·당대·오대·북송 등 일곱 가지 설이 나왔다.[3] 오늘날 절대 다수의 학자들은 기록과 실물 재료의 발견을 통해 당대唐代설을 채용하고 있다. 구체적인 시기에 대해서는 여전히 서로 다른 관점을 가지고 있다. 예컨대 장슈민 선생은 당대 초기인 636년(정관 10)에 이미 조판 인쇄가 있었다고 주장하며,[4] 쑤바이(宿白) 선생은 조판 인쇄의 시작은 "아마도 당 현종 시기일 것이다.(有可能在唐玄宗時代)"라고 보았다.[5] 최근 출판된 샤오

---

2 『抱朴子』「登涉」.

3 張秀民, 『中國印刷術的發明及其影響』, 人民出版社, 1958년, 27-54쪽 참조.

4 위의 책, 59-62쪽.

5 宿白, 「唐五代時期雕版手工業的發展」, 『文物』 1981년 제5기, 나중에 같은 저자의 논문

둥파(肖東發)의 『중국도서출판인쇄사론中國圖書出版印刷史論』에서는 "조판 인쇄술은 수대와 초당 사이에 생겨났다."고 말하였다.[6] 대체로 말해 조판 인쇄의 원리는 인장과 탁본의 계발을 받아 종이와 먹의 제조 기술이 발전하면서 점점 사람들이 응용한 것으로, 아주 정확하고 구체적인 최초의 발명 시기를 찾아내기는 쉽지 않을 것이다.

2. 조판 인쇄의 보급

당대 후기 조판 인쇄술은 민간에서 점차 널리 응용되었다. 목종穆宗(재위 821-824) 때 원진元稹(779-831)이 쓴 「백씨장경집白氏長慶集 서문」에서 백거이白居易(772-846)의 시가 사회적으로 유행하면서 "베껴 쓰거나 새겨서 시장에 팔기도 하였다.(至於繕寫模勒, 衒賣於市井.)"고 하였다. 또 주석을 달아 말하기를 "양주와 월주 사이에서는 백거이와 나(원진)의 잡시雜詩를 쓰거나 새겨서 시상에 필고 있다.(揚越間多作書模勒樂天及予雜詩, 賣於市肆之中也.)"[7]고 하였다. 당시 민간에서는 역서曆書를 조판으로 인쇄했다. 사천四川과 회남淮南 등지에서는 관방에서 제작한 역서가 아직 반포되기도 전에 민간에서 이미 대량으로 시장에 팔렸고, 이 때문에 문종 때인 835년(대화 9) 전문적으로 영을 내려 금지시켰다.[8] 불교의 불상, 경전, 주문呪文, 발원문 등 인쇄물도 아주 유행했다. 무종이 회창 연간(841-846)

집 『唐宋時期的雕版印刷』, 文物出版社, 1999년에 수록.

6 肖東發, 『中國圖書出版印刷史論』, 北京大學出版社, 2001년, 46쪽. 肖東發은 불교 전파의 각도에서 조판 인쇄술의 발명을 검토하였다. "그 선구는 일찍부터 있었던 凸版印花 및 6세기에 성행한 捶拓과 印章 및 捺印 千佛像이다. 7세기 전기의 불상 雕印은 조판 인쇄술의 최초 형식이다. 8세기에 대량으로 나타난 經呪印本은 조판 인쇄술이 이미 장족의 발전을 했음을 보여 준다. 9세기에는 그림과 글이 모두 뛰어난 전체 『金剛經』 印本은 조판 인쇄술이 이미 성숙했음을 말해 준다."

7 『元稹集』 권51.

8 『舊唐書』 권17 下 「文宗紀」, 『全唐文』 권624, 馮宿, 「禁版印時憲書奏」.

에 불교를 금지하면서 대량의 불교 인쇄물도 불태워졌다.[9]

20세기 초 돈황 막고굴에서 발견된 『금강경』(현재 영국 런던박물관 소장)은 당 의종 때인 868년(함통 9) 왕교王玠가 부모의 복을 기원하며 돈을 내어 찍었다. 이 두루마리는 길이 488㎜에 높이 76.3㎜로, 맨 앞에 불상을 찍고, 이어서 경문을 찍었다. 정교하고 미려한 인쇄는 조판 인쇄가 장기간에 걸쳐 발전해 왔음을 반영하며, 기술이 상당히 높은 수준에 이르렀음을 말해 준다. 오대 후당後唐의 명종 때인 932년(장흥 3)에는 재상 풍도馮道(882-954)가 주도하여 유가의 『구경九經』을 교감한 후 이를 판각하고 인쇄하였다. 이 사업은 20여 년이 걸려 후주後周 태조 때인 953년(광순 3) 완성되었고, 더불어 『오경문자五經文字』와 『구경자양九經字樣』과 같은 보조적인 도서 2종 등을 합하여 모두 130책을 판각하였다. 이는 관방에서 조직적으로 대규모로 인쇄한 첫 번째 예로, 그 영향이 컸기 때문에 적지 않은 사람이 풍도를 조판 인쇄의 발명자로 오인하였다. 남방에서 할거하던 정권에서도 인쇄업이 흥성하였는데, 특히 오월吳越의 도성 항주, 그리고 전촉前蜀과 후촉後蜀의 도성인 성도에서 가장 성하였다.

3. 송대의 인쇄업

송대의 조판 인쇄는 더욱 발달하여 관각官刻, 가각家刻, 방각坊刻의 구분이 있었다. 중앙과 지방의 관청에서 주도하여 간행하는 책을 관각본官刻本이라 한다. 교육을 주관하는 국자감國子監은 동시에 국가의 출판 기구로 국자감 서고를 관할하고, "경전과 역사서 등 여러 책의 인쇄를 관장하여(掌印經史群書)",[10] 조정에서 반포하는 데 쓸 뿐만 아니라 민간에 팔

9 司空圖, 『司空表聖文集』 권9, 「爲東都敬愛寺講律僧惠確化募雕刻律疏」, 『四部叢刊』本.
10 『宋史』 권165 「職官志五」.

아 그 이윤을 국고에 넣었다. 개국 초기 국자감에는 서판書版이 4천 장 있었으나, 겨우 45년이 지난 진종眞宗 때인 1005년(경덕 2)에는 서판이 이미 10만 장으로 급증하였다. 그 밖에 중앙의 숭문원崇文院, 사천감司天監, 비서감秘書監 등 기구와 지방의 전운사轉運司, 안무사安撫司, 제형사提刑司, 차염사茶鹽司 및 부府, 주州, 군軍, 감監, 관학官學에서도 대량으로 책을 판각하였다. 송 태조 때인 971년(개보 9) 내시 장종신張從信 등을 보내 사천四川에서 『대장경』 5,048권, 조판 13만 장의 판각을 주관하게 하였다. 역사서에서는 이를 『개보장開寶藏』 또는 『촉장蜀藏』이라 부른다.

사대부가 사가私家 또는 사숙私塾에서 서책을 판각하는 것을 가각본家刻本이라 한다. 가각본의 간행 범위는 관각보다 더욱 넓으며, 특히 경부經部와 사부史部 이외에 자부子部와 집부集部의 서적이 많다.[11]

서상書商이 서방書坊을 개설하여 영리 목적으로 판각하여 파는 책을 방각본坊刻本이라 한다. 송대에 서방은 전국 각지에 퍼져 있었으며, 이중에서 건안建安(복건)의 여씨余氏 근유당勤有堂(만권당萬卷堂이라고도 함)과 임안臨安(지금의 항주)의 진씨陳氏 서적포는 대대로 책을 간행한 전통 서점이다. 그들은 통상 서방 자체에서 사공寫工, 각공刻工, 인공印工을 데리고 있었으며, 외부의 위임을 받아 제작하거나 자체에서 편찬하여 간행하였다. 새로운 모양, 빠른 간행, 넓은 판매 지역 등의 특징을 가지고 있어, 사회 문화의 번영을 이끄는 데 중대한 공헌을 하였다. 서적 간행 산업의 발전에 따라 서상들은 종종 정교하게 교감한 사가본이나 다른 서방에서 간행한 방각본을 '도판盜版'으로 번각하여 이익을 취하였기 때문에, 일부 정교한 각본을 간행할 때는 관청의 허가를 받았으며, 정부에서는 판권 보

---

11 葉德輝, 『書林淸話』 권3, '宋私宅家塾刻書'條에서는 사료에 기재된 송대 私人 刻書 45家와 그 書目을 열거하고는 다음과 같이 평했다. "일반적으로 판각이 유행했는데, 정교한 조각에 세밀한 교정이어서 관각본에 대해 엄연히 보조적인 역할을 하였다.(大抵槧刻風行, 精雕細校, 於官刻本外儼若附庸之國矣.)"

호와 번각 금지의 명령을 반포하기도 하였다.

북송의 각서刻書 중심지는 주로 동경東京(지금의 개봉), 항주, 사천, 복건 등 몇 군데였다. 북송 후기 사람 섭몽득葉夢得(1077-1148)은 다음과 같이 말했다.

> 천하의 인쇄서 가운데 항주의 것이 최고이고, 촉본이 그 다음이며, 복건본이 가장 못하다. 도성의 최근 판본은 항주보다 못하지 않지만 종이의 질이 나쁘다. 촉본과 복건본은 대부분 목질이 약한 나무에 새기기 때문에 쉽게 제작하고 빠르게 팔지만 그렇기 때문에 정교하지 않다.(天下印書以杭州爲上, 蜀本次之, 福建最下. 京師比歲印板, 殆不滅杭州, 但紙不佳. 蜀與福建多以柔木刻之, 取其易成而速售, 故不能工.)[12]

남송에 이르러 강서江西(강서성)가 동경을 대신하여 새로운 각서의 중심이 되었다. 여러 지역에서 판각한 서적은 질적으로 차이가 있지만, 오늘날 전해지는 송간본宋刊本을 볼 때 대부분 높은 예술적 가치를 지닌 진품珍品들이다. 그 글꼴은 대부분 안진경顔眞卿(709-785), 유공권柳公權(778-865), 구양수歐陽修(1007-1072), 소식蘇軾(1037-1101)과 같은 유명 서예가의 풍격을 모방하였고, 또 정사각형 · 평체 · 장체 · 굵은 체 · 가는 체 등 다양한 형태들이 있다. 필획의 굵기와 소밀, 줄 안의 자간, 행간과 글자의 크기, 글자와 글자의 조합 등 여러 방면에서 교묘하게 배치되어 있어 마치 아름다운 옥이 모여 있는 듯하여 눈을 즐겁게 한다. 이러한 미적 효과는 오늘날의 일반적인 인쇄 서적이 크게 따라갈 수 없다. 게다가 삽화, 판면 배치, 서적 장정 등에 있어서도 정교하고 아름답지 않은 부분이 없다. 그 밖에 송대에는 채색 투인套印(세트 인쇄)이 처음 나와 주로 지폐 인쇄에

---

12 『石林燕語』 권8.

사용되었다.[13] 투인은 인쇄 기술에 있어 더욱 높은 수준이 필요했다. 예컨대 적색과 흑색 두 가지 색으로 인쇄할 경우, 두 개의 서판書版이 필요하고, 각각 다른 곳에 적색과 흑색의 글자를 새긴다. 인쇄할 때는 먼저 하나의 판에 한 가지 색의 문자를 찍은 다음에, 찍은 종이를 다른 판에 덮어서 빈 곳에 다른 한 가지 색의 문자를 찍는다. 두 판은 크기가 같아야 하며 빈 곳을 서로 메워야 하기 때문에, 만약 기술이 정교하지 않으면 판면이 일치하지 않고 두 색이 중첩되어 실패하게 된다. 더 많은 종류의 색채를 사용하여 찍으려고 하면 같은 방법으로 하되 서판이 더 많이 사용될 뿐이다. 14세기 원나라 중흥로中興路(치소는 지금의 호북성 강릉)에서 간행한 적색과 흑색 두 가지 색을 사용한 『금강경주金剛經注』는 오늘날 볼 수 있는 가장 이른 투인 서적이다. 명대 중엽 이후에는 투인 기술과 판화 기술이 서로 결합하여 선명한 채색의 미술 인쇄물이 등장하였다.

4. 활자 인쇄의 출현

조판 인쇄로 책 한 권을 찍어내려면 전문적으로 이 책을 조각한 서판이 필요하기 때문에, 노동과 시간이 들어가며, 서판을 보존하는 데 있어서도 넓은 공간이 필요하기 때문에 무척 불편하다. 때문에 북송 인종 때인 경력 연간(1041-1048)에 평민 필승畢昇(?-1052)이 더욱 진전된 활자 인쇄술을 발명하였다. 심괄沈括(1031-1095)의 『몽계필담夢溪筆談』 권18 「기예技藝」에 의하면, 필승은 찰흙(膠泥)을 배토坯土로 만들고, 하나의 배토에 한 글자를 새긴 후, 불에 구워 단단하게 하여 자인字印을 만들었다. 철판 위에 송진·밀랍·종이 재를 합성하여 접착제를 만들고, 그 위에 철제 틀을

13 북송 시기에 사천 등지에서 발행된 지폐를 交子라 하였다. 李攸, 『宋朝事實』 권15 「財用」, 武英殿 聚珍板에서는 교자의 인쇄는 "주사와 먹이 교착되었다.(朱墨間錯)"고 하였기에 적색과 흑색 두 색의 套印에 속한다.

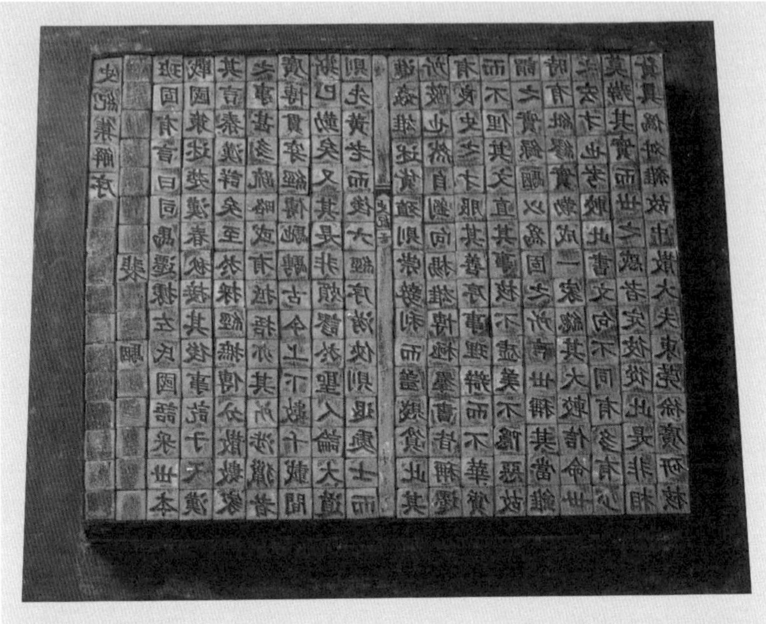

그림 10-1 필승畢昇(활동 1040년대-1050년대, 1052 사망)의 찰흙활자를 북송 시대에 심괄沈括(1031-1095)이 쓴『몽계필담夢溪筆談』에 서술된 대로 복제한 모형. 북송 시대에 발명. 가로 43cm, 세로37cm.

설치하여, 자인을 배열하여 넣는다. 철판을 불에 달구어 접착제를 약간 녹이고 평판으로 자면字面을 눌러 평평하게 하면 인쇄할 수 있게 된다. 인쇄가 끝난 다음에는 다시 불에 달구어 활자를 분리하여 보관하여 다음에 사용한다. "일반적으로 두 개의 철판 틀을 만드는데, 한 판은 인쇄하고 다른 한 판은 글자를 배치한다. 한 판으로 인쇄를 끝내면 두 번째 판이 이미 준비되어 있으므로 바꿔 가며 사용하면 순식간에 할 수 있다.(常作二鐵板, 一板印刷, 一板已自布字, 此印者才畢, 則第二板已具, 更互用之, 瞬息可就.)" 활자는 평소에 나무 선반에 운목韻目에 따라 분류하여 둠으로써 찾기 쉽게 한다. 자주 쓰는 글자는 여러 개 만들어서 한 판 안에 중복해서 사용할 수 있도록 한다. 잘 쓰지 않는 생소한 벽자僻字는 필요할 때 불에 구워 자인을 만든다. 필승이 발명한 이 방법은 활자 제조·배판·인쇄의 세 단계 과정으로 되어 있으며, 이는 현대의 납활자의 배인排印 원리와 완전히 같다.(그림 10-1) 그러나 한자는 글자 수가 많고, 인쇄에 필요한 글자 수량도 방대하여 글자를 제작하고 글자를 찾고 글자를 배열하는 데 비교적 시간이 많이 걸리고 힘이 든다. 동시에 전체적으로 볼 때 고대에 인쇄하는 서적의 종류는 어느 정도 한정되어 있고, 경전과 역사서 종류는 반복적으로 인쇄해야 한다. 그러므로 조판 인쇄가 이미 익숙해져 있는 상황에서 활자 인쇄는 이를 대체하지 못하고 어쩌다가 기록에 보일 뿐이다. 남송 광종光宗(재위 1189-1194) 때 주필대周必大(1126-1204)는 자신이 지은 『옥당잡기玉堂雜記』를 찰흙활자로 인쇄하였다. 그 밖에 서하西夏에서도 활자를 가지고 서하문으로 된 불경 『길상편지구화본속吉祥遍至口和本續』을 찍어냈는데, 이것은 아마도 오늘날 볼 수 있는 가장 이른 활자 인쇄물일 것이다.[14]

찰흙활자는 제조에 있어 비교적 높은 수준의 수공이 필요하며, 그렇지 않을 경우 쉽게 깨진다. 원대 왕정王禎(1271-1368)은 목활자를 설계하였다. 왕정은 농업 전문서 『농서農書』를 저술하였는데, 내용 중에 「조활자인서법造活字印書法」에 그의 목활자 인쇄술이 상세히 기록되어 있다. 먼저 글자를 목판 위에 새긴 다음, 톱으로 잘라 개별 활자를 만든다. 배판할 때는 틈새를 대나무 조각으로 메워, 판면을 단단하게 하고 먹을 발라 인쇄한다. 왕정은 또 '전륜배자반轉輪排字盤'을 발명하였다. 이는 기계장치를 이용하여 글자를 찾는 속도를 높인 것으로, 인쇄 작업의 효율을 높였다. 목활자의 창제는 활자 인쇄를 더욱 보급시키게 만들었다. 왕정은 또 당시 어떤 사람이 주석 재질로 금속활자를 제조했다고 언급하였지만 인쇄

14 이 불경은 寧夏 賀蘭縣 拜寺口 方塔에서 출토되었다. 牛達生, 「西夏文佛經'吉祥遍至口和本續'的學術價值」, 『文物』, 1994년 9기 참조.

효과는 그다지 좋지 않다고 했다. 명대에 이르러 금속활자의 제조와 인쇄 기술은 계속 높아져, 활자 인쇄에 있어서는 동활자를 더욱 많이 사용하게 되었다.

5. 인쇄술의 해외 전파

인쇄술이 발명된 후 점차 해외로 전파되었다. 한자문화권 안에 있는 한국, 일본, 베트남 등 동방의 이웃나라에서는 일찍부터 중국의 조판 인쇄술을 받아들였고, 서적의 판식·글자체·장정 등 방면에서 모두 중국의 방식을 모방하였다. 한국에서는 15세기에 중국의 활자 인쇄술을 익힌 기초 위에서 주조법으로 동활자를 사용하기 시작하였다. 동활자의 응용은 중국보다 앞섰다.[15]

인쇄술의 서양 전파는 육상과 해상 실크로드를 통해 점차 전해졌다. 먼저 중앙아시아, 서아시아, 북아프리카에 전해졌으며 마지막으로 유럽에 도착했다. 몽골제국 시기에 중국과 서양의 왕래가 열리면서 여행가 마르코 폴로 등의 여행기에 중국의 조판 인쇄가 소개되었다. 특히 인쇄 지폐 기술은 유럽에 큰 반향을 일으켰다. 천주교회는 먼저 조판 인쇄를 이용하여 종교 선전물을 인쇄했으며, 민간에서도 인쇄 카드 등에 사용되었다. 얼마 지나지 않아 조판 인쇄는 곧 활자 인쇄로 대체되었다. 15세기 중엽

---

15 (역주) 한국은 고려 시대에 이미 세계 최초로 금속활자를 발명하였다. 이규보의 「新印詳定禮文跋尾」에 의하면, 1234-1241년 사이에 최윤의 등이 왕명을 받아 편찬한 『상정고금예문』을 찍었으며, 최의에 의하면 1239년 「남명천화상송증도가」를 "鑄字本을 바탕으로 다시 판각한다."고 했으니 주자본(금속활자본)은 그전에 있었으리라 본다. 현존하는 세계 최초의 금속활자 인쇄본인 『직지심체요절』은 1377년 청주 흥덕사에서 출판하였다. 조선 건국 후 1403년에 鑄字所를 설치하고 계미자를 만들었으며, 이어서 경자자(1420)와 갑인자(1434) 등을 계속 주조하여 사용하였다. 이들은 모두 구텐베르크의 활자 제조 이전의 일이다.

독일인 요하네스 구텐베르크(Johannes Gutenberg, 1397-1468)는 납, 주석, 안티몬의 합금으로 알파벳 활자를 제조하여 유럽 문명사의 신기원을 열었다. 구텐베르크의 활자가 중국의 활자를 모방했는지의 여부는 자료가 충분하지 않아 현재까지 판단하기 어렵다. 그러나 많은 학자들은 그가 직접 중국의 활자 인쇄술을 배우지 않았다면 최소한 유럽인의 동방 견문으로부터 계발과 영향을 받았을 것이라고 보고 있다. "비록 그가 얻을 수 있는 소식이 모호하고, 인쇄 방법에 대해서도 단편적이고 산만한 내용만 얻을 수 있었다고 하더라도, 이렇게 상당히 어렴풋이 타국에서의 성취를 안다는 것은, 분명 분위기를 바꾸는 작용을 일으킬 것이고, 이러한 유리한 분위기 속에서 인쇄 기술은 가까운 시일 안에 발명되었을 것이다."[16]

16 卡特(Carter, Thomas Francis), 『中國印刷術的發明和它的西傳』, 商務印書館, 1957년 중국어 번역본, 205쪽.

제2절

화약, 지남침, 항해술

1. 연단술과 고대의 화학 관념

화약火藥은 연단술煉丹術에서 나왔다. 연단술은 인공의 방법으로 식용의 '선단仙丹'을 만들어 장생을 구하거나, 금이나 은을 만들어 벼락부자가 되는 방술로, 그 시작은 중국에서 가장 먼저 일어났다. 역대로 이에 열중하는 사람이 끊이지 않았고, 수없이 실패해도 멈추지 않았으며, 이전 사람이 죽어도 나중의 사람이 그만두지 않았다. 연단의 목적을 사실상 이룰 수 있는 가능성이 없다고 하더라도, 연단 활동은 객관적으로 화학·야금학·약물학·물리학 등 방면에 가치 있는 경험을 많이 축적시켰으며, 그 중 화학과의 관계가 특히 밀접하였다. 유럽의 경우 연단술은 중세기 말에 과학자의 개조를 거쳐 점차 천연 재료와 혼합물에서 실체를 추출해 내는 방법으로, 특별한 효능이 있는 약물과 순수한 물질을 제련해 내는 기술로 변하였고, 근대 과학 철학의 이론을 흡수한 후에는 화학으로 발전하였다. 중국 고대의 연단술은 비록 이와 유사한 승화 과정을 거치진 않았지만, 연단의 과정 중에 적지 않은 화학 현상을 발견하였고, 수많은 화학 화합물을 제조하였다. 수은, 납, 비소, 알루미늄 등 중요한 원소 및 유기화합물의 제련과 합성에 있어서 일찍이 반복적으로 실험하여 많은 성과를 거두었다. 화약도 마찬가지로 연단가가 의도하지 않은 사이에 만들어진 화합물이다. 장생불로의 목적을 위해 만들어 낸 것이 오히려 사람의 인명을 앗아가는 전쟁의 도구가 되었으니, 연단 활동에 대한 일종의 조소라고 할 수 있다.

2. 화약의 발명과 응용

중국 고대에 발명한 화약은 오늘날 흑색 화약이라 부른다. 그것은 초석(질산칼륨), 유황(황), 목탄(탄소)의 분말을 혼합하여 만든 것으로 흑갈색을 띤다. 질산칼륨은 산화제로, 가열하면 대량의 산소를 방출한다. 황과 탄소는 쉽게 산화되면서 다른 물질을 환원시키는 일반적인 환원제이다. 이 세 가지 물질을 섞어서 연소시키면 산화 환원 반응이 아주 빠르고 맹렬해서 고열과 대량의 가스를 방출한다. 만약 이 물질들을 싸서 밀봉한 후 연소시키면 고열의 기체가 수천 배로 맹렬하게 팽창하면서 밀봉 물질을 깨뜨리고 폭발을 일으킨다. 연단가들이 장기간 연단을 진행하는 과정에서 점차 질산칼륨 · 황 · 탄소의 세 가지 물질이 지닌 성능과 채취 방법을 알게 되었고, 그들을 혼합하여 불을 붙이면 맹렬한 연소 효과가 나오는 것도 알게 되었다. 당대 중후기에 지어진 연단에 관한 저서 『연홍갑경지보집성鉛汞甲庚至寶集成』과 『진원묘도요략眞元妙道要略』은 모두 이러한 발견을 기록하고 있다.[17] 사람들이 의식적으로 이러한 맹렬한 연소 효과를 이용하기 시작할 때, 사실상 화약은 탄생했다. 당대 말기 군벌들이 혼전할 때 "무기가 발사되고 불덩이가 날다(發機飛火)"라는 기록이 있는데, 어떤 학자는 이를 화약이 전투에 사용된 것이라고 보았다.[18] 북송에 이르러 화

17 郭正誼, 「火藥發明史料的一點探討」, 『化學通報』, 1981년 6기. 또 趙匡華 主編, 『中國古代化學史研究』, 北京大學出版社, 1985년에도 수록.

18 馮家昇, 『火藥的發明和西傳』, 上海人民出版社, 1954년, 17쪽. 어떤 학자는 이에 대해

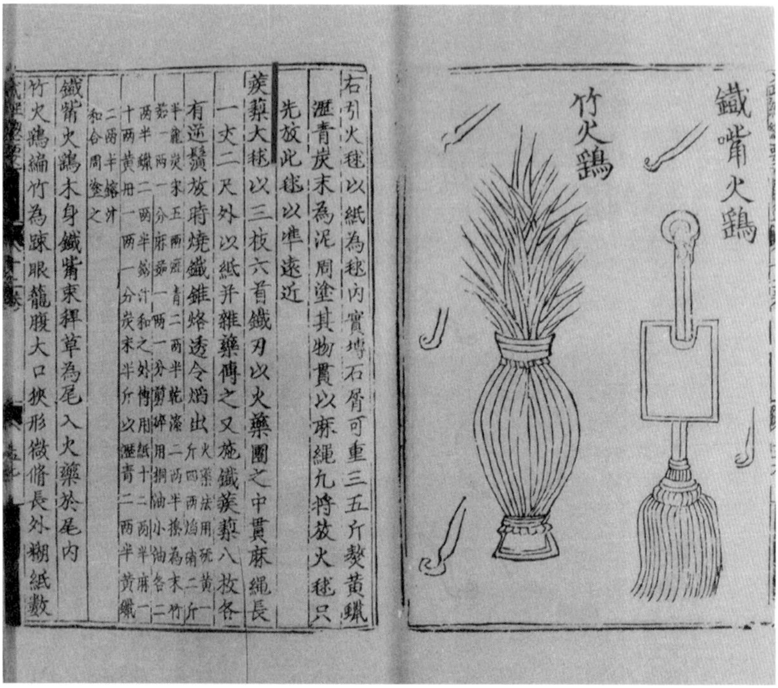

그림 10-2 『무경총요』.

약 및 화약 관련 무기를 대규모로 생산하는 조직을 만들었다. 수도 동경에 설립된 국가 군사 공장의 여러 작방에는 화약을 전문적으로 제조하는 작방도 들어 있었다. 군사기밀과 관련되기 때문에 제조 과정은 모두 장인들이 숙송熟誦하게 하여 외부 유출을 엄격히 금하였다. 화약을 제조하기 위해 송나라 조정은 일본에서 유황을 수입하면서, 동시에 유황과 초석의 유출을 금지하였고, 특히 요나라에 들어가지 않도록 했다. 관청에서는 화기를 개발하는 사람을 장려하였고 성공한 사람에게는 상을 내렸다. 송 인

신중한 태도로 화약이 아니라고 회의적인 태도를 보인다. 鍾少異, 「10世紀初火藥應用於軍事的兩個推論置疑」, 『中國古代火藥火器史硏究』, 中國社會科學出版社, 1995년 참조.

종(재위 1022-1063) 때 대신 증공량曾公亮(999-1078)은 어명을 받들어 군사학 저서인 『무경총요武經總要』를 편찬하였다. 그중에는 '독약연구毒藥煙球', '화포火炮', '질려화구蒺藜火球' 등 세 종의 화기火器에 대해 각기 다른 화약 배합 방법을 기록하고 있다. 그 밖에 화약전火藥箭, 인화구引火球, 벽력화구霹靂火球, 철취화요鐵嘴火鷂 등 다른 일부 화기에 대해서도 기술하고 있다.(그림 10-2) 이들 화기 중 대부분은 불을 지르는 기구로 빠르고 강한 연소 기능을 발휘한다. 때로 연기를 내거나 독을 퍼뜨리는 기능을 겸하고 있지만, 폭발 기능은 아직 두드러지지 않았다. 다만 벽력화구와 같은 것은 연소 후 그 소리가 천둥과 같아서 이미 폭발 화기의 기본적인 특징을 갖추고 있었다.

3. 화기의 발전

남송과 금이 대치하고 있을 때, 쌍방은 경쟁적으로 화약의 성능을 개선하고 폭발 화기를 개발하여 모두 비교적 큰 성과를 이루었다. 송 고종 때인 1161년(소흥 31) 송나라와 금나라가 채석採石에서 전투할 때 송군이 '벽력포霹靂炮'를 쏘았다. 이는 "종이로 만들고 그 안에 석회와 유황을 채웠는데(蓋以紙爲之, 而實之以石灰硫黃)", 폭발 후 "그 소리가 천둥 같고, 종이가 터져 석회가 연기처럼 흩어져 금나라 병사와 말의 눈을 따갑게 했다.(其聲如雷, 紙裂而石灰散爲煙霧, 眯其人馬之目.)"[19] 이 때문에 송군은 금군의 공격을 물리칠 수 있었다. 이는 화포의 폭발력을 이용하여 석회 가루가 흩어지도록 만들었기 때문이다. 영종寧宗 때인 1221년(가정 14) 금군이 송나라의 기주蘄州를 공격할 때 철화포를 사용하였다. 철화포는 금속으로 포의 껍질을 만들었기 때문에 그 폭발과 살상력이 종이 껍질로 만든

19 楊萬里, 『誠齋集』 권44 「解鰌賦」.

'벽력포'보다 크게 증강되었다. 나중에 몽골이 금나라의 남경(지금의 개봉)을 공격할 때, 소가죽으로 몸을 싸고 성벽을 팠기 때문에 금군이 활을 쏘고 돌을 던져도 상하게 할 수 없었다. 이에 금군은 성벽 위에서 쇠로 된 '진천뢰震天雷'를 아래로 던져 폭발시켜 "사람과 소가죽이 모두 부서지고 흩어져 흔적이 없어졌다.(人與牛皮皆碎迸無迹)"[20] 원나라가 남송을 멸망시킬 때 광서廣西 정강靜江을 공격했고 성 안에 있던 송군 200여 명이 철화포로 죽었는데, "그 소리가 천둥 같고, 성벽과 땅이 모두 흔들려 무너졌고, 연기가 하늘을 가렸으며(聲如雷霆, 震城土皆崩, 煙氣漲天)", 성 밖의 원나라 군사들조차 "놀라 죽은 자가 많았다.(多驚死者)" 불이 꺼진 다음 성에 들어가 조사해 보니 200여 명의 송군이 이미 "잿가루가 되어 흔적이 없었다.(灰燼無遺)"[21] 이들 기록을 볼 때 금나라와 송나라 말기에 그들은 모두 위력이 상당한 폭발 화기를 가지고 있었음을 알 수 있다.[22] 몽골은 금나라를 공격하는 전쟁 중에 철화포 기술을 빠르게 습득하였고, 칭기즈 칸이 서정할 때와 쿠빌라이가 일본을 정벌할 때도 모두 사용하였다.

---

20 『金史』 권113 「赤盞合喜傳」.

21 『宋史』 권451 「馬塈傳」.

22 宋元 교체기의 周密은 『癸辛雜識』 前集의 '炮禍'條에서 원나라가 남송을 멸망시킨 지 얼마 지나지 않아 일어난 두 차례의 화약 폭발사건을 기록하고 있다. 元의 군대가 溧陽(강소성)에 있는 남송의 승상 趙葵의 관사를 화약고로 썼는데, 하루는 잘못하여 불이 나 화약고가 폭발하자 "소리가 우레 같고 땅이 흔들리고 집이 기울어졌다.(聲如震霆, 地動屋傾.)" 옆에 사육하고 있던 네 마리의 호랑이도 폭발해 죽었다. 양주 화약고도 유사한 사건이 일어났다. 불이 난 후 "여러 대포가 함께 터지자 큰 소리가 산이 무너지고 해일이 일어나는 듯했으며, …… 멀리 100리 밖에 있는 집의 기와까지 모두 흔들렸다.(諸炮并發, 大聲如山崩海嘯, …… 遠至百里外, 屋瓦皆震.)" "병사 100명이 모두 잘게 부서졌으며, 기둥들이 모두 갈라졌고, 어떤 것은 바람에 날리듯 10여 리 밖으로 날아갔다. 평지는 모두 구덩이로 변해 한 丈여 깊이로 파였다. 주위의 민가 200여 호가 모두 기이한 재앙을 당하였다.(守兵百人皆糜碎無餘, 楹棟悉寸裂, 或爲炮風扇至十餘里外. 平地皆成坑谷, 至深丈餘. 四比居民二百餘家, 悉罹奇禍.)" 위의 묘사에서 알 수 있듯이 이때의 화약 폭발 성능은 아주 맹렬하여, 북송의 『무경총요』에 실린 연소성 화약과는 비교가 안 된다.

그 밖에 남송 초기에 덕안德安(지금의 호북 안륙安陸) 지부知府인 진규陳規(1072-1141)가 일종의 분화기와 같은 종류의 화창火槍으로 적을 공격하였다. 이는 세계에서 관형管形 화기에 관한 것으로 가장 이른 기록이다. 이종理宗(재위 1225-1264) 때는 돌화창突火槍이 나왔는데, "큰 대나무로 통을 만들고, 안에 알을 넣는다. 불을 놓으면 불꽃이 꺼진 다음에 알이 대포알처럼 나오는데, 그 소리가 150여 보 멀리서도 들릴 정도이다.(以鉅竹爲筒, 內安子窠, 如燒放, 焰絶然後子窠發出如砲, 聲遠聞百五十餘步.)"[23] 이는 이미 후세의 보창步槍과 가까워졌다. 원대에 이르러 관형 화기는 금속 주조의 화총火銃으로 발전하였다. 그중 한 가지는 형태가 가늘고 길며 구경이 비교적 작았는데, 손에 들고 사용하기 적합하기에 이를 '수총手銃'이라 하였다. 그 밖에 형태가 짧으면서도 굵고 무거우며, 구경이 비교적 커서 목제 틀 위에 장치하고 발사하는 것이 있었는데 이를 '완구총碗口銃'이라 하였다. 후자는 위력이 커서 원나라 말기 사람들이 이를 존중하여 '동장군銅將軍'이라 불렀다. 명대 전기에 화총은 이미 군대에 광범위하게 배치되었다. 통계에 의하면 명 태조 때 전국의 군대에 배치된 화총은 많으면 12만 5천 대에서 18만 대에 이를 것으로 보고 있다.[24] 화기의 발전은 화약 제조 기술과 질량이 큰 폭으로 개선되었음을 말해 준다. 이러한 새로운 물질의 힘이 서방으로 전해진 후, 인류의 군사와 경제 활동에 참신한 영역을 열어 주었고, 중세기에서 근대 사회로 바뀌는 과정에 거대한 작용을 하였다.

---

23 『宋史』 권197 「兵志十一」.

24 王兆春, 『中國火器史』, 軍事科學出版社, 1991년, 103쪽.

4. 지남침과 항해술

지남침指南針은 자철磁鐵이 지구 자장의 남북 극성을 가리키는 원리를 이용하여 만든 일종의 방향을 가리키는 기구이다. 일찍이 전국시대에 이미 천연 자석을 이용하여 국자 모양의 지남 기구인 '사남司南'을 제작하였다. 그러나 연마하고 가공하기가 쉽지 않았고, 게다가 진동 등의 원인으로 쉽게 자성이 사라져 광범위하게 사용되지 못하였다. 이후 장기간의 실천 가운데 점차 인공적인 자기화磁氣化 방법을 발견하면서 진정한 의미의 지남침이 나오게 되었다.

북송의 군사학 저서인 『무경총요』 전집前集 권15에는 '지남어指南魚'를 제작하는 방법이 실려 있다. 얇은 철편을 앞뒤가 뾰족한 물고기 모양으로 잘라, 목탄 불에 붉게 될 때까지 달군다. 집게로 머리 부분을 집어내어, 꼬리 부분을 정북향으로 향한 다음 물속에 몇 분간 담근다. 그런 다음 이 물고기 철편을 밀봉하여 보존한다. 사용할 때 물속에 두면 물고기 머리가 남쪽을 향하게 된다. 그 제작 원리는 철편을 붉게 달구면 분자 배열 구조가 바뀌게 되고, 남북 방향의 상태로 갑자기 물속에 냉각시키면 분자의 위치가 지구자장의 작용에 따라 재배열되면서 철편은 자기화된다.

심괄沈括은 『몽계필담』 권24 「잡지 1雜志一」에서 "전문가들이 자석으로 침을 문지르면 침이 남쪽을 가리키게 된다.(方家以磁石磨針鋒, 則能指南.)"고 하였다. 이렇게 자석을 이용하여 마찰로 자기화하는 방법은 조작이 간편하고 자성도 비교적 안정적으로 오래 유지되므로 지남침의 응용을 크게 촉진시켰다. 침을 놓아 두는 방법에 대해 심괄은 네 가지를 제시하였다. 물에 띄우기, 손톱 위에 올려놓기, 밥그릇 가장자리에 올려놓기, 실로 매달기 등이다. 이 중에서 네 번째 실로 매달기 방법이 가장 효과가 좋다.(그림 10-3) 나아가 심괄은 지남침을 사용하면 "언제나 약간 동쪽으로 향하지 완전히 정남향을 가리키지 않는다.(常微偏東, 不全南也.)"고 하였

그림 10-3 심괄(1031-1095)의 서술에 기초하여 복원한 목제 나침반과 지남침指南針 모형. 실에 침을 달았으며 남송 시대에 쓰였다. 높이 38cm, 받침대 한 면의 길이 21.5cm. 밀랍을 칠한 자침을 묶은 비단실을 나무 가로대 한가운데에 매달아 두면 자침이 남과 북을 가리킨다.

다. 구종석寇宗奭(활동 1111-1117)은 『본초연의本草衍義』 권5 '자석磁石' 항목에서 한 걸음 더 나아가 "언제나 병丙의 자리를 가리킨다.(常偏丙位)"고 하였다. 고대인들은 오午의 자리를 정남향으로 보았기에, 병丙의 자리는 남에서 동으로 15도 기울어진 위치이다. 이는 당시 사람들이 지구자기의 편향성을 인식했고 더불어 그 각도도 대략 계산했음을 말해 준다. 남송 때 진원정陳元靚(1200-1266)이 편찬한 『사림광기事林廣記』에서는 '지남귀指南龜'를 소개하고 있다. 목각으로 거북 모양을 만들고, 배 안에 자석을 넣고는, 배 아래에 작은 구멍을 파 놓는다. 그런 다음에 나무 거북을 대침 위에 올려놓고, 돌렸다가 정지하기를 기다리면 거북 머리는 북쪽을 가리키고 꼬리는 남쪽을 가리키게 된다. 이러한 장치는 지지점이 안정되고 마찰력이 적어야 하는데, 그 원리는 이미 근대의 지남침(나침반)의 축 지지 형식과 기본적으로 일치한다.

고대의 지남 도구는 처음에는 풍수風水와 행군이나 작전에 많이 이용되었다. 송대에는 해외무역이 흥성함에 따라 지남침의 발명이 항해술에 응용되었다. 12세기 초 주욱周彧(?-1148)은 『평주가담萍洲可談』 권2에서 다음과 같이 말했다. "선장은 지리적 특징을 잘 알아서, 밤에는 별을 관측하고, 낮에는 해를 관측하며, 구름이 덮여 있을 때는 지남침을 관측한다.(舟師識地理, 夜則觀星, 晝則觀日, 陰晦觀指南針.)" 약간 뒤에 고려高麗에 사신으로 간 서긍徐兢(1091-1153)도 항해할 때의 상황을 다음과 같이 말했다. "별을 바라보며 앞으로 나아갔다. 날이 흐리거나 어두우면 지남침을 물에 띄워 남북을 구별하였다.(視星斗前邁, 若晦冥則用指南浮針, 以揆南北.)"[25] 이때 사용한 지남침은 물 위에 띄우는 '부침浮針'으로, 비교적 간단한 모양이었다. 남송의 조여적趙汝適(1170-1228)은 다음과 같이 기록하였다. "그들이 여행할 때 오가는 선박들은 주로 지남침에 의지한다. 털끝만

25 徐兢, 『宣和奉使高麗圖經』 권34 「海道一 · 半洋焦」.

한 차이에도 생사가 달려 있기 때문에 주야로 신중하게 지켜본다.(舟船來往, 惟以指南針爲則, 晝夜守視惟謹, 毫釐之差, 生死繫焉.)"[26] '털끝만한 차이(毫釐之差)'까지 구별할 정도로 정확해야 하므로 사용하는 지남침은 이미 명확한 방위 각도를 갖춘 나침반으로 발전하였다.

남송 말기 오자목吳自牧(활동 1276)은 당시 사용하는 항해 방향 기구를 명확하게 '침반針盤'이라고 제시하였다.[27] 침반은 고대의 나침반으로 나경羅經이라고도 부른다. 이는 동서남북의 방향을 24개 방위로 세분하였다. 자子·축丑·인寅·묘卯 등 십이지十二支와 갑甲·을乙·병丙·정丁·경庚·신申·임壬·계癸 여덟 천간天干과 건乾·곤坤·손巽·간艮 네 괘명卦名으로 표시했으며, 각 글자 사이는 15도씩 떨어져 있다. 나중에는 다시 두 글자 사이에 눈금을 넣어서 48개 방위를 만들어 눈금 사이를 7.5도씩 떨어지게 하였다.

해상 항해에 나침반을 사용하여 운항하고서부터, 서로 다른 방향은 서로 다른 '침위針位'로 표시되는데, 항행 중에 변환된 서로 다른 침위를 연결하면 전체 항선을 그려낼 수 있다. 이를 '침로針路'라고 한다. 침위와 침로를 기록하여 이후 항행의 자료로 삼는 것을 '나경침부羅經針簿'라고 부르며, 약칭하여 '침경針經'이라 한다. 원대에 이르러 나경 침위는 이미 해상 항해의 주요한 수단이 되었다. 13세기 말 주달관周達觀(1266-1346)이 진랍眞臘(지금의 캄보디아)에 사신으로 다녀온 경력을 기술하면서 침위를 사용하여 항선을 표시하였다.[28] 조금 후 정부에서 편찬한 『경세대전經世大典』에서는 바다를 운항할 때 "오직 침로에 의지하여 방향을 정해 운항하고, 위로 천상을 관찰하여 날씨를 예상한다.(惟憑針路定向行船, 仰觀天象以卜明晦.)"라고 말하였다.[29] 이때 천상을 관찰하는 것은 주로 기후 변화

26 趙汝適, 『諸蕃志』 卷下 「志物·海南」, 『諸蕃志校釋·職方外紀校釋』, 中華書局, 2000년.
27 吳自牧, 『夢粱錄』 권12, '江海船艦'條.
28 「眞臘風土記」 「總敍」.

를 예측하기 위한 것으로, 북송 때 천상을 관찰하여 운항하는 것을 위주로 하고 지남침으로 운항하는 것을 보조로 하는 상황으로부터 이미 뚜렷이 달라졌다.

당송원唐宋元 시기에 항해 기술은 여러 방면에서 중대한 진전을 이루었다. 먼저 조선 공업의 발전으로 적재량이 많고, 안전성이 높고, 항행 거리가 긴 선박을 만들어 낼 수 있었다. 다음으로 해양 조석潮汐에 대한 연구도 점차 심화되어 조석의 변화와 달의 운동 사이의 관계를 알게 되었고, 대체적으로 조석 순환과 왕복에 대한 규칙도 파악하였다. 지도 제작 기술도 높아져 항해도의 제작과 응용을 촉진하게 되었다. 이들 기술적 진보에 지남침 항해 기술이 결합하여 결국 명대 전기에 세계적으로 유명한 대규모 원양 운행 활동인 정화鄭和의 서양 진출이 이루어진 것이다. 당시의 기록에 근거하여 볼 때, 정화의 함대는 이미 조석 · 계절풍 · 해류 등 자연현상의 규칙을 익숙하게 파악하고 있었고, 물표物標 도항導航 · 나침반 방향 설정 · 천문 설정 · 거리 측정과 속도 측정 등 복잡한 항해 기술을 종합적으로 운용하여 비교적 높은 항해 정확도를 확보하였고 새로운 항해 노선을 개발하였다.[30] 그들이 운항하였던 항선의 길이와 해역의 너비는 세계 역사상 전례가 없는 것이었다. 정화의 서양 진출은 중국 고대 항해의 최고 수준을 대표한다. 이는 비단 서태평양과 인도양 사이의 해상 교통망을 건립하였을 뿐만 아니라, 이후에 다가올 세계 지리의 대발견을 위한 동방 항로의 준비이기도 했다.

29 원대 편찬한『經世大典』은 이미 일실되어 전하지 않는다. 그러나 그중 '海運' 부분을 청대 말기 학자가『永樂大典』에서 뽑아내 上下卷으로 만들었고, 제목을『大元海運記』라 붙였다. 여기의 문장은『大元海運記』卷下, '測候潮汛應驗'條에서 인용하였다.

30 中國航海學會 編,『中國航海史(古代航海史)』, 人民交通出版社, 1988년, 263−275쪽; 鄭一鈞,『論鄭和下西洋』, 海洋出版社, 1985년, 132−151쪽 참조.

제3절

의약학과 양생술

1. 소원방 『제병원후론』

수당 시기 국가의 의약제도가 비교적 잘 완비되어 의약학이 발전되었다. 태상시太常寺에서 태의서太醫署를 관할하였고, 태의서에서는 의학醫學을 세워, 과科를 나누어 가르쳤다. 교관으로는 박사博士와 조교助敎 등이 있었다. 수나라의 태의 박사 소원방巢元方(활동 609–610)은 조서를 받들어 『제병원후론諸病源候論』 50권을 주관하여 편찬하였다. 이는 중국 고대에 병의 기원과 증상을 다룬 첫 번째 전문서이다. 전체는 67문門으로 나누어 오늘날 내과, 외과, 부인과, 소아과, 이비인후과, 피부과 등에 속하는 1,700여 종의 질병의 증상을 비교적 상세하게 논하였다. 더불어 병인病因, 병리病理, 병변兵變 등 여러 방면의 내용도 포함시켜 수대隋代 이전 질병에 대한 인식을 집대성하였다. 당대 이후 중요한 의학 저작으로 질병의 증후에 대한 토론은 대부분 이 책에 의거했으며, 송대의 태의국太醫局에선 이 책을 생도의 필수 교재로 정하였다. 책에 실린 질병은 내과 질병을 위주로 하여 내용이 상세하고 풍부하다. 그 밖의 과에 속한 질병은 비록 적지만 구분이 아주 자세하다. 예컨대 외과는 '금창金創' 한 종류에만 23종의 증상을 기록했고, 부인과의 여러 증상은 140여 종에 달하며,

피부병은 40여 종, 안과 병은 38종에 달한다.[31]

책에서는 여러 곳에서 『황제내경黃帝內經』의 이론을 이용하고 있지만, 특이한 병인과 발병 기제를 찾는 데 주의하였기 때문에 『황제내경』의 개괄적인 서술보다 현저히 진전되었다. 예컨대 유행성 전염병의 병인에 대한 토론에서, 이전의 갑작스런 기온 변화 등의 병인을 계승한 이외에도 "사람이 나쁜 기운에 감염되어 병에 걸리므로(人感乖戾之氣而致病)" "반드시 미리 약을 복용하거나 방법을 써서 방지해야 한다.(須預服藥及爲方法以防之)"고 하였다. 기생충병의 감염에 대해서도 음식이 잘못되어서 일어난다고 명확히 말하였다. 이렇게 각 병증에 대해 종합적으로 서술하고, 『황제내경』 이론과 임상 실천을 결합시켰다. 이는 중의中醫 이론에 있어 생리와 병리로부터 예방과 치료에 이르기까지 비교적 완정한 이론 체계를 형성하는 데 크나큰 촉진 작용을 하였다. 중국 고대 의학 저술은 대부분 의방류醫方類 서적이 많고 기본 이론에 관한 저서는 비교적 적은데, 『제병원후론』은 『황제내경』과 『상한잡병론傷寒雜病論』 이후에 나온 또 하나의 중요한 이론 방면의 저작이다. 이 책은 원칙적으로 약방藥方을 싣지 않고 있지만 '금창병金創病의 여러 징후'를 논술할 때 외상 처리 및 수술 방법에 대해서도 언급하였다. 그 밖에 여러 가지 병증 뒤에 보양補養과 도인導引의 방법을 덧붙임으로써 양생술에 대한 탐구도 보이고 있다.

2. 손사막 『천금방』과 왕도 『외대비요』

수당 시기에 의방류醫方類 서적이 아주 많이 편찬되었다. 수대 관방에서 편찬한 『사해류취방四海類聚方』은 2,600권에 이르지만 아쉽게도 망실되었다. 남아 있는 것으로 손사막孫思邈(581-682)의 『천금방千金方』과 왕

31 賈得道, 『中國醫學史略』, 山西人民出版社, 1979년, 122쪽 참조.

도王燾(670-755)의 『외대비요外臺秘要』가 가장 유명하다.

손사막은 수당 교체기의 사람으로, 관직의 초빙에도 나아가지 않고 일생 동안 의료 생활을 했다. 그는 100세 이상 살았다고 전해진다. 저서로는 『비급천금요방備急千金要方』과 『천금익방千金翼方』 각 30권이 있는데, 서문에 다음과 같이 썼다. "사람의 목숨은 지극히 중요하며 천금보다 귀하다. 만약 하나의 처방으로 목숨을 구할 수 있다면 그 가치는 황금보다 값지다.(人命至重, 貴於千金, 一方濟之, 德逾於此.)" 이에 '천금'이란 말로 책 이름을 삼았다. 후인들은 이 두 책을 합쳐서 『천금방千金方』이라 불렀다. 『천금방』은 중의中醫의 기초 이론과 각과 질병의 진단과 치료 문제를 논술하였으며, 대량의 처방과 제약 방법을 비롯하여 식이요법과 도인술과 안마 등 양생술도 기록하였다. 또 공공위생과 개인위생이 질병의 예방에 있어 중요함을 총괄하였고, 의사의 전문 수양과 의료 도덕 문제에 대해서도 토론하였다. 중국 최초의 임상 실용 백과전서라 칭할 수 있다. 책에서는 특히 종합 치료법을 강조했으며, 고대 의경醫經에서 "이 처방이 아니면 병을 치료할 수 없고, 이 약이 아니면 처방을 할 수 없다.(非此方不能治病, 非此藥不能開方)"는 일부 전통 관념에 묶이지 않고, "한 가지 병에 여러 처방을 내릴 수 있고, 한 가지 처방으로 여러 병을 고칠 수 있다.(有一病而立數方, 亦有一方而治數病.)"고 제창하였다. 약 이외에 침구와 식이요법 등 보조 수단도 겸용하였다. 손사막은 여성과 아동 질병의 치료를 특히 중시하여, 여성과 아동의 생리적인 특징에 근거하여 부인과와 소아과 질병을 연구했으며, 관련된 내용을 책의 앞머리에 두었다. 『천금방』은 모두 800여 종의 약물을 적고 있는데, 그중 상당수의 약물에 대해 생산지·채집시기·제조 방법에 대해 상세히 기록하고 있으며, 치료 효과에 근거하여 약물을 분류하여 후대의 약물학에 중요한 영향을 끼쳤다. 이 때문에 후세 사람들은 손사막을 '약왕藥王'이라 칭하였다.

왕도는 당대 중기 사람이다. 일찍이 장기간 국가 장서 기구인 홍문관

弘文館에서 근무했으며, 대량의 고대 의학 문헌을 읽고 연구하였다. 현종 때인 752년(천보 11) 『외대비요』를 편찬하였다. 책은 40권에 1,104문門으로 되어 있으며, 주로 당 중기 이전의 고대 의서를 모아 재정리하여 편집하였다. 모두 출전을 밝히고 같고 다른 점을 나열하였다. 『제병원후론』과 『천금방』 등 중요한 저작 이외에 수십 명의 저작을 널리 채집하였다. 후인들은 이로부터 여러 가지 고대에 흩어진 의서의 기본 내용을 엿볼 수 있게 되었다. 책의 각 문門에는 먼저 설명을 붙이고 이어서 처방을 붙여 조리가 뚜렷하며, 독자들이 배우고 응용하기 쉽게 하였다.

3. 관방에서 편찬한 본초와 방서

중국 고대뿐만 아니라 세계적으로도 가장 먼저 지어진 현존하는 국가 약전藥典은 당 전기인 고종高宗(재위 649-683) 때 편찬되었다. 당시 의학계에 통행되던 약전은 남조 도홍경陶弘景(456-536)이 지은 『신농본초경집주神農本草經集注』이다. 이 책은 사용된 지 오래되었기에 일부 착오가 드러났고 전면적인 서술이 부족한 부분도 있었다. 당 고종이 즉위한 후 인원을 조직하여 도홍경의 책을 수정한 결과 659년(현경 4) 『신수본초新修本草』를 완성하였다. 후인들은 이 책을 『당본초唐本草』라 부르기도 한다. 책은 54권에 844종 약물을 수록하고 있다. 목록 2권 이외에 모두 3개 부분으로 나뉘어 있다. 먼저 본초 내용은 20권으로 도홍경 저서의 기초 위에서 100여 종의 신약을 추가하여 재편집하였으며, 아홉 종류로 나누어 각종 약재의 성질·맛·효능·치료 질병을 상세히 서술하였다. 다음으로 본초도本草圖 25권은 약재 표본을 그림으로 그렸다. 마지막으로 본초도경本草圖經 7권은 본초도와 대응하는 문자 설명으로 생산지, 형태적 감별, 채집 시기, 제조 방법을 기재하였다. 이 약전은 글과 그림이 함께 있으면서, 당 이전의 본초학의 성과를 체계적으로 총결하여, 비교적 높은 학술적 수준을 가지고 있다. 반포 후 법정 약물학 교과서가 되었으며, 일본 등 국외로 전파되었다. 이 책의 편찬은 본초학의 발전을 자극하여, 이후 계속하여 각기 특색 있는 개인 편찬의 약물학 저작이 여럿 나타났다. 당 중기 진장기陳臧器(681-757)가 편찬한 『본초습유本草拾遺』는 『당본초』가 싣지 못한 일부 약물에 대해 증보하였고, 중의中醫의 병리학설에 근거하여 그 중약中藥의 기능을 선宣(끌어내기)·통通(통하기)·보補(영양)·설泄(배출)·경輕(가볍게 하기)·중重(무겁게 하기)·활滑(부드럽게 하기)·삽澁(거칠게 하기)·조燥(건조)·습濕(습기) 등 열 가지로 나누었는데, 이를 '십제十劑'라고 하였다. 그 밖에 손사막의 제자 맹선孟詵(621-713)은 『식료본초食療本草』를 편찬하여 식이요법의 기능이 있는 과일이나 채소 등에 대해 기술하였다. 당대 후기 페르시아인 후손인 이순李珣(오대에 활동)은 『해약본초海藥本草』를 편찬하여, 해외에서 전래된 각종 약재를 기술하여 전통 본초학의 내용을 크게 풍부하게 하였다.

송대 통치자들은 의학을 상당히 중시하여 한림의관원翰林醫官院과 태의국太醫局을 설립하여 의료와 의학 교육을 주관하게 하였다. 태의국 아래에는 숙약소熟藥所를 설치하고, 지방에는 혜민약국惠民藥局을 설립하여 약을 제조하여 팔았다. 또 교정의서국校正醫書局을 설립하여 전문적으로 의학 문헌을 교감하고 정리하게 하였다. 송 태조(재위 960-976) 때 『개보중정본초開寶重定本草』를 편찬하고, 인종(재위 1022-1063) 때 『가우보주신농본초嘉祐補注神農本草』를 편찬하고, 휘종(재위 1100-1125) 때는 민간의사 당신미唐愼微(?-1108)의 『경사증류비급본초經史證類備急本草』의 기초 위에 『정화신수경사증류비급본초政和新修經史證類備急本草』를 정리하고 반포하여, 약물의 정보는 날이 갈수록 많고 다양해졌다. 태종(재위 979-997) 때 『태종성혜방太宗聖惠方』 100권을 편찬하고, 휘종 때 『성제총록聖濟總錄』 200권을 편찬하였다. 이 두 종의 책은 규모가 방대한 관방 편찬의 방서方書이다. 전자는 처방 1만 6,834수를 수록하고, 후자는 처방 2만여 수를 수록하여, 당시의 의방을 기본적으로 모두 망라하였다. 송 조정에서는 태의국에서 제조한 약의 배합을 수정하여 『태평혜민화제국방太平惠民和劑局方』이란 이름으로 공개적으로 출판하였다. 여기에 수록된 처방은 비록 적지만 정수를 모은 것으로, 각 처방에는 배합 방법 · 치료 대상 질병 · 복용법 · 조제량 · 복약 금기 등을 자세히 열거하고 있어 상당한 실용적 가치를 가지고 있다. 주진형朱震亨(1281–1358)은 『국방발휘局方發揮』에서 "관아에서는 이를 법칙으로 삼고, 의학계에서는 이를 전하며 직업으로 삼고, 병자는 이를 가지고 목숨을 살리고, 세상 사람들은 이를 습득하는 것이 습속이 되었다.(官府守之以爲法, 醫門傳之以爲業, 病者恃之以立命, 世人習之以成俗.)"고 하여, 사회적으로 중대한 영향을 일으켰음을 말했다.

4. 침구학, 해부학, 법의학

송대에 각 과 임상의학은 각각 다른 정도의 성취를 이루었다. 예컨대 진자명陳自明(1190–1270)의 『외과정요外科精要』와 『부인대전양방婦人大全良方』, 전을錢乙(1032–1113)의 『소아약증진결小兒藥證眞訣』 등은 모두 관련 영역의 의료 수준을 새로운 높이로 끌어올렸다.

치료 수단 방면에서는 침구학鍼灸學의 발전이 비교적 두드러진다. 북송 의학자 왕유일王維一(987–1067)은 황명을 받들어 두 존의 청동제 인체 모형을 주조하였고, 더불어 이를 설명한 책인 『동인유혈침구도경銅人兪穴鍼灸圖經』을 편찬하였다. 『도경』에선 354개의 혈 이름을 기록했는데, 단혈單穴과 쌍혈雙穴의 총계는 모두 657개 혈자리이다. 청동 인체 모형은 성년 남자의 체형을 모의하여 제작했고, 내부에는 오장육부까지 표시하고 물 또는 수은을 부어넣었다. 밖에는 혈 이름을 새겼으며 황랍을 칠했다. 침으로 혈을 찔렀을 때 정확한 자리면 액체가 나오지만, 잘못 찌르면 침이 들어가지 않게 했다. 그 설계가 아주 정교해서 침구의 교학과 시험 용도

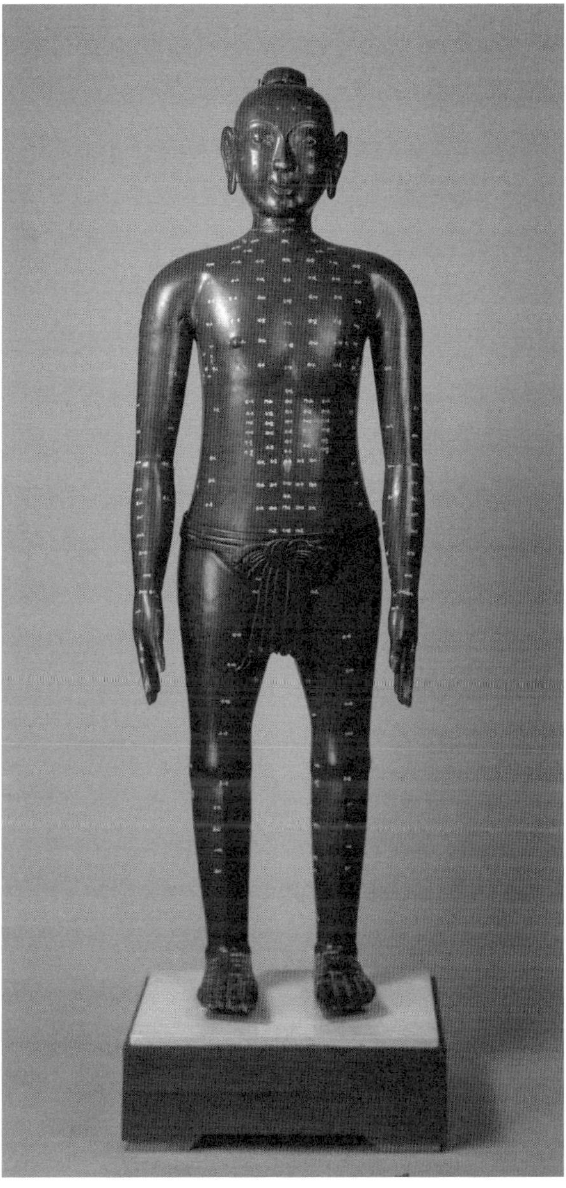

그림 10-4 침 놓는 자리를 보여 주는 청동(또는 황동) 인물상. 북송 인종의 천성(1023-1032) 연간에 만들어진 것을 명나라 정통제正統帝(재위 1435-1449, 1457-1464)의 명에 의해 복원한 것이다. 높이 213cm.

로 쓰였다.(그림 10-4) 남송 왕집중王執中(1140-1205)은 또 『침구자생경鍼灸資生經』을 저술하여 송대까지 발전해 온 침구학의 성과를 종합하였다.

인체 해부 지식도 명확히 진전하여 시체 해부를 진행함과 동시에 인체 해부도를 그려내었다. 북송 인종 때 광서廣西에서 구희범歐希范 등 56명의 범인을 처결하면서, 그들을 해부하여 『구희범오장도歐希范五臟圖』를 그렸다. 희종 때 의사 양개楊介는 사주泗州의 사형수 시체를 해부하여 『존진도存眞圖』를 그렸다. 인체의 내장 구조와 소화 · 비뇨 · 생식의 삼대 계통의 상태를 묘사하여, 장기간 원명元明 시대의 의학 저작에 인용되었다.

남송 시기에는 또 세계에서 첫 번째로 법의학法醫學 전문서인 『세원집록洗冤集錄』이 나왔다. 그 작자는 송자宋慈(1186-1249)로, 일찍이 장기간 지방에서 형옥을 주관하면서, 적지 않은 직무 경험을 쌓았다. 그는 관련 분야에 대한 전인의 논술을 종합하여 이종理宗 때인 1247년(순우 7) 5권으로 된 이 책을 간행하였다.[32] 책의 내용은 많은 분야를 포함하고 있다. 인체 해부 · 시체 점검 · 현장 검사 · 사상死傷 원인 감정 · 자살 및 타살의 각종 표현 등을 포함하여, 해부 · 생리 · 병리 · 약리 · 진단 · 치료 · 구급 · 내과 · 외과 · 부인과 · 소아과 · 정형외과 등 여러 방면의 지식을 연관시켜 중요한 법의학 경험을 종합하였다. 예컨대 책에서는 시반屍班과 생전 상해의 차이점을 강조하고, 더불어 시반의 발생 기제를 분석하였다. 여러 종류의 기계적인 사상 원인에 대해서는 사람들이 주의하지 않는 각각의 특

32 현존하는 가장 이른 『洗冤集錄』 간본은 원대 간행한 五卷本이다. 청대 孫星衍이 重刊하여 '岱南閣叢書'에 포함시켰다. 현대학자 楊奉琨이 校譯을 가하여 1980년 群衆出版社에서 출판하였다. 다른 한편 『洗冤集錄』은 후대에 여러 차례 증정본이 나와 일부 새로운 내용이 추가되었으며, 이들 저작도 통상 '洗冤'을 제목에 넣었기에 『洗冤集錄』 원서와 쉽게 혼동이 되었다. 예를 들어 1694년(강희 33) 관방에서 편찬한 『律例館校正洗冤錄』 4권에 대해 일부 학자들은 宋慈의 원서를 인용한 것으로 보는데, 이는 잘못된 것이다. 管成學, 『宋遼夏金元科學技術史』, 吉林科學技術出版社, 1990년, 119-128쪽 관련 내용 참조.

징을 지적하였다. 이를 통해 교살絞殺과 자액自縊, 익사溺死와 시체 수중 투기, 소사燒死와 시체 방화 등 쉽게 혼동하기 쉬운 현상을 구별하였다. 골질骨質 손상에 대한 검사에 있어서는 붉은 우산으로 빛을 여과시켜 검사함으로써 생전과 사후 골절의 차이를 볼 수 있다고 하였다. 『세원집록』은 중대한 응용 가치를 가지고 있기 때문에 세상에 나온 후 사회적으로 장기간 널리 중시되었으며, "기관에서 검사할 때는 금과옥조로 받들었다.(官司檢驗, 奉爲金科玉條.)"[33] 원명청 시대에 적지 않은 사람들이 이 책에 대해 증보하고 주석하였으며, 또 국외로 전해져 영어 · 프랑스어 · 독어 · 네덜란드어 · 러시아어 · 일어 등 여러 종의 문자로 번역되어 세계 법의학 역사상 경전과 같은 책이 되었다.

5. 금원 사대가 및 그 의학 원류

의학 분과의 세분화와 임상 경험의 부단한 종합에 따라 중의中醫 이론도 비교적 크게 진보하였다. 특히 금원金元 시대에 유완소劉完素(1120-1200), 장종정張從正(1156-1228), 이고李杲(1180-1251), 주진형朱震亨을 대표로 하는 사대 의학 유파가 생겨났다. 그들은 풍부한 임상 경험과 폭넓은 이론 지식을 가지고 각각 서로 다른 각도에서 전통 중의中醫 학설을 계승하고 발전시켰다. 후인들은 그들을 존경하여 '금원 의학 사대가'라 불렀다.

유완소는 금대 전기 사람이다. 저서로 『소문현기원병식素問玄機原病式』, 『소문병기기의보명집素問病機氣宜保命集』, 『선명논방宣明論方』, 『상한직격傷寒直格』 등이 있다. 그는 의학에 있어 운기설運氣說을 제기하였고, 질병을 '육기병기六氣病機'에 따라 여섯 종류로 나누었다. 또 "육기는 모두 화

33 錢大昕, 『十駕齋養新錄』 권14, '洗寃錄'條.

기火氣에서 만들어졌다.(六氣都從火化)"고 생각하여, 특히 병인 중의 화기와 열의 요소를 중시하였다. 그러므로 그는 "심장의 화기를 내리고 신장의 수기水氣를 높이기(降心火, 益腎水)"를 위주로 하는, 열성熱性 병을 치료하는 일련의 방안을 제기하였다. 또 한량寒凉 약물의 응용에 대해 깊이 있는 연구를 하였기에 '한량파寒凉派'라고도 부른다.

장종정은 금대 후기 사람이다. 저서로는 『유문사친儒門事親』 15권이 있다. 그는 병원病源을 풍風 · 한寒 · 서暑 · 습濕 · 조燥 · 열熱 등 여섯 가지로 분류하고, 병의 증상을 다시 허虛(결핍)와 실實(과다)로 나누었다. 병의 치료는 먼저 그 실實을 치료해야 하며, 실을 치료하는 것은 '사기邪氣에 대한 공격(功邪)'을 위주로 하며, 사기가 사라지면 원기는 절로 회복된다고 보았다. 약의 사용 방면에서는 유완소의 영향을 받아 한량寒凉을 위주로 하며, 특히 땀 · 구토 · 설사 등의 방법으로 '사기를 공격'하였다. 그는 보약을 그리 주장하지 않았다. 그러므로 사람들은 이 학파를 '공하파功下派'라고 하였다.

이고는 금나라와 몽골제국 교체기 사람이다. 일찍이 금대의 명의 장원소張元素로부터 모든 가르침을 배웠다. 저서로는 『내외상변혹론內外傷辨惑論』, 『비위론脾胃論』, 『난실비장蘭室秘藏』 등이 있다. 그는 "토土는 만물의 어머니(土爲萬物之母)"이고, "사람은 위장의 에너지가 기본(人以胃氣爲本)"이며, "안으로 비장과 위장이 다치면 온갖 병이 여기에서 생겨난다.(內傷脾胃, 百病由生.)"고 보았다. 그러므로 그는 안(內)을 보補하고 기氣를 더하며, 양陽을 올리고 위胃를 강화시켜, 비위脾胃를 보하면 원기가 견실하게 된다고 보았다. 그러므로 그의 학파를 '보토파補土派'라 불렀다.

주진형은 원대 사람이다. 유완소의 제3대 제자이자 장종정과 이고의 의학에도 능통했다. 저서로는 『격치여론格致餘論』, 『국방발휘局方發揮』, 『단계심법丹溪心法』, 『상한변혹傷寒辨惑』 등이 있다. 그는 이전의 3대가의 의학 관념을 결합하여, 화기를 배출하고 음陰을 보양하는 설화양음泄火養

陰의 방법을 제창하였다. 또 질병은 "양陽이 항상 많고 음陰이 항상 부족하기(陽常有餘, 陰常不足)" 때문에 일어난다고 보고 일부 음陰을 보충하고 화기를 내리는 자음강화滋陰降火의 처방을 창립하여, 인체에 있어 음양의 균형을 조절하였다. 그러므로 그의 학파는 '양음파養陰派'라 불렸다.

제4절

천문, 지리, 수학

1. 이순풍과 일행

수당隋唐 통일 왕조의 선립은 전분학의 발전을 일으켰다. 이는 먼저 역법曆法의 개선으로 나타났다. 전대에 사용한 역법은 해와 달의 평균 시운동에 따라 삭朔과 망望을 계산하였다. 실제에 있어 해와 달의 시운동 속도는 일정하지 않기에, 삭과 망의 계산은 물론 역법의 정확성에도 영향을 주게 된다. 남조 하승천何承天(370-447)이 처음으로 삭과 망을 계산할 때 달의 시운동의 불균형을 수정한 정삭定朔에 따라야 한다고 제안했지만 당시 사람들에게 채택되지 않았다. 수대에 이르러 태양의 시운동이 일정하지 않다는 사실이 발견되어 정삭법定朔法이 더욱 설득력을 얻게 되었다. 학자 유작劉焯(544-610)은 『황극력皇極曆』을 제정하였는데, 여기에서 비단 정삭법에 따라 삭과 망을 정했을 뿐만 아니라 '정기定氣'법을 제안하여 태양의 시운동의 불균일성에 근거하여 24절기節氣를 정하였다. 그러나 보수파의 반대 때문에 『황극력』은 통행되지 못하였다. 당 고종 때가 되어서야 이순풍李淳風(602-670)이 제정한 『인덕력麟德曆』을 반포하였다. 이는 『황극력』의 기초 위에서 더욱 개선한 것으로 이로부터 역대 역법은 모두 정삭법을 사용하게 되었다. 이순풍은 일찍이 전대의 혼천의에 기초하여 이를 개선한 혼천황도의渾天黃道儀를 제조하였다. 여기에는 이미 육합의六合儀와 사유의四遊儀 사이에 삼진의三辰儀를 더하여 혼천의를 이중에서 삼중으로 바꾸었고, 직접적으로 해·달·별의 각 궤도에서의 운동 상황을 관찰할 수 있게 하였다. 그는 또 혼천의 제조 경험을 종합하여 『법상지法象志』를 저술하였다.

당 현종 때 유명한 천문학자 일행一行(673-727)이 『대연력大衍曆』을 제정하였다. 일행의 본명은 장수張遂이며, 출가하여 승려가 되어 법명을 일행이라 하였다. 그는 역법을 제정하기 전에 먼저 천문 관측을 세밀하게 하였고, 해·달·별의 운동에 관한 풍부한 일차자료를 가졌으며, 여러 항성의 위치를 측정하였다. 그는 새로 측정한 결과와 전대의 자료를 비교하여, 항성의 위치 이동 현상을 발견하였다. 이로부터 수백 년 동안 사용되어온 28수宿의 거리에 대한 자료를 버리고, 실측 자료를 채용함으로써 역법의 정확도를 크게 높였다. 724년(개원 12) 일행은 대규모 천문 측량을 조직적으로 시행하였다. 하남 지역의 동일 경도 위에 있는 4개의 관측점에서, 북극성의 고도와 하짓날 정오 그림자의 길이를 측정하고, 각 관측점 사이의 거리를 참고한 결과, 남북 사이에 351리里 80보步(당대 척도)마다 북극성의 고도가 1도 차이 난다는 사실을 발견했다.[34] 오늘날의 단위로 환산하면 남북 사이에 129.22km마다 북극성의 고도가 1도 차이가 난다. 이는 또 실제에 있어서 지구의 자오선 1도의 길이이다. 이 숫자는 현대의 측량치 111.2km와 비교해 볼 때 비교적 큰 오차가 난다. 그러나 일행 등은 이 숫자의 가치에 대해 충분히 몰랐지만, 이는 세계적으로 첫 번

---

34 漢代 이래 천문 관측에서 줄곧 사용한 하나의 가설이 있다. 8尺 높이의 장대로 하짓날 정오의 해 그림자를 측정하여, 남북 사이의 거리 천 리마다 그림자의 길이가 1寸씩 차이난다는 것이다. 이 가설은 대지가 평면이라고 주장하는 '蓋天說'의 산물로 사실에 합치되지 않기 때문에 남조 때부터 회의를 받았다. 一行의 대지 측량은 이 가설을 무너뜨렸다. 측량의 결과 남북의 거리와 그림자의 차이는 고정된 비례로 이루어지지 않았으며, 북극성 고도와의 관계는 상수를 사용하여 표시될 수 있었다.

째 과학적인 방법으로 자오선을 실측한 결과로 중요한 의의를 지니고 있다. 『대연력』은 모두 7편으로 이루어졌고, 그 구조는 명대 말기까지 줄곧 영향을 미쳤다. 이전의 역법과 비교하여, 이는 태양의 1년 시운동 속도변화 규칙에 대한 기술이 더욱 치밀해진 것으로, 또 수학적으로 이차방정식을 가진 이차 보간법補間法의 공식으로 개괄되어 제시되었다. 일식과 월식의 관측과 오성五星의 운동 방면에 있어서도 시차視差의 영향을 계산한 공식을 창립하였고, 이로부터 더욱 정확하게 예보를 만들 수 있게 되었다. 이들은 당시에 있어 모두 뛰어난 성과들이다.[35]

2. 소송과 곽수경

북송의 진종眞宗(재위 997-1022)부터 휘종徽宗(재위 1100-1125) 시기까지 전후로 다섯 차례에 걸쳐 비교적 전면적으로 항성 관측을 실시하였다. 신종神宗 원풍 연간(1078-1085)의 관측 결과에 대해선 성도星圖를 그렸고, 남송 때 돌에 새겨 소주蘇州에 세워 지금까지 내려오고 있다. 이 비석의 성도에는 별이 1,430여 개 그려져 있다. 이 시기에 항성 중 폭발한 규모가 크고 밝기가 높은 두 개의 초신성에 대해서는 북송의 천문학자들도 모두 명확한 기록을 남겼다. 철종 원우 연간(1086-1094) 때 소송蘇頌(1020-1101)과 한공렴韓公廉(11세기) 등은 세계에서 첫 번째로 천문종天文鐘을 제조하여, 수운의상대水運儀象臺라 칭하였다. 이 기구는 체적이 크고, 높이가 12미터에 달하며, 횡단면이 정방형을 이루며, 위는 좁고 아래

35 『新唐書』 권27 「曆志三」에서 『大衍曆』의 성과를 평가하여 다음과 같이 말했다. "태초 이래 인덕 연간까지 역법가가 23家가 있었다. 이들의 설은 비록 천문 사실과 가깝다고 할지라도 치밀하지는 못했다. 一行에 이르러 치밀해졌고, 수치로 법칙을 만드니 고정되어 바꿀 수 없다. 후세에 비록 바꾸는 사람이 있다고 할지라도 모두 모방할 뿐일 것이다."

는 넓으며, 모두 3층으로 되어 있어, 3층 건물과 같았다. 전체를 톱니 체계를 이용하고 있으며, 물시계의 물의 추동 아래 기구가 천체 운행과 같은 속도를 유지하도록 하였다. 그리하여 상황을 나타내고 천상을 관측할 뿐만 아니라 시간을 기록하고 시간을 알릴 수 있었다. 지붕은 현대 천문대의 지붕 원리와 마찬가지로 이동할 수 있게 되어 있다. 시계 안에 사용하는 탈진기脫進機는 근대 시계의 관건이 되는 부속이다. 소송은 제작 후 『신의상법요新儀象法要』를 써서 제작 방법과 내부 구조를 상세히 기록했다. 또 60여 폭의 삽도를 배치하였는데, 이는 중국 역사상 현존하는 가장 이른 기계 설계도이다.[36]

송대에서 원대에 이르기까지 계속하여 새로운 역법을 반포하였다. 남송의 양충보楊忠輔(1185-1199)는 『통천력統天曆』을 제정하여 한 해의 수치를 365.2425일로 확정했다. 이는 오늘날 사용하는 한 해의 길이와 완전히 일치한다. 양충보는 또 한 해의 길이가 변화한다는 중요한 사실도 지적하였다. 원대 진기에는 곽수경郭守敬(1231-1316)이 주관하여 『수시력授時曆』을 제정하였다. 그는 역법을 제정하기 전에 먼저 천문 의기儀器를 개조하고 설계하는 작업에 종사했으며, 간의簡儀 · 앙의仰儀 · 규표圭表 · 정방안正方案 등 근 20종을 만들었다. 고대에 천상을 관측하는 혼천의는 장기간 발전하는 과정에서 정확도가 점점 높아졌으며, 이에 따라 구조도 날로 복잡해지면서 관측에 어려움을 가져오기도 했다. 곽수경이 만든 간의는 혼천의의 구조 부품을 크게 간략화하면서 동시에 관측과 기록의 정확도를 높였다. 앙의는 작은 구멍으로 상을 만드는 원리를 이용한 의기로, 태양의 위치와 일식 및 월식의 과정을 관측한다. 규표는 전대의 기초 위에서 높이를 다섯 배 증가시켰는데, 이에 붙어 있는 경부景符(움직일 수 있으며

36 王振鐸과 조셉 니담 등은 각각 일찍이 『新儀象法要』에 근거하여 水運儀象臺를 복제하였다. 王振鐸 선생의 복제품은 실제 크기의 1/5로 현재 中國歷史博物館에 진열되어 있다.

작은 구멍이 난 청동판이 붙어 있다)와 결합하여 해 그림자 측정의 정확도를 높였다. 이들 의기는 "정교하고 신묘하면서 견식이 탁월하여 이전에 여기에 미친 사람이 없었다.(臻於精妙, 卓見絕識, 蓋有古人所未及者.)"[37] 1279년(지원 16) 곽수경은 당대 승려 일행一行이 했던 것보다 더 큰 규모로 천문 측량을 주관하였다. 원나라 판도 안에서 북위 15도에서 65도 사이에 모두 27곳의 관측대를 세우고 각지의 위도, 하지의 해 그림자의 길이, 주야의 길이를 측정하고, 더불어 일련의 천문 상수常數에 대해 정밀하게 측정하였다. 관측한 항성은 2,500개 가까이 되며, 그중 1천여 개는 처음 측정하는 별이었다. 이렇게 대량의 실측 자료에 근거하고 당송 역법을 총결하여 이루어진『수시력』은 중국 고대 역법의 집대성이 되었다. 그는 전대에 역법을 만들 때 습관적으로 '상원上元(중국 역법에서 이상적으로 가정된 기점)'으로 삼는 '상원적년법上元積年法'을 폐지하고, 역법을 반포하는 해(1280)의 동지를 추산하는 숫자의 기점으로 삼았다. 그는 또 해 · 달 · 별의 움직임을 측량하는 과정에서 '초차법招差法'과 '호시할원술弧矢割圓術' 등 선진적인 수학적 수단을 채용하였다.[38] 사용하는 숫자의 정확성과 선진성은 당시 세계에서 가장 앞섰다. 중국 역대 역법 가운데 이 역법의 사용 기간이 가장 길었다.[39]

---

37 『元史』 권48 「天文志一」.

38 招差法은 前人의 基礎 위에서 고차 등차급수의 규칙에 따라 도출된 일종의 內插法이다. 『大衍曆』이 사용하는 二次差와 비교할 때 『授時曆』은 한 걸음 더 나아가 三次差를 사용하였다. 招差法의 이론에 따라 이러한 방법은 임의의 더 높은 차수로 확대시킬 수 있다. 弧矢割圓術은 원호의 선을 직선으로 만들어 계산하는 방법으로, 여기에는 일부 球面三角術과 합치된 공식을 사용하였다. 錢寶琮 主編, 『中國數學史』, 科學出版社, 1981년, 189-197쪽 및 209-214쪽 참조.

39 『授時曆』은 1281년(지원 18)에 정식 반포하여 장기간 사용하였다. 명 태조 때인 1384년(홍무 17)에 이의 기초 위에서 약간 수정하여 『大統曆』이라 이름을 바꾸고 계속 사용하였다. 1629년(숭정 2)이 되어서야 비로소 전혀 새로운 『崇禎曆書』를 제정하였다.

3. 도지圖志와 제도학

수당 시기 지리학 저작은 주로 도경圖經의 형식으로 나타났다. 도圖는 지도이고, 경經은 지도를 설명한 글이다. 수 양제 때는 지방 관청에 명하여 풍속, 물산, 지도의 보고를 받아 『제군물산토속기諸郡物產土俗記』, 『구우도지區宇圖志』, 『제주도경집諸州圖經集』 등을 편찬하였다. 당대에는 각 주各州에서 모두 도경을 편찬하였는데, 돈황 석굴에서 일찍이 『사주도경沙州圖經』과 『서주도경西州圖經』의 잔권이 발견되었다. 당 헌종憲宗(재위 805-820) 때 이길보李吉甫(758-814)는 전국적인 규모의 도경인 『원화군현도지元和郡縣圖志』 54권을 지었다. 책 속의 지도는 송대에 이미 없어져 문자 부분만 지금까지 전해 온다. 그 체제는 견실하고 내용은 자세하여, 후세의 전국 지리지 편찬에 큰 영향을 끼쳤다. 덕종德宗(재위 779-805) 때 가탐賈耽(730-805)은 어명을 받들어 한 폭의 대지도 「해내화이도海內華夷圖」를 그렸다. 당나라를 중심에 두고 주변 국가를 포함한 것으로 길이 3장 3척(9.9m), 너비 3장(9m)으로 비례는 1촌寸(3㎝)이 100리(0.531㎞)에 해당하였다.(1:17,700) 지도에서 검은 글씨로 고대 지명을 나타냈고, 붉은 글씨로 당시의 지명을 나타내 "고대와 현재를 각기 다른 방식으로 표시하여, 점검하고 배우기 쉽게 했다."[40] 이는 제도학製圖學에 있어서 하나의 창조로, 후대 역사 지도 작성에 본보기가 되었다.

도경 저작은 송대에도 여전히 대량으로 제작되었다. 문자 부분은 내용이 점점 증가되었고, 지도는 부수적인 지위로 떨어지면서 점차 지방지地方志로 변해 갔다. 그러나 제도학 자체는 여전히 적지 않은 성취를 이루었다. 송대 태종 때인 993년(순화 4)에 비단 100필 길이의 장대한 「순화천하도淳化天下圖」를 그렸다. 서안西安 비림碑林에는 남북송 교체기에 잠

40 『舊唐書』 권138 「賈耽傳」.

시 존재했던 제齊나라에서 새긴 지도가 남아 있다. 길이와 너비가 각각 0.77m로, 정면에는 당시에 있어 세계지도였던 「화이도華夷圖」가 있고, 뒷면에는 중국 지도에 해당하는 「우적도禹迹圖」가 그려져 있다. 「화이도」는 가탐의 「해내화이도」를 기본으로 하여 축소하여 그렸다. 「우적도」는 곧 북송에서 사용하던 '계리화방計里畫方', 즉 비례척을 사용한 새로운 그리드 도법을 채용한 것으로, 그림 위에 망격網格(그리드)이 있어, 그려진 해안선과 하류는 「화이도」에 비해 더 정확했다. 어떤 학자는 유명한 과학자 심괄沈括이 그렸을 것이라고 추측하였다. 오늘날까지 보존된 송대 지도로는 그 밖에 북송 말년 사천四川에서 새긴 「구역수령도九域守令圖」, 남송 시기 소주蘇州에서 새긴 「지리도地理圖」와 「평강도平江圖」 등이 있다. 남송 초기 양갑楊甲(진사 1166)은 「육경도六經圖」를 그리고 인쇄했는데, 그중 「지리지도地理之圖」는 현존하는 가장 이른 인쇄지도이다. 원대 중기 지리학자 주사본朱思本(1273-1335)은 10년의 시간을 들여 「여지도輿地圖」를 그렸다. 이 지도는 당송 시대 지도 제작의 경험을 흡수하고, 또 주사본 자신의 광범위한 현지 조사에서 얻은 자료를 반영하였다. 그릴 때 먼저 각 지역의 부분도를 그리고, 다음에 이들을 모아 길이와 너비 각각 7척(2.1m)의 전체 지도를 만들었다. 「여지도」는 비교적 높은 수준의 정확도를 보이며, 그 내용은 기본적으로 명청 시기 전국 지도를 제작할 때 계승되었다. 원대 후기 이택민李澤民이 그린 「성교광피도聲教廣被圖」, 승려 청준淸浚이 그린 「혼일강리도混一疆理圖」는 곧 주사본의 「여지도」의 기초 위에 증보하여 그린 세계지도이다.[41]

41 원대의 이 세 장의 지도 원본은 모두 실전되었다. 「輿地圖」의 기본 내용은 명대 羅洪先이 그린 「廣輿圖」 안에 남았다. 「聲敎廣被圖」와 「混一疆理圖」는 15세기 초 조선 사람이 합병하여 「混一疆理歷代國都之圖」로 그려져 남아 있다. 앞의 제9장 주 30) 참조.

4. 송원 수학 사대가

송원 시대는 중국 고대 수학이 발전한 시기로 적지 않은 학자와 저서가 나왔다. 남송 시대에 진구소秦九韶(1202-1261)는 『수술구장數術九章』을 지었고, 양휘楊輝(1238-1298)는 『상해구장산법詳解九章算法』·『일용산법日用算法』·『양휘산법楊輝算法』을 지었다. 금원 교체기에 이야李冶(1192-1279)는 『측원해경測圓海鏡』과 『익고연단益古演段』을 지었고, 원대에 주세걸朱世傑(1249-1314)은 『사원옥감四元玉鑑』과 『산학계몽算學啓蒙』을 지었다. 이 네 사람은 후세 사람들에 의해 '송원 수학 사대가'로 존경받았다. '사대가'를 대표로 하는 송원 수학의 성취 가운데 주요한 내용은 다음과 같다.[42]

고차 방정식의 수치 해법

북송 수학자 가헌賈憲은 '개방작법본원도開放作法本源圖'를 고안하였다. 한 장의 삼각형 도표에 각 고차 방정식 전개식으로 각 항의 계수를 배열하고, 이들 계수를 구하는 방법을 설명하였다. 주세걸은 『사원옥감』에서 이를 팔차 방정식까지 확대하였다. 이 삼각형은 유럽에선 16세기에 비로소 발견되어 '파스칼의 삼각형'이라 불렸다. 가헌이 구한 계수의 방법은 '증승개방법增乘開方法'이라 불렸다. 또 다른 수학자 유익劉益은 이를 '정부개방술正負開放術'로 발전시켰는데, 진구소는 이로부터 한 걸음 더 나아가 임의의 고차 방정식의 수치 해법을 만들어 내었다. 이는 현대 수학에서 방정식의 근을 구하는 방법과 기본적으로 일치한다. 이러한 방법의 발견은 서양보다 600여 년 앞섰다.

42 杜石然 等, 『中國科學技術史稿』, 科學出版社, 1982년, 下册 40-45쪽; 참조 袁小明, 『中國古代數學史略』, 河北科學技術出版社, 1992년, 87-114쪽 참조.

천원술天元術과 사원술四元術

천원술은 일종의 방정식을 표현하는 방법이다. 이는 "천원天元을 어떤 값으로 세울 때(立天元一爲某某)"라고 제시하는데, 실제로 현대 방정식에서 "x를 어떤 값으로 설정할 때"에 상당한다. 이어서 문제가 제시하는 조건에 근거하여 두 가지 상등하는 다항식을 전개하고, 두 다항식을 서로 뺄셈하였을 때 최종적으로 영이 되는 방정식이다. 이야李冶의 두 저작은 이러한 방법에 대해 체계적으로 서술하고 있다. 주세걸에 이르러 천원술의 일원一元 고차 방정식은 다원多元 고차 연립 방정식으로 확대되며, 이를 '사원술四元術'이라 하였다. 방정식을 풀이할 때는 소거법消去法을 사용하였다. 예컨대 사원四元에서 일원一元을 소거하면 삼원三元이 되는데, 이렇게 계속하여 일원 방정식으로 만들며, 이렇게 되면 쉽게 풀이된다. 이 역시 현대 수학에서 사용하는 방법이다.

등차급수

양휘는 북송 심괄의 기초 위에서 '타적술垜積術'의 문제를 자세하게 논술하였다. '타적垜積'은 더미를 쌓아서 체적을 구한다(堆垜求積)는 뜻이다. 퇴타堆垜 현상은 종종 등차급수 수열로 나타나기 때문에 타적술은 곧 등차급수의 합을 구하는 방법이다. 등차급수 문제는 천문 역법 영역에서 운용되며, 현대 수학 중의 고차 내삽법內插法의 초차술招差術에 상당한다. 주세걸은 타적垜積과 초차招差 문제에 대해 총체적인 연구로 고차 초차의 일반 공식을 만들었고, 이는 17세기 영국의 대과학자 뉴턴이 얻은 공식과 완전히 일치한다.

대연구일술大衍求一術

이는 중국 고대의 연립 일차 방정식의 답을 구하는 방법이 발전된 것이다. 연립 일차 방정식의 문제는 동진東晉 후기의 저서 『손자산경孫子算

經』에서 가장 먼저 보인다. "지금 수를 알 수 없는 물건이 있다. 3의 배수로 빼면 2가 남고, 5의 배수로 빼면 3이 남고, 7의 배수로 빼면 2가 남는다. 물건은 몇 개인가?(今有物不知其數, 三三數之剩二, 五五數之剩三, 七七數之剩二, 問物幾何?)" 답은 23이다. 진구소는 『수술구장』에서 이 문제의 해법을 한 걸음 더 발전시켜, 더욱 복잡한 문제에 응용하였다. 숫자들이 3, 5, 7과 같이 간단하지 않고 큰 숫자나 분수 또는 소수가 될 수 있다. 이들에 대해 그는 동일한 방법으로 해결하였다. 그 과정은 정확하고 엄밀하였다. 이로부터 500여 년이 지나서야 유럽 수학자들은 비로소 이들 문제에 대해 비교적 깊이 있게 토론하였다.

5. 대과학자 심괄

송원 시대 과학기술의 성취는 각 전문 영역에서 나타났을 뿐만 아니라, 더욱 주목할 만한 사실은 전면적으로 뛰어난 일부 대과학자들이 출현했다는 점이다. 예컨대 위에서 언급한 소송蘇頌과 곽수경郭守敬도 그 업적이 다방면에 걸쳐 이루어졌다.[43] 북송의 심괄沈括(1031-1095)은 특히 종합적인 과학자의 대표이다. 심괄은 자가 존중存中이며, 전당錢塘(지금의 항주시) 사람으로, 관직은 한림학사와 권삼사사權三司使에까지 이르렀다. 역사서에서는 "널리 배우고 글을 잘 썼으며, 천문·지방지·율력·음악·의약·산술 등 정통하지 않은 게 없으며, 이들 주제와 관련된 저서들을 남겼다.(博學善文, 於天文·方志·律曆·音樂·醫藥·卜算, 無所不通, 皆有所論著.)"고 하였다.[44] 심괄의 대표적인 저작은 필기 형식으로 된 『몽계필담夢

43 蘇頌과 郭守敬 두 사람 모두 천문학과 기계제조학에 정통했을 뿐만 아니라 동시에 水利工程學의 전문가이기도 했다. 그 밖에 蘇頌은 또 醫學에도 뛰어났고, 郭守敬은 수학과 지리학에도 뛰어났다.

44 『宋史』 권331 「沈括傳」.

溪筆談』이다. 전체 609조 가운데 과학기술 방면의 내용은 255조이다.[45] 북송 시기의 활자 인쇄와 지남침의 응용 등 수많은 과학기술의 성과들은 모두 『몽계필담』의 서술에 의지하여 후세에 전해질 수 있었다. 심괄 자신의 연구와 창조도 대부분 『몽계필담』에 반영되어 있다. 수학 방면에 있어 심괄은 등차급수의 합을 구하는 '극적술隙積術(앞에서 서술한 타적술垛積術)' 및 원의 지름을 구하고 원호의 길이를 구하는 '회원술會圓術'에 대해 창조적인 연구를 하였다. 천문 역법 방면에 있어 그는 혼천의 · 부루浮漏 · 영표影表 등 의기儀器의 제조 방법을 개선하였고, 북극성과 천체 북극 사이의 거리를 측량했으며, 12절기節氣에 기반한 양력 『십이기력十二氣曆』을 제작하였다. 물리학 방면에서는 오목거울의 형상과 소리의 공명 현상에 대해 연구했고, 자기장의 북극과 지구의 북극이 다름을 처음 발견하였다. 측량과 제도학 방면에 있어서는 전국 지도 「수령도守令圖」를 그렸고, 고도가 다른 지점 사이의 수준 측량법을 실측하였으며, 입체 지도의 모형을 처음 제작하였다. 지질학 방면에 있어서는 유수 침식과 진흙 충적이 지질 구조에 미치는 영향을 논술하였다. 광물학 방면에서는 석유의 사용가치를 예언하였고, 지하수에 광물질이 함유되어 있다는 사실을 밝혔다. 약물학 방면에서 여러 약물의 명칭 차이에 대해 새로운 고찰을 반영하여 의서 15권을 편집하였다. 기상학 · 계절학 · 공학 등의 방면에 있어서도 심괄은 깊은 조예를 보였다. 영국의 조셉 니담(1900-1995)은 심괄을 "중국 전체 과학사에서 가장 탁월한 인물"이라고 칭송했으며, 그의 대표작 『몽계필담』을 "중국 과학사의 이정표"라 하였다.[46]

45 王錦光 · 聞人軍, 「沈括的科學成就與貢獻」, 杭州大學宋史研究室 編, 『沈括研究』, 浙江人民出版社, 1985년 참조.

46 李約瑟(Joseph Needham), 『中國科學技術史』 제1권 『總論』, 科學出版社, 1975년, 第1分册 289-290쪽.

6. 천문, 지리, 수학 관념의 발전

대량의 과학적 관찰과 실천의 기초 위에서 수당隋唐과 송원宋元 시대에는 과학 관념에서도 중요한 진전이 일어났다. 『구당서』 권35 「천문지상天文志上」에는 승려 일행一行이 천문 측량을 한 경험에 대해 말하고 있다.

> 옛 사람들이 고구句股(직각삼각형의 짧은 두 변)의 학술(즉 수학)에 의지한 이유는 가까이 있는 일들에서 확증을 얻을 수 있기 때문이다. 눈으로 보는 관측은 멀리 볼 수 없기에 미세한 차이가 나타난다는 것을 모를 것이다. 그러나 그 차이가 계속된다면 마침내 그 방법은 잘못된 것이 된다.(古人所以恃句股之術, 謂其有徵於近事. 顧未知目視不能遠, 浸成微分之差. 其差不已, 遂與術錯.)

그 의미는 곧 사람들이 아주 작은 한정된 공간 범위의 조건 아래 얻어낸 정확한 과학이론도 임의의 큰 범위, 심지어 무한한 공간으로 확대해서 분석하지 않으면 안 된다는 것이다. 이 관념은 중요한 인식론적 함의를 가지고 있다. 원대 등목鄧牧(1247~1306)은 다음과 같이 지적하였다.

> 천지는 크지만 우주 허공 속에서는 좁쌀 한 톨에 지나지 않는다. 허공이 나무라면 천지는 과일과 같다. 우주 허공이 국가라면 천지는 한 사람과 같다. 한 그루 나무가 자라는데 과일 하나만 열리지 않는다. 한 나라가 있는데 한 사람만 있지는 않다. 천지 밖에 다른 천지가 없다는 말이 어찌 설득력 있는 주장이겠는가?(天地大也, 其在虛空中不過一粟耳. 虛空, 木也, 天地, 猶果也. 虛空, 國也, 天地猶人也. 一木所生, 必非一果; 一國所生, 必非一人. 謂天地之外無復天地, 豈通論耶?)[47]

이는 한대 '선야설宣夜說'과 삼국시대 양천楊泉의 『물리론物理論』 이후 또 한 번 명확하게 제기한 우주 무한론 사상이다. 지리 방면에 있어, 당대 중기의 안진경顔眞卿(709-785)은 무주撫州 남성현南城縣(지금의 강서성) 마고산麻姑山에서 지층 사이에 끼어 있는 소라껍질 화석을 발견하고는, 이것이 '상전벽해桑田碧海'의 예증이며, 산은 지각이 밀려 올라가 만들어진 것이라고 했다. 심괄도 태항산에서 유사한 해양생물의 화석을 발견하고는 다음과 같이 지적하였다.

> 이곳은 고대에는 바닷가지만, 지금으로서는 바다가 동으로 천 리 멀리 떨어져 있다. 대륙이라고 하는 것은 모두 진흙으로 덮여 있을 뿐이다. …… 황하, 장수, 호타수, 탁수, 상건하 등이 모두 탁류이다. 지금 관중과 섬서의 서쪽에선 강이 땅 아래로 흐르며, 땅의 두께가 적어도 100여 척이나 된다. 그 진흙은 해마다 동으로 흘러 모두 대륙의 땅이 되었으니 이러한 이치는 자연스럽다.(此乃昔之海濱, 今東距海已近千里. 所謂大陸者, 皆淤泥所湮耳. …… 凡大河 · 漳水 · 滹沱 · 涿水 · 桑乾之類, 悉是濁流. 今關 · 陝以西, 水行地中, 不減百餘尺. 其泥歲東流, 皆爲大陸之土, 此理必然.)[48]

심괄의 말은 바다와 육지가 계속 변한다는 이론을 잘 말해 주고 있다. 수학자들은 구체적인 수학 문제를 연구함과 동시에 수학 연구의 인식론적 가치를 극력 설명하였다. 진구소秦九韶는 "수數와 도道는 근원이 다르지 않다.(數與道, 非二本也.)"고 했다.[49] 이야李冶도 다음과 같이 더욱 명확하게 선언하였다.

---

47 『伯牙琴』「超然觀記」.

48 沈括, 『夢溪筆談』 권24 「雜志一」, 上海書店, 2003년.

49 『數術九章』 序文.

어떤 사람은 수는 알기 어렵다고 말한다. 이는 옳은 말이다. 다른 어떤 사람은 수는 완전히 알 수 없다고 말한다. 이는 옳지 않은 말이다. 왜 그런가? 저 어둡고 어두운 속에 본디 밝디 밝은 것이 존재한다. 저 밝디 밝은 것은 자연지수自然之數이다. 자연지수가 아닌 것도 자연의 이치(自然之理) 속에 있다.(謂數爲難窮, 斯可. 謂數爲不可窮, 斯不可. 何則? 彼其冥冥之中, 固有昭昭者存. 夫昭昭者, 其自然之數也. 非自然之數, 其自然之理也.)[50]

바로 이러한 '궁리窮理'의 자각적인 의식에서 그들은 휘황한 과학적 성취를 이루었다.

---

50 『測圓海鏡』 序文.

제11장

문학 중심의 하층 이동과 문학의 번영

수당부터 명대 중엽까지 문학 발전의 주요한 추세는 중심의 하층 이동이다. 중심의 하층 이동이란 말에는 세 방면의 뜻이 들어 있다. 첫째, 문학의 체제가 시詩와 산문에서 사詞·곡曲·소설小說로 확대되었고, 이들은 모두 시정과 밀접한 관계가 있다. 둘째, 창작의 주체가 사족士族 문인에서 서족庶族 문인으로 확대되었고, 나아가 시정市井 문인으로 확대되었다. 셋째, 문학의 수용자도 이에 상응하여 시민 및 사회 대중으로 확대되었다.

문학 중심의 하층 이동은 다시 문학 발전의 새로운 요소 및 새로운 추세와 관련되고, 또 이로부터 형성된 새로운 동력과 연관된다. 비로 이들 새로운 요소들이 문학의 전면적인 번영의 국면을 이루어 시詩, 사詞, 곡曲을 당唐, 송宋, 원元 세 왕조의 문학적 표지로 만들었다. 이 밖에 당송 시대 고문운동古文運動은 이후 천 년 이상 문학 언어의 기초를 닦았고, 송원 시대에 흥기한 백화白話 통속소설通俗小說은 활발한 생명력을 뿜어내었다.

제1절

당송 고문운동과 유학의 부흥

1. 다방면에 영향 끼친 문화운동

한유韓愈(768-824)와 유종원柳宗元(773-819)이 창도한 고문운동古文運動은 복고復古를 통해 혁신을 하려는 문학운동이다. 그러나 이의 목표와 의의는 문학 영역뿐만 아니라 다방면에 걸쳐 영향을 주었기에 일종의 문화운동이기도 했다. 이 운동은 중당 시기 정원 연간(785-805)과 원화 연간(806-820)에 시작하여 북송 대관 연간(1107-1110)과 정화 연간(1111-1118)까지 200여 년에 이른다. 전후로 이 운동에 참여한 사람으로는 한유와 유종원 이외에 중당 시기의 장적張籍(765-830), 유우석劉禹錫(772-842), 이관李觀(766-794) 등과 한유의 제자 이고李翺(774-836), 황보식皇甫湜(777-835), 손초孫樵(진사 880) 등이 있고, 만당 시기 소품문小品文으로 유명한 피일휴皮日休(834-883), 육구몽陸龜蒙(?-881), 나은羅隱(883-909) 등이 있다. 송대에 이르러 구양수歐陽修(1007-1072), 증공曾鞏(1019-1083), 왕안석王安石(1021-1086), 소순蘇洵(1009-1066), 소식蘇軾(1037-1101), 소철蘇轍(1021-1086) 등도 한유와 유종원이 열었던 고문의 기초 위에서 더욱 발전시켜 결국 고문운동을 성공하게 만들었다.

한유와 유종원이 일으킨 고문운동은 명확한 목표를 가지고 있었다. 문학의 측면에서 말하면 두 가지로 개괄할 수 있다. 하나는 문체의 혁신이다. 즉 육조六朝 이래 유행한 병문駢文을 폐기하고 선진先秦과 양한兩漢 시기 고문의 기초 위에서 새로운 산문을 건립하는 것이었다. 다른 하나는 문풍과 문학 언어에 대한 혁신이다. 곧 한유가 「남양 번소술 묘지명南陽樊紹述墓誌銘」에서 제시한 "말은 반드시 자신으로부터 나오고(詞必己出)" "문장과 언어는 쉽고 순통해야 한다(文從字順)"는 것이었다.

2. 문체, 문풍, 문학 언어의 혁신

처음 병문이 처음 나왔을 때는 문학의 장르를 풍부하게 했고, 언어의 예술적 표현력을 풍부하게 했기 때문에 긍정적인 의의가 있었다고 말할 수 있다. 그러나 병문의 발전은 나중에 시나치게 언어의 형식미를 추구하면서 문풍은 화려하나 내용은 공허하게 되었고, 나아가 문학의 정치 교화 기능에 장애를 주게 되었다. 그러므로 남북조 시기에 양梁나라 배자야裴子野(469-530)의 「조충론雕蟲論」과 북제北齊 안지추顏之推(531-591)의 『안씨가훈顏氏家訓』「문장편」은 모두 이에 대해 비판하였다.[1]

1 裴子野는 다음과 같이 말했다. "여염집의 청년이나 부귀한 집의 총각이나 모두 六藝를 버리고 情性만을 읊는다. 배우는 사람들은 널리 전고를 끌어 모으는 데만 급급하고, 유가 경전의 章句를 익히는 것은 노둔한 일이라고 말한다. 수식이 많아 전아함을 잃는데도 화려함을 공으로 여기고, 관현의 음악에 실지도 않고 예의에 멈추지도 않는다. 마음 깊이 꽃과 나무를 주로 서술하고, 먼 흥취로 풍광을 지극히 묘사한다. 그 감흥은 들떠 있고, 그 뜻은 약하다. 교묘하되 요점이 없고 뜻을 숨기되 깊지 않다. 그 기원을 살펴보면 역시 劉宋의 유습이다." 『文苑英華』 제5책, 742쪽, 中華書局, 1966년, 3,873-3,874쪽 참조. 顏之推는 다음과 같이 말했다. "오늘날 사람들이 서로 본받는 것은 말엽을 좇고 근본을 버리는 것이기에 대부분 부염한 문풍으로 나아간다. 수식과 주제가 다투면서 수식이 과도하기 때문에 주제가 드러나지 않으며, 전고와 재주가 다투면서 전고가 번다하기 때문에 재주가 나타나지 않는다. 방일한 사람은 돌아오는 걸 잊을 정도로 노닐고, 천착하는 사람은 부족함이 없을까 계속 덧입힌다. 시속이 이러할진대 누가 혼자 거스를 것인가? 다만 극단을 버리고 지나침을 버릴 뿐이다. 반드시 재주가 뛰어나고 이름이 높은 사람이 나타나 체재를 개혁한다면 진실로 우리가 바라는 바일 것이다. 古人의 시문

수대隋代와 당대 초기에도 문풍을 개혁하자는 호소가 있었다. 수대의 이악李諤(?-591)은 수 고조隋高祖에게 올린 상소문에서 다음과 같이 말했다.

마을의 어린 아이부터 귀족의 젊은이에 이르기까지 육십갑자를 아직 셀 줄 몰라도 먼저 오언시부터 짓는다. 복희씨·순 임금·우 임금의 글과 이윤·부열·주공·공자의 말에 대해서는 더 이상 관심을 가지지 않으니 누가 귀 기울여 듣겠는가. 오만과 황탄함을 청허함이라 여기고, 정감에 따라 시문을 짓는 것을 업적이라 여기고, 유학자의 품행을 가리켜 고졸하다 여기고, 사부를 짓는 것을 군자라 여긴다. 그러므로 운문과 산문이 날로 번잡해지고 그 정치는 날로 어지러워지니, 진실로 이로 말미암아 성현이 만든 전범을 버리고, 무용한 것을 모아 유용하다고 여긴다.(閭里童昏, 貴遊總丱, 未窺六甲, 先制五言. 至如羲皇·舜·禹之典, 伊·傅·周·孔之說, 不復關心, 何嘗入耳. 以傲誕爲淸虛, 以緣情爲勳績, 指儒素爲古拙, 用詞賦爲君子. 故文筆日繁, 其政日亂, 良由棄大聖之軌模, 搆無用以爲用也.)[2]

황제는 그의 의견을 채납하여 "584년(개황 4) 천하에 널리 조서를 반포하여 공사 문건은 모두 실록에 합치되도록 했다. 그해 9월 사주자사 사마유司馬幼의 문장이 지나치게 화려하다는 이유로 관리에게 명하여 죄로 다스렸다.(開皇四年, 普詔天下, 公私之翰, 并宜實錄. 其年九月, 泗州刺史司馬幼之

은 드넓은 재능에 빼어난 기세로 그 체재와 풍격이 오늘과 실로 거리가 멀다. 다만 서로 모아 붙이고 구성이 소략하기에 긴밀하지 않을 뿐이다. 지금의 시문은 음률이 조화롭고 대구가 잘되어 있으며, 피해야 할 점을 잘 피하면서 자세하고 정교하니, 이들은 예전보다 뛰어난 점이다. 마땅히 고대의 체재를 뿌리로 삼고 지금의 언어와 음조를 가지로 삼아야 할 것이다. 두 방면을 병존시켜 한쪽을 버리지 말아야 할 것이다." 王利器, 『顔氏家訓集解』 제4권, 中華書局, 1993년, 266-269쪽.

2 『隋書』 권66 「李諤傳」, 中華書局, 1973년, 1,544-1,545쪽.

文表華艷, 付所司治罪.)"[3] 초당 시기 진자앙陳子昂(661-702)은 「수죽편修竹篇」 서문에서 풍아風雅와 흥기興寄를 제창했다. 이 주장은 비록 시 창작에 관해 말한 것이지만 문단의 문풍 전반의 개혁에 대한 촉진 역할을 하였다.[4] 이후 이백李白(701-762), 원결元結(719-772), 이화李華(715-766), 소영사蕭穎士(709-760) 등도 이론에 있어서든 창작 실천에 있어서든 문체, 문풍, 문학 언어의 혁신을 부단히 추구하였다. 그러나 한유가 문단에 나오기 전까지 상황은 근본적인 변화가 일어나지 않았다.

한유는 이에 대해 크게 호소하며 개혁을 주장하였고, 유종원 등의 호응을 얻었다. 그들은 각각 사람의 눈을 새롭게 하는 적지 않은 산문을 써냈다. 예컨대 한유의 「원도原道」, 「사설師說」, 「반곡으로 돌아가는 이원을 보내며 서문(送李遠歸盤谷序)」, 「장중승전 후서張中丞傳後敍」 등의 문장과 유종원의 영주팔기永州八記, 「포사자설捕蛇者說」, 「정원사 곽탁타전(種樹郭橐駝傳)」 등이 그러했다. 그들의 주장과 창작은 짧은 기간 안에 폭넓은 영향을 일으켜 문단의 면모를 일신시켰다. 한유의 「장중승 전 후서」 중의 한 단락을 보자.

> 남제운이 하란진명에게 구원병을 요청했으나, 하란진명은 장순과 허원의 공적이 자신보다 높아질 것을 질투하여 군사를 내보내 구하려 하지 않았다. 하란진명은 남제운의 용맹과 호방함을 좋아했기에 그의 요청을 듣지 않으면서 그만은 남겨두려고 했다. 음식을 진설하고 가무를 준비하여 남제운을 청하여 자리에 앉혔다. 남제운이 격앙하여 말하였다. "제가

---

3 위의 책, 1,545쪽.

4 "문장의 전통이 끊어진 지 500년이 되었다. 漢魏의 風骨이 晉宋 시대에 전해지지 않은 것은 남아 있는 문헌으로 증명할 수 있다. 내가 한가할 때 齊梁 시대의 시를 살펴보니 미사여구를 다투어 興寄가 완전히 끊어져 볼 때마다 길게 탄식하였다. 古人을 생각하면서, 갈수록 천천히 무너져 가는 모습에 걱정되었고, 風雅가 일어나지 않을까 항상 지켜보았다." 『陳子昂集』 권1, 中華書局, 1960년, 15쪽 참조.

올 때 휴양의 사람들은 한 달 이상 먹지 않았습니다. 저는 먹고 싶지만 도의상 차마 그럴 수 없습니다. 비록 먹는다 할지라도 목구멍에 넘어가지 않을 것입니다." 이에 차고 있던 칼을 뽑아 손가락 하나를 자르니 피가 철철 넘쳐, 이를 하란진명에게 보였다. 자리에 있던 사람들이 모두 크게 놀라고 그의 격분에 감동하여 그를 위해 눈물을 흘렸다. 남제운은 하란진명이 결국 자신을 위해 출병할 의사가 없음을 알고 말을 달려 떠났다. 성문을 빠져나올 때 화살 하나를 뽑아 사찰의 높은 탑을 향해 쏘았다. 화살은 탑의 윗부분 벽돌에 반쯤 깊이로 꽂혔다. 남제운이 말했다. "내가 이번에 돌아가 역적을 쳐부순다면 반드시 돌아와 하란진명을 멸할 것이다. 이 화살은 나의 복수를 위한 표시이다!"(南霽雲之乞救於賀蘭也, 賀蘭嫉巡·遠之聲威功績出己上, 不肯出師救. 愛霽雲之勇且壯, 不聽其語, 强留之. 具食與樂, 延霽雲坐. 霽雲慷慨語曰: "雲來時, 睢陽之人不食月餘日矣! 雲雖欲獨食, 義不忍. 雖食且不下咽." 因拔所佩刀斷一指, 血淋漓, 以示賀蘭. 一座大驚, 皆感激爲雲泣下. 雲知賀蘭終無爲雲出師意, 卽馳去. 將出城, 抽矢射佛寺浮圖, 矢著其上磚半箭. 曰: "吾歸破賊, 必滅賀蘭, 此矢所以志也!")

그리고 유종원의 「소석담기小石潭記」 중의 한 단락을 보자. "연못 안에는 물고기가 100마리쯤 되는데, 모두 의지하는 곳 없이 공중을 헤엄치는 듯하다. 햇빛이 물 아래를 비추어 물고기의 그림자가 돌 위에 깔린다. 한가히 움직이지 않다가 갑자기 멀리 가버린다. 삽시간에 오고 가면서 마치 나그네와 함께 노니는 듯하다.(潭中魚可百許頭, 皆若空游無所依. 日光下澈, 影布石上, 佁然不動, 俶爾遠逝, 往來翕忽, 似與遊者相樂.)" 이들 문자는 육조 이래 유행했던 병문과 비교할 때 확실히 새로운 면모를 보인다.

3. 유학의 부흥과 도통의 계승

고문운동은 사상적 측면에서 볼 때 유학의 부흥운동이다. 즉 문체와 문학 언어의 혁신이 유학의 부흥과 긴밀하게 결합되어 있었기에 비로소 사회적으로 넓은 영향을 일으킬 수 있었다. 한유와 유종원이 하는 주장의 핵심은 문학과 도道의 합일이다. 한유는 다음과 같이 말했다.

> 군자가 그의 자리에 있을 때는 관직을 위해 힘을 다하고자 한다. 자리를 아직 얻지 못했을 때는 언어를 단련하여 도를 밝혀야 한다. 내가 장차 도를 밝히려는 것은 자신의 곧바름을 다른 사람에게 강제하려는 것이 아니다.(君子居其位, 則思死其官. 未得其位, 則思修其辭以明其道. 我將以明道也, 非以爲直而加人也.)[5]

> 나 한유가 고문을 짓는 이유가 어찌 고문의 끊어 읽기와 문체가 지금의 문장과 다르다는 그 이유 때문만이겠는가? 옛 사람을 그리워하나 만날 수 없어, 고인의 도를 배우고 겸하여 그 문체에 능통하기 위해서이다. 그 문체에 능통하고자 하는 것은 고인의 도를 배우고자 하는 뜻이 있는 것이다.(愈之爲古文, 豈獨取其句讀不類於今者耶? 思古人而不得見, 學古道則欲兼通其辭, 通其辭者本志於古道者也.)[6]

유종원은 다음과 같이 썼다.

> 나는 어렸을 때 문장을 짓는 것은 언어를 기술적으로 잘 다루는 것이라

---

5 韓愈, 「諫臣論」.

6 韓愈, 「題歐陽生哀辭後」.

생각했다. 장성한 후 비로소 문장이란 도를 밝히는 것임을 알았다. …… 『상서』를 근본으로 하여 질박을 추구하고, 『시경』을 근본으로 하여 영원한 정감을 추구하고, 『삼례』를 근본으로 하여 내용의 합리성을 추구하고, 『춘추』를 근본으로 하여 시비와 포폄의 명확함을 추구하고, 『주역』을 근본으로 하여 사물의 변화를 추구하니, 이것이 내가 도의 원천을 흡수하는 방법이다.(吾幼且少, 爲文章以辭爲工. 及長, 乃知文者以明道. …… 本之『書』以求其質, 本之『詩』以求其恒, 本之『禮』以求其宜, 本之『春秋』以求其斷, 本之『易』以求其動, 此吾所以取道之原也.)[7]

그들이 말하는 '도'는 공자와 맹자를 대표로 하고, 인의仁義를 핵심으로 하는 유가의 사상체계이다. 한유가 말한 것처럼 "널리 사랑하는 것을 '인'이라 하고, 합당하게 '인'을 실현하는 것을 '의'라 하고, '인의'를 따라 나아가는 것을 '도'라고 한다.(博愛之謂仁, 行而宜之之謂義, 由是而之焉之謂道.)"[8] 한유는 유학을 부흥시킬 역사적 사명감을 가지고, 자신을 유가의 도통道統을 수호하고 계승하는 사람으로 자처했다. 그는 요 · 순 · 우 · 탕 · 문왕 · 무왕으로부터 주공 · 공자 · 맹자에 이르기까지의 도통을 수립하고, 이로써 불교와 도가에 대항하였다. "요는 이를 순에게 전했고, 순은 이를 우에게 전했고, 우는 이를 탕에게 전했고, 탕은 이를 문왕 · 무왕 · 주공에게 전했고, 문왕 · 무왕 · 주공은 공자에게 전했고, 공자는 맹자에게 전했고, 맹자가 죽자 전할 수가 없었다.(堯以是傳之舜, 舜以是傳之禹, 禹以是傳之湯, 湯以是傳之文 · 武 · 周公, 文 · 武 · 周公傳之孔子, 孔子傳之孟軻, 軻之死, 不得其傳焉.)"[9] 한유는 자신이 이 도통의 계승자라 생각했다. "그 도를 나 한유가 거칠게나마 전할 수 있다면 비록 죽는다 할지라도 끝끝내 한이 없을 것이

7 柳宗元, 「答韋中立論師道書」.
8 韓愈, 「原道」.
9 韓愈, 「原道」.

다.(使其道由愈而粗傳, 雖滅死萬萬無恨.)"[10] 한유와 유종원은 선진과 양한의 고문古文의 기초 위에서 일종의 새로운 문학 언어를 창립하기 위해 노력하였고, 그 언어로 병문騈文과 다른 고문古文을 써냈다. 이러한 고문을 이용하여 유가의 도를 드러내려고 했고, 유가의 도통을 회복시키려 하였다. 그들이 보기에 형식미를 추구하는 병문은 유가의 사상을 자유롭게 표현하기 불편하거니와, 병문을 대표로 하는 화미華美한 문풍 자체도 정치 교화를 위주로 하는 유가의 문학관에 위배되었다. 그러므로 반드시 병문을 폐기하여 도를 싣는(載道) 고문으로 대체해야 했다. 이 점에 관해 한유의 제자 이한李漢(790-860)이 선명하게 말하였다.

문장이란 도를 꿰는 도구이다. 이 도에 깊지 못하면서 지극한 경지에 이르는 사람은 없었다. …… 진한秦漢 이전에 문장의 기상은 혼연했다. 사마천 · 사마상여 · 동중서 · 양웅 · 유향 등의 무리는 그래도 뛰어난 자들이다. 동한과 위나라에 이르러서는 기상이 위축되었다. 서진 사마씨 정권 이후로는 문장의 규범이 완전히 무너졌다.(文者, 貫道之器也. 不深於斯道有至焉者, 不也. …… 秦漢已前, 其氣渾然. 迨乎司馬遷 · 相如 · 董生 · 揚雄 · 劉向之徒, 尤所謂傑然者也. 至後漢曹魏, 氣象萎爾. 司馬氏已來, 規範蕩悉.)

이한은 이어서 한유를 칭송하였다.

해처럼 빛나고 옥처럼 맑은 것이 주공의 마음과 공자의 생각이다. 풍부하고 다양한 모습은 마침내 도덕과 인의로 맑게 윤이 나 환하기만 하다. 지나간 만 년을 통찰하고 오늘의 시대를 측은하게 여겨, 마침내 기울어져 가는 풍조를 크게 바로잡고, 사람들을 가르쳐 스스로 바로잡게 하였

10 韓愈, 「與孟尙書書」.

다.(日光玉潔, 周情孔思. 千態萬貌, 卒澤於道德仁義, 炳如也. 洞視萬古, 愍惻當世, 遂大拯頹風, 教人自爲.)[11]

소식蘇軾도 한유에 대해 "문장은 팔대八代의 쇠퇴한 문풍에서 일으켜 세웠고, 유가의 가르침은 천하를 빠져드는 타락에서 건져 올렸다.(文起八代之衰, 道濟天下之溺.)"고 하였다.[12] 이한과 소식의 말은 모두 한유가 고문을 창도한 목적을 명확하게 지적하고 있으며, 문학과 도덕의 결합이라는 각도에서 한유를 높이 평가하였다.

한유가 창도한 유학 부흥운동의 창끝은 불교와 도교를 직접 가리켰다. 한대 말기 이래 한 왕조 통치의 쇠퇴와 해체로 인해 한 왕조에 사상적 기반을 주었던 유학도 독존獨尊의 지위를 잃었다. 위진 시기에는 현학玄學이 흥기하고 불학과 불교가 널리 전파되었다. 동진과 남조에 이르러 현학과 불교가 결합되어 사상계의 주류가 되었다. 당나라가 건국되고서야 비로소 유학이 부흥하기 시작했다. 당 태종은 안사고顔師古와 공영달孔穎達 등에 명하여 '오경五經'을 정정訂正하게 하고, 이를 천하에 반포하여 배우고 전하도록 했다.[13] 당 현종은 공자를 문선왕文宣王으로 추시追謚하면서 "우리 왕화를 널리 펼치는 데 유학에 의지한다.(弘我王化, 在乎儒術.)"고 조서를 내렸다.[14] 그러나 유학은 결코 독존獨尊의 지위를 회복하지 못했다. 현종은 유학을 제창하는 동시에 더욱 큰 열정으로 도가와 도교를 제창하였다. 현종은 노자에 대해 여러 차례 존호를 추가하였고, 741년(개원 29) 장안과 낙양을 비롯하여 각 주州에 현원황제묘玄元皇帝廟를 설치하고, 생도를 두었으며, 『노자』와 『장자』 등의 책을 배우게 하였다. 이로부터 사회

11 李漢, 「韓昌黎先生集序」.
12 蘇軾, 「潮州韓文公廟碑」.
13 『舊唐書』「儒學傳序」, 中華書局, 1975년, 4,941쪽.
14 唐 玄宗 때인 739년(개원 27) 반포한 조서에 보인다. 『舊唐書』 권24 「禮儀四」, 920쪽.

적으로 신선술을 추구하고 도교를 배우는 기풍이 크게 불타올랐다.[15] 그 밖에 불교도 황제의 지지 아래 빠르게 발전하였다. 현장玄奘이 인도에서 불경을 가져오자 당 태종은 직접 「대당삼장성교서大唐三藏聲教序」를 썼다. 무측천은 불교를 더할 나위 없이 높은 정도로 추앙했으며, 그녀가 황제로 자립한 후 승려 회의懷義 등이 올린 『대운경大雲經』을 천하에 반포하고, 신수神秀(606-706)를 도성으로 불러 불법에 대해 물었다.

한유는 장기간 불교와 도교가 유행한 데 대해 깊이 염려하였다. 그는 「원도原道」에서 다음과 같이 말했다.

> 내가 말하는 도와 덕이란 것은 인과 의를 포함하여 말한 것으로, 세상에서 통용되는 말이다. 노자가 말한 도와 덕이란 것은 인과 의에서 벗어나는 말로 개인의 사언이다. …… 주나라의 도가 쇠미해지고, 공자가 죽고, 진나라 때 불에 던져지고, 한나라 때 황로지학(도가)이 성행하고, 진·위·양·수대에는 불교가 성행하였다.(凡吾所謂道德云者, 合仁與義言之也, 天下之公言也. 老子之所謂道德云者, 去仁與義言之也, 一人之私言也. …… 周道衰, 孔子沒, 火於秦, 黃老於漢, 佛於晉·魏·梁·隋之間.)

한유가 보기에 불교와 도교의 지나친 발전은 사람을 미혹하게 할 뿐만 아니라 사회의 재산을 크게 낭비하고, 중앙의 재정 수입을 감소시키고, 당나라의 통치를 동요시키는 것이었다. 그는 "그 사람들을 환속시켜 보통 사람으로 만들고, 그 책을 불태우고, 그 거처를 민가로 만들어, 선왕의 도를 밝혀 그들을 인도해야 한다.(人其人, 火其書, 廬其居, 明先王之道以道之.)"고 주장하였다. 당 헌종 때인 819년(원화 14) 봉상鳳翔 법문사法門寺에서 불골佛骨을 받아 도성의 궁중에 3일을 머물자 왕공대신부터 사대부

15 『舊唐書』 권9 「玄宗本紀」, 213쪽.

평민에 이르기까지 모두 달려가 사시舍施하였다.[16] 한유는 상소를 올려 그 폐해를 극력 늘어놓았지만 결국 헌종의 분노를 받아 조주 자사로 폄적되었다.

4. 당대 고문운동의 정치적 의의

유학의 부흥과 표리 관계를 갖는 고문운동은 당시에 선명한 정치적 목적을 가지고 있었다. 한유가 활동하던 중당 시기는 정치상 두 가지 문제가 두드러졌다. 하나는 번진藩鎭의 할거이고, 다른 하나는 환관의 전횡이다. 이 두 가지 문제는 서로 다른 두 가지 방면에서 황제로 대표되는 중앙정권을 약화시켰다. 한유가 보기에 나라를 강하게 하는 길은 오직 중앙집권을 강화하는 데 있고, 중앙집권의 강화는 군신의 분별에 있으므로 봉건의 정통을 옹호하는 유학을 진흥시켜야 했다. "군주가 명령을 내리지 않으면 군주 된 이유를 잃는 것이고, 신하가 군주의 명령을 행하여 백성들에게 미치지 않으면 신하 된 이유를 잃는 것이고, 백성이 곡식과 옷감을 생산하고 기물을 만들고 재화를 유통시켜 그 윗사람을 섬기지 않으면 벌을 받는다.(君不出令則失其所以爲君, 臣不行君之令而致之民, 則失其所以爲臣, 民不出粟米麻絲·作器皿·通貨財, 以事其上, 則誅.)"[17] 그는 배도裴度(765-839)가 회서淮西의 반란을 토벌하는 군사작전에 참가하자, 이 전투의 승리를 기리는 비문을 작성하면서도 선명한 정치적 태도를 나타냈다.

16 『舊唐書』 권15 「玄宗本紀」, 466쪽.

17 韓愈, 「原道」.

5. 송대의 고문가

한유와 유종원이 제창한 고문은 비록 당시에 영향이 컸지만, 그들의 사후 계승자들이 한유 시문에 있는 괴이함 등 부분적인 측면만 추구했기 때문에 고문은 쇠락했고 병문의 세력이 다시 일어났다. 이후 북송 중엽이 되어 구양수, 왕안석, 소식 등이 다시 고문운동을 일으켜서야 비로소 고문의 전통이 확립되었다. 구양수의 「고 사간께 드리는 편지(與高司諫)」와 「취옹정기醉翁亭記」, 왕안석의 「사마 간의께 답하는 편지(答司馬諫議書)」와 「맹상군 전기를 읽고(讀孟嘗君傳)」, 소식의 「석종산기石鐘山記」, 「일유日喩」, 「가의론賈誼論」 등도 고문의 전범이 된 작품들이다.

송대의 고문은 당대 고문의 간단한 모방에 그치는 것이 아니라 새로운 면모를 나타냈다. 송대 고문가들은 이학의 영향을 받아 문장과 도道의 관계를 더욱 중시했고, 그들의 주장도 더 명확히 하였다. '문이재도文以載道(문은 도를 실어 나르는 도구이다)'라는 말은 주돈이周敦頤가 『주자통서周子通書』「문사文辭」에서 언급했는데, 주희朱熹는 이에 대해 더욱 깊이 있는 해석을 가하였다. "도는 문文의 뿌리이고, 문文은 도의 가지와 잎이다.(道者, 文之根本. 文者, 道之枝葉.)"[18] 재도설載道說의 지도 아래 송대 문장은 의론 성분이 더욱 증가하였고, 문장과 정치 교화의 관계도 강화되었다. 다른 한편 송대의 고문가들은 한유의 난삽하고 고오古奧한 병폐를 수정하고 병문에서 운용하던 언어의 장점을 흡수하였기 때문에, 그들의 고문은 더욱 풍부한 예술적 효과를 발휘했으며, 의론 성분이 증가된다고 해서 서정과 서사 효과가 줄어드는 현상이 없었다. 구양수는 일찍이 다음과 같이 말했다. "맹교와 한유의 문장이 비록 뛰어나다고 할지라도 그들을 모방할 필요 없이 자신의 자연스런 본성을 취하면 될 것이다.(孟韓文雖高, 不必

18 『朱子語類』 제8책, 제139권, 中華書局, 1986년, 3,319쪽.

似之也, 取其自然耳.)"[19]

6. 산문의 새로운 전범 확립

송대의 뛰어난 고문가들은 서정, 서사, 의론 세 방면의 완미한 통일을 이루었고, 더불어 각자의 개성을 발휘했으며, 그 결과 다채로운 풍격을 형성하였다. 구양수는 평이하고 자연스러웠으며, 왕안석은 간결하면서 날카로웠다. 소식의 산문은 가장 대표적인데, 그는 다음과 같이 말하였다.

> 나의 문장은 마치 만 곡斛의 샘물과 같이 땅을 가리지 않고 솟아나온다. 평지에서는 콸콸 넘쳐 하루에 천 리를 가는 것도 어렵지 않다. 산의 바위를 굽이돌고 꺾어지는 데는 물이 사물과 형태에 따라 달라지듯이 예측할 수 없다. 알 수 있는 것이라곤 응당 가야 할 곳은 항상 나아가며 멈추지 않을 수 없는 곳에서는 항상 멈춘다는 것이다.(吾文如萬斛泉源, 不擇地而出, 在平地滔滔汩汩, 雖一日千里無難. 及其與山石曲折, 隨物賦形, 而不可知也. 所可知者, 常行於所當行, 常止於不可不止.)[20]

그의 고문은 언어가 자연스럽고 기세가 호방할 뿐만 아니라 변화가 무궁하고 율동이 풍부하다.(그림 11-1) 예컨대 「승천사의 밤놀이(記承天夜遊)」는 전문이 100자도 안 되는데 정취가 가득 넘치고 경계가 오롯이 솟아 나온다.

---

19 曾鞏, 「與王介甫第一書」, 『元豊類稿』 권16, 『四部叢刊』本.

20 『文說』, 『經進東坡文集事略』 권57, 『四部叢刊』本.

그림 11-1 원대 조맹부 「소식 상」.

원풍 6년 12월, 밤, 옷을 벗고 자려고 했으나 달빛이 창문에 들어왔다. 즐거운 마음으로 일어나 나가 걸었다. 나와 함께 즐기는 사람이 없음을 생각하고는 승천사로 가서 장회민을 찾았다. 장회민도 아직 자지 않고 있어 함께 정원을 거닐었다. 정원 아래는 물이 고여 하늘처럼 맑고, 물속에는 물풀들이 엉겨 있었다. 그러나 알고보니 이는 대나무와 측백나무의 그림자가 드리워진 것이었다. 어느 밤에 달이 없겠는가? 어느 곳에 대나무와 측백나무가 없겠는가? 다만 우리 둘과 같이 한가한 사람이 적을 뿐이다.(元豐六年十二月, 夜, 解衣欲睡, 月色入戶, 欣然起行. 念無與爲樂者, 遂至承天寺, 尋張懷民. 懷民亦未寢, 相與步於中庭. 庭下如積水空明, 水中藻荇交橫, 蓋竹柏影也. 何夜無月? 何處無竹柏? 但少閑人如吾兩人者耳.)

언어는 문화의 중요한 매체로 당송 고문가들이 확립한 새로운 문학 언어와 산문의 전범, 그리고 '문이재도'라는 중요한 이념은 중국 문화에 새로운 길을 열어 주었다. '문이재도'의 고문은 줄곧 원명청 시대까지 계속되어, 천 년 동안 정통의 지위를 차지하였다. 1919년 '오사五四' 신문화운동新文化運動이 일어나고 새로운 문학 관념이 수립되어 백화문白話文이 유행되어서야 비로소 상황이 근본적으로 달라졌다. 한유와 유종원이 제창한 고문운동은 당송 시기 200년 동안을 거치면서 다수의 고문가가 참여하였다. 여기에는 선명한 이론 주장이 있었고 창작의 성과도 풍성하였다. 새로운 산문의 전범을 확립하였을 뿐만 아니라 유가의 도통도 계승되었다. 그러므로 이는 중국 문화사에서 시대의 획을 긋는 의의 있는 문화운동이라 할 수 있을 것이다.

제2절

시의 전성시대 : 당시

1. 시의 전파와 전성

중국의 시詩는 당대에 이르러 최고봉에 이르렀다. 청대 강희 연간(1662-1723)에 편찬한 『전당시全唐詩』 총 900권에 수록된 작품만 가지고 봐도 시인 2,200여 명에, 작품은 4만 8,900여 수에 이른다. 시를 지은 사람은 제왕·공경公卿·관료로부터 평민에 이르고, 그 밖에 승려·도사까지 포함하여 거의 모든 계층을 포괄한다. 현존하는 당시에서 언급하는 지역으로 볼 때, 중원 지역 이외에 북부·서부·동북 변경까지 모두 시에서 노래하는 범위에 들어간다. 시와 당대 사람들의 일상생활의 관계는 밀접하여, 한 수의 좋은 시가 나오면 그리 길지 않은 시간 안에 여러 지방으로 전해졌다. 주요한 전파 방식은 베껴 쓰기 이외에 노래, 벽에 적기 등 여러 방식이 있었고, 이들 전파 방식으로 사회적으로 널리 전해졌다. 당대 사람들이 가려 뽑은 당시로 현존하는 것은 돈황 석굴에서 발견된 당시 초본 이외에도 십수 종이 있다. 시는 과거시험의 과목이 되었는데, 이러한 상황은 시의 지위가 지극히 중요함을 반영하고 있을 뿐만 아니라 시의 번영도 촉진하였다. 요컨대 당대는 시가 크게 전파된 시대이며, 당시의 전성은 바로 시의 전파라는 기초 위에서 이루어진 것이다.

그러나 당시의 전성을 나타내는 더욱 중요한 표지는 쉽게 도달할 수 없는 높은 수준이다. 당대에는 이백李白(701-762)과 두보杜甫(712-770)와 같은 위대한 시인이 나타났을 뿐만 아니라 왕발王勃(650-676), 진자앙陳子昂(661-702), 왕유王維(699-761), 맹호연孟浩然(691-740), 왕창령王昌齡(690-756), 왕지환王之渙(688-742), 고적高適(702-765), 잠삼岑參(715-770), 한유韓愈(768-824), 유종원柳宗元(773-819), 유우석劉禹錫(772-842), 백거이白居易(772-846), 이하李賀(790-816), 이상은李商隱(813-858), 두목杜牧(803-852) 등 각각 자신의 특색을 갖춘 시인들이 대거 등장하였다. 당시의 전체 수준은 이전의 어떤 왕조보다 뛰어났을 뿐만 아니라, 이후의 어떤 조대도 그 수준에 도달하지 못했다. 만약 중국을 시의 나라라고 부른다면, 당시야말로 시의 나라의 최고봉이라 할 수 있다. 당시는 중국 시의 최고봉일 뿐만 아니라 전체 중화문명사 가운데서도 빼어난 부분이다.

2. 당시 번영의 원인

당시 번영의 원인에 관하여 문학사가들은 일찍이 각종의 해석을 내놓았기 때문에 여기서는 중복할 필요가 없을 것이다. 다만 문명사의 각도에서 세 가지 점을 강조하고자 한다. 첫째는 남북 사이의 문화 통합의 추세이다. 남북조 문화의 통합은 간단히 말해 청기淸綺(맑고 화려함)와 정강貞剛(곧고 강직함)의 상호 보완이자 성정性情과 성색聲色의 통일이다. 『수서隋書』「문학전서文學傳序」에서 다음과 같이 말했다.

> 강동의 음률은 '발월發越(높고 빠름)'하여 '청기淸綺'를 귀하게 여기고, 북방의 언어는 '정강貞剛'하여 '기질氣質'을 중시한다. …… 만약 이곳의 맑은 소리를 택하여 저곳의 구절에 붙이고선 각각의 단점을 없애고 각각의 장점을 합친다면, 내용과 형식이 빛나도록 어울릴 것이며 진선진미할 것

이다.(江左宮商發越, 貴於淸綺; 河朔詞義貞剛, 重乎氣質. …… 若能掇彼淸音, 簡玆累句, 各去所短, 合其兩長, 則文質斌斌, 盡善盡美矣.)[21]

당시는 바로 이러한 역사적인 문화 통합을 실현하였기 때문에 극치를 이룰 수 있었다. 둘째는 개방적인 문화 태세이다. 수도 장안을 예로 들어 봐도, 이는 당시 세계에서 가장 큰 국제도시로, 8세기 전반에 인구가 이미 100만 명에 이르렀으며, 각국의 사신 · 유학생 · 유학승 · 상인 · 예술가들이 끊이지 않고 왔다. 외래의 다양한 종교, 즉 불교 · 요교祆教(조로아스터교) · 경교景教(기독교의 네스토리우스 교파) · 마니교摩尼教가 모두 자유롭게 전파되었다. 음악 · 미술 · 무용 방면에서 외래의 성분을 널리 흡수하였기 때문에 다채로운 모습이 나타났고, 미국米國(마이마그) · 조국曹國(카부단) · 강국康國(사마르칸트) · 안국安國(부하라)의 예술가들이 활약하였다. 셋째는 상대적으로 개명한 정치적 국면이다. 과거시험의 실시로 많은 수의 하층 서족庶族 사인들이 상층으로 진입하여 정치에 참여하였고, 그 결과 문벌이 농단하던 정치 국면을 어느 정도 타파하였다. 이리하여 당 왕조의 통치는 더욱 넓은 기초 위에서 건립되었다. 최고 통치자는 수나라의 멸망에서 교훈을 얻어 상대적으로 각 방면의 상황과 의견을 잘 들었으며, 적지 않은 신진 사인들이 감히 직언하고 극간하였다. 그 결과 당나라의 정치는 상대적으로 개명한 상태를 보였으며, 시인들도 시 속에서 사회의 모순과 정치의 병폐를 감히 드러낼 수 있었다. 요컨대 종합 · 개방 · 개명은 당대 시인들에게 남북 문화와 외래 문화를 널리 흡수할 수 있는 기회를 주었으며, 그들에게 비교적 자유로운 창작 공간을 제공하였고, 그들이 새로운 예술을 창조할 수 있는 용기를 고무하였다. 이는 당시 번영의 중요한 원인이다.

21 『隋書』 권76 「文學傳」, 中華書局, 1973년, 1,730쪽.

당시의 풍격은 다양하다. 어떤 시인은 호방豪放하고, 어떤 시인은 심침深沉하다. 어떤 시인은 평이平易하고, 어떤 시인은 험괴險怪하다. 그러나 부인할 수 없는 것은 당시에는 확실히 다른 시대의 시와 다른 일종의 전체적인 풍모가 있다는 점이다. 이러한 전체적인 풍모는 송대의 엄우嚴羽(1195-1245)가 『창랑시화滄浪詩話』에서 말했듯이 "본조(송대) 시인들은 이理(개념)를 숭상하고(本朝人尙理)", "당대 시인들은 의흥意興(의경意境)을 숭상한다.(唐朝人尙意興)"[22] 현대 학자 첸중수(錢鍾書, 1910-1998)는 다음과 같이 개괄하였다. "당시는 풍신風神(우아한 미)과 정운情韻(정감의 울림)에 뛰어난 경우가 많고, 송시는 근골筋骨(형식적 구조)과 사리思理(사고의 틀)에 뛰어난 경우가 많다.(唐詩多以風神情韻擅長, 宋詩多以筋骨思理見勝.)"[23] 현대 학자 린겅(林庚, 1910-2006) 선생은 당시의 특징을 신선한 인식, 충만한 창조성, 심오한 내용의 간결한 표현력으로 개괄하였다.[24] 이들 논술을 참고하여 우리는 다음과 같이 개괄할 수 있을 것이다. 당시의 시대적 풍모는 드넓은 기상·초일한 신운·심원한 의경·천진한 성정·고아한 격조·신선한 언어에 있으며, 이들 여러 방면이 공통으로 형성한 건강한 미·신선한 미·활기찬 미에 있다. 이는 일종의 새롭고도 시대적 특색이 풍부한 미감이다.

22 "詩에는 詞理와 意興이 있다. 남조 시인들은 詞를 숭상하여 理에 문제가 있었다. 본조(송대) 시인들은 理를 숭상하여 意興에 문제가 있다. 당대 시인들은 意興을 숭상하였는데, 시의 理趣는 意興 속에 있었다. 漢魏의 詩는 詞理와 意興이 모두 있으면서도 그 흔적을 찾아볼 수 없다." 『滄浪詩話』「詩評」 참조. 淸 何文煥, 『歷代詩話』 下册, 中華書局, 1981년, 696쪽.

23 『談藝錄』「詩分唐宋」, 中華書局, 1984년, 2쪽.

24 『唐詩綜論』「代序」, 人民文學出版社, 1987년, 1-2쪽 참조.

3. 근체시의 확립과 그 심미 의식의 영향

당대 시인들이 세운 중요한 공헌 가운데 하나는 근체시라는 새로운 시가 체재를 확립했다는 점이다. 여기에는 율시律詩와 절구絕句도 포함된다. 오언五言과 칠언七言의 근체시는 시詩와 구句가 고정된 글자 수로 되어 있으며, 압운押韻·대장對仗·평측平仄의 격률이 엄격하다. 이러한 격률의 요구에 적응하기 위하여, 시 언어는 반드시 일반적인 규칙에서 벗어나야 한다. 즉 '변이變異'의 요소가 있어야 한다. 또는 변이가 없다고 하더라도 어떤 규칙에서 자주 벗어나 '강조强調'를 만들어야 한다. 이러한 '변이' 또는 '강조'가 가장 잘 드러나는 상황이 곧 어휘(또는 의상意象) 사이에 전치사나 접속사를 쓰지 않고 직접 연결하여 자유로운 상상의 공간을 만드는 것이다. 봉우리는 떨어져 있어도 구름이 연결되어 있는 것처럼(峰斷雲連), 언어는 끊어져도 뜻은 이어져 있어(辭斷意屬) 함축의 미감과 중의적인 효과를 이루고 있다. 예를 들어 보자.

뜬구름은 나그네의 뜻 浮雲遊子意,
지는 해는 친구의 정. 落日故人情.
—이백 「친구를 보내며(送友人)」

드센 바람에 하늘 높고 원숭이 울음 애달픈데 風急天高猿嘯哀,
맑은 물가 흰 모래 위 새들이 날아 돌아오네. 渚淸沙白鳥飛回.
—두보 「등고登高」

새벽달 뜬 초가 객점에 닭 울음소리 鷄聲茅店月,
서리 내린 판교에 찍힌 사람 발자국, 人跡板橋霜.
—온정균 「상산의 이른 출발(商山早行)」

몇 개의 어휘(또는 의상)를 병렬해 두고, 그들 사이의 관계는 전적으로 독자의 자유로운 연상에 맡긴다. 이들 함축은 글자와 글자 사이 또는 행과 행 사이의 의취에 있으며 이 역시 독자들이 보충하게 만든다. 이는 중국인의 예술 취미와 감상 심리의 형성에 영향을 미쳤으며, 나아가 중국인의 문화 심리 형성에 큰 영향을 끼쳤다.

4. 사분기설에 따른 당대 시가의 변천

당시는 네 시기로 나눌 수 있다. 즉 초당初唐, 성당盛唐, 중당中唐, 만당晚唐이다.

초당은 당 고조 초기 618년(무덕 1)부터 현종 초기인 712년(선천 1)까지로 약 100년이다. 이 100년 동안 시가 창작에 있어서 두드러진 성취는 없지만, 시단의 주요 인물들은 하층 이동하기 시작하였다. 과거시험으로 관료층에 신입한 중하층 출신 시인들이 점점 시단에 등장하여 시가 창작의 주력이 되었다. 먼저 시단을 점거하던 궁정 시인들과 비교할 때 그들의 생활 경력과 시야는 모두 비교적 넓고 시의 제재도 확대되었다. 원이둬(聞一多, 1899-1946) 선생이 말한 것처럼 궁체시宮體詩는 노조린盧照隣(637-689)과 낙빈왕駱賓王(640-684)의 손에서 "궁정에서 시정市井으로(由宮廷走到市井)" 이동하였고, 오언율시五言律詩는 왕발王勃(650-676)과 양형楊炯(650-692)의 시대에 "누대와 궁각에서 강산과 변새로 이동했다.(從臺閣移至江山與塞漠)"[25] 이 밖에 초당 시기에는 두 가지 방면에서 시 자체의 발전에 중요한 문제를 해결하였다. 하나는 남북 문풍을 융합하여 성색聲色과 성정性情 두 방면을 통일시켰으며, 다른 하나는 근체시라는 새로운 형식을 확립함과 동시에 장약허張若虛(660-720)의 「춘강화월야春江花

---

25 聞一多, 「四傑」, 『唐詩雜論』, 中華書局, 1959년, 28쪽.

月夜」와 같은 칠언가행七言歌行에 두드러진 성과를 이루었다. 이러한 점들은 모두 새로운 추세를 만들어 성당시의 건강한 발전을 위한 길을 닦았다. 이러한 새로운 추세의 대표적인 시인으로는 '초당사걸初唐四傑'인 왕발, 양형, 노조린, 낙빈왕을 비롯하여 진자앙과 장약허를 꼽는다.

성당은 현종 때인 713년(개원 1)부터 대종 때인 765년(영태 1)까지로 약 50년이다. 이 50년은 당대 시사詩史의 절정이자 전체 중국 시사의 절정이기도 하다. 성당 시인의 경력은 제각기 다르며 풍격도 달라, 실제 엄격한 의미에서의 시파詩派를 형성하지 않았다. 그러므로 통상 말하듯 산수전원시파山水田園詩派와 변새시파邊塞詩派로 결코 전체 성당 시인을 개괄할 수 없거니와, 어떻게 말하든 창작의 제재가 지극히 넓은 이백과 두보를 그중 한 파로 귀속시킬 수 없다. 게다가 산수전원시파의 대표로 말해지는 왕유는 산수전원시만 쓴 것은 결코 아니며, 정치감우시政治感遇詩와 변새시邊塞詩에서도 모두 뛰어난 성취를 보였다. 변새시파의 대표 시인으로 말해지는 고적高適도 어찌 변새라는 두 글자로 개괄할 수 있겠는가? 이렇게 말한다고 성당 시단에 시대의 공통 풍격이 없음을 의미하는 것은 아니다. 오히려 성당시는 강렬한 시대적 특색을 가지고 있다. 이는 곧 박대博大, 웅혼雄渾, 심원深遠, 초일超逸이다. 충만한 활력, 창작의 희열, 참신한 체험, 이에 더하여 의상意象의 운용, 의경意境의 표현, 성정性情과 성색聲色의 결합으로 만들어진 새로운 유형의 미이다. 이 모든 것은 '성당기상盛唐氣象'을 구성하여, 후세 사람들이 언제나 바라고 선망하는 한 시대의 풍모를 족히 대표하는 총체적인 풍격이 되었다. 주목해야 할 만한 것으로, 성당기상은 본래 시 평론 중의 일종의 설이지만, 역사학자들이 이를 받아들여 중국 역사상의 황금시대를 설명하는 데 사용하였다. 성당 시의 기상은 그 시대 문명의 표현인 것이다.

중당은 대종 때인 766년(대력 1)부터 문종 때인 835년(태화 9)까지 약 70년이다. 안사安史의 난亂 이후 당나라의 정치 경제는 쇠퇴의 국면에 접어들었고, 시 창작도 성당의 기상을 잃어버렸다. 대신 다른 방면이 오히려 새롭게 발전하였다. 시인들은 엄혹한 현실을 마주하지 않을 수 없게 되었으며, 이를 시에 묘사하였다. 성당 시인과 다른 점이란 중당 시인들은 비교적 깊이 정치에 참여하였고, 나아가 어떤 사람은 정치적 소용돌이의 중심에 있었다. 그리하여 중당 시가는 정치적 색채가 성당에 비해 훨씬 강렬하였다. 백거이와 원진元稹(779-831)을 대표로 하는 시인들은 간서諫書를 쓰는 것과 유사한 방식으로 시를 써서, 시 안에 사회의 각종 폐단을 고발하여 황제가 관심을 갖기를 바랐다. 한유韓愈, 맹교孟郊, 이하李賀를 대표로 하는 시인들은 자신의 불행을 주로 묘사했는데, 이 역시 객관적으로 사회상의 불합리한 현상을 게시하는 것이었다.

만당은 문종 때인 836년(개성 1)부터 소선제昭宣帝 때인 907년(천우 4)까지로 약 70년이다. 당시의 정치 형국으로 볼 때, 이들 재능 있는 시인들은 이미 자신의 재능에 의지하여 정치 구조의 상층에 진입하기 어려워졌다. 또 지위가 높은 고관들은 시에 대한 열정이 부족하였다. 그리하여 초당의 상관의上官儀(608-664), 성당의 하지장賀知章(659-744)과 장열張說(667-730), 중당의 한유와 백거이와 같이 고관이면서 시단을 이끄는 좌장격인 인물이 보이지 않았다. 유가 시론의 입장에서 본다면, 이 70년의 시는 이미 두 가지 방면에서 방향이 전환되었다. 하나는 정치 교화의 궤도에서 크게 벗어나 시 자체의 미학적 가치를 추구하였다. 다른 하나는 일상생활을 바라보고, 내심의 깊은 곳을 헤매며, 자신의 슬픔을 되새겼다. 두목杜牧과 이상은李商隱 등은 사회 정치적인 작품이 없는 것은 결코 아니지만, 그들의 대표작을 가지고 볼 때 이미 방향에 변화가 일어났다. 이러한 변화는 시가 창작의 새로운 추세를 대표한다.

5. 이백의 개성 자유의 추구

문화사의 각도에서 볼 때 당대 시인 가운데 가장 주목할 만한 사람은 네 사람으로, 곧 이백 · 두보 · 왕유 · 백거이이다.

이백李白에게는 '시선詩仙'이란 칭호가 있다. 시선은 이백 자신이 추구하는 대상인지도 모르며, 심지어 그 자신이 만들어 낸 여론인지도 모른다. 그러나 부인하기 어려운 점은 그는 확실히 보통 사람과 다른 매력을 가지고 있기 때문에 이러한 칭호도 보편적으로 받아들여지고 있다는 점이다.(그림 11-2) 그는 젊어서 기이한 책을 읽기 좋아했고, 협기를 가지고 도교를 공부했다. 강릉江陵에서 만난 사마승정司馬承禎(647-735)은 이백에게 선풍도골仙風道骨의 풍모가 있다고 말하였다. 장안에서는 태자빈객 하지장이 「촉도난蜀道難」을 읽고 '적선인謫仙人'이라 부르며 허리에 찬 금거북 인장을 풀러 술을 사 함께 마셨다.[26] 나중에 이백의 제자이자 친구였던 위호魏顥(진사 760)는 다음과 같이 이백을 묘사하였다. "눈동자는 형형하게 빛났으며, 입은 굶주린 호랑이 같았다. 어떤 때는 허리띠를 단정히 매어 우아한 기품이 가득하였다.(眸子炯然, 哆如餓虎, 或時束帶, 風流蘊藉.)"[27] 그는 사방을 다스리고 군주를 보필할 야망을 가지고 있었으나, 일반 사인과 달리 과거시험에 참가하지 않았으며, 대신 단번에 고관이 되

---

26 『新唐書』 권202, 「李白傳」에 다음 기록이 있다. "천보 연간 초기 남으로 회계에 들어갔고, 그곳에서 吳筠과 친하였다. 오균이 징초되어 장안에 가게 되었으므로 이백도 장안에 갔다. 賀知章을 찾아가 뵈니, 하지장이 이백의 시문을 보고는 감탄하여 '그대는 적선인(하늘에서 귀양내려온 신선)이오.'라고 말했다." 中華書局, 1975년, 5,762-5,763쪽. 또 원대 辛文房 『唐才子傳』 권2 「李白傳」에는 다음과 같이 기록되어 있다. "천보 연간 초기 촉 땅에서 장안에 갔다. 실력이 아직 알려지지 않았기에 그동안 닦은 바를 賀知章에게 내놓았다. 하지장이 「촉도난」을 읽고는 감탄하여 말했다. '그대는 적선인이오.' 이에 금거북을 끌러 술로 바꿔 종일 즐거이 마셨고, 마침내 현종에게 추천하였다." 傅璇琮 主編, 『唐才子傳校箋』 제1책, 中華書局, 1987년, 385쪽.

27 魏顥, 「李翰林集序」, 『李太白全集』 下册, 제31권 부록, 中華書局, 1977년, 1,450쪽.

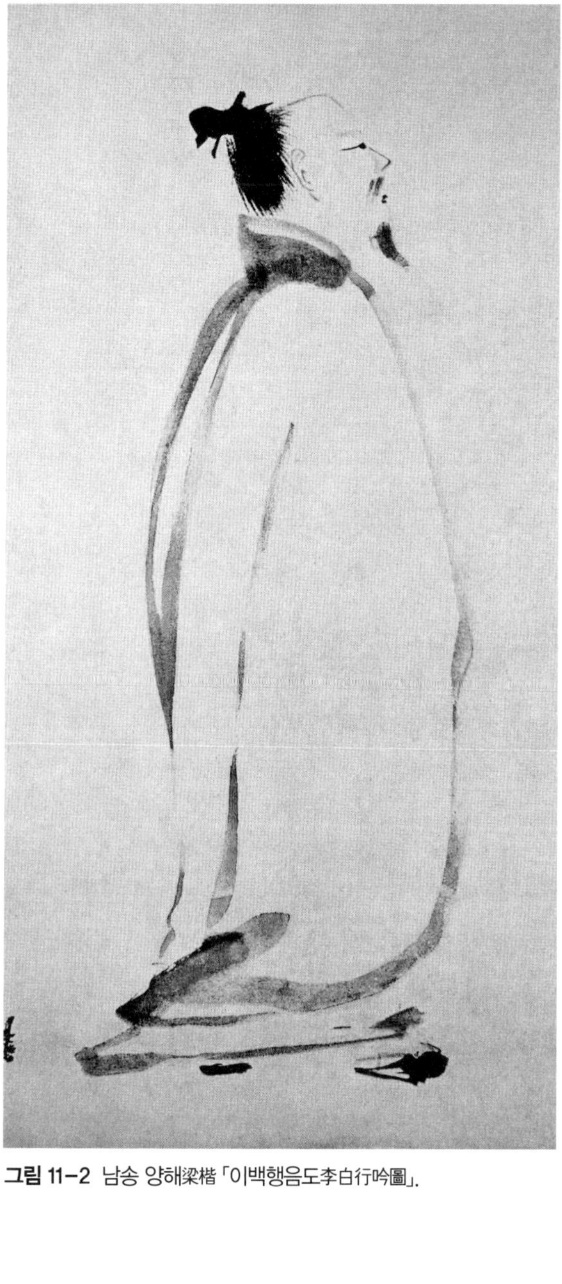

그림 11-2 남송 양해梁楷「이백행음도李白行吟圖」.

고자 했다. 그는 노중련魯仲連이나 사안謝安(320–385)과 같이 난세에 몸을 일으켜 난국을 수습하고 창생을 구제하는 인물이 되고자 하였다. 안사의 난 때 그는 영왕永王 이린李璘(?–757)을 따라 군사를 이끌고 안사의 반군을 공격했다. 나중에 이광필李光弼(708–764)이 대군을 이끌고 사조의史朝義(?–763)를 토벌한다는 소식을 듣고는 다시 종군하기를 청하였다. 이 두 가지 사건은 그가 얼마나 자신의 재능을 펼치고 자신의 포부를 실현할 기회를 갖기 바랐는지를 잘 설명해 준다. 그가 시선詩仙이라 칭해지지만, 그것이 그가 정말로 신선과 같이 세상 밖에서 초연히 있었음을 의미하지는 않는다. 도가사상 이외에 그는 종횡가縱橫家사상과 협객俠客사상을 농후하게 가지고 있는 등 세상에 적극적으로 참여하는 일면도 가지고 있었다. 다만 그의 포부가 크고, 이를 성취하려는 방법이 일반과 다르기 때문에 보통 사인들과 구별되었던 것이다.

이백은 범용凡庸을 견디지 못했으며, 속박은 더욱 견디지 못했다. 이백은 일생 동안 개성의 해방과 자유를 추구하였다. 그의 시적 상상력도 일반과 달랐다. 피일휴皮日休(834–883)가 말한 것처럼 "말은 천지 밖에서 나왔으며, 생각은 귀신으로부터 나왔다.(言出天地外, 思出鬼神表.)"[28] 그는 구속 없이 천지 사이를 자유롭게 비행하는 대붕大鵬에 자신을 비유하였다.

대붕이 어느 날 바람 타고 일어나면	大鵬一日同風起,
태풍을 거머잡고 구만리로 곧장 오르리.	扶搖直上九萬里.
만약에 바람이 멈출 때 내려온다면	假令風歇時下來,
바닷물을 키질하여 날려 버리리.	猶能簸卻滄溟水.

—「이옹께 올림(上李邕)」

28 「劉棗强碑」, 『皮子文藪』 권4, 『四部叢刊』本.

그는 또 호랑이와 매를 노래했다.

상처 입은 호랑이가 우리에 갇힌 셈이요 摧殘檻中虎,
끈에 묶인 매가 깍지 위에 앉은 셈이라. 羈紲韝上鷹.
그 어느 때 풍운을 타고 올라가 何時騰風雲,
힘차게 내려치며 내 능력을 펼칠까? 搏擊申所能.
—「신평의 젊은이에게(贈新平少年)」

그는 일사천리의 강과 하늘 밖으로 높이 솟은 봉우리들을 묘사하였다.

황하의 물줄기가 천상에서 내려와 黃河之水天上來,
내달려 바다에 이르면 다시 돌아오지 않아라. 奔流到海不復回.
—「장진주將進酒」

높이 올라 둘러보면 천지간에 장관이요 登高壯觀天地間,
장강은 드넓게 흘러가선 돌아오지 않아라. 大江茫茫去不還.
—「여산요廬山謠」

늘어선 봉우리 하늘 위까지 겨우 한 자 거리 連峰去天不盈尺,
마른 소나무는 절벽에 거꾸로 매달려 있네. 枯松倒掛倚絶壁.
—「촉도난蜀道難」

이들 시구에서 이백의 호방하고 웅장한 기백을 볼 수 있다. 이백은 어떤 때는 자신을 대자연과 평등한 자리에 놓았으며, 심지어 대자연과 혼융일체가 된다고 생각하였다. "나는 장차 천지를 내 속에 품고, 호연히 원기와 하나가 되리라.(吾將囊括大塊, 浩然與溟涬同科.)"[29] 이는 더욱 일반인이 상상할 수 있는 것이 아니다.

그는 권세가 앞에서 오만하였으며 눈썹을 내리고 허리를 숙이려 하지 않았다.

어찌 권세가에게 머리 조아리고 허리 굽히며 安能摧眉折腰事權貴,
내 마음과 얼굴을 펴지 못하고 살아가랴! 使我不得開心顏.
—「몽유천모음夢遊天姥吟 —두고 떠나며(留別)」

소나무와 측백나무는 줄기가 곧아 松柏本孤直,
도리꽃 얼굴을 하기 어렵더라. 難爲桃李顏.
—「고풍古風」 제12수

황금과 벽옥으로 노래와 웃음을 사고 黃金白璧買歌笑,
한 번 취하면 여러 달 동안 왕후장상도 一醉累月輕王侯.
가벼이 여겼지.
—「예 놀던 곳을 생각하며 초군 원 참군에게 부침(憶舊遊寄譙郡元參軍)」

그러나 보통 백성에 대해서는 오히려 아주 겸손히 대하였다. 예컨대 「오송산 아래 순씨 할멈 집에 묵으며(宿五松下荀媪家)」를 보자.

내가 오송산 아래 묵으니 我宿五松下,
적막하여 즐거운 일 없네. 寂寥無所歡.
농가에선 가을일이 수고롭고 田家秋作苦,

---

29 李白, 「日出入行」.

이웃 아낙은 추운 밤에도 방아를 찧네. 隣女夜舂寒.
무릎 꿇고 건네주는 줄풀 밥 跪進雕胡飯,
소반엔 달빛이 가득하구나. 月光明素盤.
표모에게 고맙고도 부끄러워 令人慚漂母,
여러 번 물리치며 차마 먹지 못하네. 三謝不能餐.

두 가지 대비되는 태도에서 우리는 이백에 대해 존경하는 마음이 생기지 않을 수 없다. 이백의 이러한 정신은 중화 문화 중 가장 가치 있는 방면을 구현하고 있다.

이백의 붓 아래 만들어진 의상意象은 아주 개성적이고, 종종 현실을 초월하며, 강렬한 환상의 색채를 띤다. 그의 시는 돌아가는 태풍이나 뿜어져 나오는 화산같이 미친 듯 부르짖고 분노하며 꾸짖고, 변화와 전환이 자유로워 그 끝이 어디인지 예측하기 힘들다. 「촉도난」은 대표적인 예이다. 그는 과장에 뛰어나고 호방한 언어에 상상력이 풍부하다. 예를 들어 보자.

칼을 뽑아 물 베어도 물은 더욱 세차게 흐르고 抽刀斷水水更流,
술잔 들어 시름을 씻으려 해도 시름은 더욱 거세지네. 擧杯消愁愁更愁.
—「선주 사조루에서 사촌인 교서랑 이운을 전별하며(宣州謝脁樓餞別校書叔雲)」

백발 3천 장 白髮三千丈,
시름 때문에 이렇게 길어졌구나. 離愁似箇長.
—「추포가秋浦歌」

나의 걱정스러운 마음 명월에 부치니 我寄愁心與明月,
바람 따라 곧바로 야랑의 서쪽까지 가리라. 隨君直到夜郎西.
—「왕창령이 용표로 좌천되었다는 소식을 듣고 멀리서 시를 부침(聞王昌齡左遷龍標遙有此寄)」

술잔 들어 명월을 부르고 擧杯邀明月,
그림자를 더하여 셋이 되었네. 對影成三人.
—「달 아래 홀로 술을 마시며(月下獨酌)」

감정이 고조에 도달할 때 그는 심지어 격률의 속박을 파괴하여 산문화된 시구를 쏟아낸다.

맑은 바람 밝은 달은 돈 한 푼 없이도 향유하며 淸風明月不用一錢買,
혜강처럼 술에 취해 옥산처럼 스르르 넘어지리. 玉山自倒非人推.
—「양양가(襄陽歌)」

나는 잠시 그대 위해 황학루를 깨부술 터이니 我且爲君槌碎黃鶴樓,
그대 또한 나를 위해 앵무주를 뒤엎어버리게. 君亦爲吾倒卻鸚鵡洲.
—「강하에서 남릉현령 위빙에게(江夏贈韋南陵冰)」

이백의 시는 독특한 개성이 있을 뿐만 아니라 성당 기상을 선명하게 반영하고 있다. 성당 문화의 번영은 본래 남북 문화교류와 대외 문화교류의 결과로, 이백은 마침 이 두 방면의 교류가 절정을 이룬 시기에 살았다. 이백의 경력은 이러한 시대 조류의 영향을 쉽게 받아들였으며, 더불어 이러한 조류의 맨 앞에 있었다. 성당 제국의 대통일이라는 국면, 그리고 다원화와 개방적인 사회 환경이 그를 만들어 냈다. 그리고 그는 또 통일된 성당 제국의 다원화와 개방성을 대표하였다. 그의 시에 보이는 비범한 창조력과 거대하고 웅장한 기백은 시대정신과도 일치하였다. 이백은 이미 일종의 문화적 기호가 되어 자유와 해방을 대표한다. 후세 사람들이 이백에 대해 공감하는 것도 그의 독립적인 행동과 세속의 속박을 깨는 데서 크게 기인한다. 이백은 이미 시대의 상징이 되었으며, 중국 역사상 가장 휘황한 시대를 대표한다. 후세인의 이백에 대한 그리움은 일정 정도 그 시대에 대한 그리움과 관련되어 있다.

6. 두보의 인도주의와 인애

두보杜甫에게는 '시성詩聖'의 칭호가 있다. 이는 두 방면의 함의를 가지고 있다. 하나는 그의 시집에 순수하게 구현되어 있는 유가사상으로, 그 자신의 사상 경계가 성인聖人과 같은 점이다. 다른 하나는 시가 창작에 있어 모범적인 의미를 지닌 것으로, 후인들이 성인을 본받듯이 그의 시를 본받는 것을 말한다.

두보는 자신의 가정을 "유학을 받들고 관직을 지켜 왔다(奉儒守官)"[30]고 하였다. 그는 언제나 유가의 도덕적 기준을 지켰으며, 이를 가지고 자신의 인격을 성장시켰다. 그의 인격 속의 가장 중요한 방면은 곧 "자기의 처지로 미루어 남을 헤아린다(推己及人)"는 태도와 "나라를 걱정하고 백성을 걱정하는(憂國憂民)" 정신이다. 「수도에서 봉선현으로 가며 쓴 영회시 오백 자(自京赴奉先縣詠懷五百字)」와 「가을바람에 부서진 띠풀집 노래(茅屋爲秋風所破歌)」는 모두 자신의 곤궁으로부터 천하 사람들의 곤궁을 연상한 것이다. 「봄의 조망(春望)」과 「백제白帝」에서 근심한 것은 자신의 신세가 아니라 국가와 백성이었다. 그의 「다시 오랑에게 보임(又呈吳郎)」은 빈

30 杜甫, 「進雕賦表」, 淸 仇兆鰲, 『杜詩詳注』 제5책, 中華書局, 1979년, 2,172쪽.

궁한 이웃 사람에 대한 세밀한 관심, 나아가 전란 중에 고난을 받은 인민 대중에 대한 지극한 동정이 잘 나타나 있다.

집 앞의 대추를 서쪽 이웃이 따더라도 내버려두게　　堂前撲棗任西隣,
먹을 것도 자식도 없는 아낙이라네.　　無食無兒一婦人.
곤궁하지 않다면 어찌 그리 할 텐가?　　不爲困窮寧有此,
두려워할 터이니 더욱 친하게 대해 주게나.　　只緣恐懼轉須親.
멀리서 온 그대 보고 경계하며 심사가 많을 터인데　　卽防遠客雖多事,
울타리까지 세워 버리면 정말로 막는다고　　便揷疏籬却甚眞.
생각하리라.
관가에서 징수하여 뼈만 남았다고 호소했으니　　已訴徵求貧到骨,
진란까지 생각하녀 눈물이 수건을 적신다네.　　正思戎馬淚盈巾.

그는 비단 백성의 괴로움에 관심을 주었을 뿐만 아니라, 병든 말(病馬), 병든 측백나무(病柏), 병든 국화(病菊), 시든 종려나무(枯棕) 등 해를 입은 생물들도 모두 동정하였다. 그는 모든 고통 받는 대상에 대해 책임감을 가지고 있었고, 천하의 고난을 자기 한 몸으로 감당하려고 하였다.「가을 바람에 부서진 띠풀집 노래(茅屋爲秋風所破歌)」는 이를 잘 보여 준다.

어찌하면 넓고 큰 집 수만 칸을 얻어　　安得廣廈千萬間,
천하의 추운 선비를 덮어 기뻐 웃게 할거나　　大庇天下寒士俱歡顔,
비바람에 흔들리지 않고 산처럼 든든하게　　風雨不動安如山.
할거나.
아아!　　嗚呼!
그 언젠가 눈앞에 이 같은 집이 우뚝　　何時眼前突兀見此屋,
나타난다면

내 집이 홀로 부서지고 내가 얼어 죽어도 좋으리! 吾廬獨破受凍死亦足!

그의 붓 아래의 봉황은 어질고 선량하여 "원컨대 대나무 열매도 땅강아지와 개미에게 나누어 주어, 올빼미들 서로가 노하여 우짖게 하리.(願分竹實及螻蟻, 盡使鴟梟相怒號.)"[31] 이 역시 바로 자신의 모습을 묘사한 것이기도 하다.

두보의 작품은 안사의 난 전후의 사회적 동란과 백성의 곤궁을 반영하였다. 그는 현종 · 숙종 · 대종 삼대의 사회적 면모와 제齊(산동) · 조趙(하남) · 농隴(감숙 동부) · 촉蜀(사천) · 초楚(호남) 등 각지의 풍토와 인정, 그리고 제왕 · 장상 · 농부 · 어부 등 각층의 생활 상황을 그의 시 속에 진실하게 반영하였다. 특히 주목할 만한 것은 그는 시로 안사의 난 전후의 중대한 사회 정치적 사건을 적실하게 반영하였고, 이 때문에 그의 시는 '시사詩史'라고 존중되었다. 이는 두보가 처음 창조한 공헌이다. 그의 「병거의 노래(兵車行)」, 「여인행麗人行」, 「수도에서 봉선현으로 가며 쓴 영회시 오백 자(自京赴奉先縣詠懷五百字)」, 「북으로 가며(北征)」, '삼리三吏',[32] '삼별三別',[33] 그리고 입촉入蜀 후에 쓴 일부 시사적인 시들은 곧 이 방면의 대표작들이다.

두보는 언어의 대가大家로, 사회 현상에 대해 고도로 개괄적인 시구로 제련하였다. 이는 두보의 특수한 재능이다. 예를 들어 보자.

붉은 대문 안에서는 술과 고기 냄새 진동하나 朱門酒肉臭,
길에는 얼어 죽은 시체가 구르네. 路有凍死骨.

31 杜甫, 「朱鳳行」.

32 (역주) 두보가 안사의 난 때 쓴 「新安吏」, 「石壕吏」, 「潼關吏」를 가리킨다.

33 (역주) 두보가 안사의 난 때 쓴 「新婚別」, 「無家別」, 「垂老別」을 가리킨다.

—「수도에서 봉선현으로 가며 쓴 영회시 오백 자(自京赴奉先縣詠懷五百字)」

봉화는 봄 석 달 연이어 오르는데 烽火連三月,
집에서 부친 편지는 만금에 값하네. 家書抵萬金.
—「봄의 조망(春望)」

전장의 말은 돌아와 한가히 풀어진 말만 못하고 戎馬不如歸馬逸,
천 가호 가운데 지금은 백 가호만 남았네. 千家今有百家存.
—「백제白帝」

그는 또 웅혼하고 광활한 예술 경계와 섬세하고 치밀한 표현 수법을 완미하게 결합하여 지척咫尺 안에 천 리千里의 기세를 표현할 수 있었다. 이백이 바람처럼 휘몰고 번개처럼 빠르며(風馳電掣) 큰 칼과 넓은 도끼를 휘두르듯(大刀闊斧) 박력 있는 수법으로 웅혼하고 장대한 효과를 만들어 낸다면, 두보는 세심하게 헤아리고 깊이 이해하여(體帖入微) 정교하게 쪼고 세밀하게 파는(精雕細刻) 수법으로 웅혼하고 장대한 효과를 만들어 내었다. 의상意象이 밀집되어 나타나는 것은 두보의 큰 특징이다. 예를 들어 보자.

바람 세고 하늘 높고 원숭이 울음 애달픈데 風急天高猿嘯哀,
맑은 물가 흰 모래 위 새들이 날아 돌아오네. 渚清沙白鳥飛回.
—「등고登高」

3년 동안 병사들은 피리로 '관산월'을 불었고 三年笛裏關山月,
나라의 백성들은 초목에도 적군인 줄 알고 놀라 萬國兵前草木風.

떨었네.

—「병기와 말을 씻으며(洗兵馬)」

두보의 풍격은 오래전부터 '침울돈좌沈鬱頓挫' 네 글자로 개괄해 왔다. 이는 그의 우국우민 사상과 굽이치는 감정과 밀접하게 관련되어 있다. 「추흥秋興」 8수는 곧 이 풍격을 가장 잘 대표하는 작품들이다.

두보는 이백과 마찬가지로 이미 일종의 문화 기호가 되었으며, 인애·선량·충후를 대표한다. 후세에 넓은 공감을 얻었으며, 이 또한 중국 문화 정신의 중요한 방면이다. 우리들은 송대 사람들이 강조한 두보의 충군忠君을 결코 부정하지 않지만, 이것이 그의 가장 귀중한 품격이 아니라고 생각한다. 충군과 비교할 때 애민愛民이야말로 그의 인격의 핵심이며 또 더욱 귀중하다. 이백은 개성의 자유와 해방을 추구했기에 표일飄逸할 수 있었지만, 두보는 백성의 어려움을 잊지 않았기에 침울하였다. 이백은 시선이고 두보는 시성이다. 그들이 성당 시단에 동시에 출현한 것은 진실로 중화문명사의 기이한 광경이다.

7. 왕유 시가의 선의禪意

왕유王維에게는 '시불詩佛'이란 칭호가 있다. 그는 경건한 불교도이며, 게다가 불학 방면에 깊은 조예를 가지고 있었다. 그러나 이러한 말은 이백을 '시선'이라 부르고 두보를 '시성'이라 부르는 것과 달리 결코 정확하지 않다. 당대나 후대 사람의 인상 속에 그는 부처와 비교할 수 없다. 그는 문화적 교양이 아주 높은 시인으로, 시문에 뛰어났을 뿐만 아니라 음악에도 정통했고, 회화와 서예에도 능통했다. 문학, 예술, 종교 어느 방면을 막론하고 왕유는 모두 최고의 인물이었다. 이렇게 전면적으로 발전한 사람은 성당 시대 문화의 수준을 대표한다. 게다가 그는 장안에 장기간 살았으므로, 당시의 명성과 영향은 이백과 두보에 비해서도 결코 적지 않았다. 그러므로 그는 성당의 대표적인 인물이 되었고, 문화사적으로도 중요한 자리를 차지했다.

왕유는 산수시山水詩로 이름 높았지만 사실 그의 가작은 산수시에만 국한되어 있지 않다. 변새시邊塞詩, 증답시贈答詩, 정치감우시政治感遇詩 등 각종 제재에서도 그는 뛰어난 작품을 제작해 내었다. 예컨대 「사신으로 변새에 가며(使至塞上)」는 쉽게 쓰기 어려운 변새시로, "광활한 사막에 연기는 직선으로 오르고, 긴 강물에 태양은 원형으로 떨어지네.(大漠孤煙直, 長河落日圓.)"란 구절은 이미 천고千古의 절창絕唱이 되었다. 산수시에 있어서 왕유의 시는 선의禪意가 자연스럽게 융합되었다. 예컨대 「사슴 울타리(鹿柴)」를 보자.

빈산에 사람은 보이지 않는데	空山不見人,
들리는 건 두런대는 사람들 말소리.	但聞人語響.
석양이 깊은 숲에 들어와선	返影入深林,
다시 푸른 이끼 위를 비춘다.	復照靑苔上.

앞 두 구는 산속의 고요와 넓은 공간을 묘사하였고, 뒤 두 구는 시간의 추이를 묘사하여, 정밀한 가운데 끝없는 의취를 포함하고 있다. 그의 산수시 속에는 또 시각적인 그림의 요소가 융합되어 있어, 소식蘇軾이 말한 것처럼 "마힐(왕유)의 시를 맛보면 시 속에 그림이 있고, 마힐의 그림을 보면 그림 속에 시가 있다.(味摩詰之詩, 詩中有畵. 觀摩詰之畵, 畵中有詩.)"[34] 그의 시 가운데 그림의 요소가 깃들어 있는 좋은 시가 많다.

34 蘇軾, 「書摩詰藍田煙雨圖」.

강줄기는 천지의 밖으로 흘러가고 江流天地外,
산빛은 아득하여 있고 없고 하여라. 山色有無中.
—「한강에서 조망하며(漢江臨眺)」

해가 저물면 강과 호수가 하얗게 떠오르고 日落江湖白,
조수가 일어나면 천지가 검푸르게 변하리. 潮來天地青.
—「계주로 부임하는 형제邢濟를 보내며(送邢桂州)」

푸른 이끼 위에 앉아 있으니 坐看蒼苔色,
푸른빛이 사람의 옷으로 올라오는 듯. 欲上人衣來.
—「본 바를 쓰다(書事)」

8. 백거이의 통속

백거이白居易는 상술한 세 사람과 달리 별다른 칭호가 없는 것을 보면, 보통의 모습이라 할 수 있고, 이러한 통속성은 마침 그의 특징이기도 하다. 소식이 이미 '원진은 가볍고 백거이는 통속적이다'라는 뜻으로 '원경백속元輕白俗'이라 했는데,[35] 그의 친구 원진이 '가벼운'지 여부는 잠시 논하지 않더라도, 백거이는 확실히 '통속적'이다. '통속성'은 중당 문화의 새로운 추세로, 도시의 번영과 도시경제의 발전에 따라 문화도 시민 계층으로 이동하였기에, 필연적으로 이러한 특징을 형성하였다. 백거이는 이러한 새로운 추세의 대표였다. 그의 시 언어가 통속적이고 쉽다는 것은 일찍부터 공인된 것으로 여기서 덧붙일 필요는 없을 것이다. 다만 시의 내용을 가지고 말한다면, '신악부新樂府'가 통속적인 것은 말할 것도 없고,

35 蘇軾, 「祭柳子玉文」, 『蘇軾文集』 제5책, 제63권, 中華書局, 1986년, 1,938-1,939쪽.

유명한 「장한가長恨歌」와 「비파행琵琶行」도 통속적이다. 이 두 편의 시에서 말하는 이야기가 송원宋元 이후 여러 종의 희곡戲曲으로 개편되어 계속 연출된 점은 이를 잘 증명해 준다. 백거이의 한적시閑適詩는 개인의 일상생활을 제재로 하는데, 어떤 작품의 제재는 상당히 자질구레하다. 예컨대 낙치落齒(늙어서 이가 빠짐), 섭백鑷白(센 머리털 뽑기), 안기晏起(늦잠자기)와 같은 것으로, 예전에는 '경국經國의 대업이자 불후의 성사盛事'라고 보았던 시의 형식으로 일상생활의 사소한 일들을 썼으니, 일종의 대담한 시도라고 하지 않을 수 없다. 백거이의 시도는 또한 송대 시인들에게 길을 열어 주었다. 이는 시사 또는 문화사에서 응당 주의해서 보아야 할 부분이다.

약 300년간의 당나라 존속 기간 동안 시가 전파되고 번영하면서, 중국인의 사유 방식은 시화詩化되었고, 중국 문화에 시적 의흥意興, 시적 깨달음(感悟), 시적 취미趣味, 시적 미美를 덧보탰다. 이들을 개괄해 보면 자연과의 화해를 추구하고, 정신의 소통과 무한한 계시를 표현하는 것이었다. 어떤 의의에서 말하면, 중국은 시의 나라이고 중화문명은 시의 문명이다. 시는 문명의 각 방면에 삼투하여 중화문명의 특색을 만들었다.

9. 송대 시단의 새로운 변화

시의 전성기를 지나왔기 때문에 송대 시인들은 아주 난처한 문제에 직면하게 되었다. 그럼에도 불구하고 송대 시인들은 새로운 길을 만들어 내었다. 그들은 시 자체를 가지고 방법을 만들어 낸 것이 아니라 다른 체재를 참고하였다. 즉 산문을 쓰는 방법을 이용하여 시를 썼다. 이는 시의 산문화를 추구하는 것이었고, 문장을 쓰는 방식으로 시를 썼다.(以文爲詩) 그러므로 "당시는 풍신風神과 정운情韻에 뛰어난 경우가 많고, 송시는 근골筋骨과 사리思理에 뛰어난 경우가 많다.(唐詩多以風神情韻擅長, 宋詩多

以筋骨思理見勝.)"[36] 풍신과 정운에서 근골과 사리로 옮겨 가는 것은 일종의 창신이다. 이러한 창신의 노력은 귀중한 것으로, 주쯔칭(朱自淸, 1898-1948) 선생은 다음과 같이 말하였다.

> 송시는 의론議論이 많고, 또 일미각화一味刻畫(고정된 틀로 그림)하며, 속어를 많이 쓰고, 평측平仄에 요拗를 많이 쓴다. …… 그러나 송시를 존중하는 사람은 오히려 천하의 사물은 궁하면 변하고, 변하면 통하는데, 시도 이와 같다고 생각한다. 변하는 것은 창신이고, 확장이고, 진보이다. 만약 변화를 허용하지 않으면 그것은 모의模擬이고, 심지어 베끼기에 불과하다. 그러한 배우의 연기와 같은 모방은 심지어 나무나 흙으로 만든 인형과 같으니 무슨 의의가 있다고 말할 수 있겠는가![37]

개괄하여 말하면 송시의 특징은 엄우嚴羽가 말한 바와 같이 "문자로 시를 짓고, 재학으로 시를 짓고, 의론으로 시를 짓는다.(以文字爲詩, 以才學爲詩, 以議論爲詩.)"[38]는 점이다. 송대 강서시파江西詩派의 좌장 황정견黃庭堅(1045-1105)은 다음과 같이 말했다.

> 두보가 시를 짓고 한유가 문장을 짓는 데는 한 글자도 유래가 없는 것이 없지만, 후인들이 책 읽은 게 적어 두보와 한유가 스스로 지었다고 말할 뿐이다. 고대의 시문을 잘 쓰는 사람은 진실로 만물을 창조할 수 있었으니, 비록 고인의 말을 가져와 시문 속에 쓴다고 하더라도 단약 한 알을 사용하여 쇠를 황금으로 만든 것과 같았다.(老杜作詩, 退之作文, 無一字無來處, 蓋後人讀書少, 故謂韓杜自作此語耳. 古之能爲文章者, 眞能陶冶萬物,

36 錢鍾書, 『談藝錄』, 中華書局, 1984년, 2쪽.
37 『經典常談』「詩第十二」, 三聯書店, 1980년.
38 『滄浪詩話』「詩辨」, 郭紹虞 校釋本, 人民文學出版社, 1962년, 24쪽.

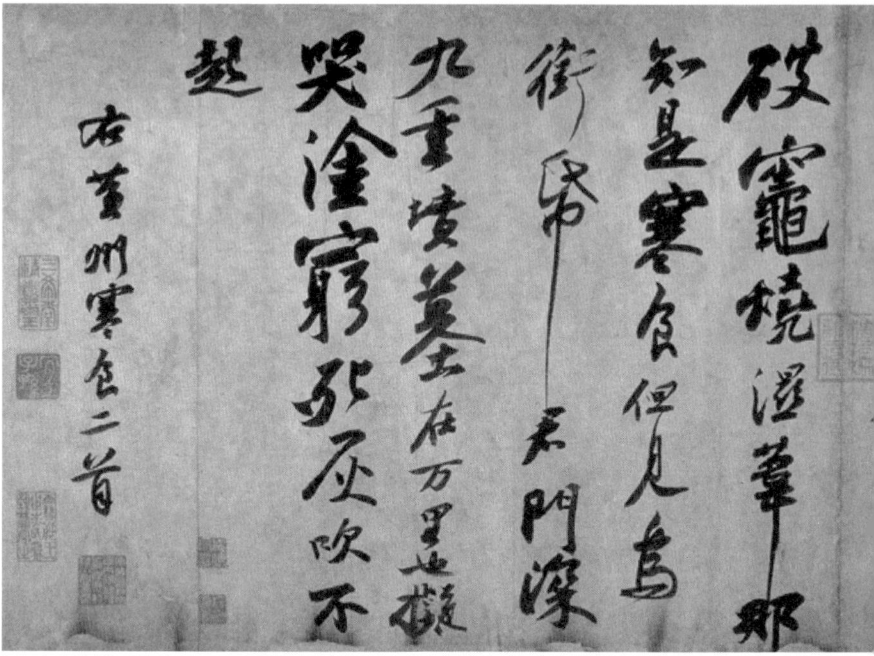

그림 11-3 소식 「황주 한식시黃州寒食詩」.

雖取古人之陳言入於翰墨, 如靈丹一粒, 點鐵成金也.)[39]

송대 시인들의 이러한 노력으로 시인과 학자가 결합된 길을 열었다. 또는 시인의 학자화와 학자의 시인화를 촉진시켰다고 말할 수 있을 것이다. 이는 당연히 송대 인쇄술의 보급과 큰 관련이 있다. 이전과 비교해 보면 상대적으로 서적을 비교적 쉽게 얻을 수 있었으므로, 송인의 독서 범위는 더욱 광범위했고, 시를 쓸 때 전고를 더욱 많이 운용할 수 있었다. 또는 이전 시인의 시의詩意와 시구를 이용하여 자기의 시구를 단련시켰다. 그러나 송대의 시인들은 책 속에서만 시의 자료를 찾으려고 한 것은 아니

39 「答洪駒父書」, 『豫章黃先生文集』 권19, 『四部叢刊』本.

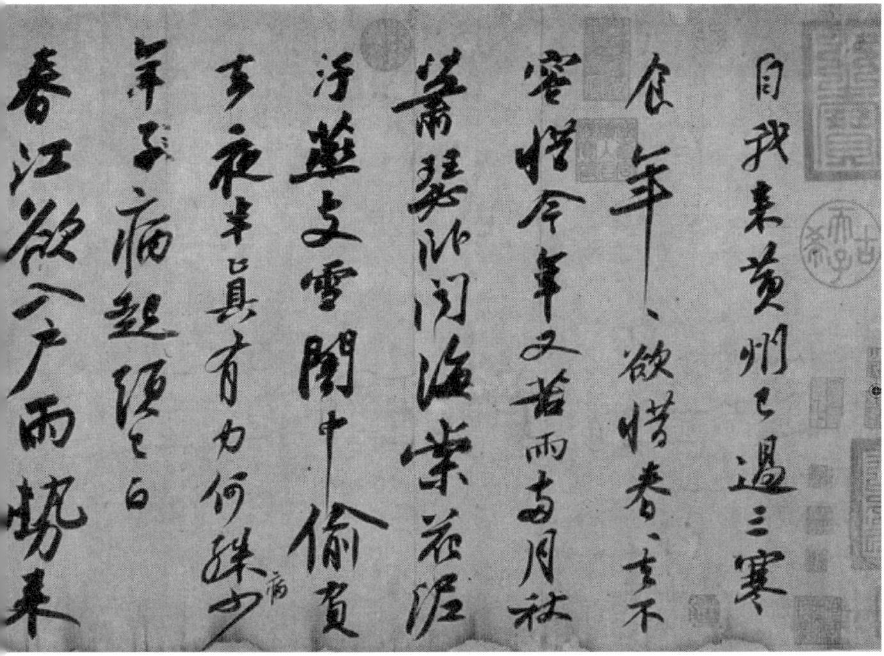

다. 그들은 생활, 특히 자신의 신변 일상생활 속에서 자료를 찾아 그 속의 의미를 파내려고 노력하였다. 일상생활이란 곧 문인의 생활이므로, 송시는 일종의 학문의 냄새를 띠고 있다. 당시는, 특히 성당시는 자연 의상意象의 운용과 표현에 중점을 두었지만, 송시는 문화적 의상의 운용과 표현에 중점을 두었다. 이는 송시와 당시의 큰 차이이다.

소식蘇軾(1037−1101)은 북송 시단에서 가장 큰 성취를 이룬 시인으로, 전해지는 그의 시는 4천여 수가 된다. 그의 시는 정신이 호매하고 먹물을 뿌리듯 시원하고 자유롭다.(그림 11−3) 특히 그는 비유에 뛰어났다. 비유의 풍부함과 신선함과 적절함은 사람의 탄복을 자아낸다.

검은 구름이 묵을 뒤집어 산을 덮기도 전에	黑雲翻墨未遮山,
흰 빗방울 뱃전으로 어지러이 뛰어드네.	白雨跳珠亂入船.

—「6월 27일 망호루에서 취해 오절을 쓰며(六月二十七日望湖樓醉書五絕)」

서호를 서시에 견주어 본다면　　欲把西湖比西子,
옅은 화장 짙은 화장 모두가 어울리네.　　淡妝濃抹總相宜.
—「호수에서 술을 마시며—개었다가 비 내림(飮湖上初晴後雨)」

바닥 쓸고 향 사르고 문 닫고 잠을 자니　　掃地焚香閉閣眠,
대자리는 물무늬 같고 휘장은 연기 같아라.　　簟紋如水帳如煙.
—「남당南堂」 제5수

소식은 자연 현상과 일상생활을 묘시하는 데 뛰어났을 뿐만 아니라, 이들 평범한 대상으로부터 인생의 이치를 해석하는 데도 뛰어났다. 예컨대 「서림사 벽에 쓰다(題西林壁)」가 그러하다.

바로 보면 산마루나 옆에서 보면 산봉우리　　橫看成嶺側成峰,
원근과 고저 따라 그 모양 다르다네.　　遠近高低各不同.
여산의 참모습 알기가 어려운 건　　不識廬山眞面目,
이 몸이 이 산속에 와 있기 때문.　　只緣身在此山中.

남송의 애국시인 육유陸游(1125−1210)는 지은 시가 1만 수 가까이 된다. 그는 강서시파江西詩派에서 배우기 시작하였지만, 중년에 막부에 들어간 후 강서시파의 영향에서 벗어나 거대한 성취를 이루었다. 강서시파는 이전 시인의 시에서 시의 재료와 어휘를 찾아 자신의 시로 개작하였다. 육유는 고인들이 시를 쓰는 방법을 배워, 자신의 생활 속에서 시의 영감을 찾아 뛰어난 작품을 지었다. 그는 "문장에서 가장 금기해야 할 것은 남의 옷 쪼가리를 가져와 옷을 만드는 일이니(文章最忌百家衣)",[40] "책에서 가져온 건 결국은 깊지 못하더라.(紙上得來終覺淺)"[41]라고 했고, 또 "그대 시의 뛰어난 곳 내가 알아보느니, 바로 산길과 물길 속에 있더라.(君詩妙處吾能識, 正在山程水驛中.)"[42]라고 했다. 이들은 모두 강서시파의 폐단을 염두에 두고 말한 것이다. 육유의 시는 도연명 · 이백 · 두보 · 잠삼 · 백거이 등 대시인의 전통을 계승하고, 자신의 생활 실천에 뿌리를 두고 자신만의 독특한 풍격을 창조하였다. 쉽고 통창한 가운데 웅대하고 분발하는 힘이 있다. 그의 시는 강렬한 애국심을 표현하였다. 대표작인 「가을밤 지나 새벽이 되어 문을 나서다가 찬 기운을 맞으면서(秋夜將曉出籬門迎涼有感)」 제2수를 보자.

3만 리 황하는 동으로 바다로 들어가고	三萬里河東入海,
5천 길 화산은 위로 하늘에 닿아 있네.	五千仞嶽上摩天.
유민들은 오랑캐 먼지 속에 눈물이 다 말랐으니	遺民淚盡胡塵裏,
남쪽 향해 왕의 군대 기다리며 또 일년이 가는구나.	南望王師又一年.

또 「11월 4일 비바람이 크게 일어나(十一月四日風雨大作)」를 보자.

고적한 마을에 뻣뻣하게 누우니 절로 슬퍼	僵臥孤村不自哀,
아직도 나라 위해 윤대를 지킬 마음이어라.	尙思爲國戍輪臺.
밤늦도록 누워 듣나니 비바람 치는 소리	夜闌臥聽風吹雨,
철갑 두른 채 말 타고 언 강 건너는 꿈을 꾼다.	鐵馬冰河入夢來.

40 陸游, 「次韻和楊伯子主簿見贈」.

41 陸游, 「冬夜讀書示子聿」.

42 陸游, 「題廬陵蕭彦毓秀才詩卷後」.

그 밖에 일상생활을 묘사한 시들도 역시 정취가 넘친다. 예컨대「산 서쪽 마을에서 놀며(遊山西村)」에 나오는 "산과 물이 계속되어 길 없는 줄 알았더니, 푸른 버들 밝은 꽃에 또 마을이 있구나.(山重水復疑無路, 柳暗花明又一村.)"는 이미 널리 전송되는 명구가 되었다.

제3절

송대 내내 울려 퍼진 노랫소리

1. 사詞의 흥기와 전성

사詞는 '곡자사曲子詞'의 약칭이다. 청대 송상봉宋翔鳳(1776-1860)은 "글로 쓰면 사이고, 소리로 맞추면 곡이다.(以文寫之則爲詞, 以聲度之則爲曲.)"라고 하였다.[43] 사에 배합되는 음악은 연악燕樂으로, 이는 연회에서 연주되는 음악이다. 연악의 주요한 성분은 북주北周와 수대隋代 이래 서역에서 전래된 서북 각 민족의 음악이며, 악기는 비파가 중심을 이룬다. 사의 기원은 수대로 거슬러 올라간다. 송대 왕작王灼(1081-1160)은 『벽계만지碧鷄漫志』에서 "지금 우리가 말하는 곡자는 수대에 점점 일어나 당대에 이르러 약간 흥성했다.(蓋隋以來, 今之所謂曲子者漸興, 至唐稍盛.)"라고 하였다.[44] 송대 장염張炎(1248-1320)도 『사원詞源』에서 다음과 같이 말했다. "그 기원은 수당 시대에 시작되어 음악과 시의 사이에서 장단구를 이루었다.(粤自隋唐以來, 聲詩間爲長短句.)"[45] 「하전河傳」과 「유지柳枝」 등 나중에 흔히 쓰이는 사패詞牌는, 기록에 의하면 수대에 창시되었다. 가장 보수적

43 「香草詞 · 洞簫詞 · 璧齋詞附樂府餘論」, 3쪽, 『雲自在龕叢書』本, 제4집 제5책.
44 唐圭璋 編, 『詞話叢編』 제1책, 中華書局, 1986년, 74쪽.
45 위의 책, 255쪽.

인 추측이라 할지라도 사의 기원은 성당보다 늦지는 않을 것이라 본다. 왜냐하면 돈황에서 발견된 160여 수의 곡자사 중 일부는 성당 시기의 작품이기 때문이다.[46]

사의 흥기에서 주의할 만한 점은 사회문화적 배경이다. 사의 체재는 당대 이래 유행했던 주령酒令 예술과 관련이 있는데, 사 가운데 소령小令은 곧 주령에서 유래하여 만들어진 것이기 때문이다. 그러나 주령은 사대부 사이에서 유행되었을 뿐만 아니라 민간에서도 유행하여 이미 문화적인 색채를 띤 사회의 습속이 되었다. 사의 신속한 발전은 중당 이후의 일로, 백거이와 유우석 등은 초기의 영향력 있는 사인詞人이었다. 만당 오대에 이르러 온정균溫庭筠(812–870), 위장韋莊(836–910), 풍연사馮延巳(903–960), 이욱李煜(937–978) 등이 모두 사의 창작에 중요한 추진 역할을 하였다.

송대에 이르러 빠르고 높은 수준에 이른 송사宋詞의 번영은 당시唐詩와 병칭된다. 탕구이장(唐圭璋, 1901–1990)이 편찬한 『전송사全宋詞』를 가지고 보면, 수록한 사인은 1,330여 명이고, 작품은 1만 9,900여 수이다. 유명한 여러 시인들이 모두 사를 지었다. 예컨대 구양수, 왕안석, 소식, 황정견, 육유 등은 모두 사의 대가들이다. 그 밖에 범중엄范仲淹(989–1052)과 같이 문학으로 유명하진 않지만 뛰어난 사를 지은 일부 유명 정치가들도 있다. 물론 유영柳永(984–1053), 주방언周邦彦(1056–1121), 이청조李淸照(1084–1155), 강기姜夔(1154–1221)와 같이 주로 사를 지어 유명해진 더 많은 사인들이 있다. 사를 지은 사람들이 이처럼 광범위한 것으로 보더라

46 敦煌詞의 제작 연대에 대해선 아직 결론이 나지 않았다. 그러나 일반적으로 대개 武則天(재위 690–705) 말년부터 後晋 出帝의 개운 연간(944–947) 사이로 본다. 그중에 「感皇恩」(四海淸平) 등은 국가의 부강과 강성을 반영하였고, 「阿曹婆」(本當只言三載歸) 등은 부병제에 대한 불만을 나타낸 작품들로 모두 성당 때의 작품일 것이다. 王重民, 『敦煌曲子詞集』, 商務印書館, 1950년 참조.

도 사의 성황을 충분히 설명할 수 있다.

2. 도시의 번영과 문화 소비

송사의 번영은 사회적 오락 소비의 수요에 적응한 것으로, 그 자체가 일종의 문화 현상이었다. 송대에 도시의 규모와 도시의 수공업 및 상업 활동이 신속히 발전함에 따라 시민이 활약하였다. 당대 도시에서 서로 격리되었던 이방里坊 대신에 송대에는 교통과 상업에 편리한 가시街市가 만들어졌다. 가시의 양옆에는 점포가 즐비하게 들어섰으며, 그중에 적지 않은 것이 가무를 하는 기방妓房과 공연을 하는 와사구란瓦舍勾欄 등 오락 장소였다. 사의 가창은 이러한 여흥과 음주에 동반되는 오락 수단이었으며, 도시의 오락 수요에 적응하여 발전하였다.

유영柳永은 자주 기방을 출입하였으며, 벼슬에 뜻을 두지 않고 가기歌妓나 악공들과 교류하면서 스스로 '백의경상白衣卿相(평민 옷을 입은 고관)'이라고 불렀다. 비록 유영은 나중에 진사에 급제하여 둔전원외랑屯田員外郎이 되었지만, 공명을 경시하고 시정생활에 빠져 살았다. 그는 시정에서 필요로 하는 사를 짓는 데 전심전력을 투입하였다고 할 수 있다. 유영과 같은 유형의 문인이 출현하였다는 것은 문화의 중심이 시정으로 이동하고 있음을 보여 준다. 봉건시대 정통의 각도에서 보면 그는 일종의 유랑인(浪子)이지만, 문학의 각도에서 보면 그는 전문적인 시정 작가라 할 수 있다. 유영과 같은 종류의 작가는 위로는 만당 시기 온정균으로 거슬러 올라갈 수 있고, 아래로는 원대의 관한경關漢卿(1220-1300)과 명대의 풍몽룡馮夢龍(1574-1645)을 찾을 수 있다. 시정 작가의 출현은 문화사상 주의할 만한 현상이다.

3. 문인과 가기歌妓

다른 한 방면으로 송대 사대부의 생활은 여유로웠다. 그들은 경제적 조건이 좋았을 뿐만 아니라 여가도 있었다. 자주 모여 연회를 열었고, 연회 자리에서는 으레 가기歌妓가 노래했다. 가기가 노래하는 가사가 곧 사詞였다. 유영은 「옥호접玉蝴蝶」에서 다음과 같이 노래했다. "산호가 놓인 잔치 자리, 그녀는 물소 뿔 대롱의 새 붓을 쥐고, 향기로운 종이를 말아 들고, 새 노래에 붙일 가사를 청했지.(珊瑚席上, 親持犀管, 旋疊香箋, 要索新詞.)"[47] 이는 곧 주연에서 가기가 유영에게 가사를 청하는 상황을 표현한 것이다. 시정의 가기 이외에 일부 사대부의 집에서도 가기를 데리고 있었고, 그들이 직접 가사를 써서 가기들에게 부르게 하였다. 섭몽득葉夢得(1077−1148)은 『피서록화避暑錄話』 권상卷上에서 다음과 같이 기록했다.

> 안원헌공(안수晏殊, 991−1055)은 비록 일찍부터 부유하고 신분이 높았지만 오직 빈객을 좋아할 뿐으로, 하루라도 술을 마시지 않은 적이 없었다. …… 또 반드시 가기와 연주자를 동반하여 그 사이로 담소가 섞였다. 몇 번 노래를 돌아가며 부른 뒤면 자리는 이미 즐거운 분위기로 빛났다. 저녁이 되면 곧 가기와 연주자를 보내면서 말하였다. "너희들이 기예를 이미 다 보였으니 이제 내가 응당 기예를 보여야겠네." 그리고는 붓과 종이를 갖추고는 함께 시를 지었으니, 이것이 일상적인 일이 되었다.(晏元獻公雖早富貴, 而奉養極約, 惟喜賓客, 未嘗一日不燕飮. …… 亦必以歌樂相佐, 談笑雜出, 數行之後, 案上已燦然矣. 稍闌卽罷遣歌樂曰: "汝曹呈藝已遍, 吾當呈藝." 乃具筆札, 相與賦詩, 率以爲常.)[48]

47 『全宋詞』, 中華書局, 1986년, 41쪽.
48 『叢書集成』 初編, 『津逮秘書』에 근거한 排印本.

안기도晏幾道(1040-1112)는 『소산사小山詞』의 서문에서 다음과 같이 말하였다.

> 이전에 심렴숙과 진군총 집에 있던 연蓮·홍鴻·빈蘋·운雲 네 명의 가기歌妓가 맑고 높은 노래로 손님들을 즐겁게 했다. 매번 한 절을 지을 때마다 초고를 여러 아이들에게 주어 부르게 했다. 우리 세 사람은 술잔을 들고 들으며, 온통 웃으며 즐거워하였다.(始時沈十二廉叔·陳十君寵家有蓮·鴻·蘋·雲, 品淸謳娛客. 每得一解, 卽以草授諸兒. 吾三人持酒聽之, 爲一笑樂而已.)[49]

연蓮, 홍鴻, 빈蘋, 운雲은 모두 가기들이다. 재상 구준寇準(961-1023)도 사를 좋아하였는데, 1004년 거란에 패하여 단연지맹澶淵之盟을 맺고 나자 "진종眞宗이 사신을 보내 내공萊公(즉 구준)에게 전하기를 '재상은 술을 마시고, 곡자를 노래하고, 주사위를 던지고, 푹 자게나'라고 하였다.(眞宗使候萊公, 曰: '相公飮酒矣, 唱曲子矣, 擲骰子矣, 酣睡矣.')"[50] '곡자를 노래'하라는 것은 곧 곡자사를 노래하라는 뜻이다. 사대부 집안에서도 때때로 유행하는 사인의 가곡을 노래하였다. 예컨대 범중엄은 유영의 사를 좋아하여 "손님이 오면 곧 노래하였다(客至輒歌之)"는데[51] 이것이 바로 그 예이다. 강기姜夔(1155-1221)는 한동안 범성대范成大(1126-1193)의 집에 가서 묵었다. 강기가 떠날 때 범성대는 소홍小紅이라는 가기를 주었는데, 강기가 돌아가는 도중 "소홍이 노래하고 나는 퉁소를 분다(小紅低唱我吹簫)"[52]

---

49 『彊村叢書』本 『小山詞』 참조.

50 陳師道, 『後山集』 권18 「談叢」.

51 劉克莊, 「題湯梅孫長短句」, 『後村先生大全集』 권111, 『四部叢刊』本.

52 陸友仁, 『研北雜志』 卷下에 다음과 같은 기록이 있다. "小紅은 순양공(즉 범성대)의 歌妓로 재주와 미모가 있었다. 순양공이 은퇴한 후 강기가 찾아갔다. 하루는 공이 찰자를 주면서 새 곡을 구하자, 강기가 「暗香」과 「疏影」 두 곡을 만들었다. 범성대가 두 가

고 한 것도 생생한 예이다. 게다가 사를 노래하는 관기官妓도 있었는데, 진사도陳師道(1053-1102)의 『후산담총後山談叢』에 다음과 같은 기록이 있다.

> 가문원(즉 가창조賈昌朝, 998-1065)이 북도를 지키고 있을 때 구양영숙(즉 구양수)이 거란에 사신으로 갔다가 돌아왔다. 가문원은 관기들에게 술을 권하는 노래를 부르지 말하고 미리 말하였다. 가기들이 그리 하겠노라고 대답하였다. …… 연회가 시작되자 가기들이 술잔으로 인사하며 축수의 노래를 불렀고, 구양수는 술잔을 들고 귀 기울여 들으며 매번 술잔 가득 술을 따르게 하였다. 가문원이 기이하게 여겨 부르는 노래에 대해 물어보니 모두 구양수가 지은 사였다.(文元賈公居守北都, 歐陽永叔使北還. 公預戒官妓辦詞以勸酒, 妓唯唯. …… 旣燕, 妓奉觴歌以爲壽, 永叔把盞側聽, 每爲引滿. 公復怪之, 召問所歌, 皆其詞也.)[53]

4. 송사 발전의 다섯 단계

송사는 부단히 창신하고 변혁해 나가면서 번영의 국면이 유지되었다. 북송 전기 사단詞壇은 기본적으로 남당南唐의 사풍詞風이 연장되었기에, 안수와 구양수의 사풍도 모두 풍연사와 비슷하였다. 그들 세 사람의 작품도 종종 섞여 있어 판별해 내기 어렵다. 송사의 첫 번째 변혁은 유영柳永에서 시작된다. 유영은 만사慢詞를 발전시켰을 뿐만 아니라 사의 늘어놓

기에게 익히게 하니 음절이 맑고 부드러웠다. 강기가 吳興으로 돌아가니 공이 소홍을 주었다. 떠나는 날 밤 큰 눈이 내려 홍교를 지나며 노래하였다. '내가 지은 새 가사 더없이 멋들어져, 소홍이 노래하고 나는 퉁소를 분다. 곡이 끝나자 소나무 계곡의 길 다 건너와, 고개 돌려 바라보니 안개 속 10리 다리.(自琢新詞韻最嬌, 小紅低唱我吹簫. 曲終過盡松溪路, 回首煙波十里橋.)'" 『叢書集成』 初編本, 183쪽.

53 『後山居士文集』 권23, 上海古籍出版社, 宋刻 影印本, 1984년.

기 효과도 증가시켰다. 그는 사를 이속俚俗으로 끌고 내려왔으며, 대량의 속어를 사용하였고, 시민의 정취를 표현하여 사단에 새로운 분위기와 활기와 취미를 부여하였다. 유영의 사는 새로운 면모와 목소리로 넓은 층의 독자들을 정복하였다. 섭몽득은 『피서록화』에서 서하西夏에 사신으로 갔다가 돌아온 관리의 말을 기록하였다. "우물을 마시는 곳이라면 어디서든 유영의 노래를 들을 수 있다.(凡有井水飮處, 卽能歌柳詞.)"[54] 그의 대표작 「정풍파定風波」를 보자.

봄이 온 이래	自春來,
푸른 잎에 슬프고, 붉은 꽃에 시름겨우니	慘綠愁紅,
여인의 마음은 일마다 시들하여라.	芳心是事可可.
해는 이미 꽃가지 끝에 올라	日上花梢,
꾀꼬리가 버들 사이를 뚫고 다니는데	鶯穿柳帶,
나는 아직 비단 이불 속에 누웠어라.	猶壓香衾臥.
연유 같은 피부는 마르고	暖酥消,
구름 같은 머리는 산발한 채 늘어져	膩雲嚲,
하루 종일 무료하다가 게으르게 머리 빗고 화장한다.	終日厭厭倦梳裹.
어쩔 수 없어라!	無那!
가슴 아프게 박정한 사람 한 번 떠나가고선	恨薄情一去,
편지 한 장 없으니.	音書無個.
애초에 이럴 줄 알았으니	早知恁麽,
후회하는 건 당초	悔當初,

54 『石林避暑錄話』 권3, 上海書店, 1990년 涵芬樓 舊刻의 影印本, 2쪽.

그의 말안장을 잠그지 않은 일.	不把雕鞍鎖.
서재에다가	向鷄窓,
다만 그에게 종이와 붓만 주고	只與蠻箋象管,
시를 읊고 공부만 하게 할 것을.	拘束教吟課.
그러면 종일 함께 다니며	鎭相隨,
헤어지지 않았을 것을	莫拋躱,
나는 바느질하며 그의 옆에 앉았을 것을.	針線閑拈伴伊坐.
그러면 나로 하여금	和我,
젊은 세월을 허송하지 않게 했을 것을.	免使年少光陰虛過.

송사의 두 번째 변혁은 소식으로부터 시작된다. 그로부터 '염과艷科(낭만적인 장르)'라 칭해지는 사에 비로소 새로운 면모가 생겨났다. 사는 더 이상 오락이나 주흥을 돕는 수단으로 여겨지지 않게 된다. 소식은 시 쓰듯이 사를 썼으며, 사를 가지고 시의 전통적인 제재를 표현하였다. 그리하여 사가 시와 동등한 지위와 기능을 갖도록 하였다. 그의 호방사豪放詞는 수량이 많지 않지만 새로운 방향을 보였으며 심원한 영향을 일으켰다. 예컨대 「염노교念奴嬌-적벽 회고赤壁懷古」와 「수조가두水調歌頭(병신년 중추절에 새벽까지 마시고 크게 취하여 동생 자유를 그리며 짓다)」는 모두 천고의 절창이다. 「염노교-적벽 회고」를 보자.

장강은 도도히 동으로 흘러가며	大江東去,
천고의 영웅 호걸들을	浪淘盡,
다 휩쓸어 가버렸구나.	千古風流人物.
사람들은 옛 성터 서쪽이	故壘西邊, 人道是：
바로 삼국시대 주유周瑜의 적벽이란다.	三國周郎赤壁.
어지러이 솟아난 바위는 하늘을 뚫고	亂石穿空,

성난 파도는 강둑을 때리며 驚濤拍岸,
천 겹으로 쌓인 눈을 말아 올린다. 捲起千堆雪.
그림같이 아름다운 강산 속에 江山如畫,
한 시대 호걸들 얼마나 많았던가. 一時多少豪傑!

멀리 주유의 일을 생각노니 遙想公瑾當年,
절세미인 소교小喬를 맞아들일 때 小喬初嫁了,
영웅의 모습에 재기가 번득였지. 雄姿英發.
손에 깃부채 들고 두건을 쓰고서 羽扇綸巾,
담소하는 사이 談笑間,
적의 배는 잿더미로 날아갔지. 檣櫓灰飛煙滅.
고인의 혼령은, 유적지를 둘러보며 故國神游,
공업을 세우겠다는 나를 비웃으리라 多情應笑我,
이미 머리가 반백이 되었음을. 早生華髮.
인생은 그저 꿈만 같은 것 人間如夢,
강에 뜬 달에 술잔을 부으며 추모하네. 一樽還酹江月.

송사의 세 번째 변혁은 주방언으로부터 시작되었다. 그의 창신은 부賦를 짓는 방법으로 사를 지은 것으로, 즉 늘어놓기의 방법으로 사를 썼다. 그는 또 음률을 잘 알고 새로운 곡을 잘 만들 줄 알았다. 새로 만든 곡은 격률이 세밀하고 각 글자의 평상거입平上去入이 엄격하게 구분되었다. 때문에 음운이 청아하여 "서민의 분위기는 한 점도 없었다.(無一點市民氣)"[55] 그의 대표작 「서룡음瑞龍吟」을 보자.

55 沈義父, 『樂府指迷』.

번화한 장대 가는 길	章臺路,
아직 퇴색한 매화꽃이 달려 있는데	還見褪粉梅梢,
이제 복사꽃이 피기 시작하네.	試花桃樹.
아직 기방의 거리는 고요한데	愔愔坊陌人家,
제비들만 집을 찾아	定巢燕子,
예년의 그 자리로 돌아왔구나.	歸來舊處.
울적한 마음으로 걸음을 멈춘 건	黯凝佇.
정을 준 소녀가 생각났기 때문	因念箇人痴小,
마침 그녀는 문에 기대 나를 보았지.	乍窺門戶.
이른 아침 이마에는 궁황을 발랐고	侵晨淺約宮黃,
소매가 바람에 흔들리고	障風映袖,
아리땁게 웃으며 말하였지.	盈盈笑語.
예전의 내가 다시 와	前度劉郎重到,
이웃과 집들을 헤매며	訪隣尋里,
그녀와 함께 노래하고 춤추던 사람을 찾네.	同時歌舞.
오직 예전의 추낭秋娘만이	唯有舊家秋娘,
명성과 몸값이 변함없구나.	聲價如故.
내 다시 종이를 꺼내 사를 지으니	吟箋賦筆,
그때 그녀에게 지어 준 사가 기억나는구나.	猶記燕臺句.
이제 그 누가 나와 함께하며	知誰伴,
정원에서 술을 마시고	名園露飮,
성 동문까지 한가히 거닐랴.	東城閑步.
옛일은 외기러기와 함께 날아갔구나.	事與孤鴻去.
봄을 찾아 왔건만	探春盡是,

오히려 이별의 감상만 가득해라. 傷離意緖.
한길 옆으로 버들이 금실을 늘어뜨리고 官柳低金縷,
말을 타고 돌아오는 저녁 歸騎晩,
연못 위로 가는 비가 날리네. 纖纖池塘飛雨.
애 끊어지는 정원에 斷腸院落,
주렴 가득 날리는 버들개지. 一簾風絮.

송사의 네 번째 변혁은 북송과 남송 사이에 활동한 신기질辛棄疾에서 나타났다. 그의 사는 호방하기로 이름났기에, 그는 소식과 병칭하여 '소신蘇辛'이라 불렸다. 그러나 그의 호방은 소식의 호방과 완전히 같지 않다. 소식은 시를 쓰는 방식으로 사를 썼고, 신기질은 문장을 쓰는 방식으로 사를 썼다. 신기질은 의론, 설리說理, 경사經史, 백가百家, 문답, 대화 등을 가져와 사를 썼다. 그의 사에는 맹자의 웅변이 있는가 하면 장자의 궤기詭奇가 있고, 한유의 불평지명不平之鳴이 있는가 하면 유종원의 수골준어秀骨俊語가 있다. 그의 사는 기세가 강하고 언어가 적절하며, 종횡으로 자유롭게 운행하여 동시대의 누구도 따를 수 없었으니, 참으로 갑자기 사단詞壇에 나다난 지원군과 같았다. 그의 「파진자破陣子」를 보자.

취하여 등 심지 돋우고 검을 바라보니 醉裏挑燈看劍,
꿈에서 보이던 군영의 호각소리. 夢回吹角連營.
'팔백리' 소를 잡아 휘하에 나누어 구워 먹고 八百里分麾下炙,
오십현 악기로 변새의 비장한 노래 연주한다. 五十弦翻塞外聲,
전장에서 사열하는 가을 열병. 沙場秋點兵.

말은 적로마처럼 날듯이 빠르고 馬作的盧飛快,
활은 우렛소리 내며 활줄을 떠난다. 弓如霹靂弦驚.

군왕을 위하여 천하를 통일하고	了却君王天下事,
생전과 사후에 걸쳐 아름다운 명성 얻고자 했으나	贏得生前身後名,
안타까워라, 이미 백발이 자랐으니!	可憐白髮生!

사의 다섯 번째 변혁은 남송 사인 강기姜夔부터 시작된다. 그는 또 하나의 길을 열었고, 사달조史達祖(1163-1220)·오문영吳文英(1212-1272)·장첩蔣捷(1245-1301)·주밀周密(1232-1308)·왕기손王沂孫(1230-1291)·장염張炎(1248-1320) 등이 그를 추종하면서 남송 후기 사단의 주류가 되었다. 강기는 음악 이론에 정통하고 악곡을 창작할 수 있었다. 그의 풍격에 대해 유희재劉熙載(1813-1881)는 '유운냉향幽韻冷香(그윽한 소리와 차가운 향기)'이라 개괄하였다. 그리하여 그는 연미軟媚(부드러움과 매력), 호방豪放, 정공精工(성교하고 잘 짜임) 이외에 자신의 세계를 만들었으며, 남송 사단에서 큰 영향을 미친 사인이 되었다. 그의 「암향暗香(섬세한 향기)」과 「소영疎影(성긴 그림자)」은 남송 사단의 걸작이라 할 수 있다.

위에서 말한 사인 이외에 북송의 진관秦觀(1049-1100)과 남송의 이청조李淸照(1084-1155)도 각기 독특한 특색을 가진 작품으로 많은 독자들의 환영을 받았다. 진관의 사는 완약婉約하면서도 전아함을 잃지 않았다. 유명한 구로는 "두 사람의 마음이 오래도록 갈 수 있다면, 또 어찌 아침저녁으로 만날 필요 있으랴.(兩情若是久長時, 又豈在朝朝暮暮.-「작교선鵲橋仙」.)"가 있다.

이청조는 여사인女詞人이다. 사詞라는 장르는 특히 여성 작가에게 더욱 적합할 듯한데, 송대와 송대 이후에 사에 뛰어난 여성이 적지 않았지만, 문학적 성취에 있어서는 이청조가 가장 뛰어나다. 이청조의 사는 비록 규중 생활을 묘사했지만, 그녀는 북송 말기에 살았으므로 북송의 멸망과 이로 인해 일어난 가정의 불행을 직접 겪었기에 사 속에 깃든 애상도 시대의 비극을 반영하고 있다. 이는 다른 사인이 도달하기 어려운 부분이다.

「성성만聲聲慢」은 그녀의 대표작이다.

찾고 또 찾았으나	尋尋覓覓,
있는 것이라곤 맑고 냉랭함	冷冷淸淸,
처연하고 참담하고 근심스러워라.	悽悽慘慘戚戚.
따뜻함이 쉽게 추위로 뒤바뀌는 때	乍暖還寒時候,
쉬기도 가장 어려워라.	最難將息.
석 잔이나 두 잔의 술로	三杯兩盞淡酒,
어찌 견딜 수 있으랴	怎敵他,
저녁 무렵 불어오는 빠른 바람을.	晚來風急.
기러기 지나가	雁過也,
마침 마음 아프니	正傷心,
예전에 소식 보내던 기러기였던가.	却是舊時相識.
마당 가득 노란 꽃잎 쌓여	滿地黃花堆積.
지극히 초췌하니	憔悴損,
이제 그 누가 따려 하랴?	如今有誰堪摘.
창문 앞에 앉아	守著窗兒,
홀로 어찌 새벽까지 견디랴.	獨自怎生得黑.
오동잎에 가는 비 떨어져	梧桐更兼細雨,
황혼이 되자	到黃昏,
후두둑 소리 들린다.	點點滴滴.
이러한 광경을	這次第,
'근심'이란 말로 어찌 다 말할 수 있으랴.	怎一個愁字了得.

사의 체제와 풍격이 시와 다른 점에 대해 왕국유王國維(1877-1927)는

『인간사화산고人間詞話刪稿』에서 다음과 같이 말하였다. "사 장르는 아름답고 섬세하다. 시가 말할 수 없는 것을 말할 수 있지만, 그렇다고 시가 말할 수 있는 것을 모두 말할 수 있는 것은 아니다. 시의 경계는 광활하고 사의 언어는 길다.(詞之爲體, 要眇宜修. 能言詩之所不能言, 而不能盡言詩之所能言. 詩之境闊, 詞之言長.)"[56] 먀오웨(繆鉞, 1904-1995)는 『논사論詞』에서 사의 특징을 '문소文小(문체가 소품이다)', '질경質輕(본질이 가볍다)', '경협徑狹(길이 좁다)', '경은境隱(의경이 개인적이다)'으로 들었다.[57] 송대 300여 년 동안 위로는 조정에서 아래로는 시정에 이르기까지 노래하면서 중국 문학에 더욱 세밀한 감각과 표현을 추가하였고, 중국 문화도 더욱 풍부하고 다채로운 면모를 갖게 되었다.

56 『校注人間詞話』 卷下, 徐調孚 校注, 中華書局, 1955년, 48쪽.
57 繆鉞, 『詩詞散論』「論詞」, 上海古籍出版社, 1982년, 56-61쪽.

제4절

희극의 늦은 등장과 휘황한 성취

1. 늦게 등장한 희극

중국의 서정시와 비교할 때 희극戲劇의 성숙은 아주 늦어, 원대에 이르러서야 잡극雜劇이 나타났다. 이때가 되어서야 비로소 성숙한 희극 형식이 생겨났다. 고대 그리스의 희비극과 비교한다면, 중국의 희극은 크게 늦은 셈이다. 어떤 민족에 있어 하나의 문학 체재가 일찍 성숙했느냐 아니냐의 여부에 따라 문명 수준의 고하가 결정되는 것은 아니다. 때문에 중국 서정시가 일찍 나왔다고 해서 중국 문명의 수준이 높다고 할 수 없는 것처럼, 중국의 희극이 늦게 나왔다고 해서 중국 문명의 수준이 낮다고 할 수 없다. 그러나 어떤 민족에 하나의 문학 체재가 일찍 나오고 다른 하나의 문학 체재는 늦게 나온다는 것은 그 민족 문명의 어떤 특징을 반영한다. 고대 그리스 희비극은 고대 그리스 신화의 기초 위에서 발전했고, 고대 그리스 신화에서 표현하는 사람과 사람의 충돌, 신과 신의 충돌, 특히 사람과 운명의 대항 등 이러한 충돌과 대항은 마침 희극의 요소를 구성한다. 게다가 고대 그리스는 도시국가가 발달하고 도시국가 안에는 시민이 집중하여 희극의 연출에 많은 관중이 관람할 수 있어 희극이 쉽게 발전하였다. 중국 고대에도 비록 풍부한 신화가 있었다고 하더라도 중국의 신화는 고대 그리스 신화 중의 충돌과 대항의 주제가 부족하여, 이 때문에 강렬한 극적 충돌이 일어나기 힘들었다. 중국 고대의 농업사회에서는 비록 인구가 많은 도시도 일부 있었지만, 전체적으로 볼 때 농민의 거주는 분산되어 있어 희극의 집중된 관중이 되기 어려웠으니, 이 점도 희극의 발전을 저해했다. 그러나 서정시는 비옥한 토양을 가질 수 있었고, 그리하여 중국은 시의 나라가 되었다.

중국 희극의 요소는 상고 시대의 원시 가무와 제사로 거슬러 올라갈 수 있다. 이후 춘추시대와 전국시대 사이에 전문적으로 골계로 사람을 즐겁게 만드는 배우俳優를 비롯하여, 한대에 경기 위주의 각저角抵, 당대 유행했던 참군희參軍戲 등 각종 희극의 요소가 배태 과정에서 더해졌다. 이들은 모두 중국 희극의 형성에 필요한 준비이기도 했다. 길고 긴 배태 과정을 거쳐 송대에 이르러 잡극雜劇이라는 형식이 발전하기 시작하였고, 금대에는 원본院本이 나타났다. 송대 잡극과 금대 원본은 중국 희곡戲曲의 추형雛形이다.

2. 희극과 도시 문화

원대에 이르러 지식인의 지위가 크게 떨어져, 그들의 지혜와 재능을 정치적으로 발휘할 수 없게 되자, 정통의 지위를 가지던 시문도 그들과 거리가 생기게 되었다. 그리하여 그들은 희극의 창작을 선택하게 되었고, 자신의 지혜와 재능을 관중들에게 직접 호소하고 사회 하층 속에서 지음知音을 찾게 되었다. 이러한 배경 아래 잡극雜劇과 남희南戲라는 두 가지 종류의 희극 형식은 신속하게 흥성하여 전성기로 나아갔다. 희극의 연출 활동은 도시를 중심으로 하여 주변으로 퍼져나갔고, 북방과 남방을 걸쳐 두루 보급되었다. 희극 작가들은 서회書會를 조직하여 서로 예술을 절차탁마했으며, 희극 연기자들은 구란勾欄에서 연기하면서 적지 않은 여자 연예인들이 그 기예로 세상에 유명해졌다. 일부 희극 작가와 연기자들은 진지한 우애를 맺기도 하였다. 예컨대 관한경과 주렴수珠簾秀, 양현지楊顯之와 순시수順時秀, 백박白樸(1226–1306)과 천연수天然秀 등이다. 그들 사이에는 모두 예술적 정취가 넘치는 아름다운 이야기가 있다. 원대 내내 이러한 희극의 분위기가 가득 차 있었으며, 풍성한 성과가 이루어졌다. 왕지쓰(王季思, 1906–1996)가 편찬한 『금원희곡金元戲曲』의 통계에 따르면 현존하는 원대 희곡의 극본은 모두 200종 이상이며, 제목만 남겨진 레퍼토리까지 더한다면 약 800종이 된다. 그 밖에 여러 가지 저록되어 있지 않은 극본까지 포함한다면 얼마나 될지 통계를 내기 어렵다. 원곡元曲은 중국 문학사에서 당시, 송사와 함께 숭고한 지위를 얻게 되었다.

3. 산곡

원곡은 세 가지 하위 장르로 나눌 수 있다. 즉 산곡散曲, 잡극雜劇, 남희南戲이다.

원 산곡은 남송 이래 민간에서 점진적으로 형성된 새로운 가곡 형식이다. 이는 시사詩詞와 마찬가지로 서정과 서경을 하며, 동시에 원 잡극의 주요 구성 부분인 곡사曲詞를 이룬다. 산곡의 작가는 불완전한 통계이지만 200여 명이 되며,[58] 아래로 서회書會의 재인부터 위로는 고관에 이르기까지 산곡을 지었다. 유명한 산곡 작가로는 관한경, 백박, 마치원馬致遠(1250–1321), 노지盧摯(1242–1314), 장가구張可久(1270–1348), 교길喬吉(1280–1345), 장양호張養浩(1270–1329), 휴경신睢景臣(1275–1320) 등이 있다. 마치원의 「천정사天淨沙–추사秋思」는 사람들의 입에 회자되는 작품이다.

58 隋樹森, 『全元散曲』에는 모두 212명의 작품을 수록했다.

마른 등나무, 오래된 고목, 저녁 까마귀	枯藤老樹昏鴉,
작은 다리, 흐르는 시내, 사람	小橋流水人家,
길, 서풍, 여윈 말.	古道西風瘦馬.
석양은 서산으로 지는데	夕陽西下,
하늘 끝에 서 있는 애끊는 사람.	斷腸人在天涯.

4. 잡극과 대도

원 잡극은 북방에서 일어난 일종의 새로운 문예 형식으로 전기와 후기로 나뉜다. 전기는 금나라 말(1234)부터 원나라 대덕 연간(1297-1307)까지 근 100년이다. 후기는 대덕 연간부터 원나라 말(1368)까지 약 60년간이다.

전기는 원 잡극의 전성기이다. 이때 잡극의 중심은 대도大都(지금의 북경)였다. 왕운王惲(1227-1304)의 「일식시日蝕詩」에 따르면 당시 대도의 주민은 10만 가호였다고 한다. 그중 대다수는 각종 노동자와 상인 등이 포함된 하층 시민들이다. 잡극은 바로 이러한 그들의 오락에 대한 수요에 적응되어 흥성하기 시작한 일종의 도시 문화 형식이었다.(그림 11-4) 유명한 잡극 작가로는 관한경, 왕실보王實甫(활동 1295-1307), 백박, 마치원, 양현지, 고문수高文秀(활동 1270), 강진지康進之, 석군보石君寶(1192-1276), 기군상紀君祥 등이 있다.

5. 관한경과 왕실보

관한경은 대도(지금의 북경) 사람으로 그 호적은 태의원호太醫院戶에 속했다. 그 역시 일찍이 유가 경전을 숙독했지만 과거가 폐지되면서 관료사회에 들어설 기회가 없어지자 시정市井을 향할 수밖에 없었다. 그는 하

그림 11-4 산서성 홍동洪洞 수신묘水神廟 명왕전明王殿 원대 벽화 「잡극도」.

층 사회로부터 문화적 영양을 섭취하여 잡극과 산곡의 창작에 투신하였고, 대도에서 극단의 이름 높은 좌장이 되었다. 그는 일생 동안 60여 종의 잡극을 썼는데, 이중 현재 보존된 것은 18종이다. 관한경의 작품으로 확정되면서 동시에 그의 성취를 대표할 수 있는 중요한 작품으로는『두아원竇娥冤』,『구풍진救風塵』,『배월정拜月亭』,『망강정望江亭』,『단도회單刀會』등이다.『두아원』은 강렬한 예술적 감흥을 일으킨다. 제3절 두아가 고문을 당할 때 부르는「곤수구滾繡球」를 보자.

해와 달이 아침저녁으로 떠서 옳고 그름을 바라보고
신령이 생사의 권한을 관장하고 있구나.
천지는 다만 맑고 흐림을 분간해야 마땅하거늘
어찌하여 도척과 안연을 분간하지 못하는가!
착한 사람이 빈궁하면서 더욱 단명하고
악한 사람이 부귀를 누리고 오래 사는구나.
하늘과 땅도 강자에 약하고 약자를 속이니
오히려 원래 이렇게 형세를 따라 흘러갔구나.
땅이여, 네가 옳고 그름을 구별 못하면 어찌 땅이겠는가?
하늘이여, 네가 현명과 어리석음을 판별 못하면 하늘도 헛된 것 아닌가!
아아. 그저 두 줄기 눈물만 줄줄 넘치는구나.
(有日月朝暮懸, 有鬼神掌著生死權. 天地也只合把清濁分辨, 可怎生糊突了盜蹠顔淵!
爲善的受貧窮更命短, 造惡的享富貴又壽延. 天地也做得個怕硬欺軟, 却原來也這般順水推船. 地也, 你不分好歹何爲地? 天也, 你錯勘賢愚枉做天! 哎, 只落得兩淚漣漣.)

관한경의 잡극은 사회 각 방면의 모순과 충돌을 드러내고, 각계각층의 생활 면모를 반영하였으며, 일련의 전형적인 인물을 빚어내었다. 그러나 그는 생활 자체의 본래 모습을 쓰지 않고 종종 실제의 문제를 비실제적으로 해결했으며, 심지어 어떤 때는 생활의 논리를 버리고 주관적인 바람으로 일부 비극적 이야기에 희극적인 결말을 부여하였다. 예컨대 『구풍진』에서 조반아趙盼兒는 의자매 송인장宋引章이 악당 주사周舍에게 시집간 후 번번이 구타를 당하며 학대를 당하자, 주사를 유혹하여 환심을 얻고 그가 송인장과 이혼장을 쓰게 하여 헤어지게 해 놓고서는 다시 주사를 차 버렸다. 양편의 세력 대비에서 조반아가 불리했지만 관한경은 연약한 편이 이기도록 했고, 줄거리에 낭만적인 색채를 부여하였다. 그 밖에 『단도회』도 열정이 넘치는 필묵으로 관우關羽를 노래했으며, 관우의 곡사는 강개하고 호방하다. 예컨대 제4절 중의 다음 구절을 보자.

장강은 동으로 흐르며 물결 천 겹인데
수십 명을 이끌고
이 작은 배를 저어 가노라.
저 높은 구중궁궐이 아니라
바로 천 길 호랑이 굴로 향하니
대장부 마음속에 계획을 하고
나는 이 단도회를 마을 제사쯤으로 여기노라.
(大江東去浪千疊, 引著這數十人, 駕著這小舟一葉. 又不比九重龍鳳闕, 可正是千丈虎狼穴, 大丈夫心別, 我覷這單刀會似賽村社.)

왕실보는 생애와 행적이 잘 알려지지 않았다. 그의 죽음을 조문하며 가중명賈仲明(1343-1422)이 지은 「능파선凌波仙」에서 그가 '풍월영風月營'이나 '앵화채鶯花寨'와 같은 연예인 모임 장소에 다닌 정황을 볼 수 있다. 이로부터 그는 관한경과 마찬가지로 시정 속에 살았던 희곡 작가였음을 알 수 있다. 그가 지은 잡극은 14종이 되지만, 완정하게 보존된 것은 극히 적다. 그의 대표작은 『서상기西廂記』로, 이는 중국 고대 애정극愛情劇 가운데 가장 뛰어나고 가장 영향력 있는 작품으로 반봉건 주제가 선명하다. 왕실보는 복잡한 서사 대립 속에 개성이 다른 인물들을 각화해 내었으며, 인물의 언어마저 고도로 개성적인 성격을 부여하였다. 장생張生의 말은 치기가 있으면서도 진지하고, 또 종종 심중의 말을 직설적으로 표현하여 자신의 심사를 모두 쏟아낸다. 게다가 과장의 분위기를 띠며 유머가 풍부하다. 앵앵鶯鶯의 말은 함축적이고 온화하면서, 감상의 정조와 청려淸麗한 색채를 띠고 있다. 홍낭紅娘의 말은 발랄하고 유머감이 있으며, 기지가 있고 날카로워 정문일침의 효과가 있다. 『서상기』의 곡조는 우아하고 수려하며, 그중에 많은 곡은 송사宋詞의 의취가 있으면서 동시에 원대 소령小令의 풍격을 가지고 있어 시정화의詩情畫意가 풍부하다. 특히 「장정송별長亭送別」 대목은 정경교융情景交融이 잘 이루어졌으며, 낭랑하게 낭송하기 좋다.

(정관)(단정호) 벽옥색 하늘의 구름에 노란 국화꽃 깔린 땅, 서풍은 빠른데 북녘의 기러기 남으로 날아가네. 저녁 되어 그 누가 숲을 취하도록 붉게 물들였나? 이 모두가 이별의 눈물인 것을.

(곤수구) 늦게 만났음을 한스러워하고, 빨리 떠남을 원망하네. 버들가지로 총마를 붙들어 매지 못하니, 성긴 숲에게 기우는 석양을 머물게 해 달라 청할 수 없음이 한스러워라. 너의 말은 느릿느릿 걷지만 나의 수레는 빠르게 따르는데, 오히려 그리워하는데도 떨어져 있어야 한다고 말하니, 만나자마자 또 일치감치 이별이구나. "이제 가오"란 한마디 듣자마자 나의 금비녀가 느슨해지는구나. 멀리 역참을 바라보니 옥 같은 피부의 살이 빠지는데 이 한스러움을 누가 알랴!

[(正官)(端正好) 碧雲天, 黃花地, 西風緊, 北雁南飛. 晩來誰染霜林醉? 總是

離人淚.

(滾繡球) 恨相見得遲, 怨歸去得疾. 柳絲長玉驄難繫, 恨不倩疏林掛住斜暉. 馬兒迍迍的行, 車兒快快的隨, 却告了相思迴避, 破題兒又早別離. 聽得道一聲去也, 鬆了金釧. 遙望見十里長亭, 減了玉肌. 此恨誰知!]

백박은 그의 부친이 일찍이 금나라에서 관리로 있었고, 금나라가 망하자 사방을 떠돌아다니게 되었다. 그는 공연장을 드나들었고, 평생 벼슬을 하지 못했다. 이렇게 보면 그 역시 하층 지식인이었음을 알 수 있다. 그의 대표작은 당 현종과 양귀비의 이야기를 다룬 『오동우梧桐雨』이다. 당나라 때 현종은 만년에 황음하고 혼용하여 안사의 난이 일어나게 되었기에, 작가는 이 방면에 있어 역사적 교훈을 총결하는 뜻이 있어 보인다. 그러나 희곡에서 구체적으로 당 현종과 양귀비의 관계에 대해 쓸 때는 오히려 일종의 진지한 사랑을 칭송하는 듯 보인다.

마치원의 대표작은 『한궁추漢宮秋』이다. 왕소군王昭君이 흉노에 시집가면서 변경을 나가는 이야기로 왕소군의 절기를 칭송하고 그녀의 한나라에 대한 충정을 부각시켰다. 동시에 모연수毛延壽라는 인물을 빌려 뇌물을 받는 탐관들과 나라를 팔아 자신의 부귀를 구하는 신하들을 비판하였다.

기군상의 『조씨고아趙氏孤兒』는 유럽에 가장 먼저 유행한 중국 극본으로, 유럽에서 일찍이 상당히 열렬한 반향을 일으켰다. 먼저 프랑스어로 번역되어 1735년에 출간되었다. 나중에 다시 영어, 독일어, 러시아어 등으로 번역되었다. 프랑스 작가 볼테르는 1755년 이를 개작하여 『중국의 고아』라 이름 붙이고 파리에서 공연하였다.

6. 남희와 온주

대략 원 성종成宗 대덕 연간(1297-1307) 말기부터 잡극 창작의 중심지가 점점 북방의 대도에서 남방의 항주로 옮겨 갔다. 이때부터 원대 말기까지를 원 잡극 발전의 후기라 한다. 후기의 원 잡극은 작가와 작품의 수량이 감소하였고, 작품의 질도 떨어져 잡극의 창작이 쇠미해져 갔다. 작가 가운데 이름을 찾을 수 있는 사람이 20여 명밖에 안 되며, 이중 현존하는 작품을 남긴 작가는 불과 열 몇 명밖에 안 된다. 작품의 제재는 대부분 역사 이야기에서 취했으며, 봉건 윤리 도덕과 은일 또는 신선 찾기를 선양하는 것이며, 예술적 효과노 비교적 평범하다. 정광조鄭光祖(1264-?)는 이 시기 가장 높은 성취를 이룬 작가이다. 그의 대표작 『천녀이혼倩女離魂』은 당내 신현우陳玄祐(활동 766-779)의 전기소설 「이혼기離魂記」에서 소재를 가져온 것으로, 낭만적인 색채가 짙은 사랑 이야기이다. 작품은 천녀의 형상을 허실을 섞어 각화함으로써 망연한 젊은 여인의 심리와 몸을 잃은 영혼의 사랑을 적절하게 표현하였다. 그 세밀한 점은 원작인 「이혼기」보다 훨씬 뛰어나다.

북송 말년부터 중국 남방에서는 일종의 새로운 희곡이 유행했는데 곧 남희南戲이다. 남희는 온주溫州에서 기원했다. 그 원인을 보면, 한편으로 남조 이래 온주의 문화가 비교적 발달하였고, 다른 한편으로 온주는 무역 항구로 상업이 발달하고 경제가 번영하면서 도시 인구가 집중되었기에 이러한 조건이 남희의 형성과 성장에 유리했다. 남희가 등장하자 비록 통치자들이 금지시켰지만 인민 대중이 좋아하였기 때문에 점점 전해지게 되었다. 먼저 임안臨安(지금의 항주)에 전해졌고, 여기서 성숙한 희곡예술로 발전하였다. 임안은 남송의 수도로, 이곳에는 예술 공연 장소가 많았다. 『무림구사武林舊事』의 기록에 의하면 성 안팎으로 와자瓦子가 23곳이며, 각 와자에는 약간의 구란勾欄이 있어 고정된 연출 장소로 사용되었다. 이 밖에도 또 일부 이동하며 연출하는 예인藝人들이 있었다. 임안의 와사瓦舍에서 공연이 번성하자 서회書會 조직이 나타났다. 이들 서회는 적지 않은 극본을 썼으며, 이는 남희의 성숙과 발전을 촉진시켰다. 남송이 망하고 원나라가 들어서자 북방의 잡극이 남하하였고, 남희도 쇠락하였다. 그 후 원대 말기에 남희는 잡극의 장점을 흡수하여 다시 흥성하기 시작하였고, 명청 전기傳奇의 기초를 닦았다.

남희의 극본은 대부분 하층 문인과 예인의 손에서 나왔다. 송원 시기의 복잡한 사회 상황을 다방면으로 반영하였고 인민 대중의 애증을 표현하였다. 그중에 혼인 문제를 반영한 레퍼토리가 약 1/3 이상 된다. 『장두마상墻頭馬上』과 같은 작품은 혼인의 자유를 쟁취하기 위해 투쟁한 내용이다. 『왕괴부계영王魁負桂英』은 서생이 출세한 후 조강지처를 버리는 내용이다. 이러한 부류의 극을 '혼변婚變'이라고 한다. 송원 남희는 원래 민간에서 창작되었고, 그 극본도 사제지간으로 전승되었기 때문에 간행하는 기회도 거의 없었다. 게다가 통치자들이 금지했기 때문에 보존되어 내려오는 것이 비교적 적다. 명대 사람들이 개작한 것 중에 유명한 것으로는 『형차기荊釵記』, 『배월정拜月亭』, 『살구기殺狗記』가 가장 유명하다. 여기에 『유지원 백토기劉知遠白兎記』를 더하여 '형유배살荊劉拜殺'이라고 약칭하고, '사대 전기四大傳奇'라고 한다.

그러나 남희에서 가장 뛰어난 작품은 고명高明(1305-1371)이 지은 『비파기琵琶記』이다. 이는 조오낭趙五娘과 채백개蔡伯喈 사이의 이야기로, 남송 때 이미 민간 설창문학說唱文學의 제재로 채용되었다. 『비파기』에서 변경한 가장 중요한 부분은 주인공 채백개를 나라에 충성하고 부모에도 효도하는 정면 인물로 바꾼 점이다. 그는 벼슬에 나가지 않고 전원에서 은거하고 살기를 바랐다. 그는 성격이 연약하여 외부의 압력에 어쩔 수 없이 따르다 보니 스스로 모순과 고민 속에 빠져들게 되었다. 그가 우 승상牛丞相의 집에 데릴사위로 들어간 사이, 그의 조강지처 조오낭은 고향에서 봉건 여성의 도를 지키면서 도처에 '정절'과 '효도'를 다하며, 전심으로 시어머니를 모셨다. 『비파기』는 봉건 도덕을 극력 선양하면서 동시에 봉건사회의 일부 어두운 현상을 폭로하였다. 예컨대 우 승상의 전횡과 지방 관리의 탐욕과 불법 이외에도, 기근을 당한 농촌도 비교적 진실하게 묘사하였다. 『비파기』의 예술적 성취에 있어 사람들이 가장 높이 칭찬하는 부분은 작품의 구조 부분이다. 채백개와 조오낭 두 사람은 도성과 진류陳留 두 곳에서 각기 다른 생활을 하였고, 두 갈래로 이야기가 전개되면서 서로 대비되고 교착하여 진행된다. 채백개는 비록 공명과 부귀를 얻었지만 자유를 잃어 후회와 고민에 빠진다. 조오낭은 채백개를 위해 가정의 무거운 부담을 걸머지고 날마다 채백개가 돌아오기만을 기다린다. 한쪽에선 동방화촉에 연꽃 핀 연못에서 피서를 하고 중추절에 보름달을 감상하지만, 다른 한쪽에선 빼앗긴 양식을 구하고 쌀겨로 연명하며 머리카락을 잘라 장례를 치른다. 두 갈래 서사는 서로 대조되며 뛰어난 극적 효과를 거둔다.

7. 중국 희극의 특색

원대 희곡의 줄거리는 대단원으로 결말이 이루어진다는 점에서 대체로 비슷한 틀을 가지고 있다. 선량한 사람은 어떠한 고난을 겪더라도 대부분 결말이 원만하게 끝나며, 억울한 사건은 비록 생전에 풀리지 않더라도 사후에는 해소되며, 사랑하는 젊은 남녀는 그 과정이 아무리 힘들더라도 결국 부부가 되며, 악인은 아무리 강대하더라도 최후에는 징벌을 받으며, 정의는 어떠한 시련을 밟는다 하더라도 결국에는 회복된다. 이러한 대단원의 틀은 중국인의 낙관적인 민족 심리를 반영한 것으로, 각종 레퍼토리에서 광범위하고 반복적으로 연출되었으며, 거꾸로 중국인의 이러한 심리 상태를 강화하였다.

중국 희극은 유럽의 희극과 비교할 때 강렬한 민족적 특징을 갖는다. 첫째, 허의성虛擬性이다. 무대 위에 도구를 설치하지 않거나 설치하더라도 아주 적다. 주로 연기자의 동작, 곡사曲詞, 빈백賓白을 통해 인물 활동의 배경을 제시한다. 이로부터 중국 희곡의 추상화와 정식화程式化의 특징이 나온다. 둘째, 중국의 희극은 시작부터 끝까지 가극歌劇으로 음악이 중심을 이룬다. 노래, 동작, 대사, 무술 등 각종 요소 가운데 노래가 주도적인 지위를 차지한다. 그러므로 중국인들은 종종 '청희聽戲'라고 말하며, 고대의 연희무대 배치도 관중이 무대의 정면을 반드시 마주하고 있지는 않다. 중국 희극이 음악을 중심으로 한다는 특징을 알고 있다면, 이러한 점이 이상하지 않을 것이다.

제5절

와사와 구란 중의 설창예술

1. 중국 소설의 성숙 : 당 전기

당 전기傳奇는 당대에 발전하기 시작한 일종의 새로운 소설이다. 육조의 지괴소설志怪小說에 비해 크게 진전하였다. 지괴소설의 내용은 주로 귀신과 괴이한 일을 기록한 것인데, 당 전기는 비록 기이한 내용이 있다고 해도 대부분 현실 생활에서 제재를 취하였다. 지괴소설은 지괴를 사실로 여기기 때문에 의도적인 허구의 소설이 아니지만, 당대 사람들은 전기에서 비로소 의식적으로 소설 창작에 종사하였다. 전기의 출현은 소설사의 일대 비약으로 중국 소설이 성숙한 단계에 들어섰음을 나타낸다.

당 전기가 흥기한 원인을 고찰하면, 몇 가지 쉽게 넘어갈 수 없는 점들이 있다. 수대 말기 농민 봉기는 세족世族 대지주 계급에 타격을 가하였고, 당대 실시한 균전제均田制는 중하층 서족庶族 지주 세력을 성장시켰다. 과거로 관리를 뽑는 제도는 그들에게 비교적 다양한 기회를 제공하였고, 그들이 정치 무대에서 활약하는 역량이 되게 하였다. 당대의 작가는 대부분 이 계층 출신들이다. 그들은 사회와 인생, 그리고 하층 인민의 생활에 대해 비교적 익숙하며, 문학 창작에서도 창조 정신이 풍부하였다. 당 전기가 다양한 사회생활을 반영하고 일정한 진보사상을 표현할 수 있었던 것은 이들의 노력과 불가분의 관계에 있다. 당대는 봉건 경제가 신속하게 발전한 시기로 농업, 수공업, 상업, 국제무역이 모두 전에 없이 번영했다. 동시에 도시경제가 신속히 발전하여 장안, 낙양, 양주는 모두 인구가 밀집한 번화한 도시였다. 여기에는 관료·지주·문인·호걸·상인·수공업자·승려·도사·가기歌伎 등 각계각층 각종 직업의 인물들이 모여들어 복잡하게 얽힌 사회관계를 형성하며, 형형색색의 이야기를 전하여, 소설에 풍부한 소재를 제공하였다. 이에 비해 육조의 편폭이 짧고 줄거리만 거칠게 제시된 지괴소설은 확실히 새로운 제재의 요구에 적응하기 어려웠다. 그리하여 편폭이 비교적 길고 줄거리도 비교적 곡절이 있으면서 인물의 성격에도 주의하는 전기소설이 발전하기 시작하였다.

당대는 또 문학예술이 보편적으로 번영하는 시기여서, 다른 장르인 시와 산문의 성취도 전기의 창작에 일정한 영향을 주었다. 중당 이후 시 창작이 일상 사회생활로 나아가면서 당 전기의 발전에 가장 적합한 분위기를 만들어 주었다. 바로 이 시기에 전기는 지괴의 울타리를 벗어나왔고, 일군의 일상생활을 반영하면서 예술상 고도로 성숙한 소설 작품이 만들어졌다. 만당 시기가 되어서는 시詩의 현실성이 점차 쇠락하면서 전기소설의 현실성도 감소되었다. 줄곧 추구해 온 기이한 줄거리는 다시 지괴의 낡은 길 위로 돌아가는 추세였다.

당 전기의 대표작 가운데 하나인 백행간白行簡(776-826)의 「이왜전李娃傳」과 장방蔣防(792-835)의 「곽소옥전霍小玉傳」 등은 공통적인 면이 있는데, 곧 여성을 동정하거나 찬양한다는 점이다. 이왜李娃와 형양생滎陽生의 사랑에서 주도적인 위치에 있는 것은 이왜이고, 그녀는 주장도 있고 능력도 있으며, 사건을 감당하고 해결하려고 하였다. 이와 비교할 때 서생인 형양생은 나약하고 무능하기만 하다. 곽소옥과 이익李益의 사랑 이야기에서도 곽소옥은 피해자이면서 복수자이다. 여성의 이러한 태도는 일종의 새로운 경향을 반영하는 것이어서 중시할 가치가 있다. 그 밖에 원진元稹의 「앵앵전鶯鶯傳」도 유명한 작품이다.

2. 변문

그러나 당 전기는 여전히 사대부 문학에 속하여, 그 작가와 독자가 모두 사대부층이었다. 이와 별도로 존재했던 시인소설市人小說과 변문變文은 시민문학에 속하며 시민의 수요에 적응하여 일어난 새로운 강창講唱문학이다. 단성식段成式(803-863)은 『유양잡조酉陽雜俎』에서 다음과 같이 기록하였다. "내가 태화 연간(827-835) 말기 동생의 생일에 잡희를 구경했는데, 거기에 시인소설이 있었는데 의사 '편작'의 '편'자를 상성上聲으로 잘못 발음하고 있었다.(予太和末, 因弟生日觀雜戲, 有市人小說, 呼'扁鵲'作'褊鵲', 字上聲.)"[59] 이상은李商隱이 쓴 「자랑스러운 아이(驕兒詩)」에서도 "장비인 양 수염을 쓰다듬고, 등애처럼 말더듬 흉내 내네.(或謔張飛鬍, 或笑鄧艾吃.)"라는 구절이 있다.[60] 루쉰(魯迅)은 이로부터 당대에 이미 직업 설화인說話人이 있었다고 보았으며, 특히 삼국시대 이야기를 하는 사람이 있었다고 보았다.[61]

송대 전역錢易(968-1026)이 쓴 『남부신서南部新書』에서 당대 "장안에는 연희장이 자은사 주위에 많이 모여 있었으며, 몇몇은 청룡사 주위에 있었고, 그 다음으로는 천복사와 영수사 주위에 있었다.(長安戲場多集於慈恩, 小者青龍, 其次薦福·永壽.)"고 하였다.[62] 이로부터 사찰은 당대 민간 설창 예술의 공연 장소였고, 이러한 상황은 이후에 나타난 묘회廟會와 비슷했다. 그중에는 시인소설이 있었고, 승려의 속강俗講과 변문變文도 있었다.

59 『酉陽雜俎』 續集 권4 「貶誤」, 『四部叢刊』本.
60 李商隱, 「驕兒詩」, 『玉溪生詩箋注』 권3.
61 『中國小說史略』 제12편 「宋之話本」, 『魯迅全集』 제8권, 人民文學出版社, 1957년, 86쪽.
62 錢易, 『南部新書』戊, 『叢書集成』 初編本, 46쪽.

조린趙璘(활동 844)이 쓴『인화록因話錄』에 다음과 같은 기록이 있다.

> 문서라는 승려가 있어 청중을 모아놓고 이야기를 하는데, 불교 경전에 가탁한다고 하지만 이야기하는 것이라곤 음담패설이나 천박한 일이 아닌 게 없다. 불량배들이 모여들어 서로 전하면서 과장하니 우매한 남자와 치장한 여인들이 그 이야기를 즐겨 들었다. 청자들이 절을 가득 메우며 참배하고 앙모하며 '화상'이라 불렀다. 교방에서조차 그 소리와 곡조를 모방하여 그들의 노래로 만들었다.(有文溆僧者, 公爲聚衆談說, 假托經論, 所言無非淫穢鄙褻之事. 不逞之徒, 轉相鼓扇扶樹, 愚夫冶婦, 樂聞其說, 聽者塡咽寺舍, 瞻禮崇奉, 呼爲'和尙'. 教坊效其聲調, 以爲歌曲.)[63]

여기서 말한 '우매한 남자와 치장한 여인들'은 대부분 시민 계층의 사람들이다. 일본의 승려 엔닌(圓仁, 794-864)이 지은『입당구법순례행기入唐求法巡禮行記』에서도 "거리와 좌우에 있는 일곱 개의 절에서도 속강을 열었다.(左右街七寺開俗講)"고 하고, 또 문서 법사가 강하는『법화경』이 첫째라고 하였다.[64] 이로부터 당시 민간의 설창예술의 성황을 볼 수 있다. 당대의 시인소설, 속강, 변문은 중국 백화소설白話小說의 남상이다. 백화소설은 시작부터 시민들과 끊을 수 없는 인연을 맺었다.

3. 설화와 화본

송원 시기에는 한편으로 문언소설文言小說이 쇠락하면서, 다른 한편으로 백화소설이 흥성하였다. 송대 전기傳奇는 대부분 고대에 일어났던 이

63 『因話錄』 권4, 上海古籍出版社, 1979년, 94쪽.

64 白化文 · 李鼎霞 · 許德楠 校注, 『入唐求法巡禮行記』 권3, 花山文藝出版社, 1992년, 369쪽.

야기를 하면서 교훈을 기탁한 경우가 많았다. 이학理學이 성행하면서 소설도 봉건의 설교로 가득 찼다. 송원 필기소설筆記小說은 지괴志怪를 위주로 하면서 육조 지괴의 울타리를 벗어나지 못하였다. 송원 화본話本이 나오면서 비로소 사람의 눈을 새롭게 하는 거대한 변화가 일어났다. 그 주제 · 언어 · 구조 등의 방면에서 모두 문언소설과 다르고, 시민문학의 백화소설에 속하는 새로운 문체를 확립하였다. 이로부터 중국 고대소설의 번영은 새로운 국면을 맞이하였다. 송원 시기는 수공업과 상업이 발달하였기 때문에 상품경제가 비교적 번영하였고 시민 계층이 성장하였다. 일부 대도시에서는 와사瓦舍 또는 와자瓦子라고 하는 비교적 집중된 오락장소가 나타났다. 맹원로孟元老의 『동경몽화록東京夢華錄』에는 다음과 같은 기록이 있다. 북송 개봉에 있는 "상씨桑氏 집안의 와자에서 북쪽으로 중와가 있고, 다음으로 이와가 있는데, 거기에는 크고 작은 구란 50여 개가 있다. 중와 가운데 가장 큰 것으로는 연화붕과 모란붕이 있고 이와 가운데 가장 큰 것으로는 야차붕과 상붕이 있다. 이들은 모두 수천 명을 수용할 수 있다.(桑家瓦子, 近北則中瓦, 次裏瓦, 其中大小勾欄五十餘座. 內中瓦子蓮花棚、牡丹棚, 裏瓦子夜叉棚、象棚最大, 可容數千人.)"[65] 주밀周密의 『무림구사武林舊事』에는 남송의 항주에는 와자가 23곳 있었다고 기록하였다. 설화說話는 와사의 기예 가운데 사람들이 가장 좋아하는 일종이며, 화본話本은 설화 예인들이 사용하는 저본이다. 설화의 청중은 대부분 하층 시민들로, 그들은 자기 계층의 예술 형상을 좋아하였기 때문에 화본의 인물은 대부분 수공업자 · 중소 상인 · 시녀 · 기녀 · 강호의 유랑자들이었다.

송대 항주의 설화에 대해서는 관포내득옹灌圃耐得翁이 쓴 『도성기승都城紀勝』의 '와사중기瓦舍衆伎' 항목에 네 갈래(四家)가 있다고 했지만, 그 네 갈래가 무엇인지는 뚜렷이 밝히고 있지 않아서, 소설사를 연구하는 학

65 『東京夢華錄』 권3, 中華書局, 1962년, 14쪽.

자들 사이에 각양의 설이 나오게 되었다. 그러나 확정할 수 있는 것으로는 최소한 세 갈래(三家)인데, 곧 소설小說·설경說經·강사講史이다. 우리들이 오늘날 볼 수 있는 송원 화본은 주로 소설과 강사 두 갈래이다.

소설은 단편 화본을 가리킨다. 소설은 은자아銀字兒라고도 하는데, 은자생銀字笙이나 은자필률銀字觱篥로 반주하기 때문이다. 이야기도 하고 창도 하면서 전문적으로 짧은 이야기를 강술한다. 소설은 '소설화小說話'의 준말로 작은 이야기라는 뜻이므로, 이전의 '소설'의 뜻과 달라졌다. 그 제재는 아주 광범위하다. 이전의 지괴나 전기에서 내용을 뽑아 부연하는 것 이외에 현실생활 속에서 소재를 가져오거나 사회적인 사건에서 주요한 제재를 가져오기도 한다. 나엽羅燁의 『취옹담록醉翁談錄』에 수록된 「소설개벽小說開辟」에는 영괴靈怪, 연분煙粉(여성 이야기), 전기傳奇(연애담), 공안公案(탐정물), 박도樸刀, 간봉杆棒, 요술妖術, 신선神仙 등 여덟 종류가 있어 그 대략적인 내용을 알 수 있다. 이 밖에 『도성기승』과 『몽량록』에서는 '발적변태發迹變泰(출세담)'와 '철기아鐵騎兒(전쟁담)'도 언급하고 있다.

송원 화본소설의 대표작으로는 「옥장이 관음(碾玉觀音)」과 「잘못 죽은 최녕(錯斬崔寧)」 등이 있다. 「옥장이 관음」의 주요 인물은 수수秀秀이다. 그녀는 서화 표구 장인의 딸로 자수에 뛰어나지만 절도사 함안군왕咸安郡王에게 노비로 팔려 간다. 왕부에 있는 최녕崔寧이 그녀와 사랑하게 된다. 군왕이 기분이 좋을 때 수수가 그에게 시집가는 것을 허락한다. 나중에 왕부에 불이 나자 수수는 최녕과 함께 왕부를 탈출하여 천리 멀리 있는 담주潭州로 가서 옥갈이 점포를 열고 부부로 살아간다. 군왕이 이 사실을 알고 그들을 잡아와 수수를 때려죽이고, 수수의 부모가 자살하게 하며, 최녕도 볼기를 맞고 군대에 들어간다. 수수의 영혼이 최녕을 따라 건강부建康府로 가 함께 살며 다시 가정을 이루었다. 군왕이 다시 그들을 잡아갈 때 수수는 최녕에게 다른 세상에서 살 수 있도록 함께 죽자고 한다. 이 소설은 봉건시대 통치계급의 잔학함을 폭로하면서 동시에 소시민들이 봉건 통치계급에 저항하는 불굴의 투쟁을 칭송하고 있다.

강사는 소설에 비해 첫째, 편폭이 비교적 길기 때문에 여러 차례 나누어 이야기해야 하며, 둘째 역사 이야기만 전문적으로 말한다. 현재 볼 수 있는 강사 화본은 대부분 '평화平話'라 되어 있는데, 그 뜻은 창이 없이 이야기만 있기 때문일 것이다. 명청 사람들은 '평화評話'라고도 쓰는데 평론이 있다는 뜻일 것이다. 송원 강사 화본의 대표작으로는 원대 지치 연간(1321-1323)에 나온 『전상평화오종全相平話五種』이 있다. 책의 판식은 일률적으로 같고, 상도하문上圖下文(윗부분은 그림이고 아래 부분은 글)이며, 다섯 종이 모두 3권씩으로 되어 있다. 다섯 종은 『무왕벌주평화武王伐紂平話』, 『악의도제칠국춘추후집樂毅圖齊七國春秋後集』, 『진병육국평화秦併六國平話』, 『전한서평화前漢書平話』, 『삼국지평화三國志平話』이다. 이중 『삼국지평화』는 삼국시대 이야기를 강술하고 있어, 이후에 나올 『삼국지연의』의 주요한 줄거리를 구비하고 있다. 강사 화본 가운데 또 하나의 중요한 작품은 『대송선화유사大宋宣和遺事』로, 주로 북송 말년의 각종 역사 이야기를 강술하고 있다. 그중 송강宋江 등 36명이 양산박梁山泊에 모인 이야기는 나중에 『수호전水滸傳』의 기본이 된다.

송원 시대에 소설은 단편의 화본을 가리켰다. 장편의 역사 이야기는 소설 속에 들어가지 않고 별도로 강사라 분류했으며 평화라 칭했다. 이 둘의 경계는 본래 분명하였다. 그러나 명대 이후 소설의 개념은 다시 변화하여 일부 중장편의 작품도 포함하게 되었고, 소설 · 평화 · 연의演義의 구별이 점점 없어져 화본은 단편소설만을 전적으로 가리키게 되었다. 예컨대 명대 사조제謝肇淛(1567-1624)의 『오잡조五雜組』에서는 소설을 예거하면서 『수호전』과 『삼국지연의』를 포함시키고 있다. 청대 초기 전증錢曾(1629-1701)의 『야시원서목也是園書目』에서 통속소설 종류에 『고금연의삼국지古今演義三國志』 12권을 포함시켰다. 장학성章學誠(1738-1801)은 『병진찰기丙辰札記』에서 "『삼국지연의』는 소설에 속한다."고 했다. 양소임梁

紹壬(1792-?)의 『양반추우암수필兩般秋雨盦隨筆』에서도 “『수당연의隋唐演義』는 소설이다.”라고 하였다. 이때에 이르면 소설은 이미 광의의 명칭이 되어서 그 개념은 오늘날의 소설과 비교적 가까워졌다.

4. 장편 장회소설의 출현 : 『삼국지연의』와 『수호전』

『삼국지연의』는 중국의 첫 번째 장편 장회소설章回小說이다. 이 소설의 출현은 중국 소설이 새로운 단계에 들어섰음을 보여 준다. 작자 나관중羅貫中은 원말 명초에 활동했는데, 그는 진수陳壽(233-297)의 『삼국지三國志』와 배송지裴松之(372-451)의 주석에 기초하고, 민간의 희곡과 강사 화본 중의 삼국 이야기를 널리 흡수한 후, 예술적인 창조를 거쳐 『삼국지연의』라는 거작을 완성하였다. 『삼국지연의』는 75만 자의 편폭으로 근 100년의 역사를 묘사하였고, 400여 명의 인물 형상을 빚어냈다. 이는 전에 없던 일이다.

소설은 위·촉·오 삼국의 복잡하게 얽힌 정치투쟁·외교투쟁·군사투쟁을 묘사하였는데, 그중에는 허구의 성분도 많다. 『삼국지연의』는 조조曹操, 유비劉備, 제갈량諸葛亮, 관우關羽, 장비張飛, 주유周瑜 등의 여러 인물 형상을 성공적으로 새겨냈다. 조조의 간사함, 유비의 인자함, 제갈량의 현능함과 지혜, 관우의 의기, 장비의 호상豪爽, 주유의 영민함 등은 모두 깊은 인상을 남긴다. 작자의 위·촉·오 삼국의 주군에 대한 포폄褒貶과 평가는 분명 그들이 한 왕조에 대하여 얼마나 충성하는지에 따라 결정되었다. 그러나 수많은 문관과 무장에 대한 포폄과 평가는 그들이 각자 자신의 주군에 대하여 얼마나 충성하는지에 따라 결정되었다. 그러므로 간신奸臣 조조 아래에도 여전히 충의忠義의 인물이 적지 않았다. 문무백관에 대해서는 어느 진영에 속하느냐가 그리 중요하지 않은 듯하고, 중요한 것은 자신이 속한 진영의 주군에게 충성스러운가 아닌가였다. 『삼국지연의』 전체는 이러한 '충의' 사상이 관통하고 있다.

『삼국지연의』는 특히 전쟁 묘사에 뛰어나다. 몇 차례의 대규모 전쟁, 예컨대 관도전官渡戰과 적벽전赤壁戰 등은 모두 생생하고 실감나게 묘사되었다. 작자는 전쟁을 전장에만 국한시키지 않고, 전쟁과 함께 정치투쟁과 외교투쟁을 동시에 전개하면서 쌍방 또는 다수의 복잡한 관계를 써 내었다. 거시적인 묘사와 세부적인 삽입이 서로 배합하여 서사성이 강하다. 『삼국지연의』는 쉬운 문언文言을 운용하여 유창하면서도 힘차며, 또 '삼고초려', '창을 가로 들고 시를 읊다(橫槊賦詩)', '짚더미 배로 화살 빌리기(草船借箭)' 등 시적詩的 의취意趣를 가진 대목이 적지 않다.

『삼국지연의』의 현대적 의의 가운데 한 가지 중요한 방면은 소설이 가지고 있는 지혜는 여전히 사람들에게 다방면에서 계발을 주고 있다는 점이다. 그러므로 이는 인생의 지혜를 집내성한 서작이라 할 수 있고, 문무 도략韜略의 백과사전이라 할 수 있다. 책에서 서술한 여러 가지 지혜는 장점을 발휘하고 단점을 감추며, 대립 관계를 이용하며, 상대를 이기고 승리하는 등 경쟁 상대와의 관계를 어떻게 처리할 것인가라는 점이다. 그러므로 제갈량은 지혜의 화신으로 특히 사람들의 주목을 끌며, 조조는 계책에 뛰어난 주군으로 독자의 흥미를 불러일으킨다. 제갈량과 조조는『삼국지연의』의 가장 중요한 두 인물이라 할 수 있으며, 수많은 이야기가 두 사람을 둘러싸고 일어난다. 그 밖에 두 사람에겐 다중의 성격이 부여되어 있다. 제갈량은 현능한 재상의 전형으로 시종 유비와 유선에 충성하며, 주위 사람을 잘 단결시키고, 몸이 부서지도록 일하며 죽어서야 그친다. 조조는 간사함 · 음모 · 배반을 한 몸에 가지고 있는 사람으로, '몽중살인夢中殺人'과 '할발대수割髮代首' 등의 대목은 모두 강한 전형성을 가지고 있다. 그가 신봉하는 원칙은 "내가 천하 사람들을 배반할지라도, 천하 사람들이 나를 배반하지 않도록 하리라.(寧使我負天下人, 休敎天下人負我.)"이다. 조조가 친절히 맞이해 주는 여백사呂伯奢 일가 사람들을 이유 없이 의심하고서는 모두 죽여 버린 것도 전형적인 대목이다. 그는 비록 지모가 많다고 할지라도 도덕성이 부족하여 사람들의 증오를 불러일으킨다. 『삼국지연의』는 민간에서 만들어진 역사교과서의 역할을 하였고, 심지어 도덕과 행위 규범의 역할을 하기도 하여, 명청 이래 중국인의 사상과 행동에 깊은 영향을 끼쳤다. 제갈량과 관우는 모두 사람들이 숭배하는 신이 되었으며, 조조는 악인의 대표적인 기호가 되었다. 소설이 사용하는 쉬운 문언文言은 이후의 각종 역사연의체歷史演義體 소설의 규범이 되었고, 이후 지식인과 대중이 모두 즐길 수 있는 문학 언어가 되어 사회적으로 널리 전해졌다. 소설은 이미 중국 문화 속에 녹아들었고, 중국인의 영혼 속으로 들어가, 중국 문화를 해독하는 대표적인 자료가 되었다.

『수호전』은 원말 명초에 지어진 또 하나의 유명한 장편 장회소설이다. 주요한 편저자는 시내암施耐庵이다. 소설은 북송 말년 송강宋江을 우두머리로 하는 봉기를 그리고 있는데 반란의 시작부터 정부 초안에 응함, 방랍方臘 정벌, 전투 중 희생으로 이루어져 있다. 이 이야기는 『송사宋史』 중의 송강과 관련된 역사에서 기원했다. 그 후 화본소설과 원 잡극 중에 적지 않은 수호 관련 이야기가 만들어졌고, 『수호전』은 바로 이러한 기초 위에서 쓰여졌다.

『수호전』은 처음에 『충의수호전忠義水滸傳』이라 한 데서 알 수 있듯 충의를 선양하는 것이 이 소설의 주제였다. 송강이 내건 구호도 "하늘을 대신하여 도를 행한다"는 뜻의 '체천행도替天行道'였고, 구체적인 목표도 탐관오리를 제거하는 것이었다. 그러나 황제에 대해서는 결코 반대하지 않았는데, 송강과 그의 의형제들의 비극도 바로 이로부터 생겨났다. 소설은 송강宋江, 오용吳用, 무송武松, 이규李逵, 노지심魯智深, 임충林沖 등 선명한 개성을 가진 영웅호걸의 형상을 성공적으로 빚어냈다. 그들의 경력을 통하여 드넓은 사회 면모를 반영하였고, "관리가 핍박하면 백성이 일어선다"는 '관핍민반官逼民反'의 상황을 형상화시켰다. 양산박의 호걸들 가운데 다수는 모두 일단의 고난의 경력이 있다. 이들 중 가장 치밀하고 가장 성공적으로 묘사된 사람은 임충이다. 그 밖에 송강이 자신의 세력과 영향력을 확대하면서 각종 수단으로 양산박으로 데려온 사람들도 있다. 가장 대표적인 예가 노준의盧俊義이다. 『수호전』의 구성은 특색이 있어, 각각의 영웅호걸들은 마치 여러 강물들이 바다에 모여들 듯 양산박으로 결집한다. 그들은 양산박에 가기 전에 일단의 굴곡 있는 경력을 가지고 있어, 상대적으로 독립된 이야기를 만들며, 인물의 성격을 적극적으로 드러낸다. 일단 양산박에 들어간 후에는 바닷속의 한 방울 물처럼 되어 사람의 주목을 끄는 대목이 나타나지 않는다. 그리하여 서술의 중심은 또 다른 사람으로 넘어가 다시 또 생생하고 실감나는 문자가 이어진다. 『수호전』은 전적으로 구어口語를 사용하였는데, 이는 『삼국지연의』와 다른 점이다. 소설은 구어의 생동감과 발랄함을 가지고 있으면서 시적 정취가 넘친다. '임충이 눈보라 속 산신묘에서 묵다(林敎頭風雪山神廟)'와 '경양강에서 무송이 호랑이를 때려잡다(景陽崗武松打虎)' 대목이 특히 뛰어나다.

『삼국지연의』와 『수호전』 두 소설은 공통적으로 영웅에 대한 기대와 숭배가 나타난다. 이는 송원 시대에 각종 사회적 모순이 얽혀 있는 상황에서 인민 대중의 바람이기도 했다. 이 두 소설의 인물 형상도 서로 유사한 면이 있다. 『수호전』의 송강은 그 성격이 『삼국지연의』의 유비와 비슷하다. 『수호전』의 오용은 그 성격이 『삼국지연의』의 제갈량과 비슷하다. 『수호전』의 이규는 그 성격이 『삼국지연의』의 장비와 유사한 면이 있다. 이 두 소설이 입으로 전해지는 과정에 서로 영향을 미쳤는지는 연구할 가치가 있는 문제이다. 그 밖에 『삼국지연의』와 『수호전』 사이에 또 하나의 공통점은 '충忠'과 '의義'의 선양이다. 두 소설이 선양하는 '충의'는 당연히 유가 학설에서 나온 것이지만, 그러나 이미 시민의 필요에 적응하였기에 시정의 색채가 비교적 강하다. 만약 '충'과 '의'를 가지고 비교한다면, '의'가 더욱 두드러진다. 그 주된 표현은 은혜는 은혜로 갚고, 원한은 원한으로 갚는 것이며, 단체의 이익이 모든 것에 우선한다는 점이다. 이는 유동성이 비교적 강한 시정 백성들이 자신의 이익을 보호하기 위해 추종하는 일종의 도덕적 규범이다. 이는 두 가지 측면이 있다. 긍정적인 면으로는 약자인 사회 세력이 단결하여 공동으로 자신의 권익을 쟁취하는 것이다. 부정적인 면으로는 단체의 이익을 위해서는 시비를 고려하지 않고 정당하지 않은 일도 할 수 있다는 점이다. 사나이들의 의리는 이렇게 사회적으로 긍정, 부정 두 방면의 역할을 하였다.

中華文明史
제3권 下

제12장

예술 풍모와 시대정신

수당부터 명대 중엽까지의 약 900년은 중국 예술에서 가장 휘황한 시대이다. 수당 예술은 남북을 융합하고 내외를 관통하여 중화문명의 광활성·유연성·창조성을 극도로 발휘하였다. 여러 예술 장르에서 펼쳐낸 건강하고 명랑한 기골과 드넓고 큰 기상은 바로 이 시대정신의 집중된 구현이기도 했다. 오대五代 양송兩宋 시기는 개성·정감·학식의 표현이 예술의 발전과 창신에 있어 중요한 요소가 되었고, 의취意趣를 숭상하는 미학적 추구는 이 시대의 문인의식과 시대정신의 예술적 구현이었다. 원대부터 명대 중엽 사이의 예술 발전은 의고擬古(이고위아以古爲雅: 고대의 격식을 숭상하고 따름)의 창작 기풍을 보인다. 그러나 원대와 명대 전기의 상황은 좀 다르다. 원대의 의고를 통한 예술적 추구는 일반적인 의미에서의 문예 복고 현상이 아니라, 일종의 강렬한 민족 전통의 문화의식과 고결한 인격의식을 불러일으키는 것이고, 그래서 의고는 특수한 시대의 민족정신과 전통의식이 표리를 이루고 있다. 명대 전기의 예술에 나타난 의고는 한편으로 이전을 잇는 예술적 관성에서 이루어졌지만, 다른 한편으로 전통의 성취를 집대성하여 새로운 예술 세계를 열어 주려는 과도적 단계이기도 하다. 이로부터 보건대 수당 시기부터 명대 중엽까지의 예술 발전은 결국 사회와 시대의 발전과 밀접하게 관련되며, 예술의 내재적 정신은 종종 그 시대정신의 구현이었다.

제1절

당대 예술의 발양과 웅혼

당대의 예술은 회화, 서예, 조소, 석각, 음악, 무용 등의 방면에서 모두 전에 없이 휘황한 성취를 이루었다. 그중에는 남북조 문화에 대한 계승과 발전도 있고, 외국 문화에 대한 흡수와 융합과 창신도 있어, 중화 민족의 우수한 문화적 결정을 응집하였다. 비록 예술의 표현 수법과 풍격에 있어 동일하지 않지만 시대정신이 그 속에 가득 차 있으며, 전체적 풍모도 뚜렷하게 일치한다. 그것은 곧 건강하고 명랑한 기골을 포함하고 있으며 넓고 큰 기상을 드러내고 있다는 점이다.

1. 회화

수당 시기의 서화書畵예술은 남북조의 여파를 이어받아 빠르게 발전하였다. 대통일 형국을 맞이하여, 특히 성당盛唐 제국의 사회와 문화의 전면적인 번영에 동반하여 서화예술도 전성기에 이르렀다. 그러한 웅혼하고 박대博大하며 강건하고 분방한 예술적 풍모는 곧 성당의 시대정신이 집중적으로 구현된 것이다.

성당 문화의 번영은 여러 방면에서 그 원인을 찾을 수 있다. 그중에서도 두 가지 가벼이 여길 수 없는 중요한 원인은 남북 문화의 융합과 중외

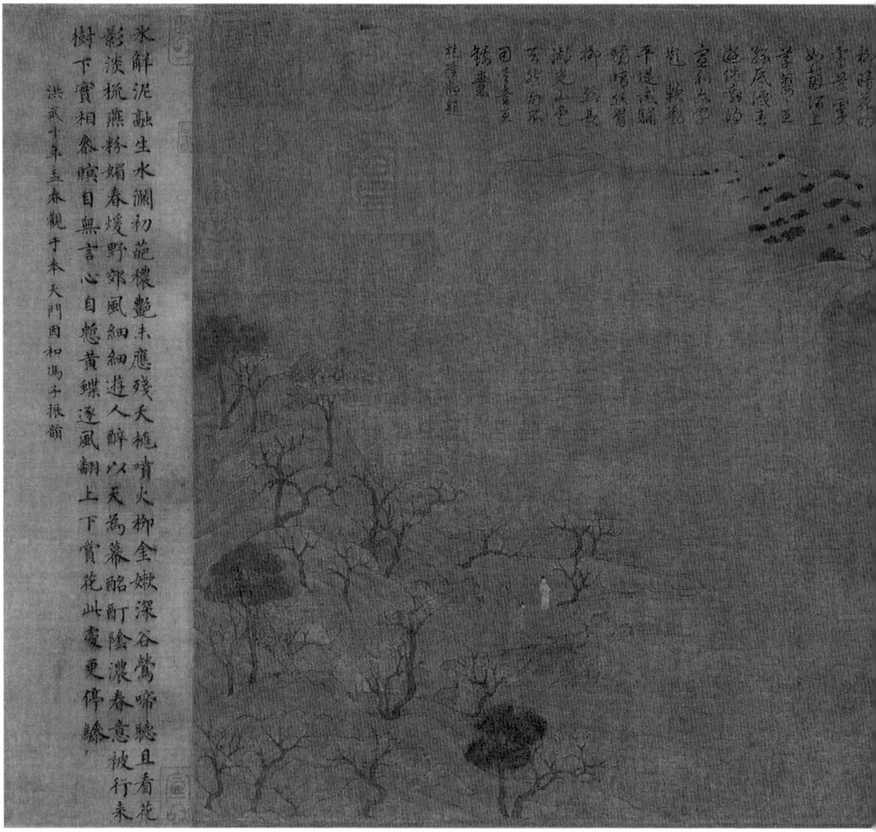

그림 12-1 수대 전자건 「유춘도遊春圖」.

中外 문화의 교류이다. 남북조 시기의 서예와 회화는 이미 상당히 높은 예술적 성취를 이루었다. 그러나 남북이 분열된 상황 아래 지역문화가 각각 계승되고 발전되어 남방과 북방에 전혀 다른 예술적 풍모가 형성되었다. 수대의 통일로 남북 문화예술의 교류와 융합에 현실적인 조건이 만들어졌다. 사실상 수대의 서화예술은 바로 남북조에서 당대로 발전하는 중요한 과도기에 놓여 있었다.

수대에 활약한 화가는 대부분 남북조 말기를 거쳤다. 예컨대 이름이 높았던 전자건展子虔(550-604)을 비롯하여 동백인董伯仁, 정법사鄭法士, 양

자화楊子華, 양거란楊契丹 등이다. 그들은 풍격과 기법에 있어서 한편으로 남북조의 전통을 계승하여 "함께 고개지顧愷之 · 육탐미陸探微 · 장승요張僧繇를 본받았지만(并祖述顧 · 陸 · 僧繇)"[1] 동시에 자기 나름대로 창조하여 새로운 면을 나타냈다. 당대 장언원張彦遠(815-907)은 『역대명화기歷代名畫記』 권8에서 동백인을 평하여 다음과 같이 말했다. "처음에 동백인과 전자건이 함께 수나라 궁전에 불려 들어갔다. 한 사람은 하북에서 오고 다른 한 사람은 강남에서 왔기에 처음에는 서로 무시했으나 나중에는

1 張彦遠, 『歷代名畫記』 권2 「敍師資傳授南北時代」.

서로의 생각을 받아들였다.(初, 董與展同召入隋室, 一自河北, 一自江南, 初則見輕, 後乃頗採其意.)" 남북의 서로 다른 지역에서 온 예술가들이 처음에는 서로 배척했으나 나중에는 서로 참고하여 자신의 부족을 메우는 이러한 모습이야말로 남북 문화가 대통일의 형세 아래 융합해 나가는 역사적 흔적이다. 교류와 융합의 과정 속에 회화의 기법과 예술 풍격에서도 신진대사가 일어나 일종의 새로운 발전 추세가 나오게 되었다.

특히 산수화 방면에서의 창신과 성취는 더욱 사람의 눈길을 끌었다. 중국의 산수화는 처음에 인물화의 배경을 시작으로, 곧 이어 상대적으로 독립된 상태로 되었다가, 나중에는 당대에 성숙해지는 과정을 거쳤다. 수당 교체기의 산수화는 마침 이러한 상대적인 독립 상태에서 발전하고 성숙해지는 중요한 단계에 있었다.[2] 「유춘도遊春圖」(그림 12-1) 등 전자건의 산수화는 이미 '지척이 천 리(咫尺千里)'의 기세를 갖추고 있어 '당 회화의 시작(唐畵之祖)'이 되었다.[3]

서예예술도 마찬가지로 이러한 계승과 전달의 과도기적 단계에 있었

---

2 『歷代名畵記』 권1 「論畵山水樹石」에 다음 기록이 있다. "나는 위진 이래 전해 오는 명화를 모두 보았다. 산수를 그린 것은 여러 봉우리의 기세가 마치 자개로 장식했거나 물소 뿔과 같았고, 어떤 그림은 강물이 배를 띄울 만큼도 되지 않게 작고, 어떤 것은 산보다 사람이 컸다. 나무와 바위가 땅에 붙어 나란히 있고, 나무들이 늘어선 모습은 마치 팔뚝을 펴거나 손가락을 편 것과 같았다. 고인이 그렇게 그린 까닭을 생각해 보니 성장하는 모습을 보이려고만 했지 세속 사람들의 시각을 지키려 하지 않았다. 우리 왕조(당나라) 초기에 二閻(閻立德과 閻立本)이 건축으로 명성이 높았고, 楊契丹과 展子虔이 宮觀에 집중하여 점차 그림에 포함되는 내용이 달라졌다. 그러나 아직 바위를 그린 것은 조각하는 듯해서 마치 도끼로 얼음이 갈라진 듯하고, 나무를 그린 것은 잎맥을 칠하고 잎을 조각하였고, 우거진 오동과 화려한 버들을 많이 그렸다. 공을 들일수록 더욱 졸렬해졌으며 묘사가 색채보다 못했다." 같은 책의 권1, 「論畵六法」에 다음 기록이 있다. "上古의 그림은 형상은 간결해도 의미가 풍부하며 雅正하다. 顧愷之와 陸探微와 그 추종자들의 그림이 그러하다. 中古의 그림은 세밀하고 정교하고 아름답다. 展子虔과 鄭法士와 그 추종자들의 그림이 그러하다." 일정한 전통을 유지하면서 또 새로운 변화와 발전이 있었다.

3 湯垕, 『畵鑒』, 『四庫全書』本.

다. 수대 「용장사비龍藏寺碑」와 정도호丁道護가 쓴 「계법사비啓法寺碑」는 그중 가장 걸출한 작품이다. 후세에 '수대 비문 중 제일(隋碑第一)'이라고 칭해지는 「용장사비」는 글씨가 수경瘦勁하고 정한精悍하며, 방정方整하고 소랑疏朗하다. 막우지莫友芝(1811-1871)는 이 비문의 서예에 대해 다음과 같이 말했다.

> 진서眞書는 초당에 이르러 극성하였다. 그러나 초당의 여러 서예가들의 정밀한 조예는 북조에서도 이르지 않은 자가 없었다. 개황 연간과 대업 연간에 이르면 이미 초당과 비슷했다. 이 비석을 저수량褚遂良(596-658)의 뛰어난 작품 속에 둔다면 식별할 수 없으니, 저수량의 서예가 이 비석으로부터 나온 것을 알 수 있다.(眞書至初唐極盛. 而初唐諸家精詣, 北朝無不具有. 至開皇大業間卽初唐矣. 此碑置褚登善諸石中直無以別, 知卽所以出也.)

이 비석은 초당 시예기 저수량 등의 해서楷書가 만들어지는 데 공헌하였다. 정도호의 서예는 남북의 장점을 잘 융합하여,[4] 남방 서첩의 '활기찬 우아함(遒媚)'과 북방 비문의 '혼융한 질박(渾樸)'을 겸하였다. 때문에 "고대의 것도 지금의 것도 아니면서 활기찬 우아함에 법도가 있다.(不古不今, 遒媚有法.)"고 평가되었다.[5] 조맹견趙孟堅(1199-1264)은 정도호에 대해 "「계법사비」는 그의 가장 뛰어난 작품으로 구양순歐陽詢(557-641)과 우세남虞世南(558-638)이 여기서부터 나왔다.(啓法最精, 歐虞所自出.)"고 했다.[6]

---

4 예를 들어 蔡襄(1012-1067)은 丁道護의 「啓法寺碑」에 대해 "後魏(386-557)의 遺法을 겸하고 있다."(『集古錄』 권5)고 말했다. 그러나 趙孟堅(1199-1264)은 다음과 같이 말했다. "왕희지는 첫 획을 바로 내리긋는데 …… 획의 좌우 그리고 시작과 끝이 지극히 明麗하다. 정도호의 「계법사비」의 필획도 오른쪽의 획이 바로 내리긋는 것으로 보아 가장 이 필법을 잘 갖추고 있다."(『佩文齋書畫譜』 권7 「宋趙孟堅論書」)

5 黃伯思(1079-1118), 『東觀餘論』, 『四庫全書』.

6 汪珂玉(1587-?), 『珊瑚網』 권23下 「趙子固書法論」, 『四庫全書』.

이 말 역시 수대의 해서는 계승과 전달의 공헌이 있었음을 말해 준다.

당대의 회화예술 가운데 가장 기세가 크고 번영을 구가하면서, 또 사람들과 사회에 폭넓게 영향을 미친 것은 의심할 바 없이 불교 회화일 것이다. "당대에는 불교와 도교가 극성하여 사찰과 도관이 구름 솟듯 많았으며, 벽화도 이에 따라 발달하였다. 그림을 그린 벽은 역대로 가장 많았다."[7] 적인걸狄仁傑(630-700)은 측천무후에게 다음과 같이 말했다. "지금의 가람은 궁궐보다 많고, 지극히 사치스럽고 장엄하게 꾸몄으며, 그림들은 정교함을 다했습니다.(今之伽藍, 制過宮闕, 窮奢極壯, 畵績盡工.)"[8] 이로부터 벽화의 형성과 정교함을 알 수 있다. 현존하는 수당 시기의 석굴 벽화를 가지고 말한다면, 보존이 비교적 잘 된 돈황敦煌 막고굴莫高窟, 천수天水 맥적산麥積山 석굴, 신강 배성拜城의 키질 천불동이 있고, 그 밖에 일부만 남아 있는 것으로 영정永靖의 병령사炳靈寺 석굴, 경양慶陽의 사구寺溝 석굴, 돈황의 서천불동, 무위武威의 천제산天梯山 석굴, 신강 투루판의 베제크릭 천불동 등이 있다. 이들은 당시에 당나라 수도에서 먼 지역에 위치했던 석굴 벽화이지만 비록 천여 년이 지난 오늘날의 사람이 보아도 경탄을 금하지 못하게 한다. 그러므로 당시 장안과 낙양을 비롯하여 중원 각지에 퍼져 있던, 뛰어난 화가와 장인이 만든 걸출한 그림들이 얼마나 휘황한 풍채에 정묘하고 탁월했는지 상상할 수 있다.

돈황 막고굴 벽화 가운데 당대에 제작된 그림이 가장 풍부하며 또 가장 휘황하다. 당대 이전 벽화와 비교할 때, 제재와 내용부터 예술 형식에 이르기까지 모두 현저한 변화가 있었다. 예컨대 북위 시대에 유행했던 부처 본생담本生譚이 뚜렷이 감소했고, 설법도는 거의 보이지 않는다. 대신 경변經變 제재가 이를 대신하여 대량으로 제작되었다. 경변 제재 가운데 가

7 俞劍華, 『中國繪畵史』, 1937년판 재판, 上海書店, 1984.
8 『舊唐書』 권89 「狄仁傑傳」.

장 많은 것은 정토변상淨土變相이다. 그림의 형식으로 불교도가 상상하는 서방 극락세계를 표현하였는데, 궁궐과 누대가 많고, 가무와 기악이 이루어지며, 화초와 수목이 우거지고, 칠보 연못이 있는 등 아름다운 광경과 즐겁고 복된 분위기로 사람들에게 불교 귀의를 권하고 있다. 그러나 이들 아름다운 경관은 오히려 현실에 근거하였으니 당시의 사회적 이상을 예술 속에 반영한 것이라 할 수 있다. 그중에는 물질생활의 풍족과 화려함에 대한 긍정과 찬양이 드러나 있으며, 즐겁고 복된 생활에 대한 추구가 전해진다. 이들 벽화는 구도가 크고, 기세가 드넓으며, 경상景象이 번성하며, 인물이 많고, 묘사가 정밀하며, 색채가 부려富麗한 등 현실생활의 분위기가 충만하다. 벽화 중 불상에 대한 처리도 남북조 시대와 같이 엄숙하거나 장중하지 않고, 인정미와 친밀감이 풍부하다. 예컨대 각종 보살은 여성으로 처리하였는데, 가슴과 팔뚝을 드러내고, 옷이 화려하고 아름다우며, 모습이 단정하며 부드럽고, 자태가 풍만하고 유연하다. 그 밖에 일부 역사와 현실생활을 제재로 하는 화면도 벽화 속에 나타난다. 당대의 종교 벽화는 생활과 더욱 가까워졌으며 아름다움을 추구하였다. 이는 사실상 당대 사람들이 추구하는 아름다운 생활과 아름다운 인생에 대한 예술적 구현이다.

도석화道釋畵를 그리는 예술가로는 명성이 높은 화가도 있고, 민간의 화공도 있으며, 그 밖에 서역에서 온 화가도 있다. 당대 종교화가 이룬 고도의 예술적 성취는 무수한 화가와 화공들의 재능의 결정이자 국내외 문화가 결합된 결과이다. 예컨대 우전于闐[지금의 신강 호텐(和田)]에서 온 화가 위지을승尉遲乙僧의 작품은 농후한 이국 정조와 선명한 서역 기법을 가지고 있었다.[9] 당시 자은사慈恩寺 · 광택사光宅寺 · 흥당사興唐寺 · 대운사

9 朱景玄은 『唐朝名畵錄』에서 다음과 같이 말했다. "그가 그린 불교, 인물, 화조 등이 모두 외국의 형상으로 중화의 威儀가 아니었다." 張彥遠은 『歷代名畵記』 권9에서 승려 彥悰(활동 627-649)의 말을 빌려 말했다. "외국의 귀신과 신들은 기이한 형상으로 중화에

大雲寺 등 장안과 낙양의 수많은 명찰에 그의 벽화가 있었고, 이를 사람들이 귀하게 여겼다. 그가 중국 전통 회화예술에 가져온 영향은 직접적이고 심각한 것이었다. 또 당대의 걸출한 화가 오도자吳道子(700−760)는 사원 벽화에 특히 뛰어나 장안과 낙양을 진동시켰다. 『양경기구전兩京耆舊傳』에서 다음과 같이 말했다. "사찰과 도관의 벽담에 그린 그림이 300여 칸이 된다. 불교 이야기 중의 인물들은 기이한 행적과 이상한 모양으로 하나도 같은 게 없다.(寺觀之中, 圖畫墻壁, 凡三百餘間, 變相人物, 奇蹤異狀, 無有同者.)" 『당조명화록唐朝名畫錄』에 의하면, 오도자가 장안 경운사景雲寺에 그린 「지옥변상地獄變相」은 "도성의 백정이나 생선장수들이 이를 보고 그들이 지은 죄가 두려워 업종을 바꾸는 경우가 종종 있었다.(京都屠沽漁罟之輩見之而懼罪改業者, 往往有之.)" 이러한 기록은 그의 그림이 예술적인 힘을 가지고 있었음을 말해 준다. 회화예술의 계승과 전달에서 볼 때 오도자는 육조의 '삼걸三傑'인 고개지 · 육탐미 · 장승요와 계승 관계가 있으며, 동시에 장욱張旭(675−750)으로부터 필법을 이어받기도 하였다. 그러나 그의 회화는 전통을 초월한데다 걸출한 예술적 재능을 충분히 발휘하여 자신만의 독특한 예술적 풍모를 형성하였다. 그러므로 '오가양吳家樣'이라는 칭호가 있게 되었다. 오도자의 회화가 지닌 가장 두드러진 특징은 대담한 과장, 신기한 상상, 내재적인 힘이다. 그가 그린 지옥변地獄變, 정토변淨土變, 항마변降魔變, 유마변維摩變 등 변상들은 분위기의 선염渲染에 있어서든 인물 정신의 표현에 있어서든 모두 사람들에게 '기이한 행적과 이상한 모양(奇蹤異狀)' 그리고 '거대한 형상과 괴이한 일(巨狀詭怪)'의

서 따라 그리기 어려웠다." 또 竇蒙(8세기)의 말을 인용하여 말했다. "맑은 정신에서 하는 용필은 비록 그 방법이 중화와 다르지만 기운이 바르고 필적이 높아 가히 고개지와 육탐미와 나란할 수 있다." 張彥遠 역시 다음과 같이 말했다. "그가 그린 외국의 형상과 보살은 작은 것은 용필이 긴밀하고 강하여 마치 구부린 철사나 둘둘 만 비단실과 같고, 큰 것은 분방하고 기개가 있다."

감각을 주었다. 게다가 각 폭의 화면은 또 각각의 특색을 가지고 있어 '하나도 같은 게 없었다.(無有同者)' 풍부한 상상과 다양한 변화는 진실로 장회관張懷瓘(727–758)이 말한 것처럼 "오도자가 그림을 그리려고 붓을 대면 신령스런 힘이 나온다.(吳生之畫, 下筆有神)"[10] 이들 특징은 성당 시대의 서예와 시詩와 같은 예술 장르와 상통하는 면이 있다.

당대에는 역사 제재와 현실생활을 내용으로 하는 초상화와 사녀화仕女畵가 대량으로 제작되었다. 염립본閻立本(600–673), 오도자, 장훤張萱(활동 714–742), 주방周昉(730–800) 등은 모두 뛰어난 화가로 후세의 본이 된 걸출한 화가들이다. 염립본의 그림은 도석 제재 이외에 현실적 의의와 역사적 가치를 지닌 인물과 사건에서 제재를 가져왔다. 예컨대 「진부십팔학사도秦府十八學士圖」, 「능연각공신이십사인도凌煙閣功臣二十四人圖」, 「서역도西域圖」, 「위징진간도魏徵進諫圖」 및 현존하는 「역대제왕도歷代帝王圖」, 「보련도步輦圖」 등이 있다. 이들 작품의 공통된 주제는 당대 초기 대통일의 형세 아래 이룩한 태평성세를 강조하고 찬미하는 것이었다. 「보련도」는 641년(정관 15) 티베트의 수령 송찬간포松贊干布와 문성공주文成公主가 결혼하는 역사적 사건을 제재로 하였다. 그림 속 장면은 당 태종 이세민李世民(598–649)이 문성공주를 맞이하러 온 티베트 사신 녹동찬祿東贊을 접견하고 있다. 화면은 간결한 수법으로 위엄 있으면서도 자연스러운 당 태종을 강조하면서, 전체 화면은 장엄하면서도 화목한 분위기로 이루어졌다. 그리하여 한족과 티베트족 사이의 친밀한 관계를 형상적으로 표현하면서, 두 민족의 빛나는 역사를 진실하게 기록하였다. 이 작품과 염립덕閻立德(596–656)이 그린 「문성공주항번도文成公主降番圖」도 마찬가지로 중대한 역사적 의의를 가지고 있다. 인물화는 성당 이후에 새로운 제재가 나오기 시작했는데, 곧 '기라인물綺羅人物'이다. 인물의 조형적 특징은 회

10 『歷代名畫記』 권9.

화나 조소를 막론하고 가장 두드러진 점은 눈썹이 휘어지고, 볼이 통통하고, 몸매가 풍만하며, 의복이 화려하고, 색채가 농염하다. 이는 성당 시기 귀족 여인의 분위기를 반영한 것이자 당시 귀족 계층의 심미관을 구현한 것이다. 장훤張萱과 주방周昉은 이러한 회화의 걸출한 대표이다.

당대의 산수화는 이미 독립된 장르로 발전하였다. 이는 중국 산수화가 성숙해지는 표지였으며, 중국 회화사에서 민족적 특색이 풍부하게 되었다. 산수화가들의 독특한 이해와 표현 방식, 그리고 회화 미학 중의 산수화의 해석은 당대 사람들이 지닌 호방하고 초월적이고 쇄탈灑脫한 시대정신을 선명하게 체현하였다. 『역대명화기』 권1 「논화산수수석論畵山水樹石」은 당대 산수화의 발전에 대해 다음과 같이 논하였다.

> 오도현(즉 오도자)은 하늘에서 힘찬 붓을 내려, 어려서부터 심오한 능력을 품고 있었다. 종종 불교 사찰에서 벽화를 그렸는데, 괴석과 넘치는 강물을 종횡으로 그려 사람들이 만지고 마실 수 있을 듯하였다. 또 촉으로 가는 길의 산수도 그렸는데, 이로부터 산수화의 변혁은 오도자에서 시작하여 이이二李[이사훈李思訓(651-716)과 이소도李昭道(675-741)]에서 완성되었다. 나무와 바위의 모습은 위언韋偃보다 신비롭고, 묘사의 철저함은 장조張璪보다 더 했다. …… 또 왕유王維의 중심重深, 양염楊炎(727-781)의 기섬奇贍, 주심朱審의 농수濃秀, 왕재王宰의 교밀巧密, 유상劉商의 취상取象 등과 같은 데 있어서 그 밖의 화가들이 많다고 해도 모두 그를 뛰어넘지 못했다.(吳道玄者, 天付勁毫, 幼抱神奧, 往往於佛寺畫壁, 縱以怪石崩灘, 若可捫酌. 又於蜀道寫貌山水, 由是山水之變, 始於吳, 成於二李. 樹石之狀, 妙於韋偃, 窮於張通. …… 又若王右丞之重深, 楊僕射之奇贍, 朱審之濃秀, 王宰之巧密, 劉商之取象, 其餘作者非一, 皆不過之.)

이 글은 당대 산수화의 발전과 변화, 그리고 중요 화가에 대한 간명한 개괄이다. "산수화의 변혁은 오도자에서 시작한다(山水之變始於吳)"에 대해서 『역대명화기』 권9에서는 오도자가 "일찍이 소요공 위사립韋嗣立(654-719) 아래에서 하급 관리로 일했는데 촉도로 가는 길의 산수를 그려 산수의 형식을 처음 창립하여 스스로 일가를 이루었다.(曾事逍遙公韋嗣立爲小吏, 因寫蜀道山水, 始創山水之體, 自爲一家.)"고 하였다. "산수의 형식을 처음 창립했다(始創山水之體)"는 것은 의심할 여지 없이 위진 이래의 산수화에 대하여 일종의 새로운 형식을 창조하였음을 가리키는 것이고, 그것이 독특한 풍격을 갖추었으므로 "스스로 일가를 이루었다(自爲一家)"라고 했을 것이다. 『당조명화록唐朝名畵錄』에 다음 기록이 있다.

> 당 현종은 천보 연간(742-756)에 촉 지방으로 가는 길에 있는 가릉강이 갑자기 생각나서 오도자에게 가서 그려 오라고 했다. 돌아온 날 황제가 그 모습에 대해 묻자 오도자가 대답하였다. "소신에게는 분본粉本(원고)이 없이 모두 마음속에 기록했습니다." 나중에 대동전에 그리라고 명을 내리자 가릉강 300여 리 산수를 하루 만에 다 그렸다. 당시 이사훈 장군이 있었는데, 역시 산수화에 이름이 높아 황제가 대동전에 그리라고 명하자 여러 달이 지나 완성하였다. 현종이 말했다. "이사훈이 여러 달에 걸쳐 이룬 작업과 오도자가 하루 만에 이룬 필적 모두 그 뛰어남을 다하였구나."(明皇天寶中忽思蜀道嘉陵江水, 遂假吳生驛駟, 令往寫貌. 及回日, 帝問其狀, 奏曰: "臣無粉本, 並記在心." 後宣令於大同殿圖之, 嘉陵江三百餘里山水, 一日而畢. 時有李思訓將軍, 山水擅名, 帝亦宣於大同殿圖, 累月方畢. 明皇云: "李思訓數月之功, 吳道子一日之跡, 皆極其妙也.")

기록한 시간은 역사적 사실과 확실히 부합하지 않으나(이사훈은 716년에 죽었다), 오도자가 산수를 그릴 때의 특징을 잘 설명하고 있다. 첫째, "분본이 없이 모두 마음속에 기록했다.(無粉本, 並記在心.)"는 것은 산수의 객관적인 지리 형상을 묘사하는 데 중점을 두었다는 것이 아니라 산수의 기상을 가슴에 담아 두고, 붓을 달릴 때 그 기상과 정신을 표현하는 데 중점을 두었다는 것이다. 즉 예술가가 녹여 만들어 낸 산수 의경을 나타낸 것이다. 두 번째, "300여 리 산수를 하루 만에 다 그렸다.(三百餘里山水, 一日而畢.)"는 것은 그의 회화는 세부를 정밀하게 그리는 것이 아니라 호방한 기세로 자유롭게 먹물을 뿌렸음을 말하고 있다. 이 두 가지를 결합한 것이 곧 오도자가 "산수의 형식을 처음 창립하여 스스로 일가를 이루었다.(始創山水之體, 自爲一家.)"는 주요한 특징이 된다. 이러한 특징과 장욱張旭의 서예, 그리고 약간 후의 장조張璪 · 왕재王宰 · 왕묵王墨(?-805) 등의 산수화는 모두 공통적으로 선명하게 호방 · 초월 · 쇄탈함을 구현했다.

"이이二李에서 완성되었다(成於二李)"는 이사훈과 이소도 부자는 모두 산수화에 뛰어났으며, 이사훈은 당대에 "우리 왕조의 산수화가 가운데 첫째(國朝山水第一)"라는 명예를 가지고 있었다. 비록 그들은 회화 기법과 예술 풍격에 있어서 오도자와 다르지만, 예술정신에 있어서는 상통했다. 이사훈은 육조, 특히 수대 전자건 이래의 산수 설색 기법을 계승하여 "청록을 바탕으로 하고 금색과 벽옥색을 형상으로 하는(青綠爲質, 金碧爲紋)" '금벽산수金碧山水'를 창시하였다. 동시에 '계화界畵'와 '준법皴法' 등의 기교를 운용하고 결합하여, 자연 산수 속에 부려당황富麗堂皇한 전각이나 누대 및 인물 활동을 유기적으로 결합하였다. 필법은 공정工整하고 세밀하며, 층차가 뚜렷하고 변화가 미묘하여, 금벽 휘황한 화면에 드넓은 기상이 드러나 지극히 강한 장식성과 관람 가치를 갖게 하였다. 결국 오도자의 빠르고 즉흥적인 '사의산수寫意山水'와 이사훈의 정밀한 묘사가 특징인 '공필산수工筆山水'는 기법은 달라도 교묘함은 같아, 모두 드넓고 장대한 예술 효과를 전달했다.

왕유의 산수화는 오도자와 이이二李 사이에 놓이면서 새로운 풍격을 창조하였다. 그는 시와 그림의 경계를 타파하여 '시 속에 그림이 있고(詩中

有畵)' '그림 속에 시가 있는(畵中有詩)' 시정화의詩情畵意의 예술 경계를 만들어 내었다. 그리하여 일반 화가와 다른 독특한 예술 풍경을 창조하였고, 문인의 아취가 짙게 배어 있는 그림을 그렸다. 그러한 소담유심疏淡幽深하고 자연한아自然閑雅한 심미적 취미는 또한 성당 산수전원시와 마찬가지로 소방한아疏放閑雅를 표현하고 자연을 추구하는 예술정신이기도 하다. 이러한 풍격은 나중의 역대 문인화가들의 본이 되어, 왕유는 문인화文人畵의 시조가 되었다.

당대 화가들이 그린 말의 형상도 마찬가지로 위무웅장威武雄壯하고 강건호매剛健豪邁한 시대정신을 구현하고 있다. 조패曹霸(704-770), 위언韋偃(8세기), 한간韓幹(8세기)은 그중에 가장 걸출한 대표이다. 조패는 말 그림으로 개원 연간(713-741)과 천보 연간(742-756)에 이름이 높았다. 두보杜甫의 시에 "장군의 그림은 뛰어나 마치 신령이 돕고 있는 듯하여(將軍畵善蓋有神)" "한 번에 만고의 평범한 말들을 씻어버리네(一洗萬古凡馬空)"라고 하여, 조패의 뛰어난 기예와 준미의 웅장한 모습을 칭송하였다. 조패의 제자 한간도 천보 연간에 말 그림으로 이름이 높았다. 그가 그린 말은 크고 살쪘으며, 정신이 강건하며, 뼈와 살이 균형 잡혀 있어 건강한 자태에 웅장한 기세를 보인다. 한간과 동시대에 활동했던 위언도 말 그림으로 유명했다. 두보는 「말 벽화 노래(題壁畵馬歌)」 또는 「위언이 그린 벽화 노래(題壁上韋偃畵歌)」에서 위언은 "그림에 겨눌 상대가 없다.(畵無敵)"고 칭송하였다. 『당조명화록』 권10에서 다음과 같이 말했다.

> 일찍이 좋은 붓으로 점을 찍어 말·인물·산수·구름 등 천태만상을 그렸다. 뛰어오르고·서 있고·씹고·마시고·놀라고·멈추고·달리고·일어나고·목을 빼들고·곧추 서는 등이었다. 작은 것은 점 하나로 머리를 그리고, 선 하나로 꼬리를 그렸다. 산은 먹을 휘저어 그리고, 물은 손으로 문질러 그리는 등 그 신묘함을 다 나타내니 완연히 실제와 같았다.(嘗以

越筆點簇鞍馬 · 人物 · 山水 · 雲煙, 千變萬態, 或騰 · 或倚 · 或齕 · 或飮 · 或驚 · 或止 · 或走 · 或起 · 或翹 · 或企, 其小者或頭一點, 或尾一抹, 山以墨斡, 水以手擦, 曲盡其妙, 宛然如眞.)

그는 말의 온갖 자태를 생생한 형태로 포착하고 표현하는 데 더욱 뛰어났다. 그 밖에 소 그림으로 유명한 한황韓滉(723-787)과 대숭戴嵩(8세기)의 작품 또한 고박웅혼古樸雄渾한 풍격과 침착경건沈着勁健한 아름다움을 가지고 있다.

2. 서예

당대의 서예예술도 마찬가지로 남북조 서체를 계승한 기초 위에서 새로움을 추구하여, 당대 특유의 강정주경剛正遒勁하고 서전엄정舒展嚴正한 풍골과 때로 소쇄분방瀟灑奔放하고 낭만웅호浪漫雄豪한 기세를 드러내었다. 서예예술은 이미 문자 자체의 실용적인 기능을 멀리 초월하여 마음을 드러내고 정신을 나타내는 매체로 여겨졌다. 당 태종이 왕희지王羲之의 서예를 각별히 애호하였기 때문에 '이왕二王(왕희지와 왕헌지)'의 서체는 당대에 심원한 영향을 끼쳤다. 당초 사대가四大家인 우세남虞世南(558-638), 구양순歐陽詢(557-641), 저수량褚遂良(596-658), 설직薛稷(649-713)은 모두 '이왕' 서체의 계승자라 할 수 있다. 그러나 그들은 단순히 모방하는 데 그친 것이 아니라 변혁과 창신을 하였으며, 일정 정도에서 당대 사람의 정신을 반영하였다. '이왕' 서체를 배우는 것은 형태에서 그치는 것이 아니며, 더욱 중요한 것은 내재적인 기운과 풍골을 추구하는 것이었다. 당 태종은 그 서예에 대해 논하는 글에서 다음과 같이 말했다. "내가 오늘날 고인의 글씨를 임모하면서 특히 그 형세는 배우지 않는 대신 오직 골력을 구하려 한다. 골력을 일단 구하면 형세는 저절로 생겨나기 때문이다.(我今臨古人之書, 殊不學其形勢, 惟在求其骨力, 及得骨力, 而形勢自生耳.)"[11] 두기竇冀(8세기)도 「술서부述書賦」에서 다음과 같이 말했다. "태종은 왕희지의 서예를 두루 모아 갖추어 두면서 제왕의 눈으로 서예를 탐구하였다. …… 내적 본질이 외부의 수식을 이기지 못하니, 외모가 뼈대를 온전하게 할 수 있고, 풍골을 겸하면서, 법례法禮를 총괄한다.(太宗則備集王書, 聖鑒旁啓, …… 質詎勝文, 貌能全體, 兼風骨, 總法禮.)"

마찬가지로 당초 사대가의 서예예술에 대한 공헌은 곧 풍골의 추구와 함께 해서楷書예술의 기본 법도를 완비시키는 것이었다. 당대 사람들의 해서는 북방의 비문과 남방의 서첩을 하나의 형식 속에 융합하는 것으로, 북비北碑의 강정剛正한 바탕을 남첩南帖의 활달한 우아함으로 섞는 것이었다. 그리하여 해서의 법도를 완성시켜 풍격이 강정주경剛正遒勁하고 구조가 서전엄정舒展嚴正한 당인唐人 해서체를 창조하였다. 이 점은 비단 이후에 완성된 당대의 진정한 새로운 서체인 '안진경체(顔體)'와 '유공권체(柳體)'의 등장에 기초를 놓았을 뿐만 아니라, 이러한 '법칙의 존중(尙法)'을 내세운 당인 해서체는 후대의 서예가들에게 바른 길을 열었으므로 그 의의가 무척 크다. 이러한 변화의 궤적은 우세남과 구양순의 서예예술 속에 가장 뚜렷이 표현되었고, 당시와 후세에 가장 깊은 영향을 남겼다. 우세남은 지영智永에게 배우고 멀리 왕희지를 이으면서 '이왕二王' 소해小楷의 청윤淸潤함을 계승하였다. 동시에 수대의 해서체와 위비魏碑의 기운을 흡수하여, 해서의 필의筆意가 밖으로 확산하는 데서 안으로 수렴하는 방향으로 나가게 했다. 그리하여 외모는 부드럽고 빼어나면서 안으로는 근골筋骨을 안고 있는 원윤청발圓潤淸拔한 예술 풍격을 이루었다.

구양순은 본래 수나라 사람으로, 그의 정서正書(즉 해서)는 수비隋碑의 방정강준方正剛峻한 형식을 가지고 있으면서도 북조 고유의 풍모를 잃지

---

11 『唐會要』 권35.

않고 있다. 이어서 '이왕'의 수윤秀潤한 필의筆意를 흡수하여 온유온자溫柔蘊藉의 풍신風神을 얻었으며, 이들을 강준剛峻한 골력骨力 속에 녹여 '구양순체(歐體)' 특유의 예술 풍격을 창조하였다. 즉 골기가 초발峭拔하면서 방원方圓을 겸비하였고, 필력이 경건勁健하면서 법도法度가 엄정嚴正하다. 조맹부趙孟頫(1254-1322)가 그의 서예를 평하면서 "맑고 힘차며 빼어나고 강건하니, 고금에 한 사람뿐이다.(淸勁秀健, 古今一人.)"[12]라고 하였다. 우세남체든 구양순체든 모두 저수량과 그의 제자 설직의 서예를 포괄하고 있다. 이들은 모두 일종의 내재적인 골격과 강정한 형태를 품고 있다. 비록 그들의 예술적 근원과 예술적 풍격은 각각 중점이 다르지만, 공통적으로 남북의 풍격을 융합하여 독창적인 면모를 개척한 추세를 따르고 있다. 이는 위징魏徵 등이 구상한 남북의 장점을 힙쳐 "내용과 형식이 빛나도록 어울릴 것이며 진선진미할 것이다.(文質斌斌, 盡善盡美矣.)"라는 문화 발전 정책과 바로 일치한다.

이 밖에 당 전기의 저명한 서예가로 손과정孫過庭(646-691), 이옹李邕(678-747), 하지장賀知章(659-744) 등이 있다. 그중에서 손과정은 장초章草로 유명하며, 그가 짓고 쓴「서보서書譜序」는 문장 자체의 이론적 가치도 있지만 글씨체 역시 장초의 전범으로 간주되었다. 그의 풍격은 비록 '이왕'으로부터 나왔지만, 골력과 기세는 '이왕'을 넘어섰다. 손과정의 서예와 그 이론적 표명은 당인들이 비록 '이왕'을 추종한다고 하더라도 골력을 더욱 중시하게 되었으며, 나아가 서체의 모방에서 방향을 바꾸어 자신의 성정의 표현과 심지心志의 구현으로 나아갔음을 보여 준다.[13] 이는 당

12 「唐歐陽率更夢奠帖跋」, 趙琦美 編, 『趙氏鐵網珊瑚』 권1.

13 예를 들어 孫過庭은 『書譜』에서 다음과 같이 말했다. "만약 衆妙가 실현되었다면 骨氣를 보존하는 데 힘써야 한다. 骨氣가 보존되었다면 遒潤이 더해진다." 또 "전서는 세련을 추구하면서 일관성이 있고, 예서는 정밀하면서 밀집되어 있고, 초서는 쉬우면서 유창하고, 장초는 간략하면서 편리하다. 이렇게 한 연후에 風神으로 늠름하고, 姸潤으로 따뜻하며, 枯勁으로 북돋고, 閑雅로 어울린다. 그렇게 하면 情性을 표출할 수 있

대 서예예술 발전의 전반적인 추세이며, 이러한 경향은 당대 중후기에 더욱 뚜렷하다. 이옹의 서예는 창신의 추세를 더욱 뚜렷이 보이며, 당인의 정신적 면모를 더 많이 가지고 있다. 그가 창안한 대자大字 '행해行楷'체는 '이왕'에서 나왔으면서도 면목을 일신하여 웅건한 기풍이 더욱 많아졌다. 그 서예는 결체結體가 한아閑雅한데 서전舒展하면서도 방종放縱하며, 필력은 주경遒勁한데 강건剛健하면서도 수렴收斂적이다. 그리하여 사람들에게 침착沈着하면서도 호상豪爽한 감각을 주며, 강의충렬剛毅忠烈하고 기위척당奇偉倜儻한 정신적 기질을 구현하고 있다. 이는 이옹 서예의 정수가 있는 부분이며, 성당 시대의 드넓은 정신의 전형이기도 하다.

초서로 유명한 장욱張旭과 회소懷素(737-785)는 성당 시대의 감창불기酣暢不羈하고 종일분방縱逸奔放한 호정豪情을 더욱 많이 체현하고 있다. 장욱은 평소 '장 미치광이(張顚)'란 호칭이 있었으며, 그의 서예는 이백李白의 시, 배민裴旻의 검무와 함께 '삼절三絕'이라 불렸다. 두보는 「음중팔선가飮中八仙歌」에서 다음과 같이 노래했다.

장욱은 술 석 잔에 초서의 성인으로 알려져 張旭三杯草聖傳,
왕공 앞에서도 모자 벗고 머리를 드러내지만 脫帽露頂王公前,
붓을 휘두르면 구름 같은 글씨가 종이 위에 떨어진다네. 揮毫落紙如雲煙.

이 시는 얽매이지 않는 그의 태도와 자유롭게 휘젓는 그의 능숙한 붓놀림을 생생하게 묘사하고 있다. 한유의 「고한 상인을 보내며 서문(送高閑上人序)」에서도 다음과 같이 말했다.

으며 기쁨과 슬픔을 구체적인 형상으로 나타낼 수 있다." "붓끝에서 모든 변화를 다 부리며, 종이 위에서 정감과 가락을 다 모은다.(窮變態於毫端, 合情調於紙上.)"

장욱은 초서를 잘 썼는데 다른 필체로는 쓰지 않았다. 기쁘거나 성나거나, 곤궁하거나, 슬프거나 즐겁거나, 원망하거나 그립거나, 취하거나 무료하거나, 불평이 있어 마음이 움직일 때는 반드시 초서로 펴내었다. 주위의 사물을 보거나, 산과 강·벼랑과 계곡, 새와 짐승·벌레와 물고기, 초목의 꽃과 과일, 해와 달과 별, 바람과 비와 물과 불, 번개와 천둥과 벼락, 노래와 춤·싸움과 전쟁, 천지 사물의 변화 등을 보고는 그것들이 기쁨을 주거나 놀라움을 주거나 간에 모두 서예로 표현하였다.(旭善草書, 不治他技, 喜怒窘窮, 憂悲愉佚, 怨恨思慕, 酣醉無聊, 不平有動於心, 必於草書發之. 觀於物, 見山水崖谷·鳥獸蟲魚·草木之花實, 日月列星·風雨水火·雷霆霹靂·歌舞戰鬪·天地事物之變, 可喜可愕, 一寓於書.)

서예예술은 문자 자체의 실용적인 기능을 초월할 뿐만 아니라 서체 형태 자체의 심미적인 기능마저 초월하여, 성정을 드러내고 마음을 기탁하는 일종의 예술 수단이 되었다. 회소의 광초狂草는 천변만화를 일으키며, 제멋대로 종횡으로 움직이며, 사람의 정신을 놀라게 하여, 천지를 놀라게 하고 귀신을 울게 하는 거대한 예술적 매력을 가지고 있다. 두기竇冀(8세기)는 「회소 상인 초서가懷素上人草書歌」에서 다음과 같이 표현했다.

미친 스님 붓 휘두르니 거칠고 자유로워	狂僧揮翰狂且逸,
천성에 따라 움직이니 온갖 법칙 다 부순다.	獨任天機摧格律.
점과 획에서 만들어지니 용과 호랑이도 부끄러워하고	龍虎慚因點畫生,
번개와 우레마저 질주하는 붓을 피해 가는구나.	雷霆却避鋒鋩疾.

이러한 예술의 창조는 "흥이 일어나니 흉금의 기운이 조금 열린다.(興來小豁胸襟氣)"는 것에 불과하지만, 이는 곧 격정의 기탁이자 호기豪氣의

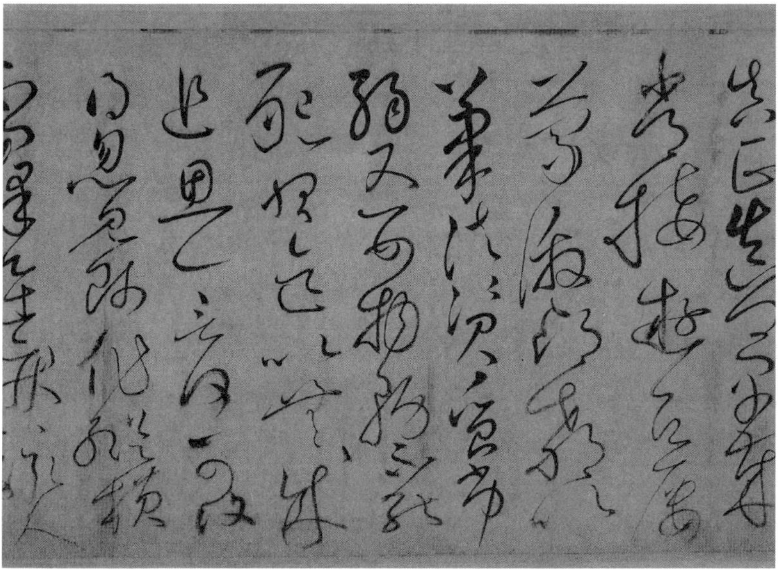

그림 12-2 회소懷素가 광초狂草로 쓴 「자서첩自敍帖(부분)」(송나라 때 만들어진 모조품이라는 주장도 있다). 두루마리. 당나라. 가로 755cm, 세로 28.3cm.

표현이다. 장욱과 회소의 서예가 지닌 웅호종일雄豪縱逸한 예술적 경계는 이백의 시와 오도자의 그림과 마찬가지로 시대의 넘치는 풍채를 가지고 있었다.(그림 12-2)

서예는 성당 이후 '이왕'에 대한 변혁이 이미 성숙해져 '안진경체(顔體)'를 대표로 하는 당나라의 서체가 나왔다. 그 속에 포함하고 있는 풍골과 기운은 성당 기상의 전형적인 체현이다. 소식은 「당대 여섯 대가의 서예 뒤에 쓰다(書唐氏六家書後)」에서 "안진경이 웅장하고 빼어나게 홀로 나오니 옛 법도가 일변했다.(顔魯公雄秀獨出, 一變古法.)"고 하였다. 안진경체는 '이왕' 이래의 서예가 지닌 주미遒媚의 모습을 일변시켜 웅혼하고 육중하게 만들었으며, 점과 획이 풍만하고 근골이 강건하여졌다. 그의 해서는 단정하고 장엄하며 골상이 우뚝 솟았고, 그의 행서는 감창주경酣暢遒勁하면서도 자태가 기굴奇崛하여, 안진경체가 지닌 특유의 강경창건剛勁

그림 12-3 안진경顔眞卿이 원문을 해서체로 쓴 안근례비顔勤禮碑. 당나라. 비의 전체 크기는 가로 130cm, 세로 330cm. 비문이 새겨진 비신碑身의 크기는 가로 92cm, 세로 268cm.

蒼健하고 호방웅장豪放雄壯한 예술적 경계를 체현하고 있다. 이러한 안진경체의 예술적인 특징은 바로 안진경의 정신적 기질과 품격을 예술적으로 드러내고 있다. 송대 구양수는 그가 편찬한 『집고록集古錄』「당 안노공이십이자첩唐顔魯公二十二字帖」에서 그를 다음과 같이 평하였다. "이 사람은 충정과 정의가 천성으로 타고났기에 그 글자의 획도 강경剛勁하고 홀로 불거졌으며, 전대의 서예가를 모방하지 않고 기위奇偉하게 우뚝 솟아났으니, 그 사람됨과 흡사하다.(斯人忠義出於天性, 故其字劃剛勁獨立, 不襲前迹, 挺然奇偉, 有似其爲人.)"(그림 12-3)

유공권柳公權은 '안진경체'의 기세를 계승하면서 스스로 새로운 모습을 나타내었다. '유공권체'의 특징은 근골이 강건하고 체세體勢가 경수勁秀하며, 양강陽剛한 가운데 청윤淸潤함을 보인다. 웅혼한 기세는 '안진경체'보다 약간 적어 보이나 그 속에 깃든 정신은 오히려 선명하다는 데서 일치한다. 유공권은 일찍이 황제에게 '필간筆諫'을 한 것으로 유명한데, "용필은 마음에 달려 있으니, 마음이 바르면 붓도 바르다.(用筆在心, 心正則筆正.)"고 하였다. 이 역시 서예는 곧 서예가의 품성과 기질, 정신과 마음의 외적 체현임을 더욱 명확하게 설명하고 있다.

3. 조소와 석각

수당 시대의 조소예술에서 가장 발달한 것은 의심할 여지 없이 불교를 중심으로 한 조상造像예술이다. 수대에는 짧은 수십 년 동안 불상을 많이 만들어 수량에 있어 사람을 놀라게 한다.[14] 풍격에 있어서도 이미 원윤圓

14 李浴의 『中國美術史綱』 제5장 「封建文化鼎盛時代的隋唐美術」에서 낸 통계에 의하면 다음과 같다. "개황 원년(581)부터 인수 말년(605)까지 제작한 크고 작은 불상은 모두 10만 6,580구이고, 그리고 원래 있는 불상을 보수한 것은 150만 8,940구이다. 양제 시대에 다시 3,850구를 제작하였고, 11만 1천 구를 보수하였다. 이들 숫자는 조정에

潤하고 유창流暢하며 세속화되고 중국화된 경향을 보인다. 당대에 이르러 조상의 풍기는 더욱 흥성하고 예술도 더욱 휘황하여 농후한 민족적 색채와 시대적 분위기를 보이며, 게다가 사람의 정신생활에서도 중요한 지위를 점하게 되었다. 당대 황실의 능묘 건축의 장식 조각, 대량의 도용陶俑 등 명기明器, 역사 인물과 현실 인물의 조각 등 다양하고 다채로운 조형들은 당대 문화의 드넓은 기백과 웅건한 아름다움을 증명해 주고 있다.

돈황 막고굴莫高窟, 용문龍門 석굴, 병령사炳靈寺 석굴, 맥적산麥積山 석굴, 태원 천룡산天龍山 석굴 등은 모두 수많은 정교하고 미려한 당대 불교 조상을 보존하고 있다. 돈황 석굴의 채색 소조 불상과 보살상은 얼굴에 미소를 띤 채 자상하고 화기 어린 모습으로 가슴과 팔뚝을 드러내고 있으며, 몸매는 풍만하면서 수려하며, 부드럽고 우아한 몸짓을 표현하여 당대 귀족의 심미적인 이상을 반영하고 있다. 천왕과 금강역사 등의 형상도 남성의 건장한 체격을 과장하며 힘찬 아름다움을 강조하고 있다. 여기에 덧붙여 유창한 선과 화려한 색채에, 벽화와의 완미한 배합으로 더욱 화려하게 빛난다. 이는 당대 조소의 높은 예술 수준을 구현하고 있을 뿐만 아니라 시대의 아름다움을 전형적이고 집중적으로 구현하고 있다. 용문 석굴 가운데 당대에 굴착한, 규모가 가장 크고 가장 대표적인 것으로, 측천무후가 자금을 내어 만든 봉선사奉先寺 석굴 조상이 있다.(그림 12-4) 석굴 조상은 산의 높이를 따라가며 굴착했으며, 그중에서 큰 본존 비로자나불 좌상은 단정하고 자상하며 온화하고 친밀한 모습이다. 양편에 늘어선 부처의 제자 · 보살 · 천왕 · 역사 등 8존의 조각상은 소박하고 문아文雅하거

서 주조한 것만 포함시켰으며, 그 밖에 개인이 주조한 것도 적지 않다. 예를 들어 황후 獨孤氏가 그의 부친을 위해 趙景公寺를 세우고, 은 불상 600만 구를 제작하였다. 예부상서 張穎이 사저를 불사로 희사하여 금은 불상 10만 구를 제작하였다. 天台山의 智者大師는 일생 동안 불상을 80만 구를 제작했다. 이들 내용을 볼 때 수대의 불교 造像은 六朝보다 못하지 않았다.

그림 12-4 낙양 용문 석굴. 당대 봉선사奉先寺 조상.

나 풍만하고 화려하며, 위풍당당하거나 웅건강강雄建剛强하여, 일련의 조화롭고 완미한 조각 그룹을 형성하였다. 거대한 규모와 방대한 기세는 시대의 물질적 역량과 정신적 역량을 충분히 체현하고 있다. 병령사, 맥적산, 천룡산 등의 불교 조상도 우아한 자태는 변화가 풍부하며, 부드럽고 유창하며, 세밀하고 정치한 특징을 더욱 많이 현시한다. 그리고 사천 낙산樂山 능운사凌雲寺에 있는 높이 71미터의 대불은 기세가 웅장하여 중국 문화사 가운데 장관이라 할 수 있다.

당대의 능묘 조각은 종교 조각 다음으로 기념비적인 위대한 작품이다. '소릉육준昭陵六駿'(그림 12-5)은 당 태종 이세민李世民이 통일전쟁 중에 탔던 여섯 필의 준마에서 소재를 가져왔는데, 기상이 준상강의俊桑剛毅하고, 자세가 신무유력神武有力하다. 소박하고 고졸한 선은 중후한 질감을 나타내며, 웅장한 위용과 드높은 투지를 가진 분발의 정신을 체현하고 있

그림 12-5 당대 '소릉육준'의 하나인 청추靑騅.

어, 역사적 의의의 표지이자 정치적 의의의 상징이 되었다. 현존하는 건릉乾陵 석각은 기세가 웅혼하고 거대하여, 세상에 위용을 떨친 강대한 국력을 나타내 보이고 있다. 그중에서 석사자石獅子 한 쌍은 높은 대 위에 웅크리고 앉아, 힘찬 앞다리를 우뚝 버티고, 입을 벌리고 가슴을 들어올려, 전방을 매섭게 보고 있어 위엄이 드높다. 멀리 산언덕의 높은 대 위에 서 있는 날개를 펼친 천마는 자세가 혼박渾樸하고 경건勁健한데, 하늘을 날아갈 기세를 보이고 있어, 정치상의 드높은 구상과 위업을 밝히고 있다. 그 밖에 헌릉獻陵의 석호石虎, 순릉順陵의 사자와 독각수獨角獸, 숭릉崇陵의 석인과 석마石馬 등 조각들도 모두 형체가 크고, 웅건하고 힘차다. 이들 역시 빼어난 모습에 기상이 드높고, 호매하고 낙관적인 당대의 기백을 형상화하고 있다.

당대의 삼채三彩 도용陶俑은 정교하게 제작하여 색채가 선명하며 모습이 찬란하여 높은 예술적 가치를 가지고 있다. 당삼채唐三彩의 제재는 상당히 광범하다. 무사·관리·여성·상인·사냥꾼·연주가와 무용가·노복·호인胡人 등 인물 형상이 있는가 하면, 말·소·낙타·사자·닭·오리·돼지·개 등 동물 형상도 있다. 이들은 풍부하고 다채로운 사회생활을 우리 눈앞에 생생하게 펼쳐놓는다. 특히 강건하고 힘찬 무사, 풍만하고 아름다운 여성, 연주하고 춤추는 사람들의 형상은 동시대 화가들이 그린 형상과 지극히 비슷하다. 그리고 강건하고 살찐 준마와 머리를 들고 곧게 선 쌍봉낙타도 마찬가지로 시대의 심미적 전형이 되어, 앙양昻揚한 정신을 품고 있다.

4. 음악과 무용

수당 시기, 특히 초당에서 성당까지의 100여 년간은 중국 음악 무용사에서 가장 휘황한 시대이다. 그러한 다양함을 아우르는 기백, 방대한 악무樂舞 기구, 성대한 연출 장면, 숙련된 악무 기예 등은 모두 번영의 국면과 드높은 기세를 선명하게 나타내고 있다.

수나라의 건국 후 대통일의 조건 아래 남북조 시기 서로 다른 악무 전통을 전면적으로 계승하고, 동시에 더욱 광범위한 지역에서 국내 각 민족의 악무와 해외 여러 나라의 악무의 정화를 흡수할 조건을 갖게 되었다. 그리하여 새로운 정국의 발전에 적응하고 새로운 감상과 취미의 요구를 만족시킬 수 있었다. 그중 '연악燕樂'의 발전과 성취가 가장 두드러진다. 『수서隋書』「음악지音樂志」의 기록에 따르면 수나라는 '칠부악七部樂'을 '구부악九部樂'으로 증설하였다. 여기에는 중원 한족의 전통 악무도 있지만 서북 소수민족과 외국에서 전래된 악무도 있었다. 조정에서는 지방의 악공과 예인들을 대거 모집하여 궁정 악무 기구에 충임시킨 이외에, 매년 각지의 가무와 백희百戲의 연예인들을 모집하여 장안과 낙양에서 공연하게 했다. 그 규모의 방대함과 종목의 다양함은 이전에 없었다. 그 목적은 통치자 자신의 향락을 위하고, 통일 제국의 부강과 안정을 자랑하고, 중원 문물의 번성함을 전시하는 정치적인 것이었다. 이는 통일을 촉진하고 사회의 민심 안정에 도움이 되는 등 객관적으로 적극적인 작용을 하였다.[15]

당대 중앙 직속의 음악 기구는 대악서大樂署, 고취서鼓吹署, 교방教坊, 이원梨園 등 네 부분으로 나뉘었다. 대악서와 고취서는 정부의 태상시太常寺에 속해 기구가 상당히 방대했다. 『신당서』「예악지 12禮樂志十二」에 다음과 같이 기록했다. "당나라 전성기 때는 악인樂人·음성인音聲人·태상시의 잡호雜戶 자제는 태상시 및 고취서에 소속되었고, 모두 윤번제로 근무했는데, 이들을 총칭하여 '음성인'이라 했고, 그 숫자는 수만 명에 이

15 『隋書』「音樂志下」에 다음 기록이 있다. "606년(대업 2) 돌궐의 染干이 내조하자 양제는 국력을 과시하려고 사방의 散樂을 낙양에 모두 모았다." 공연하는 歌舞와 百戲 가운데는 대형 水上戲도 있었고, 黃龍 變幻도 있었고, 줄타기 하며 하는 가무도 있었고, 죽간 위에서 묘기를 부리거나 춤추는 것도 있었다. "또 신화 속의 자라가 산을 등에 지고, 마술사가 불을 뿜는 등 천변만화의 모습이 고금에 걸쳐 비교할 게 없었다. 염간이 이를 보고 크게 놀랐다. 이때부터 太常에서 모두 교습시켰다. 매년 정월 각국에서 조회하러 오면 15일 동안 머무는데, 端門 밖에서부터 建國門 안까지 8리에 걸쳐 戲場을 벌려놓고 백관들이 길 양편으로 누대를 세웠다. 저녁부터 새벽까지 마음대로 둘러보게 하였고, 그믐날이 되어서야 파하였다. 기예를 부리는 사람은 모두 채색 비단옷을 입었으며, 가무를 하는 사람은 대부분 여인의 옷을 입었다. 패옥을 차고 꽃과 깃털로 장식한 사람이 대략 3만 명이었다. …… 3년째 되는 해에 양제가 榆林을 방문하니 돌궐의 啓民 가한이 행궁에 조회하러 왔다. 양제는 또 설치하여 보여 주었다. 6년째 되는 해에 해외의 여러 민족이 공물을 많이 헌상했고, 돌궐의 계민 가한 이하 모든 국왕이 직접 조회하러 왔다. 이에 天津街에 百戲를 진열하였으니, 국내에 기이하다는 기예는 빠짐없이 모두 모였다. …… 關西에서는 安德王 楊雄이 총괄하였고, 東都(낙양)에서는 齊王 楊暕이 총괄하였다. 쇠와 돌로 된 악기와 박과 가죽으로 된 악기의 소리를 수십 리 밖에서도 들을 수 있었다. 현을 켜고 피리를 부는 사람이 1만 8천 명 이상이었고, 그들이 든 횃불이 하늘과 땅을 비쳤다. 百戲의 성대함은 모든 역사에 걸쳐서도 비교할 바가 없었고, 이후 매년 거행되었다."

르렀다.(唐之盛時, 凡樂人·音聲人·太常雜戶子弟, 隸太常及鼓吹署, 皆番上, 總號音聲人, 至數萬人.)" 교방과 이원은 주로 궁정에 속하였다. 교방은 다섯 곳 있었다. 궁정 안에 내교방內敎坊 한 곳을 비롯하여, 장안과 낙양에 각기 두 곳씩 외교방外敎坊을 설치했다. 이들은 주로 가무와 '산악散樂'을 공연했다. 이원은 먼저 궁정 안의 이원이 있는데, 이는 당 현종이 직접 가르치고 지휘하는 악무 기구로 주로 대형 '법곡法曲'을 연습하고 공연한다. 그 밖에 장안에 있는 '태상이원별교원太常梨園別敎院'에 천여 명이 있고, 낙양에 있는 '이원신원梨園新院'에 1,500명이 있었다. 이처럼 방대한 음악 기구는 곧 당대 악무가 발달하게 된 주요한 요인이었다. 그 밖에 각 지방의 군軍과 행정 조직 및 민간에도 악무 단체가 많이 있었고, 궁기宮伎·관기官伎·영기營伎 등의 분류가 있었다. 고관대작이나 귀족의 사가에도 정확한 숫자를 파악하기 어려운 '가기家伎'들이 있었다. 비록 이들 악무 예인들의 지위가 낮았을지라도 그들이 함께 창조하고 공연하였기에 사회생활이 지극히 풍부하게 되었고 그 시대의 가무예술이 휘황한 수준에 이르게 되었다.

음악제도에 대해 볼 때, 당나라는 수나라의 제도를 계승하여 무덕 연간(618-626) 초에 궁정의 연회에서 사용한 음악은 수대의 '구부악九部樂'이었다. 정관 연간(627-649)에 '고창악高昌樂'을 추가하여 '십부악十部樂'이 되었다. 여기에는 전통을 계승한 작품도 있고 새로운 창작도 있었다. 현종 때 이르러 새로 창작한 품종이 부단히 증가하고, 소수민족과 외국의 새로운 악곡과 무용을 널리 흡수함에 따라 악무는 더욱 다양하고 풍부해져, 점차 '입부기立部伎' 8부와 '좌부기坐部伎' 6부가 만들어졌다.[16] 입부기

16 『舊唐書』「音樂志二」에 실린 '立部伎' 8부는 「安樂」, 「太平樂」, 「破陣樂」, 「慶善樂」, 「大定樂」, 「上元樂」, 「聖壽樂」, 「光聖樂」이다. '坐部伎' 6부는 「燕樂」, 「長壽樂」, 「天授樂」, 「鳥歌萬壽樂」, 「龍池樂」, 「破陣樂」이다. 좌부기와 입부기는 모두 가무 음악에 속하며, 주요한 차이는 '입부기'는 규모가 비교적 크고 인원이 비교적 많은 데 비해, '좌부기'는

와 좌부기 이외에 청악淸樂, 도곡道曲, 법곡法曲, 호부胡部, 무마舞馬, 백희百戲 등도 연회에 사용하는 속악으로 사용되었다. 그중 한족 전통의 색채를 가진 것으로는 「명군明君」과 「백저白紵」 등이 있고, 소수민족의 색채가 선명한 것으로는 「자지柘枝」와 「호선胡旋」 등이 있고, 다수를 차지하는 당대의 새 음악으로는 「파진악破陣樂」과 「예상우의霓裳羽衣」 등이 있었다. 비록 악기의 반주는 쿠처(龜玆)와 서량西涼 등 소수민족의 악기를 많이 채용했지만, 그 민족이나 국가의 악곡에 대해서 당해 민족이나 국가의 악기로만 제한하지 않았고, 다른 민족이나 국가의 악기를 사용하기도 했으며, 심지어 혼합하여 연주하기도 했다. 당대 악무의 번영은 중원 한족의 전통 예술의 기초 위에 국내의 여러 민족과 국외의 악무를 충분히 흡수하여 융합했으며, 그리하여 휘황한 기상을 드러내었다.

당대 악무가 지닌 다채로움과 풍부함, 그리고 뛰어난 공연은 현존하는 대량의 당대 벽화, 문인 회화, 악무 도용陶俑의 거대한 장면과 아름다운 자태에서 볼 수 있다. 당시唐詩에 묘사된 악무의 편장에서도 마찬가지로 헤아릴 수 없이 많은 휘황한 아름다움을 표현하고 있다. 예컨대 두보의 「화경에게(贈花卿)」를 보자.

금관성에 음악이 날마다 분분히 울리면	錦城絲管日紛紛,
반은 강바람에 날리고 반은 구름 속으로 들어가지.	半入春江半入雲.
이러한 가락은 응당 천상에나 있을 법하니	此曲只應天上有,
인간 세상에선 몇 번이나 들어볼 수 있으랴?	人間能得幾回聞.

미묘한 음악은 진실로 언어로 호소하기 어렵다. 이기李頎(690-751)의 「동대가 연주하는 호가 소리를 듣고 겸하여 방 급사에게 부침(聽董大彈胡

규모가 비교적 작고 인원이 적은 대신 공연하는 기예는 더욱 뛰어나다.

笳聲兼寄語弄房給事)」에 표현된 호가胡笳의 소리는 천지를 움직이고 귀신을 울린다. 백거이의 「비파행琵琶行」에서 비파 켜는 여인의 연주는 우는 듯하고 호소하는 듯하다. 이하李賀(790-816)의 「이빙 공후인李憑箜篌引」은 공후의 음악이 지닌 미묘함을 묘사하여 마치 하늘이 놀라고 구름이 멈추는 듯하다. 이들 시를 읽고 나면 귓가에 음악의 여운이 감도는 듯하다.

당대 교방 악무는 건무健舞와 연무軟舞의 구분이 있었다. 건무는 혼탈渾脫 · 검기劍器 · 호선胡旋 · 호등胡騰 · 자지柘枝 등과 같이 양강하고 강건한 자태를 표현하고, 연무는 양주涼州 · 녹요綠腰 · 소합향蘇合香 · 굴자지屈柘枝 · 단란선團亂旋 등과 같이 가볍고 부드러운 자태를 표현하였다. 이밖에 대형의 자무字舞 · 화무花舞 · 마무馬舞 · 수무獸舞 등이 있다. 건무 중의 검기 · 호선 · 자지 등의 춤은 널리 유행되어, 두보는 시 「공손대낭의 제자가 추는 춤을 보고 지은 검기의 노래(觀公孫大娘弟子舞劍器行)」에서 다음과 같이 묘사했다.

예전에 가인으로 공손씨가 있었으니	昔有佳人公孫氏,
한번 검기무를 추면 천하가 진동하였지.	一舞劍器動四方.
산처럼 몰려든 관중은 기색이 변하고	觀者如山色沮喪,
하늘과 땅은 검무에 따라 위아래로 흔들렸지.	天地爲之久低昂.
:	:
시작할 때는 우레와 천둥이 진노를 거두는 것 같고	來如雷霆收震怒,
끝날 때는 강과 바다가 맑은 빛으로 잔잔해지는 듯.	罷如江海凝淸光.

번개와 우레처럼 노하고 하늘을 놀라게 하고 땅을 흔드니, 그 강건한 모습은 호방한 기세가 충만하여 사람의 마음을 격발시키고 의지를 감발시켰다. 과연 장욱張旭은 이를 보고 "정신이 호탕하고 마음이 감동되어(豪蕩感激)" "이로부터 초서가 크게 나아졌다.(自此草書長進)"고 했다.

호선무는 「강국악康國樂」(사마르칸트에서 온 음악)으로, 민족적 색채가 농후하다. 백거이는 시 「호선무를 추는 여인(胡旋女)」에서 그 무용의 자태를 다음과 같이 묘사했다.

호선무를 추는 여인이여	胡旋女,
호선무를 추는 여인이여.	胡旋女,
마음은 현에 감응하고	心應弦,
손은 북소리에 감응하는구나.	手應鼓.
현 울리고 북소리 한 번 두드리니 두 소매 치켜들고	弦鼓一聲雙袖擧,
눈발이 돌아들고 쑥대가 구르듯 춤을 추네.	回雪飄颻轉蓬舞.
오른쪽 왼쪽 선회해도 피로한 줄 모르고	左旋右轉不知疲,
천 빈 돌고 만 번 돌아도 그칠 줄 모르네.	千匝萬周無已時.
인간 세상에 이 같은 것 비교할 게 없으니	人間物類無可比,
달리는 수레바퀴보다 빠르고 회오리바람보다 빠르네.	奔車輪緩旋風遲.

이렇게 빠른 속도로 회전하여 사람의 눈을 어지럽히는 무용은 당시 널리 유행하였다. 백거이가 말한 것처럼 "50년 동안 금하여도 금할 수 없었다.(五十年來制不禁)"

연무 가운데 자지柘枝와 녹요綠腰와 같이 가볍고 느리며 펄럭이는 듯한 모습도 시인들이 자주 노래하였다.[17] 대형 악무 가운데 「파진악破陣樂」과

17 劉禹錫의 시 「和樂天柘枝」는 다음과 같다. "「자지무」는 본디 초나라 왕실에서 나왔는데, 옥안이 교태롭고 춤추는 모습 화사해라. '송빈'을 고쳐 빗어 '난봉계'로 하였고, 새 적삼은 새로이 '투계사'로 지었구나. 박자를 재촉하는 북소리에 허리가 하느적거리는데, 비단 옷에 배인 땀으로 비에 젖은 꽃 같아라. 곡이 끝난 자리에서 돌아가 떠나면, 서왕모 따라서 노을 속에 오를 듯해라.(柘枝本出楚王家, 玉面添嬌舞態奢. 松鬟改梳鸞鳳髻, 新衫別織鬪鷄紗. 鼓催殘拍腰身軟, 汗透羅衣雨點花. 畵筵曲罷辭歸去, 便隨王母上煙

「예상우의霓裳羽衣」는 시대적 색채와 거대한 기상을 가장 잘 구비하고 있다. 『구당서』「음악지 2音樂志二」에서 다음과 같이 기록했다.

「파진악」은 태종이 만들었다. 태종이 진왕秦王으로 있을 때 사방을 정벌했기에, 사람들이 「진왕파진악」이라 불렀다. 그가 황제로 즉위한 후 여재呂才를 시켜 음률에 맞추게 하고, 이백약·우세남·저량·위징 등에게 가사를 짓게 하였다. 그리고 120명이 갑옷을 두르고 창을 들게 했는데, 갑옷은 은으로 장식하였다. 정신을 진작하여 발을 세게 구르며, 소리와 리듬이 강개하였다. …… 「파진무」가 지어진 이후 공연될 때마다 큰 북을 우레처럼 울리고, 쿠처의 음악을 섞어 연주하니, 그 소리가 100리 밖까지 진동하고 산과 골짜기를 울렸다.(「破陣樂」, 太宗所造也. 太宗爲秦王之時, 征伐四方, 人間歌謠「秦王破陣樂」之曲. 及卽位, 使呂才協音律, 李百藥·虞世南·褚亮·魏徵等制歌辭. 百二十人披甲持戟, 甲以銀飾之. 發揚蹈厲, 聲韻慷慨. …… 自「破陣舞」以下, 皆雷大鼓, 雜以龜茲之樂, 聲震百里, 動蕩山谷.)

또 같은 책의 「음악지 1音樂志一」에선 다음과 같이 기록했다.

霞.)" 章孝標의 시 「柘枝」는 다음과 같다. "「자지무」가 시작하며 북소리 이끌어내는데, 꽃 비녀에 비단 저고리 가는 허리가 솟구쳐 나온다. 비단 신발 옮기는 걸음 공연히 아리따운데, 바람에 수놓인 모자 절로 하늘거리네. 숙인 몸에 가락 맞춘 걸음 난새가 돌아드는 듯하고, 부끄러운 듯 뒷모습 봉황의 그림자인 양 교태롭구나. 다만 두려운 건 그대가 자세히 보지 않을까 싶어, 비바람 타고 하늘로 올라갈까 싶어라.(柘枝初出鼓聲招, 花鈿羅衫聳細腰. 移步錦靴空綽約, 迎風繡帽動飄颻. 亞身踏節鸞形轉, 背面羞人鳳影嬌. 只恐相公看未足, 便隨風雨上青霄.)" 李群玉의 시 「長沙九日登東樓觀舞」에 다음 구절이 있다. "남국에 가인이 있으니, 가벼운 모습으로 녹요 춤을 추는구나. 화려한 잔치에 가을이 저무는데, 날아드는 옷자락이 雲雨를 스치는구나. 하느적거리는 모습은 난화를 문 물총새와 같고, 우아한 모습은 용이 일어서는 듯해라. 월나라 미녀가 「전계무」를 그만두고, 오나라 무희가 「백저무」를 멈추는구나.(南國有佳人, 輕盈綠腰舞. 華筵九秋暮, 飛袂拂雲雨. 翩如蘭苕翠, 婉如游龍擧. 越艷罷前溪, 吳姬停白紵.)"

639년(정관 7) 태종이 「파진무도」를 지었다. …… 여재呂才를 시켜 그림에 따라 악공 120명에게 갑옷을 두르고 창을 들고 연습하게 하였다. 구성은 세 번의 전환으로 이루어졌는데, 각 전환 때마다 4개 진형으로 이루어지며, 오고 가는 몸짓이며 빠르고 느린 속도며 빠르게 찌르기 등의 동작을 노래의 절주에 맞추었는데, 며칠간의 연습으로 완성되었다. 이름을 「칠덕」의 춤으로 바꾸었다. …… 관람자들은 정신을 진작하여 발을 세게 구르는 모습을 보고 팔뚝을 잡고 뛰지 않는 사람이 없으며, 늠름하고 두려워하지 않는 사람이 없었다. 무신과 장수들이 모두 주상에게 축수하며 말하였다. "이 춤은 모두 폐하께서 백전백승하신 모습을 형용하였습니다."(七年, 太宗制「破陣舞圖」 …… 命呂才依圖教樂工百二十人, 披甲執戟而習之. 凡爲三變, 每變爲四陣, 有來往疾徐擊刺之象, 以應歌節, 數日而就, 更名「七德」之舞. …… 觀者見其昻揚蹈厲, 莫不扼腕踴躍, 凜然震竦. 武臣列將咸上壽云: '此舞皆是陛下百戰百勝之形容'.)

이는 현실에서 가져와 역사적 의의를 지니게 된 내용으로, 나라를 통일한 이세민의 무공을 칭송하였다. 음악 · 노래 · 무용이 모여 이루어져 기세가 웅장하고, 소리가 높고 강개하며, 정신을 진작하고 발을 세게 구르게 하며, 사람의 마음을 격발시켰다. 나중에 이 악무는 시대에 따라 부단히 수정되었지만, 당대에는 줄곧 국가의 무공과 위엄을 상징하여 궁정에서 보존하는 레퍼토리가 되었다.

「예상우의곡霓裳羽衣曲」은 당대의 유명한 가무 대곡으로 개원 연간에 시작되고 천보 연간에 성행하였다. 기록에 의하면 현종이 창작하고 인도의 「바라문곡」을 흡수하여 만들었다고 한다.[18] 「예상우의무霓裳羽衣舞」는

18 白居易가 「法曲」에 붙인 自注, 王建의 「霓裳辭 10首」 서문, 『楊太眞外傳』의 注, 『樂府詩集』 권5의 16 등에 보인다.

곧 이 곡에 맞추어 만들어진 무용이다. 백거이의 「예상우의의 노래(霓裳羽衣歌)」는 이에 대해 뛰어나게 묘사하였다.

내 예전 원화 연간에 헌종 아래 일할 때	我昔元和侍憲皇,
일찍이 소양전 연회에 모시었지.	曾陪內宴宴昭陽.
천 가지 노래 백 가지 춤 셀 수 없지만	千歌百舞不可數,
그중에서 가장 좋아한 건 예상의 춤이었네.	就中最愛霓裳舞.
그때는 한식에 봄바람 부는 날	舞時寒食春風天,
옥고리 걸린 난간 아래 향안 앞이었지.	玉鉤欄下香案前.
향안 앞에 선 무희는 얼굴이 옥과 같아	案前舞者顏如玉,
입고 있는 옷이란 세상에 없는 것이었지.	不著人家俗衣服.
무지개 치마에 하피를 두르고 머리엔 보요관을 얹어	虹裳霞帔步搖冠,
비녀에 구슬이 아롱지고 패옥이 쩔렁거렸네.	鈿瓔累累佩珊珊.
어여쁜 교태는 비단 옷을 이기지 못할 듯하고	娉婷似不任羅綺,
음악소리 귀 기울이며 가다가 다시 멈추었지.	顧聽樂懸行復止.
경쇠, 퉁소, 고쟁, 피리가 갈마들며 섞이고	磬簫箏笛遞相攙,
때리고 켜고 불면서 소리가 이어졌었지.	擊擫彈吹聲邐迤.
서두에 여섯 곡이 울려도 옷자락이 움직이지 않아	散序六奏未動衣,
무산의 양대에 구름이 머문 듯했다네.	陽臺宿雲慵不飛.
중서 부분이 되자 '짜작' 하며 박이 울리고	中序擘騞初入拍,
가을 죽간 쪼개지고 봄 얼음이 쩍 갈라지는 듯해라.	秋竹竿裂春冰拆.
표연히 선회하니 눈발이 돌아들 듯 가볍고	飄然轉旋回雪輕,
어여쁘게 내달리니 노니는 용이 놀라는 듯.	嫣然縱送游龍驚.
두 손을 내려뜨린 다음에는 버들처럼 힘이 없고	小垂手後柳無力,
옷자락을 비스듬히 끌 때는 구름이 올라오는 듯해라.	斜曳裾時雲欲生.
아리따운 눈썹을 약간 좁히니 교태를 이기지 못하고	煙蛾斂略不勝態,

바람에 소매를 위아래로 흔드니 정을 호소하는 듯.	風袖低昂如有情.
상원부인이 운빈을 흔들어 악록화를 부르는 듯	上元點鬟招萼綠,
서왕모가 옷깃을 휘저어 허비경과 헤어지는 듯.	王母揮袂別飛瓊.
음절이 섞여들고 빠른 가락이 열두 번	繁音急節十二遍,
구슬을 튀겨 옥을 때리니 소리가 쨍강거리네.	跳珠撼玉何鏗錚.
난새가 춤을 마치며 날개를 거둔 듯하고	翔鸞舞了卻收翅,
곡이 끝나자 학이 울 듯 길게 끄는 소리 있어라.	唳鶴曲終長引聲.
:	:

무희는 무지개 치마에 선녀 옷을 입고 하피霞帔를 둘렀으며, 보요를 꽂고, 옥패를 차고, 아리땁고 하느적거리며 무악의 절주에 따라 곱게 춤을 추며 선녀가 되어 날아갈 듯하다. 나중에 문종文宗(재위 827-840)과 선종宣宗(재위 846-859)의 시대에 수백 명의 궁녀가 모여 대형 「예상우의무」를 연출하였다. 화려하고 호사스러운 환경 속에서 선녀들의 춤추는 자태가 표연하였음은 상상할 수 있다. 비록 후대의 많은 시인들이 「예상우의」의 곡과 춤을 당나라가 전성기에서 쇠락기로 돌아서는 화근으로 보았지만,[19]

19 예를 들어, 다음의 시들에 보인다. 李益의 「過馬嵬 2수」의 제1수 : "세상 사람들은 예상우의곡을 중시하지 말지니, 일찍이 이 춤이 전쟁을 불렀다네(世人莫重霓裳曲, 曾致干戈是此中)", 白居易의 「長恨歌」 : "어양의 북소리가 천지를 진동시키자, 예상우의곡이 놀라 끊어졌어라(漁陽鼙鼓動地來, 驚破霓裳羽衣曲)", 張祜의 「華清宮和杜舍人」 : "가느다란 소리는 비취 패옥을 흔들고, 가벼운 걸음은 무지개 치마에 싸였어라. 재앙의 뿌리가 모르는 사이 자라고, 태평의 뜻이 갑자기 잊혀졌다네. 사대부들은 오랑캐를 피해 달아났으니, 북소리가 어양을 진동시켰네.(細音搖翠佩, 輕步宛霓裳. 禍亂根潛結, 升平意遽忘. 衣冠逃犬虜, 鼙鼓動漁陽.)", 杜牧의 「過華清宮 3수」의 제2수 : "예상우의곡이 천 개의 봉우리에 울려 퍼질 때, 춤을 깨뜨리며 중원으로 내려오기 시작하였네(霓裳一曲千峰上, 舞破中原始下來)", 李商隱의 「華清宮」 : "조원각 멀리 신선의 깃털 옷이 새로운데, 소양궁의 첫 번째 미인을 처음 뽑았지. 당시 높은 곳에 와 춤을 추지 않았더라면, 천하가 오랑캐 말발굽에 짓밟혔으리오?(朝元閣迥羽衣新, 首按昭陽第一人. 當日不來高處舞, 可能天下有胡塵?)"

이는 필경 성세의 산물이다. 그것은 백거이가 「법곡法曲」에서 "법곡이여, 법곡이여, 예상우의무여, 정치는 맑고 세상은 다스려지니 소리는 넘쳐흘러, 개원 연간 사람들은 즐겁고도 편안했네.(法曲法曲舞霓裳, 政和世理音洋洋, 開元之人樂且康.)"라는 구절에서 알 수 있듯이 태평성세의 덕과 화려함을 상징하고 있다.

제2절

오대 양송 예술의 의취를 숭상하는 미학 추구

1. 오대 서화예술의 성취와 분야

오대십국은 중국 역사상 전쟁과 분열의 혼란기 가운데 하나이다. 그러나 예술의 발전에 있어서는 당대의 휘황함을 계승하고 이를 다시 창신과 변화와 분류를 거쳐 직접적으로 송대 예술의 발전에 영향을 준, 중국 예술사에 있어 독특한 지위를 차지한 시대이다. 송대 화원畵院과 문인화의 상호 길항, 산수화의 걸출한 창조, 다채로운 서예예술 등은 이 시기의 가장 높은 예술적 성취를 대표한다. 그 사이를 관통하는 예술정신은 드높은 인문의식과 개성이 풍부한 미학의 추구이다.

만당 시기에 중원 지역이 전란으로 휩싸이자 경제 문화의 중심은 이미 장안과 낙양을 떠나 남부와 동부로 옮겨갔고, 점차 서촉西蜀과 강남江南이 중원과 함께 정립鼎立의 형세로 발전하였다. 지역의 차이와 심미 정취의 다름으로 인해, 이들 세 지역의 예술적 표현도 서로 다른 풍모를 띠었고, 그리하여 객관적으로 이 시기 예술의 다채로운 번영을 촉진하였다. 서촉西蜀과 남당南唐에서 황실 화원畵院을 설립한 것은 중국 회화사의 큰 사건으로, 수많은 화가를 배출했을 뿐만 아니라 회화예술의 발전을 자극하고, 직접적으로 송대 화원을 여는 데 선구적인 역할을 하였다. 이후 수백년간 회화의 중심은 거의 화원이 중요한 역할을 하였기 때문이다. 이 시기에 산수화와 화조화의 성취가 가장 뛰어났으며, 서예가로는 양응식楊凝式(873–954)이 가장 뛰어났다.

중원 지역의 회화는 도석화 계열의 벽화와 인물 초상화 등에서 비록 당대의 기풍을 이었지만, 창신과 변화가 부족하여 전체적인 수준은 전대를 뛰어넘지 못했다. 그러나 산수화 방면에서는 갑자기 역량이 증가하여 형호荊浩(활동 910–950)와 관동關仝(활동 907–923) 두 뛰어난 화가가 나왔다. 형호는 태항산太行山의 홍곡洪谷에 은거하면서 산수화와 회화 이론을 산출하였다. 「필법기筆法記」는 그의 산수화와 마찬가지로 중국 산수회화사에 중요한 지위를 점한다. 그는 일찍이 "오도자의 산수화는 필筆이 있으나 묵墨이 없고, 항용項容은 묵墨이 있지만 필筆이 없다. 나는 응당 두 사람의 장점을 취하여 일가一家의 형식을 이룰 것이다.(吳道子畵山水有筆而無墨, 項容有墨而無筆, 吾當采二子之所長, 成一家之體.)"라고 말했다.[20] 이 말에서 우리는 그가 당대 산수화의 예술 경험을 체계적으로 결합하고, 여러 화가의 장점을 모아, 필筆과 묵墨을 함께 중시하는 자신만의 독특한 예술 풍격을 이루었음을 알 수 있다. 이리하여 산수화는 새로운 수준으로 올라서게 되었다. 그는 자신의 그림에 대해 다음과 같이 평했다.

제멋대로 종횡으로 붓을 쓸어 대니 恣意縱橫掃,
봉우리가 차례대로 만들어지는구나. 峰巒次第成.
붓이 뾰쪽하니 겨울나무가 비쩍 마르고 筆尖寒樹瘦,
먹이 엳으니 들 구름이 가볍다. 墨淡野雲輕.
바위 사이 샘물이 튀어나와 좁게 흐르고 岩石噴泉窄,

20 郭若虛, 『圖畵見聞志』 권2 인용.

그림 12-6 오대 형호의 작품으로 간주되는 「광려도匡廬圖」.

산자락이 강물에 닿아 평평하다. 山根到水平.
선방에서 때로 한 번 펼쳐보며 禪房時一展,
공空을 닦는 마음과 함께하는구나. 兼稱苦空情.[21]

그의 회화는 종횡으로 제멋대로 휩쓸고 치솟는 거대한 기운을 가진 것으로, 그려진 산·강·구름·나무는 필묵의 농담이 섞여 있고, 층차가 깊고, 화면 위의 지척咫尺이 천리의 기세를 나타낸다. 이는 송대 사람들이 말한 '전경산수全景山水'이다. 형호는 「필법기」에서 '기氣·운韻·사思(사상)·경景(풍경)·필筆·묵墨'을 '육요六要(여섯 가지 중요한 요소)'로 보고, 객관적인 물상의 기초 위에서 예술가의 '수묘창진搜妙創眞(오묘함을 찾아 본질을 창조하다)'이란 주관적인 능동성을 충분히 발휘하는 것을 강조했다. 변화 많고 자유로운 운필과 농담이 자연스러운 묵을 운용하여 현실과 이상을 결합하고, 형체와 정신이 겸비된 예술적 형상을 창조하였다. 그의 산수회는 바로 이러한 이론의 구체적인 실천이다. 『선화화보』 권10에서 그는 "지식이 넓고 옛 것을 좋아하며, 산수화에 전적으로 몰두하여, 자신의 표현 방법을 찾아냈다.(博雅好古, 以山水專門, 頗得趣向.)"고 하였다. 산수화를 통해 의취와 지향을 기탁하였다는 것은, 형호가 산수화에 대해 이미 깊은 이해를 가지고 있었음을 말해 준다.(그림 12-6)

관동은 형호에게 배워 스승보다 뛰어나다는 '출람出藍'의 말을 들었다. 그의 산수화는 이미 형호의 이론을 충분히 체현하고 있으며, 황하 중류 일대의 암봉과 산록을 많이 그렸다. 화면은 기세가 웅장하고, 경계가 심원하며, 주된 풍격은 형호와 가깝다. 그러나 주관적인 정조에 있어 형호보다 고아古雅하고 한일閑逸한 의취가 더 많다. 이는 곽약허郭若虛가 말한 바와 같이 "바위가 단단하게 응결되어 있고, 잡목이 많이 우거졌으며, 누

21 荊浩, 「畫山水圖答大愚」.

각이 고아하고, 인물들이 한가로운 것은 관동의 풍격이다.(石體堅凝, 雜木豊茂, 臺閣古雅, 人物幽閑者, 關氏之風也.)"[22] 『선화화보』 권10에서는 관동에 대해 다음과 같이 말했다.

> 관동은 가을 산과 숲을 그리기 좋아했다. 거기에는 마을과 나루가 있고, 은자와 고사高士가 있고, 어촌과 산의 역참이 있다. 그림을 보는 사람은 마치 장안 교외의 파교에서 눈보라를 맞는 것 같으며, 또는 삼협에서 원숭이 울음을 듣는 것과 같아, 더 이상 속세의 시장이나 조정에 있지 않은 듯 만든다. 관동이 그린 작품은 붓과 종이에서 떨어져 나온 듯하다. 필치가 간략할수록 기운이 더욱 장대하고, 경관이 적을수록 뜻이 더욱 많은 듯하다. 고담古淡의 깊이는 마치 시 속의 도연명과 같고, 거문고 중의 하락이賀若夷와 같아, 평범한 화공이 이해할 수 있는 경지가 아니다.(尤喜作秋山寒林, 與其村居野渡, 幽人逸士, 漁市山驛, 使其見者悠然如在灞橋風雪中, 三峽聞猿時, 不復有市朝抗塵走俗之狀. 蓋仝之所畵, 其脫落毫楮, 筆愈簡而氣愈壯, 景愈少而意愈長也. 而深造古淡如詩中淵明, 琴中賀若, 非碌碌之畵工所能知.)

그가 주로 표현한 것은 일종의 고아古雅하고 한일閑逸한 의취意趣였다. 그는 산수화의 심미감을 크게 높였을 뿐만 아니라, 송대 화가들에게 깊은 영향을 주었다. 같은 책에서 말하기를, 관동은 "인물화에 능하지 않아 산수화 속의 인물을 그릴 때는 호익胡翼에게 그려 달라고 하였다.(於人物非其所長, 於山間作人物多求胡翼爲之.)" 물론 이는 그의 부족한 면이지만 달리 보면 산수화가 독립 상태에서 이제 성숙 상태로 나아갔음을 설명해 준다. 형호는 「필법기」에서 "산은 한 장丈, 나무는 한 척尺, 말은 한 치, 사람

22 郭若虛, 『圖畵見聞志』 「論三家山水」.

은 콩알 크기(丈山尺樹, 寸馬豆人)"라고 하였으며, 더불어 "집이 작고 사람이 큰(屋小人大)" 것을 그림의 병病이라고 하였다. 초기에 산수 그림은 인물화의 배경이나 장식으로 존재했지만, 이 시기에 이르러 인물은 거꾸로 중심 형상과 무관한 장식이 되었다.

동시대에 강남의 남당에서는 동원董源(?-962)과 거연巨然(활동 960-985)을 대표로 하는 산수화파가 생겨나 북방의 '형관산수荊關山水'와 쌍벽을 이루었다. '동거산수董巨山水'의 특징은 당대 이래 수묵 산수화의 기법을 발전시켜 강남의 경관을 묘사한 것으로, 필묵이 소담疏淡하고, 경상이 찬란하며, 구름과 강물이 멀리 보이는 등 남방의 물가 풍정을 갖추었다. 이는 미불米芾(1051-1107)이 다음과 같이 말한 바와 같다.

> 동원의 작품은 평담과 천진이 많은데, 당대에는 이러한 종류가 없었다. 필굉畢宏(8세기)보다 높은 수준이다. 근세의 신품神品으로 격格이 높아 이와 비교될 게 없다. 어두운 운무 속에 봉우리들이 출몰하니, 교취巧趣로 덧칠하지 않고도 모두 천진天眞이 드러났다. 푸른 남기가 울창하고, 가지와 줄기가 우뚝 서 있어 모두 생기가 넘친다. 강가의 다리와 고기 잡는 포구, 모래톱과 물가에 빛이 일렁이니 이곳이 바로 강남이다.(董源平淡天眞多, 唐無此品, 在畢宏上, 近世神品, 格高無與比也. 峰巒出沒, 雲霧顯晦, 不裝巧趣, 皆得天眞. 嵐色鬱蒼, 枝幹勁挺, 咸有生意. 溪橋漁浦, 洲渚掩映, 一片江南也.)[23]

심괄沈括도 다음과 같이 말했다.

> 남당에 중주中主가 통치하는 시기에 북원사 동원이 그림을 잘 그렸다.

23 『畵史』.

특히 가을 산의 원경을 잘 그렸는데, 대부분 강남의 실제 산을 그렸을 뿐 기초奇峭한 필법은 쓰지 않았다. 그 이후로 건업(지금의 남경)의 승려 거연이 동원의 필법을 이어받아 그 오묘한 경지에 이르렀다. 대체로 동원과 거연의 화필은 원경에 어울린다. 용필은 상당히 간략하고 빠르게 그려, 가까이 보면 거의 물체가 보이지 않지만, 멀리 두고 보면 경물이 환하게 빛나며, 깊은 정감과 심원한 사상에 마치 새로운 세상을 보는 듯하다. 예컨대 동원이 그린 「낙조도」는 가까이 보면 아무런 효과가 없지만, 멀리 두고 보면 촌락이 멀리 흩어져 있는 것이 모두 저녁 풍경이며, 먼 봉우리의 꼭대기에는 완연히 석양의 반사가 있다. 이러한 것들이 절묘한 지점이다.(江南中主時, 有北苑使董源善畵, 尤工秋嵐遠景, 多寫江南眞山, 不爲奇峭之筆. 其後建業僧巨然, 祖述源法, 皆臻妙理. 大體源及巨然畵筆, 皆宜遠觀. 其用筆甚草草, 近視之幾不類物象, 遠觀則景物粲然, 幽情遠思, 如睹異境. 如源畫「落照圖」, 近視無功, 遠觀村落杳然深遠, 悉是晩景, 遠峰之頂, 宛有反照之色. 此妙處也.)[24]

이러한 독특한 회화 기법과 선명한 예술 효과는 중국 산수화를 새로운 수준으로 높였으며, 산수화가 성숙해진 중요한 표지가 되었다. 이 점은 오대 회화의 가장 걸출한 공헌이다.

오대 시기의 서예는 상대적으로 비교적 적막했다. 다만 다섯 왕조에서 벼슬을 한 양응식楊凝式이 행서로 전인의 성취를 집대성하여 송대 서첩의 길을 열었다. 소식이 일찍이 말했다. "안진경과 유공권이 죽은 후 서예의 길은 쇠락하다가 끊어졌고, 더구나 당대 말기 전란으로 서예가도 없어졌고, 오대의 혼란으로 문채와 풍류도 온통 사라졌다. 오직 양응식만이 필적이 웅걸하다. 그의 서예에는 이왕二王 · 안진경 · 유공권의 유풍이 남아

24 『夢溪筆談』 권17.

있으니, 진실로 서예의 호걸이라 부를 만하다.(自顔柳氏沒, 筆法衰絕, 加以唐末喪亂, 人物凋落, 磨滅五代, 文采風流, 掃地盡矣. 獨楊公凝式, 筆迹雄傑, 有二王,顔柳之餘, 此眞可謂書之豪傑.)"[25] 양응식은 처음에 구양순을 따랐고, 다시 안진경을 배웠으며, 이왕의 오묘함을 겸하였으니 행서의 장점을 모은 셈이었고 여기에 주방종일遒放縱逸을 더하였다. 그러기에 사람들이 "필세가 비동한다(筆勢飛動)", "분방하고 기일하다(奔放奇逸)", "필적이 웅강하다(筆迹雄强)", "필세가 기이하고 필력이 강하다(勢奇力强)"는 말로 그의 서예를 칭찬하였다. 윤수尹洙(1001-1046)는 일찍이 "그는 자신의 붓을 가지고 제멋대로 내달리니, 이는 자신의 뜻을 얻은 것이리라.(以公之筆, 其馳騁自肆, 蓋得於己意.)"[26]라고 말하였다. 이는 양응식의 서예가 주방종일遒放縱逸한 가운데 선명한 개성적 색채와 서정적 성분이 있음을 설명해준다.

서촉과 남당은 전후로 화원畵院을 설립하였다. 이는 중국에서 화원제도를 처음 연 것으로, 이후 송대 화원의 성대한 발전의 기원이 된다. 서촉과 남당의 회화는 산수화 이외에 화조화 방면에서도 성취가 두드러진다. 화조화의 대표 화가는 서촉의 황전黃筌(903-965)과 남당의 서희徐熙(?-975)로, 각기 이채로움을 펼쳤다. 두 사람은 '서황체이徐黃體異(서희와 황전의 서로 다른 형식)'로 아름다움을 다투는 쟁염爭艶의 형국을 이루었다. 황전은 여러 화가의 장점을 모아 자신의 형식을 완성한 화가로, 그의 그림은 대부분 궁중의 진귀한 새와 짐승, 기이한 꽃과 괴이한 바위에서 소재를 취했다. 사실적인 수법으로 윤곽선을 그리고 색채를 채워 넣었다. 용필이 정교하고 세밀하며, 색채가 농염하고 부려하며, 효과가 생동적이어서 당시 귀족 계층의 생활 감각과 심미 취미를 체현하였다.(그림 12-7) 그

25 『淸河書畵舫』 권6 上에서 인용한 「蘇東坡評書」.
26 『墨池編』 권4 「宋尹師魯題楊少師書後」.

그림 12-7 오대 황전黃筌「사생진금도寫生珍禽圖」.

러나 강남의 서생인 서희를 대표로 하는 '야일野逸' 화파는 수묵 훈염暈染의 화법을 발전시켰고, 먹색의 활달함과 생동감 있는 예술 효과를 중시했다. 심괄은 다음과 같이 말했다. "서희는 묵필로 그림을 그렸고 특히 빠르고 간략하게 그렸으며, 대략 단사 가루를 발랐을 뿐이다. 그런데도 신령스런 기운이 멀리 뿜어져 나오고 생동하는 감각이 별도로 있다.(徐熙以墨筆畵之, 殊草草, 略施丹粉而已, 神氣迥出, 別有生動之意.)"[27] 곽약허도 다음과 같이 말했다.

> 서희는 강남의 처사로 지조와 절기가 고매하고 행동이 묶인 바 없이 방달하다. 그는 강과 호수에 딸려 있는 모래톱의 꽃이나 들에 자란 대나무, 물새나 연못의 물고기 등을 많이 그렸다. 현전하는 오리와 해오라기, 부들과 물풀, 새우와 물고기, 무리지어 핀 꽃과 절지(꽃가지), 채소와 약초 등이 그러한 종류이다.(徐熙江南處士, 志節高邁, 放達不羈, 多狀江湖所有,

27 『夢溪筆談』 권17.

汀花野竹, 水鳥淵魚. 今傳世鳧鴈鷺鷥, 蒲藻蝦魚, 叢艶折枝, 園蔬藥苗之類是也.)[28]

이러한 기록에서 그의 회화 제재와 심미적 취미가 황전과 완전히 다르며, 대신 그가 표현하는 것은 문인의 생활과 심미적인 정취인 것을 알 수 있다. 이른바, 곽약허가 당시의 속담에서 인용한 "황전의 부귀, 서희의 야일(黃家富貴, 徐熙野逸)"이란 말은 두 화파의 차이를 상당히 잘 개괄하고 있다. 화조화는 오대에 이르러 당대의 장식예술을 초월하여 예술가의 정신세계와 심미 정취를 반영하는 중요한 방식이 되었다.

그 밖에 남당의 인물화도 두드러진 성취를 이루었다. 주문구周文矩(10세기)와 고굉중顧閎中(10세기)은 당대 장훤張萱과 주방周昉의 회화 기법과 풍격을 계승하고 발전시켰다. 그들은 궁정의 귀족과 여인의 생활을 많이 그렸다. 그중에서 고굉중의 「한희재 야연도韓熙載夜宴圖」가 가장 뛰어나다. 그림은 이어진 두루마리에 연환화連環畵 형식으로, 병풍을 교묘하게 이용하여 내용을 연회의 술자리 · 북 두드리기 · 휴식 · 음악 듣기 · 희롱하기 등 다섯 부분으로 나누었다. 인물의 서로 다른 행동거지로 그 심리를 세밀하게 표현하여 그림이 생동감에 넘친다. 필법은 공정工整하고 엄근嚴謹하면서 또 유창하고 자연스럽다. 색채는 진하고 분위기는 조화로워, 이 시기 인물화 발전의 수준을 대표한다.

2. 송대 화원과 문인화의 성쇠

송나라는 건국 후 '한림도화원翰林圖畵院'을 설립하여, 각지의 화가를 망라하는 동시에 신진 화가를 적극적으로 양성하였다. 이로부터 문학에

28 『圖畵見聞志』 권1.

술의 사회 · 정치적 지위를 객관적으로 높였고, 문학예술의 번영과 발전을 촉진하는 역할을 하였다. 송대 회화의 발전은 대체로 화원을 중심으로 이루어지며, 회화의 주요 조류와 풍격이 이로부터 좌우되어 중국 회화사의 장관을 이루었다.

서촉과 남당이 연이어 멸망한 후 수많은 우수한 화가들이 분분히 북송의 도성으로 들어갔고, 여기에 더하여 후주後周와 중원의 유명 화가들도 모여들어 송대 초기의 화원에 소속되었다. 그리하여 북송 화원은 창설된 초기부터 강대한 진용과 실력을 갖추게 되었다. 화원은 채용, 임직, 상벌 등 방면에서 모두 엄격한 관리제도가 있었다. 게다가 화원의 발전과 제왕의 중시에 따라 화원의 규모와 제도도 점차 건전해졌다. 송 휘종 시기에 이르러 '한림도화원' 이외에 전문적으로 '화학畵學'을 설립하여 과거제도의 방식을 들여와 과목 · 고시 · 임용부터 교학 · 대우 · 승진 등의 방면에 이르기까지 모두 명확한 규정이 있었다.[29] 게다가 휘종 자신이 직접 그 일을 주관하였으므로 '화학'은 명실상부한 황실 회화 기구로, 세계문명사에서도 창조적인 사건이었다. 이들 조치는 회화 인재의 양성과 화원 회화의 흥성에 직접적인 촉진 작용을 하였다. 화원의 활동은 풍부하고 다채로웠다. 예컨대 인원을 조직하여 대형 종교 사찰과 궁전 벽화를 그렸고, 역대 제왕의 사적도와 문무 공신의 초상화를 체계적으로 그렸으며, 국내의 명화를 수집하여 궁중에 수장하였고, 고금 도적圖迹과 『선화화보』와 같은

29 『宋史』「選擧志三」에 다음 기록이 있다. "畵學의 과정은 佛道 · 人物 · 山水 · 鳥獸 · 花竹 · 屋木이 있고, 『說文』 · 『爾雅』 · 『方言』 · 『釋名』을 가르친다. 『說文』은 篆書를 쓰고 음과 훈을 배우며, 나머지 책은 모두 문답으로 하여, 그림의 뜻을 아는지 여부를 보아 그 뜻을 풀이하게 한다. 학생들은 士流와 雜流로 나누며 각기 다른 서재에 거주한다. 士流는 大經 하나 또는 小經 하나를 배우며, 雜流는 小經을 낭송하거나 법률을 읽는다. 그림의 등급은 前人을 모방하는 게 아니라 대상의 情態 · 形 · 色이 모두 자연스러운가를 보며, 筆韻이 높고 간결한 것을 높이 친다. 三舍 시험으로 올라가거나 내려가며 推恩은 이전의 법규에 따른다."

회화 보록譜錄을 감별하고 품평하였다. 그러나 더욱 많은 일상 활동은 제왕과 궁정 귀족의 요구에 따라 각종 제재의 회화를 수시로 그리는 일이었다. 화원의 활동 및 화가의 창작은 모두 제왕이 직접 간여하였기 때문에, 심지어 '개인적인 그림(私畵)'을 그릴 수 없었기 때문에, 회화 제재의 선택, 풍격의 표현, 수준과 품평의 고하 등이 모두 제왕과 궁정 귀족의 기호에 따라 결정되고 취사선택되었다. 그러므로 화원에서의 회화 창작은 일정한 범위 안에서 이루어졌다. 이는 회화예술의 창신과 발전 그리고 예술 개성의 자유로운 발휘에 의심할 여지 없이 거대한 장애가 되었다. 그리고 이와 동시에 화원 밖의 여러 문인화파와 민간 회화의 번영은 화원과 족히 대립할 정도였다. 서로 다른 심미적 취미와 각양의 예술 풍격, 특히 '문인화文人畵'와 '원체화院體畵' 사이에는 서로 대립도 있으면서 상호 부침도 있어, 송대 회화는 더욱 융성하고 번영하게 되었다. 만약 '원체화'가 송대 회화의 기본 조류를 대표한다면, '문인화'는 예술의 창신과 개성의 발휘를 더욱 구현하고 있어, 문인 의취意趣의 시대적 색채를 더욱 많이 가지고 있다고 할 수 있다. 이는 송대의 화조화, 산수화, 인물화 및 사회 풍속 등 제재의 그림에서 모두 선명하게 나타나고 있다.

화조화는 송대에 아주 인기가 높아 크게 발달하였다. 통치자의 특수한 애호로 인해 황전 화조화파는 송대 초기에 정통이 되었고, 화단을 100년 동안 지배하였다. 그러나 '서황체이徐黃體異' 중의 서희와 그 후계자의 처지는 이와 상반적이었다. 『몽계필담』 권17에 다음 기록이 있다. "강남이 평정되자 서희는 도성에 올라가 자신의 그림을 도화원에 보내 평가를 받으려고 했다. …… 황전은 서희가 자신과 경쟁할까 싶어 서희의 그림이 조악하다고 말하며 합격시키지 않았다. 이에 거절되었다.(江南平, 徐熙至京師, 送圖畵院品其畵格. …… 筌惡其軋己, 言其畵粗惡不入格, 罷之.)" 그리하여 "황전의 부귀, 서희의 야일(黃家富貴, 徐熙野逸)"이란 내용은 여기서 충분히 나타났다. '야일' 색채를 띤 서희의 그림은 결국 냉담하게 배척

되었고, 그 후계자들도 부득불 자신의 출신을 바꾸어야 했다. 희녕 연간(1068-1077)과 원풍 연간(1078-1085)에 이르러서야 최백崔白(1004-1088)과 최각崔慤(11세기) 형제, 최백의 제자 오원유吳元瑜(11세기) 등이 나와서 황전파 말류의 인습과 모방의 폐해를 변혁하였다. 변혁의 발단은 사실 조창趙昌(?-1016)에서 시작되었다. 조창은 화과花果와 절지折枝에 뛰어났다. 그는 사생을 중시했기에 스스로 '사생조창寫生趙昌'이라 불렀다. 그의 그림은 간결하고 빼어나며 자연의 정취를 얻었으며 '전신傳神'이 있다는 칭찬을 들었다. 약간 후 역원길易元吉(1000-1064)이 "조창의 그림을 보고 말하기를 '세상에는 많은 화가들이 있었지만, 구습을 벗어나서 고인이 도달하지 못한 곳에 이르는 사람이야말로 명가名家라 할 수 있다.'고 하였다.(見趙昌畵, 乃曰: '世未乏人, 要須擺脫舊習, 超軼古人之所未到, 則可以謂名家.')"[30] 그리하여 자연의 경지로 깊이 들어가, 사물을 마주하며 사생하고, 새로운 표현 방법을 탐색하여, 세속적으로 인습되어 온 유사한 구습에서 벗어났다. 역원길의 예술적 취미와 회화 풍격은 '야일'파의 서희와 더 가까웠다. 이는 미불米芾(1051-1107)이 『화사畵史』에서 "역원길은 서희를 계승한 유일한 한 사람이다.(易元吉, 徐熙後一人而已.)"라고 말한 바와 같다. 최씨 형제와 오원유는 서희파의 풍격으로 황전파의 화풍을 바꾸는 일에 더욱 매진했다.

> (오원유는) 최백에게 배워 소위 원체라고 하는 세속의 기운을 변화시켰다. 그리고 평소 원체로 그림을 그리는 화가들도 오원유로 인해 구태를 변혁하고 필묵을 자유롭게 하여 자신의 흉중의 뜻을 표현했다. 많은 화가들이 선배를 따라갈 수 있었던 것은 오원유의 덕분이다.(師崔白, 能變世俗之氣所謂院體者, 而素爲院體之人, 亦因元瑜革去故態, 稍稍放筆墨以出

30 『宣和畵譜』 권18.

胸臆, 畫手之盛, 追蹤前輩, 蓋元瑜之力也.)[31]

그럼에도 불구하고 역원길은 "화원파의 사람들이 그의 능력을 질투하여 노루와 원숭이만 그리게 하고, 결국 독살되도록 했으며(畫院人妬其能, 只令畫獐猿, 竟爲人鴆)",[32] 최백도 "도화원에서 그림을 배울 때 성정이 소일疏逸하므로 사람들이 그가 떠나도록 애썼다.(爲圖畫院藝學, 白性疏逸, 力辭以去.)"[33] 이들은 모두 보수파의 인정을 받지 못했지만, 그러나 변혁은 결국 현저한 효과를 거두었다. 화원 내부의 이러한 변혁은 비록 오래지 않아 휘종 조길趙佶(1082−1135)의 정교하고 세밀하며 옹용雍容하고 화려한 궁정 화조화로 대체되었지만, 문인과 은자의 정취를 대표하는 '야일' 화풍은 여전히 완강한 예술적 생명력을 가지고 있었다.

화원 내부의 변혁과 함께 화원 외부에서도 수묵 위주의 사의寫意 화조화가 일어나기 시작했다. 그들 중 다수는 매란국죽梅蘭菊竹을 중심으로 한 '시군자'를 제목으로 그림을 그렸다. 특히 문동文同(1018−1079)과 소식蘇軾(1037−1102)을 대표로 하는 일군의 문인학사 화파들이 회화 이론과 회화 창작 중에 '사인화士人畫'의 개성과 취미 그리고 의경과 풍경을 명확하게 제창하였다. 소식은 회가를 '화공畫工'과 '사인화士人畫' 두 부류로 나누고,[34] 양자의 구별을 '의기意氣'의 존재 여부, 즉 전신傳神의 가능성 여부에 두었다. 소식은 「언릉왕 주부가 그린 절지에 쓰다 2수(書鄢陵王主簿所畫折枝二首)」의 제1수에서 다음과 같이 말하였다.

---

31 『宣和畫譜』 권19.

32 米芾, 『畫史』.

33 『宣和畫譜』 권18.

34 蘇軾은 「跋宋漢傑畫山」에서 다음과 같이 말했다. "士人畫를 보면 천하의 말을 둘러보는 듯한데 그것은 意氣를 취했기 때문이다. 畫工의 경우는 종종 채찍, 가죽, 구유, 꼴을 취할 뿐 俊發이 전혀 없어 두루마리 몇 자를 보지 않아도 금방 지루해진다. 宋漢傑은 진실로 士人畫이다."

형태가 닮은 것으로 그림을 논한다면	論畫以形似,
아이들이 그림을 보는 것과 비슷하다.	見與兒童隣.
어떤 정해진 틀로 시를 쓴다면	賦詩必此詩,
이는 분명 시를 아는 사람이 아니니라.	定非知詩人.
시와 그림은 본디 법칙이 같으니	詩畫本一律,
그것은 바로 타고난 재능과 청신함이라.	天工與淸新.

시와 그림의 공통점은 자연스럽고 청신하며, 내재적인 '전신傳神'을 추구한다는 점이다. 소식은 '시화일률詩畫一律(시와 그림은 법칙이 같다)', '화중유시畫中有詩(그림 속에 시가 있다)', "예부터 화가는 속세의 선비와 달라, 물상을 묘사하는 데 있어 시인과 비슷하다.(古來畫師非俗士, 模寫物象略與詩人同.)"[35]고 반복하여 강조하였다. 이는 회화의 전신이란 비단 물상에 대한 전신뿐만 아니라, 예술가 자신의 개성과 기질을 비롯하여 흉금과 회포의 전신도 포함하고 있다. 이들 양자를 절묘하게 결합하는 것이야말로 '화중유시'의 진정한 뜻이다. 소식의 친구 문동은 묵죽墨竹으로 유명한데, 소식은 친구의 그림에서 '흉유성죽胸有成竹(가슴속에 대나무가 있다)'과 '진필직수振筆直遂(붓을 휘둘러 바로 완성하다)'[36]라는 예술 창작 원칙을 귀납하였다. 게다가 그 자태가 소쇄하고 품격이 고결한 묵죽의 형상은 바로 그 인품과 기질의 화신이자 형상이라고 보았으며, "그 몸이 대나무와 하나가 되니, 청신함이 끝없이 흘러나오네.(其身與竹化, 無窮出淸新.)"[37]라고 하였다. 그리고 소식 자신도 묵죽과 송석松石으로 세상에 뛰어나 일찍이 스스로 "비록 나 소식은 호주화파에 속하지만, 대나무와 바위의 풍류는 때에 따라 다르다.(東坡雖是湖州派, 竹石風流各一時.)"[38]고 하였다. 그의 묵

35 蘇軾, 「歐陽少師令賦所蓄石屛」.

36 蘇軾, 「文與可畫篔簹谷偃竹記」.

37 蘇軾, 「書晁補之所藏與可畫竹三首」 제1수.

죽은 비록 문동에서 배웠지만, 더욱 많은 부분은 "법도 속에 새로운 뜻을 표현하고, 호방함 밖에 뛰어난 이치를 기탁했다.(出新意於法度之中, 寄妙理於豪放之外.)"[39] 소식의 화필은 먹이 가득하여, 시원스럽게 형상을 이루며, 서전舒展하면서도 정경挺勁하고, '사기가 사람을 압도하여(士氣逼人)', 웅호뇌락雄豪磊落한 기세에 있어서는 문동을 크게 초월한다. 그는 「언송도偃松圖」에 스스로 적어 놓기를 "기이하고 괴이한 모습은 흉중의 불평한 기운을 묘사한 것이니, 이로써 세상을 완롱한 것이다.(怪怪奇奇, 蓋是描寫胸中磊落不平之氣, 以玩世者也.)"[40]라고 하였다. 미불米芾은 그의 그림에 대해 평하기를 "마른 나무의 줄기와 가지는 제멋대로 구불거리고, 딱딱한 바위의 준법皴法 또한 제멋대로 기괴하여 마치 흉중의 울결과 같다.(枯木枝幹虯屈無端, 石皴硬亦怪怪奇奇無端, 如其胸中盤鬱也.)"[41]고 하였다. 주희朱熹는 그의 그림을 평가하여 "바람과 천둥에 오연하고 고금을 관통하는 기세이니, 족히 그 사람을 보고 있는 듯하다.(傲風霆 · 閱古今之氣, 猶足以想見其人也.)"[42]고 하였다. 이들은 모두 같은 뜻을 나타내고 있다. 이로부터 '화공'과 '사인화'의 근본적인 차이가 어디에 있는지 알 수 있다. 동시대의 곽약허郭若虛도 같은 의견을 가지고 있었다.

> 예부터 남아 있는 뛰어난 그림들을 보면 대부분 고관이었거나 품덕이 있는 사람 또는 바위 동굴에서 사는 높은 선비들이 그린 것이었다. 그들은 도덕을 수양하며 기예를 단련하거나, 신비를 탐색하여 깊은 의미를 찾아내거나, 고아한 정을 나타내거나 하면서 이들을 모두 그림에 기탁하

38 蘇軾, 「憩寂圖」.
39 蘇軾, 「書吳道子畫後」.
40 『淸河書畫舫』 권8 下에서 인용한 「東坡手柬」.
41 『畫史』.
42 朱熹, 「跋張以道家藏東坡枯木怪石」.

였다. 인품이 높으면 기운氣韻도 높지 않을 수 없고, 기운이 높으면 생동生動도 오지 않을 수 없었다. 이것이 소위 말하는 '신묘하고 또 신묘하여 정묘해질 수 있는 것'이다.(竊觀自古奇迹, 多是軒冕才賢·岩穴上士, 依仁遊藝, 探賾鉤深, 高雅之情, 一寄於畫. 人品既已高矣, 氣韻不得不高; 氣韻既已高矣, 生動不得不至, 所謂神之又神, 而能精焉.)[43]

인품과 기운을 서로 결합하는 것, 이것이야말로 문인화가들이 극력 추종하는 것으로, 문인의식이 고양된 시대 조류와 시대정신을 선명하게 구현하였다. 중국화는 이 시기에 이르러 화공 화풍과 사인 화풍, 즉 '원체화파'와 '문인화파'가 명확히 나뉘어, 서로 다른 심미적 추구와 취향을 대표하게 되었다. 미불이 『화사』에서 말했듯이 "등창우滕昌祐(활동 920–970)·변란邊鸞(활동 785–805)·서희·서숭사徐崇嗣(10세기)는 모두 꽃을 살아 있는 듯 그렸다. 이에 비해 황전은 오직 연꽃만이 조금 뛰어나게 그렸을 뿐 비록 부염하다고 해도 모두 속되다.(滕昌祐·邊鸞·徐熙·徐崇嗣花皆如生, 黃筌惟蓮差勝, 雖富艶皆俗.)"고 말한 것은 바로 이러한 심미적인 취향을 선명하게 나타낸 것이다. 남송에 이르러 양무구楊無咎(1097–1171), 조맹견趙孟堅(1199–1264), 정사초鄭思肖(1241–1318) 등은 모두 문인 사의寫意 화조화에 대한 뛰어난 대표자들이다. 그들의 붓 아래의 매죽·송석·화조 등의 형상은 마찬가지로 고결하고 아치雅致 있는 품성과 신운이 충만하였고, 남송 '원체'와 선명한 대조를 이루었다. 남송 화원의 화조화는 주로 송 휘종의 전통을 계승하여, 필법은 더욱 정교하고 세밀해졌으며, 심미적인 특징도 더욱 단순하고 순수해졌다. '원체'의 특징도 갈수록 명확하여 전형적인 '표본'이 되었다. 남송 등춘鄧椿(활동 1127–1167)은 『화계畫繼』 권10에서 다음과 같이 말했는데, 이는 이러한 현실을 반영한 것이다.

---

43 『圖畫見聞志』 권1.

도화원은 사방에서 응시자가 끊임없이 왔다가 대부분 합격하지 못하고 떠난다. 당시의 취향은 형사形似(형태의 닮음)를 전적으로 숭상했다. 만일 어떤 화가가 내적 깨달음이 있어도 자유롭게 표현할 수 없는데, 이는 곧 법도에 맞지 않다고 보거나 사승 관계로 지지해 줄 선배가 없기 때문이다. 그러므로 그들이 그린 것은 기술적인 숙련에 그치고 높은 수준에 도달할 수 없었다.(圖畵院四方召試者源源而來, 多有不合而去者. 蓋一時所尚, 專以形似. 苟有自得, 不免放逸, 則謂不合法度, 或無師承. 故所作止衆工之事, 不能高也.)

북송과 남송의 산수화는 명가가 배출되면서, 해가 중천에 떠 있듯 중국 산수화사 중 가장 휘황하였다. 이러한 거대한 예술의 성취는 문인 의취意趣의 풍신風神이나 운치韻致와 불가분의 관계가 있다.

오대와 북송 교체기에 북방에서는 형호와 관동을 계승하여 이성李成(919-967)과 범관范寬(990-1030) 두 사람이 걸출한 산수화가가 나왔다. 왕세정王世貞(1526-1590)은 다음과 같이 말했다.

산수화는 이사훈과 이소도에서 한 단계 달라졌고, 형호·관동·동원·거연에서 다시 한 단계 달라졌고, 이성과 범관에서 다시 한 단계 달라졌고, 유송년·이당·마원·하규에서 다시 한 단계 달라졌고, 황공망과 왕몽에서 다시 한 단계 달라졌다.(山水, 大小李一變也, 荊關董巨又一變也, 李成范寬又一變也, 劉李馬夏又一變也, 大癡·黃鶴又一變也.)[44]

이성은 산수화를 형호와 관동에서 배우고 자신의 길을 내어 일가를 이루었다. 그 특징은 형호와 관동과 같은 높은 봉우리와 깊은 계곡의 대산

44 王世貞, 『藝苑卮言』 附錄四.

대수大山大水가 아니라 가을 숲과 평원의 풍광을 그린 점이다. 구도는 간결하고 기상은 소슬하고, 계절과 기후의 특징을 힘써 표현하고, 청윤하고 빼어나며, 변화가 많고 다양한 모습이다. 유도순劉道醇(11세기)이 평하였다. "이성은 그림 그리는 데 있어 창조의 비밀에 정통하였는데, 그림을 모두 그리고 나서 붓을 떼어도 볼 때마다 의미가 생겨났다. 그는 붓으로 지척의 거리로 천 리의 공간을 그려냈으며, 손가락 아래 만 가지 흥취를 그릴 수 있었다.(成之於畫, 精通造化, 筆盡意在. 掃千里於咫尺, 寫萬趣於指下.)"[45]

게다가 그는 '고금제일古今第一'[46]이라는 칭찬을 들었다. 이성의 산수화에서 사의寫意의 흔적은 비교적 뚜렷하며 비교적 큰 서정성을 가지고 있었다. 『선화화보』에서 그는 가슴속의 불평을 "그림 속의 흥취로 기탁했으며, …… 흉중의 것을 모두 토해 붓으로 그려낸 것은, 마치 맹교가 시로써 울고, 장전張顚(장욱)이 초서로 미친 것과 같이, 무엇을 하든 이와 같았다.(寓興於畫 …… 一皆吐其胸中而寫之筆下, 如孟郊之鳴於詩, 張顚之狂於草, 無適而非此也.)"[47]고 하였다. 산수화를 빌려 쌓여 있는 심사를 토해 내고 정감과 뜻을 풀어 내었다. 그러므로 그의 붓 아래 나온 산과 강의 자태는 의취가 가득하고, 독특한 의경과 풍격을 이루었다.

범관에 대해서는 다음 기록을 보자.

> (범관은) 산수화를 그리기를 좋아하였다. 처음에는 이성을 배웠지만, 곧 탄식하여 말하였다. "전인의 방법은 여러 대상에서 취하였으므로, 내가 사람에게서 배우기보다 차라리 여러 사물에서 배우는 게 나으며, 내가 여러 사물에게서 배우기보다 차라리 나의 마음에서 배우는 게 나으

45 『宋朝名畫評』 권2.
46 『宣和畫譜』 권11.
47 위의 책.

리라." 그리하여 이전의 방식을 버리고 종남산과 화산의 암벽과 숲 사이에 살면서, 구름과 안개가 짙어지고 개이고, 바람과 달이 흐리고 밝아지는 등 형용하기 어려운 경치를 둘러보았다. 묵묵히 정신으로 이들을 만나 붓끝 사이에 기탁하였다. …… 그리하여 천하 사람들이 모두 범관은 산에 관한 전신傳神(본질을 전하다)을 잘한다고 칭송하였다.(喜畵山水, 始學李成, 既悟, 乃歎曰: '前人之法, 未嘗不近取諸物, 吾與其師於人者, 未若師諸物也; 吾與其師於物者, 未若師諸心.' 於是捨其舊習, 卜居於終南·太華巖隈林麓之間, 而覽其雲煙慘淡·風月陰霽, 難狀之景, 默與神遇, 一寄於筆端之間, …… 故天下皆稱寬善與山傳神.)[48]

확실히 그는 선명한 개성과 지극히 풍부한 창조 정신을 가지고 있는 예술가였다. 스승이 있었지만 그 테두리에 갇히지 않았다. 자연을 본으로 하면서 또 순전히 객관적인 묘사만 하지는 않았다. 나아가 마음에서 배우고 정신으로 만나며, 산에 관한 전신을 잘했으니, 바로 "밖으로 천지자연으로부터 배우고, 안으로 마음의 근원을 터득한다.(外師造化, 中得心源.)"는 것이었다. 그의 산수화는 풍골이 강건하고 준발俊拔하며, 기세가 방박磅礴하고 웅혼하다. 『도회견문지』 권1에서 다음과 같이 말했다.

기상이 소슬하고, 안개 낀 숲이 맑고 넓으며, 붓끝이 출중하고, 묵법이 정교한 것은 이성의 작품이다. 바위가 단단하며, 잡목이 우거지고, 누대와 전각이 고아하고, 인물이 한가한 것은 관동의 풍격이다. 봉우리가 혼후하고, 기세가 웅장하고, 꺾어지는 필획이 온당하고, 집들이 질박한 것은 범관의 작품이다.(夫氣象蕭疎, 煙林淸曠, 毫鋒穎脫, 墨法精微者, 營丘之制也; 石體堅凝, 雜木豐茂, 臺閣古雅, 人物幽閒者, 關氏之風也; 峰巒渾厚,

48 위의 책.

그림 12-8 북송 곽희 「조춘도早春圖」.

勢狀雄强, 搶筆俱均, 人屋皆質者, 范氏之作也.)

관동의 '초발峭拔', 이성의 '청광淸曠', 범관의 '웅혼雄渾'으로 대표되는 세 사람은 모두 형호로부터 나왔으면서 각기 특색을 갖춘 대가가 되었으므로 병칭하여 '삼가산수三家山水'라 하였다. 북송 화가 왕선王詵(1048-1103)은 '문인과 무장'이란 뜻의 '일문일무一文一武'라는 말로 이성과 범관 산수화의 풍격을 형상적으로 구별하였다.[49] 곽희郭熙의 『임천고치林泉高致』에 따르면, "지금 제노 지방(지금의 산동성)의 화가들은 오직 이성을 모방하지만, 관섬關陝 지방(섬서성)의 화가들은 오직 범관을 모방한다.(今齊魯之士惟摩營丘, 關陝之士惟摩范寬.)"고 하였다. 두 사람은 당시 영향력이 거대하여 그들이 연 화풍은 북송 산수화의 주류가 되었다.

북송 희녕 연간(1068-1077)과 원풍 연간(1078-1085)에 곽희와 왕선의 산수화에서 '원체院體'와 문인 사대부의 그림 사이에 길항과 공존의 흔적이 있는 것이 뚜렷하다.(그림 12-8) 『도화견문지』 권4를 보자.

> 곽희는 하양 온현 사람으로, 지금 어서원 예학이다. 산수화 중에서도 겨울 숲을 그리는 데 뛰어났다. 교묘하고 풍부하게 그리고 깊은 공간감을 나타낸다. 비록 이성을 모방하고 존중한다고 해도 자신의 흉억을 드러낼 수 있었다. 거대한 봉우리와 높은 절벽은 더욱 장대하여 지금 세대에 가장 뛰어나다.(郭熙, 河陽溫人, 今爲御書院藝學. 工畫山水寒林. 施爲巧贍,

---

49 韓拙(활동 1119-1125)의 『山水純全集』에 다음 기록이 있다. "(왕선은) 어느 날 賜書堂에서 동쪽 벽에 李成의 그림을 걸어놓고 서쪽 벽에 范寬의 그림을 걸어놓았다. 먼저 이성의 그림을 보고 말했다. '이성의 필법은 먹은 윤기 있고 붓은 뛰어나, 煙霧와 嵐氣가 가벼이 움직이고, 마치 천 리의 광경을 대면하고 있는 것과 같으니, 빼어난 기운은 손으로 잡을 듯하구나.' 다음으로 범관의 그림을 보고 말했다. '마치 눈앞에 혼후한 봉우리들이 늘어선 듯, 기세가 장대하고 雄逸하며, 필력이 노련하고 건장하다. 이 두 폭의 그림은 진실로 一文一武라 할 수 있다.'"

位置淵深, 雖復學慕營丘, 亦能自放胸臆. 巨障高壁, 多多益壯, 於今之世爲獨絕矣.)

곽희의 산수화는 전형적인 원체 화풍에서 문인화풍으로 전환되었다. 즉 정교하고 풍부한 화풍으로부터 흉억을 표현하게 되고 만년으로 갈수록 장대해진 화풍으로의 발전 과정을 보여 준다. 그의『임천고치』와 연결하여 보면, 그의 화풍 변화와 성공의 경험은 자연을 스승으로 삼아 배우는 것을 기본으로 하여, 산천을 "실컷 놀고 마음껏 보며, 흉중에 하나하나 늘어놓았기(飽遊飫看, 歷歷羅列於胸中)" 때문이며, 이를 녹이고 다듬어 완정한 의경을 창조해 내어, 결국 "내 자신이 일가를 이루게 했다.(使我自成一家)" 때문에 그의 산수화는 웅기장려雄奇壯麗하고 경계가 드넓을 뿐만 아니라 우아한 정취가 풍부하여 선명한 서정성을 가지고 있다. 산수화 속에 서정성이 증가된 것은 바로 문인의 정취이자 고양된 의지가 반영된 것으로, 중국 산수화사의 중요한 변화이다.

왕선王詵은 자字가 진경晉卿이며 관직은 부마도위駙馬都尉였다. 총명하고 박학하며 다재다능하였다. 그는 한편으로는 귀족의 향락적인 생활을 하면서 동시에 문인의 정취를 가지고 있었다. 가까이 지낸 사람은 소식, 미불, 황정견黃庭堅(1045-1105), 이공린李公麟(1049-1106) 등 모두 당시의 풍류 문사들이자 재주와 학식이 뛰어난 이들이다. 이들은 흥취와 기호가 일치하고 심미적인 경향이 유사하여 '서원에서의 우아한 모임'이란 뜻의 '서원아집西園雅集'을 하곤 했다. 이러한 특수한 신분과 흥취가 왕선의 독특한 예술 풍격을 이루었다. 그의 산수화는 대개 다음과 같다.

안개 낀 강과 먼 계곡, 버들 늘어진 개울과 어촌의 포구, 맑은 남기嵐氣 낀 산과 절벽 아래 골짜기, 겨울 숲과 깊은 계곡, 복사꽃 핀 개울과 갈대숲의 마을로 모두 시인과 화가들이 그리기 어려운 풍경이다. 그러나 왕선이 붓을 대어 만들어 낸 풍광은 고인이 도달한 곳을 초월한다.(煙江遠壑, 柳溪漁浦, 晴嵐絕澗, 寒林幽谷, 桃溪葦村, 皆詞人墨卿難狀之景, 而詵落筆思致, 遂將到古人超軼處.)[50]

확실히 그의 그림은 문인의 그윽한 정취가 농후하다. 회화 기교와 풍격의 근원에서 볼 때, 그는 이성 일파의 한림寒林 설경雪景의 수묵화법의 기초 위에서 '이사훈과 이소도'의 금벽金碧 중색重色의 기교를 겸용하여 양자를 융합하였다.[51] 이사훈의 금벽산수 화풍은 화려하고 웅장하여 호화로운 궁전의 장식에 더욱 어울릴 것이다. 그러나 이성의 수묵산수화는 청윤淸潤하고 광원曠遠하여 문인들의 그윽한 정회를 표현하기에 더욱 적합했다. 양자의 차이는 상당히 뚜렷하지만, 왕선은 뜻밖에도 교묘하게 양자를 하나로 융합하여, 청윤하고 운치가 농밀한 의경을 창조해 내었으니 기적과 같은 일이라 할 수 있다. 특히 왕선이 폄적을 당해 지방에 있는 기간에 "비록 쓸쓸한 가운데 오직 그림과 책으로 스스로 위로하였지만, 그 풍도와 멋은 진실로 남조 사씨와 왕씨 가문의 풍기가 있었다.(雖牢落中獨以圖書自娛, 其風流蘊藉眞有王謝家風氣.)"[52] 산수화로 개성과 흉금과 정회를 기

---

50 『宣和畫譜』 권12.

51 米芾은 『畫史』에서 다음과 같이 말했다. "왕선은 이성에게서 배웠고, 皴法은 金綠으로 하였다. 고금의 관음 보타산의 모습과 같은 작은 경관을 만들었으며, 또한 먹으로 평원을 그렸으니 모두 李成의 필법이다." 黃庭堅은 「跋王晉卿墨迹」에서 다음과 같이 말했다. "왕선이 그린 강과 바위, 구름과 숲은 아득히 풍진 세상의 밖에 있어, 이전으로 돌아가 李思訓과 비교한다고 해도 못하지 않을 것이다." 湯垕는 『畫鑒』에서 다음과 같이 말했다. "왕선은 자가 晉卿이며, 李成의 산수화를 배워 淸潤하고 사랑스럽다. 또 채색 산수화를 그린 것은 당대 이 장군(이사훈)을 배웠다." 孫承澤(1593-1675)은 『庚子銷夏記』 권3 「王詵設色山水卷」에서 말했다. "왕선은 문장과 풍류가 당시에 으뜸이다. 그가 그린 그림으로 수묵화는 李成을 임모했고, 채색화는 이 장군(이사훈)을 배웠다. 이 두루마리는 이 장군을 본뜬 것으로 누각과 교량이 지극히 공교롭고 치밀하며, 짙은 기운 속에 푸른색이 풍부하여 趙伯駒라 할지라도 이 경지에 이를 수 없다. 끝부분의 먼 산과 먼 포구는 화가의 절묘한 운치를 최고로 끌어올렸다."

52 『宣和畫譜』 권12.

탁하는 것은 왕선 산수화가 한 걸음 더 성숙한 표지이다.

그 밖에 조보지晁補之(1053-1110)와 송적宋迪(1015-1080)의 수묵산수, 혜숭惠崇(965-1017)과 조영양趙令穰(활동 1070-1100)의 소경小景산수화는 모두 필치가 청려淸麗하고 온아溫雅하며 시적 정취가 지극히 풍부하여, 우아한 서정 소품과 다를 바 없었다. 미불 부자의 '미점산수米點山水'는 비록 동원과 거연의 화풍이 있다고 하지만, 사실상 일종의 천진天眞한 정취를 추구한 것으로, 법도를 벗어나 물상을 초월하고 있다. 이는 문인의식과 흉금을 마음껏 발휘한 것으로 얼마간 '묵희墨戱'의 맛을 띠고 있다.

송 왕실이 남으로 내려간 이후 산수화는 큰 변화가 일어났다. 화려하고 정교하면서 부드럽고 우아한 원체화풍이든 아니면 고고하고 문아한 문인화풍이든 시대의 변화에서 오는 비장한 정회와 분단된 강산을 마주하는 깊은 감정을 표현하기에는 모두 충분하지 않았다. 이들을 대신하여 일어난 것이 원체화풍과 문인화풍을 융합하여 더 높게 끌어올린, '수묵창량水墨蒼涼'한 새로운 산수화이다. 이는 참신한 면모를 지닌 남송 '원체' 산수화를 형성하였을 뿐만 아니라 중국 산수화의 전성기를 대표하였다. '남송 산수 사대가'인 이당李唐(1050-1130), 유송년劉松年(1150-1225), 마원馬遠(활동 1190-1225), 하규夏圭(13세기)가 가장 걸출한 대표이다. '사대가'는 모두 앞뒤로 화원에 재직하면서 남송 회화의 가장 높은 수준을 대표하였다. 전체적인 예술의 특징이라는 각도에서 볼 때, 남송 사대가의 산수화는 한편으로 당대 '이이二李(이사훈과 이소도)'의 금벽산수화의 정교하고 세밀한 설색과 계화界畵(건축물을 주로 그린 그림)의 정밀하고 엄격한 필법을 계승하면서, 동시에 형호·관동·동원·거연을 비롯하여 곽희·범관·왕선 등의 수묵산수화의 성공을 흡수하였기 때문에, 정밀하면서도 웅혼한 기운이 충만하며, 엄격하면서도 변화를 잃지 않았다. 먹은 농담이 적절하고, 허虛와 실實은 균형이 맞으며, 화면의 주제가 두드러지고, 구도는 간결하면서 명쾌하며 또 함축적이어서 강남 산수의 수려함과 아름다움을 다방면에서 드러내 보이고 있다.

사대가의 산수화 창신은 이당에서 시작되었다. 이당이 북송에서 강남으로 내려온 이후 그림에서 일어난 가장 뚜렷한 변화는 구도가 간결해진 점이다. 전경全景산수화에서 가장 뛰어난 일부분을 잘라낸 것처럼 변했다. 산과 바위의 준법도 '소부벽小斧劈' 대신에 '대부벽大斧劈'을 사용하였고, 필법은 짧고 가는 데서 길고 넓은 것으로 변하였으며, 먹도 더욱 풍부해졌다. 여기에 짙은 청록색으로 착색하여 창량경건蒼涼勁健하면서 호종간괄豪縱簡括한 특수한 풍모를 이루었다. 원대 왕봉王逢(1319-1388)은 이당의 「장강우제도長江雨霽圖」에 붙인 시에서 다음과 같이 썼다.

운무 속 누대가 보이다가 가려지는데	煙雲樓臺掩映間,
그려진 그림은 모두가 절강의 산이로다.	畵圖渾是浙江山.
중원은 난세인데 그 누가 돌아보랴	中原板蕩誰回首,
오로지 기러기만 봄을 따라 북으로 날아가네.	只有春隨北雁還.

전경산수에서 분단 강산으로의 변화는 현실의 모습이자 회화예술의 발전이기도 했다. 도륭屠隆(1542-1605)은 『화전畵箋』에서 "화가가 비록 산과 강에서 그 일부를 가지고 바라보아도, 정교함의 극치라 말할 수 있다.(畵家雖以剩水殘山目之, 然可謂精工之極.)"고 하였다. 분단 강산의 빼어난 자연과 웅혼함을 극력 표현하는 것이 남송 산수화가의 공통적인 특징이었다.

유송년은 주로 이당이 지닌 엄격한 필묵과 아리따운 색채를 발전시켰으며, 항주杭州 일대의 청려하고 자연스럽고 수려한 풍광을 많이 그렸다. 구성은 시적 정취가 풍부한 우아한 환경을 통해 사대부의 유한한 생활 정취를 드러내었다. 마원과 하규는 이당의 호종간괄豪縱簡括한 풍격과 기법을 깊이 터득하였다. 그들 작품은 의경이 깊고 맑아 강남 산천이 지닌 그윽하고 기이하며 초발峭拔한 자태를 잘 전할 수 있었다. 이당과 비교할 때 그들의 특징은 배치가 더욱 정련되고 간결하여, '마일각馬一角, 하반변夏半邊(마원은 한 모퉁이, 하규는 반 조각)'이란 말이 있게 되었다. 강함과 부드러움이 서로 균형을 이루고, 경초勁峭하고 명쾌한 가운데 혼후하고 함축적인 정취를 보인다. 고도로 개괄되고 정련된 화면은 적음이 많음보다 낫다는 예술적 효과를 가지고 있다. 즉 화면에 남긴 큰 여백은 끝없이 깊은 공간감을 가지고 있다. 이 걸출한 창조는 곧 '흰색으로 검은색을 대신한다'는 '즉백당흑卽白當黑'으로, 나중에 중국 서화예술 중의 중요한 예술 표현 수단이 되었다.

북송과 남송의 인물화, 역사화, 풍속화는 참신하고도 다양한 면모를 드러내었다. 특히 문인화에서 '사기士氣(문인의 분위기)', 서권기書卷氣(독서를 통해 이루어진 고아한 기질), 개성화, 예술상의 창신이 두드러졌다. 그리고 화원화에서는 제재에 있어 도석화道釋畵와 사녀화仕女畵에서 세속화와 사회생활의 반영으로 발전했고, 강렬한 민족정신과 시대의식을 갖춘 역사화와 현실 제재의 회화를 포함하여 모두 높은 예술적 성취를 이루었다.

이공린을 대표로 하는 문인 인물화는 주로 백묘白描(윤곽선으로 그림) 수법을 운용하여 문인의 정취와 포부를 두드러지게 표현하는 데 공헌하였다. 백묘로 그린 인물화는 당대 오도자 이래 만당, 오대, 송초를 지나오면서 점차 발전하였다가 이공린의 손에서 완전히 독립된 회화 형식으로 발전하였다. 이는 중국 회화사에서의 일대 진보이다. 그 특징은 수묵의 선을 단순히 운용하는 것으로 특수한 예술적 효과가 있다. 즉 필선의 굵기, 강유剛柔, 농담濃淡, 곡직曲直 등으로 인물의 각종 형상, 동작, 기질을 표현한다. 이공린은 백묘 기법이 뛰어나 '송대 화가 중 제일(宋畵第一)'이라 칭송될 뿐만 아니라, 강렬한 문인화의 미학적 의취意趣를 가지고 있었다. 예컨대 그의 「서원아집도西園雅集圖」는 소식, 황정견, 미불, 왕선 등 일군의 문인들 모임을 사생하였다. 그 밖에 『선화화보』에서 저록한 「바둑을 두는 상산사호(四皓圍棋圖)」, 「부채에 글씨를 쓰는 왕희지(寫王羲之書扇

圖)」, 「귀거래혜도歸去來兮圖」, 「구름을 보는 왕유(寫王維看雲圖)」, 「숭산으로 돌아가는 왕유(寫王維歸嵩圖)」, 「정림사에서 쉬고 있는 왕안석(王安石定林蕭散圖)」, 「방 거사(방온龐蘊)를 찾아온 단하선사(丹霞訪龐居士圖)」 등이 있다. 확실히 모두 문인 은사의 생활과 의취를 표현하였다. 그는 일찍이 "나는 시인들이 시를 쓰듯이 그림을 그리며, 성정을 읊조릴 뿐이다.(吾爲畵如騷人賦詩, 吟詠性情而已.)"[53]라고 말하여, 인물화를 정취와 회포의 기탁과 표현으로 삼았다. 이렇게 선명한 문인 의취의 인물화는 당시와 후세에 무척 깊은 영향을 끼쳤으며, 송대 화원 중 인물화의 문인화 경향도 점차 증가하였다. 송대 영종寧宗 가태 연간(1201-1205)에 화원 대조待詔 양해梁楷(13세기)도 백묘 인물화를 건필健筆 사의寫意의 '발묵潑墨' 인물화로 발전시켰다. 지극히 간결한 필묵으로 인물의 정신 면모를 각화시키고, 누구도 따라 올 수 없는 '감필減筆' 화풍을 만들었다.

남송이 되자 첨예한 민족 모순은 화가들의 애국적인 열정을 크게 격발시켰다. 그들은 애국정신과 민족정기가 깃든 역사와 현실의 인물 및 이야기를 그림의 제재로 그려 백성의 뜻을 표현하였다. 이는 그 시대의 '화혼畵魂'이었다. 예컨대 이당의 「백이 숙제 채미도권伯夷叔齊采薇圖卷」, 「진문공 복국도晋文公復國圖」, 「호가십팔박도胡笳十八拍圖」를 비롯하여 진거중陳居中(활동 1200-1230)의 「문희귀한도文姬歸漢圖」, 초조肖照(활동 1130-1162)의 「중흥서응도中興瑞應圖」와 「강을 건너는 광무제(光武渡河圖)」, 유송년의 「편교견로도便橋見虜圖」와 「중흥의 네 장수(中興四將圖)」 등이다.

북송부터 남송까지의 화원화 가운데 도시생활과 민간 풍속을 내용으로 하는 그림이 대량으로 그려졌다. 회화 제재는 전통적인 종교 내용과 귀족 생활로부터 사회 민간으로 바뀌었고, 이는 중국 회화사에서 중대한 전환이었다. 전후로 화원에 재직했던 장택단張擇端(1085-1145), 왕거정王居正

53 『宣和畫譜』 권7.

(11세기), 이숭李嵩(1166-1243), 소한신蘇漢臣(1094-1172) 등은 모두 사회생활과 민간 풍속을 표현한 유명한 화가들이다. 그중에서 북송의 장택단의 「청명상하도淸明上河圖」가 가장 걸출하다. 이 두루마리는 청명절날 수도 개봉開封의 변하汴河 양안의 번화한 모습을 표현한 내용으로, 화면은 교외 · 다리 · 가시街市 등 세 부분으로 이루어졌다. 떠들썩하고 번잡한 수많은 인물 · 배와 수레 · 가시 등을 조화롭게 배치했으며, 혼연일체가 되게 그렸다. 진실하고 생동적으로 당시 사회 경제생활의 면모를 반영했으며, 화가의 높은 예술적 재능을 나타냈다.

3. 송대의 서예예술

회화와 서예에 대한 뛰어난 비평가이자 이론가인 동기창董其昌(1555-1636)은 다음과 같이 말했다. "진대 서예가는 운韻(리듬)을 추구했고, 당대 서예가는 법法(방법)을 추구했고, 송대 서예가는 의意(사상)를 추구했다. 누군가가 물었다. '의意는 법法보다 뛰어납니까?' 그렇지 않다. 송대 서예가들은 자신의 의意로 서예를 썼을 뿐, 고인의 의意를 가질 수 없었다.(晉人書取韻, 唐人書取法, 宋人書取意. 或曰: 意不勝於法乎? 不然, 宋人自以其意爲書耳, 非能有古人之意也.)"[54] 이러한 개괄은 비록 어느 정도 일리가 있지만, 한 글자로 한 조대의 서예를 개괄한다는 것은 편향성을 피하기 어렵다. 만약 이에 집착한다면, 수많은 풍격이 제각각인 서예가를 설명할 때 신발에 맞춰 발을 잘라야 할 것이다. 사실상 우수한 서예가는 모두 운韻, 법法, 의意를 겸비하고 있다. 송대의 고명한 서예가는 진대와 당대 서예의 장점을 녹여서 함께 가질 수 있었으며, 그리하여 독특한 풍격을 이룰 수 있었다.

54 倪濤, 『六藝之一錄』 권280 「明董其昌論書」.

북송 경력 연간(1041−1048)부터 희녕 연간(1068−1077)과 원풍 연간(1078−1085)까지 인문의식의 고양에 따라 서예예술에서 선명한 개성을 추구하고 문인의 의취를 표현하는 것이 서예 변혁의 조류가 되었다. 특히 행서예술은 전대를 집대성하는 추세였으며, 소식 · 황정견 · 미불 · 채양蔡襄(1012−1067) 등 사대가를 배출하였다. 그들이 서예를 배우는 기본적인 과정은 이왕二王(왕희지와 왕헌지)을 기초로 하고, 당대 안진경과 양응식 등 여러 대가의 필법을 참작하여, 다시 자신의 개성과 재학을 융합하여 독자적인 자기 서예를 이룩하는 것이었다. 마쭝훠(馬宗霍, 1897−1976)가 말하였듯이 "채양의 뛰어남은 도度(법도)에 있고, 소식의 뛰어남은 취趣(정취)에 있고, 황정견의 뛰어남은 운韻(리듬)에 있고, 미불의 뛰어남은 자姿(자태)에 있다.(蔡勝在度, 蘇勝在趣, 黃勝在韻, 米勝在姿.)"[55]고 하여, 사대가 서예는 각기 다른 특징이 있음을 지적하였다.

소식은 "내 서예의 창작력은 본래 방식이 없어, 점과 획이 손 가는 대로 나오기에 무엇을 추구하는지 따지기 어렵다네.(我書意造本無法, 點劃信手煩推求.)"[56]라고 하였다. 또 다음과 같이 말하기도 하였다.

나는 비록 서예는 잘 못하지만	吾雖不善書,
서예를 이해하는 데는 나보다 뛰어난 사람 없다네.	曉書莫如我.
만일 그 뜻을 알 수 있다면	苟能通其意,
내가 항상 말하듯이, 배우지 않아도 된다네.	常謂不學可.[57]

이처럼 서예의 독창성을 강조하였고, 더구나 문인의 개성이나 기질 그리고 학식과 흉금을 강조하였다. 그래서 다음과 같이 말했다. "글씨 쓰는

55 馬宗霍, 『書林藻鑑』 권9.

56 蘇軾, 「石蒼舒醉墨堂」.

57 蘇軾, 「和子由論書」.

방법은 이해가 얕고 식견이 좁고 학식이 부족하면 결국 최상의 기예를 낼 수 없다. 나는 곧 마음과 눈과 손으로 이들을 모두 얻었다.(作字之法, 識淺·見狹·學不足, 三者終不能盡妙, 我則心目手俱得之矣.)"[58] 그가 추구한 것은 일종의 서권기書卷氣가 충만한 문인의 서예였다. 그러므로 소식의 서예는 '고법古法'과도 합치되지 않았고, 또 당시 일반 사대부의 '속서俗書'와도 달랐다. 황정견은 "사대부들이 동파의 용필이 고법과 합치되지 않은 점을 비판하지만 저들은 고법이 어디에서 나오는지 모를 뿐이다.(士大夫多譏東坡用筆不合古法, 彼蓋不知古法從何出爾)"라고 하였다.[59] 그는 또 다음과 같이 말했다.

> 동파의 서예는 크고 작은 진서(해서)와 행서 모두 아름답고 볼 만한 곳이 있다. 지금 속인들은 동파를 비판하기 좋아하는데 저들은 한림원의 먹줄과 척도를 가지고 있으니 어찌 서예의 의미를 알겠는가. 내가 보기에 동파의 서예는 학문과 문장의 무성한 기운이 필묵 사이에서 나오기 때문에 다른 사람들이 결국 이를 수 없을 뿐이다.(東坡書隨大小眞行, 皆有嫵媚可喜處, 今俗子喜譏評東坡, 彼蓋用翰林侍書之繩墨尺度, 是豈知法之意哉! 余謂東坡書, 學問文章之氣, 鬱鬱芊芊, 發於筆墨之間, 此所以他人終莫能及爾.)[60]

동파는 고법을 완전히 버린 것이 결코 아니며, 오히려 고인을 잘 배우면서 거기에 갇히지 않으려 했다. 그 목적은 자신의 정신적 면모를 표현하기 위해서였다. 황정견이 다음과 같이 말했다.

> 동파 도인이 젊었을 때 왕희지의 난정을 배웠기에 그의 서예는 서호徐浩

58 李昭玘, 『樂靜集』 권9 「跋東坡眞迹」에서 인용.
59 黃庭堅, 「跋東坡水陸贊」.
60 黃庭堅, 「跋東坡書遠景樓賦後」.

(703-782)처럼 자태가 아름답다. 술에 취해 흐트러질 때는 공교함과 졸렬함을 모두 잊었으니 글씨가 특히 수경瘦勁하여 유공권(778-865)과 비슷했다. 중년에는 안진경과 양응식의 글씨를 즐겨 배웠고, 이들을 잘 결합하여 쓴 글씨는 이옹(678-747)보다 못하지 않았다. 필세가 원만하고 운치가 뛰어나며, 게다가 문장은 천하에서 절묘하고 충의는 해와 달의 기운을 꿰뚫으니, 본 왕조의 서예가로 응당 첫 번째로 꼽아야 할 것이다.(東坡道人少日學蘭亭, 故其書姿媚似徐季海. 至酒酣放浪, 意忘工拙, 字特瘦勁似柳誠懸. 中歲喜學顏魯公·楊風子書, 其合處不減李北海. 至於筆圓而韻勝, 挾以文章妙天下, 忠義貫日月之氣, 本朝善書, 自當推爲第一.)[61]

주희도 다음과 같이 말했다.

동파의 필력은 웅건하여 두 번째 자리에 놓기 어렵다. 서첩을 임모할 때는 더 이상 표면적인 차이만으로는 우열을 판단할 수 없다. 영웅의 기상과 빼어난 운치, 고인을 내려다보는 기세는 누가 더 뛰어난지 말하기 어려울 정도이다.(東坡筆力雄建, 不能居人後, 故其臨帖, 物色牝牡, 不復可以形似較量, 而其英風逸韻, 高視古人, 未知其孰爲後先也.)[62]

소식의 서체는 풍만하고 돈후하며, 자간 구조가 긴밀하며, 용필이 원만하고, 강건하면서 수렴적이다. 서첩의 전체적인 구도는 소밀이 잘 어우러져 있으며, 종횡으로 시원하게 뿌려 댄 느낌과 천진하고 자연스런 태세가 있다. 청대 왕문치王文治(1730-1802)는 「서예를 논하는 절구(論書絕句)」에

61 黃庭堅, 「跋東坡墨跡」.

62 朱熹, 「跋東坡帖」.

서 다음과 같이 묘사하였다.

동파 노옹의 기이한 정신은 뭇 사람을 초월하여	坡翁奇氣本超倫,
종횡으로 뿌려 대니 속세의 기운이 없구나.	揮灑縱橫欲絕塵.
만년이 되어 이옹을 배우고선	直到晚年師北海,
더욱 평담해져 천진함을 보이더라.	更於平淡見天真.

이렇듯 소식 서예예술의 진체眞諦를 설파하였다.

황정견의 서예예술에 대한 추구는 소식과 기본적으로 같다. 황정견이 중시한 것은 먼저 속기를 없애는 것이었다. 황정견은 다음과 같이 말했다.

> 내가 초서를 배운 지 30여 년이 되었다. 처음에는 주월周越(970-1046)을 배웠으므로 20년 동안 속기를 떨쳐내려고 해도 떨쳐낼 수 없었다. 나중에 소순원蘇舜元(1006-1054)과 소순흠蘇舜欽(1008-1048)의 글씨를 얻어 공부하면서 비로소 고인의 서예의 뜻을 알게 되었다. 그 후 다시 장욱·승려 회소·고한高閑(활동 845-860)의 묵적을 얻고 나서야 비로소 필법의 신묘함을 엿보게 되었다.(余學草書三十餘年, 初以周越爲師, 故二十年抖擻俗氣不脫; 晚得蘇才翁·子美書觀之, 乃得古人筆意. 其後又得張長史·僧懷素·高閑墨蹟, 乃窺筆法之妙.)[63]

청대 말기 유희재劉熙載(1813-1881)도 다음과 같이 말했다. "서예를 논함에 있어 황정견은 '운韻'을 가장 중시하였다. 그가 보기에 속기를 모두 떨치지 못해 조금이라도 남아 있다면 운韻을 말하기 부족하다고 하였

63 黃庭堅, 「書草老杜詩後與黃斌老」.

다.(山谷論書, 最重一韻字, 蓋俗氣未盡者, 皆不足以言韻也.)"[64] 황정견의 서예는 공력이 심후하고 점획이 자유로우며, 시원스러우면서도 운치가 있고, 풍운風韻이 승경勝境에 도달하였다.[65]

미불의 서예는 고법을 배우는 데서 시작하여, 이어서 '고자古字를 집성(集古)'하는 단계를 지나, 다시 자립하여 일가를 이루는 과정을 거쳤다.[66] 미불이 추구한 것은 고아한 풍격과 자연스런 정취였다. 미불의 성격은 호방하고 소쇄하여 풍류가 있었고, 그 서예도 그의 개성과 인품의 특징을 가지고 있었다. 송대 손적孫覿(1081-1169)은 다음과 같이 말했다. "미불은 구속 없이 자유로운 사람으로, 세상 사람을 놀라게 하는 괴이하고 독특한 행동을 좋아하였다. 그러므로 그 서예도 개성과 마찬가지로 세상 밖에 초연하며 이전의 방식을 밟지 않았다. 매번 법도 속에서 새로운 구상이 나왔고, 필묵의 법칙 밖에서 걸출하였으니, 진실로 일대의 기적이다.(米南宮跅弛不羈之士, 喜爲崖異卓鷙驚世駭俗之行, 故其書亦類其人, 超軼絕塵, 不踐陳跡, 每出新意于法度之中, 而絕出筆墨畦徑之外, 眞一代奇跡也.)"[67] 전

---

64 劉熙載, 『藝概』「書概」.

65 張綱(1083-1166)은 『華陽集』 권33 「跋山谷大字」에서 다음과 같이 말했다. "행초의 변화가 종횡으로 이루어지고, 기세가 飛動하니, 風韻이 더욱 뛰어나다. 翰墨의 三昧를 얻지 못한다면 누가 이 경지에 이를 수 있겠는가?" 祝允明(1460-1526)은 『懷星堂集』 권25 「跋山谷書李詩」에서 다음과 같이 말했다. "황정견은 배움에 있어 韻을 가장 중요시하였으니, 문장·시·음악·서예·그림이 모두 그러하다. 그의 서예를 가지고 말하자면 공력도 본래 깊고 성취도 본래 특별하다. 요컨대 그는 진나라의 韻을 얻었다. 그러나 형상과 모양이 진나라와 전혀 다르면서 神爽(정신)이 신기하게 합치되었으니 어쩐 일인가?"

66 米芾은 『海嶽名言』에서 말했다. "나는 小字 行書를 大字처럼 쓴다. 다만 집안에 소장된 眞迹의 跋尾에만 간혹 있지, 서예를 구하는 사람에게는 주지 않았다. 마음속에 축적하여 두었다가 나의 붓끝에서 마음대로 나오도록 해야, 그것이 모두 자연스러움을 얻고 古雅를 갖추게 되었다. 장년에 일가를 이루지 못해 사람들은 나의 서예가 고자를 집성했다고 말했다. 아마 여러 서예가의 장점을 취하여 종합하여 이루었기 때문일 것이다. 노년이 되어서야 비로소 일가를 이루었는데, 사람들이 보고는 누구를 본으로 했는지 알지 못했다."

67 『淸河書畵舫』 권9 下에서 인용.

해 오는 서예 작품에서 볼 수 있듯 그의 서예는 준수하고 아름다우며, 표일하고 소쇄한 가운데 돈후하고 침착한 필력도 부족하지 않다.

소식·황정견·미불 등 세 사람은 모두 행초行草에 뛰어난 반면, 채양蔡襄만이 행해行楷로 뛰어났다. 소식은 다음과 같이 말했다. "채양은 천분을 높게 타고난데다, 축적된 학문은 깊은 이해에 도달하였다. 마음과 손이 서로 응하여 나타나 변화하는 모습이 무궁하기에 마침내 본 왕조의 첫째가 되었다.(蔡君謨天資旣高, 積學深至, 心手相應, 變態無窮, 遂爲本朝第一.)"[68] 채양의 사람됨은 충성스럽고 강정剛正하며, 단정하고 장중하며, 식견과 풍도도 있었다. 그의 서예도 온화하고 화평하며, 단정하고 장중하며, 주경하면서 미려한 풍격을 가졌다.

'송대 사대가' 이외에 양송 시기에 여러 유명한 시인, 문학가들도 서예에 뛰어났다. 예를 들어 이건충李建忠, 소순흠蘇舜欽, 석연년石延年, 안수晏殊, 임포林逋, 구양수歐陽修, 소순蘇洵, 문언박文彦博, 범중엄范仲淹, 왕안석王安石, 문동文同, 증공曾鞏, 소철蘇轍, 사마광司馬光, 진관秦觀, 소과蘇過, 미우인米友仁, 황백사黃伯思, 설소팽薛少彭, 주방언周邦彦, 장효상張孝祥, 범성대范成大, 주희朱熹, 육유陸游, 진덕수眞德秀, 강기姜夔, 문천상文天祥 등이다. 그들의 서예는 한결같이 모두 선명한 문인의식과 짙은 서권기가 배어 있다.

68 『六藝之一錄』 권3에서 인용.

제3절

원대부터 명대 전반기까지의 의고 서화예술

원대의 서화예술은 고대를 존중하고 전아함을 숭상하는(尊古崇雅) 창작 경향과 심미적 추구를 뚜렷하게 나타냈다. 회화에서는 남송의 '원체院體'를 벗어나 북송 문인화풍과 당대의 필법을 추종하였고, 서예에서는 양송을 넘어서 숭당종진崇唐宗晉(당대를 숭상하고 진대를 근본으로 함)하여 고아古雅(고대 풍격과 전아함)한 풍격을 적극 추구하였다. 이것이 보편적인 창작의 풍기와 주관적인 추구가 되었다. 이러한 풍기의 형성은 본디 서화예술 체계 자체의 전승과 일정한 관계가 있지만, 더욱 중요한 것은 이러한 풍기의 배후에 있으면서 주도적인 작용을 일으키는 시대정신과 민족의 문화의식이다. 이민족이 통치하는 시대에 한족은 짓밟히고 무시되었으며, 한족 전통의 문화예술도 정상적으로 발전하기 어려웠다. 몽골족 통치 계층이 점차 '동화'되어 가는 과정에 비록 조맹부趙孟頫 등 극히 적은 소수의 한족 문인이 통치자의 인정과 예우를 받는 경우도 있었지만, 절대 다수는 '아홉 번째 계급인 유학자(九儒)'로 대우받으면서 문인과 예술가들은 모두 은일과 염세의 소극적인 저항 태도를 채택하였다. 이러한 상황에서 민족의 전통 문화예술에 대한 그들의 마음은 이를 더욱 강하게 아끼고 소중하게 여겼다. 때문에 고아古雅한 풍격의 추구도 일종의 문화적 '정종正宗'을 정신적으로 구현하는 것이 되었다. 게다가 이러한 예술정신은 또 종종 예술가 자신의 고상하고 순결한 민족 절기와 표리 관계를 이루어 개인적이자 민족적인 개성과 정신의 집중적인 반영으로 나타났다. 조맹부와 '원 사대가' 등 일군의 걸출한 서화예술가들은 마치 사막에 활짝 핀 꽃처럼 화하華夏민족 문화예술의 완강한 생명력을 증명하였다. 명대 전기는 통치자의 애호와 제창으로 원대에 극력 배척되었던 남송 원체화풍이 다시 부흥하였다. 이러한 화풍을 대표하는 것으로는 화원을 중심으로 하는 '절파浙派'였고, 이는 화원 밖에도 영향을 미쳤다. 그러나 심주沈周(1427-1509), 문징명文徵明(1470-1559), 당인唐寅(1470-1524)을 대표로 하는 '오파吳派'는 오히려 '원 사대가'의 풍격을 연장시켜, '절파'와 선명한 대립을 보였다. 그렇지만 '절파'든 '오파'든 모두 고古(고대 풍격)를 아雅(전아함)로 여기는 고아古雅한 예술적 심미 경향을 구현하였다. 이러한 풍기는 한편으로 이전의 예술을 연장시키는 관성적인 작용을 하면서, 다른 한편으로 이전의 성취를 모아 다시 새로운 예술적 경지를 열고 온양시키는 과도기적 단계를 형성하였다.

1. 조맹부의 서화예술 및 그 영향

조맹부趙孟頫(1254-1322)는 자가 자앙子昻이고 호가 송설도인松雪道人이다. 남송 황실의 종친으로 오흥吳興(지금의 절강 호주湖州)에서 태어났다. 원나라가 지배하는 1287년(지원 24) 징초徵招되어 대도大都(지금의 북경)에 갔고, 관직은 한림학사 승지에 이르렀으며, 위국공魏國公에 봉해졌고, 시호는 문민文敏을 받았다.

『원사元史』「조맹부전」에 다음과 같이 기록하였다. "조맹부는 전서·주문籒文·팔분서·예서·진서·행서·초서 등에서 고금에 최고이지 않은 게 없으며 마침내 천하에 서예로 이름을 떨쳤다.(孟頫篆·籒·分·隷·眞·行·草書無不冠絕古今, 遂以書名天下.)" 동시에 그는 또 걸출한 화가로, 그가 그린 산수·사람·말·화죽花竹·목석木石 등은 어느 하나 정교하고 공교하지 않은 것이 없었다. 원대 서화계에서 조맹부는 실로 일대의 스승(一代宗師)으로 명청은 물론 근현대 서화예술에도 깊은 영향을 끼쳤다.

중국 서예에는 '구안유조歐顏柳趙(구양순, 안진경, 유공권, 조맹부)' 네 가지 스타일이 있다. 조맹부의 조체趙體를 특징으로 하는 해서가 후세에 서예를 배우는 본보기 가운데 하나가 된 것을 보아도, 심후한 공력과 정밀한 조예를 충분히 볼 수 있다. 그의 성공의 기초는 꾸준하게 서예를 쓰고 성실하게 공부하는 자세로, 고대 명가의 필법과 운치를 배우면서, 힘써 고아古雅의 풍격을 추구했기 때문이다. 역대 서예 평론가들의 평론에서 볼 수 있듯 그는 어렸을 때부터 "팔법八法을 터득하고 고아에 집중한(妙悟八法, 留神古雅)" 송 고종宋高宗(재위 1127–1162)을 배우고, 계속하여 종요鍾繇(151–230)와 이왕二王을 배우고, 그리고 이옹·안진경·유공권 등을 배워 고대의 서예 대가들에 대해 거의 모두 숙련될 때까지 익혔다. 이는 양재楊載(1271–1323)가 "공은 천성적으로 서예를 좋아하여 전적으로 고인을 법칙으로 삼았다.(公性善書, 專以古人爲法.)"고 말한 바와 같다.[69] 요컨대 '이왕'을 기초로 하여 여러 서예가의 필법에 정통했기 때문에 마침내 일가의 형식을 완성할 수 있었다. 왕세정王世貞(1526–1590)은 다음과 같이 말했다.

> 구양순·우세남·안진경·유공권·장욱·회소부터 소식·미불·황정견·채양에 이르기까지 각기 고법에서 덜거나 보태어 스스로 일가를 이루었다. 그러나 조맹부에 있어서는 각체를 배웠기에 자신의 체를 스스로 만들 필요가 없었다. 평론가들이 그를 서예의 노예(奴書)라고 비판하는데, 이는 지나친 것이다.(自歐·虞·顏·柳·旭·素以至蘇·米·黃·蔡, 各用古

69 楊載, 「翰林學士趙公狀」.

法損益, 自成一家. 若趙承旨則各體有師承, 不必己撰, 評者有奴書之誚, 則太過.)[70]

현대 학자 마쭝훠(馬宗霍, 1897–1976)도 다음과 같이 말했다.

원대에 조맹부가 있는 것은 진대에 왕희지가 있고 당대에 안진경이 있는 것과 같다. 모두 소위 말하는 서단의 좌장들이다. 왕희지가 한위 시대의 성취를 모을 수 있었고, 안진경이 남북조의 장점을 아우를 수 있었듯이, 조맹부는 진대와 당대를 오가면서 그 뛰어남을 겸할 수 있었다. 조맹부가 진대 서예를 배운 것을 보면 순전히 진대 법칙만 있고, 당대 서예를 배운 것을 보면 순전히 당대 법칙만 있어, 한 획을 가지고 그 자신이 만든 법칙을 찾으려면 찾을 수 없다. 송대 말기 서예에서 따라야 할 모델이 없었기에 그가 우뚝 솟아나와 정종이 되었다.(元之有趙吳興, 亦猶晉之右軍·唐之魯公, 皆所謂主盟壇者. 然右軍能集漢魏之成, 魯公能掩南北之長, 吳興雖云出入晉唐, 兼有其妙, 顧學晉者純是晉法, 學唐者純是唐法, 求其一筆爲家法者不可得. 此承宋季書法無紀之後, 固當屹然爲正宗.)[71]

이들 평론은 조맹부의 서예가 확실히 고대를 근본으로 하며, 창조보다 계승의 성분이 많음을 설명해 준다. 다른 한편으로 조맹부는 필경 스스로 일가를 이루어 정종이 되고 대가가 되었기에, 송대 말기 이래의 서단에서 폐단을 없애고 편협하지 않은 역할을 할 수 있었다.[72]

---

70 王世貞, 『藝苑卮言』 附錄二.

71 馬宗霍, 『書林藻鑑』 권10.

72 예컨대 楊載는 조맹부의 서예가 "근대의 서체와 섞이지 않았다."고 하였다.(『佩文齋書畫譜』 권37에서 인용한 양재의 「翰林學士趙公狀」) 盧熊은 다음과 같이 말했다. 조맹부는 "종요와 왕희지를 근본으로 하면서 晉唐의 서예를 오갔으며, 근대의 習尙에 구속되지 않았다. 국내의 서예는 그로 인해 변했으며, 후진들이 모두 그를 宗師로 삼았

회화 방면에서 조맹부는 마찬가지로 '고대에서 배우기(師古)'를 하여 송말 이래의 원체 화풍을 변혁시켰다. 그는 말하기를 "나는 힘써 당대 화가를 배워 나의 그림 속에 송대 화가의 필법을 모두 없애려고 한다.(予刻意學唐人, 殆欲盡去宋人筆墨.)"고 하였다.[73] 그는 또 다음과 같이 말했다.

> 그림을 그리는 데 있어 고의古意를 귀하게 여겨야 하니, 만약 고의가 없으면 비록 공교하더라도 무익하다. 지금 화가들은 다만 용필의 섬세함과 색채의 농염함을 쓸 줄 알면 스스로 뛰어난 화가라 말하는데, 특히 고의가 이미 없고 온갖 병폐가 다 나오는 걸 모르니 어찌 볼 만하겠는가! 내가 그리는 그림은 간솔한 듯 보이지만 식자들은 고의에 가까운 줄 알기에 훌륭하다고 여긴다. 이는 아는 사람에게는 말할 수 있어도 모르는 사람에게는 말할 수 없다.(作畫貴有古意, 若無古意, 雖工無益. 今人但知用筆纖細, 傅色濃艶, 便自謂能手, 殊不知古意旣虧, 百病橫生, 豈可觀也! 吾所作畫, 似乎簡率, 然識者知其近古, 故以爲佳. 此可爲知者道, 不爲不知者說也.)[74]

'고의'의 추구는 그의 예술의 종지宗旨이다. 동기창董其昌(1555-1636)은 그의 그림을 평하여 말하기를 "당대 화가의 운치가 있으면서 그 섬세함을 없앴고, 북송 화가의 웅장함이 있으면서 그 거침을 없앴다.(有唐人之致

다."(『趙氏鐵網珊瑚』 권5에서 인용) 方孝孺는 더욱 명확하게 말했다. "송대 말기 書學이 다 없어지고 詩가 수습할 수 없을 정도로 문드러졌다. 조맹부가 그때 태어나 누습에서 벗어나 위로는 古人에게 배워, 이 두 가지 면에서 명가를 이루었으니, 正書는 특히 당시 사람들이 귀중하게 여겼다."(『遜志齋集』 권18 「題趙子昂千文字帖」) 이들 내용을 보면 조맹부가 추구한 古雅한 풍격의 현실적 의의와 서예계에 미친 깊은 영향을 알 수 있다.

73 『佩文齋書畫譜』 권16, 『鐵網珊瑚』에서 인용.

74 『趙氏鐵網珊瑚』 권5.

去其纖, 有北宋之雄去其獷.)"고 하였다.[75] 이는 조맹부가 말한 '간솔'하면서 '고의에 가까운' 회화의 풍격일 것이다. 고의의 추구가 자연을 배우지 않는다는 뜻이 아니다. 그가 "그림이 아이들 놀이가 아님을 오래전부터 알고 있나니, 도처의 구름 낀 산이 나의 스승이로다.(久知圖畵非兒戲, 到處雲山是吾師.)"[76]라고 한 말은 그의 태도를 표명한 것이다. 현재 전해지는 작품 「가을 교외에서 말을 먹이며(秋郊飮馬圖)」, 「작화추색도鵲華秋色圖」, 「중강첩장도重江疊嶂圖」 등은 모두 당송唐宋의 유풍을 겸하면서도 독창적인 풍격의 그림들이다.

그 밖에 조맹부는 회화와 서예 사이의 긴밀한 관계를 무척 중시한 사람으로, 서예를 회화 속으로 융합하면서 회화의 필묵이 서예의 운미를 가지도록 하였다. 이는 실제 소식 이래 문인화가 진일보 발전한 것으로, 수묵사의화水墨寫意畵의 예술적 취미를 향상시켰다. 조맹부의 '고대에서 배우기(師古)' 회화 이론 및 그 창작은 '원 사대가'를 포함하여 원대 회화에 직접적인 영향을 주었다. 그들 공동의 노력으로 남송 말기 이래 마원과 하규의 원체를 한가지로 모방하던 풍기를 개혁하였고, 또 명청 회화의 여러 유파를 직접 열었기에, 중국 회화사에서 중요한 지위를 차지하였다.

조맹부는 송 황실의 후예로 절기를 굽혀 원나라에 출사하였기에 그 서화는 후세 일부 비평가들의 비판을 받았다.[77] 이는 이해할 만한 일이다.

---

75 『佩文齋書畫譜』 권53, 『容臺集』에서 인용.

76 『松雪齋集』 권5 「題蒼松疊岫圖」.

77 徐渭는 다음과 같이 말했다. "세상 사람들은 조맹부의 서예를 좋아하면서, 마치 여인을 그 매력 때문에 선택하는 것과 같은데, 고대의 복장을 입지 않고 간편한 옷차림을 하였다고 꾸짖는 것이 옳겠는가? 제왕의 후손으로 가벼운 비단에 명마를 탔으니 충분히 어울린다."(『佩文齋書畫譜』 권79, 『徐文長集』) 項穆은 다음과 같이 말했다. "조맹부의 학식은 위로는 陸機와 顏眞卿과 비슷하지만, 서예의 골기가 약한 것이 마치 그 사람과 흡사하다."(『書法雅言』) 또 다음과 같이 말했다. "조맹부의 서예는 溫潤閑雅하여 마치 왕희지의 正脈을 이은 것 같지만, 妍媚纖柔하여 大節을 잃지 않는 기운에 특히 부족하다. 그렇기 때문에 황제의 후손이면서 원수의 봉록을 달게 먹은 것이다."(위의 책)

그러나 사실상 원대에 민족적 절기를 지녔던 여러 예술가들은 오히려 조맹부가 열었던 길로 들어가 계속 발전시켰다. 이는 조맹부의 '고대를 빌려와 체제를 개혁하다(託故改制)', '고아古雅'의 추구, '정종正宗'의 창도 등이 당시 서화예술 발전의 수요에 부합했음을 설명해 준다. 이는 또 그 시대 사람들의 민족 전통문화에 대한 중시라는 보편적 심리에도 부합하였다.

2. '원 사대가'를 대표로 하는 의고 화풍

『패문재서화보佩文齋書畫譜』는 원대 화가 420여 명을 수록하고 있다. 이는 당시에 회화가 여전히 상당히 번성했음을 말해 준다. 그중 조맹부 등 극소수 사람이 몽골 황실에 힘을 쓴 이외에, 절대다수의 화가들은 모두 민간에 은일하거나 산림에서 읊조렸고, 또는 참선을 하거나 도교 수련을 하였다. 요컨대 대부분 화가들은 소극적인 은둔의 자세로 이민족 통치에 저항하였다. 이러한 점으로부터 원대 회화의 전체적인 경향과 예술적인 특질을 볼 수 있다.

문인사의화文人寫意畫는 원대 회화의 주류이다. 화가들은 왕유 이래, 특히 북송 문인화의 기법과 풍격을 계승하여 발전시켰고, 또 조맹부의 회화 이론과 창작에 깊이 영향을 받아 '고대 숭상(崇古)'의 풍기를 성행시켰다. 이는 원대 회화 미학사조의 기조이다. 그들은 또 종종 이러한 '고대 숭상'의 기풍을 자신의 인격이나 기절, 이상이나 은일정신 등과 결합시켰고, 회화와 시대정신을 밀접하게 융합시켜 독특한 시대적 의의와 선명한 민족적 풍격이 있는 예술 풍모를 만들었다. 매화·난초·국화·대나무 등 '사군자四君子'를 제재로 한 회화는 원대에 아주 널리 그려졌고, 특히 대나무 그림은 전체 그림의 반을 차지하였다. 문동文同(1018-1079)의 묵죽墨竹으로부터 기법을 배운 사람으로는 이형李珩(1245-1320), 장손張遜(활동 1302), 가구사柯九思(1290-1343), 오진吳鎭(1280-1354), 요설심姚雪心 등이 특히 유명하다. 그러한 문인의 '묵희墨戱'의 성질을 띤 사의화寫意畵는 간솔하고 야일野逸한 운미가 충만하며, 그 속에 담고 있는 것은 애국의 정조와 함께 자신의 청고淸高함이었다.

인물화 방면으로 장악張渥(?-1356)의 「구가도九歌圖」, 하징何澄(1223-1309)의 「귀장도歸莊圖」(일명 「귀거래사도」), 유원劉元(1240-1324)의 「꿈에 소소소를 보고(夢蘇小小圖)」, 왕진붕王振鵬(1275-1328)의 「귀자모게발도鬼子母揭鉢圖」 등은 모두 깊은 현실적 함의를 가지고 있다.

그러나 산수화의 발전은 원대 회화의 주류이자 가장 높은 예술 수준을 대표한다. 위젠화(俞劍華, 1895-1979)의 『중국회화사』에서 낸 통계에 의하면, 원대 산수화는 조맹부가 조백구趙伯駒(1120-1182)를 배워 남송의 이당李唐과 유송년劉松年의 정교한 청록산수화의 맥을 연장시킨 것 이외에, 고인을 배운 유명화가들을 열 개 파로 나누었다. 화가 수가 많은 순서로 보면 곽희郭熙를 배운 파가 15명, 동원董源과 거연巨然을 배운 파가 12명, 미불米芾을 배운 파가 11명, 이성李成을 배운 파가 9명, 마원과 하규를 배운 파가 8명 등이다. 그중에 동원 · 거연을 배운 파와 미불을 배운 수묵선담파水墨渲淡派가 가장 활발했고, '원 사대가'와 고극공高克恭(1248-1310) · 당체唐棣(1296-1364) · 예양倪驤 등이 모두 그 사이에서 나왔으며, "원명청 삼대 화단의 맹주가 되었다.(執元明淸三代畵壇之牛耳)" 이로부터 원대 산수화에서 '고대 숭상(崇古)' 풍기가 성행했음을 볼 수 있으며, 주도 풍격의 연원이 어디에서 비롯되었는지 알 수 있다.

'원 사대가'는 황공망黃公望(1269-1354) · 왕몽王蒙(1308-1385) · 예찬倪瓚(1301-1374) · 오진吳鎭(1280-1354) 등 네 사람으로, 조맹부를 계승한 가장 걸출한 산수화 대가들이다. 그들은 비록 모두 동원과 거연의 필법을 배웠지만 모두 스스로 자신의 세계를 세웠고, 새로운 예술적 경지를 개척했다. 그리하여 산수화를 완벽한 경지로 이끌어 올렸기에 중국 산수회화사에서 지극히 중요한 지위를 차지하였다. '원 사대가'는 모두 강절江浙 지역 사람들로, 황공망과 왕몽만 짧은 시기 낮은 관직을 했을 뿐 모두 일생의 대부분을 은거하며 지냈다. 참선하거나 수도하거나 산림에 은둔하였고, 청산에 누워 흰 구름 속에서 시와 술로 세월을 보내고, 서예와 그림을 즐기면서 한일한 생활을 보냈다.

황공망이 그린 산수화의 특징에 대해 명대 장축張丑(1577-1643)은 『청하서화방淸河書畫舫』 권11에서 다음과 같이 분석하였다.

> 황공망의 그림은 두 가지가 있다. 하나는 옅은 붉은색으로 그린 것으로, 산머리에 바위가 많고 필세가 웅장한 것이다. 다른 하나는 수묵으로 그린 것으로, 준법이 지극히 적고 필치가 특히 간결하다. 최근 오씨吳氏가 소장하고 있는 「부춘산거도」를 보았는데, 청진하고 수발하며, 소밀疏密에 균형이 잡혀 있었다.(大痴畫格有二: 一種作淺絳色者, 山頭多巖石, 筆勢雄偉; 一種作水墨者, 皴紋極少, 筆意尤爲簡遠. 近見吳氏藏公富春山圖一卷, 淸眞秀拔, 煩簡得中.)

세상에 전해지는 「부춘산거도」는 왕희지의 「난정서」와 아름다움을 겨루는 걸작으로 칭송되었다.[78](그림 12-9) 『강촌소하록江村銷夏錄』 권1에 기록된 화가의 제기에서 알 수 있듯이, 이 그림은 그리는 데 여러 해가 걸렸으며 "감흥이 가는 곳(興之所至)"을 따라 붓을 들어 배치하여 이루었고, "완성하기 어려웠다.(成就之難)"고 했다. 이 화폭은 고도의 제련과 공을 들여 제작한 두루마리로, 필묵의 변화가 다단하고, 웅혼하면서 소쇄하며 또 청진淸眞하면서 수발秀拔하다. 구도는 소밀에 운치가 있고, 창망하고 침울

78 『石渠寶笈』 권42에 청 화가 鄒之麟의 다음 말이 있다. "황공망은 그림의 성인으로, 서예에서의 왕희지이다. 「富春山居圖」는 붓끝의 변화가 커서 왕희지의 「난정서」이다. 성스럽고 신령스럽다."

그림 12-9 원대 황공망 「부춘산거도富春山居圖」 부분.

하면서 또 끝없이 이어져, 진실로 산천과 자연의 정신을 얻었다고 할 수 있다.

오진의 그림은 주로 가흥嘉興 산천의 수려함과 비 오는 남호南湖의 창망함을 표현했다. 동원과 거연의 담묵 선염 기법이 그의 붓끝에서 충분히 발휘되었다. 마침 예찬이 그의 그림에 "산간의 구름은 엷어 흔적이 없어라(嵐霏雲氣淡無痕)"[79]라고 제발한 것과 같이, 비췻빛으로 창망한 산수와 연무의 의경 속에 공령空靈하고 처연한 뜻이 비쳐 나온다.

예찬의 그림은 천진天眞과 유담幽淡을 근본으로 하여, 구도가 간약簡約하고 소활疎闊하며, 산수가 평원平遠하다. 고목과 죽석을 많이 그렸고, 유현하고 담원하면서 천진스럽고 자연스러워, 아취와 탈속의 분위기에 소산蕭散하고 간일簡逸한 정취가 충만하다. 예찬이 일찍이 말했다. "나의 그림은 붓으로 자유롭게 대략 그어 본 것으로, 형사形似를 구하지 않고, 잠시 스스로 즐길 뿐이다.(僕之所畵者, 不過逸筆草草, 不求形似, 聊以自娛也.)"[80]

---

79 『淸閟閣全集』 권7 「吳仲圭山水」.
80 위의 책, 권10 「答張藻仲書」.

완전히 형사를 초월한 밖에 있으니, 이는 소식 이래 문인화의 진일보 발전이자 일종의 산담불기散淡不羈의 심미적 취미를 표현하였다.

왕몽은 조맹부의 외손자로, 어렸을 때 직접 지도를 받았으며, 또 나중에 동원·거연·왕유를 근본으로 하였기에 묵법이 수윤秀潤하면서도 종일縱逸하였다. 그의 산수화의 두드러진 특징은 구도가 빽빽하고, 산림이 창망하고 울창하면서도 깊고 빼어나 유현한 운치를 지니고 있다는 점이다. 동기창이 '천하제일'이라 칭송한 「청변은거도靑卞隱居圖」는 그의 걸작이다. 예찬은 일찍이 그 그림에 다음과 같이 제발을 썼다.

붓이 조용하고 먹이 오묘함은 왕유와 같고	筆靜墨妙王右丞,
가슴이 깨끗하고 와유하는 것은 종병과 같아라.	澄懷臥遊宗少文.
왕몽의 필력은 정鼎을 짊어질 정도이니	王侯筆力能扛鼎,
500년 이래 그대 같은 사람 없어라.	五百年來無此君.[81]

왕몽 자신도 다음과 같이 말했다. "늙어 가며 점점 붓끝이 제멋대로여서, 그림을 그리는 것이 예서를 쓰는 것과 같구나.(老來漸覺筆頭迂, 寫畵如同寫隸書.)"[82] 이 역시 그가 만년에는 필묵이 더욱 창경蒼勁하고 공력도 더욱 심후해졌음을 말해 준다.

요컨대 '원 사대가'의 산수화는 주로 깊고 그윽한 이상적인 환경을 묘사하여 천진하고 자연스러운 의경 속에 소산하고 간일한 심미 취미를 표현하였고, 그들의 '속기俗氣를 거부하는 고결함(抗俗高潔)'으로 문인의 품격을 기탁하였다. 동시에 회화예술에 있어 새로운 개척과 발전을 이루어, 구도의 배치에서 필묵의 기법까지, 그리고 시서화詩書畫 사이의 밀접한

81 위의 책, 권8「題王叔明巖居高士圖」.

82 『書畫題跋記』 권1「王叔明坦齋圖」.

배합 등등에 이르기까지 모두 원대 산수화의 새로운 면모와 특징을 보였다. 그러므로 그들이 비록 '고대 숭상(崇古)'의 모습으로 나왔지만, 그들의 창작은 송말 화원체의 마원과 하규를 모방하는 누습을 씻어 냈을 뿐만 아니라 문인화의 예술적 기교를 한층 더 발전시켜, 문인화를 새로운 높이로 끌어올렸다. 그리고 회화 속에 깃들어 있는 정감과 사상은 그 시대정신과도 밀접하게 관련되었다.

3. 숭당 종진宗晉의 서예예술

마쭝훠(馬宗霍, 1897-1976)는 원대의 서예에 대해 다음과 같이 말하였다.

일대의 스승(一代宗師)인 오흥의 조맹부는 원래 망국의 왕손이었다. 그가 서예의 습속을 변화시킨 데 대해 우집虞集(1272-1348)은 다음과 같이 말했다. "지원 연간(1264-1294) 초 사대부들이 안진경 서체를 많이 썼는데, 그들은 고니를 새기려고 했으나 오히려 오리가 되어 버린 것처럼 모방도 제대로 하지 못했다. 대덕 연간과 연우 연간 사이(1297-1321)에 서예에 뛰어난 사람으로는 등문원鄧文原(1258-1328), 선우추鮮于樞(1256-1301), 조맹부가 있었다. 조맹부가 나오고 나서 서예를 배우는 사람들이 비로소 진대의 이름난 서예를 알게 되었다." 이로 보건대 원대 서예는 처음에는 종당宗唐(당 숭상)으로 시작했다가 나중에 종진宗晉(진 숭상)으로 선회했음을 알 수 있다. 비록 종진의 서예가가 많았다고 하더라도 대부분 조맹부로부터 시작되었다.(一代宗工, 屬之吳興, 則固勝國之王孫也. 至其習尙之變, 則虞集有云: "至元初士大夫多學顔書, 雖刻鵠不成, 尙可類鶩. 大德·延祐之間, 稱善書者, 必歸巴西·漁陽·吳興. 自吳興出, 學書者始知以晉名書." 觀此所論, 可知元人書初則宗唐, 後則宗晉. 雖宗晉者多從吳興而入.)"[83]

처음에는 종당宗唐이었다가 나중에 종진宗晉으로 갔거나, 또는 당과 진을 배회한 것이 원대 서예 발전의 총체적인 추세였다. 조맹부가 원대 서예에 미친 영향은 앞에서 서술했지만, 송대를 건너뛰어 바로 당대와 진대 서예에서 '정종'을 추구한 것은 당시 특정 시대의 보편적인 사회심리와 예술추구에 부합한 점이 있었다.

조맹부와 함께 '이웅二雄'으로 병칭되던 선우추鮮于樞는 당대 서예가의 법도와 풍골을 깊이 체득하여, 조맹부와 등문원이 모두 그의 심후한 공력과 주경遒勁한 필력을 크게 존중하였다.[84] 그러나 그의 서예에는 아직 일부 송말부터 원초 사이의 발전 흔적이 남아 있었다. 동시대에 살았던 원포袁褒는 다음과 같이 말했다. "학문에 애쓰는 노인은 팔뚝을 잘 돌리므로 그 글씨는 둥글고 활기차다. 혹자는 당대 필법을 많이 쓴다고 하지만, 선우추와 15, 16년을 지내온 사람으로서 볼 때 그의 서예는 날이 갈수록 기이하여지고 속세의 서예보다 뛰어나다.(困學老人善回腕, 故其書圓勁. 或者議其多用唐法, 然與伯機相識, 凡十五六年間, 見其書日異, 勝人間俗書也.)"[85] 그 후 주지사周之士도 다음과 같이 말했다. "원대 서예가로 조맹부 이외에, 선우추의 성가가 그와 거의 비슷한데, 어떤 사람은 선우추가 더 뛰어나다고 한다. 지극히 원만하고 강건한 것이 세속의 글씨에서 그리 멀리 떨어지지 않았다.(元人自趙吳興以外, 鮮于伯機聲價幾與之齊, 人或謂勝之, 極圓健而不甚去俗.)"[86] 이는 선우추의 서예가 당인의 원건圓健하고 주경遒勁

---

83 馬宗霍, 『書林藻鑑』 권10.

84 조맹부는 다음과 같이 말했다. "나는 선우추와 함께 초서를 배웠다. 선우추는 나보다 훨씬 뛰어나 내가 힘써 좇았으나 이를 수 없었다. 선우추가 죽은 후, 세상 사람들은 내가 글씨를 잘 쓴다고 하지만 이는 이른바 부처가 없는 곳에서 자신이 가장 뛰어나다고 하는 것과 같다."(『趙氏鐵網珊瑚』 권5) 鄧文原도 다음과 같이 말했다. "선우추의 서예는 공력이 지극히 심후하다. …… 용필은 遒勁하다."(『佩文齋書畫譜』 권79, 『巴西集』「元鮮于樞遺墨」)

85 『佩文齋書畫譜』 권79, 『戲鴻堂法帖 · 元鮮于樞帖』에서 인용.

86 『珊瑚網』 권24 下에서 인용.

한 필법을 위주로 하지만 세속의 서예를 완전히 개혁하지는 못했음을 설명하고 있다. 조맹부는 진대 서예가의 운미와 풍도는 물론 당대 서예가의 골력을 힘써 취하였으므로 기운氣韻과 풍골風骨을 겸비할 수 있었다. 이에 비해 선우추는 당대 서예가의 법도와 골력을 힘써 추구했으므로 그 필법이 원만하고 강건하며 주경하지만 운미와 풍도가 부족하였는데, 이것이 아마 '세속의 글씨에서 그리 멀리 떨어지지 않은' 근본적인 원인일 것이다.

동시대의 또 한 사람의 서예 대가인 등문원鄧文原 역시 조맹부와 함께 이름이 높았다. 그러나 그의 서예의 특징은 선우추와 마침 정반대이다. 『서사회요書史會要』 권7에서 "정서, 행서, 초서는 먼저 이왕을 본받고 나중에 이옹을 본받았다.(正行草書, 早法二王, 後法李北海.)"고 했다. 주지사周之士는 "등문원은 진대 서예가의 필의가 있지만 약간 거칠다.(鄧文原有晉人意, 而微近粗.)"라고 말했다.[87] 비록 진대 서예가의 운미와 풍도가 있어도 세밀한 당대 서예가의 법도가 부족하므로 약간 '거칠다'고 한 것이다. 이 또한 조맹부가 양자를 겸비하여 '정종'이라 칭해지는 것보다 못하다.

그들은 필경 원대 서예의 숭당崇唐 종진宗晉의 기풍을 연 서예가들로, 고아古雅한 풍격을 추구한 선구가 되었다. 그 후 숭당 종진은 서예계의 보편적인 풍기가 되었고, 원대 서예가들인 가구사柯九思(1290-1343) · 장우張雨(1277-1348) · 우집虞集(1272-1348) · 태불화泰不華(1304-1352) · 양유정楊維楨(1296-1370) · 게혜사揭傒斯(1274-1344) · 강리노노康里巎巎(1295-1345) 등도 모두 진당晉唐의 풍기 사이에서 나오지 않은 사람이 없고, 모두 청아淸雅한 격을 얻었다. 또 서예와 회화에 모두 뛰어난 황공망 · 오진 · 예찬 · 왕몽 등도 조맹부의 뒤를 이어 회화의 서예적인 운미를 추구하였고, 시서화詩書畫를 긴밀히 결합시켰다. 그리하여 그들의 서예 또한 진

87 『珊瑚網』 권24 下에서 인용.

대 서예가의 운미와 풍도를 깊이 얻어, 상당히 높고 고아하며 탈속적이라는 칭송을 받았다.

명대 전기의 서예는 원대 서예가의 풍기를 이어받아, 위로는 당법唐法과 진운晉韻을 근본으로 하였다. 명대 초기부터 중엽 사이에 여러 황제와 왕공들은 모두 '이왕'을 대표로 하는 첩학帖學을 좋아하였기에 첩학의 성행은 송대 초기보다 못하지 않았다. 게다가 널리 보급되는 추세였기에 '명대 사람은 자태를 중시한다(明人尙姿)'는 말이 있게 되었다. 명대 서예가들은 또 원대 서예가들이 "비록 종진의 서예가가 많았다고 하더라도 대부분 조맹부로부터 시작되었다."고 한 것과 마찬가지였지만, 실제로 조맹부의 울타리를 벗어나지 못하였다.

명대 초기 서예가로 먼저 꼽는 사람으로는 '삼송三宋'이라 통칭되는 송극宋克(1327–1387)·송수宋璲(1344–1380)·송광宋廣(?–?)이 있다. 이 가운데 송극과 송수는 모두 '제일第一'이라는 칭호를 받았다.[88] 그들의 명성은 특히 높았으며, 모두 조맹부를 본받으면서 진당晉唐의 정신을 포착하려고 하였다. 그 뒤로 활동한 '이심二沈' 형제인 심도沈度와 심찬沈粲은 "태종(만력제, 재위 1402–1425)이 서예에 뛰어난 사람을 구하기 위해 시험을 보고 관직을 부여했는데, 운간의 이심二沈 학사를 가장 좋아하였다. 특히 심도의 서예를 중시하여 매번 '우리 왕조의 왕희지'라고 불렀다.(太宗徵善書者試而官之, 最喜雲間二沈學士, 尤重度書. 每稱曰: '我朝王羲之.')"[89] 그 뒤 선종宣宗(선덕제, 재위 1425–1435)과 효종孝宗(홍치제, 재위 1488–1506)도 모두 '이심'을 스승으로 모셨으니[90] 이심의 지위가 얼마나 높고 영향이 컸는

88 楊愼은 다음과 같이 말했다. "본 왕조에서 眞書와 行書는 응당 宋克이 제일이다."(『升庵集』 권10 「跋七姬帖」) 詹景鳳은 다음과 같이 말했다. "본 왕조에서 해서와 초서는 삼송을 미는데, 송극을 첫째로 친다."(『佩文齋書畫譜』 권41 「詹氏小辨」) 解縉은 다음과 같이 말했다. "송수는 소전의 공교함에 있어 본 왕조에서 제일이다."(『文毅集』 권16 「跋雪月軒篆額」)

89 『佩文齋書畫譜』 권40, 李紹文, 『皇明世說新語』에서 인용.

지 충분히 알 수 있다.

그 사이에 서예 명가로, 양기楊基(1334-1383)는 "정서는 종요를 배우고 행초는 이왕을 배웠다.(正書師鍾元長, 行草師二王.)"[91] 장우張羽(1333-1385)는 "해서에 있어 왕희지의 「조아비曹娥碑」를 본받아, 비록 정밀하진 못하지만 속기를 벗어나 전아함에 들어갈 수 있었다.(楷法右軍曹娥碑, 雖未精極, 却能離俗而入於雅.)"[92] 첨희원詹希元(활동 1370)은 "국조의 대자는 첨희원이 제일이다. 구양순·우세남·안진경·유공권의 필법을 겸하였으며, 관면과 패옥의 기풍이 있다.(國朝大字, 希元第一, 蓋兼歐虞顔柳之法, 而有冠冕佩玉之風者也.)"[93] 진벽陳璧(활동 1368-1399)은 "진당晉唐의 서법을 극력 추구하였고, 그 서예는 자태가 아름답고 함축적이어서 스스로 일가를 이루었다.(極力晉唐, 其書姿媚蘊藉, 自成一家.)"[94] 유화俞和(1307-1382)는 "이른 시기에 조맹부의 운필 방법을 볼 수 있었고, 진당의 여러 서첩을 많이 임모했으며, 행초서는 조맹부의 글씨에 핍진한다.(早年得見趙文敏運筆之法, 臨晉唐諸帖甚夥, 行草逼眞文敏.)"[95] 해진解縉(1369-1415)은 "왕희지가 소해小楷로 쓴 『황정경』을 전부 임모했다. 그의 서예는 완려婉麗하고 단아하다.(小楷黃庭, 全摹臨右軍, 筆婉麗端雅.)"[96] 이응정李應楨(1431-1493)은 "해서는 구양순과 안진경을 배웠으며, …… 비록 고대의 필법에 전심했지만 스스로 얻은 바가 많아 응당 국조에서 제일이다.(楷法師歐顔, …… 雖潛心古

---

90 『藝苑巵言』 附錄三에 다음 기록이 있다. "宣宗의 서예는 沈華亭 형제에서 나왔으며, 원만하고 숙련하게 한 이외에도 遒勁함을 드러낼 수 있었다." 『續書史會要』에 다음 기록이 있다. "효종 황제는 심도의 필적을 혹애하여 매일 스스로 100자 임서하는 것을 일과로 삼았다."

91 『佩文齋書畫譜』 권40, 『書史會要』에서 인용.

92 『佩文齋書畫譜』 권40, 詹景鳳, 『詹氏小辨』에서 인용.

93 楊士奇, 『東里文集』 권10 「題詹孟舉千文」.

94 楊士奇, 『東里續集』 권21 「通波阡表」.

95 『佩文齋書畫譜』 권40, 陳善, 『杭州志』에서 인용.

96 王世貞, 『弇州續稿』 권157 「解大紳書黃庭經」.

法, 而所自得爲多, 當爲國朝第一.)"[97] 왕수인王守仁(1472-1529)은 "행서를 잘 썼고, 「성교서聖教序」에서 배웠으며, 왕희지의 골기를 얻었다.(善行書, 出自聖教序, 得右軍骨.)"[98] 이처럼 숭당과 종진의 기풍은 아주 보편적이었다.

'삼송'과 '이심' 다음으로 '오중삼자吳中三子'인 축윤명祝允明(1460-1526), 문징명文徵明(1470-1559), 왕총王寵(1494-1533)이 서단에서 활약하였다. 마쭝훠(馬宗霍)가 다음과 같이 말했다. "축윤명 · 문징명 · 왕총이 나오고 나서 비로소 조맹부 이전의 진당을 엿보게 되었고, 이를 명대 서예의 중흥이라 불렀다. 세 사람은 모두 오 땅(소주 일대) 사람이므로, 당시 천하의 바른 서예가 모두 오중에서 나온다는 말이 있었다.(自祝允明 · 文徵明 · 王寵出, 始由松雪上窺晉唐, 號爲明書之中興. 三子皆吳人, 一時有天下法書皆歸吳中之語.)"[99] 축윤명과 문징명은 모두 이응정에게서 배웠고, 마찬가지로 조맹부와 같은 '많은 장점을 널리 섭렵하고(博涉多優)' 변화와 가감을 거쳐 일가를 이루었다.[100] 그러므로 두 사람의 서예는 공력이 심후하고 골기가 단정하며, 운미와 법도를 겸비하였다. 축윤명은 만년에 호종기굴豪縱奇崛의 자태로 응축되었고, 문징명은 수려화아秀麗和雅의 태세로 맺어졌으니, 모두 족히 조맹부를 바짝 뒤쫓으면서 명대 서예의 전형을 보였다. 왕총은 인품이 고광절속高曠絕俗하여 당시 사람들의 칭송을 받았으며, 그 서예도

97 文徵明의 말. 『甫里集』 권21 「跋李少卿帖」에 보인다.

98 『佩文齋書畫譜』 권42, 『紹興志』에서 인용.

99 馬宗霍, 『書林藻鑑』 권11.

100 『藝苑卮言』 附錄三에서 祝允明에 대해 다음과 같이 서술하였다. "축윤명의 해서의 서법은 鍾繇 · 二王 · 智永 · 우세남 · 구양순 · 저수량 · 조맹부로부터 유래했고, 행서는 왕헌지 · 지영 · 저수량 · 회소 · 장욱 · 이옹 · 소식 · 황정견 · 미불로부터 유래했다. 임서는 어느 하나 공교하고 뛰어나지 않은 것이 없으며, 만년에는 변화가 심해 그 유래를 찾을 수 없더니, 風骨이 爛漫하고, 天眞하고 縱逸하여 진실로 조맹부와 어울릴 만하다." 또 文徵明에 대해서는 다음과 같이 서술하였다. "문징명의 小楷는 이왕을 배워 지극히 精工하며, 다만 약간 날카로워 구양순과 비슷하다. 청년 시기에 초서는 회소를 배웠고, 행필은 소식 · 황정견 · 미불 및 「聖教序」를 모방하였다. 만년에는 「성교서」의 특징을 가감하고 여기에 蒼老함을 추가하여 마침내 일가를 이루었다."

"서투름으로 공교를 취하였다.(以拙取巧)" 가까이 있는 송원을 버리고 멀리 있는 진당을 근본으로 하면서, 왕헌지王獻之의 신운神韻을 주로 배우고, 지영智永과 우세남의 필법을 겸비하여, 고아古雅의 풍격과 초일超逸의 운미를 얻었다.

4. 명대 전반기 회화 : '절파'와 '오파'의 대립

명대 전반기(명초부터 가정 연간까지)의 회화는 여전히 산수화를 주류로 하여 발전하였다. 다만 서로 다른 예술적 추구와 풍격으로 인하여 화원을 주체로 하는 '절파浙派'와 '오파吳派' 사이의 대립이 형성되었으며, 이로부터 명대 전반기 회화 미학의 총체적인 발전 추세가 반영되었다.

'원 사대가'를 대표로 하는 고적유담枯寂幽淡의 풍격과 소산한일蕭散閑逸의 정취는 명초 통치자의 심미적 감각에 결코 부합되지 않았다. 그들은 남송 원체화의 엄정하고 창경한 풍격을 더 좋아하였다. 그리하여 남송의 이당 · 유송년 · 마원 · 하규의 화풍이 의식적으로 제창되었고, 더불어 궁정화원의 표준이 되었다. 예를 들어 '당대제일當代第一'이라 칭해졌던 대진戴進(1388-1462), 홍치제로부터 '그림의 장원(畵壯元)'이라 칭해졌던 오위吳偉(1459-1508), '지금의 마원(今之馬遠)'이라 불린 왕악王諤(1462-1541)은 모두 그중의 저명한 화가들이다. 이러한 풍기는 화원에서만 성행한 것이 아니라 화원 밖으로도 퍼져 나갔다. 당시 화단의 중심 인물인 대진은 절강浙江 전당錢塘 사람이므로, 이 시기에 마원과 하규 일파의 화풍을 계승한 화가들을 '절파'라 통칭하였다. 그러나 예술적 성취와 당시의 영향에서 볼 때 대진과 오위가 가장 중요하다.

대진은 선종宣宗 때 화원에 들어갔지만, 재능이 다른 사람보다 뛰어났기에 질투를 받아 참훼를 당했고, 평생 기구하게 살다가 궁핍한 환경에서 죽었다. 그의 회화는 남송 화원의 수묵창경파水墨蒼勁派의 화법을 계승하고, 마원과 하규의 토대 위에서 여러 화가의 필묵에서 장점을 두루 취하여 정묘한 경계에 이르렀다. 그의 회화의 특징은 구도가 간묘簡妙하고 공활空闊하며, 부벽준斧劈皴을 즐겨 사용하고, 행필行筆이 정경挺勁하고, 용묵用墨에 있어 농담이 잘 어울리며, 한 가닥도 흐트러지지 않는 가운데 갑자기 꺾어지는 기세가 있었다. 이어서 활동한 오위吳偉는 '절파'의 발전을 한 걸음 더 진전시켰다. 오위의 성격은 호상하거니와, 회화의 풍격도 건장健壯하고 기일奇逸한 것으로 이름 높았다. 그는 대진에서 배우고서 호방함을 더하여 필묵이 시원스럽고, 거칠면서 분방하여 '절파의 건장(浙派健將)'이란 말을 들었다.[101]

명대 초기 통치자들이 남송 원체화풍을 제창하고 있는 시기에 강남 소주蘇州 일대에는 일군의 문인화가들이 활동하고 있었다. 그들은 '원 사대가'의 전통을 이어받았지만 성취가 높지 않아 영향이 미미하였고 '오파'라는 이름도 없었다. 그러다가 심주沈周, 문징명文徵明, 당인唐寅 등 대가들이 나오면서 '오파'는 크게 발전하였다. 심주는 '절파' 오위와 대체로 같은 시기에 활동했다. 가학家學의 연원으로 인해 그의 산수화는 가까이로는 왕몽과 오진을 배웠으며, 멀리로는 북송의 동원과 거연을 근본으로 하였다. 필묵은 쇄탈灑脫하고 응련凝練되었으며, 창경혼후蒼勁渾厚하고 기세웅건氣勢雄建한 풍격을 가졌다.(그림 12-10) 문징명과 당인은 모두 심주의 문하에서 나왔고 또 각기 다른 풍채를 갖추고 있었다. 문징명은 조맹부와 왕몽을 배우고, 곽희와 이당의 필법도 겸하였다. 초기에는 세치청려細致淸麗하면서 청록산수화를 공필로 그릴 수 있었고, 중년에는 조방호상粗放豪爽하면서 수묵사의화를 그릴 수 있었으며, 만년에는 섬세함과 거칠음을 겸하여 그릴 수 있어 청윤淸潤하고 온아溫雅한 정취를 얻었다. 당인

101 吳偉는 江夏(지금의 호북성 武昌) 사람이다. 그의 독창성과 대진 등 다른 화가들과 다른 화풍으로 인하여, 그리고 나중의 張路(1490-1563)와 蔣嵩(?-?) 등이 그의 필법을 계승하면서 '江夏派'라고 불리기도 했다.

그림 12-10 명대 심주沈周 「여산은 높아(廬山高圖)」.

은 더욱 다재다능한 예술가로 자칭 '강남 제일 풍류재자江南第一風流才子'라 하였다. 그는 회화 방면에서 비록 심주의 제자이지만, 사실 약간 후에 활동한 구영仇英(1495-1552)과 함께 주로 원체의 명가 주신周臣(?-1536)을 따라 배웠다. 그는 북송의 이성과 범관, 남송의 '이당·유송년·마원·하규' 및 '원 사대가'에 대하여 모두 고심하며 연구하였고, 이당의 필법을 특히 많이 얻었다. 그러므로 그의 회화에는 이당 화파의 침울웅건沈鬱雄建하고 호매기특豪邁奇特한 화풍이 있는가 하면 또 원대 문인화의 청윤수아淸潤秀雅의 특징이 있어, 호매기특하면서 또 수윤온아秀潤溫雅한 풍격을 나타냈다.[102]

'오파' 화가들은 모두 문학적 소양을 비교적 중시하고, 회화에서의 문학적 취미를 강조하였다. 구도와 필법도 비교적 활발하고 자연스러우며, 당시 문인의 사상과 개성 그리고 심미 취미를 잘 반영하였다. 가정 연간(1522-1566)과 만력 연간(1573-1620)에 '오파' 예술은 이미 '절파'를 초월하여 화단의 주류가 되었다. 『오문화사吳門畫史』에서 낸 통계를 보면 오파 화가는 모두 876명이었으니, 그 영향이 얼마나 컸는지 충분히 알 수 있다. 그러나 '절파'든 '오파'든 필경엔 모두 '고대에서 배우기(師古)' 풍기 속에 있었고, 여전히 이고위아以古爲雅(고대의 격식을 숭상하고 따름)의 예술 심미 경향을 구현하였다. 다만 예술 발전의 전체적인 추세에서 볼 때, 명대 전반기 예술 중의 이고위아는 한편으로 계승과 연속의 관성적인 작용을 했을 뿐만 아니라, 다른 한편으로 전인의 성취를 집성하여 새로운 예술 세계를 여는 과도적 단계에 처해 있었다.

102 당인의 회화 풍격은 사실상 이미 '오파'의 예술 주장을 벗어나거니와, '절파'와 '오파'를 하나로 융합한 새로운 화풍을 보이므로, 후인들은 그와 周臣, 仇英 등을 '院派'로 분류하기도 한다.

제13장

다채롭고 풍부한 사회생활

당송 사회가 번영하면서 의식주, 오락, 풍속에서도 독특한 관념과 풍모가 나타났다. 물질생활과 정신생활의 소비가 만들어 낸 일상생활은 생산 발전의 수준을 기초로 하여 예의 규범의 제약을 받음과 동시에 외래 문명의 영향으로 다양한 문화 간의 상호 융합을 구현하였다.

당송 시대는 상업과 수공업에 종사하며 살아가는 집단이 증가하였기에 의식주도 부단히 갱신되고 변화하였으며, 도시문화와 오락활동도 더욱 풍부하고 다채로워졌다. 당대의 개방정신은 전통 풍속과 습관 속에 여러 가지 새로운 요소를 증가시켰다. 송대의 시민화 경향은 더욱 실제적이고 조화로운 예의와 풍속을 만들어 내었다. 사회생활의 여러 가지 세세한 부분은 형식적인 상징과 심리적인 암시를 통하여 사회질서를 유지하였으며, 일부 진취적이고 낙관적이며 지혜로운 행위와 활동은 사람들의 성정을 형성하는 데 영향을 주었다. 여성의 사회적 역할에 대한 고찰은 당시의 사회생활을 더 깊이 이해하는 데 도움을 준다.

제1절

의식주의 다양화

1. 아름다운 당대 복식

당대에 규정된 관복은 3품 이상은 자주색, 5품 이상은 붉은색, 6품과 7품은 녹색, 8품과 9품은 청색으로, 색채는 산관散官의 품계에 따라 확정되었다. 백거이의 「비파행」에서 "강주사마 청색 옷자락이 가장 많이 젖었어라(江州司馬青衫濕)"[1]라는 시구에 나오는 '강주사마'는 당시 그가 재직하고 있던 종5품하의 직사관職事官으로, 산관散官으로 치면 종9품하의 '장사랑將仕郎'이었기에, 그가 입은 '청색 옷'은 그의 지위와 부합된다.

복식은 일종의 제도로, 역대로 모두 「의복령衣服令」을 반포하여 시행하였다. 수대 초기는 북제北齊(550-577)의 전통에 따라 정했으며, 수 양제 때 남조의 제도를 참조하여 증감하였고, 당대 들어 624년(무덕 7) 새로운 법령을 제정한 후 후대에도 부단히 수정하였다. 조정의 문무백관들이 입는 색색의 현란한 복장은 삼엄한 등급을 나타낸다. 백거이는 만년에 지은 시 「전에 입은 옷(故衫)」에서 "검붉은 옷이 늙은이 몸에 어울려(闇淡緋衫稱老身)" "빈 상자를 버리려 하니 은혜가 적은 듯해라(欲棄空箱似少恩)"라고

1 『全唐詩』 권435, 中華書局, 1960년, 4,822쪽.

노래해, 보관하고 있던 조복의 색에서 일찍이 관직에 있었던 때의 상황을 연상하였다.[2]

「의복령」이 규정한 복장 가운데 황제·황후·태자의 양식에 대해선 아주 자세한데, 이는 극소수 사람이 지닌 특례에 해당한다. 그러나 백관으로부터 백성에 이르기까지의 복식은 사회의 전체적인 풍모를 반영한다. 관원에게는 관복冠服과 상복常服이 있는데, 이들은 곧 예복禮服과 편복便服이다. 관복 가운데 고습袴褶은 조례 때 입는 복식으로 북조의 양식을 계승하였다. 머리에는 평건책平巾幘을 썼으며, 위에는 습褶에다가 양당裲襠을 덧입었으며, 아래는 고袴를 입고, 발은 가죽신을 신었다. 이는 당대 대종代宗(재위 762–779) 때 비로소 바뀌었다. 상복常服은 품계에 따라 다른 색채를 사용하는 이외에 각 신분에 상응하는 요대를 찬다. 요대는 옥·금·은·유석·동·철을 장식하여 구별하며, 요대 위에 관원의 직무를 증명하는 어부魚符를 새겨 달며, 어부를 담는 어부대魚符袋에는 금·은·동 등의 장식으로 다른 품급을 나타내어,[3] 외관상 보면 어떤 품계인지 바로 알게 하였다.

관원이 복식의 색채와 장식에서 등급이 분명하게 구현되어 있는 것과 마찬가지로, 일반인도 반드시 규정된 색채의 복식을 착용해야 했다. 수대에 병사들은 황포黃袍를 입어야 했으며, 백정과 상인은 흑포黑袍를 입어야 했다. 당대에는 병사들이 흑포를 입는 것으로 바꾸었고, "9품 이하의 관리·서인庶人·부곡部曲·노비들은 주紬(거친 비단)·견絹(얇고 거친 비단)·시絁(거친 비단)·베布를 입으며, 색은 황색이나 백색을 사용했다."[4] 복장의 색채가 제도로 규정되면서 사람들 마음속에 깊이 새겨졌고, 언어 중에 '청삼靑衫'은 하급관리를 상징하며, '백의'는 평민과 백성을 대표했

2 『全唐詩』 권447, 中華書局, 1960년, 5,022쪽.

3 『唐會要』 권31 「輿服上」, 中華書局 영인, 1990년, 569–570, 579–580쪽.

4 『新唐書』 권24 「輿服志」, 中華書局, 1975년, 527쪽.

다. 또 '거친 갓끈에 뒷단이 짧은 옷(縵胡之纓, 短後之服)'은 군인을 나타내고, '깎은 머리에 떨어진 옷(髡頭壞衣)'은 승려를 형용하였다.[5] 노비들이 청색 옷을 많이 입었기에 '청의'는 노비나 신분이 낮은 사람을 가리키게 되었다. 물론 이러한 청의와 관원의 청삼 양식은 질과 색이 달랐다.

복식의 변경은 제도 변화에 따른 것이다. 무측천 때인 692년(천수 3) 도독都督과 자사刺史에게 포袍를 하사하였다. 옷에는 산 모양을 수놓았으며, 주위를 돌아가며 아래의 말이 적혀 있다.

덕정은 오직 밝을 것이며	德政惟明
직분과 명령은 공평할 것이며	職令思平
맑고 신중하며 충성스럽고 근면하고	清愼忠勤
영예와 진취적 정신으로 몸소 실천한다	榮進躬親

2년 후에는 문무 3품 이상의 관복에는 명문銘文에 동물 도안이 더해져, 왕王은 용과 사슴, 재상은 봉황, 상서尙書는 기러기 한 쌍, 십육위十六衛 장군은 기린 한 쌍 · 호랑이 · 표범 · 매 · 소 등으로 하여, 도안도 신분의 표지가 되었다.

송대 초기의 품계와 복색은 당대의 제도를 계승하였고, 신하들은 용도에 따라 제복祭服 · 조복朝服 · 공복公服 · 시복時服을 입었다. 제복은 천지와 종묘에 제사지내거나 각종 의식 때 입었다. 조복은 조회와 헌제獻祭 때 입었다. 공복은 품관의 상복常服이다. 시복은 매년 단오, 10월 1일 등 문무 군신들에게 하사하는 하복이나 동복을 말한다. 주희朱熹(1130-1200)는 송대 복장의 연원에 대해 다음과 같이 언급하였다.

5 獨孤郁, 「對才識兼茂明於體用策」, 『全唐文』 권683, 中華書局, 1982년, 6,982-6,989쪽.

지금의 복식은 일반적으로 모두 호복이다. 옷깃 · 웃옷 · 장화 · 가죽신 등을 보면 선왕의 관복은 완전히 없어졌다. 중국 의관의 혼란은 양진兩晉 오호五胡 때 시작되었으며 후세에 계속 계승되었다. 당은 수나라를 이었고, 수나라는 북주를 이었고, 북주는 서위를 이었으니, 일반적으로 모두 호복이었다.(今世之服, 大抵皆胡服. 如上領衫 · 靴鞋之類, 先王冠服掃地盡矣. 中國衣冠之亂, 自晉五胡, 後來遂相承襲. 唐接隋, 隋接周, 周接元魏, 大抵皆胡服.)

그는 관복에 대한 불만과 함께 복고를 바라면서 다시 또 말하였다.

어떤 사람이 일찍이 의관은 본디 편리하게 입어야 한다고 했다. 고인도 꼭 하나하나 모두 의논한 것은 아니다. 또 시대에 따라 증가하여 이름과 형태가 갈수록 번잡해졌다. 만일 의복을 실제적으로 입으려면 반드시 고대의 제도를 참작하여 중복을 피하고 단순하게 해야 하며, 그런 연후에 시행할 수 있을 것이다.(某嘗謂衣冠, 本已便身. 古人亦未必一一有義. 又逐時增添, 名物愈繁. 若要可行, 須是酌古之制, 去其重複, 使之簡易, 然後可.)[6]

송대 관아에서 일반적으로 민간의 복식에 대해서 구체적으로 규정하지 않았다고 해서 신분을 나타내지 않은 것은 아니다. 관원의 입장에서는 어떤 직위 또는 파견직에서 일정한 연한에 이르렀는데 품계가 아직 변동되지 않았다면 복색은 바꿀 수 있었다. 이를 각각 차자借紫와 차비借緋라 불렀다. 조정에서는 '사대부와 서민의 복식(士庶之服)'에 대해서도 자주 금령을 내렸다. 989년(단공 2) 민간에서 자주색 옷을 입지 말게 금지했으며, 1062년(가우 7)에는 전국에 '짙은 자주(墨紫)' 옷을 입지 못하게 했

6 『朱子語類』 권89 「禮六 · 冠昏喪 · 喪」, 中華書局, 1983년.

다. 1025년(천성 3)에는 "경성의 사대부와 서민은 흑색 또는 갈색 바탕에 흰 꽃이 찍힌 옷을 금하며, 또 남색 · 황색 · 자주 바탕에 방염법防染法으로 찍은 꽃 모양의 옷을 금했고(在京士庶不得衣黑褐地白花衣服并藍 · 黃 · 紫地撮暈花樣.)", 1034년(경우 1)에는 "비단 조끼 · 수놓은 조끼 · 꽃문양으로 가득 깔린 조끼는 금한다.(禁錦背 · 繡背 · 遍地蜜花透背采段.)"고 했다. 이는 등급 질서를 구분하는 복식을 임의로 혼란시키지 못하게 하였음을 말해 준다. 630년(정관 4) 「복색을 규정하는 조서(定服色詔)」를 내린 후 716년(개원 4) 「복색의 참용을 금하는 조서(禁僭用服色詔)」에 이르기까지, 그리고 송대의 각종 규정과 금령에 이르기까지, 복장은 전체적으로 여전히 존비와 귀천을 구분짓는 불가결한 예의제도였다.

여성의 복장은 비교적 자유로웠다. 비록 "여성은 남편과 자식을 따른다.(婦人服從夫子)"고 하여 역시 등급의 의의가 있었다고 해도 상대적으로 자유로웠다. "궁중에 있는 것도 아니며, 풍속이 사치스러워 영令과 격格에 따르지도 않았으며, 그들이 좋아하는 대로 얇은 기라와 비단 수를 놓은 옷을 입었다.(既不在公庭, 而風俗奢靡, 不依令格, 綺羅錦繡, 隨所好尙.)" 제도도 엄격하지 않아, 때로 "위로는 궁중부터 아래로 서민까지 서로 모방하여 귀천의 구별이 없었다.(上自宮掖, 下至匹庶, 遞相效仿, 貴賤無別.)"[7] 당대 여성 복장의 아름다움은 예술적으로 충분히 표현되었다. 기본 복장은 위에는 적삼(衫)이나 저고리(襦)를 입고, 아래는 긴 치마를 입었으며, 어깨에는 피백披帛을 걸쳤다. 수대와 당대 초기 적삼과 저고리의 양식적 특징은 길이가 짧고 소매가 좁으며 영구領口가 낮다는 점이다. 치마는 좁고 길며, 가슴을 여미는 속흉束胸이 아주 높고, 주름이나 간격을 이룬 색으로 장식한다. 당대 후기가 되면 적삼, 저고리, 치마가 모두 넓어지고 커졌다.

7 『舊唐書』 권45 「輿服志」, 中華書局, 1975년, 1,957쪽.

복장의 다양화와 변화는 수공업의 신속한 발전에 유리했다. 당대 초기 벽화 속의 여성은 대부분 줄무늬 치마를 입었는데, 이는 당시 직물의 폭이 비교적 좁은 점과 단순한 색채와 관련이 있다. 여러 가지 색의 포백을 간격을 두고 이어 붙여 미관의 효과를 기하였다. 성당盛唐 이후 직조 기술이 발전하면서 큰 꽃송이 문양이나 다채색의 직물로 직접 치마를 만들었다. 황실이나 관청에선 품종에 따라 각기 다른 세부 분업의 작방이 있어 베(布), 견絹, 사紗, 능綾, 라羅, 금錦, 기綺, 제綈, 환紈, 겸縑, 라纙, 간繝 등을 생산하였다.[8] 여기에 더하여 자수와 염색 등 공예의 운용으로 다양한 품종이 만들어졌고, 다양한 복장을 만드는 데 있어 풍부한 원료와 다양한 선택을 할 수 있게 되었다.

화려하고 아름다운 포백은 고고 발굴에서 계속 발굴되어 왔으며, 재료의 소재는 비단·마麻·모毛·면綿이 있고, 출토 상황과 벽화·도용陶俑 등의 유물에서 관찰해 보면 의복을 만들 때 여러 가지 재료와 도안을 선택하여 사용했다. 사紗와 라羅 등 얇고 가벼우며 섬세한 제품은 하복이나 내의를 만드는 데 적합하며, 가볍고 부드러운 재료는 유연한 여성의 몸매를 드러내는 데 적합했다. 재질이 두껍고 실팍한 직면은 겉옷을 만드는 데 적합했다. 연속적으로 배열된 도안은 의복의 테두리에 많이 사용되며, 독립된 문양은 웃옷이나 치마의 가운데에 놓였다. 실용적인 기능과 예술적인 효과를 교묘하게 결합하고, 천변만화의 재료와 색채와 문양을 통하여 아름다움을 추구하였다.

의복이 표현하는 등급과 심미적 변화는 관념과 취향을 반영한다. 수당 사람들의 복식은 남북의 풍격을 융합하였을 뿐만 아니라 직간접적으로 서역의 '호복胡服'을 참고하기도 했다. '쑥 들어간 눈에 높은 코, 더부룩한 수염(深目高鼻, 多鬚髯)'의 '호인胡人' 형상은 도용과 벽화 속에 나타나며,

---

8 『唐六典』 권22 「小府監」, 中華書局, 1992년, 576쪽.

대부분 머리에는 둥글면서 가장자리가 뒤집어진 뾰족한 모자를 쓰고, 몸에는 원령圓領(둥근 옷깃) 또는 번령翻領(안감을 뒤집어낸 목 주위의 옷깃)에 좁은 소매의 옷을 입었다. 그리고 한족 얼굴을 한 많은 사람들도 이러한 장속裝束을 하는 것으로 보아, "서역 모자 짜 만드니 위가 뾰족하고, 가는 모직 오랑캐 적삼에 두 소매가 짧아라.(織成蕃帽虛頂尖, 細氈胡衫雙袖小.)"[9] 라고 하는 모습은 비교적 보편적인 현상이었다. 당대 전기에 여성들은 소매가 아주 짧은 상의를 입기 좋아했는데, 이를 반수半袖라고 불렀다. 남성 복장 중에도 소매가 아주 짧은 반비半臂가 있었고, 그 밖에 관원들이 입는 고습袴褶 등도 모두 호복에서 유래했다. 직물의 연결 고리 문양 안에 장식된 새·말·사자·공작·사슴 등의 문양조차 중앙아시아와 서아시아 예술의 영향을 받아 나타났고, 또 당시 성행하였다.

전통적인 넓은 옷과 폭이 큰 요대로부터 피부를 드러내는 호복의 좁은 소매로 바뀌는 것에서 여성의 복식에서 일어나는 변화의 궤적을 볼 수 있다. 『대당신어大唐新語』에 다음 기록이 있다.

> 무덕 연간(618–626)과 정관 연간(627–649)에 말을 타는 궁녀들은 『주례』의 제도에 따라 대부분 멱리冪羅를 썼다. 비록 중앙아시아에서 유래했지만 전신을 가려 주었다. 영휘 연간(650–655) 이후 모두 휘장 달린 모자인 유모帷帽를 썼다. 휘장은 목까지 내려왔고 얼굴이 약간 드러났다. …… 신룡 연간(705–707) 이후 멱라는 더 이상 사용되지 않았다. …… 개원 연간(714–741) 초 궁녀들은 말 위에서 호모胡帽를 쓰기 시작했으며, 단아하게 화장한 얼굴이 드러나 사대부와 서민들이 모두 이를 모방하였다.(武德貞觀之代, 宮人騎馬者, 依周禮舊儀, 多著冪羅, 雖發自戎夷, 而全身障蔽. 永徽之後, 皆用帷帽, 施裙到頸, 爲淺露. …… 神龍之後, 冪羅始

9 劉言史, 「王中丞宅夜觀舞胡騰文」, 『全唐詩』 권468, 中華書局, 1960년, 5,323–5,324쪽.

그림 13-1 당대 정인태鄭仁泰 묘「유모를 쓴 기마 여용女俑」.

絕. …… 開元初, 宮人馬上始着胡帽, 靚妝露面, 士庶咸效之.)

멱라는 모자 아래 포백이 늘어뜨려져 전신을 가렸다. 유모는 포백이 목까지 내려왔고, 호모는 내려오는 포백이 없었다. 처음에 전신을 가려 엿볼 수 없게 했다가 단아한 화장에 얼굴이 드러나자 당 고종은 "지나치게 경솔하고 예의를 크게 손상한다.(過爲輕率, 深失禮容.)"고 엄하게 질책하였다.[10] 그러나 경솔한 거동이라 여겨지던 풍조는 60년 후 현종 시기에는 조칙으로 인가했을 뿐만 아니라, 한 걸음 더 나아가 여인들의 "모자는 모두 얼굴을 보여야 하며, 얼굴은 가리지 말아야 한다.(帽子皆大露面, 不得有掩蔽.)"며 여성의 아름다운 얼굴을 드러내놓기를 격려하였다.(그림 13-1) 고고 발굴은 이 변화에 상당히 정확한 편년을 제공한다. 7세기 후반의 도용과 벽화에서 여성은 유모를 쓰고 있지만, 9세기에는 다시 좁은 소매에 피부를 드러내고 가슴을 노출하는 형상이 널리 유행하였다. 이들 복식 양식은 당시의 생활에서 기원하였다. 당시唐詩 가운데 "오래도록 흰 눈이 가슴 앞에 머무니(長留白雪占胸前)", "분 바른 가슴이 반쯤 가려 있어 눈이 내린가 싶었네(粉胸半掩疑暗雪)"[11]라는 묘사는 새로운 유행에 대해 질책하는 사람이 없을 뿐만 아니라 반대로 찬미를 받았음을 나타내고 있다.

당대 여성들은 호모를 쓰는 것이 유행이었고, 양식도 상당히 다양했다. 어떤 여성은 각양의 머리 모양을 드러내놓는 것을 좋아하였고, 그 위에 다시 화려한 채釵(쌍꽂이 비녀), 잠簪(외쪽이 비녀), 소梳(빗) 등을 꽂았다. 얼굴에는 이마에 노란 점을 찍고, 눈썹을 칠하고, 화전花鈿(얼굴에 붙이는 꽃모양의 장식)을 붙이고, 면엽面靨(보조개 부분에 가하는 장식)을 그리고, 입술을 붉게 칠하는 등 화장을 하였다. 거기에다 재료, 색채, 문양 등이 풍부한 각종의 복장으로 멋지게 치장하였다. 지나치게 사치스럽고 화려하게 되자 나중에 문종文宗은 "높은 상투 · 기이한 화장 · 눈썹 제거 · 이마 드러내기 · 오월 양식의 굽 높은 신발을 금지했다.(禁高髻 · 險妝 · 去眉 ·

10 『舊唐書』 권45 「輿服志」: "백관의 가족들은 모두 사인 계층에 속하는데, 거리에 나가면서 어찌 가리개를 전혀 하지 않을 수 있는가? 근자에 대부분 유모를 쓰면서 마침내 멱리를 버리고, 수레를 타지 않고 담자를 타는구나. 서로 모방하여 풍속이 되었으니 지나치게 경솔하고 예의를 크게 손상한다.(百官家口, 咸預士流, 至於衢路之間, 豈可全無障蔽. 比來多著帷帽, 遂棄冪䍦, 曾不乘車, 別坐檐子. 遞相仿效, 浸成風俗, 過爲輕率, 深失禮容.)" 中華書局, 1975년, 1,957쪽.

11 庾肩吾, 「觀美人」, 『全唐詩』 권494, 中華書局, 1960년, 5,604쪽. 方干, 「贈美人四首」, 『全唐詩』 권651, 中華書局, 1960년, 7,478쪽.

開領及吳越高頭草履.)” 더불어 “치마는 5폭幅(63cm) 이상 넓지 않아야 하며, 땅에 3촌寸(9cm) 이상 끌려서는 안 되며, 저고리 소매는 1척 5촌(45cm)보다 짧아서는 안 되었다.(裙不過五幅, 曳地不過三寸, 襦袖不過一尺五寸.)” 조칙은 여성의 머리 스타일, 화장, 의상, 신발에 대해 모두 규정하였다. 그러나 “이러한 규정에 불만을 가진 사람이 많아 …… 금지령은 결국 시행되지 못하였다.(人多怨者 …… 而事遂不行.)”[12]

“군자는 의관을 바르게 하고, 시선은 단정히 바라본다.(君子正其衣冠, 尊其瞻視.)”는 고대의 가르침은, 예의와 교양이 있는 외적 차림을 중시한 것으로, 당송 시대에 보편적으로 사람들 관념 속에 자리 잡았다. 호남 장사요長沙窯 요지窯址에서 발굴된 일용 도기 위에는 다음과 같이 쓰여 있다. “의복이 규정대로 바르지 않으면, 남 앞에서 얼굴 가득 부끄러워지고, 걸을 때 풍채가 없으며, 앉을 때 낮은 자리에 앉게 된다.(衣裳不如法, 人前滿面修, 行時無風采, 坐在下行頭.)” 이는 사람들에게 시시로 자신의 외모에 주의할 것을 말하고 있다. 만약 ‘규정대로 바르지 않은’ 사람은 실례를 범하는 것으로 여겨졌다. 주희는 「훈학재규訓學齋規」에서 ‘사람됨’의 출발로 “어린이의 가르침은 옷 입기와 관 쓰기와 신발 신기에서 시작된다.(童蒙之學, 始於衣服冠履.)”고 하였다. 이는 사람됨은 먼저 의복과 장속을 깨끗하고 바르게 하는 데서 시작된다는 것으로, 이러한 면은 이미 일종의 도덕적 준칙이 되었다. 송대 어떤 사람은 “왕안석은 의관이 바르지 않은 것이 큰 단점이다.(王介甫衣冠不整, 亦一大病.)”라고 비판한 바 있다.[13]

---

12 『新唐書』 권24 「車服志」, 中華書局, 1975년, 532쪽.

13 呂希哲, 『呂氏雜記』 卷下, 『叢書集成初編』本, 中華書局, 1991년, 18쪽.

2. 음식과 다도

복장은 외모를 전시하는 역할을 하여 사회 풍모의 변혁을 나타낸다. 한편, 음식은 사람의 생존과 밀접하게 관련된 것으로 당송 시기에 사회가 부유해지면서 음식도 다양해졌다. 황하 중하류 사람들의 주식은 좁쌀과 보리를 위주로 하고, 서북 지방은 보리를 주로 먹었으며, 회하 이남은 쌀을 주로 먹었다. 부식으로는 북방에서는 고기를 많이 먹었고, 남방에서는 생선을 많이 먹었다. 당대에는 중앙아시아와 서아시아에서 상추·시금치·양배추·피스타치오·호두 등 채소와 과일이 들어왔고, 인도로부터 제당법을 배워 들여왔다. 가장 두드러진 변화는 서역의 호병胡餅, 깨, 후추가 일상 식품이 되었다는 점이다. 신강新疆의 당대 묘지에서 호병의 실물이 출토되었는데, 감진鑒眞(688-763)이 일본으로 갈 때 도중의 식량으로 양주에서 호병을 준비하였다는 것은 남방에도 퍼졌음을 나타내 준다. 송대에는 음료와 식품이 더욱 풍부해졌다. 품종이 증가하였을 뿐만 아니라 북식北食과 남식南食 두 가지 계통이 만들어졌다. 소식(1037-1101)은 사천 사람으로 고향의 음식을 찬미하면서 다음과 같이 묘사하였다.

약간의 술을 소금과 된장에 넣고	點酒下鹽豉,
채 썬 귤껍질에 생강과 파를 섞는다.	縷橙芼薑葱.
어찌 닭고기와 돼지고기를 구별할 수 있으랴	那知鷄與豚,
젓가락을 대기만 하면 접시가 빌 터인데.	但恐放箸空.[14]

북방은 면식麵食만 보아도 소병燒餅·면편탕麵片湯·만두饅頭·포자包子·혼돈餛飩 등이 있고, 이들 각각에 더 세분화된 음식들이 있었다. 남방

14 『蘇軾集』 권13 「元修菜」.

사람들은 찹쌀 제품과 각종의 죽을 좋아했다. 송대에는 야채와 과일 품종이 많아서 열거하기 어려울 정도이다. 복숭아만 쳐도 북송 때의 낙양에만 동도冬桃·반도蟠桃·연지도臙脂桃 등 30종이나 있고, 배 27종, 자두 27종, 앵두 11종, 석류 9종, 능금 6종이 있었다.[15] 수박도 남방에서 재배되었다. 또『여지보荔枝譜』와 같이 다양한 과일과 가공기술을 기록한 전문서도 나왔다.[16] 채소 등 부식 중에 절임 등 가공기술이 발전하였고, 두부·글루텐(麵筋)·우유 등의 종류도 당시 널리 식용으로 사용되었다. 당대의 주류酒類는 주로 곡물로 양조한 황주黃酒와 과일로 양조한 과주果酒였고, 서역의 호인들이 차린 주점에서는 고창 포도주와 페르시아 삼륵장三勒漿 등 당시 사람들이 칭송하는 외래주도 팔았다. 송대에는 증류주, 소주, 주로酒露 등 백주白酒가 나왔다.

당송 시대 음료와 음식 가운데 가장 문화적 의미가 크면서 세계에 공헌한 것은 차이다. 차는 마시기 간편하고 영양도 풍부하며 또 졸음을 쫓는 등의 기능이 있어, 지금도 여전히 세계 삼대 음료 가운데 하나이다. 차의 원산지는 중국이며, 늦어도 한대에 강남 지역에서 찻잎의 재배와 음용이 이미 많아졌다. 그러나 당시는 차를 파·생강·대추·귤껍질·수유·박하 등과 함께 끓였기에 '죽차粥茶' 또는 '약차藥茶'라 불렀고, 차도 지방마다 가檟·도荼·명茗 등 다르게 불렀다. 차 마시기가 진정으로 보급되고 퍼진 것은 당대이며, 명칭도 점차 '차茶'로 통일되었다. 양한남북조 시기의 '죽차' 또는 '약차'에 대해 당대 사람이 비판하기도 하였다. 피일휴皮日休(834-883)는 이러한 음용 습관은 "야채를 끓여 마시는 것과 다름없다.(與夫瀹蔬而啜者無異也)"[17]며 야채국을 마시는 것과 같다고 하였다. 육우陸羽(733-804)는 자字가 홍점鴻漸인데, 각종 재료가 들어간 차를 마시고 난 후

15 周敍,「洛陽花木記」, 陶宗儀 等撰,『說郛三種』, 上海古籍出版社, 1988년, 462-463쪽.
16 蔡襄의『荔枝譜』는『四庫全書』子部, 譜錄類三, 草木禽魚之屬에 보인다.
17 皮日休,「茶中雜詠序」,『全唐詩』권611, 中華書局, 1960년, 7,053쪽.

"오래 끓인 후 가끔 저어서 미끄럽게 하거나 가끔 끓여서 거품을 없앴지만, 그 맛은 하수구에 버려진 물과 같다.(煮之百沸, 或揚令滑, 或煮去沫, 斯溝渠間棄水耳.)"고 하여, 이러한 차탕은 하수구 중의 오수와 같다고 하였다. 한의학 서적에선 차에는 술을 깨게 하고, 정신을 각성시키고, 염증을 없애고, 소화를 돕고, 체력을 강화시키고, 마음을 즐겁게 하는 기능이 있다고 하면서, 자극성 있는 조미료와 차를 함께 끓여 마시는 음용법은 좋지 않다고 하였다. 8세기 후반에 육우는 『다경茶經』을 저술하여 차의 생산·가공·끓이기·음용·기물·관련 전고와 전설 등에 대해 상세히 기록함으로써 차의 보급에 큰 역할을 하였다. 『다경』이 저술된 뒤 반세기가 지나 육우는 '차의 신(茶神)'으로 떠받들어졌다. 당대 말기 하남 공현鞏縣의 도자업자는 '육홍점陸鴻漸'이란 도자기 인형을 제작하였는데, "다기 수십 개를 사면 육홍점 자기 인형 하나를 얹어 주었다.(買數十茶器得一鴻漸)"[18]

차의 음용에 있어 당대 중후기에 중대한 변화가 일어났는데, 곧 자차煮茶(찻잎 끓이기)와 점차點茶(찻잎에 끓인 물 붓기) 두 가지 방법이다. 자차는 전차煎茶라고도 하는데, 먼저 화로 위에 차솥을 걸고 물을 끓인 후 찻잎가루를 차솥에 넣고선 찻솔로 젓는다. 그런 연후에 찻잔에 따라서 마신다. 중당 시기에 가장 많이 유행하였다. 이른바 "송홧가루가 차솥에 날아와 떠 있고, 난화 기운이 주발에 들어와 가볍네.(松花飄鼎泛, 蘭氣入甌輕.)"라든가 "냄비가 끓으니 누런 꽃술 빛깔이요, 찻잔을 돌리니 누룩 같이 노란 빛이라.(銚煎黃蕊色, 碗轉麴塵花.)"라는 표현은 곧 자차를 묘사한 것이다.[19]

점차는 찻잎 가루를 찻잔에 놓고 끓는 물을 잔에 따르면서 찻숟가락으로 젓는 방법이다. 만당 이후 유행하였다. 점차의 중요한 용구 가운데 하

18 李肇, 『唐國史補』 卷中, 上海古籍出版社, 1979년, 34쪽.

19 李德裕, 「憶平泉雜詠·憶茗芽」, 『全唐詩』 권475, 中華書局, 1960년, 5,413쪽. 元稹, 「一字至七字詩」, 『全唐詩』 권423, 中華書局, 1960년, 4,562쪽.

나는 물병으로, 출토 문물에 자주 보인다. 서안에서 829년(대화 3)에 묻힌 왕명철王明哲의 묘에서 출토된 병은 바닥에 먹으로 '차사병茶社瓶'이란 글자가 쓰여 있다.[20] 찻잎의 선택과 채집도 아주 중시하여 봄철 맑은 날 맑은 아침에 따는 차순茶筍과 차아茶芽를 중시하였다. 채취한 찻잎은 찌기(蒸), 찧기(搗), 치기(拍), 불 쬐기(焙), 걸어두기(穿), 봉하기(封) 등의 과정을 거친다. 『다경』에서는 차를 마실 때 "소금으로 간을 맞춘다.(調之以鹽)"고 하였고, 때로 약간의 생강을 넣기도 했다. 송대에는 이러한 음용법을 철저하게 바꾸어 맛이 더욱 순정해졌다. 소식蘇軾은 "당대 사람들은 전차할 때 생강을 사용한다.(唐人煎茶用姜)"고 했으며, "또 소금을 사용하는 사람도 있다. 요즘에 이 두 가지를 사용하는 사람이 있다면 사람들이 크게 웃을 것이다.(又有用鹽者矣. 近世有用此二物者, 輒大笑之.)"라고 하였다. 명대에 이르러 끓는 물을 흩어진 찻잎에 붓는 촬포법撮泡法이 생겨나, 간편하면서도 향기를 보존하게 되었다.

당대에는 "차는 음식과 같아서 쌀이나 소금과 다름없다.(茶爲食物, 無異米鹽.)"고 여겼다.[21] 차나무가 경제작물이 된 후, 진령秦嶺과 회하淮河 이남에 차의 산지가 늘어나 재배하는 지역이 70개 주州에 이르렀다.[22] "강남의 백성들은 대부분 차를 재배하여 생계를 꾸려 나갔다.(江南百姓營生, 多以種茶爲業.)" "여주에서 관할하는 다섯 개 현에서는 …… 생업으로 차 재배에 주로 의지하는데, 그 작업은 밀의 재배와는 다르다.(瀘州所管五縣 …… 作業多仰於茗茶, 務本不同於秀麥.)" 당 문종 대화 연간(827-835)에 "장강과 회화 유역 사이에 거주하는 사람 가운데 열에 두셋은 차 재배로 생

20 李知宴, 「唐代瓷窯概況與唐瓷的分期」, 『文物』 1972년 제3기, 38쪽. 이 논문에서 대화 3년을 원화 3년이라 잘못 적었다.

21 『唐會要』 권84 「雜稅」, 中華書局, 1955년, 1,546쪽; 『舊唐書』 권173 「李珏傳」, 中華書局, 1975년, 4,504쪽.

22 張澤咸, 『唐代工商業』, 中國社會科學出版社, 1995년, 140쪽.

업을 유지하였다.(江淮人什二三以茶爲業)"[23] 당말 오대 사람 한악韓鄂은 농가의 역서曆書인 『사시찬요四時纂要』에서 차나무의 생장 환경, 토양, 기후, 재배 방식 등에 대해 전면적으로 기록하였다. 찻잎은 저장하고 휴대하기 간편하며, 운반 단가가 싸서, 사람들은 "한 해 동안 강과 호수 사이를 다니며 차를 팔아 언제나 큰 이익을 가지고 집에 돌아갔다.(歲鬻茗於江湖間, 常獲豊利而歸.)"[24] 덕종 때부터 차세를 거두기 시작하였고, 이후 계속 세가 더하여져 중만당 시기에는 정부의 중요한 재정 수입이 되었다. 송대에 매년 시장에 나오는 찻잎의 가치는 총 100만 관貫에 달했다.[25] 이는 상업과 무역의 발전을 촉진했을 뿐만 아니라 국가경제의 명맥이 되기도 했다. 당대에 차를 마시는 습속이 해외로도 퍼져 회흘과 티베트를 비롯하여 주위 국가와 지역에서도 대량으로 찻잎을 사갔다.

차를 음용하려면 기구를 사용해야 하니 수공업의 발전이 따라서 이루어졌다. 『다경』 권중卷中에서는 24종의 다구를 언급하면서, 각종 자기 재질의 다구의 우열을 평가하면서 다음과 같이 말하였다.

어떤 사람은 형주 다기가 월주보다 낫다고 하는데 나는 그렇게 보지 않는다. 형주 자기가 은과 같다면 월주 자기는 옥과 같으니, 이것이 형주 자기가 월주 자기보다 못한 첫 번째 이유이다. 형주 자기가 눈과 같다면 월주 자기는 얼음과 같으니, 이것이 형주 자기가 월주 자기보다 못한 두 번째 이유이다. 형주 자기가 백색이면서 차 빛깔이 붉은 데 비해 월주 자기는 청색이면서 차 빛깔이 녹색이니, 이것이 형주 자기가 월주 자기보다 못한 세 번째 이유이다.(或者以邢州處越州上, 殊爲不然. 邢瓷類銀, 越瓷類玉, 邢不如越一也. 邢瓷類雪, 越瓷類冰, 邢不如越二也. 邢瓷白而茶色丹,

23 王欽若 等編, 宋本『冊府元龜』 권510「邦計部 · 重斂」, 中華書局, 1989년, 1,291쪽.
24 『太平廣記』 권173「崔碣」에서 인용한 『唐闕史』, 中華書局, 1981년, 1,267쪽.
25 華山, 「從茶葉經濟看宋代社會」, 『宋史論集』, 齊魯書社, 1982년, 55-110쪽.

越瓷青而茶色綠, 邢不如越三也.)

위 내용은 사대부가 다기를 선택하는 주관적인 기호에 불과하지만, 정교하고 미려한 재질의 다구를 구워내는 데 영향을 미쳤다. 백거이의 시에 나오는 "찻잎이 새로우니 옥가루를 갈아내는 듯하고(茶新碾玉塵)"란 말과 야율초재耶律楚材(1190–1244)의 "황금 다년茶碾에 옥가루가 날리고(黃金小碾飛瓊屑)"[26]란 말은 금과 은으로 된 다구를 말한다. 섬서성 부풍扶風 법문사法門寺에서는 정교하고 미려한 차 물통(茶槽子), 다년(茶碾子), 다라茶羅, 차시(匙子) 등 은제 다구가 출토되었다. 송 휘종(재위 1100–1125)은 『대관다론大觀茶論』에서 "다년茶碾은 은제가 가장 좋고, 숙철이 다음이다.(碾以銀爲上, 熟鐵次之.)"라고 말하였고, 다병茶甁은 "금이나 은이 좋다.(宜金銀)"고 하였는데 당대 사람들의 말과 일치한다.

차 마시기는 점차 일종의 문화적 활동이 되어 갔다. "오시午時에 마시는 차는 졸음을 쫓아내고, 묘시卯時에 마시는 술은 시름을 없애 준다.(午茶能散睡, 卯酒善銷愁.)"라거나 "시름이 없어지니 술의 힘을 알겠고, 졸음이 사라지니 차의 성능을 알겠다.(驅愁知酒力, 破睡見茶功.)"[27]라는 말이 있듯이, 차는 해갈하는 효과 이외에 시각과 후각 등 감각적 즐거움을 준다. 시각적으로 푸르고, 후각적으로는 그윽한 향기를 내며, 미각으로 달고 윤기 있는 느낌을 주어 정신적인 즐거움을 얻게 한다. 당대 이덕유李德裕는 차를 달이는 물을 구하기 위해 천 리를 멀다 않고 지금의 무석無錫 혜산

26 白居易, 「遊寶稱寺」: "술이 순하니 금빛 액체를 따르고, 찻잎이 새로우니 옥가루를 갈아내는 듯하다.(酒嫩傾金液, 茶新碾玉塵.)" 『全唐詩』 권439, 中華書局, 1960년, 4,882쪽. 耶律楚材, 「西域從王君玉乞茶, 因其韻七首之七」: "황금 다년茶碾에 옥가루가 날리고, 벽옥 사발에 흰 싹이 점점이 흩어져 있네.(黃金小碾飛瓊屑, 碧玉深甌點雪芽.)"

27 白居易, 「府西池北新葺水齋卽事招賓偶題十六韻」, 「贈東鄰王十三」, 『全唐詩』 권451, 448, 中華書局, 1960년, 5,100, 5,044쪽.

천惠山泉에서 가져오기도 하는 등,[28] 문인 사대부의 모임이나 접대와 교우 때 반드시 차를 마셨다. 장사요長沙窯에서 발굴된 도기 다완茶碗에는 '나라의 선비가 마심(國士飮)'이라 새겨져 있으며, 낙양 이도리履道里 백거이白居易의 고택 유지에서도 다년茶碾, 다조茶槽, 다탁茶托 등이 발굴되어 문인들이 시를 읊고 서예를 쓰며 차를 마시는 아취를 즐겼음을 알 수 있다. 당대에는 "다도가 크게 행해져 왕공과 조정 선비들이 차를 마시지 않는 사람이 없다.(茶道大行, 王公朝士無不飮者.)"고 기록하였다.[29] 그리고 원진元稹이 차를 "시인이 그리워하고, 승려들이 사랑하는(慕詩客, 愛僧家)" 것이라고 한 데서 알 수 있듯 차는 불교와 관련 있고, 참선을 배우는 선승들이 차 마시는 풍기를 높였다. 『봉씨문견기封氏聞見記』 권6의 '음차飮茶' 항목에 다음 기록이 있다.

> 개원 연간(713-741)에 태산 영암사에서 항마사降魔師가 선종을 크게 일으켰다. 참선을 배우는 데 있어 잠을 자거나 또 저녁을 먹지 않게 했지만 차 마시는 것은 허락하였다. 제자들은 차를 가슴에 품거나 겨드랑이에 끼고서 도처에서 끓여 마셨다. 이후부터 서로 모방하여 마침내 풍속이 되었다.(開元中, 泰山靈巖寺有降魔師大興禪教, 學禪務於不寐, 又不夕食, 皆許其飮茶. 人自懷挾, 到處煮飮, 從此轉相仿效, 遂成風俗.)

송대에 차 만드는 차방茶坊이나 차를 파는 다사茶肆가 갑자기 급증하여 "사대부들이 친구를 만나는 장소(士大夫期朋約友會聚之處)"[30]뿐만 아니라 "오노五奴와 같은 사람이 모이는 곳이나(五奴打聚)" "각종 행업이나 기예를 파는 사람들이 모이는 곳(諸行借工賣伎人會聚處)"의 중심에 있게 되었

28 王讜 撰, 周勛初 校證, 『唐語林校證』 권7, 中華書局, 1987년, 613쪽.

29 封演 撰, 趙貞信 校注, 『封氏聞見記校注』 권6, 飮茶, 中華書局, 2005년, 51쪽.

30 吳自牧 撰, 傅林 詳注, 『夢粱錄』 권16 「茶肆」, 山東友誼出版社, 2001년, 210-211쪽.

다. 차는 날로 널리 보급되고 세련되어 '투차鬪茶'가 나타났다.

교연皎然이 쓴 「차 마시는 노래(飮茶歌)」에서는 "다도가 온전히 진리인지 누가 알겠는가, 오로지 단구의 신선만이 이 같은 경지를 얻으리라.(孰知茶道全爾眞, 唯有丹丘得如此.)"라고 노래했다.[31] 여기에서 '다도'는 다사茶事 또는 다예茶藝와 같은 뜻이지만, '도'라는 글자를 써서 차 마시기를 더욱 높은 경지로 끌어올린 것으로 보인다. 송대에는 투차鬪茶라는 이름의 다예 시합이 생겼다. 투차를 할 때는 다병茶餠을 불에 달구고, 찻잎을 아주 가늘게 갈고 다시 조리에 거른다. 그러면 "가는 분말은 물 위에 뜨고, 굵은 것은 가라앉는다.(羅細則茶浮, 粗則水浮.)"[32] 물의 온도를 적절히 하고 차 분말과 물이 일정한 비율로 섞이게 하여, 그리고 물 붓는 속도와 물이 분말에 부딪는 강도에 주의하고, "잘 풀린 아교를 젓듯(調如融膠)" 하여, "물을 두루 저어 분말이 위에 떠서 멈출 때(周回旋而不動)", 이때 마시면 "잔을 씹는(謂之咬盞)" 효과가 난다.[33] 분말이 뜨고 가라앉는 정도에 따라 다예 실력이 높고 낮은 근거가 된다. 만약 끓는 점이 적절하지 않으면 분말과 물이 유리되고 분말이 찻잔 벽에 붙게 되어 차의 흔적이 남게 되고 곧 실패하게 된다. 투차의 풍기는 다양한 다구의 개발을 촉진하였다. 송대 축목祝穆은 『방여승람方輿勝覽』에서 "차의 색은 희기 때문에 검은 잔에 부으면 그 흔적이 쉽게 나타난다.(茶色白, 入黑盞, 其痕易驗.)"고 하였다. 그래서 송대에는 흑잔을 좋아했다. 복건 건양建陽 수길진水吉鎭의 건요建窯에서 제작한 잔이 가장 이름 높았다. 비단 남방뿐만 아니라 북방에서 백자를 굽는 요에서도 흑잔을 구웠다. 명대에 이르러 다년, 마磨, 조리, 솔筅 등을 사용하지 않게 되면서 흑잔도 점차 사라졌다. "옥처럼 빛나고 하얀(瑩白如玉)" 다구가 "차의 물빛을 감별하는 데 가장 쓸모 있기 때문(可試

31 皎然, 「飮茶歌 · 消崔石使君」, 『全唐詩』 권821, 中華書局, 1960년, 9,260쪽.
32 蔡襄, 『蔡襄集』 권35 「茶錄」 上篇, '羅茶', 上海古籍出版社, 1996년, 640쪽.
33 趙佶, 「大觀茶論」.

茶色, 最爲要用)"이었다. 문인들의 다예는 갈수록 정교하게 되었고 흥성하여 갔다.

다료茶寮는 작은 방으로 서재 옆에 둔다. 안에는 다구를 진설하고 동자 하나가 관리하게 한다. 여름의 긴 낮에 손님과 청담을 나누거나 겨울밤에 우뚝 앉아 있기 좋다. 그러므로 다료는 은거하는 사람이라면 먼저 만들어야 할 것으로 없어서는 안 될 것이다.(茶寮, 構有斗室, 相傍書齋, 內設茶具, 敎一童子專主茶設, 以供長日淸談, 寒宵兀坐. 幽人首務, 不可少廢者.)[34]

명대의 다료에서는 은일 경향이 있는 선비들이 모여 가무와 여색, 사냥과 기마 등을 천시하고 공명과 이익을 멀리 하면서, 차 마시기는 일종의 한가한 정서와 고아한 품위를 나타내는 상징이 되었다. 하층의 민간에서는 간단히 차를 파는 차관茶館이 더욱 발달하였다. 차관의 한산하면서 가벼운 분위기는 평민들이 여가에 즐겨 찾는 곳이 되었다.[35]

3. 궁중 가구와 진열 기물

당송 시기 건축의 발전은 사람들의 거주생활에 중요한 변화를 일으켰고, 이와 상응하여 일용 가구와 진열 기물도 새로워졌다. 건축 재료는 북방에선 토목 구조 위주이고 남방에선 죽목을 많이 사용하였다. 높은 기술을 요구하는 건축은 주로 궁전과 사원이다. 무측천 시기(재위 690−705)

---

34 屠隆, 「考槃餘事」.

35 孫機는 당송 시대 飮茶에 대해 정밀한 연구를 하였다. 孫機, 「中國茶文化與日本茶道」, 『中國歷史博物館館刊』, 1996년 제1기, 62−69쪽. 나중에 『中國聖火』, 遼寧敎育出版社, 1996년, 295−314쪽에 수록.

에 낙양에 세운 명당明堂은 "높이 294척(高二百九十四尺, 88.2m)"으로, 그 유적지에서 거대한 건축을 지탱하는 석재 원형 기초가 발견되었다.[36] 그러나 사회의 면모는 민간의 건물이 더욱 잘 보여 준다. 일반적인 건축 가운데 모옥(초가집)이 기와집으로 바뀌기 시작한 것은 당대였다. 송경宋璟(663-737)이 남방에서 벼슬을 할 때 "광주의 풍속은 모두 대와 띠풀로 집을 지었기에 자주 화재를 입었다.(廣州舊俗, 皆以竹茅爲屋, 屢有火災.)" "사람들에게 기와를 구워 점포를 바꾸게 하자 이로부터 화재의 근심이 더 이상 없게 되었다.(教人燒瓦, 改造店肆, 自是無復延燒之患.)"[37] 위단담韋丹擔(활동 806-820)이 홍주자사 및 강남서도 관찰사로 재임할 때 "사람들에게 기와집을 만들게 했는데, 재료를 산에서 채취하여 도공을 불러 굽게 하였다.(始教人爲瓦屋, 取材於山, 召陶工教人陶.)"[38]

송대에도 민간 건축에서 계속하여 기와집이 늘어났다. 섭강직葉康直이 호북 광화현光化縣의 지현으로 있을 때, "현에 대나무가 많았기에 백성들이 모두 대를 엮어 집을 지었다. 섭강직이 기와를 사용하게 하여 화재의 근심을 없앴다.(縣多竹, 民皆編爲屋, 康直教用陶瓦, 以寧火患.)"[39] 효종(재위 1162-1189) 때 정흥예鄭興裔가 양주揚州 지주로 있을 때 "백성들이 전에는 모두 띠풀로 집을 지어 쉽게 탔기에, 정흥예가 돈을 빌려 주며 기와로 바꾸라 명했고, 이로부터 화재가 없어졌다.(民舊皆茅舍, 易焚, 興裔貸之錢, 命易以瓦, 自是火患乃息.)"[40] 그러나 남방 지역에서 죽조 건축은 여전히 특색을 갖추고 있었다. 왕우칭王禹偁(954-1001)은 「작은 죽루를 새로 지으

36 中國社會科學院考古研究所洛陽唐城隊, 「唐東都武則天明堂遺址發掘簡報」, 『考古』 1988년 제3기, 227-230쪽.

37 『舊唐書』 권96 「宋璟傳」, 中華書局, 1975년, 3,032쪽.

38 韓愈, 「唐故江西觀察使韋公墓志銘」, 屈守元·常思春 主編, 『韓愈全集校注』, 四川大學出版社, 1996년, 1,852쪽.

39 『宋史』 권426 「葉康直傳」, 中華書局, 1977년, 12,706쪽.

40 『宋史』 권465 「鄭興裔傳」, 中華書局, 1977년, 13,595쪽.

며(新建小竹樓記)」에서 다음과 같이 말했다. "황강 지역에는 대나무가 많아 큰 것은 서까래만 하다. 죽공이 이를 쪼개고 마디를 깎아내어 기와 대신 사용한다. 집들이 모두 이러한 것은 값이 저렴하고 시공이 간편하기 때문이다.(黃岡之地多竹, 大者如椽, 竹工破之, 刳去其節, 用代陶瓦, 比屋皆是, 以其廉價而工省也.)"

주택도 신분 등급의 상징이기 때문에 건축 양식은 강제적인 규정이 있다. 당대는 왕공부터 평민까지 주택의 칸수, 양식, 크기, 장식에 엄격한 구별이 있었다.[41] 주택을 지으면서 "법규를 위반하는 자는 장 100대에 처해져(於令有違者, 杖一百)" 벌이 상당히 엄했다.[42] 건축의 사용과 출입에도 규정이 있었다. 여성은 정전의 연회에 참가할 수 없으며, 심지어 가무를 공연하는 사람은 정문으로 들어갈 수 없었다.[43] 송대에도 '관리와 서민의 가옥제도(臣庶室屋制度)'가 있었다.

> 개인 주택은 집정관과 친왕의 경우 부府라 하고, 그 밖의 관리는 택宅이라 하고, 서민은 가家라고 한다. 각 도道와 부府의 관아 문에는 극戟을 세우되, 사가의 경우 작위가 있거나 황제의 은사를 받은 사람에 한해 세

---

41 仁井田陞, 『唐令拾遺』「營繕令」: "왕공 이하인 사람의 집은 重拱과 藻井을 할 수 없다. 3품 이상은 5칸 9가를 초과할 수 없고, 廳厦의 양쪽의 門屋은 3칸 5가를 초과할 수 없다.(王公以下, 舍屋不得施重拱藻井. 三品以上, 堂舍不得過五間九架, 廳厦兩頭, 門屋不得過三間五架.)" 長春出版社, 1989년, 737쪽.

42 劉俊文 撰, 『唐律疏議箋解』 권26 「雜律上」, 中華書局, 1996년, 1,818쪽.

43 『舊唐書』 권190 「文苑傳」 참조. 당 고종은 태자의 책립을 축하하면서 "백관 및 命婦를 선정전에 모이게 하고 九部伎 및 散樂을 설치하려 하였다. 袁利貞이 상소하여 말하였다. '소신이 생각하기에 前殿과 正寢은 명부가 모이는 장소가 아니라고 봅니다. 높은 대궐과 내전의 정문은 창우가 들어오는 곳이 아니라고 봅니다. 바라건대 명부는 별전에 모이게 하고, 구부기는 동문과 서문으로 들어오게 하고, 산악과 같은 것은 파하시옵소서.(將會百官及命婦於宣政殿, 並設九部伎及九散樂. 利貞上疏諫曰: '臣以前殿正寢, 非命婦宴會之地. 象闕路門, 非倡優進御之所. 望詔命婦會於別殿, 九部伎從東西門入, 散樂一色伏望停省.')" 中華書局, 1975년, 4,985쪽.

울 수 있다. …… 관청은 들보에 짐승을 새겨 장식할 수 있고, 문 앞에 목책을 설치할 수 있다. 각 주州의 정문과 성문은 치미鴟尾를 장식할 수 있지만 거작拒鵲은 설치할 수 없다. 6품 이상 관리의 저택에는 오두문烏頭門을 설치할 수 있다. 부친이나 조부의 저택은 아들이나 손자가 이어서 살 수 있다. 일반 백성은 중공重栱·조정藻井·오색 장식을 할 수 없고, 또 사보 비첨四輔飛檐을 할 수 없다. 백성의 가옥은 오가량五架梁만 허락하며 문 한 칸에 지붕은 현산정懸山頂으로만 할 수 있다.(私居, 執政·親王曰府, 餘官曰宅, 庶民曰家. 諸道府公門得施戟, 若私門則爵位穹顯經恩賜者, 許之. …… 凡公宇, 棟施瓦獸, 門設梐枑. 諸州正牙門及城門, 並施鴟尾, 不得施拒鵲. 六品以上宅舍, 許作烏頭門. 父祖舍宅有者, 子孫許仍有之. 凡民庶家, 不得施重栱·藻井及五色文採爲飾, 仍不得四鋪飛檐. 庶人舍屋, 許五架, 門一間兩廈而已.)[44]

비록 당대 제도에 비교하여 가옥의 제한이 완화되었다고는 하지만 규모와 양식 심지어 명칭에 있어 모두 등급의 구별이 있어, 사람들이 한 번 보면 주인의 지위를 알 수 있다. 이는 주희가 말한 바와 같이 "예를 들어 집을 볼 때 칸 수와 기둥 수를 보아야지 밖에 보이는 담장과 장식으로 판단해서는 안 될 것이다.(譬如看屋, 須看那房屋間架, 莫要看那外面墻壁粉飾.)"[45] 조정에서는 가옥에 대해 또 일부 금령을 반포했는데, 1036년(경우3)의 금령은 다음과 같다.

건물이 가게도 아니고 거리에 면한 누각도 아니라면 사보 비첨을 하거나 두팔斗八을 해서는 안 된다. 품계에 들어가지 않는 관리는 문옥門屋

44 『宋史』 권154 「輿服志六」, 中華書局, 1985년, 3,600쪽.
45 『朱子語類』 권120, 中華書局, 1,983쪽.

을 세워서는 안 된다. 궁실이나 사관寺觀이 아니라면 중도리를 채색하거나 들보, 기둥, 창문, 조각한 기초를 붉거나 검은색으로 칠해서는 안 된다.(屋宇非邸店·樓閣臨街市之處, 毋得爲四鋪作鬧斗八; 非品官毋得起門屋; 非宮室, 寺觀, 毋得彩繪棟宇及朱黝漆樑柱窗牖·雕鏤柱礎.)[46]

도시의 서민이 거주하는 주택은 비록 크고 작은 구별이 있지만, 격식은 오히려 비슷하며, 기본적으로 합원合院 형식이다. 통상 중축선 위에 대문大門, 중당中堂, 후원後院, 정침正寢이 있고 좌우로 대칭하여 상방廂房과 낭옥廊屋이 있다. 서안 중보촌中堡村의 당묘唐墓와 산서 장치長治 당묘에서 출토된 완정한 주택의 모형을 보면 좁고 긴 사합원四合院 모양이다. 귀족의 주택은 점유 면적이 넓고 약간의 정원이 덧붙여 이루어졌다. 합원식合院式 건물 배치는 봉쇄적이지만 내부는 오히려 정치하고 전아하다. 집 안에 들어가면 먼저 영벽影壁이 막아서서 일종의 함축적인 심미관념을 표현한다. 정방正房의 중간을 중당中堂이라 하는데 손님을 접대하는 곳이다. 상방과 낭옥은 손님에게 제공하며 후원에 집안사람들이 거주한다. 송대 장택단張擇端(1085-1145)이 그린 「청명상하도淸明上河圖」를 보면 도시의 소형 주택은 형태가 비교적 다양하며, 대부분 현산정懸山頂 또는 헐산정歇山頂 기와 지붕이다. 약간 큰 건물은 내부가 사합원식이고 정원 안에는 수목과 화초를 심었다. 송대 왕희맹王希孟(1096-?)이 그린 「천리강산도千里江山圖」에는 대·중·소大中小의 민가가 나온다. 부자나 신분이 높은 사람의 집 대문 안에는 조벽照壁을 세웠으며, 전당후침前堂後寢의 전통적인 원칙을 지키고 있다. 그러나 당堂과 침寢의 양측에는 이방耳房 또는 편원偏院이 있고, 정원에는 낭옥으로 회랑을 대신하여 거주 면적을 넓혔다. 농촌의 주택은 담이 낮은 모옥茅屋이며, 어떤 것은 모옥과 기와집

46 『宋史』 권153.

을 결합하여 하나의 집안을 구성한다. 촌락은 아름다운 자연환경 속에 집을 지었으며, 가옥의 배치는 비교적 자유스럽다.

주거의 사적 공간은 법적 보호를 받았다. 당대 법률에서 "사대부와 서민, 공관과 사택에서는 누대를 만들어 다른 집을 내려다볼 수 없다.(其士庶公私第宅, 皆不得造樓閣, 臨視人家.)"고 되어 있었다.[47] 옹주장사雍州長史 이회李晦가 "사택에 있는 누대에서 술집을 내려다보자(私第有樓, 下臨酒肆)" 술집 주인이 이회에게 다음과 같이 말했다. "미천한 사람이라 비록 예의가 미치지 못합니다만, 저의 집안에도 어른과 아이가 있고, 바깥에서 엿보기를 바라지 않았습니다. 저의 집이 당신의 누대와 가까이 있는 관계로 드나들기가 불편하오니 이곳에서 떠나기를 바라옵니다.(微賤之人, 雖則禮所不及, 然家有長幼, 不欲外人窺之. 家迫明公之樓, 出入非便, 請從此辭.)" 이 말을 들은 이회는 즉시 누대를 철거하였다.[48] 마을에서는 우물 하나를 공동으로 쓰는 것이 보편적이고 또 일종의 풍속이어서, 때로 누군가 혼자 우물을 파면 여러 사람의 비난을 받았다. 당대 시인 요합姚合(779–855)은 「거리 서쪽에서 살며(街西居)」에서 다음과 같이 탄식하였다.

얕디얕은 우물 하나	淺淺一井泉,
여러 집에서 함께 길어 마시네.	數家共汲之.
나만 홀로 물이 탁하다고 여겨	獨我惡水濁,
마당 한쪽에 우물을 팠네.	鑿井庭之陲.
나 혼자 파서 나 혼자 마신다고	自鑿還自飮,
여러 사람들이 비난하는구나.	亦爲衆所非.

47 『唐會要』 권31 「輿服上」 雜錄, 中華書局, 1990년, 575쪽.
48 『舊唐書』 권60 「李晦傳」, 中華書局, 1975년, 2,350쪽.

당송 시대 주택의 선정이나 건축은 세세히 따지는 것이 많았다. 부귀, 득남, 승진 등을 기원하기 때문에 사람들은 이사하거나 새로 집을 지을 때 집터를 보거나 점복 서적을 가지고 점을 쳐서 결정하였다. 장안성 안의 영가방永嘉坊은 방사方士들이 귀기貴氣가 특히 성하다고 말하여, 수많은 왕공 귀족들이 들어가 살았다. 장안성은 동쪽이 높고 서쪽이 낮았는데, 관원들은 대부분 동부에 살고, 평민들은 서부에 살았으며, 또 환관들은 대명궁 가까이 살았기에 신분에 따라 거주하는 곳이 결정되는 형국이었다. 또 장안성에 사는 사람들은 적관籍貫과 직업에 따라 분포되었다. 성 서북쪽에 요사祆寺(조로아스터교 사원)와 대진사大秦寺(기독교의 네스토리우스 교파의 교회)가 많았고, 서역인도 비교적 많았다. 악기 제조공은 숭인방崇仁坊에 집중되었고, 사대부 가운데 도교를 믿는 사람은 친인방親仁坊에 많았으며, 장례나 상례에 종사하는 사람은 풍읍방豊邑坊에 많았다.

간단한 평면 안에 풍부한 공간을 만들어 내는 주택은 사람의 기본적인 생활이 장이다. 수대와 당대 전기에는 바닥에 삿자리를 깔고 앉는 것이 기본적인 습관이었다. 때문에 가구 가운데 침상 이외에 좌상(탑榻이라고도 부른다)이 있고 그 위에 담요를 깔며, 이와 한 벌이 되는 낮은 궤안을 좌상 위에 놓았다. 좌상은 휘장 안에 두며 담요와 휘장은 직물로 만들기에 보온과 가리개의 실용적인 기능을 가지고, 또 장식의 역할을 하여 장중한 분위기를 내었다.[49] 당대에는 편리한 접이식 의자인 호상胡床이 유행하였다. 호상은 외국에서 들여온 걸상을 통칭하기도 한다. 좌상, 궤안, 주렴과 휘장 등은 수당 시대 일반적인 생활의 풍경을 구성한다. 삿자리를 깔고 앉을 때 궤안은 모양은 크지만 높이는 낮다. 당대 절도사의 공무용 책상(禮案)은 "높이 1척 2촌(33cm)에 네모 둘레 8척(2.4m)(高尺有二寸, 方八

49 직물이 없는 장식은 검박함의 표현이다. 당대에 淸儉으로 유명한 岑文本은 "거처가 남루하여 방안에 요와 휘장의 장식이 없었다.(居處鄙陋, 室無茵褥帷帳之飾.)" 『舊唐書』 권70 「岑文本傳」, 中華書局, 1975년, 2,538쪽.

尺)"[50]이다.

대략 성당盛唐 이후에 실내 공간에 변화가 일어났고 불상의 가부좌 방식의 영향을 받아 다리가 높은 가구가 점차 많아졌다. 759년 매장된 북경의 하씨何氏 분묘에서 이미 벽돌을 쌓아 만든 탁자 하나와 의자 두 개를 볼 수 있다. 756년(천보 15) 그려진 고원규高元珪의 분묘 벽화에서도 다리가 높은 등받이 의자가 등장하였다. 9세기 전반에 일본의 고승 엔닌(圓仁, 794–864)이 당나라에 와서 자신의 견문을 기록할 때 다음과 같이 말하였다. "상공·감군·병주의 낭중과 낭관과 판관 등이 모두 의자에 앉아 차를 마셨다.(相公及監軍并州郎中·郎官·判官等皆椅子上吃茶.)"[51] 등받이 의자는 당대에 승상繩床 또는 의상倚床이라고 불렀다. 호삼성胡三省(1230–1302)은 『자치통감』에 주석을 달며 다음과 같이 말했다. "교상交床과 승상繩床은 지금 집집마다 있지만 서로 다른 물건이다. …… 승상은 목판으로 만들며 사람이 그 위에 앉으면 너비가 무릎이 들어갈 정도가 된다. 뒤에 등받이가 있고, 좌우로 손을 받치는 손 받침대가 있고, 팔을 놓을 수 있으며, 그 아래로 네 개의 다리가 땅에 닿아 있다.(交床·繩床, 今人家有之, 二物也, …… 繩床以板爲之, 人坐其上, 其廣可容膝, 後有靠背, 左右有托手, 可以擱臂, 其下四足著地.)"[52] 의자와 한 벌이 되는 탁자는 돈황의 당대 벽화에서 볼 수 있다. 오대 고굉중顧閎中의 「한희재 야연도韓熙載夜宴圖」도 관료 가정의 탁자, 의자, 좌상, 병풍 등 각종 가구를 진열하고 있다.

송대 사람들은 마침내 꿇어앉는 습관을 바꾸었다. 송대 분묘 중에 벽돌에 조각된 그림 속에서 탁자와 의자를 자주 표현하였다. 벽화에서도 실내 병풍 앞 한가운데에 의자를 두고 주인과 손님이 대좌하는 모습을 자주 표

50 『新唐書』 권49下 「百官志」, 中華書局, 1975년, 1,310쪽.
51 圓仁 撰, 顧承甫·何泉達 點校, 『入唐求法巡禮行記』 권1, 上海古籍出版社, 1986년, 19쪽.
52 『資治通鑑』 권242, 唐紀58 穆宗 長慶 2년(822년), 中華書局, 1956년, 7,822쪽.

현하였다. 다리 높은 가구는 삿자리를 깔고 앉을 때의 가구와 전혀 달라, 기거 방식에 변화를 일으켰고, 교제와 예의 관념도 이에 따라 변하여 "만약에 빈객과 마주할 때, 응당 다리를 내려뜨리고 앉아야 하며(若對賓客時, 合當垂足坐)", "고인이 자리에 앉을 때 발을 뻗는 것을 기거箕踞라고 하여 실례인 데 반해, 지금 시대에는 탑에 앉아 다리를 내려뜨리는 것이 예의이니, 예의의 기준이 반대가 되었다.(古人坐席, 故以伸足爲箕踞. 今世坐榻, 乃以垂足爲禮, 蓋相反矣.)"[53] 거실 안에서 자유롭게 걷는 것이 더욱 쉽고 시야도 넓어져, 일상생활의 집기들이 전체적으로 납작하게 발전하게 하였다. 그리고 감상용의 도안 문양도 기물의 밖에만 장식하는 데서 내부를 장식하는 것으로 변하였다. 이는 만당과 송대 이후 기물 장식의 특징이다. 궤안에 엎드리는 자세의 변화로 인하여 심지어 서예의 예술적 풍격과 추구에도 변화가 일어났다.

가구와 진설 이외에 관청의 벽에 그림이나 서예 또는 율령을 걸어두어 자신을 면려하거나 일종의 장식으로 사용했다. 이 외에도 바람을 막고 가리개로 쓰는 병풍이 있다. 병풍은 비록 전통적인 가구이지만, 당송 시대 건축에서 두공의 운용으로 실내 공간이 높아지면서 접이식 병풍이 널리 유행하였다. 이러한 활동의 증가로 실내 공간을 필요에 따라 분할하게 되었다. 병풍에는 조지造紙 기술의 발달이란 기초 위에서 통상 서예나 회화가 그려졌다. 나무를 뼈대로 하고 종이를 면으로 하여 실내의 잘 보이는 곳에 병풍을 둔다. 당 태종(재위 626–649)은 일찍이 병풍에 「열녀전列女傳」을 썼고, 방현령房玄齡(578–648)은 「가계家誡」를 썼다. 섬서 서안西安과 신강 투루판(吐魯番), 산서 태원太原에서 발굴된 당대 분묘에서 적지 않은 병풍을 볼 수 있다. 병풍에는 말 치기(牧馬), 수하인물樹下人物, 화조花鳥, 운학雲鶴, 산수화山水畵 등이 그려져 있다. 투루판 아스타나(阿斯塔那)

---

53 『朱子語類』 권91, 禮8, 雜儀, 『鷄肋編』 卷下, 中華書局, 1983년, 126쪽.

에서 출토된 병풍에는 비단 위에 그림이 그려졌는데, 성장을 한 귀부인이 마주 앉아 바둑을 두고 시녀가 바둑을 구경하는 장면이 있다.[54] 남당南唐의 후주後主 이욱李煜(937–978)이 한번은 "풍연사(903–960)를 궁정으로 불렀다. 풍연사는 궁문에 이르러 머뭇거리며 들어가지 못하였다. 후주가 사람을 보내 빨리 들어오라고 하였다. 풍연사가 말하기를 어떤 궁녀가 붉고 파란 비단 장포를 입고 궁문 앞에 서 있어 감히 지나가지 못하였다고 했다. 사신이 함께 가서 살펴보니 8척(2.4m) 크기로 유리 병풍에 그려진 「이광독립도」였다. 물어보니 동원이 그린 것이었다.(召馮延巳論事, 至宮門逡巡不進. 後主使使促之, 延巳云: 有宮娥著青紅錦袍當門而立, 故不敢徑進. 使隨共行諦視, 乃八尺琉璃屏畫「夷光獨立圖」也. 問之, 董源筆也.)"[55] 알고 보니 병풍이었고, 동원이 그린 인물이 생생하게 살아 있는 듯하였기에 들어가지 못하였던 것이다. 송대부터 사람들은 서예나 그림이 있는 괘축挂軸을 실내에 장식하기 좋아하였다. 심지어 점포에서도 이렇게 하여 손님을 불렀다. "변경의 음식점에서는 유명한 그림을 걸어두었다. 관람자를 끌어들여 그곳에 머물며 식사하게 하려고 했기 때문이다.(汴京熟食店, 張挂名畫, 所以勾引觀者, 留連食客.)"[56]

당송 시대 사람들의 공공활동 장소는 주로 시장과 사원이었다. 당대 시장은 점심때 시작하여 해가 지면 닫았다.[57] 사원은 일반적으로 주위 환경이 아름답고 전각이나 담장에 유명한 사람이 쓴 글씨나 그림이 있었다.

---

54 楊泓, 「屏風周昉畫細腰—漫話唐代六曲畫屏」, 『文物叢談』, 文物出版社, 1991년, 230쪽.

55 伊世珍 輯, 『瑯嬛記』 卷中에서 인용한 「丹青記」, 『津逮秘書』 120책, 中華書局 影印本, 1987년.

56 吳自牧 撰, 『夢粱錄』 권16, '茶肆', 浙江人民出版社, 1980년, 140쪽.

57 李林甫 等撰, 陳仲夫 點校, 『唐六典』 권20, 太府寺: "시장은 정오에 북을 300번 쳐서 사람들이 모이기 시작하게 한다. 해 지기 전 7각에 징을 300번 쳐서 사람들이 해산하게 한다.(凡市以日午, 擊鼓三百聲而衆以會. 日入前七刻, 擊鉦三百聲而衆以散.)" 中華書局, 1992년, 543–544쪽.

사원에서는 벽화를 감상할 수 있고, 정원을 유람할 수 있고, 탑 위에 올라 멀리 조망할 수 있었다. 어떤 사원은 또 독특한 활동을 하였다. 즉 당대 문인들이 진사에 합격한 후에는 자은사慈恩寺의 대안탑에 가서 이름을 새겼다. 공명을 이룬 수험생들은 천고에 남을 이름을 새겼을 뿐만 아니라 여러 가지 힘들고 즐거웠던 일을 기록하였다. 백거이白居易는 27세 때 단번에 급제하였는데, 미칠 듯 기쁜 마음을 "자은사탑 아래 이름을 적는 곳, 열일곱 사람 중에 가장 어리다네.(慈恩塔下題名處, 十七人中最少年.)"라는 시구를 썼다. 사원은 비단 승려들의 생활공간일 뿐만 아니라 도시의 오락 장소로, 절의 누각에서 주연을 베풀기도 하고, 명절에는 자주 등놀이를 하고, 사람들이 연희 활동을 보러 사원을 찾기도 하였다. "장안의 연희장은 대부분 자은사에 집중되었고, 그 다음으로 청룡사이고, 더 작은 규모는 천복사와 영수사이다.(長安戲場多集於慈恩, 小者在靑龍, 其次薦福·永壽.)"[58] 무측천 때 천복사는 무과시험의 일곱 가지 종목인 원거리 쏘기(射長垜), 말 달리며 쏘기(馬射), 창 쓰기(步槍), 활쏘기(步射), 체격(才貌), 말하기(語言), 들어올리기(擧重)의 시험 장소로 사용되었다.

송대에는 규모가 큰 사원에 시장이 붙어 있기도 했다. 개봉성의 "상국사 안에서 만백성이 교역하였다.(相國寺內萬姓交易)"[59] 물론 승려들의 속강俗講, 변문變文, 세속적인 소설小說, 민간의 기예 공연도 자주 이루어졌다. 어떤 사원에서는 객지 사람을 위해 숙소와 공부방을 제공하기도 하였다.

4. 우편 역참과 탈것

당송 시기의 도로는 성질, 용도, 형태, 지질에 따라 어도御道·관도官道

58 錢易 撰, 黃壽成 點校, 『南部新書』戊, 中華書局, 2002년, 67쪽.
59 孟元老 撰, 鄧之誠 注, 『東京夢華錄』권3, 中華書局, 1982년, 88-89쪽.

· 역도驛道 · 공도貢道 · 향도餉道 · 운도運道 · 제도堤道 · 잔도棧道 등으로 불렀다. 당대는 도성을 중심으로 관도가 사방으로 뻗어 나갔고, 각 주현州縣으로 깔렸다. 간선도로만 해도 5만 리에서 7만 리에 달했다.[60] 외국으로 나가는 주요 도로는 일곱 개였다.

> 첫째는 영주(지금의 요녕성 조양시朝陽市)에서 안동으로 가는 안동도, 둘째는 등주에서 바다로 고려에 가는 발해도, 셋째는 하주(지금의 산서성 항산현恒山縣)에서 장성을 넘어 대동까지 가는 운중도, 넷째는 중수항성(내몽골 포두包頭의 서북)에서 회골로 들어가는 회골도, 다섯째는 안서에서 서역으로 가는 서역도, 여섯째는 안남(베트남)에서 인도로 가는 천축도, 일곱째는 광주에서 남해로 가는 해이도이다.(一日營州入安東道, 二日登州海行入高麗渤海道, 三日夏州塞外通大同雲中道, 四日中受降城入回鶻道, 五日安西入西域道, 六日安南通天竺道, 七日廣州通海夷道.)[61]

그 밖에 티베트로 가는 길과 남조南詔로 가는 길이 있었다. 송대에는 "각도(판자길)가 평탄하고, 역사와 역참이 완비되고, 연도의 숙소가 조밀하여 여행자들이 물과 음식을 쉽게 얻을 수 있는(閣道平坦, 驛舍 · 馬鋪完備, 道店稠密, 行旅易得飲食)"[62] 등 교통이 더욱 편리해졌다.

성안의 도로는 관도만 벽돌을 깔았고, 나머지는 거의 모두 흙길이었다. 당 장안성 평강방平康坊과 선양방宣陽坊 사이의 동서 도로를 발굴한 결과, 너비 29m 정도에, 길 양편으로 흙막이가 있으며, 그 바깥으로 약 2m 폭의 배수구가 있다. 도로의 구축은 먼저 흙을 파내어, 노면을 다진 후,

60 白壽彝, 『中國交通史』, 上海書店, 1984년, 111-112쪽; 劉希爲, 『隋唐交通』, 新文豐出版公司, 1992년, 6쪽.

61 『新唐書』 권43下 「地理志」, 中華書局, 1975년, 1,146쪽.

62 『宋會要輯稿』 「方域」 10의 314, 新文豐出版公司, 1976년, 7,461쪽.

자갈을 깔고, 맨 위에 흙을 덮었다. 성 밖의 관도는 5리마다 방추형의 흙더미를 세우고, 10리마다 두 개의 흙더미를 세웠다. 이를 '이격주里隔柱'라고 하였다. 송대에는 도로 표지를 후자堠子라 하였고, 위에 목패木牌나 석각石刻을 꽂았다. 후자는 이후里堠와 계후界堠 등으로 나누는데, 이후는 일반적으로 5리와 10리에 하나 세우고, 계후는 국경·주州의 경계·현의 경계를 나타내는 표지로 세웠다.

당송 시대에는 또 교통에 대한 관리를 실시하였다. 『당률唐律』에서는 "성안의 거리와 골목 및 사람들 사이에서 이유 없이 마차를 달리는 자는 태형 50대에 처하며(於城內街巷及人衆中, 無故走車馬者, 笞五十)" "성문을 들어갈 때는 왼쪽으로 들어가고 나올 때는 오른쪽으로 나온다.(城門入由左, 出由右.)"고 규정하였다.[63] 길에서 다른 사람을 마주쳤을 때는 "신분이 낮은 사람이 높은 사람을 피하고, 젊은 사람이 윗사람을 피하고, 가벼운 걸 든 사람이 무거운 걸 든 사람을 피하고, 가는 사람이 오는 사람을 피한다.(賤避貴, 少避老, 輕避重, 去避來.)" 송대에는 유사한 규정을 관도의 석후石堠에 새겼다.[64] 섬서성 약양현略陽縣에서 1181년(순희 8)에 교통 규칙을 새긴 석비 「의제령儀制令」을 발굴하였다.[65] 흙길은 일반적으로 큰 비나 장마 때 유지하기 어렵다. 송 인종 때 "하북에 해마다 장마가 지고 도로가 무너지자(河北比歲積雨, 壞道途)" 황제가 특별히 조서를 내려 "관로의 양쪽을 너비 5척에 깊이 7척으로 파내도록 하여(塹官路兩傍, 闊五尺, 深七尺)" "고인 물을 빼내었다.(以泄水潦)" 관청에서는 또 "관도를 끼고 느릅나무와 버들을 심거나, 토지의 상황에 맞추어 잡목을 심었다.(夾官道植楡柳, 或隨土地所宜, 種雜木.)"[66]

63 劉餗 撰, 程毅中 點校, 『隋唐嘉話』 卷中, 中華書局, 1979년, 19쪽.

64 李林甫 等撰, 陳仲夫 點校, 『唐六典』 권4, 尙書禮部, 中華書局, 1992년, 116쪽; 陸增祥 撰, 『八瓊室金石補正』 권121, 宋40, 大陽堠石刻, 吳興劉氏 希古樓 刊本.

65 郭鵬·李天培, 『略陽「儀制令」碑』, 『文博』 2001년 제6기, 66-67쪽.

자연적인 강과 호수의 수로 이외에 운하를 굴착하여 수륙 교통망을 형성하여 물자의 교류를 촉진하였다. 특히 성당 이후 양곡을 비롯한 궁중의 사치품이 대부분 남방으로부터 오면서 편리한 도로를 통해 북방으로 빠르게 운송되었다. 다리는 도로의 부속시설이다. 수대 교량 건설의 전범인 조주교趙州橋는 지금까지 보존되어 오고 있다. 파교灞橋는 수대 583년(개황 3)에 세워졌다가 원대에 폐기되었다. 섬서 동위교東渭橋는 목제로 만들었는데, 유적을 보면 길이 548.8m에 너비 11m이다.[67] 당대에 동북에서 육로로 관중에 진입하는 요새는 산서성 포주蒲州의 황하 동안東岸에 있었다. 이곳의 특색 있는 부교浮橋인 포진교蒲津橋의 유적지에서 기세가 충만한 철우鐵牛 · 철인鐵人 · 철산鐵山 · 철주鐵柱 등이 발굴되었다.[68] 건장한 모습으로 엎드린 철우 아래로 두꺼운 철판과 네 가닥의 대형 철주가 땅속으로 1장丈(3m) 들어가 있으며, 그 무게는 15톤이나 되었다. 각 철우의 꼬리 뒤에는 한 가닥의 가로로 뻗은 철제 주축선이 있어, 부교의 철제 동아리를 묶고, 배를 묶는 역할을 했다.

"동남 지역의 도시는 수로가 통하지 않는 곳이 없기(東南郡邑無不通水)"[69] 때문에 조선업이 빠르게 발전하였다. 당대 647년(정관 21) "송주 자사 왕파리 등에게 강남 12주의 기술자를 징발하여 대형 선박 수백 척을 건조하라는 칙령을 내렸다.(敕宋州刺史王波利等發江南十二州工人造大船數百艘)"[70] 다음해 8월에는 또 "월주 도독부 및 무주와 홍주 등에서 해선海船 및 쌍방雙舫 1,100여 척을 건조하였다.(越州都督府及婺洪等州造海船及雙舫千一百餘艘)" 같은 해 9월 담주潭州(지금의 장사長沙)에서도 검남도劍南道의

---

66 『宋會要輯稿』「方域」10의 314, 新文豊出版公司, 1976년, 7,460쪽.

67 陝西省博物館, 『隋唐文化』, 學林出版社, 1990년.

68 樊旺林 · 茂林, 『唐鐵牛與蒲津橋』, 『考古與文物』, 1991년 제1기, 52-55쪽.

69 李肇 撰, 『唐國史補』 卷下, 上海古籍出版社, 1979년, 62쪽.

70 『資治通鑑』 권198, 唐紀14, 太宗 貞觀二十一年, 中華書局, 1956년, 6,249쪽.

조선 업무를 담당하였다. 수륙 교통의 발달과 조선 기술의 향상으로 다음과 같은 상황이 나타났다.

> 천하의 부두에는 배들이 모여들어 파巴와 한漢 지방이 통하고, 민閩과 월越 지방에 연결되며, 일곱 개의 소택지와 열 개의 늪지, 그리고 세 개의 강과 일곱 개의 호수를 연결하며, 황하와 낙수를 끌어오고 더불어 회수와 바다를 포괄한다. 거대한 배들은 수천 수만 척에 이르고 교역하는 배가 밤낮없이 오간다.(天下諸津, 舟航所聚, 旁通巴漢, 前指閩越, 七澤十藪, 三江五湖, 控引河洛, 兼包淮海. 弘舸巨艦, 千軸萬艘, 交貿往還, 昧旦永日.)[71]

당대에 운하를 오가는 조운선의 적재 중량은 보통 1천 석石(87.4톤)이었고, 강을 오가는 조운선의 적재 가능 중량은 8천 석(786.9톤)에서 9천 석(809.7톤)이었다.

송대에는 또 바닥이 평평한 배는 강에서 운항하고, "위는 저울처럼 평평해도 아래는 칼날처럼 뾰족한(上下如衡, 下側如刃)" 배가 해운에 적합하다는 사실을 알았다. 그들이 만든 배는 "무역용 해상 선박은 크기가 다르다. 큰 것은 5천 료料(120톤)로 500-600명을 실을 수 있고, 중간은 1천 료(25톤)에서 2천 료(50톤)로 200-300명을 실을 수 있다.(海商之艦, 大小不等, 大者五千料, 可載五六百人, 中等二千料至一千料, 亦大小不等, 可載二三百人.)" 또 사람의 힘으로 발판을 밟는 원시적인 나선장螺旋槳이 있는 익륜翼輪이 등장하였다. "비바람이 불고 어두울 때는 오로지 침반에 의지하여 운항하는(風雨晦冥時, 惟憑針盤而行)"[72] 지남침을 이용한 항해도 시작하였다.

---

71 『舊唐書』 권94「崔融傳」, 中華書局, 1975년, 2,998쪽.

72 吳自牧 撰, 傅林 詳注, 『夢粱錄』 권12「江海船舰」, 山東友誼出版社, 2001년, 170쪽.

육로 교통의 탈것으로 주요한 것은 수레였다. 장안성의 도로 발굴에서 밀집해 있는 수레바퀴의 자국을 볼 수 있다. 그 너비는 1.35−1.40m 사이다.[73] 당대 태복시太僕寺 승황서乘黃署에서 천자의 수레를 관장하였고, 거부서車府署에서 왕공 이하의 수레를 관리하였다. 내시성內侍省에서 환관의 수레를 관장하고, 가부駕部에서 운수용 수레를 관리하였다. 당 현종이 일찍이 내린 "9품 이하의 관리는 객사, 상점, 수레 보관소 설치를 금한다.(禁九品已下淸資官置客舍·邸店·車坊.)"는 기록을 보면,[74] 각급 관청에서는 수레를 많이 가지고 있었고, 수레를 보관하는 보관소가 있었음을 알 수 있다. 당 헌종(재위 806−820) 때 하남부河南府에서 식량과 건초를 운반하기 위해 소 수레 4,035량을 빌린 것을 보면, 당시 민간용 수레가 아주 많았고 전문적인 수레 전문가와 수레 보관소가 있어 임대했음을 알 수 있다.[75] 송대에는 말이 부족하여서 수레에 소·나귀·노새를 이용하였고, 현존하는 송대 회화에서도 소 수레와 나귀 수레를 많이 볼 수 있다. 게다가 "식량을 옮기는데 사람은 6두를 지고(運糧之法, 人負六斗)" "낙타는 3석을 지고, 말과 나귀는 1석 5두를 지고, 노새는 1석을 진다.(駝負三石, 馬·騾一石五斗, 驢一石.)"는 운반량을 기록하고 있다.[76]

"수레와 말과 의복에 대한 규정은 제도와 관련되어 있기에 위반해서는 안 된다.(車馬衣服, 事關制度, 不合逾越.)"[77] 여기의 '수레와 말'은 주로 탈것을 가리킨다. 황제부터 대신까지 출행할 때는 모두 예의 등급을 나타내는 거마의 의장을 표시하고 다녔다. 황제, 황후, 태자의 예의 제도는 복잡하

73 趙强·李喜萍·秦建明, 「唐長安城發現坊里道路遺迹」, 『考古與文物』, 1995년 제6기, 2−5쪽.

74 『舊唐書』 권9 「玄宗紀」, 中華書局, 1975년, 213쪽.

75 『太平廣記』 권314 「崔練師」, "置輜車一乘, 傭而自給", 中華書局, 1981년, 2,489쪽.

76 沈括 撰, 劉尙榮 點校, 『夢溪筆談』 권11, 官政1, 遼寧教育出版社, 1997년, 66−67쪽. 李燾 撰, 『續資治通鑑長編』 권469, 元祐七年, 中華書局, 1993년, 11,211쪽.

77 『全唐文』 권68 「敬宗皇帝御丹鳳樓大赦文」, 中華書局, 1982년, 718쪽.

다. 섬서성 건현乾縣에 있는 당 의덕태자懿德太子 이중윤李重潤(?-701)의 능묘에서 묘도 동벽과 서벽에 그려진 의장도儀仗圖에는 마부가 끄는 출발 전의 수레가 3량이고, 모두 붉은색으로 칠해져 있어, 태자가 사용했다는 금로거金輅車 · 초거軺車 · 사망거四望車와 마침 부합된다.[78] 백관들이 타는 수레로 상용하는 것은 독거犢車로, 『수서』「예의지」에 "왕공 이하 5품 이상은 모두 수레를 지급한다. …… 6품 이하는 지급하지 않으므로 스스로 독거를 탄다.(至王公已下, 至五品以上, 并給乘之. …… 六品已下不給, 任自乘犢車.)"라 되어 있다. 독거라 하더라도 재료 · 색채 · 장식, 모는 짐승의 수량과 종류에 있어 다양하다. "위진 이래 수대까지 조정의 관리들은 소 수레를 탔다.(魏晉已降, 迄於隋代, 朝士又駕牛車.)" 관리와 사대부들은 소 수레 타는 것을 귀하게 여겼다. 때문에 고고학 발굴에서 관리의 묘장에는 대부분 소 수레를 가운데 두고 의장대의 용俑이 벌려 있거나 벽화에 같은 모양이 그려지기도 한다. 섬서성 예천현醴泉縣에서 발굴된 675년(상원 2)에 묻힌 '우효위 대장군' 아사나충阿斯那忠의 묘도 서벽에 그려진 한 마리의 건장한 소는 바퀴와 덮개가 큰 수레를 몰고 있는데, 이 무덤은 분명 의장의 노부鹵簿 가운데 하나일 것이다.[79] 유사한 소 수레는 정인태鄭仁泰의 묘와 660년(현경 5) 이진李震의 묘 벽화에서도 발견된다. 하남성 언사偃師 행원杏園에서 709년(경룡 3)에 묻힌, 영주 참군寧州參軍 이사본李嗣本 묘에서 출토된, 비교적 완정한 도제 소 수레 모형을 보면, 수레는 천막을 말아 올리는 식이고, 앞 처마에는 난간이 있고, 뒤 처마 오른쪽에는 문이 있다.[80] 문헌에 "5품은 초거를 탄다(五品乘軺車)"는 기록이 있으므로 이 도

---

78 陝西省博物館 · 乾縣文敎局唐墓發掘組, 「唐懿德太子墓發掘簡報」, 『文物』, 1972년 제7기, 26-31쪽; 陝西省博物館 編, 『唐墓壁畵集錦』, 陝西人民出版社, 1991년, 85쪽.

79 陝西省文物管理委員會 · 醴泉縣昭陵文管所, 「唐阿斯那忠墓發掘簡報」, 『考古』, 1977년 제2기, 132-138쪽.

80 中國社會科學院考古硏究所河南第二工作隊 · 河南偃師縣文物管理委員會, 「河南偃師杏園村的六座紀年唐墓」, 『考古』, 1986년 제5기, 458-462쪽.

제 소 수레의 명기明器는 아마도 당대의 초거일 것이다. 산동 가상현嘉祥縣에서 발굴된 서민행徐敏行 묘의 묘실 동벽에는 「부인출유도夫人出遊圖」가 그려져 있다. 맨 앞에 네 명의 여인이 궁등宮燈을 들고 이끌고 있으며, 바로 뒤에 휘장 가리개가 있는 소 수레가 따르는데, 그 안에 여주인이 앉아 있는 안거安車가 있을 것이다. 630년(정관 4) 이수李壽 묘에 그려진 「우거도牛車圖」를 보면 수레는 목제에 두 바퀴로 구르는 원거轅車이며, 한 남자가 소를 몰고, 수레 위에는 남자와 부부로 보이는 한 여인이 앉아 있다. 아마도 남자가 처를 싣고 친척이나 친정집에 데리고 다니는 듯하다. 이러한 수레는 널리 사용되는 보통 수레로 보인다.

성당 이후 출행에는 말을 타는 것이 일반적이었다. 『구당서』「여복지輿服志」에 다음 기록이 있다.

> 고종이 노거輅車를 타기 싫어하면서 매번 큰 의식에는 어연御輦(가마)으로 왕래하였다. 무측천 이후에는 이것이 일반적인 일이 되었다. 현종은 어연이 예법에 맞지 않는다고 생각하여 폐지하고 쓰지 않았다. 723년(개원 11) 겨울 남쪽 교외에서 교제사郊祭祀가 있을 때 노거를 타고 갔지만 행사가 끝나자 말을 타고 돌아왔다. 이로부터 행차나 교제사 등에는 원근을 불문하고 의장대와 호위무사 사이에서 말을 타고 다녔다.(自高宗不喜乘輅, 每有大禮, 則御輦以來往. 爰洎則天以後, 遂以爲常. 玄宗又以輦不中禮, 又廢而不用. 開元十一年冬, 將有事於南郊, 乘輅而往, 禮畢, 騎而還. 自此, 行幸及郊祀等事, 無遠近皆騎于儀衛之內.)

현종은 이후에도 정중한 행사에 말을 타고 갔기에 기마의 기풍은 더욱 퍼졌다. 묘장 벽화 중에 소 수레를 중심으로 하는 의장은 더 이상 출현하지 않게 되었고, 여인들이 말을 타고 출행하는 것이 유행하기 시작하였다. 전해 오는 회화 중에 장훤張萱(활동 714-742)이 그린 「괵국부인 유춘도虢國夫人遊春圖」는 봄바람처럼 기세를 탄 괵국부인과 여자 친척, 궁인이 화려한 치장을 하고 놀러 나가는 장면을 그렸다. 여성이 말을 타고 달리는 것은 개원 연간의 새로운 풍속이었다. 이후 "장인과 상인 신분은 말을 탈 수 없도록 금지된(禁工商不得乘馬)"[81] 이외에 "귀천을 불문하고 말을 타고 통행하였다.(貴賤所行, 通鞍馬而已.)"[82]

걸음걸이를 대신하는 탈것으로 연輦과 여輿가 있다. 연輦은 "노거輅車의 모양으로 제작하되 바퀴가 없고 …… 사람이 멘다.(制象輅車, 而不施輪 …… 用人荷之.)"[83] 인력으로 지는 연은 후대의 교자轎子와 비슷하다. 당대 전중성殿中省에 상연국尙輦局이 있어 황제가 사용하는 연을 관리하였다. 전해지는 염립본閻立本(600-673)의 「보련도步輦圖」는 황제가 연을 타는 장면을 그렸다. 여輿의 사용은 범위가 비교적 넓고 종류도 많으며, 마찬가지로 어깨 위에 졌다. 처음에는 늙거나 병든 고관이 조회에 갈 때 탔는데 나중에 민간에 널리 보급되었다. 『인화록因話錄』에선 정환고鄭還古가 "처음에 집이 청주靑州와 제주齊州 사이에 있었는데 이사도李師道(?-819)가 점차 왕명을 거스르자 노부모를 모시고 낙양으로 돌아갔다. 그의 동생과 함께 견여를 지고 밤낮으로 달리면서 두 어깨가 모두 창이 났다.(初家靑齊間, 遇李師道漸阻王命, 扶侍老親歸洛. 與其弟自昇肩輿, 晨暮奔迫, 兩肩皆瘡.)"[84]는 기록이 있다.

때때로 여인이 수레 대신 첨자檐子를 탔다. 첨자는 곧 교자轎子로 사람

81 『全唐文』 권448. 唐 文宗 때 王涯가 상주문에서 말하였다. "상인이 말을 타는 것은 전 왕조에서 금했습니다. 최근 제멋대로 말을 타고 다닙니다. …… 엎드려 청하건대 금지하려 주옵소서.(商人乘馬, 前代所禁. 近日得以恣其乘騎. …… 伏請切令禁斷.)" 中華書局, 1982년, 4,581쪽.

82 『舊唐書』 권45 「輿服志」, 中華書局, 1975년, 1,950쪽.

83 『隋書』 권10 「禮儀志」, 中華書局, 1973년, 210쪽.

84 趙璘 撰, 『因話錄』 권3, 李肇 等撰, 『唐國史補 · 因話錄』, 上海古籍出版社, 1979년, 85쪽.

이 지기 때문에 견여肩輿라고도 불렀다. 당대 신성공주新城公主(639-662)의 무덤에 그려진 첨자는 가마방이 있고 네 명의 교꾼이 지고 있다. 『신당서』「거복지車服志」에 다음 기록이 있다.

> 외명부 1품, 2품, 3품은 금동으로 장식한 독거를 탈 수 있고 교꾼은 8명이다. 3품은 교꾼이 6명이다. 4품과 5품은 백동으로 장식한 독거를 탈 수 있고 교꾼은 4명이다.(外命婦一品二品三品乘金銅飾犢車, 檐舁以八人, 三品舁以六人. 四品五品乘白銅飾犢車, 檐舁以四人.)

위 내용을 보면 첨자는 조정 명부命婦의 탈것이고, 교꾼의 숫자로 등급을 구분했음을 알 수 있다. 신성공주는 정1품인데도 교꾼이 4명뿐이었던 것은 아마도 영휘 연간(650-655)에 "수레 대신 첨자를 타기(坐檐以代乘車)" 시작하여 아직 규정이 정해지지 않았기 때문일 것이다.

송대에는 "백관이 모두 말만 탈 수 있었고(百官皆只乘馬)", 오직 원로대신만이 늙거나 병이 있을 때 교자가 허락되었다. 사마광司馬光(1019-1086)은 재상이 된 후 "견여 타는 걸 허락받았다.(許乘肩輿)" 왕안석王安石(1021-1086)은 "재상의 자리에서 물러나와 종산에 살면서 오직 나귀만 탔는데, 어떤 사람이 견여를 타라고 권하였다.(辭相位, 居鍾山, 惟乘驢, 或勸其令人肩輿.)" 당시에 말 타기와 교자 타기에 엄격한 등급 규정은 없었다. 송 태종(재위 976-997) 때 "장인이나 상인, 서민이 첨자를 타면서 교꾼을 4명이나 8명을 쓰는 데(工商·庶人家乘檐子, 或用四人八人)" 대해 영을 내려 금지시켰다. 송 철종(재위 1085-1100) 때 "경성의 사인과 호족과 세족(京城士人與豪右大姓)"이 4명이 드는 교자를 타자 '참의僭擬'라고 비판을 받은 것을 보면, 예의 제도의 제한은 주로 교자의 규모와 교꾼의 숫자였음을 알 수 있다. 송 휘종(재위 1100-1125) 때 "부자, 창기, 배우, 천민" 등이 보통의 '난교暖轎'를 타는 것을 금지시켰다. 이를 보면 고관, 귀족, 평민이 교자를 타는 것은 보편적이었던 것으로 보인다.

도로와 긴밀히 관련된 역驛은 당송 시기의 특징적인 교통 관리시설이다. 역은 중요한 도로에 관방에서 만든 휴식 공간으로 문서 전송을 책임진다. 당 현종 시기의 기록에 의하면 "일반적으로 30리에 역 하나를 두며, 전국에 모두 1,639개의 역이 있었다.(凡三十里一驛, 天下凡一千六百三十有九所.)"[85] 처음에는 군사정보와 정부 공문을 전달하고, 칙령을 가진 사신만이 사용하였기에 상서성尙書省의 병부兵部에서 관리하였고, 중앙에는 관역사館驛使를 설치하고, 역마다 관원을 두었다. 군사적인 성질을 가지고 있었기 때문에 역은 당대 초기에 매우 중요했다. 때문에 당 태종(재위 626-649)은 황태자 이치李治(재위 649-683)에게 업무를 넘겨주면서도 역을 관리하는 권한은 넘겨주지 않았고, 그에게 "규정에 따라 보고하게 하였다.(依常式奏聞)"

나중에 역의 이용 범위가 점차 확대되면서 고위 관원이 역마를 타고 부임할 수 있었고, 역에서 숙소·음식·탈것을 제공하게 되었다. 어떤 역에서는 부호가 역장으로 충임되는 상황이 나타나기도 했다.[86] 육역陸驛과 수역水驛에 모두 역리驛吏와 부역으로 복무하는 역정驛丁이 있었고, 각 역의 중요성과 입무량에 따라 관할하는 역마와 역선驛船이 달랐는데, 최고 말 75필에서 최저 말 8필까지 여섯 등급으로 나뉘어 관리되었다. 역의 기능도 각기 달랐는데, 비역飛驛은 승역乘驛보다 속도가 빨랐다. "붉은 먼지 뚫고 나타난 기마에 양귀비가 웃으니, 여지를 가져오는 걸 아는 사람 없었지(一騎紅塵妃子笑, 無人知是荔枝來)"라는 두목杜牧의 시구는 역참을 통해 사천의 신선한 여지를 날듯이 달려 장안의 양귀비에게 보내는 장면을 묘사한 것이다.

---

85 李林甫 等撰, 陳仲夫 點校, 『唐六典』 권5, '尙書兵部', 中華書局, 1992년, 163쪽.

86 『朝野僉載』 권3: "定州何名遠大富, 主官中三驛." 中華書局, 1979년, 75쪽.

역을 관리하는 데 있어 동으로 만든 신표(銅質傳符)가 사용되었다. 방향에 따라 청룡(동) · 백호(서) · 주작(남) · 현무(북)로 나누었고, 둘로 나누어 중앙과 지방에 각기 보관하였다가 사용할 때 대조하였다. 나중에 지권紙券으로 바꾸어, "역마를 타는 사람은 경성에서는 문하성에서 지권을 받고, 외지에서는 유수 · 군 · 주에서 지권을 발급받았다.(凡乘驛者, 在京於門下給券, 在外於留守及諸軍 · 州給券.)"[87] 지권紙券에는 행로 · 일수 · 경유 역참이 쓰여 있어 지키지 않으면 벌을 받았다. 역마를 타는 사람은 지권을 들고 나갔다가 돌아와 반납해야 하며, 기일 내에 반납하지 않으면 법률에 따라 처벌받았다. 역의 관리가 점차 이완되고, 또 이용 범위가 확대되면서 지방관이 일부 사람에게 '식첩食牒'이나 '관첩館牒'을 주어 역참에서 먹고 잘 수 있게 허락하였다. 원진元稹(779-831)이 감찰어사를 맡고 있을 때 상주문에서 다음과 같이 말했다. "엎드려 생각하건대 앞뒤로 내린 조칙에서 역에 들어갈 때는 반드시 바른 지권을 제시해야 하며, 남에게 양도하거나 복사하는 예가 결코 없어야 할 것입니다.(伏惟前後制敕, 入驛須給正券, 并無轉牒供擬之例.)" 비록 "식첩을 마음대로 발급하여 관역을 번잡하게 하는 것(妄出食牒, 煩憂館驛)"이 불법이었지만,[88] 이는 오히려 교통의 발달에 따른 필연적인 결과였다. 송대에 적지 않은 역참이 당대 시설을 그대로 이용했으며, "60리마다 역이 있고, 역마다 음식과 탈것을 제공했으며(六十里有驛, 驛有餼給)", "20리마다 마구간을 설치하고 헐마정을 두었다.(二十里置馬鋪, 有歇馬亭.)" 관원이 공무로 외출하면 종종 역의 지권을 발급받아 "여행 중의 식비로 사용하였다.(以爲傳食之費)"[89]

관청에서 운영하는 역 이외에 개인이 세운 역도 있었다. 도성이나 주현의 도로 옆에 설치하여 여객에게 숙소와 식사를 제공하였다. 지권이 필요

---

87 李林甫 等撰, 陳仲夫 點校, 『唐六典』 권5, '尙書兵部', 中華書局, 1992년, 163쪽.
88 『元稹集』 권38, 中華書局, 1982년, 432쪽.
89 高承 撰, 李園 訂, 金圓 · 許沛藻 點校, 『事物紀原』 권7, 中華書局, 1989년, 359쪽.

없었고 이용 대상도 광범위했다. 송대 관청의 관역과 개인이 세운 저점邸店 사이에 차이가 점점 줄어들어 갔고, 반대로 실제 기능은 점차 확대되었다.

> 동으로 송주宋州와 변주汴州에 이르고, 서쪽으로 기주岐州에 이르기까지, 길을 끼고 양옆으로 손님을 기다리는 상점들에는 술과 음식이 넘쳤다. 각 상점은 모두 나귀를 보유하고 손님을 태웠는데 삽시간에 수십 리를 오갔다. 이를 역려驛驢라고 하였다. 남으로는 형주荊州와 양양襄陽에 닿고, 북으로는 태원太原과 범양范陽에 이르고, 서로는 촉천蜀川(사천)과 양주凉府(감숙)까지 모두 상점이 있어 장사꾼과 여행객에 편의를 제공하였다.(東至宋汴, 西至岐州, 夾路列店肆待客, 酒饌豐溢. 每店皆有驢賃客乘, 倏忽數十里, 謂之驛驢. 南詣荊襄, 北至太原·范陽, 西至蜀川·凉州, 皆有店肆, 以供商旅.)[90]

당시에는 교통지도도 나왔다. 임안臨安 일대에 백탑교白塔橋에서 「조경이정도朝京里程圖」를 인쇄하여 팔면서 출행하는 사람들에게 편리를 제공하였다.

90 『通典』「食貨典」, 中華書局, 1988년, 152쪽.

제2절

풍속과 오락

1. 혼인과 상장례

"사인士人이나 서민의 결혼은 육례를 따른다.(士庶迎親之儀, 備諸六禮.)"[91] 결혼할 때의 육례란 납채納彩, 문명問名, 납길納吉, 납징納徵, 청기請期, 영친迎親이다. 곧 남자 쪽에서 중매인을 청하여 예물을 가지고 구혼하고, 여자 쪽의 성씨와 출생 연월을 묻고, 혼인의 길흉을 점치고, 빙재를 보내고, 결혼 날짜를 청하고, 신부를 맞이한다. 이전 왕조의 전통이 수당 시대에도 계속되었다. 당대 초기 반포한 조령에서는 "남자 20세와 여자 15세 이상, 기혼남은 처가 죽고 거상 기간이 끝난 후, 과부는 장례복을 벗은 후에 중매자에게 신청하여야 하고, 잘 결합하도록 해야 한다.(男年二十 · 女年十五以上, 及妻喪達制之後 · 孀居服紀已除, 并須申以婚媾, 令其好合.)"고 하였다.[92] 당 현종 때 다시 칙령을 내려 "남자는 15세, 여자는 13세 이상 결혼할 수 있다.(男年十五, 女年十三以上, 請婚嫁.)"고 하였다. 이는 일반적인 장려가 아니라 얼마간 강제성을 가지고 있었다. "자사와 현

91 『舊唐書』 권45 「輿服志」, 中華書局, 1975년, 1,958쪽.

92 宋敏求 編, 洪丕謨 等點校, 『唐大詔令集』 권110, "令有司勸庶人婚聘及時詔", 學林出版社, 1992년, 522쪽.

령 이하의 관원은 백성들이 때가 되면 혼인할 수 있게 하고, 홀아비와 과부의 수를 줄이고 호구 수를 늘려서 승진이 되도록 한다.(刺史·縣令以下官人, 若能使婚姻及時, 鰥寡數少, 量准戶口增多, 以進考第.)" 조혼은 지방관의 정치 실적 평가의 하나로 추진되었다. 조혼을 제창하는 목적은 인구를 증가시키기 위해서였다. 수대 609년(대업 5)에 890만 호였다가,[93] 수대 말기 전란을 거친 후 당대 무덕 연간(618-626)에 200만 호로 격감하였다. 농업사회와 그 생산 방식으로 인해 남녀의 혼인과 인구의 성장을 고무하는 것은 아주 중요하였다. 출토된 당대 묘지墓志에 대한 통계에 따르면, 여자는 14세부터 18세 사이에 출가하는 경우가 가장 많았다. 자손의 번성과 직접적으로 관련되는 혼인은 국가의 정책 속으로 들어갔고, 754년(천보 13)의 인구는 962만 호가 되었다. 마침 사회가 한창 번영할 때였다.

혼인은 사회의 내재적 질서를 유지하기 때문에 각종 조건과 관념의 제약을 받는다. 수당 시대에 배우자 선택의 기준에 큰 변화가 일어났다. 수대와 당대 초기에 가장 좋은 대상은 명문 사족士族이었다. 남북조 이래의 명문 대족은 "대대로 쇠미해져 고관이 전혀 없었지만(世代衰微, 全無冠蓋)" 신흥 귀족과 인척을 맺으려 하지 않았다. 혼인에서의 가문에 대한 관념은 전체 사회 계층의 변화와 연계되어 있었다. 당 태종은 631년(정관 5) 고사렴高士廉(575-647) 등에게 명하여 『씨족지氏族志』를 다시 편찬하도록 명하였다. 그 기본 원칙은 "현 왕조의 고관을 중시(崇重今朝冠冕)"하는 것으로, "수세대 이전은 논할 필요 없고, 다만 현재 관작의 고하에 따라 등급을 정하였다.(不須論數世以前, 止取今日官爵高下作等級.)" 당 고종은 이를 수정하면서 한 걸음 더 나아가 "당 왕조에서의 관직이 5품 이상인 사람은 모두 사류로 올리고(以仕唐官至五品皆昇士流)" "각 품계에 따라 고하를 기록한다.(各依品位高下敍之)"는 방안을 제안하였다. 당대는 출신이 각기 다

93 『隋書』 권29 「地理志」, 中華書局, 1973년, 808쪽.

른 사람들이 모여 정권을 차지하고 통치를 행하였기 때문에, "조정의 관리들은 모두 공적이 뚜렷하거나, 충효가 칭송할 만하거나, 아니면 학술이나 기예가 깊고 넓었기 때문에 발탁되었다.(凡在朝士, 皆功效顯著, 或忠孝可稱, 或學藝通博, 所以擢用.)"

비록 당시 관료 가문의 지위를 높이고 신흥 귀족의 사회적 지위가 바뀌었을지라도 제도상의 조정만으로는 사상과 관념까지 금방 바꾸기는 어려웠다. 무측천의 딸 태평공주太平公主(665-713)는 설소薛紹(663-689)에게 시집갔다. 설소의 형수들은 귀족 출신이 아니었기 때문에 무측천은 "내 딸이 어떻게 농부의 딸들과 동서 사이가 되겠나?(我女豈可使與田舍女爲妯娌邪)"라고 말했다. 가문의 지위에 대한 인식은 필연적으로 혼인 습속에 영향을 주어, 당대에는 '가문의 지위에 따른 예물(陪門財)'과 '매혼賣婚' 현상이 나타났다. 즉 신흥 귀족이 구 명문과 혼인관계를 이루려면 거액의 재산을 써야 했고, 가문의 지위가 낮으면 상대에게 예물을 내놓아야 했다. 이는 매혼과 다름없었다. 태종 때 "3품 이상의 집안에서 쇠락한 구 명문과 혼인관계를 맺으려면 비록 금전과 비단을 아무리 많이 내놓는다고 하더라도 구 명문 집안은 여전히 교만한 처지에 있다고 여겨졌다.(見居三品以上, 欲共衰代舊門爲親, 縱多輸錢帛, 猶被偃仰.)"[94] 이러한 작태는 황제의 반감을 샀기에 고종은 직접 조령을 반포하여 "딸을 시집보내면서 받는 재물의 액수를 정하고 가문의 지위에 따른 예물은 받지 못하게 하였다.(仍定天下嫁女受財之數, 毋得受陪門財.)"[95] 그러나 대력 연간(766-779)이 되어서도 명문 가문 노씨盧氏가 "딸을 다른 집안에 시집보낼 때 상대 집안에선 예물을 백만 금을 내어야 했다. 이보다 적으면 혼인은 이루어지지 않았다.(嫁女於他門, 聘財必以百萬爲約, 不滿此數, 義在不行.)"[96]

---

94 『舊唐書』 권65 「高士廉傳」, 中華書局, 1975년, 2,444쪽.
95 『資治通鑑』 권200, 唐紀16, 高宗顯慶四年, 中華書局, 1956년, 6,318쪽.
96 『太平廣記』 권487 「霍小玉傳」, 中華書局, 1981년, 4,008쪽.

혼인에 있어서 황제에게는 정처인 황후 이외에 비妃, 빈嬪, 첩여婕妤, 미인美人, 재인才人, 보림寶林, 어녀御女, 채녀彩女 등이 있었다. 수대 596년(개황 16) "조칙을 내려 9품 이상의 처와 5품 이상의 첩은 남편이 죽어도 개가할 수 없도록 하였다.(詔九品已上妻, 五品已上妾, 夫亡不得改嫁.)"[97] 이는 관리와 보통 사람들은 처 이외에 첩을 들일 수 있었음을 말해 준다. 처는 내자內子라고도 하며, 첩은 외부外婦, 희姬, 측실側室 등으로 불렸다. 재상 왕탁王鐸(?-884)은 "시첩이 줄을 설 정도(侍妾成列)"였으며, 태자소사太子少師 이숙李叔은 "수십 명의 희첩(姬妾數十人)"이 있었다. 첩의 지위는 특수하였다. 특수한 은총을 입을 수도 있고 지푸라기처럼 하찮게 여겨질 수도 있어, 그 운명은 주인에 의해 결정되었다. "어여쁜 복사꽃과 같은 얼굴과 천리를 내닫는 말, 교태로운 모습과 준마의 골상은 값이 같으리(一面妖桃千里蹄, 嬌姿駿骨價應齊)"[98]라는 시구는 곧 첩으로 준마를 바꾸는 것은 공평한 교환이라고 말하고 있다.

남녀의 결합에 있어서 "혼인의 법도를 이루려면 반드시 중매인이 있어야 하고(爲婚之法, 必有行媒)" "중매인이 없으면 배우자를 구할 수 없다.(無媒不得選)"는 원칙을 따라야 했다. 즉 혼인은 중매인과 부모가 주인이 된다. 여자는 결혼 전에는 아버지를 따라야 하고, 결혼하면 남편을 따라야 하고, 남편이 죽으면 아들을 따라야 하며, 개인의 수양에 있어서는 품덕 · 언어 · 태도 · 집안일까지 모두 잘해야 했다. 이것이 곧 '삼종사덕三從四德'의 준칙이다.

당대에는 이혼을 그리 꺼리지 않아 "두 사람의 의리가 끊어지면 곧 이혼했고(義絶則離)", 이혼에 있어 일정한 자유가 있어 법률의 규정에서도 아내와 이혼하는 일곱 가지 이유인 '칠출七出'과 이혼할 수 없는 세 가지

97 『隋書』 권2 「高祖紀」, 中華書局, 1973년, 41쪽.

98 張祜, 「愛妾換馬」, 『全唐詩』 권26, 中華書局, 1960년, 361-362쪽.

이유인 '삼불출三不出'이 있었다.[99] '칠출'은 아들이 없거나, 부정한 행위를 저지르거나, 시부모를 모시지 않거나, 말이 많거나, 도둑질하거나, 질투하거나, 악질이 걸렸을 때 이혼할 수 있었다. '삼불출'은 시부모 상을 치르었거나, 시집갈 땐 남편이 가난했지만 나중에 부자 또는 고관이 되었거나, 이혼 후 의지할 가족이 없다면 내칠 수 없었다.

당대에 재혼은 전대보다 많았다. 이름이 남아 있는 당대 공주 가운데 25명이 재가하였다. 당시 혼인에 대한 관념이 비교적 개방적이었기에, 남녀 사이에 선을 넘는 일이 비교적 많았다. 위후韋后(?-710), 상관소용上官昭容(664-710), 안락공주安樂公主(?-710)는 여러 사람과 사통했으며, 고종의 처였던 무측천조차도 일찍이 고종의 아버지 태종의 여인이었다. 이들 일은 대부분 당대 전기에 일어났으므로, 아마도 외래의 습속에서 영향을 받았을 것이다. 보통 사람이 자신의 배우자를 직접 고르는 일은 비록 주된 흐름은 아닐지라도 당대에는 때때로 있었다. 당대에 어떤 궁녀가 "낙엽에 시를 써서 어구御溝의 물에 띄워 보내(常書落葉隨御水而流)" "장차 물가에서 건질 사람에게 부쳤다.(將寄接流人)" 이러한 사랑의 시는 궁 밖에 있는 서생들의 관심을 끌어냈고, 답시를 써서 같은 방식으로 어구를 통해 보냈다. 조정에서 궁녀를 방출할 때 이를 인연으로 결혼하는 사람도 있었다.[100]

당대의 혼례는 통상 해가 지는 황혼에 거행했으며, 형식은 다양하고 떠들썩하였다. 『봉씨문견기』의 기록을 보자.

> 최근의 결혼 행사는 가마방 딸린 수레 · 하서(신랑 욕보이기) · 각선(부채로 가린 얼굴 보이기) · 관화촉(신방 화촉 엿보기) 등이 있고, 또 복지(터 잡

---

99 長孫無忌 等撰, 劉俊文 箋解, 『唐律疏議箋解』 권14, '戸婚律', 中華書局, 1996년, 1,055-1,056쪽.

100 范攄, 『雲溪友議』 卷下, '題紅怨', 古典文學出版社, 1957년, 69쪽.

기)·안장(휘장 설치)·배당(부모님께 절하기) 등이 있다. 위로는 황실부터 아래로는 사인과 서민까지 이런 행사를 하지 않는 사람이 없다.(近代婚家, 有障車·下壻·却扇及觀華燭之事, 又有卜地·安帳·并拜堂之禮. 上自皇室, 下至士庶, 莫不皆然.)[101]

당대에는 시를 좋아하였기에 복잡한 혼례 과정에서도 '각선' 대목에서 아취 있는 멋을 구현하였다. 혼례가 끝나기 전 신부가 부채로 얼굴을 가리고 있을 때 신랑이 부채에 쓰인 우아한 시구를 읽었다. 이상은李商隱(813-858)은 「동 수재를 대신하여 쓴 각선시(代董秀才却扇)」에서 다음과 같이 노래했다.

그림 그려진 부채 들고 휘장 밖으로 나오지 마오	莫將畵扇出帳來,
봄 산 같은 눈썹 때문에 신랑이 시를 짓지 못한다네.	遮掩春山滯上才.
둥그런 것이 명월과 같다고 말한다면	若道團圓似明月,
이 가운데 분명 계화꽃이 피어나리라.	此中須放桂花開.

신랑의 행렬이 신부의 집에 도착하여 '최장催粧(화장을 하고 나오기를 재촉함)'할 때, 활발하고 해학적인 시구를 높은 소리로 부르며 신부가 나오기를 재촉한다. 나이가 여든이 다 된 진교陳嶠가 「최장시를 스스로 지으며(自賦催粧詩)」에서 다음과 같이 노래했다.

팽조 나이 팔백이라 일찍이 들었으니	彭祖尙聞年八百,
그에 비하면 나 진랑은 아직 어린 아이로다.	陳郞猶是小孩兒.

101 封演 撰, 趙貞信 校注, 『封氏聞見記校注』 권5, '華燭', 中華書局, 1958년, 39쪽.

송대 천성 연간(1023-1032)의 법령은 당대 734년(개원 22)의 규정을 그대로 따랐다. "남자는 16세부터 30세까지, 여자는 14세부터 20세까지, 재혼의 경우 배우자의 장례 기간이 지난 사람은 모두 결혼할 수 있다.(男子年十六至三十, 女子十四至二十, 身及主婚者無期以上喪, 皆可成婚.)" 그러나 적지 않은 사람들이 조혼을 반대했기에 송대에는 혼인 연령이 높아졌다. 송대에 일어난 중요한 변화로는 "혼인에 가문을 묻지 않는다.(婚姻不問閥閱)"[102]는 것이지만, 그렇다고 가문의 지위에 대한 관념이 중요하지 않은 것은 아니었다. 다만 사위를 고르는 데 있어 가문을 중시하던 데서 본인의 장래성을 중시하는 것으로 변하였다. 그리하여 "동방에 화촉을 밝히는 밤, 과거 합격자 방문에 이름이 올라가 있을 때(洞房華燭夜, 金榜題名時)"와 같은 시구가 결혼에 대한 새로운 관념을 반영하고 있다.[103]

상품경제의 발전으로 금전의 매력이 커지면서 결혼 관계에서도 재물을 논하게 되었다. 채양蔡襄(1012-1067)은 "지금의 풍속은 아내와 결혼하면서 가문은 보지 않고 바로 재물을 구한다.(今之俗, 娶其妻, 不顧門戶, 直求資財)"고 지적하였다.[104] 송대 사람은 결혼 예식을 간단하게 하기를 강조하였다. 주희는 다음과 같이 썼다. "고대에는 문명과 납길이 있었지만 지금은 없어졌다. 다만 간편함을 좇아 납채와 납폐만 한다.(古禮有問名·納吉, 今不能盡用, 止用納采·納幣, 以從簡便.)"[105] 육례 가운데 납채, 납폐, 친영의 삼례만 남았다.

북송 이후 형성된 새로운 결혼 풍속으로 남자가 신부를 맞이할 때 꽃가마를 사용하기 시작했다는 점이다. 『동경몽화록東京夢華錄』「신부 맞

---

102 鄭樵, 『通志』 권25, 氏族略第一, 氏族序, 中華書局, 1987년, 439쪽.

103 邵伯溫, 『邵氏見聞錄』 권18; 洪邁, 『容齋四筆』 권8, 「得意失意詩」, 上海古籍出版社, 1978년, 701쪽.

104 蔡襄, 「福州五戒文」, 『蔡襄集』 권34, 上海古籍出版社, 1996년, 618쪽.

105 黎靖德 編, 『朱子語類』 권69 「禮一 · 論後世禮書」; 呂祖謙, 『東萊集』 권8 「陸先生墓志銘」; 『宋史』 권115 「禮志 18 · 士庶人婚禮」; 『朱子家禮』 권3 「昏禮」.

이(娶婦)」에 "신부를 맞이하는 날, 신랑 집에서는 수레 또는 꽃가마를 신부 집에 보낸다.(至迎娶日, 兒家以車子或花檐子發迎客.)"고 하였다. 꽃가마를 타는 데 세 가지 의식을 거친다. 먼저 '가마 들기(起轎)'이다. 신부 집에서는 신부가 가마에 오른 후 반드시 예물이나 돈을 내놓아야 했다. 그렇지 않으면 가마꾼들이 가마를 들지 않는다. 두 번째는 '가마 막기(障車)'이다. 가마 행렬이 신랑 집으로 가는 도중 시장의 무뢰한이나 왕공이 길을 막고 술이나 음식 또는 돈이나 재물을 요구한다. 세 번째는 '문 막기(攔門)'이다. 『몽량록夢粱錄』 권20 '가취嫁娶' 항목에 다음 기록이 있다. "가마 행렬이 신랑 집 문 앞에 이르렀을 때, 마침 예식 시간이 임박하였고, 악공이나 기녀 또는 술과 차를 나르는 사람들이 시詩나 사詞를 노래하며 문을 막아서서 이시전利市錢을 요구한다.(迎至男家門首, 時辰將正, 樂官妓女及茶酒等人互念詩詞, 攔門求利市錢紅.)" 축복의 말로 이루어진 「문 막기 시(攔門詩)」는 그 목적이 돈을 요구하는 것이었다. 예를 들면 다음과 같다.

선녀가 하늘거리며 인간 세상에 내려와　　仙娥縹緲下人寰,
시척시간에 있는 신랑 집에 영광스럽게 들어간다네.　　咫尺榮歸洞府間.
오늘 문 앞에는 즐거운 기운 가득하니　　今日門闌多喜色,
꽃 상자에 이시전 넣기를 인색하지 마오.　　花箱利市不須慳.

신랑은 사람을 청해 대신하여 「문 막기 시에 답함(答攔門詩)」을 낭송하게 한다. 예를 들면 다음과 같다.

예부터 군자는 돈을 가지고 있지 않으니　　從來君子不懷金,
이 뜻을 되새기면 깊고도 진실되리라.　　此意追尋意轉深.
청컨대 여러분이 잠시 관용을 베푼다면　　欲望諸親聊闊略,

중매인이 오랫동안 수고하지 않게 할 수 있으리. 毋煩介紹久勞心.[106]

신부는 꽃가마에서 내려서는 땅을 밟아서는 안 되고, 놓인 청색 천 띠나 청색 비단 담요 또는 청색 모직 삿자리를 밟고 신랑의 집에 들어가야 한다. 문에 들어가기 전에는 곡식, 콩, 동전, 과일 등을 뿌리는데 이를 '살두곡撒頭穀'이라 한다. 혼례에서 절하는 형식은 먼저 조상에게 절하고, 두 번째로 시부모에게 절하고, 세 번째로 부부가 교배한다. 사마광은 "고대에는 부부가 절하는 의식이 없었으나 지금의 습속에서 서로 절하는 의식이 시작되었다.(古無婿婦交拜之儀, 今世俗始相見交拜.)"고 말하였다. 신랑과 신부의 교배주 방식도 다르다. "고대의 혼례에선 표주박을 둘로 자른 술잔으로 마셨지만, 지금은 붉은 실로 연결된 두 잔을 바꾸어서 마시는데 이를 교배라고 한다.(古者婚禮合巹, 今世以雙杯彩絲連足, 夫婦傳飮, 謂之交杯.)"[107]

수당 사람들의 상례와 장례는 예제禮制로써 크게 중시되었다. 사람의 사망은 신분에 따라 부르는 명칭이 달라, "사람의 죽음에 대하여 3품 이상은 '훙薨'이라 하고, 5품 이상은 '졸卒'이라 하고, 6품 이하부터 서민은 '사死'라고 불렀다.(凡喪, 三品以上稱薨, 五品以上稱卒, 自六品達於庶人稱死.)"[108] 제왕의 죽음은 별도로 '가붕駕崩'이라고 했다. 서안 지역에서 발굴된 당대 분묘는 수천 좌로, 쌍실 전묘磚墓, 쌍실 토동묘土洞墓, 단신 방형 전묘, 단실 방형 토동묘, 단실 장방형 토동묘 등으로 나뉜다. 황족과 특수한 공훈이나 세력이 높은 고관, 1품부터 3품, 4품과 5품, 6품부터 9품, 무품관의 서인, 보통 백성으로 등급이 나뉘어 있고, 제도가 엄격할 때 묘의 규모는 구분되어 존비와 귀천의 관념을 구현하였다.[109]

106 陳元靚 撰, 『事林廣記』 乙集 卷下 「家禮類 · 婚禮」, 中華書局, 1999년, 42쪽.
107 王得臣 撰, 俞宗憲 點校, 『麈史』 卷下 「風俗」, 上海古籍出版社, 1986년, 75쪽.
108 『新唐書』 권46 「百官志」, 中華書局, 1975년, 1,194쪽.
109 齊東方, 「試論西安地區唐代墓葬的等級制度」, 『紀念北京大學考古專業三十週年論文

군주와 신하 사이에서도 자주 상장喪葬에 관한 논쟁이 일어났다. 일세에 교만하기로 유명한 중종의 딸 안락공주는 남편 무숭훈武崇訓이 사후 노왕魯王으로 추증되자 '묘墓를 릉陵으로 부르는' 기준에 따라 매장하기를 요구하여 급사중 노찬盧粲의 격렬한 반대를 샀다. 노찬은 경전을 인용하며, 고래로 "오직 이름과 명기明器만은 다른 사람에게 빌려줄 수 없다.(唯名與器, 不可以假人.)"고 해석하였다. 상례와 장례 제도가 중요하였기 때문에 사람의 매장을 빌려 정치 투쟁을 전개했던 것이다.

무측천 시기에 이경업李敬業(?-684)이 반란을 일으키자 "이경업의 조부와 부친의 관작을 삭탈하고 무덤을 파헤쳐 관을 잘랐다.(追削敬業祖父官爵, 剖墳斬棺.)"[110] 태자통사사인 학상현郝象賢은 수공 연간(685-688) 사건에 연루되어 주살되었는데, 사형이 집행될 때 무측천에 대해 불순한 말을 많이 하였기 때문에, 무측천은 "참수하게 한 다음에도 팔다리를 자르게 하고 그 부모의 무덤을 파헤치고(令斬訖, 仍支解其體, 其父母墳墓)" 시체를 불태우라고 명했다. 그외 조부 학처준郝處俊도 관이 잘리고 시체가 훼손되었다.[111] 691년(천수 2) 보국대장군 잠장천岑長倩이 무승사武承嗣를 황태자로 세우는 데 동의하지 않은 일로 무측천의 불만을 사 투옥되고 주살되었으며 그 부친과 조부의 분묘도 파헤쳐졌다.

고고학적으로 발굴된 당대 종실 이현李賢(654-684), 이중윤李重潤(?-701), 이선혜李仙蕙의 묘는 모두 호화롭고 규모가 크다. 이들은 무측천에 의해 살해되었다가 중종이 등극한 후 "황실의 왕들 가운데 덕망이 있으면서 주살된(皇室諸王有德望者, 必見誅戮)" 사람의 명예를 회복시키면서 세 사람의 분묘도 거대하게 개장하였다.[112] 중종이 복위한 후 위후韋后의 권

集』, 文物出版社, 1990년.

110 『舊唐書』 권67 「李勣傳」, 中華書局, 1975년, 2,491쪽.

111 『舊唐書』 권84 「郝處俊傳」, 中華書局, 1975년, 2,801쪽.

112 陝西省文館會, 「唐永泰公主墓發掘簡報」, 『文物』, 1964년 제1기; 陝西省博物館·乾

세가 날로 확대되면서 그 부모형제의 묘도 개장하였다. 죽을 때 나이 16세에 사후 17년이 지난 동생 위형韋泂의 분묘는 쌍실 전묘로 하고 부장품도 조각이 정교한 석곽으로 하는 등 지극히 호화로웠다.[113] 반대로 무삼사武三思 부자는 "관을 자르고 시체를 드러내고, 분묘를 평지로 메워 버렸다.(斬棺暴尸, 平其墳墓.)"[114] 특정한 역사 시기에 상장喪葬 활동은 사자에 대한 추념과 애도라기보다는 생자가 벌이는 정치 활극이었다고 말해야 할 것이다.

상장喪葬 제도 가운데 수상守喪(시묘살이)의 규정이 있었다. 관리의 부모가 사망하면 관직을 떠나 3년간 수상해야 하는데, 곧 '정우丁憂'이다. 무측천은 일찍이 전통적으로 부친이 생존하고 모친이 사망하였을 시 수상 1년이었던 것을 3년으로 바꿨다.[115] 상복喪服제도의 변경을 이용하여 모친 존중을 강조했기에 나중에 "무측천은 사심을 가지고 재앙을 부르는 마

縣教育局唐墓發掘組, 「唐懿德太子墓發掘簡報」, 『文物』 1972년 제7기; 陝西省博物館·乾縣教育局唐墓發掘組, 「唐章懷太子墓發掘簡報」, 『文物』, 1972년 제7기.

113 陝西省文管會, 「長安縣南里王村唐韋泂墓發掘記」, 『文物』, 1959년 제8기.

114 『舊唐書』 권183 「外戚傳」, 中華書局, 1975년, 4,736쪽.

115 『舊唐書』 권27 「禮儀志」七. "부친이 생존한 상태에서 모친의 상복은 1년 입는데 비록 심상心喪을 3년 한다고 하지만 상복은 높고 낮은 데로부터 나와야 할 것이다. 내가 생각하기에 자식에 대한 모친의 자애는 특히 깊어, 모친이 없었다면 태어날 수 없고 모친이 없었다면 자랄 수 없었을 것이다. 자식을 마른 곳에 누이면서 자신은 습한 곳에 거하고, 자식에게 먹이기 위해 쓴 것을 삼키고 단 것을 토하며, 애쓰며 초췌해지도록 길렀으니 그 은혜가 지극하다. 그러므로 금수도 그 어미를 알며, 3년 동안 품안에서 길렀으니 이치상 높이 보답해야 할 것이다. 만약 부친이 생존한 상태에서 모친의 상복을 1년 입는다면, 부친을 존중하는 정신은 비록 갖추어졌다고 해도 모친의 자애에 보답하는 마음은 부족하다. 게다가 자최와 참최의 제도는 줄어들었으니 1년으로 마무리하는 것은 자식의 뜻을 다치게 하는 듯하다. 부친이 생존한 상태에서 모친의 상복을 3년 입게 하기를 청한다.(至如父在爲母服止一期, 雖心喪三年, 服由尊降. 竊謂子之于母, 慈愛特深, 非母不生, 非母不育. 推燥居濕, 咽苦吐甘, 生養勞瘁, 恩斯極矣. 所以禽獸之情, 猶知其母, 三年在懷, 理宜崇報. 若父在爲母服止一期, 尊父之敬雖周, 報母之慈有闕. 且齊斬之制, 足爲差減, 更令周以一期, 恐傷人子之志. 今請父在爲母終三年之服.)" 中華書局, 1975년, 1,023쪽.

음으로 가졌으니, 어찌 그의 제도를 따라야 하겠는가?(則天懷私苞禍之情, 豈可復相沿襲禮乎?)"라며[116] 강력히 폐지를 주장하였다. 관리가 수상 기간에 직위를 떠날 수 없을 때는 황제가 '탈정기복奪情起復(효도의 마음을 빼앗아 직위에 있게 함)'의 조서를 내려 관직을 계속 맡게 하였다. 이는 관원의 영예였다. 이에 따라 관리가 '기복'을 바라기도 했고, 심지어 '기복'해주기를 요구하거나 '기복'을 거절하기도 하였다. 무측천을 옹립하는 데 공을 세운 재상 이의부李義府(614-666)는 모친상을 당하자 원래는 정우丁憂를 해야 하나, 두 번째 해에 '탈정기복'을 받았고, 왕숙문王叔文(753-806)이 모친상을 당하였을 때는 마침 '영정 혁신'의 중요한 시기라 "당인들과 밤낮으로 '기복'을 모의했다.(與其黨日夜謀起復)"[117]

당대의 법률 규정에 일부 상장과 관련된 내용이 있다. 예를 들어 법률 중의 '십악十惡'에는 '불효'와 '불의不義' 두 가지 항목이 있다. '불효'는 부모를 잘 모시지 못하는 것으로, "부모의 거상 기간에 본인이 혼인하거나, 음악을 듣거나, 상복을 벗고 즐거운 일을 하거나, 조부모 또는 부모의 사망을 알고도 숨기고 애도하지 않는(居父母喪, 身自嫁娶, 若作樂, 釋服從吉. 聞祖父母·父母喪, 匿不擧哀)" 일 등이다. '불의'한 행동이란 곧 "남편의 사망을 알고도 숨기고 애도하지 않으며, 음악을 듣거나, 상복을 벗고 즐거운 일을 하거나, 개가하는 일(聞夫喪匿不擧哀, 若作樂, 釋服從吉及改嫁.)"을 가리킨다.[118] 위반자에 대한 제재는 상당히 엄격하여, 통치권을 위협하는 모반에 준할 정도이며, 대사면이 내려지는 때라 하더라도 처벌을 면할 수 없었다. 복상服喪 기간에는 술을 마시고 고기를 먹어서는 안 되며, 부부가 같이 자서도 안 된다는 등 감독하기 어려운 규정도 있다. 또 결혼식 등에 참가해서는 안 되며, 거상 기간에 아들을 낳아서는 안 된다는 법률 조

116 717년(개원 5) 右輔闕 盧履冰.

117 『資治通鑑』 권236, 唐紀52, 順宗 永貞元年七月, 中華書局, 1956년, 7,618쪽.

118 長孫無忌 等撰, 劉俊文 箋解, 『唐律疏議箋解』, 中華書局, 1996년, 61-65쪽.

문도 명확하게 기록되어 있다.[119] 상장제도의 중요성으로 인해 중앙 정부에서는 세 개의 직능 부문에서 관할했다. 홍로시鴻臚寺에서는 "빈객 및 흉의凶儀의 일을 관장하고(掌賓客及凶儀之事)"[120] 장작감將作監 좌교서左校署에서는 "모든 궁실의 …… 상장에 필요한 물품을 모두 공급하며(凡宮室 …… 喪葬所須, 皆供之)"[121] 예부禮部의 낭중郎中과 원외랑員外郞은 "백관과 궁인의 상장례에 지급하는 부조금의 액수(百官宮人喪葬贈賻之數)"를 관장하며,[122] 또 부장품의 내용과 수량을 규정했다.[123]

상례는 주로 상례, 장례, 제례 세 부분으로 구성되어 있다. '상례喪禮'는 생자의 거상 기간 내의 행위 규범을 규정하며, 등급과 친속 관계를 나타내는 복상제도 등이 포함된다. '장례'는 사자가 누려야 하는 대우를 규정하며, 능묘의 점유 면적 · 높이 · 형식 · 명기明器 · 관곽 등과 일부 매장 방식 등이 포함된다. '제례'는 거상 기간에 생자와 사자 사이의 중개 의식으로, 즉 거상 기간 중의 각종 제사활동을 말한다.

수당 시대에는 전체적으로 후장厚葬을 지냈으며, 풍부한 부장품으로 권력과 재부를 과시하고 자신의 효도를 표명하였다. '효'를 중요시하는 사회에서 '효'는 사회적 신분 상승의 기회가 되기도 했다. 582년(개황 2) 부주 자사鄜州刺史 달해장유達奚長儒(535-583)는 모친상을 당하자 사직하고

119 위의 책.

120 『新唐書』 권48 「百官志」, 中華書局, 1975년, 1,257쪽.

121 『舊唐書』 권44 「百官志」, 中華書局, 1975년, 1,896쪽.

122 『新唐書』 권46 「百官志」, 中華書局, 1975년, 1,194쪽.

123 『唐會要』 권38, 服紀下, 葬. "741년(개원 29) 정월 15일 칙령. 고대의 장례는 검박함을 숭상하였다. 명기와 묘지 등에 있어 예전에 정한 수에서 감해 나가도록 한다. 3품 이상은 명기가 전에는 90건이었으나 70건으로 줄이기를 바라고, 5품 이상은 전에는 70건이었으나 40건으로 줄이기를 바란다. 9품 이상은 전에는 40건이었으나 20건으로 줄이기를 바란다. 서민은 전에는 규정이 없었으나 15건으로 한정하기 바란다.(二十九年正月十五日敕. 古之送葬, 所尙乎儉, 其明器墓田等, 令于舊數內遞減, 三品以上明器, 先是九十事, 請減至七十事. 五品以上, 先是七十事, 請減至四十事. 九品以上, 先是四十事, 請減至二十事. 庶人先無文, 請限十五事.)" 中華書局, 1990년, 693쪽.

"5일 동안 물을 입에 대지 않아 심하게 초췌해져 거의 죽을 지경에 이르렀다. 황제가 이를 가상히 여겨 하주 총관 및 삼주 육진 도장사에 임명하였다.(水漿不入口五日, 毁悴過禮, 殆將滅性. 天子嘉歎, 起爲夏州總管三州六鎭都將事.)"[124] 직주稷州 봉천령奉天令 독고사정獨孤思貞은 수상할 때 "3년 동안 묘막에 살면서, 7일 동안 먹지 않은(三年齋居, 七日不食)" 것으로 이름을 얻었고, "거북을 특별히 하사받고, 한 계급 올라가고, 건릉서령에 제수되었다.(特賜龜, 加一階, 除乾陵署令.)"[125] 다른 한편 후장으로 가산을 탕진하는 사람도 있었다. 좌금오위 대장군 조건수趙建遂의 부인 동씨董氏와 왕씨王氏가 851년 매장될 때 큰 아들이 "백금을 구하여 장례를 다 갖추느라 가산을 모두 썼다.(罄生業就百金, 力備喪事.)" 861년 절도부의 부장 오청吳淸이 죽자 집안사람들이 "가산을 모두 다 써가며 장례를 치르었다.(喪盡家財, 以營大事.)"[126] 후장의 풍습은 관방의 제지를 받기도 하였다.

> 최근에 왕공 백관들이 다투어 후장을 지내는데 사람 인형이나 말 형상을 살아 있는 듯 조각하였다. 오직 길 가는 사람들에게 과시하기 위해서이지 본디 예의를 다하는 마음이 아니었다. 더구나 서로 부추기고 재산을 기울여 파신하여 풍속으로 피지더니 마침내 사인과 서민까지 퍼졌다. 만약 금지하고 제지하지 않으면 사치가 날로 늘어날 것이다. 왕공 이하의 사람들은 장례와 명기가 모두 조정에서 내린 영에 따르기를 바란다. 더불어 묘소에 진열해야지 길가에 두어서는 안 될 것이다.(近者王公百官競爲厚葬, 偶人像馬, 雕飾如生, 徒以眩耀路人, 本不因心致禮, 更相扇慕, 破産傾資, 風俗流行, 遂下兼士庶. 若無禁制, 奢侈日增. 望諸王公已下, 送葬明器, 皆依令式, 並陳於墓所, 不得衢路行.)[127]

124 『隋書』 권53 「達奚長儒傳」, 中華書局, 1973년, 1,350-1,351쪽.
125 周紹良 主編, 『唐代墓志彙編』, 上海古籍出版社, 1992년, 1,410쪽.
126 위의 책, 2,318, 2,388쪽.

후장은 결코 예의를 따르는 것이 아니라 '길 가는 사람들에게 과시하기 위해서' 하고 있다고 지적하였다.

그러나 어떤 사람들은 박장薄葬을 주장했다. 636년(정관 10) 장손長孫황후(601-636)가 죽기 전에 태종에게 다음과 같이 말했다.

> 예부터 성현들은 모두 검소함을 숭상하였습니다. 오직 무도한 시대에 산처럼 거대한 능묘를 축조하고 나라의 재물을 소모하여 식자들의 웃음을 샀습니다. 다만 청하옵건대 산에 묻힐 뿐 봉분을 만들지도 말고 관곽을 쓰지도 말기 바랍니다. 부장에 필요한 물건은 모두 나무와 기와로 하여 검박하게 장례를 치러 주기 바랍니다.(自古聖賢, 皆崇儉薄, 惟無道之世, 大起山陵, 勞費天下, 爲識者笑. 但請因山而葬, 不須起墳, 無用棺槨, 所須器服, 皆以木瓦, 儉薄送終.)[128]

송국공宋國公 소우蕭瑀(575-648)는 유서에서 다음과 같이 말했다. "숨이 끊어진 후 홑옷을 하나 덮어 소렴으로 충당하게. 관 안에는 홑자리 하나만 두어 빨리 썩도록 하고 다른 건 하나도 넣지 말게.(氣絕後可著單服一通, 以充小殮. 棺內施單席而已, 冀其速朽, 不得別加一物.)"[129] 이들은 모두 검약을 목적으로 하였다. 당 현종은 일찍이 다음과 같이 말했다.

> 예부터 제왕들은 후장을 경계하였다. 그것은 망자에게도 이익이 없고 생자에게도 해를 주기 때문이다. 최근에 사치스러운 장례가 행해지더니 서로 모방하여 마침내 풍속이 되었다. 많은 사람들이 가산을 모두 고갈시키고 빈곤해졌다.(自古帝王皆以厚葬爲誡, 以其無益亡者, 有損生業故也. 近

127 『舊唐書』 권45 「輿服志」, 中華書局, 1975년, 1,958쪽.
128 『舊唐書』 권51 「后妃傳」, 中華書局, 1975년, 2,166쪽.
129 『舊唐書』 권63 「蕭瑀傳」, 中華書局, 1975년, 2,404쪽.

代以來, 共行奢靡, 遞相仿效, 浸成風俗. 旣竭家産, 多至凋弊.)[130]

어떤 사람은 역사를 거울로 삼아 박장을 주장하였다. 당 태종이 그의 부친 이연李淵을 어떻게 매장할까 고려할 때 후장으로 인하여 후세에 훼손당할까 걱정하였다.[131] 문덕文德 황후를 묻을 때에도 "도적의 마음은 오로지 진귀한 물건을 구하는 데 있으니, 만약 진귀한 물건이 없다면 무엇을 구하겠는가?(盜賊之心, 止求珍貨, 旣無珍貨, 復何所求?)"라고 말했다.[132] 곧 도굴을 걱정하였던 것이다. 상례에서는 신분이 높은 사람은 낮은 신분의 예를 실행해도 되지만, 신분이 낮은 사람은 윗 신분의 예로 해서는 안 된다는 원칙이 있는데, 박장은 이를 위배하지도 않는다.

상례와 장례 활동은 사회의 변화를 반영한다. 8세기 중엽을 경계로 이전에는 긴 경사로 묘도를 가진 묘가 비교적 많았고, 부장품도 군사적인 분위기가 강한 의장용儀仗俑이 많았다. 이는 무력으로 천하를 획득한 수대와 당대 초기의 면모를 반영한 것으로 보인다. 이후 간단한 우물식 묘도와 경사로 묘도가 결합된 양식과 우물식 묘도의 묘가 점차 많아졌다. 의장용이 점차 사라지는 대신 생활의 장면을 나타내는 시용侍俑이 증가하였고, 특히 여시용女侍俑 위주로 바뀌는 등 전체적으로 도용陶俑의 종류가 급감하였다. 부장품 가운데 철저鐵猪와 철우鐵牛가 성행한 것은 '안사의 난' 이후로, 사람들이 안녕을 기구하고 행운을 비는 생각을 반영하고 있다. 후장의 형식에선 제사와 장례 활동이 더욱 중시되었다. 823년(장경 3) 절서관찰사浙西觀察使 이덕유李德裕(787-849)가 상주하기를 "백

130 『舊唐書』 권8 「玄宗紀」, 中華書局, 1975년, 174쪽.

131 杜佑 撰, 王文錦 等點校, 『通典』 권79, 禮39, 凶禮1. "만약 짐의 높은 뜻에 부합하여 시행한다면 百代 이후에 훼손될 근심을 면하기 어려울 것이다.(如欲稱朕崇厚之志, 復恐百世之後, 不免有廢毁之憂.)" 中華書局, 1988년, 2,146쪽.

132 『資治通鑑』 권194, 唐紀10, 太宗貞觀十年, 中華書局, 1956년, 6,122쪽.

성들이 후장을 치르면서 도로에 제사가 성대하게 진설되고 음악 등이 연주됩니다.(緣百姓厚葬, 及於道途盛設祭奠, 兼置音樂等.)"라고 하였다.[133] 768년(대력 3) 신운경辛雲京이 죽자 "재상과 각도 절도사가 참석하러 와 휘장 70여 개소가 설치되었다.(宰相及諸道節度使祭者凡七十餘幄.)"[134] 871년(함통 12) 문창공주文昌公主의 장례에 쓰인 비용이 막대하여 행사가 끝난 후 "위씨 집안의 사람들이 제사 때 태운 재 속에 남겨진 금과 은을 찾기 위해 다투었다.(韋氏之人爭取庭祭之灰, 汰其金銀.)"[135] 장례 행렬의 앞에는 수 척 높이의 봉황과 기린 등으로 위의威儀를 내세웠고, 이어서 100여 명이 의복과 완구를 들었으며, 그 다음으로 목각으로 만든 누각·궁전·가축 등이 뒤따랐다. 이어서 천여 개의 휘장과 병사들이 노부鹵簿를 들고 따랐으며, 마지막으로 비구니와 여도사들이 30여 리에 걸쳐 이어졌다.[136]

송대에도 상례와 장례는 "신분이 높은 사람은 신분이 낮은 사람의 예로써 할 수 있지만, 신분이 낮은 사람은 비록 부자라 하더라도 신분이 높은 사람의 예로써 할 수 없었다.(貴得同賤, 賤雖富不得同貴.)" 그러나 의례와 묘장은 상대적으로 간단해졌다. 황제의 상장례도 간단해졌다. 하남 공의鞏義의 북송 황제릉과 절강 소흥紹興에 있는 남송 황제릉의 규모는 당대 황제릉에 비해 훨씬 작아졌다. 당대에는 복상 기간에 금지되었던 음주, 고기 먹기, 음악 듣기, 결혼하기, 아이 낳기 등의 규정은 송대에 이르러서는 그리 엄격하지 않게 되었다. 민간의 상례에서 종종 "초상이 아직 끝나지 않았는데도 친척과 손님이 술과 음식을 가지고 와 주인을 위로하고, 주인도 또한 스스로 술과 음식을 준비하여 서로 주고받으며 마시고 먹으며 날마다 취하고 배불리 지냈다. 장례에서도 마찬가지로 먹고 마

133 『唐會要』 권38, 服紀下, 葬, 中華書局, 1990년, 697쪽.
134 『舊唐書』 권110 「辛雲京傳」, 中華書局, 1975년, 3,315쪽.
135 『資治通鑑』 권252, 唐紀68, 懿宗咸通十二年, 中華書局, 1956년, 8,161쪽.
136 위의 책.

셨다.(初喪未斂, 親賓則賫酒饌往勞之, 主人亦自備酒饌, 相與飮啜, 醉飽連日. 及葬, 亦如之.)” 거상 기간에는 결혼할 수 없지만, 오히려 ‘차친借親’의 습속이 있었다. 즉 아들은 아버지 또는 어머니가 사망 시에도 다음과 같은 상황에선 결혼할 수 있다. “사망 후 49일과 100일, 1년 후와 2년 후의 기일, 상복을 벗을 때, 반승飯僧할 때, 도량을 설치할 때, 수륙대회를 열 때, 불경을 쓰거나 불상을 만들 때, 탑이나 절을 세울 때(於死時七七日 · 百日 · 期年 · 再期, 除喪 · 飯僧 · 設道場, 或作水陸大會, 寫經造像, 修建塔廟.)” 등이다.[137] 도량을 설치하고 재를 지내며 공양할 때나 수륙 천도재를 지낼 때 “북과 바라를 치며 사방을 진동시키고 놀라게 한다.(從事鼓鈸, 震動驚憾.)” 이는 조정에서 규정한 “상장례 기간에는 음악을 연주하지 않는다.(喪葬不得用樂)”는 조항과 위배되지만, “상가들이 모두 음악을 사용하기에 사람들은 당연히 여겼다.(喪家率用樂, 人皆以爲當然.)”

송대 사람들은 많은 전통 예의제도에 대해 논쟁하였고, 새로운 습속으로 원래의 방식을 개조하였다. 화장의 유행도 새로운 현상이다. 처음에는 일부 사람들의 종교 신앙으로 시작되었지만, 사실 경제적 곤궁과 관련이 있다. 화장은 많은 사대부의 반대를 받았고 조정에서도 금지시켰다. “하동 지역은 땅이 좁은 데 비해 사람이 많아, 비록 친족의 장례라 하더라도 모두 태워서 버렸다. 한기韓琦(1008-1075)가 병주에 주둔하면서 공금으로 밭 수 경을 구입하여 백성들이 안장할 수 있도록 하였기에 지금도 미담이 되고 있다.(河東地狹人衆, 雖至親之喪, 悉皆焚棄. 韓琦鎭並州, 以官錢市田數頃, 給民安葬, 至今爲美談.)”[138] ‘태워서 버리는’ 이유는 인구의 증가로 인해 사람은 많으나 땅이 좁아서이니, 백성들이 죽어도 묻힐 땅이 없음을 말해주고 있다. 화장의 금지는 효과를 거두기 어려웠다. 때문에 송대에는 조

137 司馬光, 『司馬氏書儀』 권6, 喪儀2, 『叢書集成初編』本, 65쪽.
138 『宋史』 권125 「禮志」28, 凶禮4, ‘士庶人喪禮’, 2,918쪽.

정에서 설립한 누택원漏澤園이라 불리는 의총義冢을 만들었다. 즉 신원을 알 수 없는 시체를 묻어 주는 공공묘지였다.

"장례는 사람에게 화복을 안겨준다.(殯葬實能致人禍福)"는 관념은 송대에 더욱 성행하였다. 사람들은 조상의 분묘에 관한 풍수는 직접적으로 자손의 출세에 관계된다고 믿었다. 사마광은 다음과 같이 말했다.

> 지금 사람들은 고대보다 후장을 지내지 않는 대신, 음양과 금기에 대해 더 많이 고려한다. …… 지금의 장례 관련 서적은 산·강·언덕·들의 형세를 보고, 연월일시의 천간과 지지를 고려하니, 자손의 귀천貴賤·빈부貧富·요수夭壽·현우賢愚가 모두 이와 관련된다고 여긴다.(今人葬不厚於古, 而拘於陰陽禁忌, 則甚焉. …… 今之葬書, 乃相山川岡畎之形勢, 考歲月日時之支干, 以爲子孫貴賤·貧富·壽夭·賢愚皆繫焉.)[139]

묘지의 선정에서 풍수사를 부를 뿐만 아니라 묘실의 구축과 하관에 있어서도 풍수사가 참여한다. 정이程頤는 "후대의 풍수사들은 황탄한 말을 다투어 하고(後代陰陽家流競爲詭誕之說)" "해로움이 크고 망령되고 오류가 심하며(爲害之大, 妄謬之甚)" "땅의 좋고 나쁨을 선택하는 것과 풍수사가 말하는 화복은 관계가 없다.(卜其地之美惡也, 非陰陽家所謂禍福者也.)"고 말했다.[140] 그러나 많은 사람들이 풍수지리를 여전히 신봉하였다. 사마광司馬光도 비록 풍수를 반대하였지만 그의 조상을 매장할 때는 여전히 문중의 압력에 따라 풍수사를 초빙하였다.[141] 그러나 이학의 대가인 주희朱熹는 풍수학을 믿었을 뿐만 아니라 직접 몸소 실행하였다. 송대 풍수가

139 司馬光, 「葬論」, 『司馬溫公文集』 권13, 『叢書集成初編』本, 商務印書館, 1936년, 300쪽.

140 程顥·程頤, 『二程集』에 실린 『河南程氏文集』 권10, 葬法決疑·葬說, 中華書局, 1981년, 623, 624쪽.

141 司馬光, 「葬論」, 『司馬溫公文集』 권13, 『叢書集成初編』本, 商務印書館, 1936년, 300쪽.

는 아주 많았으며 서로 다른 이론과 유파를 형성하였다. 『지리신서地理新書』에서는 풍수사의 자격에 대해 다음과 같이 규정하였다. "매장에는 반드시 풍수사를 선택해야 하며, 풍수사는 적절한 사람이어야 한다. 그러므로 여러 무리巫吏 가운데 반드시 덕행이 있고 충실하며, 고금의 일에 정통하고, 외모도 완전하며, 식견도 분명한 사람을 선택해야 한다.(將葬, 必先擇師, 師必得其人. 故雖巫吏必擇其德行忠信 · 術通古今 · 狀貌完具 · 識量分明者.)"[142]

2. 모란의 문화적 의의와 송별 때의 버들 꺾기

오락과 풍속은 문화 전통의 축적이다. 이는 사람의 정감을 유지하며, 심지어 국가 제도의 하나이기도 하다. 당송 시기에 다양한 명목의 음악 · 무용 · 잡기 · 투계 · 무마舞馬 · 도박 · 발하拔河 · 각력角力 · 구새毬賽 · 연날리기 · 그네뛰기 등은 사람의 생활에 즐거움을 주었다. 오락과 풍속 가운데 어떤 것은 정신적인 즐거움을 주고 풍부한 문화적인 의미를 갖게 되었다.

모란 감상의 풍기는 수대부터 점차 나타났다. 문인 사대부들은 화려하고 고귀한 모란을 특히 좋아하여 이를 찬미하는 시문을 무수히 써내어, 일종의 특별한 문화적인 정감을 이루었다. 당대 사람들은 "모란만이 모든 꽃 가운데 영걸이요(牡丹獨逞花中英)",[143] 온갖 꽃 가운데 첫째요, 꽃 중의 왕이라 여겼다. 모란을 특히 편애하는 마음에서 "오로지 모란만이 나라의 제일가는 빛깔이니, 꽃 피는 시절에 경성을 뒤흔드네(唯有牡丹

142 王洙 等撰, 『圖解校正地理新書』(金明昌抄本) 권15, 擇地法, 集文書局, 1985년, 480-481쪽.

143 李咸用, 「遠公亭牡丹」, 『全唐詩』 권644; 段文圭, 「趙侍郎看紅白牡丹因寄楊狀頭讚圖」, "꽃 중에서 첫째라고 아름다운 이름 얻었으니(雅得花中爲首冠)", 『全唐詩』 권707, 中華書局, 1960년, 7,386, 8,136쪽.

眞國色, 花開時節動京城)"[144]라고 노래하고, "하늘의 향기가 밤에 옷을 물들이고, 나라의 제일가는 빛이 아침에 술에 취했구나(天香夜染衣, 國色朝酣酒)"[145]라고 노래하였다. 모란은 '천향국색天香國色'이라 예찬되고 국가의 상징이 되었다. 모란 감상을 통한 정신적 즐거움은 전체 사회의 인정을 받았다. 모란이 필 때마다 사람들은 미친 듯 즐거워하며 술을 마시고 꽃을 품평하였다. 이러한 모임을 '모란지회牡丹之會'라고 하였다. "도성의 귀족들이 모란을 숭상한 지 30여 년이 되었다. 매년 봄이 저물 때 그들은 거마를 타고 꽃을 보러 미친 듯 몰려갔고 몰두하지 않는 것을 부끄럽게 여겼다.(京師貴遊, 尙牡丹三十餘年矣. 每春暮, 車馬若狂, 以不耽玩爲恥.)"[146] 과거시험에 합격한 새 진사들을 위해 모란연牡丹宴을 열어 축하하는 것이 풍습이 되었다. 시인 장호張祜(786-849)는 심지어 수도에 간 것은 이름과 관직을 구하기 위해서가 아니라 "오직 봄바람을 기다려 모란을 보기 위해서(唯待春風看牡丹)"라고 말했다. 모란에는 "아침노을을 깨고 나오는 천가지 애교와 만 가지 자태(千嬌萬態破朝霞)"가 있고,[147] "미인은 백모란 꽃과 같아(美人如白牡丹花)"라고 여인의 미모를 형용하고,[148] "혼자서 빈 누각 지키면서 눈썹을 찡그리니, 그 모습은 늦봄의 모란꽃 가지와 같구나(自守空樓斂恨眉, 形同春後牡丹枝)"라고 하여 모란에 빗대어 감정과 그리움을 기탁하였다.[149] 모란에 대한 특별한 애호와 관심으로 인해 장안과 낙양의 궁정 · 관청 · 저택 · 절과 도관에 모란을 광범위하게 심게 되었고, 각종 색깔과 품종을 재배하게 되었다. 장안의 "자은사의 원과원 모란은 다른 모란보다 반 달 먼저 피고, 태진원의 모란은 다른 모란보다 반 달 늦게

144 劉禹錫, 「賞牡丹」, 『文苑英華』 권321, 中華書局, 1966년, 1,660쪽.
145 錢易 撰, 黃壽成 點校, 『南部新書』甲, 中華書局, 2002년, 10쪽.
146 李肇 撰, 『唐國史補』 卷中, 京師尙牡丹, 上海古籍出版社, 1979년, 45쪽.
147 徐凝, 「牡丹」, 『全唐詩』 권474, 中華書局, 1960년, 5,382쪽.
148 貫休, 「富貴曲二首」, 『全唐詩』 권826, 中華書局, 1960년, 9,306쪽.
149 關盼盼, 「和白公詩」, 『全唐詩』 권802, 中華書局, 1960년, 9,023쪽.

핀다.(慈恩寺元果院牡丹, 先於諸牡丹半月開, 太眞院牡丹, 後諸牡丹半月開.)"[150] 어떤 절이나 도관의 모란은 특히 유명하여 원화 연간(806-820) 장안 흥당사興唐寺의 모란은 "1,200송이가 피었는데, 그 색도 밝은 무지개색, 흐린 무지개색 · 분홍 · 연한 자주 · 진한 자주 · 황백단 등으로 오직 진홍색만 없었다. 또 꽃 중에는 수술이 없는 것도 있고, 꽃잎이 겹으로 난 것은 지름이 7, 8촌이나 된다.(著花一千二百朶, 其色有正暈 · 倒暈 · 淺紅 · 淺紫 · 深紫 · 黃白檀等, 獨無深紅. 又有花葉中無抹心者, 重臺花者, 其花面徑七八寸.)"[151] 모란은 감상의 가치가 높고, 미와 너그러움 등 많은 상징적 의의를 가지고 있다. 때문에 사람들이 직물 · 금은 기물 · 도자기 등에 문양으로 장식하며, 때로 회화에도 그려졌다. 북경에서 838년(개성 3)에 묻힌 왕공숙王公淑의 무덤 북벽에는 벽 전체에 가지가 많고 잎이 큰 가운데 활짝 핀 모란이 그려져 있다. 하북에서 오대 때 묻힌 왕처직王處直의 무덤 벽화에서도 후실 북벽에 「모란호석도牡丹湖石圖」가 완정하게 보존되어 있다.[152]

모란은 송대에도 숭상되었다. 문인들이 기록한 모란은 100종 가까이 되며, 모란을 제재로 한 시詩와 사詞, 회화 작품은 수를 헤아릴 수 없을 정도로 많다. 송대 사람들은 모란에 길상과 부귀의 뜻을 더하여, 꽃을 빌려 사신의 뜻을 나타내고, 가족의 빈영을 기원했다. 일상생활에서 자기 등 용기에도 모란화 장식이 유행했고, 건축에서도 모란꽃을 장식하는 위치를 규정하기도 했다. 무덤의 장식에서도 눈에 띄는 위치에 종종 모란화가 조각되거나 그려졌다. 모란이 표현하는 정신적 의취는 이미 사회의 공인을 받았고 사회 문화의 일부가 되었다.

당대 풍속 가운데 친구를 보낼 때 나타내는 정감으로, 버들가지를 꺾어

150 錢易 撰, 黃壽成 點校, 『南部新書』丁, 中華書局, 2002년, 49쪽.

151 段成式, 『酉陽雜俎』前集 권19, 草篇, 中華書局, 1981년, 186쪽.

152 北京市海澱區文物管理所, 「北京市海澱區八里莊唐墓」, 『文物』 1995년 제11기, 45-53쪽; 羅世平, 「觀王公淑墓壁畫「牡丹蘆雁圖」小記」, 『文物』 1996년 제8기, 78-83쪽.

주며 다리 가에서 이별하는 인정미 넘치는 풍속이 있어 무척 낭만적이고 비유적 의미가 풍부하다. 백거이는 「양류지楊柳枝」에서 다음과 같이 노래하였다.

사람들은 버들잎이 눈썹과 비슷하다 말하지만	人言柳葉似愁眉,
내 시름 깊은 애는 버들가지 같아요.	更有愁腸似柳絲.
버들가지 꺾으니 애가 당겨 끊어질 듯한데	柳絲挽斷腸牽斷,
서로 간에 분명 다시 만날 날 없겠지요.	彼此應無續得期.

가늘고 긴 버들잎과 버들가지로 정감과 내심을 비유하였다. 무성한 버들가지가 바람 속에 흔들리는 모습은 마치 손을 흔들며 차마 헤어지지 못하는 모습이다. 사람들은 "이별의 한에 가닥가닥 늘어져(任地離恨一條條)" 있는 마음을 기탁하였다.[153] 돈황 막고굴莫高窟 제217굴에는 성당 시기 버들을 꺾어 주는 정경이 형상적으로 그려져 있다.

버들을 꺾어 보내는 지점은 일반적으로 다리목, 나루터, 객사로 사람들이 모여 크게 행사를 여는 곳이다. 관원이 외지로 나가면 일반적으로 먼저 이별연을 열고 관역館驛까지 보낸다. 장안의 장안역長安驛은 송별의 명소였다. 사람들은 도성인 장안으로 오고가므로 모두 파교灞橋를 거치게 된다. 파교는 "이별의 장소이므로 사람들은 소혼교라 부른다.(爲離別之地, 故人呼之爲銷魂橋也.)"[154] "만세교 다리 가에서 그대를 한 번 보내면(萬歲橋邊一送君)"의 만세교는 양주揚州에 있는 다리로 절류교折柳橋라고도 부른다. 문인들은 송별 때 많은 이별시를 지었기에 당대는 「양류지楊柳枝」라는 제목의 송별시가 많았다.

---

153 雍陶, 「題情盡橋」, 『全唐詩』 권518, 中華書局, 1960년, 5,920쪽.

154 王仁裕 撰, 丁如明 輯校, 『開元天寶遺事』 卷下, 銷魂橋, 『開元天寶遺事十種』, 上海古籍出版社, 1985년, 93쪽.

3. 특색 있는 명절과 오락

당대에는 교통이 편리하여 관료와 문인들이 객지에 가거나 놀러가는 일이 많았고, 또 조정에서 장려하기도 했다. 당 현종 때는 칙령을 내려 명절에 여행하는 관원에게 경제적 찬조를 주게 하였다. 당 덕종은 788년(정원 4) 명절 기간에 "문무백관이 명승지에서 감상하며 즐기도록 해야 한다.(宜任文武百僚選勝地追賞爲樂)"고 조령을 내리면서 관직의 고하에 따라 여행비를 하사하였다. "탁지부에 시켜 명절 5일 전에 지급하게 하여 관례가 되도록 하였다.(委度支每節前五日支付, 永爲常式.)"[155] 이처럼 여행은 황제와 관청의 지지를 받았고 제도화되었다.

일부 특색 있는 명절과 오락은 문화의 일부가 되었다. 매년 봄이 되어 초목이 소생하는 계절이 돌아오면, 사람들은 곧잘 답청踏靑하러 나갔고 각종의 오락활동에 종사하였다. 장안의 "도성 남녀들은 매년 정월의 반이 지나면 각각 수레나 말을 타고 동산이나 채마밭 또는 교외에 천막을 치고 봄을 찾는 잔치를 벌였다.(都人士女, 每至正月半後, 各乘車跨馬, 供帳於園圃, 或郊野中, 爲探春之宴.)" 봄놀이 활동 중에 여인들은 "유명한 꽃을 만나면 곧 사리를 깔거나 풀 위에 앉았고, 그들의 붉은 치마에 서로 번갈아가며 꽃을 꽂아, 그 치마를 연회의 천막으로 사용하였다.(遇名花則設席籍草, 以紅裙遞相插掛, 以爲宴幄.)"[156]

봄에는 또 지극히 떠들썩한 한식절과 청명절이 있다. 매년 동지 후 105일 또는 106일이 한식이며, 바로 이어서 청명이다. 한식은 그 유래가 멀리 선진 시대로 거슬러 올라간다. 춘추시대 개자추介子推가 진 문공晉文公을 보좌했으나 상을 받지 못하자 산속으로 은거하였고, 진 문공이 산에

155 『舊唐書』 권13 「德宗紀」, 中華書局, 1975년, 366쪽.

156 王仁裕 撰, 丁如明 輯校, 『開元天寶遺事』 卷下, 探春, 『開元天寶遺事十種』, 上海古籍出版社, 1985년, 103, 97쪽.

불을 질러 그가 나오게 했으나 개자추는 나무를 끌어안고 죽었다. 그를 추념하기 위하여 개자추가 죽은 날 불을 피워 음식을 하지 못하도록 금지하였다. 당대에는 한식날을 죽은 자를 제사지내는 날로 발전시켰고, 당 현종은 "한식에 성묘하는 것은 의당 오례에 편입할 만하니 영구히 법식으로 하라.(寒食上墓, 宜編入五禮, 永爲恆式.)"고 조령을 내렸다.[157] 게다가 "한식부터 청명까지 연 4일(寒食通淸明四日)"을 법정 휴일로 정하였다. 이날 불 피우는 것이 금지되었으며, 미리 준비한 음식을 가지고 무덤에 성묘하러 갔다. 호남성 장사요長沙窯에서 발굴된 일용 자기 위에는 다음과 같이 쓰여 있다.

한식은 원래 불이 없는데도	寒食元無火,
푸른 소나무엔 안개가 끼어 있네.	靑松自有煙.
새들은 새로 자란 버들 위에서 울고	鳥啼新柳上,
사람들은 무덤 앞에서 절을 하네.	人拜古墳前.[158]

이 시를 보면 이러한 풍속이 널리 퍼져 있었음을 알 수 있다.

이어서 다가오는 청명은 조정에서 새 불씨를 관청과 민간에 새로 하사하여 붙여 주는 날로, 곧 "불이 나와 새 차를 끓이는(出火煮新茶)" 새로운 생활이 시작되는 날이다. 한식이 지난 후의 청명절 오락은 무척 풍부한데, 그중에서 계란을 조각하고 색칠하여 서로 주고받는 풍속은 아주 특색이 있다. 수대 두대경杜臺卿이 편찬한 『옥촉보전玉燭寶典』에는 다음과 같은 기록이 있다. "한식날 도시에서는 달걀로 싸우는 놀이가 있다. 고대에 부잣집의 음식으로부터 유래되었는데 '화란畫卵'이라고 한다. 오늘날에도

157 『舊唐書』 권8 「玄宗紀」, 中華書局, 1975년, 198쪽.

158 長沙窯課題組編, 『長沙窯』, 紫禁城出版社, 1996년, 147쪽.

여전히 계란에 남색과 꼭두서니로 물들이고 여기에 조각을 하여 선물로 준다.(寒食城市多鬪鷄卵之戲, 出古之豪家食, 稱畵卵. 今代猶染藍茜, 加雕鏤, 遞相餉遺.)" 이 기록은 명절 때 사람들이 공들여 조각하거나 칠한 계란을 서로 주는 아름다운 풍속을 묘사하고 있다. 계란에 조각하는 것은 시간이 많이 들면서 사치스럽고 호화로운 유희로 태종, 고종, 현종 때 모두 금지시켰다. 그러나 풍속은 계속 이어졌고 중만당 시기에 백거이는 다음과 같은 시를 썼다.

늦봄에는 어디에 가면 가장 좋을까	何處春深好,
봄이 깊어진 때 한식 맞이한 집에 가야지.	春深寒食家.
영롱하게 조각한 계란	玲瓏鏤鷄子,
꽃으로 만든 공처럼 둥그렇구나.	宛轉彩球花.[159]

한식과 청명 때 하는 그네뛰기는 당대에 성행하였다. 그네는 채색의 줄을 매달아 걸므로 그네뛰기를 채색彩索 또는 채승彩繩이라고도 불렀다. 매년 한식이 되면 당 현종은 사람들에게 궁중 안에 "다투어 그네를 걸게 하고는 궁녀와 비빈들에게 웃으며 놀게 하여 연회로 삼았다. 현종이 '반선지희半仙之戲'라 불렀기에 도성의 사람들도 그렇게 불렀다.(競竪鞦韆, 令宮嬪戲笑, 以爲宴樂. 帝呼之爲半仙之戲, 都中士民因而呼之.)"[160] 두보杜甫가 769년(대력 4) 청명절에 담주潭州(지금의 장사長沙)를 유력할 때 "10년 동안 축국을 하며 아들과 멀리 왔는데, 만 리 멀리에서도 그네타기 습속은 한가지로다.(十年蹴鞠將雛遠, 萬里鞦韆習俗同.)"[161]라고 읊은 데서 알 수 있듯

159 白居易, 「和春深二十首」.

160 王仁裕 撰, 丁如明 輯校, 『開元天寶遺事』 卷下, 半仙之戲, 『開元天寶遺事十種』, 上海古籍出版社, 1985년, 88쪽.

161 杜甫, 「淸明二首」, 『全唐詩』 권233, 中華書局, 1960년, 2,577쪽.

이 그네는 전국적인 놀이였다. 그네를 뛸 때 사람들은 화려한 옷을 입고 높이 올라가기 때문에 아래에서 보면 구름 속에 있는 것과 같아 보인다. 특히 치마가 예쁜 여인은 "구름 사이에 그네 뛰는 여인이 지나가(雲間影過鞦韆女)" 마치 선녀가 공중에서 춤을 추는 듯하다. 어떤 사람은 달빛이 비치는 밤중에 뛰기 때문에 자연의 아름다움과 어울려 "꽃은 희미한 달에 싸여 있고 대숲은 안개에 싸여 있는데, 백 척 긴 줄이 땅을 스치며 걸려 있네.(花籠微月竹籠煙, 百尺絲繩拂地懸.)"와 같은 광경을 만들어 낸다.[162] 만약 깊은 밤 빗속에서 그네를 탄다면 "밤 깊이 그네 줄에 비스듬히 기대니, 누각은 흐릿하게 안개비 속에 있어라.(夜深斜搭鞦韆索, 樓閣朦朧煙雨中)"와 같은 시정화의詩情畫意가 풍부한 정경이 만들어질 것이다.[163] 송대의 한식과 청명의 풍속은 당대와 대체로 같으며, 다만 당대는 한식에 성묘하러 가고 청명에는 가지 않았지만, 송대에는 청명절에 "새로 만든 분묘에 이날 청소하고 절했다.(凡新墳皆用此日拜掃.)"[164]

당대에 흥기한 기마騎馬 격구擊毬는 특수한 운동이다. 마구馬毬는 페르시아에서 기원했으며, 늦어도 당대 초기에 이미 중국에 전파되었다. 당 태종은 신하들에게 다음과 같이 말했다.

> 듣자하니 티베트 사람들이 타구打毬를 좋아한다는데, 최근에 연습하라고 영을 내리고, 일찍이 한 번 관람하였다. 저번에 승선루에서 호인들이 거리에서 타구하며 짐에게 보여 주고자 하였다. 호인들은 아마도 짐이 좋아하는 줄 알고 나를 위해 열심히 내달렸다. …… 나는 스스로 경계하기 위해 이 공을 불태웠다.(聞西蕃人好爲打毬, 比亦令習, 曾一度觀之. 昨昇仙樓有群胡, 街裏打毬, 欲令朕見. 此胡疑朕愛此, 騁爲之. …… 焚此毬以自

162 元稹, 「雜憶五首」, 『全唐詩』 권422, 中華書局, 1960년, 4,643쪽.

163 韓偓, 「寒食夜」, 『全唐詩』 권683.

164 孟元老 撰, 李士彪 注, 『東京夢華錄』 권7, 山東友誼出版社, 2001년, 67쪽.

誡.)[165]

이 기록을 보면 당시에 그리 흥성하지 않았고 다만 호인들 사이에서만 유행했음을 알 수 있다. 당대 장안성 안에는 외국 사절과 객상이 많이 있어 중앙아시아와 서아시아의 습속을 많이 가져왔고, 날로 호화胡化되는 생활에서 마구도 점차 수용되었다. 당 중종이 "격구를 좋아하였기에 이로부터 격구를 숭상하는 풍속이 생겼다.(好擊毬, 由是風俗相尙.)"[166] 당대의 여러 분묘에서 기마 격구용擊毬俑이 출토되었다. 장회태자 이현李賢(654-684) 묘, 절민태자 이중준李重俊(?-707) 묘 벽화에는 「마구도馬毬圖」가 그려져 있다. 또는 사람들이 축국 채를 들고 옷을 차려입고 출발을 기다리는 장면이나 격렬한 경기 장면이 그려져 있기도 하다. 마구는 단체 대항 운동으로, 경기는 두 팀으로 나누어 상대의 문에 공을 쳐서 넣는 팀이 이긴다. 타구할 때 타는 말은 꼬리를 매듭지어 서로 엉키는 것을 방지하였다. 마구는 '단단하고 둥글며 깨끗하고 부드러운(堅圓淨滑)' 채구彩毬를 사용하며, 채는 머리가 초승달처럼 굽었고 길이가 수 척尺이다. 경기장은 평탄하며 구장을 미끄럽게 하기 위해 당 중종 때는 "부마 무숭훈과 양신교가 기름을 뿌려 구장을 만들었다.(駙馬武崇訓·楊愼交灑油以築毬場.)"[167]

당 황실 팀은 일찍이 실력이 뛰어난 티베트 팀과 경기하여 연전연패 당하였다. 나중에 임치왕臨淄王 이융기李隆基(나중의 현종)가 네 명을 이끌고 출전하여 열 명의 티베트 팀과 싸워 이겼다.[168] 말을 타고 달리면서 격구하는 것은 상당히 격렬하고 위험하여 사상자가 자주 나왔다. 당 현종 때 "일찍이 궁중에서 격구를 하다가 영왕榮王이 말에서 떨어져 즉사하였

---

165 封演 撰, 趙貞信 校注, 『封氏聞見記校注』 권6, 打毬, 中華書局, 2005년, 53쪽.

166 『資治通鑑』 권209, 唐紀25, 中宗 景龍二年, 中華書局, 1956년, 6,624쪽.

167 위의 책.

168 封演 撰, 趙貞信 校注, 『封氏聞見記校注』 권6, 打毬, 中華書局, 2005년, 53쪽.

다.(嘗三殿打毬, 榮王墮馬閃絕.)" 격구는 뛰어난 기마술을 요구할 뿐만 아니라 기지와 용기도 필요하며, 경기 중에 팀의 협조와 전술도 필요하기에 처음에는 군중에서 시작되었지만, 군대를 훈련하는 종목으로 전개되었다. 각 군에서는 장수와 사졸 가운데 격구의 고수가 많았다. 중앙의 금군에서도 좌우 신책군神策軍에서 격구가 가장 성행했고, 자주 경기하였기에 황제도 자주 관람하였다. 일부 황제는 마구 운동에서 매력을 느껴 크게 도취되기도 하였다. 당 선종唐宣宗은 공중에서 공을 백 번을 쳐도 떨어뜨리지 않을 수 있었고, 당 경종唐敬宗은 이경(밤 9~11시)이 되도록 격구를 하는 때가 많았다. 824년(장경 4) 소현명蘇玄明과 장소張韶가 100여 명의 사람을 이끌고 좌은대문左銀臺門으로 들어가 모반을 일으켰을 때도 경종은 격구를 하고 있었다.[169] 희종僖宗은 자부하며 말하기를, 만약 격구 치는 것으로 과거시험을 보았다면 자신이 장원에 급제했을 것이라 했다. 황제와 군인이 기마 격구를 좋아했을 뿐만 아니라 일부 문인도 채를 휘두르며 경기장에 등장하였다. 장안성 안의 태극궁 승향전承香殿과 대명궁 동내원東內苑에 모두 구장이 있었다. 시인 장적張籍은 「한식날 궁중 연회(寒食內宴)」에서 "궁전 앞 향내 나는 기수들이 날아가는 공을 쫓고(殿前香騎逐飛毬)"라는 시구를 남겼다. 여러 지방에서도 자주 임시용 구장을 만들었다. 장안 대명궁 서벽 밖의 전당 유적지에서 출토된 비석에도 "함광전 및 구장 등을 대화 신해년 을미일에 세움(含光殿及毬場等, 大唐大和辛亥歲乙未日建)"이라 새겨져 있어, 전문적으로 구장을 세운 곳으로 여겨진다.

당대 이후에도 기마 격구는 계속 유행하였다. 내몽골 아오한기(敖漢旗) 요대遼代 묘 벽화에 말을 타고 채를 휘두르며 격구를 하는 긴장된 장면이 그려져 있다. 오대 후촉後蜀의 화예부인花蕊夫人(883-926)은 「궁사宮詞」에서 다음과 같이 묘사하였다.

---

169 『資治通鑑』 권243, 唐紀59, 穆宗 長慶四年, 中華書局, 1956년, 7,836쪽.

궁녀들이 격구 치기를 배운 뒤 自教宮娥學打毬,
옥안장에 오르니 허리가 버들처럼 유연해라. 玉鞍初跨柳腰柔.
알고 보니 관람석에 황제가 있으니 上棚知是官家認,
첫 번째 경기에서 반드시 이기려 하는구나. 遍遍長贏第一籌.

이 시를 보면 여인들도 기마 격구에 참여했음을 알 수 있다. 송대 기마 격구는 '군중희軍中戲'로 간주되었는데, 태종은 이를 '군중예軍中禮'로 승격시켜[170] 매번 대형 전례가 있으면 격구 시합을 하게 하였다. 송대 사람들은 구장과 경기 규칙에 대해 상세히 기록하였다. 당시에 통상적으로 문이 두 개 있었으며, 공은 목제로 만들며, 주먹만 한 크기로, 표면은 칠하지 않고 그대로 두거나 칠을 하거나 그림을 그렸다. 공이 문에 들어가면 산가지를 얻게 되며, 먼저 산가지 세 개를 얻은 편이 이긴다. 명대 초기까지 여전히 기마 격구 운동이 있었다. 중서사인 왕불王紱은 영락제 주체朱棣(재위 1402~1424)를 모시고 기마 격구를 관람하고 「단오날 기마 격구를 관람하고 시연하며(端午賜觀騎射擊毬侍宴)」란 시를 지었다.

기마 격구의 격렬한 운동과 비교할 때, 지력으로 싸우는 바둑은 문인과 민중의 사랑을 더욱 많이 받았다. 바둑은 격자 선이 가득 깔린 네모 판 위에 두 사람이 각기 흑돌과 백돌을 잡고 싸우는 유희이다. 계산과 기교로 싸우는 동시에 풍부한 사상적 의미까지 내포하고 있으며, 심지어 일종의 예술적 경지까지 가지고 있다. 비록 바둑이 만들어진 역사가 오래되었지만, 흥성한 때는 당대이며, 황제 옆에 전문적으로 '기대조棋待詔'를 설치했으며, 중앙 내시성內侍省 액정국掖庭局의 '궁교박사宮教博士' 가운데 전문적으로 궁인들에게 바둑을 가르치는 사람이 있어, 바둑을 이처럼 중시한 적은 없었다. 당 고조는 "싫증도 피로도 잊고 밤을 새우고 날을 이어

170 『宋史』 권24 「禮志」, 中華書局, 1985년, 2,841쪽.

서(通宵連日, 情忘厭倦.)" 바둑을 두었다.[171] 섬서성 삼원현三原縣에서 631년(정관 5)에 묻힌 회안정왕 이수李壽의 묘 석곽에 그려진 「시녀도侍女圖」에는 일상생활의 모습이 나타나 있는데, 그중에 두 시녀가 바둑판과 바둑돌 함을 들고 있다. 당 현종이 한림기대조翰林棋待詔를 설치한 후, 유명한 국수國手가 나왔는데, 한림대조 왕적신王積薪은 스스로 천하무적이라 하였다. 당대에는 또 유명한 기보棋譜가 전해졌는데, 역사서에서는 '일자해쌍정一子解雙征(돌 하나로 양쪽의 공격을 물리침)'이라고 한다. 전하는 말에 따르면 선종宣宗(재위 847-859) 때 제일가는 고수 고사언顧師言과 당나라를 방문한 일본 왕자 사이의 대국을 남긴 것이라고 한다.[172]

문인 사대부에게 있어 바둑은 중요한 수양 가운데 하나였다. 두보杜甫는 바둑으로 소일하였다고 한다. 사람들은 일반적으로 바둑에 심취하며, 친구를 사귀고 교제하는 수단으로 이용하기도 한다. 돈황에서 발굴된 『유마힐강경문維摩詰講經文』에 "바둑을 두는 곳에서 곧잘 사람을 깨우친다.(若至博奕戲處, 輒以度人.)"고 기록하였다. 즉 유마힐은 바둑 두는 기회를 이용하여 관전하는 사람들에게 설법을 베풀어 깨우쳤다는 것이다. "처음에 한림대조 왕비王伾는 서예를 잘하였고, 산음 왕숙문王叔文은 바둑을 잘 두었는데 모두 동궁을 드나들면서 태자를 즐겁게 하며 보좌하였다.(初, 翰林待詔王伾善書, 山陰王叔文善棋, 俱出入東宮, 娛侍太子.)"[173] 이 기록을 보면 왕숙문은 바둑으로 태자의 총애를 받게 되고 정치 중심으로 들어갈 수 있었다.

당대에 바둑은 민간에 널리 전파되었다. 국수 왕적신王積薪이 한 번은 여사旅舍에 묵었는데 밤중에 "주인 할멈이 옆방의 여인을 부르더니 '밤을 보내기 지루한데 바둑 한 판 두지'라는 소리를 들었다.(聞主人媼隔壁呼其

171 『舊唐書』 권57 「裴寂傳」, 中華書局, 1975년, 2,286쪽.
172 『杜陽雜編』, 『叢書集成初編』, 『學津討原』에 근거한 배인본.
173 『資治通鑑』 권236, 唐紀52, 德宗 貞元十九年, 中華書局, 1956년, 7,602쪽.

그림 13-2 당대 투루판 묘에서 출토된 「바둑 두는 여인」.

婦曰: '良宵難遣, 可棋一局乎')" 두 여인은 말로 바둑을 두는 맹기盲棋를 시작하였고, 왕적신은 이를 암기해 두었다. 날이 밝자 왕적신이 복기를 해 보니 두 여인의 바둑이 초절 고수의 수준이라 깜짝 놀랐다.[174] 투루판 아스타나(阿斯塔那) 당대 분묘에서 출토된 병풍의 비단 그림 「바둑 두는 여인」은 진지한 모습의 여인이 중지와 식지 사이에 바둑돌을 끼고 놓으려고 하는 모습을 그렸다. 당대 바둑 두는 장면을 그린 귀중한 그림이다.(그림 13-2) 장안의 청사전淸思殿이나 장안성 안의 우물 등을 비롯하여 수당 시대 묘에서 바둑 도구들이 여러 차례 출토되었다. 실제 어떤 주군州郡에서는 바둑 도구를 궁중에 공납하기도 하였다.[175]

고아한 지혜의 오락인 바둑은 도구 제작에 있어서도 아주 정교하였다. 하남성 안양安陽의 수대 장성張盛의 묘에서 출토된 바둑판은 백자로 구워진 것으로, 당시 북방 자기가 일어난 지 오래지 않은 때라 진귀한 유물에 속한다. 더욱 정교한 유물은 일본의 견당사遣唐使가 중국에서 가져간 '나무에 그림 있는 자단 바둑판(木畵紫檀棋局)'으로, 지금 일본의 정창원正倉院에 소장되어 있다. 황양黃楊과 흑단黑檀으로 제작했으며, 상아와 금박으로 상감하여 새·짐승·인물의 도안을 붙여 넣었다. 정창원에는 또 '상아 조각(象牙拔鏤)' 공예로 제작한 바둑알이 소장되어 있다. 하얀 상아로 만든 바둑알로 표면은 청색과 홍색 두 가지 칠을 한 후 꽃가지를 물고 날아가는 새를 조각하여 상아의 바탕색인 흰색이 드러나게 함으로써, 바둑알이 청백 또는 홍백으로 선명하게 대비되어 보이게 하였다. 섬서성 부풍扶風의 법문사法門寺에서 출토된 당대 은제 향보자香寶子에는 신선이 바둑을 두는 장면이 참각鏨刻되어 있다. 이처럼 기물, 회화, 장식에 나타난 바둑 관련 장면이나 실물은 수를 헤아리기 어려울 정도로 많다.

---

174 李肇 撰, 『唐國史補』 卷上, 王積薪聞棋, 上海古籍出版社, 1979년, 18쪽.

175 杜佑 撰, 王文錦 等點校, 『通典』 권6, 食貨6, 中華書局, 1988년, 119쪽. "敦煌郡貢碁子二十具". 『新唐書』 권40 「地理志」, 中華書局, 1975년, 1,045쪽.

당대에는 바둑판을 나무 그늘 아래 돌 위에 새겨놓고 길 가는 사람들이 수시로 대국할 수 있었다. 유종원柳宗元(773-819)은 유주柳州에서 쓴 글에서 신선이 바둑을 둔 산에 대해 기록하였다. "산 위에 돌 바둑판을 볼 수 있는데, 검은 표면에 붉은 혈맥으로 열여덟 줄이 나 있어 바둑을 둘 수 있다.(得石枰於上, 黑肌而赤脈, 十有八道, 可弈.)"[176] 이들 기록과 문물에서도 바둑이 수당 시대에 발전하고 성숙했음을 보여 준다. 비록 유종원이 말한 것은 열여덟 줄 바둑판이지만, 안양 수대 장성張盛의 묘, 투루판 아스타나 206호 분묘, 만현萬縣 초당 염인재冉仁才 부부 합장묘, 일본 정창원에서 소장한 바둑판 등에서 이미 열아홉 줄 바둑판이 성행했음을 증명해 주고 있다. 정방형에 열아홉 줄 가로와 세로의 바둑판은 지금까지 줄곧 전해져 왔다.

바둑은 일부 사람들의 운명에도 영향을 주었다. 바둑의 기예에 대해 깊이 아는 사람은 바둑을 목숨처럼 아꼈으며 바둑 두기가 습벽이 되었다. 재상 영호도令狐綯(802-879)가 이원李遠을 항주자사로 추천하자 당 선종이 말했다. "짐이 듣자하니 이원의 시에 '청산에 있으면 술이 천 잔이라도 싫증나지 않고, 대낮에는 오로지 바둑 한 대국으로만 보낸다'는 구절이 있는데, 이처럼 한산한 사람이 어찌 군에서 백성들을 다스린단 말인가?(朕聞遠詩有'青山不厭千杯酒, 白日惟銷一局棋.' 是疏放如此, 豈可臨郡理人?)"[177] 이처럼 이원은 바둑에 대한 애호 때문에 승진의 기회를 잃을 뻔하였다. 태종 때 대리승大理丞이었던 장온고張蘊古는 옥중에서 범인과 바둑을 두었던 것이 참수를 당한 원인 가운데 하나가 되었다.[178] 그러나 바둑은 풍부한 학문을 품고 있어 사람들의 고아한 성정을 배양하였다. 왕건王建(767-830)은 「밤에 미인이 궁기를 두는 것을 보고(夜看美人宮棋)」에서

---

176 柳宗元, 「柳州山水近治可遊者記」.

177 辛文房 撰, 徐明霞 校點, 『唐才子傳』 권7, 遼寧教育出版社, 1998년, 86쪽.

178 『舊唐書』 권50 「刑法志」, 中華書局, 1975년, 2,139쪽.

다음과 같이 노래했다.

궁기의 포석은 원칙을 따르지 않아	宮棋布局不依經,
뚜렷한 흑백 바둑알이 자주 멈추는구나.	黑白分明子數停.
옥 모래를 몰아드니 은하수가 밝아 오는데	巡拾玉沙天漢曉,
아직도 직녀성 두셋이 남아 있구나.	猶殘織女兩三星.

위 시는 당시 바둑은 경전에 따라 둘 수 있음을 말하고 있으며, 바둑판과 바둑알을 거대한 우주에 비유하였다. 일본 정창원에 소장된 '뽕나무에 그림 있는 바둑판(桑木木畵棋局)'은 여러 조각의 뽕나무를 합쳐 바둑판을 만들었는데, 목재의 결이 아주 뚜렷하고 각 무늬의 굴곡은 마치 구름이 흐르고 강물이 흐르듯 자연스럽다. 이는 고인이 바둑 둘 때의 "고요하기는 맑은 밤 늘어선 별들과 같은데, 움직이면 마치 혜성이 날아가는 듯하다.(靜若淸夜之列宿, 動若流彗之互奔.)"라든지 "배회하던 학이 날아가고, 들쭉날쭉한 꼬리의 제비가 솟구친다.(徘徊鶴翔, 差池燕起.)"는 표현과 서로 맞아떨어진다. 나무를 붙이고 상감하여 만든 바둑판은 목재 재료로서는 육중하고, 바둑알이 판에 떨어질 때 나는 소리는 맑고 가벼워 바둑 둘 때의 아취를 더한다. "양편이 마주 앉아 말이 없는데, 진종일 때때로 들리는 바둑 놓는 소리(兩邊對坐無言語, 盡日時聞下子聲)"[179]와 같이 바둑알 놓는 소리로 미묘한 시구를 만들기도 했다.

기보棋譜의 보급으로 인해 바둑을 가지고 세상사를 비유하는 어휘가 등장하였다. 두보는 안록산의 반란 후 세상의 변고를 말하면서 "듣자하니 장안은 바둑판과 같아, 100년의 세상사에 슬픔을 이기지 못할레라.(聞道長安似奕棋, 百年世事不勝悲.)"라고 탄식하였다. 백거이는 장안의 형국을

179 王建, 「看棋」, 『全唐詩』 권301, 中華書局, 1960년, 3,432쪽.

“백천 가호 집안이 마치 바둑 형국 같구나.(百千家似圍棋局)”라고 하였다. 더욱 많은 경우는 바둑을 병법에 비유하는 것이다. 오대강吳大江은 「기부棋賦」에서 다음과 같이 말했다.

> 장군이 변경을 나가는 것과 같고, 용맹한 병사가 전선에 임하는 것과 같다. 나아가는 모습은 까마귀가 모이고 구름이 퍼지고 진영이 모이고 병력이 연결되는 것과 같다.(似將軍之出塞, 若猛士之臨變. 及其進也則烏集雲布, 陳合兵連.)

원진元稹은 “지략을 운용하는 것은 바둑에 의지한다.(運智托圍棋)”고 하였다.[180] 송대 도시에서는 찻집이 흥성하였는데, 바둑 도구를 갖추어 고객들이 사용하게 하였다. 바둑은 이론에 있어서도 발전하여 『기경棋經』과 같은 전문서가 등장했다. 바둑의 기예도 구품九品으로 나누었다. “첫째는 입신, 둘째는 좌조坐照(관조), 셋째는 구제具體, 넷째는 통유通幽, 다섯째는 용지用智, 여섯째는 소교小巧, 일곱째는 투력鬪力, 여덟째는 약우若愚, 아홉째는 수졸守拙이다.(一日入神, 二日坐照, 三日具體, 四日通幽, 五日用智, 六日小巧, 七日鬪力, 八日若愚, 九日守拙.)” 문화적 의미가 충만한 비유를 통해 바둑으로부터 중국 문화의 특징을 이끌어 내었다.

180 元稹, 「酬翰林白學士代書一百韻」, 『元稹集』 권10, 中華書局, 1982년, 116쪽.

제3절

여성의 사회적 역할

1. 여성의 행동 방식

중국 고대 여성에 대한 연구에 있어서 중요한 문제는 천 년 동안 여성의 지위가 '상승'했느냐 또는 '하강'했느냐는 추세를 그려내는 데만 있지 않다. 전통사회에서 가정 '안'과 '밖' 역할 사이의 관계, 즉 가족 안에서의 피동적이고 순종적인 지위와 참여하고 결정할 수 있는 지위의 관계, 현실생활에서 받는 제한과 적극적이고 능동적인 역할 사이의 관계 등은 우리들이 더 고찰해야 할 가치가 있다.

"여자의 바른 자리는 안에 있고, 남자의 바른 자리는 밖에 있다. 남자와 여자가 바른 자리에 있는 것이 천지의 대의大義이다.(女正位乎內, 男正位乎外. 男女正, 天地之大義也.)" 『주역』「가인家人」에 나오는 이 단사彖辭의 내용은 고금에 걸쳐 수없이 인용되었다. '안'과 '밖'의 범위와 관계에 대한 문제는 현대 학자들이 지속적으로 관심을 기울였다.[181] 집의 '문'을 경계

181 예를 들어 Ebrey, Patricia B., *The Inner Quarters: Marriage and the Lives of Chinese Women in the Sung Period.* Berkeley: University of California Press, 1993; 劉靜貞, 「女無外事? —墓志碑銘中所見之北宋士大夫社會秩序理念」, 『宋史研究集』 제25집, 臺北: 國立編譯館 1995년판, 95-142쪽; Ko, Dorothy, *Teachers of the Inner Chambers : Women and*

로 안팎을 나눈 것은[182] 중국 고대에 있어 뚜렷한 사회적 의의가 있다. 문은 가족과 사회의 경계이자 동시에 양자의 접촉점이고 연결 고리이다.[183] '안, 밖'은 원래 공간 개념이지만, 여기에 남녀의 성별을 대응시키게 되면 곧 관념 속의 내외 구별이 연결되고, 도덕 문화의 함의가 드러나게 된다. 그러므로 안팎 사이의 구분은 결코 간단한 방위 문제나 역할 분담 문제로 한정될 수 없으며, 깊은 층차의 의식과 관련되며, 윤리 질서와 '바른 자리'의 관계, '가정을 바르게 한다(正家)'와 '천하를 다스린다(治天下)'의 관계 등과 관련된다. 사실상 가족제도와 사회구조는 밀접한 관계가 있다. 당송 시기에는 예교禮敎, 가장제家長制, 가족 조직 등이 날로 엄밀해진 때로, 이러한 기본적인 환경이야말로 여성의 사회적 역할과 사회적 지위의 변화를 결정했다. '안'과 '밖'의 구분 문제의 중요성은 바로 이러한 전체적인 배경 아래에서 일어난다.

2. 개방적인 당대 여성

당송 시기의 여성은 '남자는 밖을 주관하고 여자는 안을 주관한다(男主外, 女主內)'는 근 배경 아래, 자강불식自强不息하고 후덕재물厚德載物하는 정신 풍모,[184] 적극적이고 진취적인 인생 태도로 중국 역사에서 색채가 선명한 한 페이지를 기록하였다. 사인 가정에서의 여성은 문화 수양이 비

Culture in Seventeenth Ccentury China, Stanford: Stanford University Press, 1994; 「'空間'與'家'—論明末淸初婦女的生活空間」, 『近代中國婦女史』 제3기, 299쪽, 臺北: 中央硏究院 近代史所, 1995년 8월.

182 여성에 있어서 그 활동 범위는 심지어 '중문' 안으로 제한된다.

183 劉增貴, 「門戶與中國古代社會」는 공간 통로, 그룹 분할, 사회 표징 등 세 가지 각도로 이에 대해 서술하였다. 『中央硏究院歷史語言硏究所集刊』 제68本 제4分, 1997년, 817-819쪽.

184 鄭必俊, 「對中國古代婦女立世精神的幾點思考」, 『北京大學婦女問題第三屆國際硏討會論文集』, 北京大學婦女問題硏究中心, 1994년, 1-17쪽.

교적 높아, 그들 중 많은 사람이 가족 내에서 남편을 돕고 아이를 가르치고, 집안일을 관리하고, 건물의 증개축이나 이웃의 진제賑濟 등 공익활동에 참여하거나 조직하는 등 여러 가지 방식으로 자신의 사회적 가치를 실현하였다. 하층 노동계층의 여성은 생활의 필요에 따라 직접적으로 외부 세계와 대면할 필요와 기회가 많았고 관청과 사회에 더 많이 접하였다.

어떤 학자는 중국 고대 여성 가운데 당대에 살았던 여성은 비교적 행운이라고 보았다.[185] 그녀들 가운데 중국 역사에서 유일하게 여자 황제가 된 무측천武則天이 있어 당대 전기의 궁정 여성에 큰 영향을 미쳤다. 그들 중에는 삽상하고 빼어난 자태에 '쪽을 드러내고 말을 달리는(露髻馳騁)' 멋진 여성이 있는가 하면, 답청하며 명승지를 둘러보는 '화려한 비단에 어우러진 꽃(簇錦攢花)'[186]과 같은 장안의 미인들이 있었다. 당대 문학작품에 나타나는 이 화려한 화권畵卷은 사람들에게 잊지 못할 인상을 남긴다.

3. 무측천

당대는 궁정 여성들의 정치 참여가 빈번하고 활발한 시기이다. 무측천武則天(624-705)은 바로 이러한 여성 가운데 가장 탁월한 대표이다.[187] 7세기 후반의 역사에서 그녀는 중국을 근 50년 동안 다스렸다.

655년(영휘 6) 당 고종(재위 649-683)이 황후로 책립한 무측천은 결코 공손하며 '어질고 내조하는(賢內助)' 여성이 아니라 독립적인 정치 인물이었다. 현경 연간(656-661) 이후 고종이 "어지럽고 머리가 무겁고 시력

185 高世瑜, 『唐代婦女』 제1장 「唐代婦女社會面貌概說」, 三秦出版社, 1988년.

186 庾肩吾, 「少婦遊春詞」, 『全唐詩』 권494, 中華書局, 1979년, 5,601쪽.

187 '武則天'은 오늘날 부르는 武曌에 대한 명칭이다. 이 칭호 방식은 무씨가 마지막에 받은 황제 칭호인 '則天大聖皇帝' 및 시호 '大聖則天皇后'에서 기원했다. '則天大聖皇帝'는 사실상 무측천이 퇴위를 당하고 난 뒤에 받은 칭호이지 재위 때의 칭호가 아니다.

이 보이지 않게 되자(苦風眩頭重, 目不能視)" 무측천은 자신의 정치적 재능을 마음껏 펼쳤다. "온갖 공무와 상주해 올라온 일에 대해 주상은 황후에게 결재하게 하였다. 황후는 성정이 총명하고 민첩하였으며 문사를 섭렵하였기에 일의 처결이 모두 황제의 뜻에 맞았다. 이로부터 정사를 맡기기 시작하였고 그녀의 권력이 주상과 함께 나란히 높아졌다.(百司奏事, 上或使皇后決之. 后性明敏, 涉獵文史, 處事皆稱旨. 由是始委以政事, 權與人主侔矣.)"[188] 몇 년 동안 정치무대에서 활약하면서 그녀의 권세가 날로 높아졌다.

> 주상이 매번 정사를 돌봄에 있어 황후가 뒤에서 수렴청정하면서 크고 작은 정사를 가리지 않고 듣게 되었다. 천하의 대권이 모두 중궁으로 돌아가 승진과 강등, 죽고 살아남이 모두 그녀의 입에서 결정되었고, 천자는 팔짱을 끼고 있을 뿐이었다. 궁중의 안팎에서 그들을 '이성(두 성인)'이라 불렀다.(上每視事, 則后垂簾於後, 政無大小皆與聞之. 天下大權, 悉歸中宮, 黜陟·生殺, 決於其口, 天子拱手而已. 中外謂之二聖.)[189]

674년 무측천은 표문을 올려 열두 가지 일을 건의하였다. 그 주요한 내용은 농잠을 권장하고, 전쟁을 멈추고, 요역과 조세를 경감하고, 언로言路를 열고, 교화敎化를 강화하는 것이었으며, 상복喪服과 예제禮制 중에 모친의 지위를 높이고, 또 중하층 관원 및 공훈을 세운 관리의 이익을 보장하는 것 등이었다. 이러한 공개적이고 정면적인 건의는 무측천이 시세

188 『資治通鑑』 권200, 唐紀16, '顯慶五年十月', 中華書局, 1982년, 6,322쪽.

189 『資治通鑑』 권201, 唐紀17, '麟德元年十二月丙戌', 6,343쪽. '二聖'이란 설은 북조에서 유래한 지 오래되었다. 北魏 文明太后와 孝文帝, 靈太后와 孝明帝는 모두 '이성'으로 합칭하였다. 수 문제 때 궁중에서도 獨孤皇后와 隋文帝를 병칭하여 '이성'이라 하였다. 무측천이 정치에 참여하면서 역시 이러한 길로 가기 시작하였다.

를 파악한 기초 위에서 인심을 얻은 것으로, 그녀가 현실을 파악하는 능력과 독자적인 정치적 안목이 있었음을 나타낸다.

고종이 사망한 후 무측천은 수렴청정을 달가워하지 않았기에 몇 년간의 준비 끝에 먼저 '성모신황聖母神皇'으로 부르게 하고, 이어서 690년(재초 1) 당나라를 주周나라로 바꾸고 제위에 올라 일대의 여황제가 되었다. 그녀는 능숙하게 백성들의 신앙을 이용하여 여론을 만들고 정치 수완을 부려 상황을 만들어 나갈 줄 알았다. 무측천이 통치하는 기간에 내외 정책 방면에서 여러 비범한 성과를 만들어 내었다. 안서 사진安西四鎭을 수복하였고, 과거제를 추진하여 인재를 뽑았고, 서족庶族 사인이 참정하게 했으며, 민생 안정을 중시하였다. 이러한 여러 가지 결과는 '여인 중의 영명한 군주(女中英主)'란 칭호가 헛되지 않게 하였다. 그녀의 칭제에 대해 엄격한 비판적 태도를 취한 사마광이라 할지라도 『자치통감』에서 육지陸贄(754-805)의 의견에 찬동하면서 다음과 같이 말하였다.

> 태후는 비록 권력을 남용하여 천하의 인심을 얻었지만, 직무를 제대로 수행하지 못하는 자는 곧 축출하거나 형벌을 가하였다. 처벌과 보상의 수단으로 천하를 통치하였다. 정치적 판단은 자신이 내렸고 상황을 잘 살피고 판단을 잘하였다. 그러므로 당시의 뛰어난 사람들이 다투어 임용되고자 하였다.(太后雖濫以祿位收天下人心, 然不稱職者, 尋亦黜之, 或加刑誅. 挾刑賞之柄以駕御天下, 政由己出, 明察善斷, 故當時英賢亦競爲之用.)[190]

무측천은 여성 특유의 우세에 의지하고, 황후 또는 태후의 신분에 의지하고, 자신의 재략과 수단에 의지하여, 한 걸음씩 권력의 정점으로 올라갔다. 남권 통치의 시대에 이는 천하를 크게 거스르며 세상을 놀라게 한

---

190 『資治通鑑』 권205, 唐紀21, '長壽元年正月', 6,478쪽.

사건이라 할 수 있다. 이 일이 성공할 수 있었던 것은 개인이 분투한 결과이지만, 동시에 전적으로 개인에 달려 있었다고도 할 수 없다. 달리 말하면 우연성도 있지만 완전히 우연으로 돌릴 수만도 없다. 당대 사회는 중국 고대에서 특유의 개방적인 풍기로 유명하거니와 형형색색의 사조와 풍습이 하나로 융합되었다. 북조 사회 분위기의 영향, '호족胡族'과 주변 국가의 문화 풍습, 날로 깊어가는 불교의 영향 등은 모두 전통 예교에 강력한 충격을 주었다. 무측천의 등극은 바로 이들 조건과 분리될 수 없다. 그녀는 자신이 제왕의 처이자 제왕의 어머니라는 신분과 기회를 충분히 이용했다. 그녀의 성공은 어떤 의미에서는 중국 전통사회의 '가정'과 '국가'가 밀접히 관련되는 질서와 권력 형태에서 이익을 보았다고 할 수 있다. 황후와 태후로 있는 동안 무측천은 각종 상징적인 수단을 적극적으로 이용하여 여성의 지위를 높였다. 그리고 그녀가 황제가 된 후에는 반대로 여성을 존중하는 어떠한 조치도 추진하지 않았다.[191] 그녀는 여성이 황제가 된 일로 주목을 받았지만, 또 여성으로써 안팎의 형국 속에 있는 위치 때문에 곤경에 처하였다. 그녀는 당나라 이씨李氏의 황후와 태후라는 신분에 의지하여 황권에 가까이 다가갔지만, 또 후계자 문제에서 최종적으로 이러한 신분에서 벗어날 수 없어 깊이 고뇌하였다. 무측천은 남녀 지위의 구조적 틀을 깨뜨릴 힘도 심지어 의도도 없었다. 그녀가 힘써 모방한 것은 남성 제왕의 행태였지 여성 황제 특유의 형상을 수립하려고 한 것이 아니었다. 때문에 그녀가 개인적인 권력을 획득하는 데 성공했다는 점이 여성 전체의 지위 향상을 의미하지는 않는다.

191 陳弱水, 「初唐政治中的女性意識」, 北京大學'唐宋婦女史與歷史學'國際研討會論文集 『唐宋女性與社會』, 上海辭書出版社, 2003년, 659–695쪽.

4. 문 안팎에서의 여성의 활동

오늘날까지 고고 발굴 자료가 계속 나타난 결과[192]와 여성사女性史 연구 영역의 확대에 따라 우리들은 당대 평민 여성의 생활 현실을 더 핍진하게 알 수 있게 되었다. 그녀들이 담당한 사회적 역할에 대해서도 더욱 깊이 있게 이해할 수 있게 되었다.

고고 발굴로 나타난 벽화, 백화帛畵(비단 그림), 용俑, 묘지명, 출토 문서 등 진귀한 문물은 여성의 모습을 생생하게 보여 준다. 연구자들은 이들 자료를 통해 당시 생활 상황을 점차 이해하게 되었다. 그녀들이 살아간 환경, 그녀들이 한가히 있거나 일하고 있는 자태, 그녀들의 복식과 장식, 그녀들의 신앙과 기대, 그녀들의 기호와 오락 등이 모두 유물들 속에 얼마간 반영되어 있다. 게다가 우리는 그녀들이 가정의 문과 담장 안에서만 활동했던 것이 아니라 외부 세계와도 다방면으로 접촉했음을 볼 수 있다.

당대 서북의 변경인 서주西州(지금의 신강 투루판 일대)의 상황을 예로 들면, 100여 건의 호적·명단·전답 장부에서 당시의 여성 호주인 '대녀大女'를 언급한 것을 자주 볼 수 있다. 그녀들은 가정의 생계를 지탱하고, 조세의 책임을 일부 지며, 힘들고 의지할 곳 없는 생애에서 더욱 많이 외부와 교류하는 기회를 가졌다. 그녀들의 독립적인 지위는 지방 관청과 사회의 대중으로부터 승인을 받았다. 현지의 토지, 주택, 노비 매매 계약, 양곡,

192 예를 들어 20세기 초 이래 신강 위구르자치구 투루판 지역의 아스타나와 하라허주의 古墓群 및 아얼湖 일대에서 수만 건의 진귀한 문물과 문서가 출토되었다. 그 시기는 3세기의 서진 시기부터 8세기 후반의 당대 후기까지 걸쳐 있다. 이들 고고 발굴을 거쳐 나타난 원시 자료는 당시의 사회정치, 경제, 문화를 연구하는 데 확실한 근거를 제공한다. 그중에는 中古 시기 여성의 사회생활에 대한 내용이 적지 않다. 鄧小南, 「六至八世紀的吐魯番婦女—特別是她們在家庭以外的活動」, 『敦煌吐魯番硏究』 제4권, 北京大學出版社, 1999년.

견백絹帛, 금전 차용 계약, 과수원 임대 계약, 노동 고용 계약, 장안에서 온 세금 장부, 전당 장부, 타클라마칸의 단단 오일릭(丹丹威里克)에서 나온 임대 문서 등은 모두 여성들이 이들 경제활동에서 개입하고 참여한 정도를 보여 준다. 관청까지 들어간 호소장에서는 여성들이 자신과 가정의 권익을 지키기 위해 노력했음을 보여 준다. 사찰 내 민간 결사結社의 계약, 불교 행사 중의 기원문(功德疏), 부장품 목록(衣物疏) 등의 문건에 여신도들의 자발적인 조직과 단체활동이 반영되었으며, 당시 지방 민중들의 다원적인 종교 신앙도 볼 수 있다.

상술한 자료들은 당시 여성들의 '안, 밖' 활동의 실제 모습을 제공한다. 전통사회 속의 여성의 입장에서 말한다면, 가족 문호의 '밖'과 '안'은 비록 구분이 뚜렷하지만, 그것이 넘어설 수 없는 경계선은 아니었다. 우리들은 사회 하층의 일부 여성들이 아이를 데리고 가정의 생계를 유지했으며, 일부 여성들은 생존을 위해 노동을 했고,[193] 일부 여성들은 정신적인 위로와 피차간의 협조를 위해 결사했음을 볼 수 있다. 전체적으로 말해 여성의 외부 사무에 대한 참여 정도는 사람들이 통상적으로 상상한 것보다 훨씬 활발하며, 그중에서 하층사회의 여성이 더 많이 문 밖으로 뛰어다녔다. 이는 확실히 개인이 원해서 이루어진 것이라기보다는 경제적인 필요 때문에 결정된 것이었다.

송대에는 경제 발전과 문화의 보급으로 사람들의 "부귀와 성쇠가 수시로 바뀌었다.(富貴盛衰更迭不常.)"[194] 이에 따라 각 방면의 경쟁은 날로 격화되었고, 이는 가족의 유대가 특별히 중요한 의의를 갖도록 만들었다. 가족 내의 관리책임이 날로 무거워졌고 관리를 담당하는 주요한 역할이 날로 두드러졌다. 양송兩宋 시기에 두드러지게 발전한 소주蘇州 지역의

---

193 「唐開元二十八年土右營下建忠趙伍那牒爲訪捉配交河兵張式玄事」(72TAM178:4·5), 『吐魯番出土文物』 제8책, 文物出版社, 1981년, 385-387쪽.

194 袁采, 『袁氏世範』 卷上 「睦親」, 天津古籍出版社, 1995년, 48쪽.

사인 가족을 예로 들어 보면,[195] 비록 원칙상 남성이 가족의 핵심으로 주도하였지만, 현실 생활에서는 적지 않은 가족 내 주요 남성 성원은 객지에서 관직에 있거나 집안에서 공부한 반면, 주부야말로 번잡한 집안일을 맡아서 하는 실제적인 주관자로, 가족 내외의 질서를 관할하는 형국이었다. 매요신梅堯臣(1002-1060)의 부인 사씨謝氏는 "그 집안을 온당한 규칙으로 관리했고(治其家有常法)" "부귀와 빈천을 마음에 두지 않았다.(不以富貴貧賤累其心)"[196] 장보章甫(?-1182)의 부인 심씨沈氏는 "가사를 관리하면서 크고 작은 일을 가리지 않고 모두 절약하고(經理家事, 無巨細皆有節法)" "집안의 수많은 사람이 살 집이 있고 먹을 밭이 있게 된 것은 부인의 힘이었다.(闔門千指有宅以居 · 有田以食, 夫人力也.)"[197] 임고林高(981-1050)의 부인 황씨黃氏는 남편과 아들이 차례로 세상을 떠나고 손자들이 아직 어린 힘든 상황에서 "비녀와 귀고리를 팔아 집안을 꾸려 나갔고(斥賣簪珥以經理其家)" "예법으로 자신을 지키고 강기로 문호를 지켜 자존심이 흔들리지 않았다.(以禮自衛, 綱紀其門戶, 屹然不替.)"[198] 사마광은 일찍이 "집안의 성쇠는 여성에게 달려 있다.(婦者, 家之所由盛衰也.)"고 말했다.[199] 이는 사실상 집안이나 가족에서의 여성의 역할을 인정한 것이다.

가족 내 여성의 구체적인 위치와 책임은 역할에 따라 달라진다. 구양수歐陽修는 사강謝絳(994-1039)의 처 고씨高氏를 칭찬하면서 다음과 같이 말했다. "효성으로 시아버지를 힘써 모시니 어진 며느리이고, 유순함으로

195 鄧小南, 「宋代士人家族中的婦女: 以蘇州爲例」, 『國學研究』 제5집, 北京大學出版社, 1998년, 519-555쪽.

196 『歐陽修全集 · 居士集』 권36 「南陽縣君謝氏墓志銘」, 中國書店 影印本, 1986년, 251쪽.

197 楊時, 『龜山集』 제35 「章端叔墓志銘」.

198 劉邠, 『彭城集』(叢書集成初編本) 권36 「林氏母黃氏婦人墓表」; 曾鞏, 『曾鞏集』 권45 「天長縣君黃氏墓志銘」, 中華書局 標點本, 1984년, 608쪽.

199 司馬光, 『書儀』 권3 「婚儀上」.

남편을 모시니 어진 아내이고, 언제나 공손과 검약으로 아이들을 가르치니 어진 어머니가 되어(以孝力事其舅爲賢婦, 以柔順事其夫爲賢妻, 以恭儉均一教育其子爲賢母)" "시아버지와 남편에게는 며느리로서의 예를 다하였고, 아이들에게는 집안을 세우는 바른 방도를 다하였다.(於其舅與夫, 爲婦之禮備. 於其子, 立家之道成.)"[200] 송대 사인 가족 중의 여성은 이처럼 "며느리·처·어머니·시누이(爲婦·爲妻·爲母·爲姑)"의 역할 전환이 있었고, 이들은 확실히 가족 중의 남성을 축으로 이루어졌다. 그녀들의 근본적인 직책은 가족의 질서를 일사불란하게 보장하는 것이었다.

송대 사람들의 마음속에 '안'의 역할은 의심할 바 없이 '밖'을 보조하는 것이었다. 그러나 이러한 '보조'는 소통과 함께 경계를 초월할 가능성을 가지고 있었다. 그러므로 '안, 밖'의 문제를 토론할 때, 이러한 구분의 실질을 드러낼 수 있어야 하고, 이른바 '안'과 '밖'의 격리와 구획을 강조하는 것이 아니라 양자의 상호 교차 영역을 찾아야 할 것이다. 이러한 교차 지역은 고정불변하게 정해져 있는 것이 아니라 '안'과 '밖' 양측이 만나는 면이 될 것이다. 순수한 의의에서의 '안' 또는 '밖'이 아니라, '안'이 될 수도 있고 '밖'이 될 수도 있는 영역이다. 이렇게 상당히 탄력적인 영역 안에서, 가장 쉽게 '안'과 '밖'을 구분하는 판단 기준과 구분의 의도를 관찰할 수 있다.

몇 가지 예는 상당히 흥미롭다. 매요신梅堯臣과 소식蘇軾이 자신의 처를 칭찬할 때 약속이나 한 듯이 그녀들의 습관에 대해 언급하였다. 부인은 "문과 병풍 밖에서 엿듣고는(多從戸屏竊聽)" "그 사람의 재능과 도덕성 그리고 시사의 득실에 대해 논하는데 모두 조리가 있었다.(盡能商榷其人才能賢否及時事之得失, 皆有條理.)"[201] 장공아張公雅의 부인 부씨符氏, 장규張

200 『歐陽修全集·居士集』 권36 「渤海縣太君高氏墓志銘」, 中國書店 影印本, 1986년, 255쪽.

201 『歐陽修全集·居士集』 권36 「南陽縣君謝氏墓志銘」, 251쪽; 『蘇軾文集』 권15 「亡妻王氏

奎와 장항張亢의 모친 송씨宋氏, 탕 교수湯教授의 모친 반씨潘氏는 모두 일찍이 유사한 행동을 하였다.[202] 이른바 '문과 병풍 사이(戶屛之間)'는 바로 전당前堂과 후실後室, 외청外廳과 내방內房을 연결하는 공간이다. 그 위치에 대해 말하자면, 문 뒤에 있기 때문에 '안'의 범위에 속한다. 그러나 이 공간을 선택하여 선 것은 확실히 '외실外室'을 향해 있는 것이다. 이들 부인들의 '엿듣기'는 남편이나 자녀들이 접촉하는 '외인外人'과 '바깥일(外事)'이다. 그리고 이들 외인과 바깥일은 남편과 자녀들과 관련되기에 '내인內人'이 관심을 갖게 되는 내용으로 바뀐다. 바로 이러한 이유로 부인들은 난처한 위치에 서서 개입하지 않으려 했고, 남편과 자녀들도 그녀들의 막후의 간여로 불쾌해지지 않을 수 있었다. 더욱 주목할 만한 것은, 그녀들의 묘지명과 그 밖의 자료에 기록된 세부적인 행위는 이들 자료를 쓴 구양수·매요신·진양陳襄·사마광·소식·여조겸 등이 볼 때, 이들 "깊은 규중과 병풍 가운데 있는(在深閨隱屛之中)"[203] 여성들이 바깥일에 관심을 두면서 자신의 행적을 가리는 방법은 상당히 '적절하다'는 점이다. 여기서 "남자는 안의 일을 말하지 않고, 여자는 밖의 일을 말하지 않는다.(男不言內, 女不言外.)"는 틀은 여전히 존재하지만, 그러나 생경하고 엄격하게 격절된 방식은 사실상 안팎을 소통하는 태도로 지극히 유연하게 변하였다.

사인士人 가정 안에서의 여성이 가족 범위를 벗어나 직접 사회에 공헌하는 기회는 아주 적다. 우연히 있다 하더라도 대부분 아버지 또는 남편이나 자녀들의 필요에 기인하였다. 비록 이와 같다고 하더라도 그녀들의 국가나 집안의 운명에 대한 관심과 중요한 때에 드러낸 지혜와 담략은 하나같이 모두 이들 여성들이 사회적 사건을 처리하는 재능을 보여 준다.

墓志銘」, 中華書局 校點本, 1986년, 472쪽.

202 鄧小南, 「'內外'之際與'秩序'格局: 兼談宋代士大夫對於『周易·家人』的闡發」, 『唐宋女性與社會』, 上海辭書出版社, 2003년, 97-123쪽.

203 『陶山集』 권15 「長壽縣太君陳氏墓志銘」, 『叢書集成初編』本.

송대 여성의 남편 또는 자녀들의 정무·소송·형옥·군사행동에 대한 적극적인 건의, 심지어 직접적인 질문은 역사 자료에 드물지 않게 자주 보인다. 이들 '바깥일을 하지 않는(無外事)' 부인들이 기록된 자료에 나타나는 유사한 행동들은 곧잘 칭찬을 받았고, 그 남편의 성공도 "부인의 도움이오!(夫人之助!)"라고 칭송받았다.[204] 인종 때 중신 손면孫沔(996-1066)의 부인 변씨邊氏는 그중에 비교적 두드러진 예이다. "집안의 크고 작은 일을 불문하고 부인이 결정했을(家事無大小, 決於夫人)" 뿐만 아니라, 남편의 '바깥일'에 대한 처리에서도 상당히 활발하게 개입하였다. 1052년(황우 4) 손면이 명을 받고 농지고儂智高(1025-1055)를 토벌하러 갈 때, 처음에 손면이 가지 않으려 하자 변씨가 대담하게 건의하였다. "무슨 생각이 그리 깊소! 황하와 섬서 사이의 기병들이 뛰어나다고 들었는데 의당 그들을 부리면 되지 않겠소.(曷念之深也! 如聞河陝之間騎卒精銳, 宜若可使者.)" 그 모습이 마치 작전계획을 모두 세우고 난 장수의 풍모였다. 그녀의 의견은 "마침 손면의 의견과 일치하여 마침내 사명을 받았다. 그 후 도적을 쳐서 결국 기병으로 승리했다.(適與公意合, 遂請以從. 厥後破賊, 卒以騎勝.)"[205] 변씨가 내실에서 모의에 참여한 반면, 소흥 연간(1131-1162) 초에 아직 시

204 예를 들어 『華陽集』 권40 「虢國夫人陳氏墓志銘」, 『古靈集』 권20 「崇國太夫人符氏墓志銘」.

205 『陶山集』 권16 「陳留郡夫人邊氏墓志銘」. 『宋史』 권288 「孫沔傳」에 다음 기록이 있다. "손면은 관직이 있으면서 재능이 있는 것으로 알려졌고, 강직하여 거리끼는 바가 없었다. 그러나 연회와 여색을 좋아했기에 중도에 사임되었다. 처 변씨는 사납고 질투심이 강해 한때 사람들에게 알려졌다.(沔居官以才力聞, 强直少所憚, 然喜宴遊女色, 故中間坐廢. 妻邊氏悍妒, 爲一時所傳.)" 이 변 부인은 묘지명을 쓴 陸佃(1042-1102)의 '이모'이다. 사람들이 읽는 여러 묘지명과 마찬가지로, 글 속에는 찬미의 말이 가득한 것은 의외의 일이 아니다. 비록 이렇다고 하더라도 묘지명에는 부부 관계에 대한 소식을 드러내고 있다. "부인은 집안을 아주 엄격하게 다스렸으며, 일을 처리함에 있어 논리가 뛰어나 공이라 하더라도 굽히지 않을 수 없었다. 천하의 기이한 여자라 할 것이다.(持家頗嚴甚, 遇事以理取勝, 雖公不能無屈. 亦天下奇女也.)" 또 손면이 농지고를 토벌한 일에 대해서는 滕甫(1020-1090)의 『南征錄』에 상세히 기록되어 있다. 물론 여기에 변 부인의 역할에 대해서는 한 글자도 언급되지 않았다.

집을 가지 않은 호혜각胡慧覺은 병풍과 휘장 밖으로 나와 "의리로 친족들을 규합하여(以義糾姻族)" 도적과 싸워 지역을 보호한 결과 "호씨 집안은 이로부터 편히 잠 잘 수 있었다.(胡族因以奠枕)"[206] 또 개희 연간(1205–1207) 화주和州의 지방관 주호周虎의 모친 하씨何氏는 송나라와 금나라가 화주에서 싸울 때 "성벽을 순찰하고 군사들을 독려하고 힘을 다해 싸우도록 하여(巡城埤, 遍犒軍, 使盡力一戰)" 송 조정으로부터 화국부인和國夫人으로 봉해졌다.[207]

여성들이 개입한 '바깥일(外事)'이 비록 남편이나 자녀들과 직접적인 관계가 없다고 하더라도, 예컨대 구휼활동·수리 관개·사찰 보수 등 지역적인 공익활동이라 하더라도 통상 그 집안이나 가문에 이익을 주었고, 특정 시기의 특정 지역에 이익을 주었으며, 전체 사회질서의 안정에 도움을 주었다는 점에서 충분히 인정되었다.[208]

당시의 사회에서 여성들의 능동적인 힘은 깊은 인상을 주었다. 적지 않은 여성들의 활동은 '여교女敎'나 '여훈女訓' 중의 그녀들에 대한 직접적인 요구를 훨씬 초월하였다. 그녀들이 위험을 감당하는 거동과 조치는 확실히 처해 있는 환경과 접했던 도덕이나 교양과 관련 있다. 평범하지 않은 이러한 거동에 대해 사대부와 조정은 포상과 표창을 하면서 "식견과 처리가 범인을 넘어선다.(識理過人)"고 칭찬하였다.[209] 당시 사람들은 단일한 사유방식 아래 생활하지 않았고, 평상시의 '안팎'의 경계는 비상시에는 적

206 袁說友, 『東塘集』 권20 「魏安人胡氏行狀」.

207 『四朝見聞錄』 戊集 '周虎', 中華書局 標點本, 1997년, 164쪽. 何氏에 대한 상세한 사적은 별도로 『山房集』 권5 「永國夫人何氏行狀」에 보이는데, 그 내용은 약간 다르다.

208 이 방면에 대한 재료는 무수히 많다. 한두 가지 예를 들면 『廣陵集』 附錄 「節婦夫人吳氏(王令妻) 墓碣銘」, 『李覯集』 권24 「建昌軍景德寺重修大殿並造彌陀閣記」·「景德寺新院記」 및 『後樂集』 권17 「章氏行狀」 등이 있다. 『丹淵集』 권40 「文安縣君劉氏墓志銘」에서 기록한 '鄕先生'이란 여성은 생계의 압박 때문에 생도들을 가르쳤다. 흔하지 않은 이러한 '직업'의 선택도 '안'과 '밖' 사이의 통행을 설명해 준다.

209 『山房集』 권5 「永國夫人何氏行狀」, 文淵閣 『四庫全書』本.

용되지 않았음을 말해 준다. 또 "여자는 바깥일을 묻지 않는다.(女子不問外事)"는 원칙은 여성의 행위를 재는 유일한 척도가 아니었음을 말해 준다. 여성에게 요구되고 허락되는 활동의 범위를 보면, 전통사회에서 공용되는 표준이 다원적이면서 때와 사건에 따라 달랐음을 알 수 있다. 그중의 역할은 한두 가지 고정된 규범이 아니었다. 사회의식의 포폄과 전통관념의 인도는 먼저 구체적인 역사 조건에서 결정되었다.

이 시기와 관련된 고고 발굴 자료는 우리들에게 더욱 생동적이고 직관적으로 천 년 전의 여성과 안팎의 구분으로서의 '문'의 관계를 형상적으로 보여 준다. 1950년대 초 하남성 우현禹縣 백사白沙에서 발굴된 1호 송묘宋墓[210]는 북송 원부 연간(1098-1100)에 조성된 무덤이다. 흙 굴 안의 목조 구조를 모방한 전실묘의 후실 북벽에 한 여인이 문을 열고 있는 모습이 조각되어 있다.

> 북벽에는 붉은 휘장과 남색 끈이 그려져 있고, 그 아래에는 벽돌에 문이 부조되어 있다. 문 밖에서 남쪽을 향해 한 소녀가 서 있다. 쌍계를 틀고 소매가 끼는 저고리와 긴 치마를 입고 있는데, 치마 아래로 뾰족한 신발을 드러내며 오른손으로 문을 여는 모습이다.(北壁上畵絳幔 藍綬, 其下磚砌假門. 假門外, 面南立一磚雕的少女, 垂雙髻, 著窄袖衫和長裙, 裙下露尖鞋, 右手作啓門狀.)[211]

여기만 아니라 다른 곳에도 또 있다. 이곳으로부터 서북으로 20m 떨어

---

210 白沙 1호, 2호, 3호 송묘는 서로 관계가 밀접하여 하나의 그룹을 이룬다. 묘장 장식은 富麗하지만 墓志가 출토되지 않았다. 출토된 地券 등에도 관직이 없어 묘주는 아마도 관료 사대부가 아닌 것으로 보인다. 아마 상업을 겸영하는 지주일 가능성이 있다. 宿白, 『白沙宋墓』, 文物出版社, 1957년, 81-83쪽.

211 위의 책 28쪽.

진 지점의 북송 만기 무덤, 즉 백사 2호 송묘에서도 육각형 묘실의 북벽에 유사한 형상이 있다.

> 북벽에는 붉은 휘장이 그려져 있고, 그 아래에는 벽돌에 문이 부조되어 있다. 왼쪽 문짝이 약간 열려 있고 우측으로부터 트레머리에 고리 장식을 하고 청색 저고리를 입은 여자가 보인다. 남측을 향해 몸을 약간 굽히고 묘실 안으로 들어오려는 모습이다.(北壁上畫絳帳, 其下磚砌假門, 左門扇微外啓, 自右側露出一梳環飾著青衫的女子, 面南欠身作欲進墓室狀.)[212]

이 밖에 낙양에서 북송 때인 1106년(숭녕 5) 조성된 장군張君 묘에서도 비슷한 형상을 볼 수 있다. 화상석관畫像石棺의 관 앞면 정중앙에 형상이 다음과 같이 부조되어 있다. "문짝이 반쯤 닫혀 있고, 거의 환조丸彫에 가까운 시녀가 마치 문을 열고 나가려 하는데, 얼굴은 여전히 반쯤 가려져 있다.(門扉半掩, 一近乎圓雕的女侍似欲啓門而出, 猶半遮面.)"[213] 낙양 내화 재료창耐火材料廠의 13호 북송 만기 묘의 묘실 북벽에도 전조磚雕로 된 형상이 있다.[214]

'문을 여는 여인(婦人啓門)' 형상의 연원은 적어도 동한 시기로 거슬러 올라갈 수 있다. 당시의 석관과 화상석에서 이미 유사한 화면이 나타난다. 예컨대 212년(건안 17)의 사천성 노산蘆山에서 묻힌 왕휘王暉 묘의 석관에 "관 앞머리에 반쯤 닫힌 문 하나가 새겨져 있다. 여자 한 사람이 쌍아계를 한 머리를 내밀고 나오고 있다.(棺前額刻一門, 半掩. 一女子, 雙丫, 探頭出來.)"[215] 이들 양식은 당대에 이미 비교적 많아졌고, 송대에는 더욱

---

212 위의 책, 58쪽.
213 黃明蘭 · 宮大中, 「洛陽北宋張君墓畫像石棺」, 『文物』 1984년 제7기, 79-81쪽.
214 洛陽博物館, 「洛陽河西三座宋代仿木構磚室墓」, 『文物』 1983년 제8기, 14-16쪽.
215 朱青生, 「將軍門神起源研究—論誤讀與成形」, 北京大學出版社, 1998년, 240쪽 참조.

유행하였다. 주로 묘실 벽화, 전조磚雕, 불탑, 경당經幢에 장식으로 등장한다. 북경, 하북, 하남, 산동, 산서, 감숙, 사천, 귀주 등 여러 지역 여러 민족(한족, 거란족, 여진족, 조선족)의 문물에서 이 형상은 자주 나타난다.

여자가 문에 기대고 있는 제재가 분묘예술에 유행한 것은 우연의 일이 아닌 것으로 보인다. 그 형상이 드러날 듯 말 듯 그윽한 아름다움으로 사람을 감동시키는 것 이외에,[216] 그 우언寓言은 응당 유가의 예교와 관련이 있다. "바른 자리가 안에 있다.(正位乎內)"고 요구된 여성은 통상 내실이나 내원에 있게 되는데, '문을 열고(啓門)' '문을 닫는(闔扉)' 등의 행동[217]은 예제를 엄격히 준수하고 발을 문 밖으로 넘지 말 것을 요구한다. 그러나 문물에서 보이는 '문 여는 여인(婦人啓門)'의 형상은 사실상 다양하고 다채롭다. 비록 문을 열고 닫는 것은 일치되지 않지만, 그녀들은 문의 운동과 상대적으로 때로 나오고 때로 들어가면서, 때로 바라보고 때로 엿보며, 풍부하고 다양한 실제 생활을 때로 많이 때로 적게 반영하고 있다.

송대에는 고금의 문화에 정통하고 시문을 잘 짓는 '여재자女才子'가 상당수 있었다. 즉 소주蘇州 사인 가족 중의 여성을 예로 들면, 주필대周必大(1126-1204)의 처 왕씨王氏는 "성품이 총명하고 민첩하며 고결한데다, 바느질과 유학부터 시작하여 서예와 산술에 이르기까지 모르는 게 없었

어떤 학자는 "손을 문짝에 대고 얼굴을 반쯤 내민(手扶門扉, 半露其面.)" 것은 "사람 모양의 신으로 화한 주작의 형상(是人神化了的朱雀形象)"이라고 하였다. 劉志遠 · 余德章 · 劉文傑, 『四川漢代畫像磚與漢代社會』, 文物出版社, 1983년, 103쪽에 보인다. 또 현재 四川 滎經嚴道故城遺址博物館에 소장된 한대 石棺의 秘戲圖 畫像에서 중간의 문이 堂室을 좌우로 나누고 있는데 "중간에 한 사람이 한 손으로 문을 잡고 있다.(中有一人, 一手執門.)" 어떤 연구자는 "仙童으로 보인다."고 보았다. 그러나 화면을 관찰해 보면 젊은 여성으로 보인다. 常任俠, 『中國美術全集 · 繪畫編』 18 『漢畫像石畫像磚』, 그림 99 및 설명 참조.

216 宿白, 『白沙宋墓』, 文物出版社, 1957년, 39쪽.

217 이른바 '문 여는 여인(婦人啓門)'의 형상은 여는지 닫는지 사실상 절대적으로 구분하기 어렵다. 묘실의 배치에서 볼 때 그녀들이 열고 있는 것은 외부세계로 향하는 문이 아니다. 그녀들은 內門을 '나가고' 있으며, 실제적으로는 묘실로 '들어오고' 있다.

으며(聰敏高潔, 女工儒業下至書算無不洞曉)" 한가할 때는 "경전과 역사서를 필사하고 밤에는 아이들에게 독서를 가르쳤다.(手抄經史, 夜則教兒讀書.)" 남편이 학관이나 관직館職에 있을 때 그녀는 "더불어 고금을 논하고, 지루한 시간에는 남편과 마주하여 바둑을 두며 때로 삼경에 이르렀다.(相與商論古今, 稍倦對席博奕, 或至丙夜.)"[218] 서림徐林에게는 "여동생이 있었는데 시를 지을 줄 알았고 보통 여성들과 크게 달랐다. 필묵의 규칙은 두보에게서 많이 배웠으며, 청평하고 충담하며, 고요히 세속을 벗어난 모습이 절로 일가를 이루었다. 평소 지은 부는 더욱 정교하였다.(有妹能詩, 大不類婦人女子所爲. 其筆墨畦逕, 多出於杜子美, 而清平沖澹, 蕭然出俗, 自成一家. 平生所爲賦尤工.)"[219] 1181년(순희 8) 장원으로 급제한 황유黃由(1150-1225)의 부인 호씨胡氏는 "민감하고 기억력이 뛰어나며, 경전과 역사서 등 여러 책을 대략 암송할 수 있으며, 때로 쓴 시문도 볼 만하다. 거문고와 바둑과 묵죽 그리기 등의 기예에도 특히 정통하였다. 스스로 혜재거사라 호를 붙였는데, 당시 사람들이 이청조와 비겼다.(俊敏强記, 經史諸書略能成誦. 善書札, 時作詩文亦可觀. 於琴奕寫竹等藝尤精, 自號惠齋居士, 時人比之李易安云.)"[220]

학술적인 분위기 속에서 성장한 여성들은 어려서부터 지식과 문화에 영향을 받아 종종 자신의 조예를 발전시켰다. 남성과 비교할 때 그녀들이 읽는 경전과 역사서, 그리고 짓는 시와 부는 공리적인 목적이 거의 없었고, 다만 감정과 감개를 기탁하고 성정을 즐겁게 하는 데 사용할 뿐이었다. 여성들이 비교적 높은 문장력과 예술적 소양을 가지고 있는 것은 덕행을 함양하고, 생활을 풍부하게 하고, 관계를 원만히 할 수 있다고 여겼다. 섭적葉適(1150-1223)도 일찍이 다음과 같이 말했다. "부인이 현명하

218 周必大, 『文忠集』 권76 「益國夫人墓志銘」.
219 龔明之, 『中吳紀聞』 권6 「徐氏安人詩」, 上海古籍出版社 標點本, 1986년, 150쪽.
220 周密, 『齊東野語』 권10, '黃子由夫人', 中華書局 標點本, 1997년, 183쪽.

면 문학적 재능과 예술적 소질로 정숙하고 공정하며 질투하지 않으니, 그 남편에게 도움을 줄 따름이다.(婦人之可賢, 有以文慧, 有以藝能, 淑均不妒, 宜其室家而已.)"[221]

5. 이청조

이청조李淸照(1084-?)는 송대 여성 지식인 가운데 걸출한 전형이다. 그녀는 몸소 평화 시기에서 전란의 시대로의 전환기를 겪으면서, 한적한 생활에서 이산을 거치면서도 진선미의 경지를 시종일관 추구하였다. 한 사람의 여성 사인詞人으로서 이청조는 담아청신淡雅淸新하고 풍운천연風韻天然한 작품으로 생명에 대한 세밀한 체득과 굴곡 많은 정감의 역정을 생동감 있게 펼쳐 놓았다. 그녀는 재능이 뛰어날 뿐만 아니라 담식膽識도 있었다. 그녀는 진지하고 대담하게 사랑에 대한 열렬한 추구를 표현하였고, 함축적이고 완곡하게 자아의 정감의 세계를 표현하였다. 나라가 망해 가는 때에 그녀는 "비록 우환과 빈곤에 처했어도 뜻을 굽히지 않았으며(雖處憂患貧窮而志不屈)"[222] 개인의 창작생활을 시대의 가운데로 가져갔다. 그녀의 다음과 같은 시는 일종의 외침으로 귀 먹은 자라 할지라도 들릴 만큼 우렁차다.

> 살아서는 당연히 사람 가운데 호걸이었고 　生當作人傑,
> 죽어서도 또한 귀신 가운데 영웅이 되었으리. 　死亦爲鬼雄.
> 지금도 항우를 그리워하는 것은 　至今思項羽,
> 그가 강동으로 달아나지 않았기 때문. 　不肯過江東.

221 『水心文集』 권14 「張令人墓志銘」.
222 李淸照, 「金石錄後序」, 『李淸照集箋注』, 上海古籍出版社, 2002년, 310쪽.

독특한 예술적 매력을 지닌 그녀의 사詞는 '천고의 창격(千古創格: 모든 시대의 새로운 형식)'이라 불리면서 남성 작가들이 지배하는 문단의 전통을 바꾸었다. 이청조는 중국 고대에 창조력이 가장 뛰어나고 예술적 성취가 가장 높은 여성 작가라 해도 부끄럽지 않으며, 중국 문학사에 있어 높은 지위를 차지하고 있다.[223]

6. 가족 내 질서와 예교의 강화

역사의 각도에서 보았을 때 여성과 관련된 문제는 고대부터 고립되어 나타나지 않았다. 여성을 구체적인 시대 배경 아래 놓고, 특정 사회 계층과 가족제도를 결합하여 종합적으로 고찰했을 때, 비로소 여성의 풍부한 역할과 복잡한 사회적 의의를 인식할 수 있고, 여성의 전통 시대에 작용한 실제적인 방식을 알 수 있다.

『주역』「서괘序卦」에 자연과 사회 관계의 기원을 거슬러 올라가 서술한 내용이 있다.

> 하늘과 땅이 있고 난 뒤에 만물이 있고, 만물이 있고 난 뒤에 남녀가 있고, 남녀가 있고 난 뒤에 부부가 있고, 부부가 있고 난 뒤에 아버지와 아들이 있고, 아버지와 아들이 있고 난 뒤에 군주와 신하가 있고, 군주와 신하가 있고 난 뒤에 위와 아래가 있고, 위와 아래가 있고 난 뒤에 이들에게 작용할 예의가 있다.(有天地然後有萬物, 有萬物然後有男女, 有男女然後有夫婦, 有夫婦然後有父子, 有父子然後有君臣, 有君臣然後有上下, 有上下然後禮義有所錯.)

223 鄭必俊,「對中國古代婦女立世精神的幾點思考」,『北京大學婦女問題第三屆國際研討會論文集』, 北京大學婦女問題研究中心, 1994년, 13쪽; 袁行霈 主編,『中國文學史』제3권, 高等教育出版社, 1999년, 124-128쪽.

여기서 말하는 하늘과 땅 · 남녀 · 부부 · 아버지와 아들 · 군주와 신하는 개인적인 역할을 강조하는 것이 아니라, 상대적인 위치와 관계를 말하고 있는 것이다. 이러한 일련의 위치와 관계가 만드는 것이 바로 일종의 "존비에 등급이 있고, 장유에 윤리가 있고, 내외에 구별이 있으며, 친소에 순서가 있는(尊卑有等, 長幼有倫, 內外有別, 親疎有序)"[224] 윤리 강상의 질서이다.

"높은 사람을 높이고 친족과 친하다.(尊尊親親)"는 사회질서에 대한 유가의 이상적 모델은 수천 년 동안 중국 역사에 영향을 주었다. 페이샤오퉁(費孝通, 1910-2005)은 『향토중국鄕土中國』에서 중국 전통사회 구조 중의 '차서격국差序格局(차등 순서 형식)'을 언급하며 다음과 같이 말했다.

> 유가가 가장 깊이 고찰한 것은 인륜人倫이다. 윤倫이란 무엇인가? 나의 해석은 다음과 같다. 자신으로부터 미루어 나간 것 그리고 자신으로부터 일어난 사회적 관계의 사람들에서 일어나는 동심원적 파문 안에서의 차등 순서이다. …… 판광단(潘光旦) 선생이 일찍이 말했다. "모든 '윤'을 공통분모로 한 의의는 서로 통한다. 즉 '공동으로 표시되는 것은 조리條理, 구별, 질서의 뜻이다.'"[225]

송대 유학자들은 『주역』「가인家人」에 대한 해석에서 안에서부터 밖으로 나가는 등급 순서의 이상적인 연쇄 고리를 만들었다. 그것은 "여자가 바름(女正) — 집안이 바름(家道正) — 천하가 바름(天下正)"이다. 실제 이 연쇄 고리의 작동 형식은 "여자를 바르게 하기(正女) — 집안을 바르게 하기(正家道) — 천하를 바르게 하기(正天下)"가 된다. 이 연쇄 고리를 움직이

224 『溫公易說』'履'卦.

225 費孝通, 「鄕土中國 · 差序格局」, 『費孝通學術精華錄』, 北京師範學院出版社, 1988년, 357-365쪽.

는 것은 먼저 "정심正心과 성의誠意로 수신하고 제가하여 치국하고 평천하(正心誠意修身齊家治國平天下)"하는 것을 자신의 임무로 삼는 남성 사인士人이다.[226] 송대에 성행한 가훈과 가족 규약, 그리고 사회에 전파된 "며느리는 처음 왔을 때부터 가르치고, 아들은 아이 때부터 가르치라.(教婦初來, 教子嬰孩)"라든가 "며느리에 대한 가르침은 처음 왔을 때부터 시작하고, 아들에 대한 가르침은 어릴 때부터 시작하라.(婦訓始至, 子訓始稚.)"[227]와 같은 속담에서 우리는 모두 '여자를 바르게 하기(正女)'의 노력을 엿볼 수 있다. '여자를 바르게 하기(正女)'는 '집안을 바르게 하기(正家)'의 전제로, 오직 '집안을 바르게 하기(正家)'를 '천하와 국가'의 넓은 배경 아래 놓았을 때 비로소 그것이 송대 사대부의 마음속에 차지하는 진정한 의의를 볼 수 있다. 남녀의 '바른 자리(正位)'를 요구하는 것은 근원적으로 말해 천지에 흔들림 없는 원칙으로 인정된 "집안을 바르게 하기(正家) — 나라 다스리기(治國) — 천하를 교화하기(化天下)"라는 사회적 의무와 전체 형국에서 결정되었다.

동한의 반소班昭(45-117)는 『여계女誡』「경신敬愼」에서 다음과 같이 말했다.

> 음과 양이 다른 성질을 가졌듯이 남자와 여자는 다른 방식으로 행한다. 양의 주요한 성질은 강함이요, 음의 주요한 기능은 부드러움이다. 남자는 강함이 귀하고, 여자는 약함이 아름답다. …… 공경하고 순종하는 길이 여성의 대례大禮이다.(陰陽殊性, 男女異行. 陽以剛爲德, 陰以柔爲用. 男以强爲貴, 女以弱爲美. …… 敬順之道, 婦之大禮也.)[228]

226 『誠齋易傳』 권10 「家人」.
227 『溫公家訓』, 『東萊易說』 卷下 「家人」, 『誠齋易傳』 권10 「家人」 참조.
228 『後漢書』 권84 「列女傳 · 曹世叔妻」, 中華書局 標點本, 1973년, 2,788-2,789쪽.

그러나 송대 묘지墓志에 나타난 여성 주인공들(특히 집안일을 주관하는 여성)의 형상은 그녀들이 결코 '유순하게 듣고 따르기(婉娩聽從)'만 하지 않을 뿐더러 종종 엄정하고 단정하다고 여겨진다. 이 역시 묘지를 지은 작가들이 극력 부각시켜 후세에 모범으로 전하고자 한 점이기도 하다.

예를 들어, 이구李覯가 칭송한 정 조교鄭助教의 모친 진씨陳氏는 "문 안팎의 일은 일괄적으로 모두 그녀가 맡았다. 성정이 엄정하고 처신이 적절했다.(門內外事, 一介畢委於其躬. 性嚴正, 處之有宜.)"[229] 왕안석이 칭송한 외조모 증씨曾氏는 "판단이 바르고 식견이 높다. 지금 시대의 담론과 학문으로 이름난 사람이라 할지라도 그녀보다 못할 것이다. 그녀의 친가와 시가 두 집안의 사납고 우둔한 사람일지라도 그녀를 무서워하며 현능하다고 여겼다.(明辨智識, 當世遊談學問知名之士有不能如也. 雖內外族親之悍强頑鄙者, 猶知嚴憚其爲賢.)"[230] 육전陸佃이 칭송한 속정경束正卿의 처 왕씨王氏는 "남편을 예의로 높일 줄 알았으며, 올바름으로 그 아들을 성장시켰다.(能以禮讚其夫, 以義成其子.)" 그리고 "평소 원대한 생각과 통달한 식견이 있어, 아부를 미워하고 충정을 좋아하며, 가슴속에 흑백이 명확했다.(平居有遠慮達識, 惡阿諛, 喜忠鯁, 胸中白黑明甚.)"[231] 양만리楊萬里는 유온劉蘊의 처 동씨董氏를 칭송하면서 "시비가 붙는 일이 있으면 그녀가 말로 금방 누가 옳은지 판정하였다. 누군가 좋은 일을 하면 기뻐하고, 누군가 나쁜 일을 하면 여러 측면에서 비판하였다. 매운 기상의 남자라 할지라도 그녀에 미치지 못한다.(事有是非, 立語可決. 人有善, 爲之喜悅. 不善, 多面折之. 有烈丈夫所不如者.)"[232]라고 말했다.

이들 여성의 형상은 확실히 약하지도 않고 순종적이지도 않다. 정이程

---

229 『李覯集』 권30 「鄭助教母陳氏墓銘(并序)」, 中華書局 標點本, 1981년, 345쪽.

230 『臨川集』 권100 「河東縣太君曾氏墓志銘」.

231 『陶山集』 권15 「王氏夫人墓志銘」.

232 『誠齋集』 권131 「太恭人董氏墓志銘」, 『四部叢刊』本.

頤는 일찍이 "유순함으로 중정中正에 처하는 것이 여성의 도리이다.(以柔順處中正, 婦人之道也.)"라고 말했다.[233] '유순'은 여성의 태도로 요구되는 것이지만, '중정'은 "중정하고 난 다음에 천하의 도가 돌아온다.(中正然後貫天下之道)"는 뜻이다.[234] 이는 곧 '집안을 다스리는 방법(治家之道)'이 도달하려는 근본적인 목표이다.

사회의 유동성이 가져온 기회와 도전은 송대 사대부들에게 그들이 맞닥뜨리고 있는 여러 문제를 다시 생각하게 만들었다. 이러한 사회의 큰 배경 아래 질서·신분·기강 등의 문제가 두드러졌으며, '안을 주관하는(主內)' 여성의 '남편을 도와 아이를 가르치고(相夫教子)' '예의로써 집안을 바르게 하기(正家以禮)'가 두드러진 의의를 갖게 되었다. 여성이 발휘할 수 있는 역할에 대해 사대부들로부터 전에 없는 중시를 받게 되었다. 그녀들의 노력은 실제로 당시 정치 문화와 질서를 강화하는 전체적인 과정 속의 일부였다.

만약 여성 개인의 행적에만 주의할 것이 아니라, 그녀들을 키우고 생존하게 한 사회질서의 구조에도 주의한다면, 우리 눈앞에 나타나는 것은 일종의 중첩된 형상이다. 거기에는 윤곽이 뚜렷한 '안' '밖'을 구분하는 질서의 틀도 있고, 또 그녀들이 틈을 찾고, 소통을 찾으며, '안' '밖'의 사이에서 활동하는 모습도 있다. 우리들은 가족의 구조와 질서가 여성을 속박하고 압박하는 것을 보고 그녀들의 고민과 외로움을 느낄 수 있지만, 또 여성, 특히 사인 가족 중의 여성이 이러한 구조와 질서를 강화하는 노력도 느낄 수 있다.

여성들 가운데 일부는 자신의 문화 소양이 비교적 높고, 또 아버지나 남편의 임지를 따라 각지를 다니면서, 노동하는 여성에 비해 상대적으로

---

233 『伊川易傳』 권3 「家人」, 上海古籍出版社, 1989년.
234 『張載集』 「中正篇第八」, 中華書局 標點本, 1978년, 26쪽.

풍부한 경력과 넓은 안목을 가지고, 유가의 예의지학에 가까이 다가간 여성들이 있다. 그녀들은 한편으로 자립의식과 실제적인 능력을 가지고 있어 강렬한 인생의 추구와 기대가 있으면서, 다른 한편으로 또 비교적 자각적으로 인간관계와 일상생활의 전통 윤리 관념을 규범화시키는 데 공감하였다. "여자의 바른 자리는 안에 있고, 남자의 바른 자리는 밖에 있다.(女正位乎內, 男正位乎外.)"는 것을 정신적인 지탱으로 삼아 자신의 기능을 가족의 역할 위에 정립하며, 가족 내의 현존하는 질서를 유지하는 것을 자신의 책임으로 삼았다. 그리고 그녀들은 '가문의 기강을 잡는다(綱紀門戶)'는 것을 무기로 사용하였는데, 이것이 바로 전통 예교禮教이다.

송대 유학자들은 이성적 법칙을 '천리天理'라 강조하고, 더욱 '합리적인' 사회질서를 세우기를 희망하였다. 그들이 이를 위해 노력한 윤리강상의 원칙은 '바른 자리(正位)'를 가족 성원이 지켜야 할 의무라 보며, 이를 위해 개인 발전을 희생하는 대가를 치르더라도 아까워하지 않았다. 이 시기에 '도덕화'에 대한 추구와 강조는 농후한 역사적 특색을 갖는다. 한편으로 남성의 도덕과 수신이 엄격해지면서, 다른 한편으로 여성의 도덕과 정조의 요구도 더욱 엄격해졌다. 쌍방은 같은 질서 아래 '바른 자리'에 있어야 하는 것으로 규범화되었다.

찾아보기 (인명 · 책명 · 편명 · 작품명)

ㄱ

「가계家誡」 407
가공언賈公彦 18
가구사柯九思 364, 370
『가우보주신농본초嘉祐補注神農本草』 177
「가을 교외에서 말을 먹이며(秋郊飮馬圖)」 362
「가을바람에 부서진 띠풀집 노래(茅屋爲秋風所破歌)」 231, 232
「가을밤 지나 새벽이 되어 문을 나서다가 찬 기운을 맞으면서(秋夜將曉出籬門迎涼有感)」 243
「가의론賈誼論」 212
『가정적성지嘉定赤城志』 29
가중명賈仲明 265
가창조賈昌朝 250
가탐賈耽 189, 190
가헌賈憲 191
간라이 이둔번(干剌義亦敦奔) 147
갈홍葛洪 152
『감수지瀲水志』 30
감진鑒眞 391
「강국악康國樂」 316
강기姜夔 246, 249, 256, 356
강리노노康里巎巎 370
「강을 건너는 광무제(光武渡河圖)」 349
강진지康進之 262
『강촌소하록江村銷夏錄』 365
「강하에서 남릉현령 위빙에게(江夏贈韋南陵冰)」 230
『개보장開寶藏』 155
『개보중정본초開寶重定本草』 177
개빈 멘지스(Gavin Menzies) 145
『개원석교록開元釋敎錄』 39
개자추介子推 445
『개황삼보록開皇三寶錄』 39
『객좌췌어客座贅語』 142
「거리 서쪽에서 살며(街西居)」 404
「거복지車服志」 418
거연巨然 327, 328, 339, 346, 364, 366, 367, 375
건문제建文帝(명) 139
『건염이래계년요록建炎以來繫年要錄』 28
게혜사揭傒斯 370
『격치여론格致餘論』 182
『경사증류비급본초經史證類備急本草』 177
『경세대전經世大典』 36, 171
『경적고經籍考』 40
「경적지經籍志」 22, 37, 38
『경전석문經典釋文』 17

『경정건강지景定建康志』 29
경종敬宗(당) 450
『계몽초송啓蒙初誦』 54
「계법사비啓法寺碑」 291
「계주로 부임하는 형제邢濟를 보내며(送邢桂州)」 237
고개지顧愷之 289, 294
『고고도考古圖』 31
고굉중顧閎中 331, 406
고극공高克恭 364
『고금서록古今書錄』 35, 38
『고금연의삼국지古今演義三國志』 278
『고금합벽사류비요古今合璧事類備要』 36
고기원顧起元 142
고당왕高唐王 128
고명高明 269
고문수高文秀 262
「고 사간께 드리는 편지(與高司諫)」 212
고사렴高士廉 34, 423
고사언顧師言 452
『고소기姑蘇記』 57
고승高承 36
『고옥도古玉圖』 32
고원규高元珪 406
고적高適 217, 222
고조高祖(당) 20, 21, 34, 42, 451
고조高祖(수) 203
고종高宗(당) 21, 388, 416, 423, 424, 460
고종高宗(송) 359
고지요高智耀 112, 113
「고풍古風」 228
고한高閑 354
「고한 상인을 보내며 서문(送高閑上人序)」 303
『곡량전穀梁傳』 19
「곤수구滾繡球」 264
「공손대낭의 제자가 추는 춤을 보고 지은 검기의 노래(觀公孫大娘弟子舞劍器行)」 315
『공양전公羊傳』 19
공영달孔穎達 17, 209
공자孔子 73, 86, 105, 109, 112, 203, 207~210
공진鞏珍 142
곽소옥霍小玉 273
「곽소옥전霍小玉傳」 273
곽수경郭守敬 107, 187, 188, 193
곽약허郭若虛 325, 330, 331, 337
곽희郭熙 343, 344, 346, 364, 375
『관각속서목館閣續書目』 40
관동關仝 323, 325, 326, 339, 341, 343, 346
관우關羽 265, 279, 281
관포내득옹灌圃耐得翁 276
관한경關漢卿 247, 261, 262, 265
「괵국부인 유춘도虢國夫人遊春圖」 416
교길喬吉 261
교연皎然 398
「구가도九歌圖」 364
『구경九經』 154
『구경자양九經字樣』 154
『구경정의九經正義』 73
『구당서舊唐書』 34, 39, 40, 195, 317, 416
「구름을 보는 왕유(寫王維看雲圖)」 349

구양수歐陽修 31, 156, 201, 212, 213, 246, 250, 307, 356, 466, 468
구양순歐陽詢 34, 291, 300, 301, 329, 359, 372
「구역수령도九域守令圖」 190
구영仇英 377
『구우도지區宇圖志』 189
구유크 칸 123
구종석寇宗奭 170
구준寇準 249
『구풍진救風塵』 264, 265
구희범歐希范 180
『구희범오장도歐希范五臟圖』 180
『국방발휘局方發揮』 178, 182
『군서사부록群書四部錄』 37~39
『군서회기群書會記』 40
『군재독서지郡齋讀書志』 40, 41
「궁사宮詞」 450
「귀거래혜도歸去來兮圖」 349
「귀자모게발도鬼子母揭鉢圖」 364
「귀장도歸莊圖」 364
『규훈천자문閨訓千字文』 55
그레고리 10세 124
『금강경』 154
『금강경주金剛經注』 157
『금석례金石例』 32
『금석록金石錄』 31
『금원희곡金元戲曲』 261
금책金冊 98
『기경棋經』 457
기군상紀君祥 262, 267
기르와기스(闊里吉思) 128
「기부棋賦」 457
『길상편지구화본속吉祥遍至口和本續』 159
「꿈에 소소소를 보고(夢蘇小小圖)」 364

ㄴ

나관중羅貫中 279
나무등羅懋登 142
나엽羅燁 277
나은羅隱 201
나이안(Nayan) 127
낙빈왕駱賓王 221, 222
「낙조도落照圖」 328
『난실비장蘭室秘藏』 182
「난정서蘭亭序」 365
「남당南堂」 242
『남부신서南部新書』 274
『남사南史』 22, 23
「남양 번소술 묘지명南陽樊紹述墓誌銘」 202
남제운南霽雲 204
『남해지南海志』 135
『내외상변혹론內外傷辨惑論』 182
내현迺賢 32
『내훈內訓』 55
노불고魯不古 89
노자老子 209
『노자』 209
노조린盧照隣 221, 222
노준의盧俊義 282
노중련魯仲連 226

노지盧摯 261
노지심魯智深 281
노찬盧粲 431
녹동찬祿東贊 295
『논사論詞』 258
『논어』 19, 45, 53, 63, 70, 73, 94
『논어소의論語小義』 112
『논어정의論語正義』 73
「논화산수수석論畵山水樹石」 296
『농서農書』 159
농지고儂智高 469
『누벽累壁』 34
「능연각공신이십사인도凌煙閣功臣二十四人圖」 295
「능파선凌波仙」 265
니에구룬(捏古倫) 131
니콜라스 4세(Nicholas IV) 126, 127
니콜로 폴로 124

ㄷ

『다경茶經』 393~395
다수딩(答術丁) 134
「다시 오랑에게 보임(又呈吳郎)」 231
『단계심법丹溪心法』 182
『단도회單刀會』 264, 265
단성식段成式 274
「단오날 기마 격구를 관람하고 시연하며(端午賜觀騎射擊毬侍宴)」 451
「달 아래 홀로 술을 마시며(月下獨酌)」 230
달해장유達奚長儒 434
담약수湛若水 66, 69
『담연거사문집湛然居士文集』 90
담조啖助 26
「당대 여섯 대가의 서예 뒤에 쓰다(書唐氏六家書後)」 305
『당률唐律』 411
『당본초唐本草』 176,177
당신미唐愼微 177
「당 안노공 이십이자첩唐顔魯公二十二字帖」 307
당인唐寅 358, 375
『당조명화록唐朝名畵錄』 294, 297, 299
당체唐棣 364
『당회요唐會要』 22, 29, 36
『대관다론大觀茶論』 396
『대당내전록大唐內典錄』 39
「대당삼장성교서大唐三藏聲敎序」 210
『대당신어大唐新語』 387
『대송선화유사大宋宣和遺事』 278
대숭戴嵩 300
『대업잡기大業雜記』 33
『대연력大衍曆』 185, 186
『대운경大雲經』 210
『대원일통지大元一統志』 30
『대장경』 39, 92, 155
대진戴進 374, 375
『대학大學』 19
덕종德宗(당) 445
도릉屠隆 347
도선道宣 39
『도성기승都城紀勝』 276, 277
도연명陶淵明 243, 326

『도이지략島夷志略』 132, 135
『도장道藏』 34
도종道宗(요) 109
도척盜蹠 264
도홍경陶弘景 176
『도화견문지』 341, 343
독고사정獨孤思貞 435
돌여불突如不 89
『동경몽화록東京夢華錄』 29, 276, 428
동기창董其昌 350, 361, 367
「동대가 연주하는 호가 소리를 듣고 겸하여 방 급사에게 부침(聽董大彈胡笳聲兼寄語弄房給事)」 314
『동몽수지童蒙須知』 56
『동몽훈童蒙訓』 55
동백인董伯仁 288, 289
「동 수재를 대신하여 쓴 각선시(代董秀才却扇)」 427
동원董源 327, 328, 339, 346, 364, 366, 367, 375
『동인유혈침구도경銅人兪穴鍼灸圖經』 178
동중서董仲舒 208
두기竇冀 301, 304
두대경杜臺卿 446
두목杜牧 217, 223, 419
두보杜寶 33
두보杜甫 217, 220, 222, 224, 231, 233~235, 239, 243, 299, 303, 314, 315, 447, 452, 456, 474
두사선杜嗣先 53
『두아원竇娥冤』 264
두우杜佑 25
「등고登高」 220, 234
등목鄧牧 195
등문원鄧文原 368~370
등애鄧艾 274
등창우騰昌祐 338
등춘鄧椿 338

ㄹ

라반 사우마(Rabban Sauma) 126, 127
루쉰(魯迅) 274
루이 9세 123
루티첼로 다 피사(Rustichello da Pisa) 124
린경(林庚) 219

ㅁ

「마구도馬毬圖」 449
마나러자나(麻那惹加那) 147
마단림馬端臨 27, 28, 40
마르코스(Marcos) 126
마르코 폴로 124, 127, 133, 135, 160
『마르코 폴로 여행기』 126, 133
마수후(馬速忽) 134
마원馬遠 339, 346~348, 362, 364, 368, 374, 377
마쭝훠(馬宗霍) 351, 360, 368, 373
마치원馬致遠 261, 262, 267
마환馬歡 142
막우지莫友芝 291
「말 벽화 노래(題壁畵馬歌)」 299

『망강정望江亭』 264
매요신梅堯臣 466~468
맹교孟郊 212, 223, 340
「맹상군 전기를 읽고(讀孟嘗君傳)」 212
맹선孟詵 177
맹원로孟元老 29, 276
맹자孟子 207, 255
『맹자』 19, 70, 94
맹호연孟浩然 217
먀오웨(繆鉞) 258
「명군明君」 314
『명물몽구名物蒙求』 55
『명사明史』 139, 143, 144
『명현집名賢集』 55
「모란호석도牡丹湖石圖」 443
『모시정의毛詩正義』 17
모연수毛延壽 267
『몽계필담夢溪筆談』 157, 168, 193, 194, 333
『몽구蒙求』 53
『몽양록夢粱錄』 30, 277, 429
「몽유천모음夢遊天姥吟—두고 떠나며(留別)」 228
몽케 칸(蒙哥汗) 112, 123, 127
몽테 코르비노(Monte Corvino) 127, 128, 130
『몽학여아경蒙學女兒經』 55
무경毋煚 35, 37, 38
『무경총요武經總要』 165, 168
『무림구사武林舊事』 29, 268, 276
무삼사武三思 432
무송武松 281, 282
무숭훈武崇訓 431, 449
무승사武承嗣 431
무왕武王 207
『무왕벌주평화武王伐紂平話』 278
무종武宗(당) 153
무측천武則天 210, 416, 424, 426, 431~433, 460~462
문동文同 335~337, 356, 363
「문 막기 시(攔門詩)」 429
「문 막기 시에 답함(答攔門詩)」 429
『문사박요文思博要』 34, 35
문서文漵 275
문성공주文成公主 295
「문성공주항번도文成公主降番圖」 295
문언박文彦博 356
문왕文王 207
『문원영화文苑英華』 35
문제文帝(수) 16, 20
문종文宗(당) 320, 389
문징명文徵明 358, 373, 375
문창공주文昌公主 438
문천상文天祥 356
「문학전서文學傳序」 217
『문해文海』 94
『문헌통고文獻通考』 27, 28, 40
「문희귀한도文姬歸漢圖」 349
『물리론物理論』 196
미불米芾 327, 334, 337, 338, 344, 346, 348, 351, 355, 356, 359, 364
미우인米友仁 356

■ ㅂ

바두거 바하라(巴都葛叭哈喇) 147
「바둑을 두는 상산사호(四皓圍棋圖)」 348
「바라문곡」 318
바스코 다 가마 141
반고班固 22, 25, 37
「반곡으로 돌아가는 이원을 보내며 서문(送李遠歸盤谷序)」 204
반소班昭 478
반앙소潘昂霄 32
「밤에 미인이 궁기를 두는 것을 보고(夜看美人宮棋)」 455
「방 거사(방온龐蘊)를 찾아온 단하선사(丹霞訪龐居士圖)」 349
방랍方臘 281
방봉신方逢辰 55
『방여승람方輿勝覽』 398
방현령房玄齡 21, 407
배도裴度 211
배민裴旻 303
배송지裴松之 279
『배월정拜月亭』 264, 269
배자야裴子野 202
『백가성百家姓』 54, 58
백거이白居易 35, 153, 217, 223, 224, 237, 243, 246, 315, 316, 319, 321, 381, 396, 397, 409, 444, 447, 456
「백록동서원게시」 72
백박白樸 261, 262, 267
『백씨육첩사류집白氏六帖事類集』 35
「백씨장경집白氏長慶集 서문」 153
「백이 숙제 채미도권伯夷叔齊采薇圖卷」 349
「백저白紵」 314
「백제白帝」 231, 234
백행간白行簡 273
『번한합시장중주番漢合時掌中珠』 94
범관范寬 339~341, 343, 346, 377
범성대范成大 29, 249, 356
범조우范祖禹 27
범중엄范仲淹 43, 45, 48, 49, 72, 246, 249, 356
「법곡法曲」 321
『법상지法象志』 185
『법화경』 275
베네딕트 7세 130
베네딕트 12세 131
『벽계만지碧鷄漫志』 245
번린邊鸞 338
『별록別錄』 37
「병거의 노래(兵車行)」 233
「병기와 말을 씻으며(洗兵馬)」 235
『병진찰기丙辰札記』 278
「보련도步輦圖」 295, 417
「복색을 규정하는 조서(定服色詔)」 385
「복색의 참용을 금하는 조서(禁僭用服色詔)」 385
복정福定 130
복희씨伏羲氏 203
「본 바를 쓰다(書事)」 237
『본초습유本草拾遺』 177
『본초연의本草衍義』 170
볼테르 267
「봄의 조망(春望)」 231, 234

『봉씨문견기封氏聞見記』 397, 426
부열傅說 203
『부인대전양방婦人大全良方』 178
「부인출유도夫人出遊圖」 416
「부채에 글씨를 쓰는 왕희지(寫王羲之書扇圖)」 348
「부춘산거도富春山居圖」 365
『북당서초北堂書抄』 33, 34
『북사北史』 22, 23
「북으로 가며(北征)」 233
『비급천금요방備急千金要方』 175
『비위론脾胃論』 182
비장방費長房 39
『비파기琵琶記』 269, 270
「비파행琵琶行」 238, 315, 381

ㅅ

사강謝絳 466
『사고전서四庫全書』 19
사공 대사寺公大師 90
사달조史達祖 256
『사류事類』 34
『사류부事類賦』 36
『사림광기事林廣記』 170
「사마 간의께 답하는 편지(答司馬諫議書)」 212
사마광司馬光 18, 27, 356, 418, 430, 440, 462, 466, 468
사마상여司馬相如 208
사마승정司馬承禎 224
사마유司馬幼 203
사마천司馬遷 23, 208
『사문유취事文類聚』 36
『사물기원事物紀原』 36
『사부서목四部書目』 37
사부정沙不丁 134
사서四書 19
『사서집주四書集注』 19, 70, 74
「사설師說」 204
「사슴 울타리(鹿柴)」 236
『사시찬요四時纂要』 395
「사신으로 변새에 가며(使至塞上)」 236
사안謝安 226
『사원詞源』 245
『사원옥감四元玉鑑』 191
사유신謝維新 36
사이드 아잘 샴스 알딘(Saiyid Ajall Shams al-Din) 104
사조의史朝義 226
사조제謝肇淛 278
『사주도경沙州圖經』 189
『사통史通』 14, 23, 24
『사해류취방四海類聚方』 174
『산당고색山堂考索』 36
「산 서쪽 마을에서 놀며(遊山西村)」 244
『산학계몽算學啓蒙』 191
『살구기殺狗記』 269
『삼경신의三經新義』 18, 50
『삼교주영三教珠英』 34
『삼국지三國志』 279
『삼국지연의三國志演義』 278～282
『삼국지평화三國志平話』 278
삼리三吏 233

삼백천三百千 54
삼별三別 233
『삼보태감서양기통속연의三寶太監西洋記通俗演義』 142
삼송三宋 371, 373
『삼자경三字經』 54, 58
삼통三通 28
상관소용上官昭容 426
상관의上官儀 223
상당常棠 30
「상산의 이른 출발(商山早行)」 220
『상서尙書』 207
『상서정의尙書正義』 17
「상인종황제언사서上仁宗皇帝言事書」 50, 51
『상한변혹傷寒辨惑』 182
『상한잡병론傷寒雜病論』 174
『상한직격傷寒直格』 181
『상해구장산법詳解九章算法』 191
샤오둥파(肖東發) 152
서견徐堅 34
『서경書經』 18
『서고천문敍古千文』 55
서긍徐兢 170
「서룡음瑞龍吟」 253
서림徐林 474
「서림사 벽에 쓰다(題西林壁)」 242
서민행徐敏行 416
「서보서書譜序」 302
『서사회요書史會要』 370
『서상기西廂記』 266
서숭사徐崇嗣 338
『서양번국지西洋番國志』 142
「서역도西域圖」 295
「서예를 논하는 절구(論書絕句)」 353
「서원아집도西園雅集圖」 348
『서주도경西州圖經』 189
서호徐浩 352
서희徐熙 329~331, 333, 338
석개石介 18
석경당石敬瑭 78
석군보石君寶 262
『석문釋文』 31
석연년石延年 356
「석종산기石鐘山記」 212
『선명논방宣明論方』 181
선우추鮮于樞 368, 369
선종宣宗(당) 320, 450, 455
선종宣宗(명) 140, 371
「선주 사조루에서 사촌인 교서랑 이운을 전별하며(宣州謝朓樓餞別校書叔雲)」 229
「선진고기기先秦古器記」 31
『선진고기도비先秦古器圖碑』 31
선푸웨이(沈福偉) 144, 145
『선화박고도宣和博古圖』 31
『선화화보宣和畫譜』 325, 326, 332, 340, 348
설소薛紹 424
설소팽薛少彭 356
설직薛稷 300, 302
『설집說集』 142
섭강직葉康直 400
섭몽득葉夢得 156, 248, 251

섭적葉適 52, 474
「성교광피도聲敎廣被圖」 190
「성교서聖教序」 373
『성리자훈性理字訓』 54, 55
「성성만聲聲慢」 257
『성제총록聖濟總錄』 177
성조成祖(명) 137, 139, 140, 147
성종成宗(원) 28, 128, 134, 135
『세원집록洗冤集錄』 180, 181
세조世祖(원) 83, 84, 87, 96
「세조기世祖紀」 133
세종世宗(금) 83, 85, 102, 111
소과蘇過 356
소교小喬 253
『소대례기小戴禮記』 19
소르칵타니 베키(Sorghaghtani Beki) 127
『소문병기기의보명집素問病機氣宜保命集』 181
『소문현기원병식素問玄機原病式』 181
『소산사小山詞』 249
「소석담기小石潭記」 205
「소설개벽小說開辟」 277
소송蘇頌 186, 193
소순蘇洵 201, 356
소순원蘇舜元 354
소순흠蘇舜欽 354, 356
소식蘇軾 91, 156, 201, 209, 212, 213, 236, 237, 241, 246, 252, 255, 305, 328, 335~337, 344, 348, 351~354, 356, 359, 367, 391, 394, 467, 468
소신蘇辛 255
『소아약증진결小兒藥證眞訣』 178
『소아어小兒語』 55
「소영疎影」 256
소영사蕭穎士 204
소우蕭瑀 436
소원방巢元方 173
『소의외전少儀外傳』 55
소철蘇轍 201, 356
『소학小學』 55, 57
『소학시찰小學詩札』 55
소한신蘇漢臣 350
소현명蘇玄明 450
『속소아어續小兒語』 55
『속자치통감장편續資治通鑑長編』 28
속정경束正卿 479
손과정孫過庭 302
손면孫沔 469
손복孫復 18
손사막孫思邈 174, 175
『손자병법』 94
『손자산경孫子算經』 192
손적孫覿 355
손초孫樵 201
송강宋江 278, 281, 282
송경宋璟 400
송광宋廣 371
송극宋克 371
송대 사대 유서宋代四大類書 35
송민구宋敏求 29
『송사宋史』 40, 101, 281
송상봉宋翔鳳 245
송수宋璲 371
송인장宋引章 265

송자宋慈 180
송적宋迪 346
송찬간포松贊干布 295
『송태종실록宋太宗實錄』 35
『송회요宋會要』 36
『수당연의隋唐演義』 279
「수도에서 봉선현으로 가며 쓴 영회시 오백 자(自京赴奉先縣詠懷五百字)」 231, 233, 234
「수령도守令圖」 194
『수문전어람修文殿御覽』 35
『수서隋書』 21, 22, 34, 37, 40, 217, 311, 415
『수서경적지고증隋書經籍志考證』 34
수수秀秀 277
『수술구장數術九章』 191, 193
『수시력授時曆』 187, 188
「수조가두水調歌頭」 252
「수죽편修竹篇」 204
『수초당서목遂初堂書目』 41
『수호전水滸傳』 278, 281, 282
순舜 203, 207
순시수順時秀 261
순열荀悅 22, 25
순욱荀勖 37
순제順帝(원) 115, 130, 131
「순화천하도淳化天下圖」 189
「술서부述書賦」 301
『숭문총목崇文總目』 39, 40
『숭문총목집석崇文總目輯釋』 39
「숭산으로 돌아가는 왕유(寫王維歸嵩圖)」 349
「숭유술론崇儒術論」 73
「승천사의 밤놀이(記承天夜遊)」 213
『시경詩經』 18, 207
시내암施耐庵 281
「시녀도侍女圖」 452
「시편詩篇」 128
『식료본초食療本草』 177
신기질辛棄疾 255
『신농본초경집주神農本草經集注』 176
『신당서新唐書』 33, 39, 40, 312, 418
『신동시神童詩』 55
신성공주新城公主 418
신수神秀 210
『신수본초新修本草』 176
『신약성경』 128
『신오대사新五代史』 22
신유경辛雲京 438
『신의상법요新儀象法要』 187
신종神宗(서하) 112
「신평의 젊은이에게(贈新平少年)」 227
심괄沈括 157, 168, 190, 192, 193, 196, 327, 330
심도沈度 371
심렴숙沈廉叔 249
심주沈周 358, 375, 377
심찬沈粲 371
『십이기력十二氣曆』 194
「11월 4일 비바람이 크게 일어나(十一月四日風雨大作)」 243
『십칠사몽구十七史蒙求』 55
십통十通 26, 28
쑤바이(宿白) 152

『씨족지氏族志』 423

ㅇ

아골타阿骨打 81
아르군 칸(Arghun Khaan) 124, 126, 127
아리阿里 134
아사나충阿斯那忠 415
악시樂史 29
『악의도제칠국춘추후집樂毅圖齊七國春秋後集』 278
안기도晏幾道 249
안드레(Andrew) 128
안락공주安樂公主 426, 431
안사고顔師古 16, 17, 209
안사安史의 난亂 24, 43, 222, 226, 233, 267, 437
안수晏殊 36, 248, 250, 356
『안씨가훈顔氏家訓』 202
안연顔淵 264
안지추顔之推 202
안진경顔眞卿 156, 196, 305, 307, 328, 329, 351, 353, 359, 360, 368, 372
알도충斡道沖 112
『알탄 데브테르(Altan Debter)』 99
「암향暗香」 256
앵앵鶯鶯 266
「앵앵전鶯鶯傳」 274
야리인영野利仁榮 92
『야시원서목也是園書目』 278
야율대석耶律大石 78, 101, 110, 121
야율덕광耶律德光 78
야율리耶律履 110
야율배耶律倍 110
야율아보기耶律阿保機 78
야율초재耶律楚材 84, 87, 90, 91, 101, 110, 396
야흐브 알라하 3세(Yahbh Allaha III) 126
양갑楊甲 190
양개楊介 180
양거란楊契丹 289
『양경기구전兩京耆舊傳』 294
양계초梁啓超 26
양귀비 267, 419
양기楊基 372
「양류지楊柳枝」 444
양만리楊萬里 479
양무구楊無咎 338
『양반추우암수필兩般秋雨盦隨筆』 279
양사훈楊士勛 18
양소임梁紹壬 278
양시楊時 70
양신교楊愼交 449
「양양가襄陽歌」 230
양염楊炎 296
양웅揚雄 208
양원명楊元明 31
양유정楊維楨 370
양응식楊凝式 323, 328, 329, 351, 353
양자화楊子華 288
양재楊載 359
양제煬帝(수) 33, 189
양천楊泉 196
양충보楊忠輔 187

양해梁楷 349
양현지楊顯之 261, 262
양형楊炯 221, 222
양휘楊輝 191, 192
『양휘산법楊輝算法』 191
「언릉왕 주부가 그린 절지에 쓰다 2수(書鄢陵王主簿所畫折枝二首)」 335
「언송도偃松圖」 337
엄우嚴羽 219, 239
에드워드 1세(Edward I) 126
엔닌(圓仁) 275, 406
『여계女誡』 55, 478
여궐余闕 113
『여논어女論語』 55
여대균呂大鈞 72
여대림如大臨 31
여백사呂伯奢 280
『여범첩록女範捷錄』 55
「여복지輿服志」 416
여본중呂本中 55
『여사서女四書』 55
「여산요廬山謠」 227
「여인행麗人行」 233
여재呂才 317, 318
여조겸呂祖謙 52, 55, 64, 68, 69, 468
『여지기승輿地紀勝』 29
「여지도輿地圖」 190
『여지보荔枝譜』 392
『여진역어女眞譯語』 95
『역대명화기歷代名畫記』 289, 296, 297
『역대삼보기歷代三寶記』 39
「역대제왕도歷代帝王圖」 295
역원길易元吉 334, 335
『연홍갑경지보집성鉛汞甲庚至寶集成』 163
「열녀전列女傳」 115, 407
「염노교念奴嬌-적벽 회고赤壁懷古」 252
염립덕閻立德 295
염립본閻立本 295, 417
염인재冉仁才 455
『영락대전永樂大典』 41
영락제永樂帝 137, 451
『영애승람瀛涯勝覽』 142
영종寧宗(송) 28
영호덕분令狐德棻 20, 21
영호도令狐綯 455
『예기禮記』 57
『예기정의禮記正義』 17
「예 놀던 곳을 생각하며 초군 원 참군에게 부침(憶舊遊寄譙郡元參軍)」 228
『예문략藝文略』 40
『예문유취藝文類聚』 34, 35
「예문지藝文志」 33, 37
「예상우의霓裳羽衣」 314, 317, 319
「예상우의곡霓裳羽衣曲」 318
「예상우의무霓裳羽衣舞」 318, 320
『예석隸釋』 32
『예속隸續』 32
「예악지禮樂志」 312
예양倪驤 364
「예의지禮儀志」 415
예종睿宗(당) 34
예찬倪瓚 364, 366, 367, 370
오경五經 45, 70, 73

『오경문자五經文字』 154
『오경정의五經正義』 17
『오군지吳郡志』 29
오긍吳兢 38
오대강吳大江 457
『오대기전五代紀傳』 21
『오대사지五代史志』 21
『오대회요五代會要』 29
오도릭(Odoric) 130
오도자吳道子 294, 295~298, 305, 323, 348
오도현吳道玄 296
『오동우梧桐雨』 267
오문영吳文英 256
『오문화사吳門畵史』 377
「오송산 아래 순씨 할멈 집에 묵으며(宿五松下荀媼家)」 228
오숙吳淑 36
『오씨서재서목吳氏西齋書目』 38
오용吳用 281, 282
오원유吳元瑜 334
오위吳偉 374, 375
오자목吳自牧 29, 171
『오잡조五雜俎』 278
오중삼자吳中三子 373
오진吳鎭 364, 366, 370, 375
오징吳澄 65
오청吳淸 435
『옥당잡기玉堂雜記』 159
「옥장이 관음(碾玉觀音)」 277
『옥촉보전玉燭寶典』 446
『옥해玉海』 25, 36
「옥호접玉蝴蝶」 248
온정균溫庭筠 220, 246, 247
완안량完顔亮 82
완안희윤完顔希尹 95
왕거정王居正 349
왕건王建 455
왕경홍王景弘 139
왕공숙王公淑 443
『왕괴부계영王魁負桂英』 269
왕교王珓 154
왕국유王國維 257
왕기손王沂孫 256
왕대연汪大淵 132, 135, 145
왕도王燾 174, 175
왕령王令 55
왕명철王明哲 394
왕몽王蒙 339, 364, 365, 367, 370, 375
왕묵王墨 298
왕문치王文治 353
왕발王勃 217, 221, 222
왕보王黼 31
왕봉王逢 347
왕불王紱 451
왕비王伾 452
왕상王相 55
왕상지王象之 29
왕선王詵 343~346, 348
왕세정王世貞 339, 359
왕소군王昭君 267
왕수인王守仁 69, 373
왕숙문王叔文 433, 452
왕실보王實甫 262, 265, 266

왕악王諤 374
왕안석王安石 18, 43, 46~51, 72, 201, 212, 213, 246, 356, 390, 418, 479
왕양명王陽明 66, 69, 71, 72
왕요신王堯臣 39
왕우칭王禹偁 400
왕운王惲 262
왕유王維 217, 222, 224, 235, 236, 296, 298, 299, 363, 367
왕유일王維一 178
왕응린王應麟 36, 54
왕작王灼 245
왕재王宰 296, 298
왕적신王積薪 452
왕정王禎 159
왕존王存 29
왕지쓰(王季思) 261
왕지환王之渙 217
왕진붕王振鵬 364
왕집중王執中 180
왕창령王昌齡 217
「왕창령이 용표로 좌천되었다는 소식을 듣고 멀리서 시를 부침(聞王昌齡左遷龍標遙有此寄)」 230
왕처직王處直 443
왕총王寵 373
왕탁王鐸 425
왕통王通 48, 52
왕파리王波利 412
왕헌지王獻之 300, 351
왕휘王暉 472
왕흠약王欽若 35
왕희맹王希孟 403
왕희지王羲之 300, 301, 351, 352, 360, 371~373
『외과정요外科精要』 178
「외국전外國傳」 144
『외대비요外臺秘要』 175, 176
요堯 207
요사렴姚思廉 21
『요산옥채瑤山玉彩』 34
요설심姚雪心 364
요진종姚振宗 34
요하네스 구텐베르크(Johannes Gutenberg) 161
요합姚合 404
「용장사비龍藏寺碑」 291
우禹 203, 207
「우거도牛車圖」 416
우무尤袤 41
우세남虞世南 34, 291, 300, 301, 317, 359, 372
우입정于立政 35
우작虞綽 33
「우적도禹迹圖」 190
우즈량(吳志良) 144
우집虞集 368, 370
우한(吳晗) 141
원결元結 204
「원도原道」 204, 210
『원사元史』 115, 133, 358
원 사대가 358, 362~365, 377
원이둬(聞一多) 221
『원조비사元朝秘史』 97, 98

원진元稹 153, 223, 237, 274, 397, 420, 457
원추袁樞 28
원포袁褒 369
『원풍구역지元豊九域志』 29
원행충元行衝 37
『원화군현도지元和郡縣圖志』 29, 189
위단담韋丹擔 400
『위대한 야사』 99
위사립韋嗣立 297
위언韋偃 296, 299
「위언이 그린 벽화 노래(題壁上韋偃畵歌)」 299
위장韋莊 246
위젠화(俞劍華) 364
위지을승尉遲乙僧 293
위징魏徵 21, 38, 302, 317
「위징진간도魏徵進諫圖」 295
위형韋泂 432
위호魏顥 224
위후韋后 426, 431
윌리엄 루브룩(William Rubruck) 123
유고언柳顧言 33
유공권柳公權 156, 307, 328, 353, 359, 372
유대하劉大夏 141
유도순劉道醇 340
『유림類林』 35
『유마힐강경문維摩詰講經文』 452
『유문사친儒門事親』 182
유반劉攽 27
유비劉備 279, 282
유상劉商 296
유서劉恕 27
유송년劉松年 339, 346, 347, 349, 364, 374, 377
『유양잡조酉陽雜俎』 274
유영柳永 246, 247, 249~251
유온劉蘊 479
유완소劉完素 181
『유요類要』 36
유우석劉禹錫 201, 217, 246
유원劉元 364
유원부劉原父 31
「6월 27일 망호루에서 취해 오절을 쓰며(六月二十七日望湖樓醉書五絕)」 242
유익劉益 191
유작劉焯 52, 184
유종원柳宗元 48, 52, 201, 204~206, 208, 212, 215, 217, 455
「유지柳枝」 245
유지기劉知幾 23~25
『유지원 백토기劉知遠白兎記』 269
유초游酢 70
「유춘도遊春圖」 290
유향劉向 37, 208
유화俞和 372
유흠劉歆 37
유희재劉熙載 256, 354
육경六經 70
「육경도六經圖」 190
육구몽陸龜蒙 201
육구연陸九淵 52, 63, 64, 68
육덕명陸德明 17

육우陸羽 392, 393
육유陸游 242, 243, 246, 356
육전陸佃 479
육지陸贄 462
육탐미陸探微 289, 294
육홍점陸鴻漸 393
윤수尹洙 329
『음동音同』 94
「음악지音樂志」 311, 317
「음중팔선가飮中八仙歌」 303
의덕태자懿德太子 415
『의례儀禮』 19
「의복령衣服令」 381, 382
「의제령儀制令」 411
이건충李建忠 356
이경업李敬業 431
이계봉李繼棒 79
이계천李繼遷 79
이고李杲 181, 182
이고李翶 48, 201
이공린李公麟 344, 348
이관李觀 201
「이광독립도夷光獨立圖」 408
이광필李光弼 226
이구李覯 479
이규李逵 281, 282
이기李頎 314
이길보李吉甫 29, 189
이노센트 4세 123
이당李唐 339, 346, 347, 349, 364, 374, 375, 377
이덕명李德明 79
이덕유李德裕 396, 437
이도李燾 28
『이도요결理道要訣』 25
이린李璘 226
이방李昉 35
이백李白 204, 217, 220, 222, 224, 226, 227, 229, 234, 235, 243, 303, 305
이백약李百藥 21, 317
이병李昞 21
「이빙 공후인李憑箜篌引」 315
이사도李師道 417
이사본李嗣本 415
이사훈李思訓 296~298, 339, 345, 346
이상은李商隱 217, 223, 274, 427
이선혜李仙蕙 431
이성李成 339~341, 343, 345, 364, 377
이세민李世民 295, 309, 318
이세창李世昌 90
이소도李昭道 296, 298, 339, 345, 346
이수李壽 416, 452
이숙李叔 425
이순李珣 177
이순풍李淳風 184
이숭李嵩 350
이심二沈 371, 373
이심전李心傳 28
『이십략二十略』 28, 32, 40
이십사사二十四史 22
『이아爾雅』 19
이악李諤 203
이야李冶 191, 192, 196
이연李淵 42, 437

이연수李延壽 23
이옹李邕 302, 303, 353, 354, 359, 370
「이옹께 올림(上李邕)」 226
이왕二王 300~303, 305, 328, 329, 351, 359, 370~372
이왜李娃 273
「이왜전李娃傳」 273
이욱李煜 246, 408
이원李遠 455
이원호李元昊 79, 81, 92
이융기李隆基 449
이응정李應楨 372, 373
이의부李義府 433
이이二李 296, 298, 346
이익李益 273
이중윤李重潤 415, 431
이중준李重俊 449
이진李震 415
이청조李淸照 246, 256, 474~476
이충李充 37
이치李治 419
이택민李澤民 190
이하李賀 217, 223, 315
이한李澣 53, 208, 209
이현李賢 431, 449
이형李珩 363
이호李虎 21
「이혼기離魂記」 268
이화李華 204
이회李晦 404
『익고연단益古演段』 191
『인간사화산고人間詞話刪稿』 258
『인덕력麟德曆』 184
인종仁宗(송) 39, 46, 48, 411
인종仁宗(서하) 112
『인화록因話錄』 275, 417
「일식시日蝕詩」 262
『일용산법日用算法』 191
「일유日喩」 212
일행一行 185, 188, 195
임고林高 466
『임천고치林泉高致』 343, 344
임충林沖 281, 282
임포林逋 356
『입당구법순례행기入唐求法巡禮行記』 275

ㅈ

「자랑스러운 아이(驕兒詩)」 274
「자지柘枝」 314
『자치통감資治通鑑』 14, 26, 27, 406, 462
「작교선鵲橋仙」 256
「작은 죽루를 새로 지으며(新建小竹樓記)」 400
「작화추색도鵲華秋色圖」 362
「잘못 죽은 최녕(錯斬崔寧)」 277
잠문본岑文本 21
잠삼岑參 217, 243
잠열우潛說友 29
잠장천岑長倩 431
장가구張可久 261
「장강우제도長江雨霽圖」 347
장공아張公雅 467

장군張君 472
장규張奎 467
『장두마상墻頭馬上』 269
장반張攀 40
장방蔣防 273
장보章甫 466
장비張飛 274, 279, 282
장생張生 266
장성張盛 454, 455
장소張韶 450
장손張遜 363
장손長孫 황후 436
장수張遂 185
장슈민(張秀民) 152
장승요張僧繇 289, 294
장식張栻 52, 69
장악張渥 364
『장안지長安志』 29
장약허張若虛 221, 222
장양호張養浩 261
장언원張彦遠 289
장여우章如愚 36
장열張說 223
장염張炎 245, 256
장온고張蘊古 455
장우張雨 370
장우張羽 372
장욱張旭 294, 298, 303~305, 315, 354, 359
장원소張元素 182
장입도張立道 105
장자莊子 255
『장자』 209
장재張載 70, 72
장적張籍 30, 201, 450
장전張顚 340
「장정송별長亭送別」 266
장조張璪 296, 298
장종章宗(금) 36, 84
장종신張從信 155
장종정張從正 181, 182
『장주옥경長洲玉鏡』 33
「장중승전 후서張中丞傳後敍」 204
「장진주將進酒」 227
장창종張昌宗 34
장첩蔣捷 256
장축張丑 365
장택단張擇端 349, 350, 403
장학성章學誠 278
「장한가長恨歌」 238
장항張亢 468
장호張祜 442
장회관張懷瓘 295
장회민張懷民 215
장회태자 449
장효상張孝祥 356
장훤張萱 295, 296, 331, 416
저량褚亮 317
저수량褚遂良 291, 300, 302
적인걸狄仁傑 292
『전당시全唐詩』 59, 216
전동錢侗 39
『전상평화오종全相平話五種』 278
『전송사全宋詞』 246

「전에 입은 옷(故衫)」 381
전역錢易 274
전을錢乙 178
전자건展子虔 288~290, 298
전증錢曾 278
『전한서평화前漢書平話』 278
『정관옥경통貞觀玉鏡統』 94
정광조鄭光祖 268
정단례程端禮 54
정도호丁道護 291
「정림사에서 쉬고 있는 왕안석(王安石定林蕭散圖)」 349
정법사鄭法士 288
정사초鄭思肖 338
「정원사 곽탁타전(種樹郭橐駝傳)」 204
정이程頤 56, 70, 440, 479
정인태鄭仁泰 415
『정일재시문고貞一齋詩文稿』 123
정조교鄭助教 479
정주程朱 65, 70
정초鄭樵 27, 28, 32, 40
「정풍파定風波」 251
정호程顥 70
정화鄭和 120, 136, 138~142, 146, 172
『정화가보鄭和家譜』 142
『정화신수경사증류비급본초政和新修經史證類備急本草』 177
「정화전鄭和傳」 139, 143
정환고鄭還古 417
정흥예鄭興裔 400
제갈량諸葛亮 279~282
제갈영諸葛穎 34
『제군물산토속기諸郡物產土俗記』 189
『제병원후론諸病源候論』 173, 176
『제주도경집諸州圖經集』 189
조건수趙建遂 435
「조경이정도朝京里程圖」 421
조공무晁公武 39~41
조길趙佶 335
조린趙璘 275
조맹견趙孟堅 291, 338
조맹부趙孟頫 302, 357~364, 368~373, 375
조명성趙明誠 31
조반니 마리뇰리(Giovanni dei Marignolli) 131
조반아趙盼兒 265
조백구趙伯駒 364
조보길趙保吉 79
조보지晁補之 346
조복趙復 70
『조씨고아趙氏孤兒』 267
「조아비曹娥碑」 372
조여적趙汝適 170
조영양趙令穰 346
조오낭趙五娘 269, 270
조조曹操 279~281
조창趙昌 334
「조충론雕蟲論」 202
조패曹霸 299
「조활자인서법造活字印書法」 159
『존진도存眞圖』 180
종요鍾繇 359, 372
주경여朱慶餘 30

주공周公 73, 203, 207, 208
주달관周達觀 135, 171
주덕윤朱德潤 32, 128
주돈이周敦頤 70, 212
주렴수珠簾秀 261
『주례周禮』 18, 19, 387
주문구周文矩 331
주밀周密 29, 256, 276
주방周昉 295, 296, 331
주방언周邦彦 246, 253, 356
주사周舍 265
주사본朱思本 123, 190
주세걸朱世傑 191, 192
주신周臣 377
주심朱審 296
『주역周易』 19, 83, 207, 458, 476, 477
『주역복서단周易卜筮斷』 112
『주역정의周易正義』 17
주욱周彧 170
주원장朱元璋 131, 136
주월周越 354
주유周瑜 252, 253, 279
주윤문朱允炆 139
주응합周應合 29
『주자통서周子通書』 212
주지사周之士 369, 370
주진형朱震亨 178, 181, 182
주쯔칭(朱自淸) 239
주체朱棣 137, 138, 451
주필대周必大 159, 473
주호周虎 470
주희朱熹 19, 28, 48, 52, 54~57, 62~65, 67, 69~72, 74, 212, 337, 353, 356, 383, 390, 402, 428, 440
「중강첩장도重江疊嶂圖」 362
「중건악록서원기重建岳麓書院記」 65
『중경신부中經新簿』 37
『중국도서출판인쇄사론中國圖書出版印刷史論』 153
『중국의 고아』 267
『중국회화사』 364
『중용中庸』 19
중종中宗(당) 34, 431, 449
『중흥관각서목中興館閣書目』 40
「중흥서응도中興瑞應圖」 349
「중흥의 네 장수(中興四將圖)」 349
증공曾鞏 31, 201, 356
증공량曾公亮 165
『증광석시현문增廣昔時賢文』 55
「지리도地理圖」 190
『지리신서地理新書』 441
「지리지도地理之圖」 190
지승智昇 39
지영智永 301
「지옥변상地獄變相」 294
『직재서록해제直齋書錄解題』 40, 41
진감秦鑑 39
진거중陳居中 349
진관秦觀 256, 356
진교陳嶠 427
진구소秦九韶 191, 193, 196
진군총陳君寵 249
진궈핑(金國平) 144, 145
진규陳騤 40

진기경陳耆卿 29
진대진陳大震 135
진덕수眞德秀 356
『진랍풍토기眞臘風土記』 135
진량陳亮 52
진 문공晉文公 445
「진 문공 복국도晉文公復國圖」 349
진벽陳壁 372
『진병육국평화秦併六國平話』 278
「진부십팔학사도秦府十八學士圖」 295
진사도陳師道 250
『진서晉書』 23
진수陳壽 279
진순陳淳 54, 55
진양陳襄 468
「진왕파진악秦王破陣樂」 317
『진원묘도요략眞元妙道要略』 163
진원정陳元靚 170
진자명陳自明 178
진자앙陳子昂 204, 217, 222
진장기陳臟器 177
진종眞宗(송) 73, 249
진진손陳振孫 39~41
진헌장陳獻章 66, 69
진현우陳玄祐 268
『집고록集古錄』 31, 307
『집사集史(Jami al Tawarikh)』 99

ㅊ

「차 마시는 노래(飮茶歌)」 398
『창랑시화滄浪詩話』 219
채경蔡京 43
채백개蔡伯喈 269, 270
채양蔡襄 351, 356, 359, 428
『책부원구冊府元龜』 35, 36
『천가시千家詩』 55
『천금방千金方』 174~176
『천금익방千金翼方』 175
『천녀이혼倩女離魂』 268
「천리강산도千里江山圖」 403
『천성율령天盛律令』 94, 101
천연수天然秀 261
『천자문千字文』 54, 58
「천정사天淨沙-추사秋思」 261
『천지泉志』 32
철종哲宗(송) 418
첨희원詹希元 372
「청명상하도淸明上河圖」 350, 403
「청변은거도靑卞隱居圖」 367
청준淸浚 190
『청하서화방淸河書畫舫』 365
첸중수(錢鍾書) 219
초조肖照 349
『초학기初學記』 34, 35
「촉도난蜀道難」 224, 227, 229
『촉장蜀藏』 155
최각崔慤 334
최녕崔寧 277
최백崔白 334, 335
최인사崔仁師 21
「최장시를 스스로 지으며(自賦催粧詩)」 427
최표崔杓 134

추낭秋娘 254
「추포가秋浦歌」 229
「추흥秋興」 235
축목祝穆 36, 398
축윤명祝允明 373
「춘강화월야春江花月夜」 221
『춘추春秋』 19, 207
『춘추정의春秋正義』 17
『충의수호전忠義水滸傳』 281
『취옹담록醉翁談錄』 277
「취옹정기醉翁亭記」 212
「취의가醉義歌」 90
『측원해경測圓海鏡』 191
측천무후 292, 308
「친구를 보내며(送友人)」 220
「칠덕七德」 318
『칠략七略』 37
『침구자생경鍼灸資生經』 180
칭기즈 칸 82, 83, 90, 96, 99, 116, 166

ㅋ

코코친(Kököchin) 공주 124
콜럼버스 141, 145
쿠빌라이 칸 83, 87, 96, 123, 124, 127, 166
클레멘스 5세(Clement V) 128

ㅌ

타타통아 96
탁발사공拓跋思恭 79
탕湯 207
탕교수湯敎授 468
탕구이장(唐圭璋) 246
『태공가교太公家敎』 53
태불화泰不華 370
태조太祖(금) 81
태조太祖(명) 57, 131, 136
태조太祖(요) 78
태조太祖(원) 83
『태조계천문太祖繼遷文』 94
태종太宗(당) 16, 17, 21, 42, 209, 210, 295, 300, 301, 309, 317, 318, 407, 419, 423, 436, 437, 448
태종太宗(명) 371
태종太宗(송) 43, 418, 451
『태종성혜방太宗聖惠方』 177
태평공주太平公主 424
『태평광기太平廣記』 35
『태평어람太平御覽』 35
『태평혜민화제국방太平惠民和劑局方』 178
『태평환우기太平寰宇記』 29
테무진 82
『토원책兎園策』 35
『토원책부兎園策府』 35, 53
『통감강목通鑑綱目』 28
『통감기사본말通鑑紀事本末』 28
『통감음주通鑑音注』 28
『통전通典』 14, 25, 26, 28
『통지通志』 27, 28, 32, 40
『통천력統天曆』 187
툴루이(Tolui) 127

ㅍ

파스파(八思巴) 87, 96
「파진악破陣樂」 314, 316, 317
「파진무도破陣舞圖」 318
「파진자破陣子」 255
『패문재서화보佩文齋書畵譜』 363
페르디난드 마젤란 141, 145
페이샤오퉁(費孝通) 477
「편교견로도便橋見虜圖」 349
『편류진언문자編類陳言文字』 36
「평강도平江圖」 190
『평주가담萍洲可談』 170
「포사자설捕蛇者說」 204
풍도馮道 154
풍몽룡馮夢龍 247
풍연사馮延巳 246, 250, 408
프라 마우로(Fra Mauro) 144
『피서록화避暑錄話』 248, 251
피일휴皮日休 201, 226, 392
피터(Peter) 128
필굉畢宏 327
필립 4세(Philip IV) 126
「필법기筆法記」 323, 325, 326
필승畢昇 157

ㅎ

하규夏圭 339, 346~348, 362, 364, 368, 374, 377
하락이賀若夷 326
『하삭방고기河朔訪古記』 32
하승천何承天 184
「하전河傳」 245
하지장賀知章 223, 224, 302
하징何澄 364
「학기學記」 57
학상현郝象賢 431
학처준郝處俊 431
한간韓幹 299
「한강에서 조망하며(漢江臨眺)」 237
한공렴韓公廉 186
『한궁추漢宮秋』 267
한기韓琦 439
『한서漢書』 37, 40
「한식날 궁중 연회(寒食內宴)」 450
한악韓鄂 395
한유韓愈 27, 48, 52, 201, 202, 204, 206~212, 215, 217, 223, 239, 255, 303
한황韓滉 300
「한희재 야연도韓熙載夜宴圖」 331, 406
『함순임안지咸淳臨安志』 29
항용項容 323
항우項羽 475
「해내화이도海內華夷圖」 189, 190
해릉왕海陵王 82, 102
『해약본초海藥本草』 177
해진解縉 372
향산香山 130
『향토중국鄉土中國』 477
허경종許敬宗 34
헌종憲宗(당) 211, 319, 414
헌종憲宗(명) 141
『현람玄覽』 34
『현문보해玄門寶海』 33, 34

현장玄奘 210
현종玄宗(당) 42, 59, 209, 267, 297, 313, 318, 388, 414, 416, 436, 446, 447, 449
형병邢昺 73
형양생滎陽生 273
형유배살荊劉拜殺 269
『형차기荊釵記』 269
형호荊浩 323, 325, 326, 339, 343, 346
혜숭惠崇 346
혜제惠帝(명) 139
「호가십팔박도胡笳十八拍圖」 349
호삼성胡三省 28, 406
「호선胡旋」 314
「호선무를 추는 여인(胡旋女)」 316
「호수에서 술을 마시며—개었다가 비 내림(飮湖上初晴後雨)」 242
호원胡瑗 18, 45, 48, 49
호익胡翼 326
호인胡寅 55
호혜각胡慧覺 470
「혼일강리도混一疆理圖」 190
홍낭紅娘 266
홍적洪適 32
홍준洪遵 32
「화경에게(贈花卿)」 314
『화계畵繼』 338
『화림편략華林遍略』 33
『화사畵史』 334, 338
화예부인花蕊夫人 450
「화이도華夷圖」 190
『화전畵箋』 347
황공망黃公望 339, 364, 365, 370
『황극력皇極曆』 184
『황명조훈皇明祖訓』 136
황백사黃伯思 356
황보식皇甫湜 201
황소黃巢 79
황유黃由 474
황전黃筌 329, 331, 333, 338
황정견黃庭堅 91, 239, 246, 344, 348, 351, 352, 354~356, 359
『황정경黃庭經』 372
『황제내경黃帝內經』 174
회소懷素 303~305, 354, 359
「회소 상인 초서가懷素上人草書歌」 304
회의懷義 210
『효경孝經』 19, 45, 53, 73, 94
효종孝宗(명) 371
『후산담총後山談叢』 250
『훈몽시訓蒙詩』 55
「훈학재규訓學齋規」 390
휘종徽宗(송) 335, 338, 396, 418
휴경신睢景臣 261
「흥학칙興學勅」 42
희종熙宗(금) 111
희종僖宗(당) 450

중화문명사 제3권 下

2017년 6월 20일 초판 1쇄 인쇄
2017년 6월 30일 초판 1쇄 발행

주편主編 위안싱페이, 옌원밍, 장촨시, 러우위리에
제3권 주편 위안싱페이
제3권 부주편 덩샤오난
역 자 서성
발행인 한태식
발행처 동국대학교출판부

주소 04620 서울시 중구 필동로 1길 30
전화 02-2260-3483~4
팩스 02-2268-7851
Homepage http://www.dgpress.co.kr
E-mail book@dongguk.edu
출판등록 제2-163(1973. 6. 28)
편집디자인 동국대학교출판부
인쇄처 보명C&I

ISBN 978-89-7801-537-0 94910
978-89-7801-535-6(세트)

값 25,000원